宁夏统计年鉴

NINGXIA STATISTICAL YEARBOOK

2011

宁夏回族自治区统计局
国家统计局宁夏调查总队 编

Compiled by Ningxia Provinsial Bureau of Statistics
NBS Survey Office in Ningxia

中国统计出版社
China Statistics Press

(京)新登字 041 号

图书在版编目(CIP)数据

宁夏统计年鉴. 2011:汉英对照 / 宁夏回族自治区统计局, 国家统计局宁夏调查总队编. — 北京:中国统计出版社,2011.9
ISBN 978-7-5037-6344-1

Ⅰ. ①宁… Ⅱ. ①宁… ②国… Ⅲ. ①统计资料-宁夏-2011-年鉴-汉、英 Ⅳ. ①C832.43-54

中国版本图书馆 CIP 数据核字(2011)第 176043 号

宁夏统计年鉴-2011

作　　者/ 宁夏回族自治区统计局 国家统计局宁夏调查总队
责任编辑/ 佘竞雄
封面设计/ 吕悦
出版发行/ 中国统计出版社
通信地址/ 北京市西城区月坛南街 57 号
邮　　编/ 100826
办公地址/ 北京市丰台区西三环南路甲 6 号
电　　话/ (010)63376907
E - mail / yearbook@gj.stats.cn
印　　刷/ 银川金利丰彩色印刷有限责任公司
经　　销/ 新华书店
开　　本/ 890×1240 毫米 1/16
字　　数/ 1464 千字
印　　张/ 37.25 彩插 / 0.75
版　　别/ 2011 年 9 月第 1 版
版　　次/ 2011 年 9 月第 1 次印刷
书　　号/ ISBN 978-7-5037-6344-1/C·2560
定　　价/ 380.00 元

地区生产总值(亿元)

GDP of Ningxia (100 million yuan)

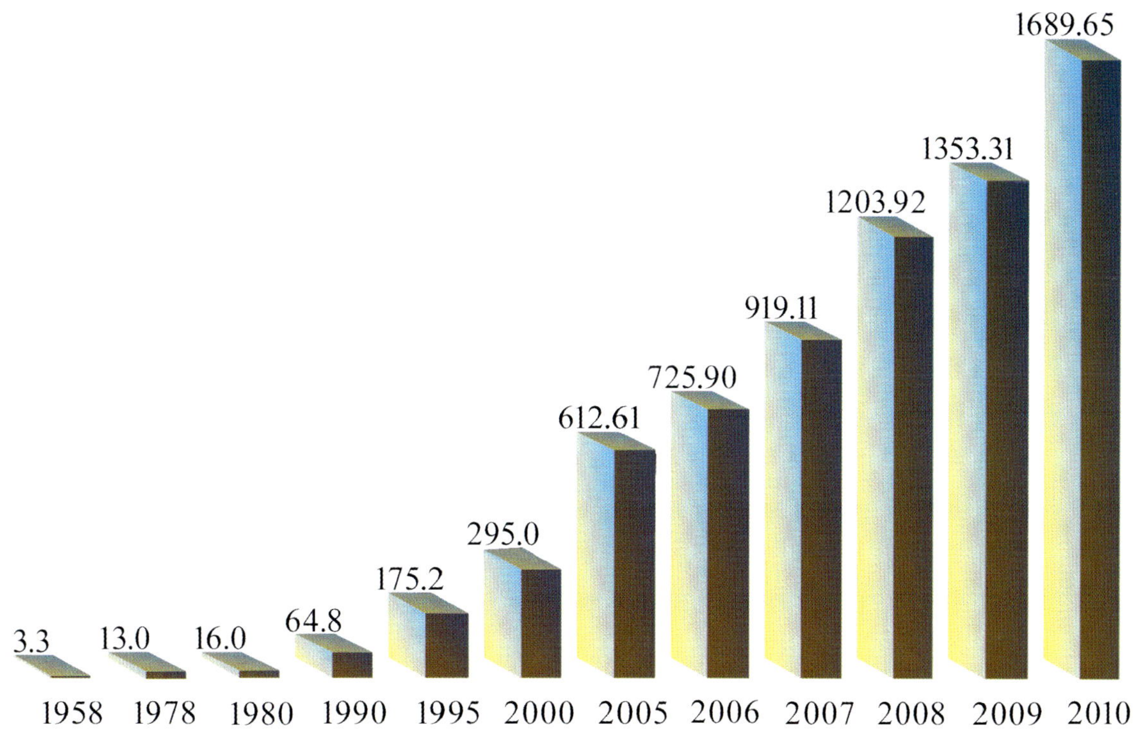

地区生产总值增速(%)

GDP Growth Rate (%)

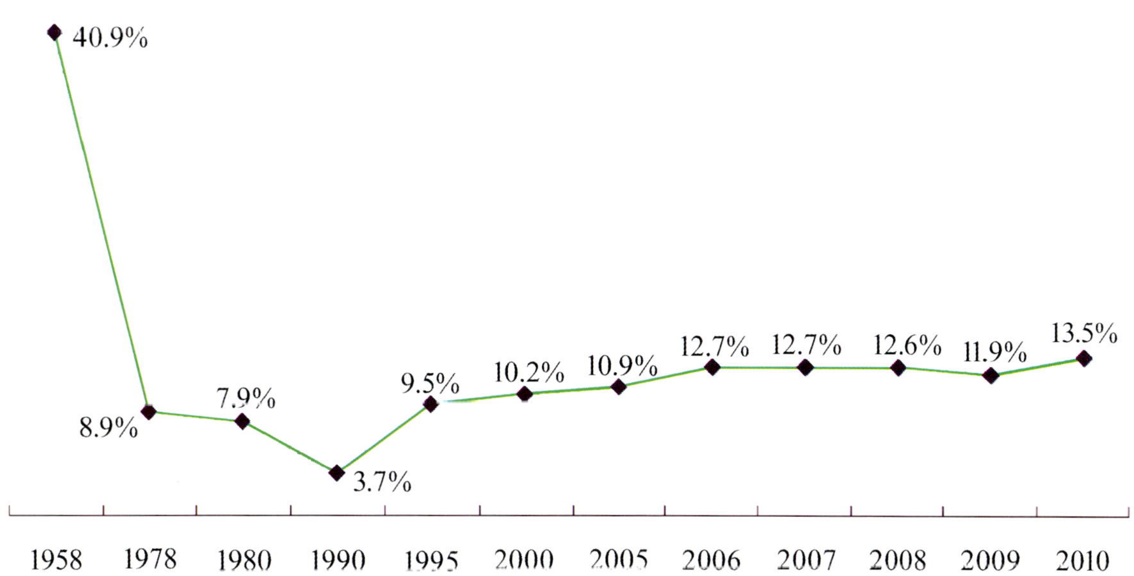

人均地区生产总值(元/人)
Per Capita Gross Domestic Product (yuan/person)

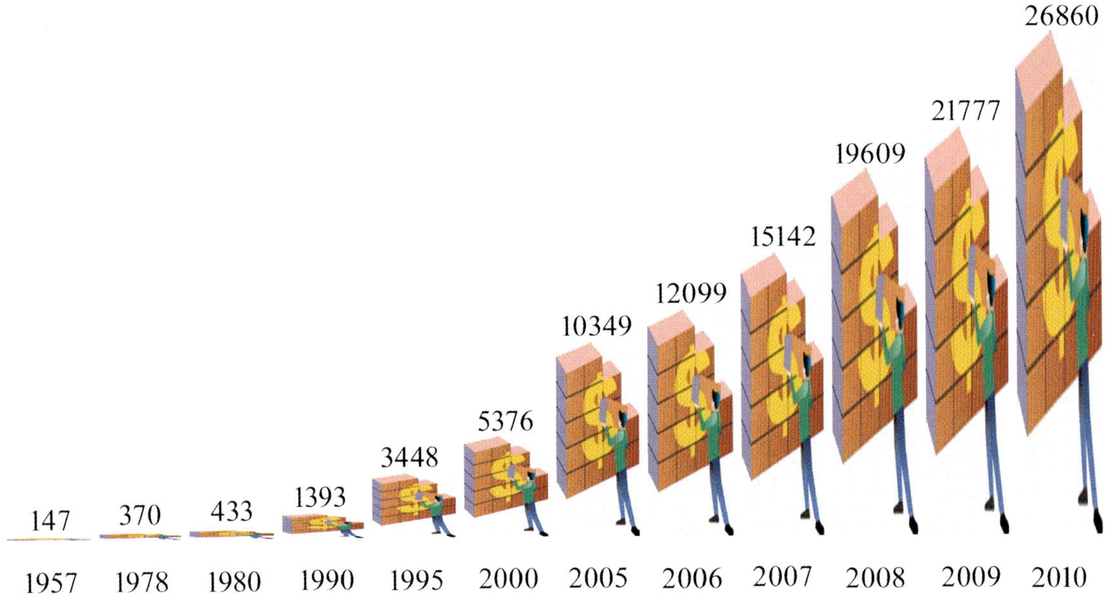

地区生产总值构成(%)
Industry Structure (%)

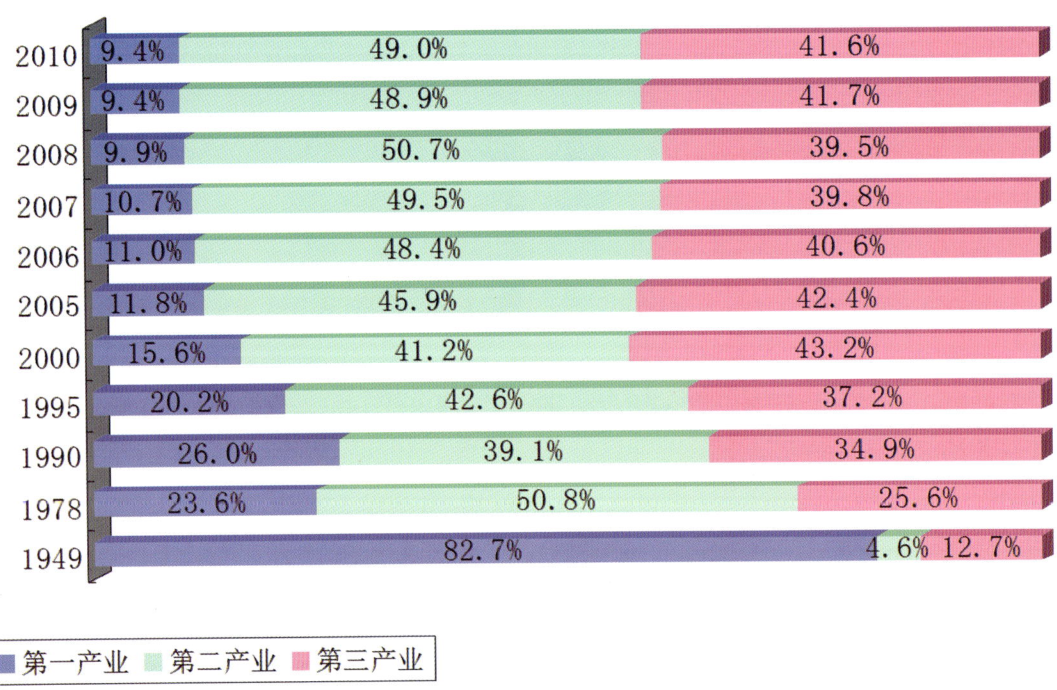

就业人员结构(%)

Composition of Employment (%)

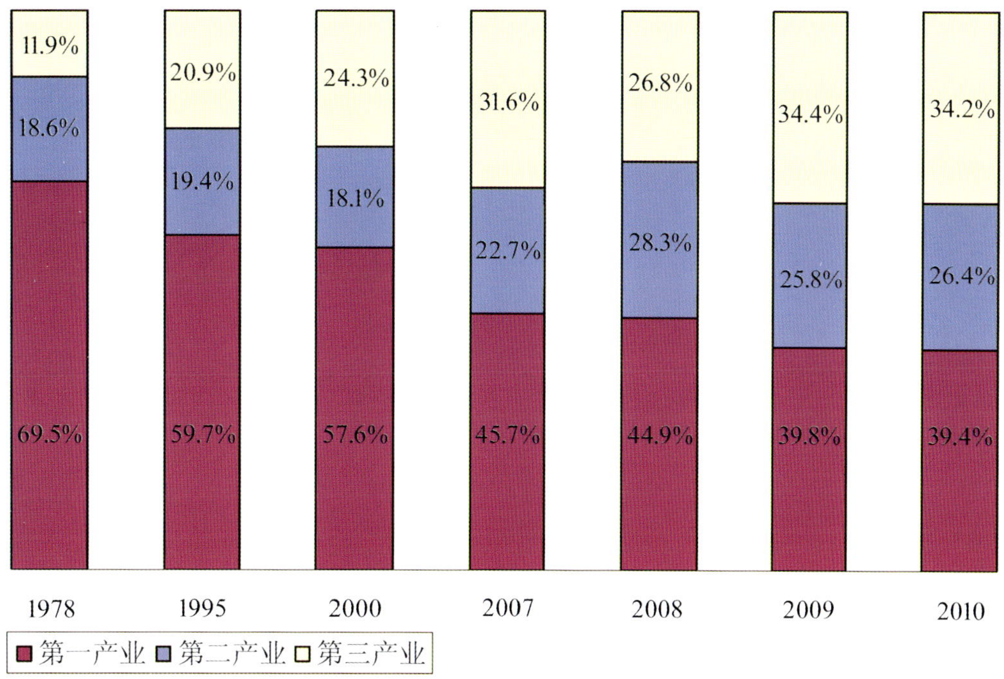

全社会固定资产投资额(亿元)

Total Investment In Fixed Assets (100 million yuan)

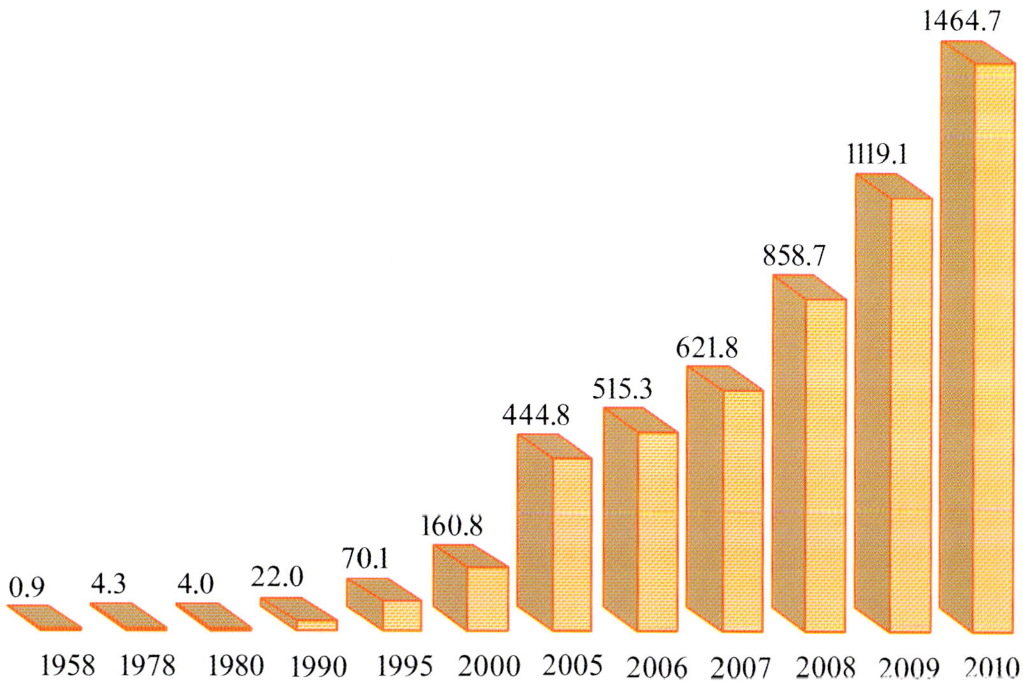

全社会固定资产投资占 GDP 比重（%）

Total Investment In Fixed Assets to GDP (%)

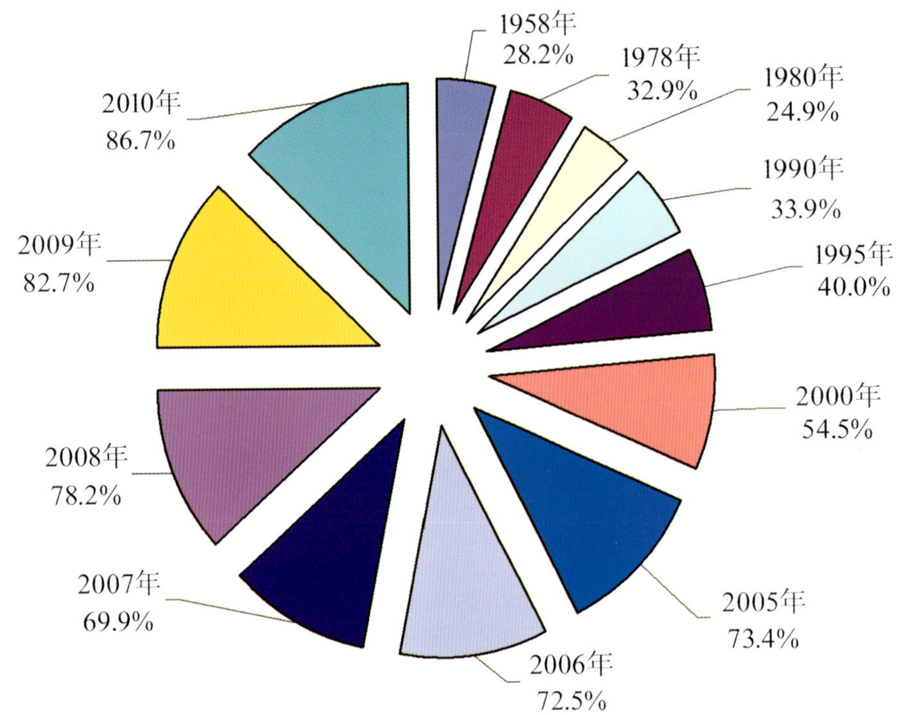

能源生产及消费（万吨标准煤）

Total Production and Consumption of Energy（10 000 tons of SCE）

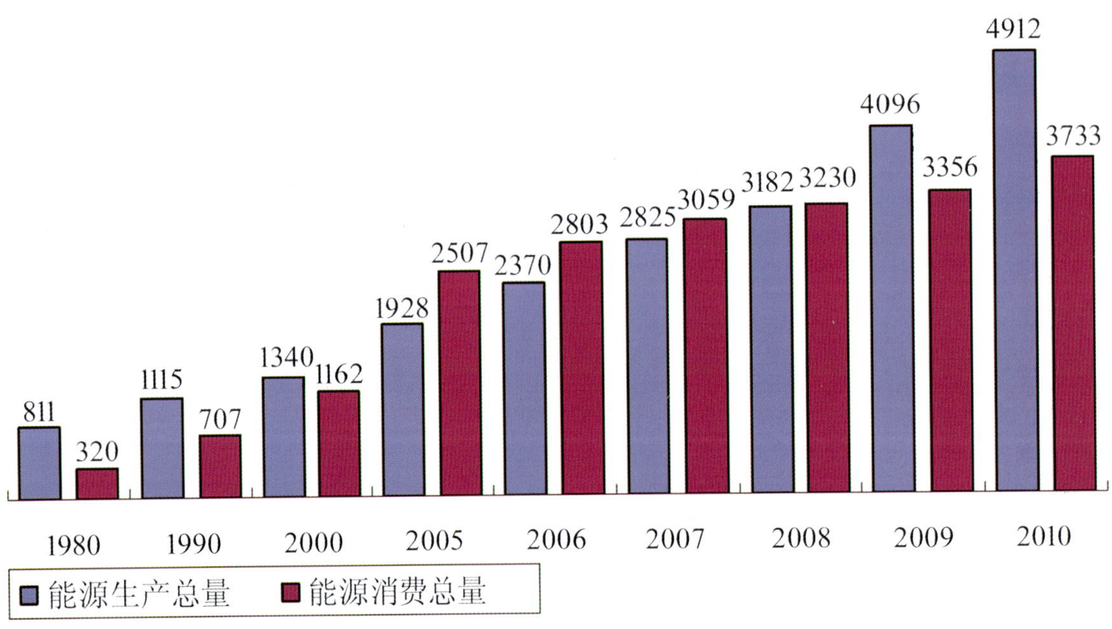

财政收入与支出(亿元)

Local Financial Revenue and Expenditure (100 million yuan)

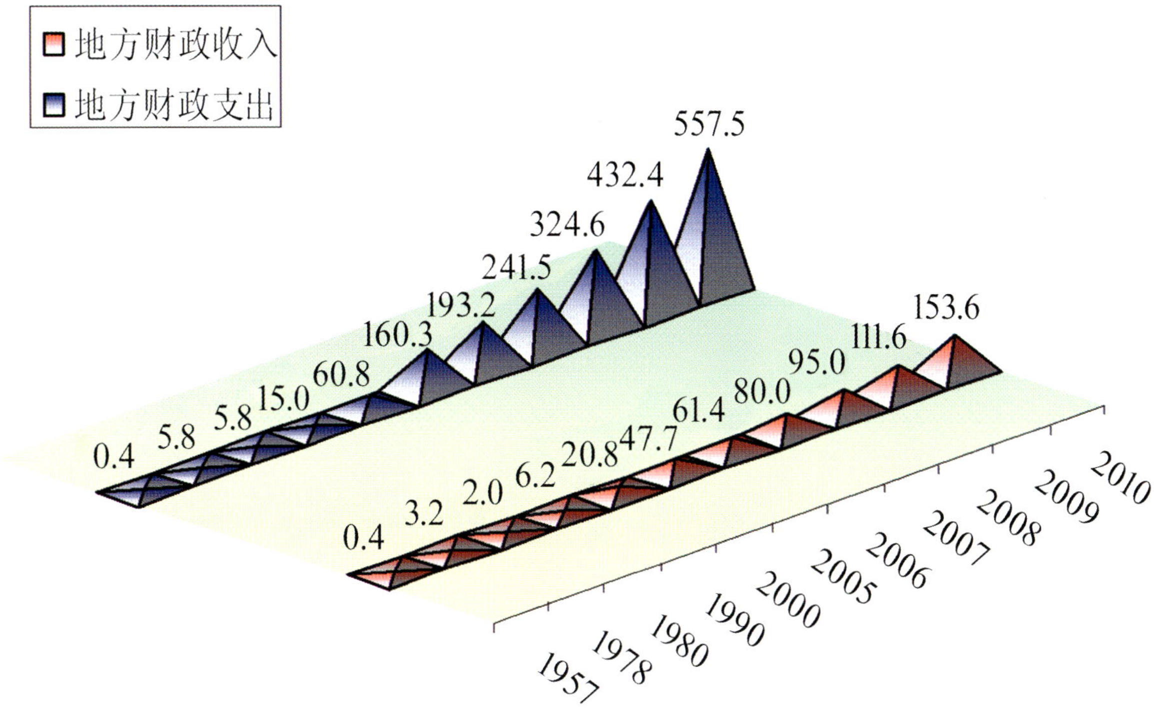

人民生活(元)

People's Livelihood (yuan)

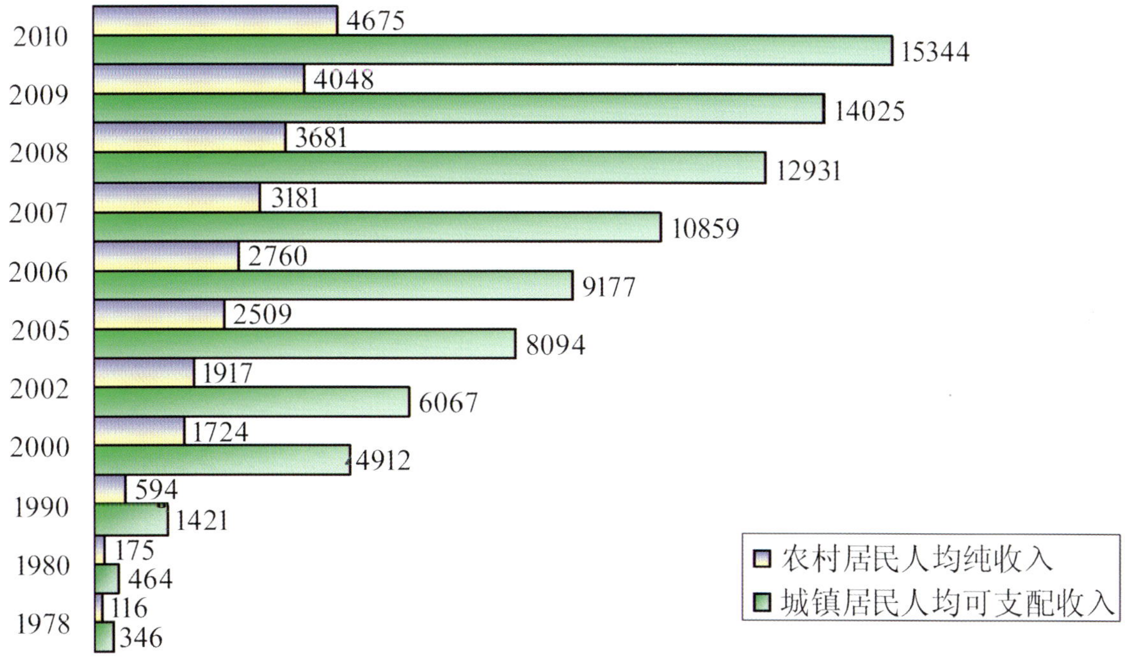

城乡居民储蓄存款余额(亿元)

Balance of Saving Deposit (100 million yuan)

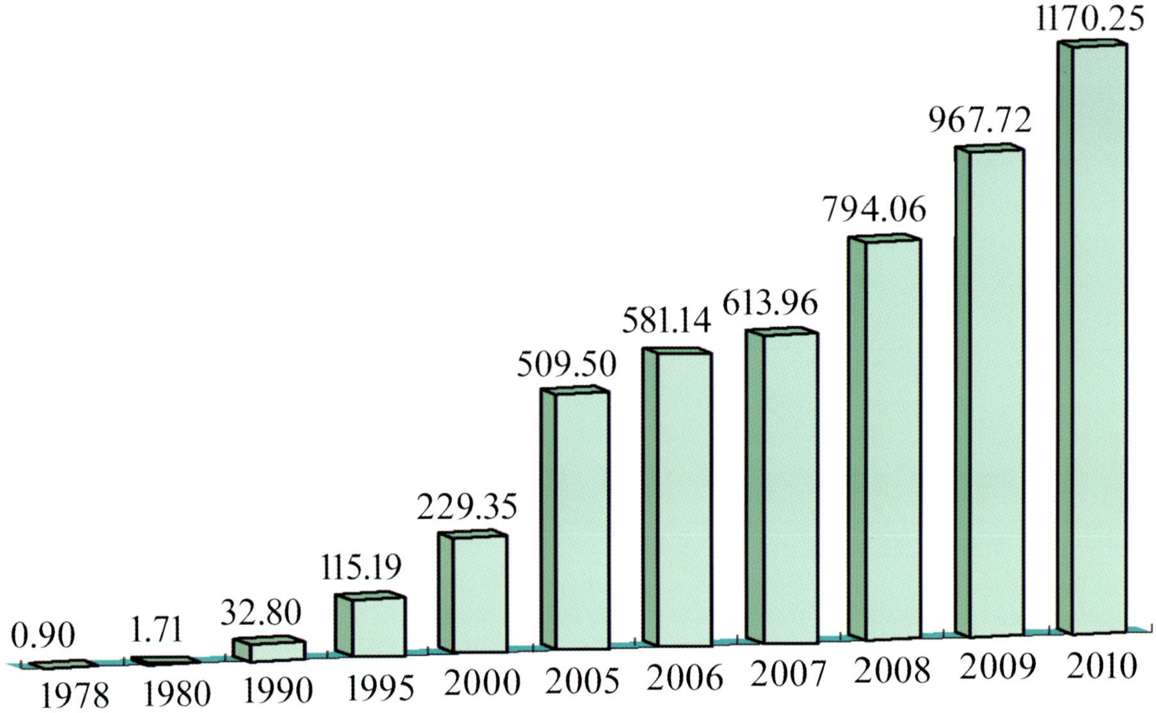

城市化率(%)

Urbanication (%)

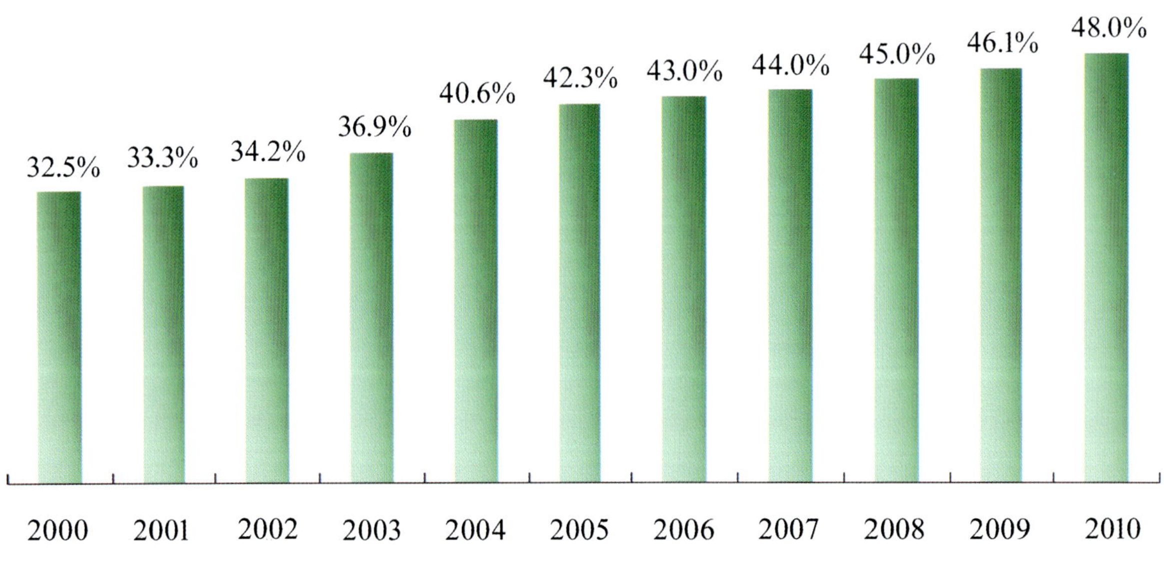

粮食产量(万吨)

Total Yield of Grain (10000 tons)

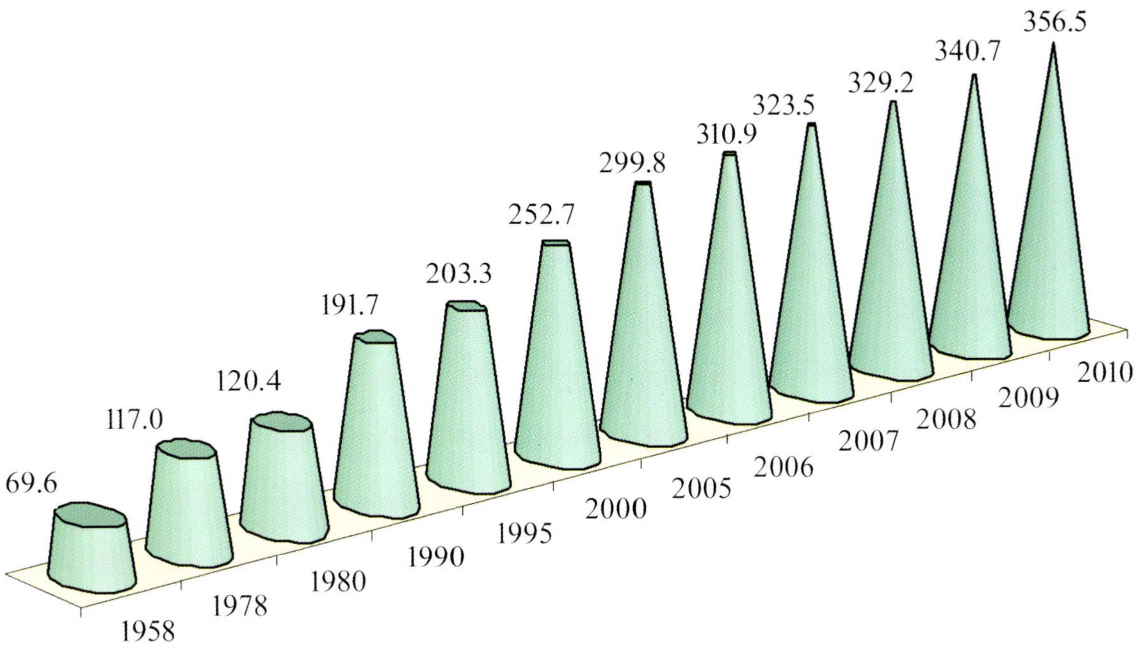

工业增加值(亿元)

Value-added of Industry (100 million yuan)

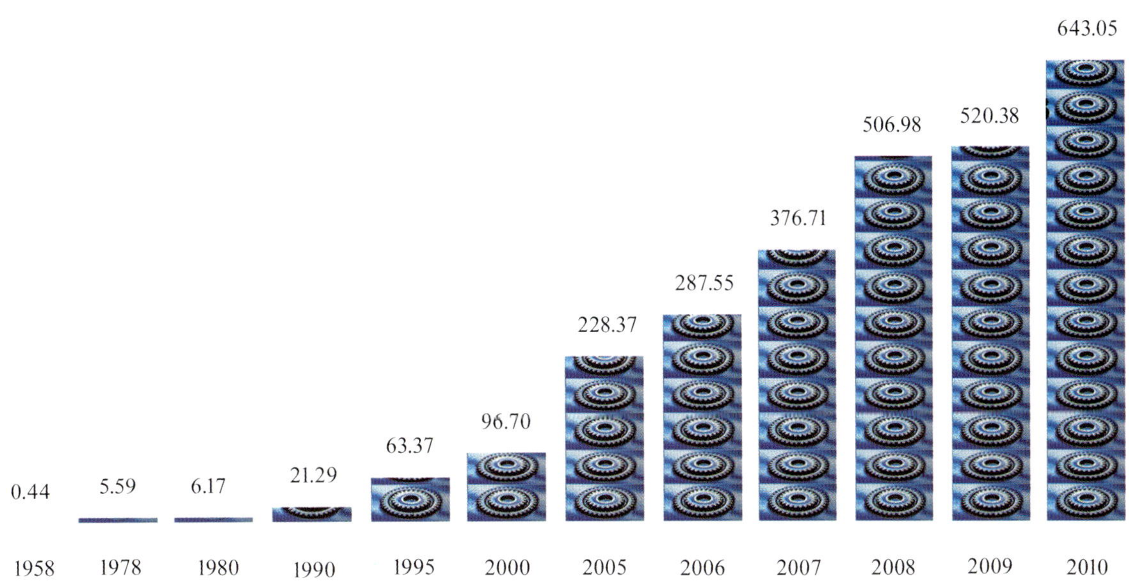

公路通车里程(公里)
Highway Operating Length (km)

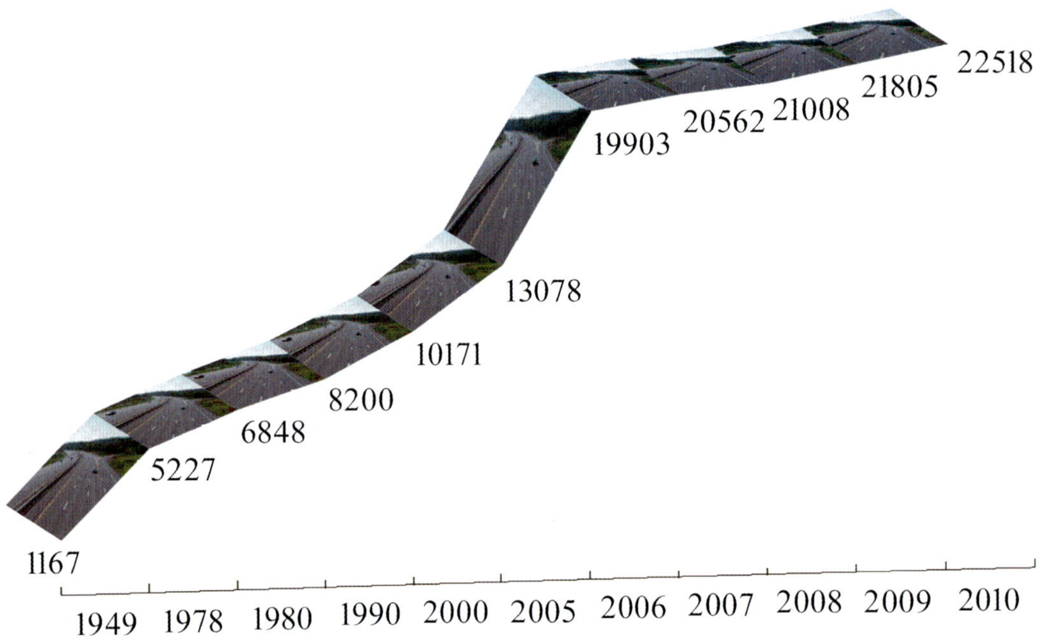

社会消费品零售总额(亿元)
Retail Sales of Consumer Goods (100 million yuan)

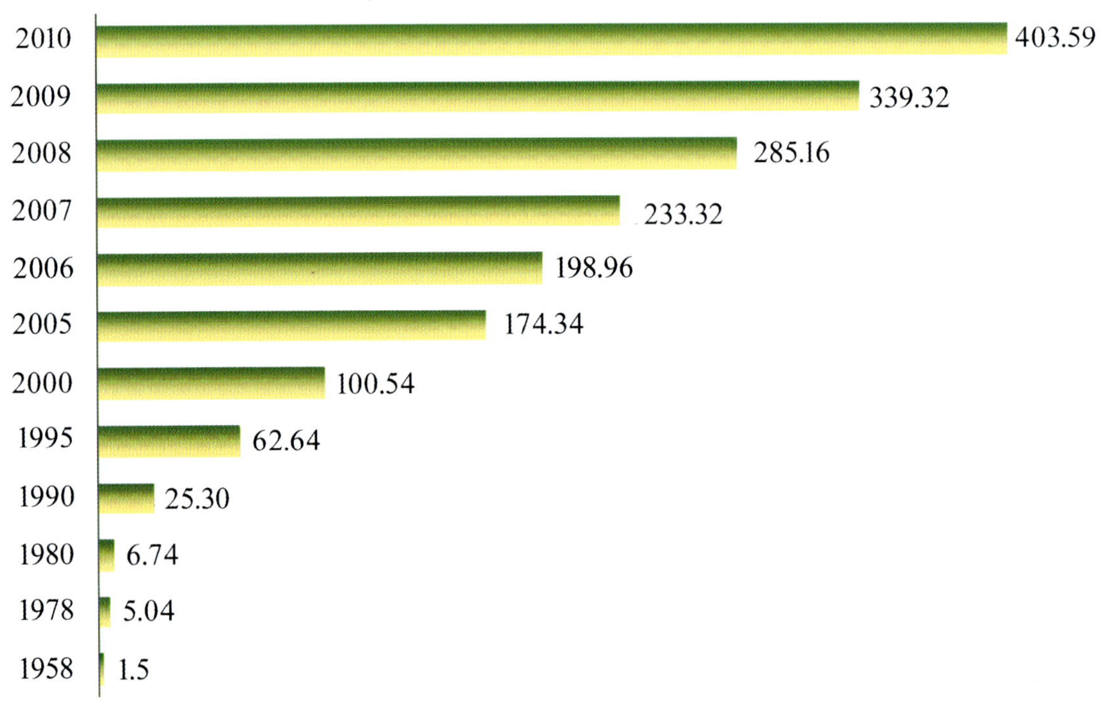

进出口总额(亿美元)

Total Value of Imports and Exports (USD 100 million)

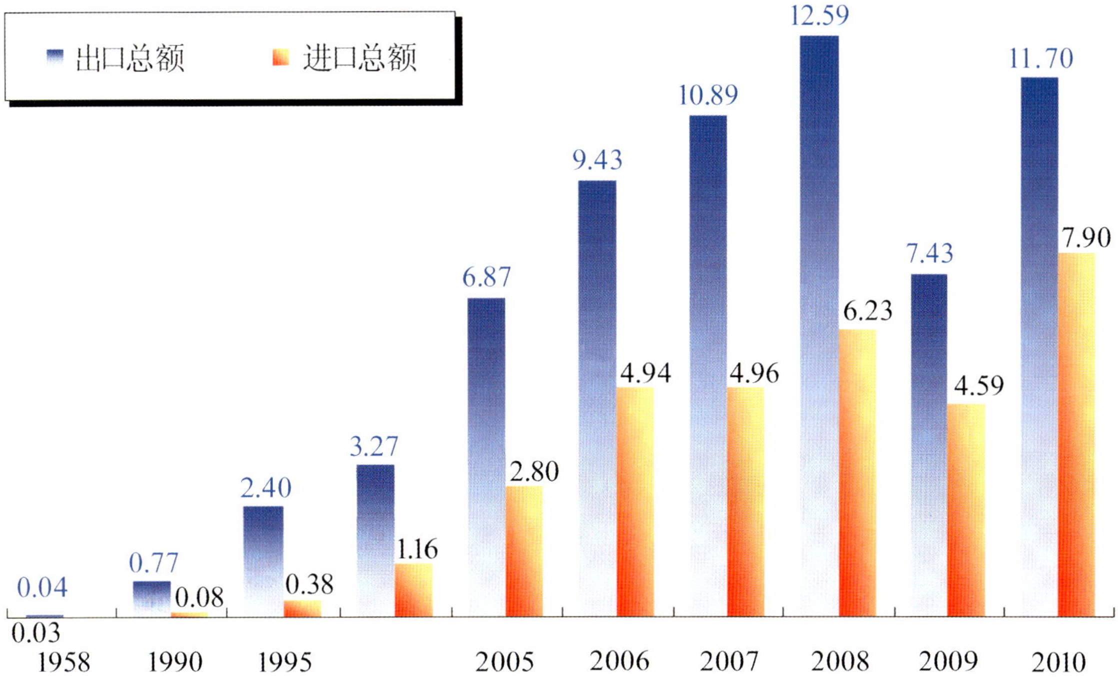

各类学校在校学生数(万人)

Enrolled Students in Various Schools (10000 preson)

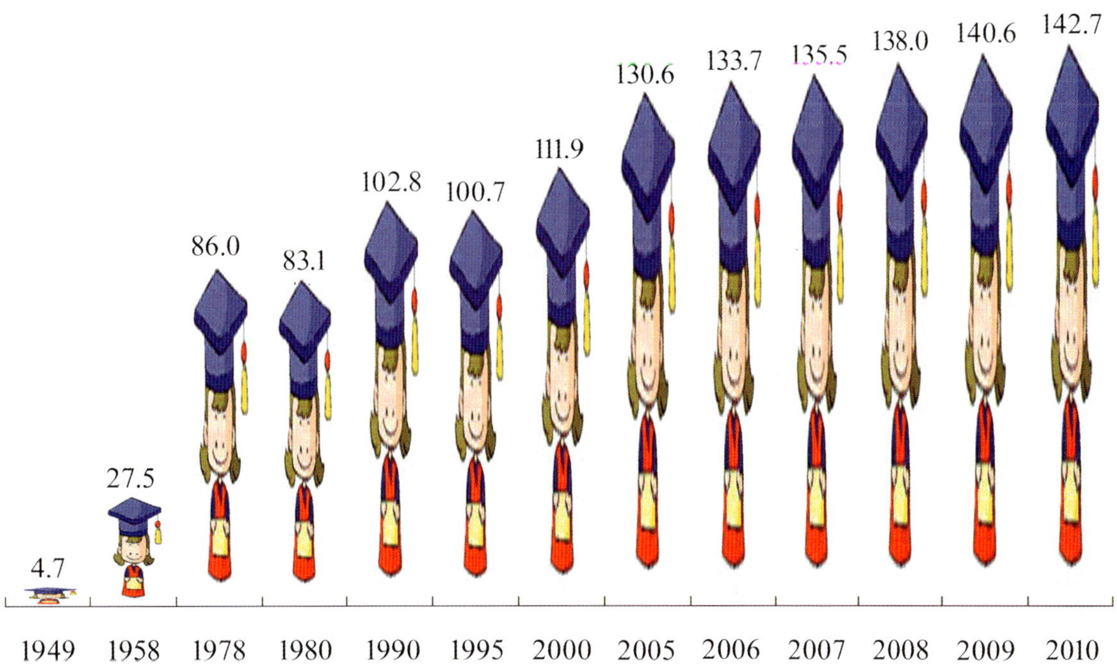

R&D 经费支出占 GDP 比重(%)

Expenditures on Research and Development to GDP (%)

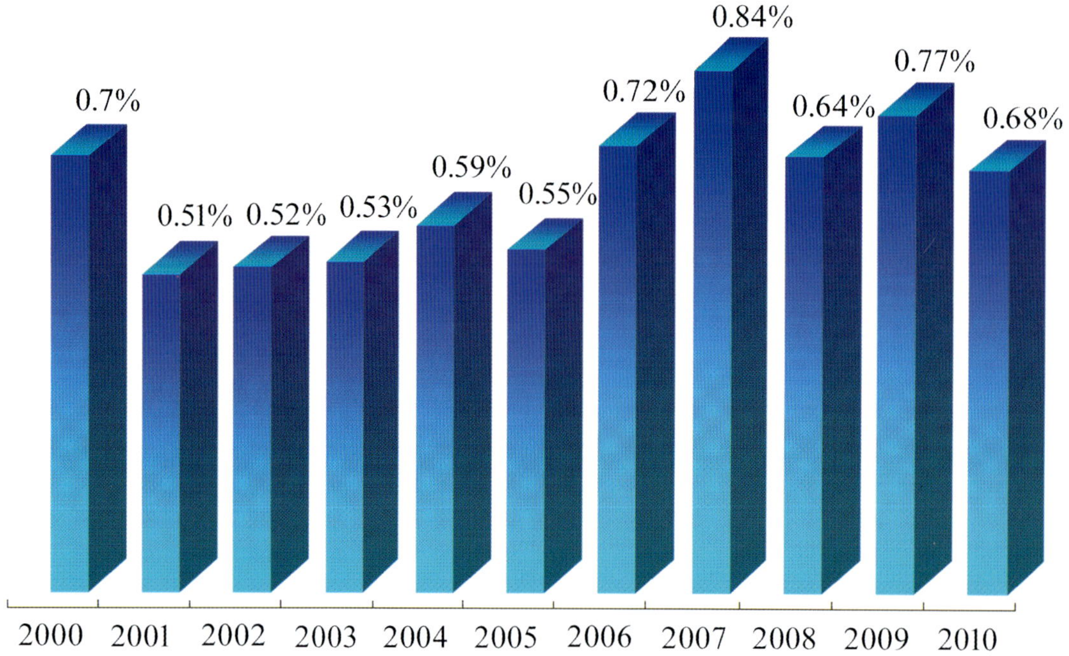

卫生机构数(个)

Health Care Institutions (unit)

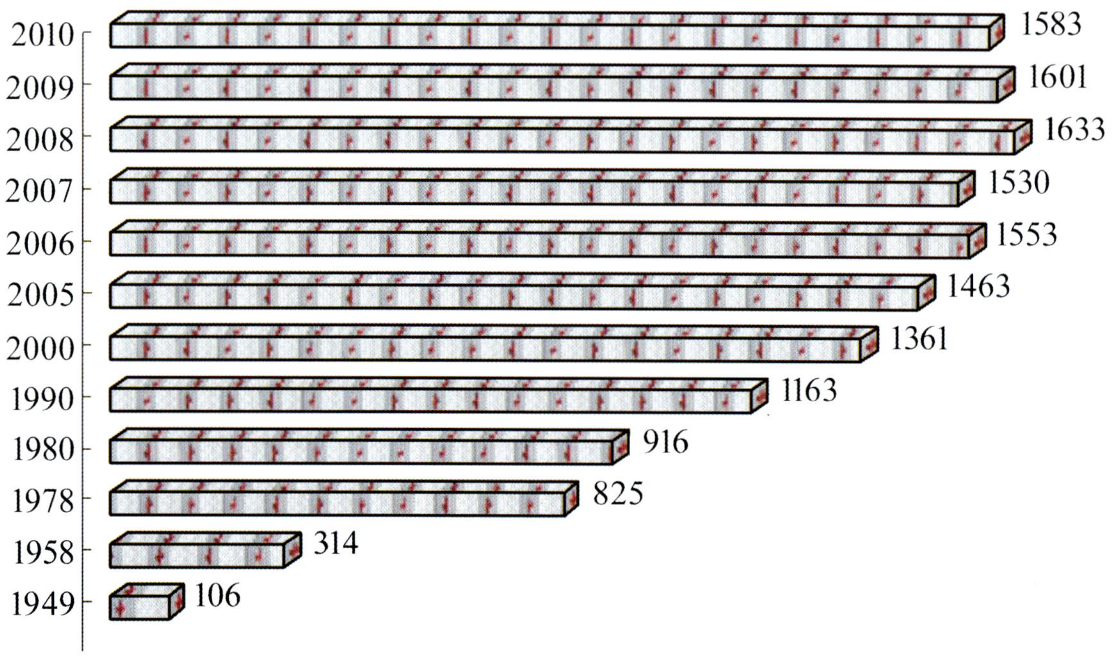

《宁夏统计年鉴—2011》

编辑委员会、编辑部

NINGXIA STATISTICAL YEARBOOK-2011
EDITORIAL BOARD AND EDITORIAL STAFF

Editorial Board

Editorial Staff

编辑说明

一、《宁夏统计年鉴—2011》是由宁夏回族自治区统计局、国家统计局宁夏调查总队联合编制,中国统计出版社公开出版发行的一部全面、系统、客观反映宁夏经济和社会发展的资料性年刊,是研究宁夏区情、交流社会信息、制定政策、指导工作不可缺少的重要工具,也是国内外各界认识宁夏的主要窗口。本《年鉴》收录了宁夏历史重要年份和2010年经济和社会各方面的统计数据,各市、县(区)主要统计数据,以及全国和各省(市、自治区)主要统计数据。

二、本书内容分特载和统计资料两大部分。特载包括政府工作报告和统计公报两部分。统计资料共分为二十二部分:1.行政区划与自然资源;2.综合;3.国民经济核算;4.人口;5.劳动力资源与工资;6.固定资产投资;7.能源;8.财政金融保险;9.物价指数;10.居民生活;11.农业;12.工业;13.建筑业;14.运输邮电;15.批发零售贸易和住宿餐饮业;16.对外经济贸易和旅游业;17.教育科技文化;18.体育卫生民政司法;19.环境保护;20.企业调查基本情况;21.宁夏农垦经济社会发展主要指标;22.各省市区主要经济指标。为便于读者使用,第三部分至第二十部分都附有主要统计指标解释。

三、本年鉴统计资料大部分来源于统计年报,部分来源于抽样调查,全国各省市区主要经济指标资料来源于中国统计出版社当年编印的《中国统计摘要》。

四、本年鉴对过去的统计年鉴资料重新进行了核实,对有的统计数据按新的口径作了调整,凡与本年鉴有出入的,均以本年鉴为准。

五、本年鉴出版发行工作,得到各级领导、有关部门和社会各界的大力支持,谨致谢意。由于我们编辑水平有限,不足之处在所难免,诚恳期望各界读者提出宝贵意见,以便进一步改进和提高我们的工作水平。

目　　录
Contents

特　　载
Special Issue

政府工作报告
Government Work Report
——在宁夏回族自治区第十届人民代表大会第五次会议上 …… 3
宁夏回族自治区统计局、国家统计局宁夏调查总队关于2010年国民经济和社会发展的统计公报 …… 11
Statistical Communique on the 2010 National Economic and Social Development of NingXia

统计资料
Statistics

第一篇　行政区划与自然资源
Administrative Division and Natural Resources

1-1　全区行政区划 …… 21
Administrative Divisions
1-2　自然资源状况 …… 22
Natural Resources
1-3　各市县土地利用情况 …… 24
Land Use by City and Country
1-4　主要矿产资源储量 …… 25
Reserves of Major Minerals
1-5　主要年份气象资料 …… 26
Meteorology in Main Years
1-6　各市县主要气象资料 …… 27
Meteorology by City and Country
1-7　各市县分月度平均气温 …… 28
Monthly Average Temperature by City and Country
1-8　各市县分月度降水量 …… 29
Monthly Precipitation by City and Country
1-9　各市县分月度日照时数 …… 30
Monthly Sunshine Hours by City and Country

第二篇　综合
General Survey

2-1　各部门机构单位数 …… 33
Grass-roots Units in Various Sectors
2-2　平均每天主要社会经济活动 …… 45
Selected Indicators on Average Daily Social and Economic Activities

2-3 国民经济与社会发展总量指标 …… 48
Principal Aggregate Indicators on National Economic and Social Development
2-4 国民经济与社会发展总量速度指标 …… 58
Growth Rate of Principal Aggregate Indicators on National Economic and Social Development
2-5 国民经济主要比例关系 …… 62
Major Indicators on Proportions in National Economic
2-6 按人口平均的主要经济指标 …… 64
Per capita Main Indicators on Economy
2-7 各市县国民经济主要指标及位次 …… 66
Major Indicators on National Economic and Ranking by City and Country

第三篇 国民经济核算

National Economic Accounting

3-1 地区生产总值 …… 75
Gross Domestic Product
3-2 地区生产总值构成 …… 77
Composition of Gross Domestic Product
3-3 地区生产总值指数 …… 78
Indices of Gross Domestic Product
3-4 分行业增加值及构成 …… 80
Value-added by Sector and Composition
3-5 主要年份支出法地区生产总值 …… 81
Gross Domestic Product by Expenditure Approach in Main Years
3-6 主要年份最终消费及构成 …… 82
Final Consumption Expenditure and Its Composition in Main Years
3-7 主要年份资本形成总额及构成 …… 83
Gross Capital Formation and Its Composition in Main Years
3-8 按支出法计算的地区生产总值 …… 84
Gross Domestic Product by Expenditure Approach
3-9 按消费类型划分的最终消费 …… 85
Final Consumption Expenditure by Patterns
3-10 按行业划分的资本形成总额 …… 86
Gross Capital Formation by Sector
3-11 各市县地区生产总值 …… 87
Gross Domestic Product by City and Country
主要统计指标解释 …… 89
Explanatory Notes on Main Statistical Indicators

第四篇 人口

Population

4-1 全区户数、人口数与性别比 …… 93
Household, Population and Sex Ratio
4-2 全区农业、非农业与市镇、乡村人口 …… 94
Population of Agriculture and Non-Agriculture, Urban and Rural
4-3 全区民族人口和构成 …… 95
Population by Nationality and Its Composition

4-4 全区人口自然变动情况 …… 96
Natural Change of Population
4-5 全区六次人口普查人口基本情况 …… 97
Basic Statistics on Population Census in 1953,1964,1982,1990,2000 and 2010
4-6 全区人口计划生育状况 …… 98
Family Planning
4-7 主要年份各市县人口总数 …… 99
Population by City and Country in Main Years
4-8 各市县户数、人口数 …… 100
Household and Population by City and Country
4-9 各市县民族人口和构成 …… 101
Population by Nationality in Cities and Countries
4-10 主要年份各市县回族人口数 …… 102
Population by the Hui Nationality by City and Country in Main Years
4-11 各市县人口自然变动情况 …… 103
Natural Changes on Population by City and Country
主要统计指标解释 …… 104
Explanatory Notes on Main Statistical Indicators

第五篇 劳动力资源与工资

Labor Force and Wages

5-1 就业基本情况 …… 107
Employment
5-2 劳动力资源和从业人员数 …… 108
Labor Force and Number of Employed Persons
5-3 全社会就业人员数 …… 109
Total Number of Employed Persons in the Whole Country
5-4 按经济类型划分的各行业从业人员数 …… 110
Number of Employed Persons by Sector at Year-end
5-5 国有单位从业人员数 …… 112
Employed Persons in State-owned Units
5-6 城镇集体单位从业人员数 …… 114
Employed Persons in Urban Collective-owned Units
5-7 城镇单位女性从业人员数 …… 116
Number of Female Employed Persons in Urban Units
5-8 全区个体劳动者人数 …… 118
Number of Self-employed Individuals
5-9 全区私营企业从业人员 …… 120
Number of Engaged Persons in Private Enterprises
5-10 城镇登记失业人数及失业率 …… 122
Registered Unemployed Persons and Unemployment Rate in Urban Area
5-11 在岗职工工资总额及指数 …… 123
Total Wages Bill of Staff and Workers and Related Indices

5-12 在岗职工平均工资及指数 …… 124
Average Wage of Staff and Workers and Related Indices
5-13 国有单位从业人员劳动报酬 …… 125
Earning of Employed Persons in State-owned Units
5-14 城镇集体单位从业人员劳动报酬 …… 128
Earning of Employed Persons in Urban Collective-owned Units
5-15 其他经济单位从业人员劳动报酬 …… 131
Earning of Employed Persons in Units of Other Types of Ownership
5-16 各市县从业人员数 …… 134
Number of Employed Persons by City and Country
5-17 各市县三次产业从业人员与构成 …… 135
Persons Employed in Three Industries and Composition by City and Country
5-18 各市县城镇单位在岗职工人数 …… 136
Number of Fully Employed Staff and Workers in Urban Entities by City and Country
5-19 主要年份各市县在岗职工人数 …… 137
Number of Fully Employed Staff and Workers by City and Country in Main Years
5-20 各市县城镇单位分行业在岗职工人数 …… 138
Number of Urban Entities Fully Employed Staff and Workers by Sector by City and Country
5-21 各市县在岗职工工资总额和指数 …… 141
Total Wages of Fully Employed Staff and Workers by City and Country and Related Indices
5-22 主要年份各市县在岗职工工资总额 …… 142
Total Wages of Fully Employed Staff and Workers by City and Country in Main Years
5-23 各市县在岗职工平均工资和指数 …… 143
Average Wages of Fully Employed Staff and Workers by City and Country and Related Indices
5-24 各市县分行业在岗职工工资总额 …… 144
Total Wages of Fully Employed Staff and Workers in Sector by City and Country
5-25 各市县分行业在岗职工平均工资 …… 147
Average Wages of Fully Employed Staff and Workers in Sector by City and Country
主要统计指标解释 …… 150
Explanatory Notes on Main Statistical Indicators

第六篇 固定资产投资

Investment in Fixed Assets

6-1 全社会固定资产投资基本情况 …… 153
Total Investment in Fixed Assets in the Whole Country
6-2 主要年份全社会固定资产投资 …… 155
Total Investment in Fixed Assets in the Whole Country in Main Years
6-3 城镇固定资产投资 …… 156
Investment in Fixed Assets in Urban Area
6-4 农村固定资产投资额 …… 162
Investment in Fixed Assets of Rural Households in Rural Areas
6-5 固定资产投资主要生产能力 …… 164
Major Incremental Production Capacity
6-6 房地产开发投资及财务主要指标 …… 166
Investment in Real Estate Development and Its Main Financial Indicators

6-7 商品房屋竣工面积、价值及平均造价 …… 168
Floor Space, Value and Average Cost of Commodity Buildings Completed
6-8 商品房屋销售面积、销售额及平均销售价格 …… 168
Floor Space Sold, Total Sales and Average Selling Price of Commercial Houses
6-9 商品房待售、出租面积 …… 169
Floor Space of Untapped and Rented Marketable Buildings
6-10 各市县城镇固定资产投资额 …… 170
Investment in Fixed Assets in Urban Area by City and Country
6-11 各市县按登记注册类型划分的城镇固定资产投资 …… 172
Investment in Fixed Assets in Urban Area by Registration Status by City and Country
6-12 各市县按资金来源划分的城镇固定资产投资 …… 174
Investment in Fixed Assets in Urban Area by Sources of Funds by City and Country
6-13 各市县按构成划分的城镇固定资产投资 …… 175
Investment in Fixed Assets in Urban Area by Composition of Fund by City and Country
6-14 各市县分行业城镇固定资产投资 …… 176
Investment in Fixed Assets in Urban Area by Sector by City and Country
6-15 各市县房地产开发企业(单位)土地开发及购置 …… 179
Land Development and Purchase of Enterprises for Real Estate Development by City and Country
6-16 各市县房地产开发企业(单位)投资完成情况 …… 180
Investment Actually Completed by Enterprises for Real Estate Development by City and country
6-17 各市县房地产开发经营情况 …… 181
Operating Statistics for Real Estate Development by City and Country
6-18 各市县商品房屋销售情况 …… 182
Sale of Commercialized Buildings by City and Country
主要统计指标解释 …… 183
Explanatory Notes on Main Statistical Indicators

第七篇 能源

Energy

7-1 主要年份能源生产总量和构成 …… 187
Total Production of Energy and Its Composition in Main Years
7-2 主要年份能源消费总量和构成 …… 188
Total Consumption of Energy and Its Composition in Main Years
7-3 主要年份每亿元工业总产值能源、电力消费量 …… 189
Energy and Electricity Consumption 100 Million Yuan of Gross Industrial Output Value in Main Years
7-4 主要年份单位能源、电力消费实现的工业总产值 …… 189
Gross Industrial Output Value per Unit of Energy and Electricity Consumption in Main Years
7-5 规模以上工业企业能源购进、消费与库存情况 …… 190
Energy Purchase, Consumption and Inventory of Industrial Enterprises above Designated Size
7-6 主要能源按工业行业分组消费量 …… 194
Major Consumption of Energy by Industries
7-7 各市县规模以上工业能源消耗表 …… 204
Consumption of Energy on Industry above Designated Size by City and Country
主要统计指标解释 …… 205
Explanatory Notes on Main Statistical Indicators

第八篇 财政金融保险

Government Finance, Financial Intermediation and Insurance

8-1 财政收支决算总表 …… 209

Financial Revenue and Expenditure Balance Sheet

8-2 主要年份地方财政收入 …… 211

Local Financial Revenue in Main Years

8-3 主要年份地方财政支出 …… 212

Local Financial Expenditure in Main Years

8-4 地方财政收支占地区生产总值比重 …… 213

Proportion of Government Revenue and Expenditure to GDP

8-5 金融机构信贷资金平衡表 …… 214

Balance Sheet of Credit Funds of Financial Institutions

8-6 主要年份金融机构各项存款余额 …… 215

Total Deposits of Financial Institutions in Main Years

8-7 主要年份金融机构各项贷款余额 …… 215

Total Loans of Financial Institutions in Main Years

8-8 按定期活期划分的居民储蓄存款余额 …… 216

Urban and Rural Household Saving Deposits by Time

8-9 保险公司主要业务指标 …… 216

Major Statistics for Insurance Company

8-10 各地市县金融机构存贷款余额 …… 217

The Balance of Deposits/Loans of Financial Institutions by City and Country

8-11 各地市县地方财政收入 …… 218

Local Financial Revenue by Prefecture, City and Country

8-12 各地市县地方财政支出 …… 219

Local Financial Expenditure by Prefecture by City and Country

主要统计指标解释 …… 220

Explanatory Notes on Main Statistical Indicators

第九篇 物价指数

Price Indices

9-1 居民消费价格指数 …… 225

Consumer Price Indices

9-2 商品零售价格总指数 …… 226

Retail Price Indices

9-3 各月居民消费价格指数 …… 228

Monthly Consumer Price Indices

9-4 各月商品零售及农业生产资料价格指数 …… 229

Monthly Price Indices for Retail and Agricultural Production

9-5 主要年份全区工业生产者出厂价格指数 …… 231

Producer Price Indices in Main Years

9-6 主要年份全区居民消费价格总指数 …… 234

Consumer Price Indices in Main Years

9-7 主要年份全区城市居民消费价格总指数 …… 236

Consumer Price Index of Urban Households in Main Years

9-8 主要年份全区农村居民消费价格总指数 …… 238
Consumer Price Index of Rural Households in Main Years
9-9 主要年份全区商品零售价格总指数 …… 240
Retail Price Index in Main Years
9-10 主要年份全区城市商品零售价格总指数 …… 242
Retail Price Index of Urban Households in Main Years
9-11 主要年份全区农村商品零售价格总指数 …… 244
Retail Price Index of Rural Households in Main Years
9-12 主要年份全区农业生产资料价格总指数 …… 246
Agricultural Production Index in Main Years
9-13 分市县居民消费价格指数 …… 248
Consumer Price Indices by City and Country
9-14 分市县商品零售价格指数 …… 250
Retail Price Indices by City and Country
主要统计指标解释 …… 254
Explanatory Notes on Main Statistical Indicators

第十篇 居民生活

People's Living Conditions

10-1 主要年份全区城镇居民家庭人口和收支情况 …… 257
Number of Households and Income and Expenditure of Uran Households in Main Years
10-2 主要年份全区城镇居民家庭分类平均每人消费性支出 …… 259
Per Capital Annual Living Expenditure of Urban Households in Main Years
10-3 主要年份全区城镇居民家庭平均每人购买主要商品数量 …… 260
Per Capital Annual Purchases of Major Commodities of Urban Households in Main Years
10-4 主要年份全区城镇居民家庭主要耐用消费品百户拥有情况 …… 261
Statistics of Major Durable Consumer Goods Owned Per 100 Urban Households in Main Years
10-5 城镇居民家庭按可支配收入不等距九组分组资料 …… 262
Statistics of Urban Households by Income Percentile
10-6 主要年份全区城镇居民家庭居住情况 …… 266
Housing Conditions of Urban Households in Main Years
10-7 2010年调查市县城镇居民家庭主要耐用消费品百户拥有情况 …… 268
Statistics of Major Durable Consumer Goods Owed Per 100 Urban Households by City and Country in 2010
10-8 2010年调查市县城镇居民家庭收支基本情况 …… 270
Statistics of Income and Expenditure of Urban Households by City and Country in 2010
10-9 主要年份全区农村居民家庭基本情况 …… 276
Statistics of Rural Households in Main Years
10-10 主要年份全区农村居民家庭纯收入来源情况 …… 280
Statistics of Net Income of Rural Households by Source in Main Years
10-11 主要年份农村居民家庭平均每人生活消费支出 …… 281
Per Capita Annual Expenditure of Rural Households in Main Years
10-12 主要年份全区农村居民家庭现金收入情况 …… 282
Statistics of Per Capita Cash Income of Rural Households in Main Years
10-13 主要年份全区农村居民家庭现金支出情况 …… 283
Statistics of Per Capita Cash Expenditure of Rural Households in Main Years

10-14 主要年份全区农村居民家庭生活消费现金支出 …… 284
Per Capita Cash Consumption Expenditure of Rural Households in Main Years
10-15 主要年份全区农村居民家庭主要食物消费情况 …… 285
Statistics of Major Foods Consumption of Rural Households in Main Years
10-16 主要年份全区农村居民家庭主要耐用物品拥有情况 …… 287
Statistics of Major Durable Goods Owned of Rural Households in Main Years
10-17 各市县(区)城镇居民人均可支配收入 …… 288
Per Capita Annual Disposable Income of Urban Households by City and Country
10-18 各市县农民家庭平均每人纯收入来源情况 …… 289
Per Capital Annual Income of Rural Households by City and Country
10-19 主要年份各市县农民家庭平均每人纯收入 …… 290
Per Capital Annual Income of Rural Households by City and Country in Main Years
10-20 主要年份各市县农民家庭平均每人生活消费支出 …… 291
Per Capital Consumption Expenditure of Rural Households by City and Country in Main Years
10-21 各市县农村居民家庭平均每百户耐用消费品拥有量 …… 292
Number of Durable Consumer Goods Owned Per 100 Rural Households by City and Country
主要统计指标解释 …… 294
Explanatory Notes on Main Statistical Indicators

第十一篇　农业

Agriculture

11-1 农村基层基本情况 …… 301
Basic Statistics on Rural Areas
11-2 农业机械拥有量 …… 303
Major Agriculture Machinery
11-3 农业施肥量及农村用电量 …… 304
Consumption of Chemical Fertilizers and Electricity in Rural Areas
11-4 农林牧渔业总产值、中间消耗及增加值 …… 305
Gross Output, Intermediate Consumption and Added Value of Agriculture, Forestry, Animal Husbandry and Fishery
11-5 主要年份农林牧渔业总产值 …… 307
Gross Output Value of Agriculture, Forestry, Animal Husbandry and Fishery in Main Years
1-6 农林牧渔业总产值指数 …… 308
Agriculture, Forestry, Animal Husbandry and Fishery Related Indices
11-7 农林牧渔业总产值指数 …… 309
Agriculture, Forestry, Animal Husbandry and Fishery Related Indices
11-8 耕地面积、造林面积和播种面积 …… 310
Cultivated Areas, Afforested Areas and Sown Area
11-9 主要农产品产量 …… 311
Output of Major Farm Products
11-10 主要农产品产量及单位面积产量 …… 312
Output of Major Farm Products Per Hectare
11-11 主要畜产品产量 …… 314
Output of Major Livestock Products
11-12 造林面积 …… 314
Afforested Areas

11-13 各市县农村基层组织和基础设施 …… 316
Grassroots Units and Construction of Infrastructural Facilities by City and Country
11-14 各市县乡村从业人员 …… 317
Rural Persons Engaged by City and Country
11-15 各市县农用化肥施用量 …… 318
Consumption of Chemical Fertilizers by City and Country
11-16 各市县农林牧渔业总产值 …… 319
Gross Output Value of Agriculture, Forestry, Animal Husbandry and Fishery by City and Country
11-17 各市县农林牧渔业增加值 …… 320
Value-added of Agriculture, Forestry, Animal Husbandry and Fishery by City and Country
11-18 各市县农作物播种面积 …… 321
Total Sown Areas of Farm Crops by City and Country
11-19 各市县主要农作物产量 …… 323
Output of Major Farm Products by City and Country
11-20 各市县主要牲畜存、出栏数 …… 325
Number of Animals on Hand and Slaughtered by City and Country
11-21 各市县主要畜产品产量 …… 326
Output of Major Livestock Products by City and Country
11-22 各市县渔业生产情况 …… 327
Output of Basic Indicators on Fishery by City and Country
主要统计指标解释 …… 328
Explanatory Notes on Main Statistical Indicators

第十二篇 工业

Industry

12-1 全部工业总产值 …… 331
Gross Industrial Output Value
12-2 规模以上工业企业单位数和工业总产值 …… 332
Number of Industrial Enterprises above Designated Size and Gross Industrial Output Value
12-3 主要工业产品产量 …… 335
Output of Major Industrial Products
12-4 规模以上国有、集体企业分行业单位数和工业总产值 …… 338
Number of Industrial Enterprises and Collective-owned Enterprises above Designated Size and Gross Industrial Output Value by City and Country
12-5 规模以上工业企业职工人数 …… 340
Number of Industrial Enterprises above Designated Size of Staff
12-6 规模以上工业企业主要经济指标 …… 342
Main Economic Indicators of Industrial Enterprises above Designated Size
12-7 分行业规模以上工业企业主要经济指标 …… 346
Main Economic Indicators of Industrial Enterprises above Designated Size by Sector
12-8 大中型工业企业主要经济指标 …… 352
Main Economic Indicators of Large & Medium-Sized Industrial Enterprises
12-9 大中型工业企业分行业主要经济指标 …… 356
Main Economic Indicators of Large & Medium-Sized Industrial Enterprises by City and Country

12-10 各市县规模以上工业企业单位数 …… 362
Number of Industrial Enterprises above Designated Size by City and Country
12-11 各市县规模以上工业总产值 …… 363
Output of Major Industrial Products by City and Country
12-12 各市县规模以上工业企业主要财务指标 …… 364
Main Financial Indicators on Industrial Enterprises above Designated Size by City and Country
2-13 各市县规模以上国有及国有控股与集体企业工业总产值 …… 368
Gross Industrial Output Value of state-owned and state holding industrial enterprises, Collective-owned Enterprises by City and Country
12-14 各市县规模以上国有及国有控股工业企业主要财务指标 …… 369
Main Financial Indicators on state-owned and state holding industrial enterprises above Designated Size by City and Country
12-15 各市县规模以上集体工业企业主要财务指标 …… 372
Main Financial Indicators on Collective-owned Enterprises above Designated Size by City and Country
12-16 各市县规模以下工业总产值 …… 374
Gross Industrial Output Value of Industrial Enterprises Below Designed Size
主要统计指标解释 …… 375
Explanatory Notes on Main Statistical Indicators

第十三篇 建筑业

Construction

13-1 全区建筑施工企业个数和职工人数 …… 379
Number of Construction Enterprises and Employed Persons in Construction Enterprises
13-2 国有及国有控股建筑施工企业情况 …… 379
Statistics on State-owned and State-holding Industrial Construction Enterprises
13-3 建筑企业生产情况 …… 380
Production Situation on Construction Enterprises
13-4 建筑企业财务状况 …… 386
Financial Indicators on Construction Enterprises
13-5 劳务分包建筑业企业主要经济指标 …… 394
Main Indicators of Lab our Subcontractors in Construction Industry
13-6 建筑业企业概况 …… 398
Main Indicators on Construction Enterprises
13-7 建筑业企业主要经济指标 …… 399
Main Economic Indicators on Construction Enterprises
13-8 各市县建筑企业生产情况 …… 400
Production Situation on Construction Enterprises by City and Country
13-9 各市县建筑企业财务状况 …… 403
Financial Indicators on Construction Enterprises by City and Country
主要统计指标解释 …… 409
Explanatory Notes on Main Statistical Indicators

第十四篇 运输邮电

Transport, Postal and Telecommunication Services

14-1 主要年份交通运输工具和线路里程 …… 413
Major Transport Conveyance and Line Mileage

14-2 主要年份运输线路长度 …… 414
Length of Transportation Routes
14-3 主要年份客货运输量 …… 415
Passenger and Freight Traffic
14-4 主要年份客货周转量 …… 416
Passenger and Freight Turnover Volume
14-5 主要年份邮电业务总量 …… 417
Business Volume of Post and Telecommunication Services
主要统计指标解释 …… 418
Explanatory Notes on Statistical Indicators

第十五篇 批发零售贸易和住宿餐饮业
Wholesale, Retail, Housing and Catering

15-1 限额以上批发业法人、活动单位、个体户数、从业人员总数 …… 421
Number of Corporation Enterprises, Establishments,Self-employed and Engaged Persons above Designated Size of Wholesale
15-2 限额以上零售业法人、活动单位、个体户数、从业人员总数 …… 422
Number of Corporation Enterprises, Establishments, Self-employed and Engaged Persons above Designated Size of Retail Trades
15-3 限额以上批发业法人企业商品销售总额 …… 423
Commodity Sales of Wholesale and Retail Trades above Designated Size
15-4 限额以上零售业法人企业商品销售总额 …… 424
Commodity Sales of Wholesale and Retail Trades above Designated Size
15-5 限额以上住宿业法人、活动单位、个体户数、从业人员总数 …… 425
Number of Corporation Enterprises, Establishments, Branches and Engaged Persons of Star-rated Hotels
15-6 限额以上餐饮业法人、活动单位、个体户数、从业人员总数 …… 426
Number of Corporation Enterprises, Establishments, Branches and Engaged Persons above Designated Size of Catering Services
15-7 限额以上住宿业法人企业经营情况 …… 427
Bussiness of Enterprises above Designated Size of Hotels
15-8 限额以上餐饮业法人企业经营情况 …… 428
Bussiness of Enterprises above Designated Size of Catering Servies
15-9 限额以上批发和零售业法人企业财务状况 …… 429
Financial Indicators of Wholesale and Retail Enterprises above Designated Size
15-10 限额以上住宿和餐饮法人企业财务状况 …… 433
Financial Status of Accommodation and Catering Enterprises above Designated Size
15-11 主要年份社会消费品零售总额 …… 435
Total Retail Sales of Consumer Goods
15-12 主要年份社会消费品零售总额构成 …… 437
Composition of Total Retail Sales of Consumer Goods
15-13 各市县社会消费品零售总额 …… 439
Total Retail Sales of Consumer Goods by City and Country
15-14 各市县主要年份社会消费品零售总额 …… 440
Total Retail Sales of Consumer Goods by City and Country in Main Years
15-15 各市县限额以上住宿业和餐饮业经营情况 …… 441
Business of Hotels and Accommodation above Designated Size by City and Country

主要统计指标解释 ······ 442
Explanatory Notes on Statistical Indicators

第十六篇 对外经济贸易和旅游业

Foreign Trade and Economic Cooperation and Tourism

16-1 主要年份进出口贸易总额 ······ 447
The Value of Imports and Exports
16-2 按贸易方式和企业性质划分的进出口商品总额 ······ 448
Total Imports and Exports by Trade Pattern
16-3 主要出口商品数量 ······ 449
Main Exported Commodities in Volume
16-4 进出口商品分国别(地区)总额 ······ 450
Value of Imports Exports By County (Region) of Origin
16-5 外商投资企业协议投资额 ······ 451
Foreign Investment Agreements
16-6 分国别(地区)外商投资企业投资额 ······ 452
Investment of Foreign Capital by Country and Region
16-7 利用外资情况 ······ 453
Basic statistics on Utilization of Foreign Capital
16-8 借用国外资金情况 ······ 453
Basic Statistics on Utilization of Foreign Capital
16-9 外贸商品出口额 ······ 454
Total Exports by Trade Pattern
16-10 接待海外旅游者人数 ······ 454
Number of Tourists Overseas
16-11 旅游外汇收入情况 ······ 454
Basic Statistics on Foreign Exchange
16-12 各市县进出口贸易额 ······ 455
Tatal Value of Imports and Exports By City and County
主要统计指标解释 ······ 456
Explanatory Notes on Main Statistical Indicators

第十七篇 教育科技文化

Education, Science and Technology and Culture

17-1 主要年份各类学校基本情况 ······ 459
Basic Statistics for Schools in Main Years
17-2 主要年份各级各类学校数 ······ 461
Number of Various Schools in Main Years
17-3 主要年份各级各类学校教职工数 ······ 462
Number of Teachers and Staff in Various Schools in Main Years
17-4 主要年份各级各类学校在校学生数 ······ 463
Number of Student Enrollment in Various Schools in Main Years
17-5 主要年份各级各类学校招生数 ······ 464
Number of New Students Enrollment in Various Schools in Main Years

17-6 主要年份各级各类学校毕业生数 …… 465
Number of Graduates in Various School in Main Years
17-7 高等学校基本情况 …… 466
Basic Statistics on Higher Schools
17-8 普通高等学校分科学生数 …… 466
Student Enrollment in Regular Institutions of Higher Education by Filed of Study
17-9 普通中等专业学校学生分科类情况 …… 467
Statistics on Specialized Secondary School Students by Subject
17-10 成人教育基本情况 …… 467
Basic Statistics on Adult Educations
17-11 主要年份学龄儿童入学率 …… 468
Percentage of School-age Children Enrolled in Main Years
17-12 主要年份平均每万人口在校学生数 …… 468
Number of Enrolled Students Per 10000 Population in Main Years
17-13 主要年份平均每一专任教师负担学生数 …… 469
Average Number of Students Instructed by a Full-time Teacher
17-14 主要年份地方国有企、事业单位各类专业技术人员 …… 469
Number of Scientific and Technical Personnel in Local State-owned Enterprise and Institutions
17-15 地方国有企、事业单位各类专业技术人员构成 …… 470
Composition of Scientific and Technical Personnel in Local State-owned Enterprises and Institutions
17-16 文化产业机构和人员数 …… 471
Cultural Institutions and Personnel
17-17 图书、杂志、报纸出版情况 …… 471
Publication of Books, Magazines and Newspapers
17-18 各类科技机构概况 …… 472
Basic Statistics on Scientific Research
17-19 全区科技活动基本情况 …… 474
Basic Statistics on Scientific and Technological Activities
17-20 主要年份广播电视事业发展情况 …… 475
Statistics on Broadcasting and TV Stations
17-21 各市县各级各类学校数 …… 476
Number of Various Schools by City and Country
17-22 各市县各级各类学校在校学生数 …… 477
Number of Enrolled Students in Various Schools by City and Country
17-23 主要年份各市县普通中学在校学生数 …… 478
Number of Student in Regular Secondary Schools by City and Country
17-24 主要年份各市县小学在校学生数 …… 479
Number of Enrolled Students in Primary Schools by City and Country
17-25 各市县平均每万人口在校学生数 …… 480
Number of Enrolled students Per 10 000 Population by City and Country
17-26 各市县小学毕业人数和毕业率 …… 481
Number of Graduates and Graduation Rate of Primary School by City and Country
17-27 各市县文化产业机构数和人数 …… 482
Number of Cultural Institutions and Personnel by City and Country
主要统计指标解释 …… 484
Explanatory Notes on Main Statistical Indicators

第十八篇 体育卫生民政司法

Sports, Public Health, Civil Administration and Judicature

18–1 体委系统职工人数 …… 487
Number of Staff and Workers in Sports Commissions

18–2 等级运动员和裁判员分项发展人数 …… 488
Rank Athletes and Referees Share

18–3 主要年份体育场地数 …… 489
Number of Sports Venous

18–4 主要年份运动员打破纪录情况 …… 489
Athletes Broke Records

18–5 主要年份卫生机构数 …… 490
Number of Health Care Institutions

18–6 主要年份卫生机构床位数 …… 491
Number of Beds in Health Care Institutions

18–7 各类医院机构、床位及人员数 …… 492
Number of Health Care Institutions,Beds and Persons

18–8 社会福利类收养性单位基本情况 …… 492
Basic Statistics on Social Welfare and Salvation Institutions

18–9 主要年份社会福利事业、企业单位和工作人员数 …… 493
Number of Social Welfare Institutions & Enterprises and Personnel Engaged

18–10 主要年份享受救济人员情况 …… 493
Persosns Receiving Subsidies or Relief Funds

18–11 主要年份律师、公证、调解工作基本情况 …… 494
Basic Statistics on Lawyers,Notarization and Mediation

18–12 火灾、交通事故情况 …… 494
Basic Statistics on Fire and Traffic Accidents

18–13 各市县卫生机构数 …… 495
Number of Institutions by City and Country

18–14 主要年份各市县医院数 …… 497
Number of Hospitals by City and Country

18–15 各市县卫生机构人员数 …… 498
Number of Employed Persons in Health Institutions by City and Country

18–16 主要年份各市县卫生技术人员数 …… 499
Medical Technical Personnel in Health Care Institutions by City and Country

18–17 各市县卫生机构床位数 …… 500
Number of Beds in Health Care Institution by City and Country

主要统计指标解释 …… 501
Explanatory Notes on Main Statistical Indicators

第十九篇 环境保护

Environment Protection

19–1 全区环境保护基本情况 …… 505
Basic Statistics on Environmental Protection

19–2 工业分行业废水排放及处理情况 …… 508
Discharge and Treatment of Waste Water by Sector

19-3 工业分行业废气排放及处理情况 …… 510
Emission and Treatment of Waste Gas by Sector
19-4 工业分行业工业固体废物产生及处理利用情况 …… 514
Production, Treatment and Utilization of Industrial Solid Wastes by Sector
19-5 各市县工业废水排放及处理情况 …… 516
Discharge and Treatment of Industrial Waste Water by City and Country
19-6 各市县工业废气排放及处理情况 …… 517
Emission and Treatment of Industrial Waste Gas by City and Country
19-7 各市县工业固体废物产生及处理利用情况 …… 519
Production, Treatment and Utilization of Industrial Solid Wastes by City and Country
19-8 各市县生活污染物排放情况 …… 521
Discharge of Pollutions from Daily Life by City and Country
19-9 各市县工业污染治理项目及投资情况 …… 522
Investment in Anti-industrial Pollution Projects
主要统计指标解释 …… 524
Explanatory Notes on Main Statistical Indicators

第二十篇 企业调查基本情况

Enterprise Survey Information

20-1 全区企业家信心指数 …… 527
Index of Confidence on Macro Economy by Enterprisers
20-2 全区企业景气指数 …… 528
Prosperity Index on Enterprises
20-3 工业企业景气指数 …… 529
Prosperity Index on Industry Enterprises
20-4 建筑业企业景气指数 …… 529
Prosperity Index on Construction Enterprises
20-5 交通运输、仓储和邮政业企业景气指数 …… 530
Prosperity Index on Transport, Storage and Post Enterprises
20-6 批发和零售业企业景气指数 …… 530
Prosperity Index on Wholesale and Retail Trade Enterprises
20-7 房地产业企业景气指数 …… 531
Prosperity Index on Real Estate Enterprises
20-8 社会服务业企业景气指数 …… 531
Prosperity Index on Social Service Enterprises
20-9 信息传输、计算机服务和软件业企业景气指数 …… 532
Prosperity Index on Information Transmission, Computer Service and Software Enterprises
20-10 住宿和餐饮业企业景气指数 …… 532
Prosperity Index on Hotels and Restaurants
主要统计指标解释 …… 533
Explanatory Notes on Statistical Indicators

第二十一篇 宁夏农垦经济社会发展主要指标

Economic and social development of Agricultural Cultivation in Ningxia

21-1 宁夏农垦经济社会发展主要指标 …… 539
Economic and social development of Agricultural Cultivation in Ningxia

第二十二篇　各省市区主要经济指标
Main Economic Indicators by Region

22-1　各省市区地区生产总值及增长速度 …… 545
Gross Domestic Product and Its Growth Rate by Region
22-2　各省市区地区生产总值构成 …… 546
Composition of Gross Domestic Product by Region
22-3　各省市区年末总人口 …… 547
Population by Region at the Year End
22-4　各地区在岗职工人数及平均工资 …… 548
Number of Staff and Workers and Average Wages by Region
22-5　各省市区固定资产投资 …… 549
Total Investment in Fixed Asstes in the Whole Country by Region
22-6　各省市区房地产开发企业(单位)投资和商品房销售额 …… 550
Investment Actually Completed by Enterprises for Real Estate Development and Sale of Commercialized Buildings by Region
22-7　各省市区房地产开发企业(单位)土地购置及开发情况 …… 552
Land Development and Purchase of Enterprises for Real Estste Development by Region
22-8　各省市区地方财政收入与支出 …… 553
Local Financial Revenue and Expenditure by Region
22-9　各省市区居民消费价格指数 …… 554
Consumer Price Indices by Region
22-10　各省市区农业生产资料价格指数 …… 556
Indices of Producers'Price for Farm Productes by Region
22-11　各省市区城镇居民家庭人均收支情况 …… 558
Per Capita Annual Income and Expenditures of Urban Households by Region
22-12　各省市区农村居民家庭人均收支情况 …… 559
Per Capita Annual Income and Expenditures of Rural Households by Region
22-13　各省市区农林牧渔业总产值及增长速度 …… 560
Gross Output Value of Farming,Forestry,Animal Husbandry and Fishery and Growth by Region
22-14　各省市区主要农产品产量 …… 561
Major Product Output of Farming by Region
22-15　各省市区规模以上工业企业主要经济指标 …… 563
Main Economic Indicators of Industrial Enterprises above Designated Size by Region
22-16　各省市区规模以上工业企业主要经济效益指标 …… 564
Main Economic Indicators of Industrial Enterprises above Designated Size by Region
22-17　各省市区规模以上工业企业主要工业产品产量 …… 565
Output of Major Products of Industrial Enterprises above Designated Size by Region
22-18　各省市区能源消耗指标 …… 568
Indicators of Energy Consumption by Region
22-19　各省市区建筑业主要经济指标 …… 569
Main Economic Indicators on Construction Enterprises by Region
22-20　各省市区客运量和旅客周转量 …… 570
Total Passenger Traffic and Passenger-Kilometers by Region
22-21　各省市区货运量和货物周转量 …… 571
Total Freight Traffic and Freight Ton-kilometers by Region
22-22　各省市区社会消费品零售总额 …… 572
Total Retail Sales of Consumer Goods by Region
22-23　各省市区货物进出口总额 …… 573
Total Imports and Exports by Region
22-24　各省市区国际旅游接待情况 …… 574
International Tourism by Region

【特载】Special Issue

2010年宁夏回族自治区人民政府工作报告

——在宁夏回族自治区第十届人民代表大会第五次会议上

宁夏回族自治区主席 王正伟

（2011年1月18日）

各位代表：

很高兴与大家相聚在这个庄严神圣的地方。现在，我代表自治区人民政府，向大会作政府工作报告，请予审议，并请自治区政协委员和其他列席人员提出意见。

一、去年工作回顾

2010年，是实施"十一五"规划的最后一年。面对复杂多变的国内外经济环境，我们沉着应对，攻坚克难，夺取了保增长、转方式、调结构、惠民生等一系列重大成就。一年来，在党中央、国务院和自治区党委的坚强领导下，全区上下深入贯彻科学发展观，坚决落实中央宏观调控政策，全面完成了自治区十届人大三次会议确定的各项目标任务，保持了经济社会持续快速健康发展的旺盛势头。

——经济增速刷新纪录。实现地区生产总值1643亿元，增长13.4%，是新世纪以来增速最快的一年；一、二、三产分别增长7%、16%、11.6%。财政一般预算总收入287亿元，增长34.3%，其中地方财政一般预算收入突破150亿元，达153.6亿元，增长37.7%。

——发展动力显著增强。投资、消费、出口"三驾马车"强劲拉动。全社会固定资产投资达1464.7亿元，增长30.9%，接近"十五"总和；社会消费品零售总额突破400亿元，增长19%；进出口总额19.6亿美元，增长63.2%，其中出口增长57.5%，增幅居全国前列。

——结构调整实现突破。设施农业提前跨过百万亩大关，特色农业产值占比突破80%；"五优一新"工业增加值以20%的速度增长，低能耗产品出口额超过60%；旅游业异军突起，物流金融快速增长；绿色环保产业发挥效益，节能减排任务全面完成。

——社会事业蓬勃发展。14个县(市、区)普及高中阶段教育，西北最大的职业教育实验实训基地建成投用。文化卫生体育设施继续完善，服务功能快速提升。新型农村社会养老保险制度提前10年实现全覆盖。人口自然增长率控制在9.4‰。

——人民生活明显改善。10项民生计划全面落实，30件为民实事超额完成。城镇居民人均可支配收入15345元，增长9.4%。农民人均纯收入4675元，增长15.5%，连续5年保持两位数增长。城乡居民人民币储蓄余额达1170.3亿元，增长20.9%。

这些成就的取得，标志着我区在现代化建设的征程上又迈出了新的坚实步伐，极大地增强了全区各族人民科学发展、跨越发展的信心和决心！

一年来，我们主要做了以下工作：

（一）建成一批重大项目，跨越发展的基础更加坚实。集中开展宁东、黄河金岸等项目建设大会战，重点推进50个事关全局和长远的重大项目。建成了宁东至山东直流输电、神华宁煤煤基烯烃一期一套等一批投资过百亿元的重大工程；贯通了银川至石嘴山、孟家湾至营盘水高速公路和吴忠黄河公路大桥；完成了太中银铁路建设等工程，新增铁路里程375公里；六盘山机场建成通航，河东机场三期扩建、包兰铁路复线、银川火车站改造加速推进；一批城镇道路、供排水、污水和垃圾处理等基础设施建成投用；贺兰山体育场、宁夏大剧院、儿童医院、防沙治沙技术学院一期等一批社会事业工程加快实施；灌区续建配套与节水改造、盐环定扬黄续建、中北部土地开发整理和"六个百万亩"生态林业等项目加紧建设，治理水土流失1134平方公里，新增造林143万亩，森林覆盖率达11.4%。

（二）突出培育优势产业，跨越发展的路径更加明晰。制定了"1+7"配套政策文件，力推产业结构优化升级和发展方式加速转变。以"三大示范区"统领现代农业发展，规划建设120个现代农业示范基地，加快推进"三个百万亩"工程，设施农业、覆膜保墒旱作农业、扬黄补灌高效节水农业分别达106万亩、130万亩和60万亩，灌区种植冬麦64万亩，粮食生产实现七连增，枸杞、葡萄、红枣、马铃薯、淡水鱼等13个特色产业规模、效益呈两位数增长，农业科技贡献率达50%；成功引进雨润、煌上煌等一批知名"农字号"龙头企业，主要农产品加工转化率达52%。以"五优一新"产业带动新型工业发展，提升"五大十特"工业园区功能，宁东基地建设全面提速，灵武羊绒产业园跻身国家级园区。新增煤炭产能1000万吨、新型煤化工产能112万吨、火电装机360万千瓦、风电装机68万千瓦，多(单)晶硅产能达8500吨、太阳能发电装机11万千瓦，冶金、有色、建材、机械、电力五大行业增加值增幅均超20%。新能源、新材料、新医药等新兴产业加快发展，太阳能发电能力居全国前列。以自主创新推动企业技术进步，实施重点技改项目50个，完成投资160亿元，新增工业增加值46亿元。实施重大科技专项33个，两大成果荣获国家科技进步奖。世界首条正负660千伏直流输电工程单极试运行，首套煤基烯烃项目试产成功，首台百万千瓦超超临界空冷机组并网发电，均创同类项目世界之最。以节能减排助推发展方式转变，果断采取10项硬措施，阶段性关停140家能耗高的企业，淘汰了一批落后产能。预计单位生产总值能耗下降4.13%，化学需氧量、二氧化硫排放量分别削减2.56%、1.02%。坚持办好10件环保实事，重点领域、重点行业污染得到有效整治，环境质量持续改善。

（三）着力扩大消费需求，跨越发展的动力更加强劲。认真落实国家扩大消费的各项政策，大力实施"万村千乡"、"现代农村市场体系建设"和家电、汽车、摩托车下乡等工程，成功引进华润万家、北京物美、世纪金花等大型商贸集团，城市连锁经营和超市向农村延伸，农家店覆盖所有乡镇和90%的行政村。大力发展现代物流业，加快建设"三大口岸"、"九大物流园区"和"十大专业市场"，开通银川至迪拜货运航线、银川至连云港集装箱班列，民航客运吞吐量突破300万人次，增长28.3%。精心打造特色旅游目的地，规划建设黄河大峡谷、须弥山石窟、水洞沟遗址等景区景点，接待游客超过千万人次，旅游总收入67.8亿元，增长27.6%。积极培育房地产、汽车等消费热点，商品房销售936万平方米，增长20.7%；汽车类零售额59.1亿元，增长44.2%。

（四）全线贯通黄河金岸，跨越发展的平台更加宽广。黄河金岸建设全面展开。402公里标准化堤防和508公里滨河大道全线通车，两岸新增耕地4.7万亩、湿地11万亩、生态绿地65万亩。华夏石刻艺术园、黄河文化展示园、世界沙博园"三大主题公园"规划完成，枸杞博物馆、黄河圣坛、黄河书院等一批地标性建筑基本建成。城乡统筹加快推进。以黄河金岸为主轴，带动了沿黄10个城市的共同发展。银川市争创全国文明城市和联合国宜居城市进展顺利；石嘴山、吴忠、中卫等城市特色更加鲜明，承载力不断提升；贺兰跨入西部百强县行列，灵武、平罗、青铜峡位次前移；12个特色示范乡镇建设步伐加快。

公积金异地购房贷款全面推开，4条城际公交开通运行。山川互动效应显现。随着沿黄城市带辐射力的增强，以固原为中心的宁南山区进入了快速蓬勃发展的新时期。固原市在陕甘宁老区的重点城市地位日益凸显，中南部县城聚集能力正在增强。干旱带县内生态移民稳步推进，又有4万人迁入移民新村。第三批扶贫开发整村推进全面完成，草畜、马铃薯、苗木、劳务、生态旅游等产业提速升级，中南部地区农民人均纯收入增速连续3年高于川区。

（五）成功举办中阿经贸论坛，跨越发展的空间更加广阔。出台了"发展内陆开放型经济意见"，高水平举办园博会、文博会、房车节等六大节会，首届中阿经贸论坛成为我区历史上规格最高、规模最大、参会国家最多的国际性盛会。启动了"三大基地"、"五个中心"的具体规划，银川德胜清真食品、吴忠穆斯林用品工业园加快建设，在泰国、阿联酋等国家和地区设立了宁夏产品销售中心。多批次组团赴长三角、珠三角及东盟、中东等地开展大型招商活动，全年招商引资到位资金突破800亿元；积极开展与周边省区的横向联合，成功举办能源化工"金三角"合作论坛。大力度推进重点领域改革，自治区直管县改革试点稳步实施，农垦、集体林权、农村土地流转等改革取得阶段性成效，文化、医药卫生体制改革进展顺利；招商银行银川分行、宁夏回商村镇银行挂牌运营，宁夏银行天津分行加紧筹建；信贷市场活跃有序，人民币存贷款余额分别达2573.6亿元和2398.7亿元，增长25%和25.1%；青龙管业实现我区民营企业上市"零"的突破。

（六）全面完成民生计划，跨越发展的合力更加增强。全年投入民生和社会事业资金389亿元，占全区一般预算支出的70%。全民创业深入开展，培育小企业3658个、小老板8830个，创造新岗位4.76万个，1.97万名高校毕业生实现就业，新增城镇就业6.9万人，输转农村劳动力75.5万人次，城镇登记失业率控制在4.35%。社保体系不断完善，妥善解决12.1万人的养老和2万人的医保遗留问题；率先在全国开展统筹城乡居民基本医疗保险试点；率先在全国建立孤儿养育津贴制度，7000多名孤儿生活得到保障。城乡居民稳步增收，提高全区最低工资标准，调高离退休人员生活补贴，加大对低收入群体的转移支付，实施事业单位绩效工资改革；落实农业5项补贴，提高粮食最低收购价。居住条件得到改善，首创廉租房配建制度，补助标准西部最高，新建廉租房1.4万套、经适房1.9万套、棚户区住房9170户，改造危窑危房3.4万户，7.6万户城市低收入家庭实现住有所居，30多万农民喜迁新居；加强房地产市场调控，房屋销售价格涨幅从最高时的14%回落到5.9%。教育事业稳步发展，新建改造加固校舍120万平方米，新增教学班800个；营养早餐工程惠及山区37.5万中小学生；高中阶段教育毛入学率84.5%，教育强县（区）达18个；职业教育基础能力明显增强，中职招生增速全国第一；高等教育健康发展；民族教育积极推进。基本医疗卫生服务不断改善，新建改扩建县以上医院9所、中心乡镇卫生院9所、社区和村卫生室77所；公立医院优势特色专科建设效果显著，中医药、回医药稳步发展；妇幼卫生"四免一救助"惠及13万妇女儿童；城乡大病医疗救助制度进一步完善，重大疫病防控有力有效；"少生快富"扩面提标。文化体育等事业加快发展，推进文化惠民工程，公共文化服务水平不断提升；文学艺术和哲学社会科学进一步繁荣，《月上贺兰》、《花儿》等剧目荣获国家级大奖。成功举办黄河金岸国际马拉松赛、第十三届全区运动会和第七届全区少数民族传统体育运动会，在第五届全国特奥会上实现奖牌和总分双突破。第六次人口普查顺利推进。慈善、老龄、残疾人、红十字、妇女儿童等事业快速发展。地质勘查、统计调查、防灾减灾、外事侨务、参事文史等工作都取得了新的成绩。

（七）大力加强效能建设，跨越发展的保障更加有力。坚持依法行政，自觉接受人大及其常委会依法监督和政协民主监督，办理人大代表建议176件、政协委员提案485件，提请人大审议地方性法规议案10件，制定政府规章12件，取消或调整行政审批事项35项；认真听取各民主党派、工商联、无党派人士意见建议；支持工会、共青团、妇联、侨联、科协等人民团体积极开展工作，充分发挥作用。突出高效便民，加快电子政务建设，区市县乡四级政务服务网上审批和督查取得有效进展，率先在全国开展乡镇民生服务中心规范化建设试点；出台政务公开等有关制度，行政透明度全国排名第二；强化效能目标考核，政风行风持续好转。加强管理创新，全面贯彻党的民族宗教政策，民族团结进步、宗教和谐稳定的局面进一步巩固；开展重点领域专项整治，加强食品药品监管，安全生产形势总体平稳；完善矛盾纠纷排查调处机制，有效预防和妥善处置群体性事件；强化城镇社区建设，管理服务能力进一步提高；全面完成“五五”普法，健全完善社会治安防控体系，严厉打击各类违法犯罪活动；支持部队和国防建设，人防和双拥工作不断加强。强化廉政为民，加大审计、监察力度，实行执法责任和过错追究，纠正损害群众利益的不正之风，突出对中央扩内需项目的监督检查，因公出国(境)、公务购车及运行、公务接待支出得到合理控制。

各位代表，总结去年，我们深感欣慰和自豪；回顾“十一五”，我们更觉得不平凡、不寻常。可以说，“十一五”是宁夏历史上经济发展最快、城乡面貌变化最大、群众得到实惠最多的5年！

5年来，我们经受住了诸多重大事件和自然灾害的严峻考验，办成了一系列大事，办妥了一系列难事，办好了一系列喜事，全区经济实力和各项事业连续跃上新台阶。与2005年相比，地区生产总值从612.6亿元跃升至1643亿元；地方财政一般预算收入从47.7亿元增长到153.6亿元；城镇居民人均可支配收入从8094元提高到15345元；农民人均纯收入从2509元增加到4675元；全社会固定资产投资累计完成4580亿元，是“十五”时期的2.9倍。地区生产总值、地方财政一般预算收入、全社会固定资产投资平均增速均为改革开放以来最快的5年。

5年来，我们坚决贯彻中央的一系列决策部署，深刻领会国家的战略导向，主动对接，积极工作，做深做细做实与宁夏结合的文章，宁东基地建设规划得到国家发展改革委批准，宁夏沿黄经济区、六盘山区集中连片扶贫开发攻坚以及大柳树水利枢纽工程等写入中央《关于深入实施西部大开发战略的若干意见》，吴忠、固原、中卫等市县(区)将列入陕甘宁革命老区振兴规划，特别是国务院专门出台的《关于进一步促进宁夏经济社会发展的若干意见》，为我区确定了一整套符合科学发展实际的政策措施，明确了“六大基地、六个示范区、一个目的地”的战略定位，充分体现了党中央、国务院对宁夏的亲切关怀和巨大支持。我们成功举办自治区成立50周年大庆活动，向全国、全世界展示了宁夏民族团结、经济繁荣、社会进步、奋力跨越的新形象，产生了重大而深远的影响。我们着力推进以设施农业为重点的现代农业、以“五优一新”产业为重点的新型工业、以特色旅游和物流金融为重点的现代服务业、以黄河金岸为重点的城乡山川统筹，优化经济结构、转变发展方式取得重大成效。我们积极申请国务院批准我区永久承办“中阿经贸论坛”，实现了对外开放的历史性突破。我们连续4年实施民生计划，投入资金1257.4亿元，为民办实事120件，新建维修校舍228万平方米，新建改扩建县级医院23所、乡镇卫生院238所，建成廉租房和经适房11.1万套，改造棚户区住房1.4万户、农村危窑危房14.7万户，解决了158万农村群众的安全饮水问题，修建农村公路6500公里，减少贫困人口33.2万人，56.3万困难群众享受最低生活保障，372万农民参加了新农合，123万农民参加了新农保，有效缓解了上学难、看病难、养老难、饮水难、居住难、出行难等关系群众切身利益的一系列难题。我们面对严重的国际金融危机，出手快、出拳准，及时采取作用直接、见效迅速的一揽子应对举措，成功战胜了新世纪以来最严重的困难，取得了保增长、保民生、保稳定的重大胜利！

各位代表，5年的拼搏奋斗，创造了巨大的物质财富，为全面建设小康社会打下了坚实基础；5年的生动实践，积累了西部欠发达地区解决发展问题的宝贵经验，初步走出了一条具有宁夏特点的跨越发展新路。回首这5年，我们心中充满了敬佩与感动，我们感念党中央、国务院的亲切关怀与厚爱，感激社会各界的大力帮助与支持，感佩600多万回汉各族人民的卓越创造与无私奉献。在此，我代表自治区人民政府，向辛勤耕耘在各条战线的广大干部群众，向给予政府工作大力支持的人大代表、政协委员、各民主党派、工商联和各界人士，向中央驻宁单位、驻宁部队、武警官兵，致以崇高的敬意！向所有关心支持宁夏发展的港澳同胞、台湾同胞、海外侨胞、国际友人，表示衷心的感谢！

在肯定成绩的同时，我们也清醒地看到，我区经济社会发展还面临着一些亟待解决的问题：一是经济总量较小，自我发展能力不强，市场化程度不高，科技创新能力弱，增长方式较为粗放，制约发展的结构性矛盾依然突出；二是社会事业发展滞后，山川、城乡之间发展不平衡、不协调，扶贫攻坚及生态移民的压力较大，保障和改善民生的任务艰巨；三是生态环境依然脆弱，节能减排约束增大，推进“两型”社会建设任重道远；四是公共服务较为薄弱，一些行业管理粗放，群众关心的房价较高、物价上涨、教育医疗优质资源紧缺等问题有待进一步解决。

二、“十二五”的奋斗目标和主要任务

“十二五”时期，是全面建设小康社会的关键时期，是加快转变经济发展方式的攻坚时期，更是我区实现科学发展、跨越发展的重要时期。根据党的十七届五中全会和自治区党委十届十一次全会精神，《自治区国民经济和社会发展第十二个五年规划纲要(草案)》提出今后5年的总体思路是：高举中国特色社会主义伟大旗帜，以邓小平理论和“三个代表”重要思想为指导，深入贯彻落实科学发展观，顺应全区各族人民过上更好生活的新期待，以科学发展为主题，以加快转变经济发展方式为主线，深入实施西部大开发战略，着力推进以项目为载体的基础设施建设，着力推进以构建现代农业产业体系为主要任务的农业现代化，着力推进以宁东能源化工基地建设为重点的新型工业化，着力推进以沿黄城市带为支撑的特色城市化，着力推进以生态治理和节能减排为抓手的生态环境建设，着力推进以生态移民攻坚为重点的扶贫开发进程，深化改革开放，保障改善民生，加强民族团结，维护社会稳定，奋力推动我区经济社会科学发展、跨越发展，为建设和谐富裕的新宁夏，实现全面建设小康社会的宏伟目标而努力奋斗。

主要预期目标是：2015年地区生产总值在2010年的基础上实现翻番，年均增长12%左右，人均生产总值达到41500元（约合6250美元）；地方财政一般预算收入实现翻番，年均增长15%；全社会固定资产投资5年累计完成1.5万亿元，年均增长25%左右；经济结构调整取得重大进展，三次产业协调发展；人民生活显著改善，城乡居民收入与经济发展同步增长。

实现上述目标，必须把调整经济结构、提升竞争力，作为转变经济发展方式、实现新跨越的主攻方向；必须把科技进步、自主创新，作为转变经济发展方式、实现新跨越的有力支撑；必须把保障民生、改善民生，作为转变经济发展方式、实现新跨越的出发点和落脚点；必须把建设资源节约型、环境友好型社会，作为转变经济发展方式、实现新跨越的重要着力点；必须把深化改革、扩大开放，作为转变经济发展方式、实现新跨越的强大动力；必须把民族团结、社会稳定，作为转变经济发展方式、实现新跨越的重要保障。

纵观国际风云，把握发展大势，我们已进入了一个全球经济在交汇中艰难前行、世界市场在摩擦中深度融合、各地发展在竞争中优胜劣汰的历史新阶段。面对这样一个复杂多变、竞争激烈的时代，抢占发展制高点，创造竞争新优势，实现宁夏新跨越，是我们必须完成的历史使命。今后5年，要在以下五个方面实现战略性突破：

（一）着力建设现代产业聚集区，全面提升经济竞争力。现代产业是增强区域经济自我发展能力的战略支撑。要把做大做强具有宁夏特色的现代产业作为提升我区经济竞争力的主要抓手。突出发展现代农业，发挥“三大示范区”的引领作用，在提高农业综合生产能力的基础上，重点抓好13个特色产业的区域化布局、规模化生产、专业化分工和集约化经营，以优良品种、高新技术、高端市场、高效益继续保持我区农业在全国的先进水平。到2015年，设施农业达到160万亩，农产品加工转化率达到70%。突出发展新型工业，计划投资7000亿元，实施煤电化主导产业做大做强、战略性新兴产业培育发展、传统产业改造提升“三大千亿”计划，力促工业经济总量翻一番。加快推进“五大十特”工业园区开发升级，突出发展特色经济和优势产业集群，努力走出一条精深加工、清洁生产、跨越发展的新型工业化路子。突出发展现代服务业，优先发展物流金融、商务会展、科技服务、信息软件等生产性服务业，大力发展特色旅游、商贸餐饮、房地产等生活性服务业，培育发展新兴服务业，不断提高服务业发展层次和水平。

（二）着力建设统筹城乡发展示范区，全面提升区域竞争力。提升区域竞争力的关键是培育和发展城市群。我们要在保护好母亲河的同时，充分发挥“天下黄河富宁夏”的独特优势，把宁夏作为一个大城市来规划建设，构建以沿黄城市带为核心区，大县城、重点镇、中心村点线结合、良性互动的城乡一体新格局，使我区的城市化与新型工业化、农业现代化同步推进。全面建设“一堤六线”，加快推进“六个一体化”，促进人口向城镇集中、产业向园区聚集，精心打造示范西北、带动周边的沿黄城市带经济区，成为西部大开发的重要增长极。到2015年，沿黄城市带经济总量占到全区的90%左右，全区城市化率提高到55%。实施宁南区域中心城市和大县城发展战略，夯实基础、强壮产业，做大城镇、转移农民，推进中南部经济社会的大发展、城乡面貌的大改观、人民生活的大改善。

（三）着力建设生态文明先行区，全面提升环境竞争力。保护环境就是保护竞争力。坚持生态为重、环保优先，加快建设资源节约型、环境友好型社会，构筑祖国西部重要的生态安全屏障。健全完善生态保护与补偿机制，综合治理重点流域和生态脆弱区，建设沿黄城市带绿色景观、贺兰山东麓生态防护、中部干旱带防风固沙和六盘山水源涵养林四大绿色长廊，巩固扩大“人进沙退”成果，创建全国防沙治沙综合示范省区。到2015年，全区森林覆盖率提高到15%。深入实施分区治水策略，探索完善水权转换机制，不断提高水资源调控和保障能力，建成全国节水型社会示范省区，实现节水兴工、以工哺农、良性循环、永续发展。强化生态、绿色、低碳发展理念，加大矿产资源勘查力度，提高资源综合利用效率，侧重发展节约资源能源和保护生态环境的产业，大力推行低耗清洁的消费方式。注重源头控制，严格节能减排目标管理，完善落后产能淘汰机制，探索开展排污排放权交易，推进环境协同治理，打造山青、水秀、天蓝、地绿的良好人居创业环境。

（四）着力建设内陆开放试验区，全面提升开放竞争力。内陆地区的竞争实质上是开放的竞争。我们必须发挥人文、地缘、产业和民族团结的优势，以向西开放为突破，着力扩大面向阿拉伯国家和伊斯兰世界的交流合作，构建国际贸易大通道，实现对外开放新突破。坚持每年举办中阿博览会，推动经贸、科技、文化交流，申请设立中阿自由贸易区，先行先试保税物流、旅游免签、购物离境退税等新政策，架起中国与阿拉伯国家和伊斯兰世界经济文化直接交流的“宁夏通道”。争取承担中国清真产业标准的制定和认证，探索建立国际相互认证和产业准入机制，建成清真食品穆斯林用品设计、认证、加工、博览、物流中心和具有浓郁穆斯林特色的休闲度假区，努力把我区打造成具有国际影响力的清真食品穆斯林用品生产基地、中阿优势特色产业对接基地、中国面向阿拉伯国家和伊斯兰世界的人才培育基地。加快“走出去”步伐，巩固扩大外贸传统市场，大力拓展中东等新兴市场，全面提升对外经贸水平；加强与西部省区、沿海地区的战略合作，在横向联合中实现互利共赢。深化行政体制、国有企业、收入分配、财税金融和社会事业等重点领域的改革，不断开拓发展新空间，增强发展新动力。

（五）着力建设民族团结进步和谐区，全面提升形象竞争力。一个地区的美好形象可以产生强大的吸引力，转化为现实生产力。宁夏民族团结、宗教和顺，我们要倍加珍惜并发扬光大。要顺应人民群众过上美好生活的新期待，在加快经济社会大发展的基础上，不断提高广大人民群众的物质文化生活水平。扎实推进全民创业，确保每个有劳动能力和意愿的人都能够实现创业就业。加快推进生态移民，努力把我区建成全国生态移民扶贫开发示范区。大力发展各级各类教育，建成基本完备的现代国民教育体系，让所有学生既能"有学上"，更能"上好学"。建立覆盖城乡居民的基本医疗卫生制度，为群众提供安全、方便、价廉、质优的健康服务。健全覆盖城乡的社会保障体系，实现城乡居民应保尽保。全面抓好精神文明建设，建成覆盖城乡、惠及全民的公共文化服务体系，增强全区人民的向心力和凝聚力。开展形式多样的民族团结进步创建活动，巩固各民族共同团结奋斗、共同繁荣发展的大好局面，让民族团结进步之花开遍宁夏大地，让和谐富裕新宁夏的形象成为国内外熟知的靓丽名片，让每一个生活和工作在宁夏的人都感到无比骄傲和自豪！

三、今年的主要任务

今年是实施"十二五"规划的第一年。从现在起，我们必须争分夺秒、扎扎实实地做好各方面的工作，开好局，起好步，以优异的成绩向建党90周年献礼。

今年的主要预期目标是：地区生产总值增长12%；全社会固定资产投资增长25%；地方财政一般预算收入增长15%；社会消费品零售总额增长16%；进出口贸易总额增长15%；居民消费价格总水平涨幅控制在4%左右；城镇居民人均可支配收入和农民人均纯收入均增长10%；城镇登记失业率控制在4.6%以内；完成年度单位生产总值降耗和主要污染物减排指标。为确保完成这一目标任务，我们要切实抓好以下重点工作：

（一）继续推进重大项目建设，再添科学发展跨越发展新后劲。

投资是第一拉力，项目是发展基石。今年安排投资亿元以上的项目323个，其中10亿元以上的105个、50亿元以上的23个、百亿元以上的8个，全社会固定资产投资超过1800亿元。主要分四大板块：工业板块920亿元。开工建设神华宁煤煤基烯烃一期二套等92个项目，加快建设锦宁120万吨铝镁合金等125个项目，建成投产宁夏石化500万吨炼油等59个项目。交通物流板块160亿元。重点是东线高速、同沿高速、石嘴山和兵沟黄河大桥、包兰铁路银兰段扩能改造、惠银段增建二线、银川至西安铁路、中卫和石嘴山火车站、河东机场三期扩建、贺兰国际农产品物流中心等42个项目。农林水板块115亿元。继续坚定不移地做好大柳树工程前期工作，开工或建成现代农业示范基地、中部干旱带高效节水补灌、中北部土地开发整理、中南部城乡人饮安全水源、沙坡头南北干渠及灌区节水改造、星海湖标准化堤防、中小河流综合治理、大型泵站更新改造、防沙治沙等73个项目。社会事业板块75亿元。重点推进宁大科技综合楼、防沙治沙学院一期、财经职业学院和艺术学校新校区、宁夏大剧院、儿童医院、宁安医院、黄河金岸文化旅游设施等83个项目。对以上重点项目，要列出时间表，跟踪督查问效，确保进度和质量。要坚持政府投入和社会投入并重，构建多元化的投融资格局，进一步提高招商引资、民间资本、市场主体和金融融资在总投资中的比重。

（二）大力发展"一优三高"农业，推动"三农"工作迈上新台阶。

实践告诉我们，我区农业只有打特色牌、走高端路，做到品种优良化、技术尖端化、市场高端化、效益最大化，才能在国内外大市场上占有一席之地。要普及优良品种。充分发挥我区适宜发展制种业的地域优势，积极引进、繁育和推广国内外优良品种，扩大提升优质稻谷、脱毒种薯、专用玉米、枸杞、长枣等制种业规模档次，建设西部重要的种子种苗基地。年内发展"宁粳43号"等优质水稻30万亩、脱毒种薯繁育16万亩、灌区优质冬麦75万亩，主要农作物良种覆盖率和畜禽水产良种化率都有新提高。要推广高新技术。主动上门对接国内外知名科研院所，引进嫁接、集成示范一批尖端适用技术，加快建设银川国家级现代农业和中部干旱带旱作节水高效农业科技园。继续抓好120个现代农业示范基地建设，完善基层农技推广体系，强化首席专家负责制，充分发挥科学技术的作用，把示范基地真正打造成现代农业的样板区和先进科技成果的展示区。要开发高端市场。在保障粮食安全的前提下，按照标准化生产的要求，继续提升设施果菜、清真牛羊肉、枸杞、红枣、硒砂瓜等农产品的品质和影响力，形成一县一特的品牌格局；抓好农产品产销衔接，在北京、上海等重点城市建立直销网络和"窗口"，千方百计把宁夏的绿色、有机农产品打入国内外高端市场。要创造高效益。围绕特色农业产业链，深入实施龙头企业升级工程，吸引国内外大企业参与我区现代农业建设，全年新增规模以上加工企业20家，总量达到450家，其中国家和自治区级龙头企业180家。通过龙头企业的强力带动，使农产品实现多次加工转化增值和优质优价。高水平规划建设贺兰山东麓葡萄长廊，力争5年内酿酒葡萄种植达到70万亩，10年内形成100万亩规模，并以此为依托做好文化旅游结合的大文章，使葡萄长廊与黄河金岸珠联璧合、交相辉映，成为塞上江南的新亮点。

加快现代农业发展，必须进一步改善农业农村基础设施。一要抢抓国家加快水利改革发展的重大机遇，强化农业综合开发、基本农田整治、土壤改良和田间设施配套，再掀水利建设新高潮，新增节水灌溉55万亩、改造中低产田45万亩、建设高标准农田50万亩。二要深入实施天然林保护、三北五期等重点工程，尽快完成"六个百万亩"生态林业建设，新造林150万亩，进一步巩固退耕还林、退牧还草成果，培育壮大后续产业。三要加快推进城乡客运一体化，新建农村公路2000公里、客运站点220个，78%的行政村通沥青路、97%的通班车。四要扩大农村清洁能源覆盖面，沼气、太阳能受益农户达到60万户。

（三）加快实施"三大千亿"计划，争创工业发展新辉煌。

推动产业优化升级。从今年开始，启动实施"三大千亿"计划，力争工业增加值增长14%。实施煤电化主导产业做大做强计划。加快推进神华宁煤煤变油、国电英力特煤基化工以及宝丰煤热解多联产、宝塔石化精细化工等一批重大项目，发展壮大煤炭、电力、煤化工产业规模，新增煤炭产能1000万吨、电力装机298万千瓦，新型煤化工产能达到300万吨，在建设国家煤化工产业基地、大型煤炭生产基地、"西电东送”火电基地上取得重要进展。实施战略性新兴产业培育发展计划。以10万千瓦光伏发电、100万千瓦风电以及中色东方9200吨铍青铜、隆基硅业3000吨单晶硅、伊品40万吨玉米深加工、石嘴山青年汽车城等项目为载体，加快推进新能源、新材料、新医药以及生物、环保等战略性新兴产业发展，年增速力争30%以上。实施传统产业改造提升计划。引进新技术、采用新工艺、配套新设备，大规模进行技术改造，集中抓好中电投青铝30万吨电解铝、宁夏石化45万吨合成氨和80万吨尿素、大地化工PVA、荣昌特米尔精纺羊绒纱等重点项目，促使冶金、化工、建材和轻纺等传统产业整体装备尽快达到国内先进水平。

推动园区集聚发展。加大政策扶持，完善配套设施，提升“五大十特”工业园区集聚效益，确保宁东基地、银川经济技术开发区、石嘴山陆港经济区、中卫和太阳山五大工业园区分别完成投资310亿元、60亿元、60亿元、55亿元和47亿元，银川德胜、灵武羊绒等10家特色园区投资和总产值分别增长30%和20%以上，夯实我区招商引资的大平台，形成新型工业的增长极。进一步做好工作，全力争取生态纺织产业示范园落地开工；支持银川市与中航集团合作，建立“大飞机”配套产业制造基地；加快石嘴山与淄博东西合作产业园建设；吴忠、固原、中卫也要积极与东部地区联办开发区、共建产业园。要充分发挥园区载体作用，培育更多的“旗舰”型大企业、大集团担当领跑重任，力争销售收入30亿元以上的企业达到15家、百亿元以上的5家。强力推进中小企业“百家成长、千家培育”工程，选择100个年销售收入在3000万至3亿元左右成长性好的中小企业，制定发展目标和扶持政策，促其尽快成长；在年销售收入3000万元以下的小企业中，确定1000家进行重点培育，支撑县域经济加快发展。

推动节能减排降耗。严格执行节能减排“十大铁律”，实施节能改造、节能产品惠民、合同能源管理等工程，全面开展建设项目能耗评估和清洁生产审核，突出抓好83户重点企业的节能降耗，认真抓好石嘴山市、宁东基地等国家级循环经济建设试点。毫不动摇地淘汰落后产能，严格项目准入，坚决杜绝能耗高、污染重的项目上马。继续实施10件环保实事，积极做好应对气候变化工作，有效增加森林碳汇，实现绿色低碳循环发展。

（四）着力构建“四大体系”，实现服务业发展新突破。

构建大物流体系。建成投用“三大口岸”、“九大物流园区”和“十大专业市场”，打造便捷、畅通、高效的现代物流平台。重点培育领鲜物流等一批大型龙头企业加快发展，逐步形成覆盖全区、辐射周边的现代物流体系。建设全区统一、全国互联的公共信息系统，提升物流产业信息化水平。加强综合运输体系建设，争取开通银川至北京、西安、兰州的动车组，加密现有航线班次，增加直飞上海、广州等东部主要城市的航班，开通运营银川至迪拜客运航班，有效缩短通达国内外的时空距离，把我区建成全国重要的区域性物流中心和新欧亚大陆桥重要的物流中转基地。

构建大旅游体系。围绕打造西部独具特色的旅游目的地，完善沙坡头、沙湖、须弥山等王牌景区功能形象，优化黄河大峡谷、火石寨、老龙潭等重点景区设施服务，推进西夏王陵、镇北堡影城、贺兰山岩画、苏峪口森林公园、六盘山红色旅游区的评星晋级。加快边塞博物馆、忠烈祠等旅游文化项目建设，创排经典旅游文化舞剧或实景演出。开发阳光沙疗、垂钓漂流、自驾车游等新业态，促进旅游资源开发提档升级。抓紧筹建宁夏旅游投资公司，引进有实力的企业投资我区旅游开发。规划建设一批五星级宾馆，增强中高端接待能力。联合中央电视台等主流媒体开展捆绑式宣传，加大营销推介力度，推进旅游省际合作，拓展旅游客源市场，全面提升“塞上江南·神奇宁夏”的美誉度和影响力。

构建大融资体系。引进各类银行、证券公司等金融机构和中介组织来宁设立分支机构，力争民生银行和中国进出口银行落户我区。努力扩大国际金融组织、外国政府贷款的利用规模，鼓励金融机构增加信贷投放，力争新增贷款超过上年。发展小额信贷公司、村镇银行、农村资金互助社和融资担保机构，改善“三农”及中小企业融资服务。鼓励企业发行股票、债券等，争取更多的企业上市融资。制定落实国务院鼓励民间投资新“36条”的配套措施，激活社会投资，大力发展民营经济。

构建大市场体系。深入实施“万村千乡”、“现代农村市场体系建设”等工程，加快构建以大型交易市场为龙头、区域性市场为支撑、城乡社区市场为补充的流通大网络。培育电子商务，发展连锁、代理、配送等新型业态，促进商贸流通现代化。建成中国穆斯林国际商贸城，形成西北区域性商贸物流中心；建成金凤万达商业广场，引进沃尔玛、家乐福等大型企业，激发商贸零售市场的竞争活力。提升发展文化娱乐、教育培训、会计审计等传统服务业，培育壮大工程咨询、资产评估、监理代理、健身养老、家政助理等新兴服务业。

（五）全面建设黄河金岸，拓展城乡统筹发展新境界。

加快黄河金岸同城化步伐。要下好沿黄城市带建设一盘棋，统筹规划城乡基础设施建设和公共服务一体化。做大银川主城区，做特永宁、贺兰卫星城，提升城市管理、交通运营等水平，增强龙头带动力和区域辐射力。提升石嘴山、吴忠、中卫沿黄骨干城市功能，加快大武口-平罗、利通-青铜峡组团发展。规划建设宣和、石空、金积、叶盛、临河、掌政、金贵、陶乐、沙湖等特色示范乡镇和100个社区化新农村示范点，形成特色鲜明、风格迥异的新型村镇。全面推进省际、县际、城际交通线与滨河大道联通，形成109国道、滨河大道和东、西线高速“四线”齐驱、南北贯通的黄河金岸大路网。

提升黄河金岸建设管理水平。黄河金岸规划委员会要发挥好职能作用，统一管理两岸建设布局和建筑设计。打造沿黄城市带地标性主题建筑群，建成黄河楼、地质博物馆，开工建设华夏石刻艺术园、黄河文化展示园、世界沙博园、五千年华夏馆，加快推进中华回乡文化园二期、世界水车公园、黄河古渡坊、长河湾国际度假中心等项目建设。加强沿黄土地整理和湖泊水系保护利用，实施河道疏浚加固改造，推进中卫腾格里湖、青铜峡鸟岛、平罗天河湾等湿地开发建设。合理布局一批休闲观光特色农业园区、观河栈道、汽车露营地等设施，全面推进滨河景观长廊建设。整合各种资源和力量，举办书画大采风、万人颂黄河、国际马拉松、汽车拉力赛等大型文体活动，充分展示黄河金岸的独特风采和价值。

大力发展山城经济。强化固原在宁南和陕甘宁革命老区的中心城市地位，实施中南部大县城发展战略。加快海原、同心、盐池等新区建设，突出特色，提升西吉、隆德、泾源、彭阳、红寺堡等县城建设水平。推动城乡安全饮水工程、王洼铁路专线、六盘山热电厂二期等重大项目建设。加强生态绿化和水土治理，改善山区发展环境。推进太阳山工业园、固原盐化工循环经济扶贫示范区建设，做大草畜、马铃薯制种、设施瓜菜、生态旅游、劳务经济等主导产业，培育航空产业，加速壮大中南部自我发展能力。抓住国家启动特困地区集中连片开发攻坚的机遇，完善整村推进、社会扶贫等工作机制，拓展脱贫致富奔小康的广阔空间，形成南部山区与沿黄城市带良性互动、统筹发展的新局面。

（六）强力推进中阿经贸合作，增添改革开放新活力。

高标准办好"中阿博览会"。在巩固扩大"中阿经贸论坛"成果的基础上，谋划举办"中阿博览会"，把我区打造成国家向西开放的"桥头堡"。开工建设中阿博览会永久性会址、国际会议中心、阅海湾CBD总部商务区等配套服务项目。研究制定清真食品穆斯林用品国家标准，着力构建国内统一、国际认可的哈拉相互认证机制。抓紧规划论证，争取国家批准设立"清真食品穆斯林用品综合保税区"。在制定好"三大基地"发展规划的同时，落实责任，加快进度，3年内，银川建成国内最大的清真食品穆斯林用品设计中心、认证中心和博览中心，吴忠和贺兰等分别建成国内最大的穆斯林用品和清真食品加工中心，灵武建成国内重要的清真食品穆斯林用品物流中心。

全方位开展外引内联。突出新创意、采用新手法策划举办"沙特宁夏商品展"和"香港宁夏活动周"，高品位、大手笔、多亮点办好园博会、文博会、房车节、服装节等六大节会，进一步聚集商气、人气。深化国际合作、东西合作，加强与央企及各类商会、驻华机构的联系，建立长期稳定的招商引资机制。重点面向环渤海、长三角、珠三角、港澳台地区和友好城市，广泛开展招商引资，力争到位资金突破900亿元。推动呼包银重点经济区和能源化工"金三角"的构建，积极开展与陕甘青新和内蒙古等周边省区能源开发战略合作，在强化区域协作中壮大实力。鼓励有条件的企业走出去，在区外、国外建立原材料、生产加工和科技研发基地。

宽领域深化重点改革。推进自治区直管县改革试点，增强县域经济活力。推行项目代建制，完善政府投资运行体系。深化农村综合改革，开展农村土地确权登记，

加快集体林权制度和农垦改革，落实草原生态补助奖励等政策。健全国资监管体制，确保国有资产保值增值。扩大民营资金进入的产业和领域，扶持壮大非公经济加快发展。推行资源税改革，研究出台节能减排、战略性新兴产业等税收优惠政策；创新财税管理体制，提高基层公共服务保障水平。破解难题，大胆创新，不断深化医疗卫生体制改革。

（七）切实完善公共服务，促进社会各项事业新发展。

教育寄托着百万家庭对美好未来的期盼。要全面实施《宁夏中长期教育改革和发展规划纲要》，努力办好人民满意的教育。高度重视学前教育，政府投资新建改建县城标准化和乡镇中心幼儿园43所，鼓励社会力量兴办幼儿教育，学前教育入园率超过50%。全面推进教育强县(区)创建，继续实施中小学校舍标准化建设工程，新建改建加固校舍100万平方米，新增教学班360个，加强农村薄弱学校建设，推进义务教育均衡发展、民族教育加快发展。发挥宁夏职业技术学院的引领作用，支持宁夏财经、工商等职业学院跻入示范学院行列。提升高等教育质量和水平，推进宁夏大学、宁夏医科大学、北方民族大学等高等院校重点学科和博士授予单位建设，支持宁夏理工学院尽快进入国内一流民办大学行列。坚持规模和质量相统一，鼓励学校办出特色、办出水平，培养更多的名师和英才，把教育这个关系国计民生的千秋大事办实办好。

科技是科学发展、跨越发展的强大支撑。要进一步加强部区、省际、院所合作，建设煤化工循环利用等技术中心。支持宁夏大学申报国家重点实验室，鼓励大企业创办研究院所，搭建自主创新平台。实施重大科技项目35个，推动旱作节水农业、土地综合治理、葡萄酿酒等重点领域的科技创新，开展风电、光伏发电、钽铌铍新材料等关键技术攻关。加快实施"六大人才计划"，培育引进一批急需紧缺的高层次专业技术和经营管理人才。

医疗卫生关系人民群众的身体健康和家庭幸福。要进一步完善基本药物制度，巩固深化药招"三统一"，健全药品供应保障体系。新增医疗卫生资源重点向乡村和城镇社区倾斜，增加全区乡镇卫生院专业医生编制1184个，村卫生室全部纳入公共医疗服务。加强公共卫生应急体系建设，提高应急处置能力。继续抓好"四免一救助"，对重度精神病人和贫困白内障患者的治疗给予资助。推进"医疗卫生服务年"活动，努力让群众享受公平、普惠的医疗卫生服务。开展爱国卫生运动，不断提升全民健康水平。继续实施"少生快富"工程，稳定低生育水平，确保人口自然增长率控制在9.4‰以内。

文化与人民群众的美好生活息息相关。深入实施信息资源共享、广播电视户户通、农村电影放映、农家书屋等惠民工程，广泛开展群众性文化活动，推进公共文化资源向基层延伸覆盖、公共文化设施向公众免费开放。深化文化管理体制改革，组建宁夏演艺集团，重点培育现代演艺、数字媒体、动漫创意、文化会展等新兴业态，启动运营宁夏文化产业投融资公司，下功夫把文化产业培育成新的增长点。鼓励文化创新创造，促进哲学社会科学、广播影视、新闻出版等事业发展，推出更多群众喜爱、健康向上的精品力作。加强文物和非物质文化遗产保护，继承和弘扬民族优秀传统文化。开展群众性的体育健身活动，积极承办高规格的体育赛事，备战全国第九届少数民族传统体育运动会，不断满足人民群众多样化的精神文化需求。

（八）深入做好民生工作，开创构建和谐社会新局面。

民生连着民心，民心关乎和谐。必须把保障和改善民生始终放在政府工作的首位，努力让人民群众的生活水平年年

都有新提高。抓生态移民促脱贫致富。启动实施《中南部地区生态移民规划》，加快生态、教育、劳务移民步伐，5年内投资105.8亿元，完成移民搬迁35万人，让这部分群众彻底摆脱生存困境。今年整合资金15亿元，新建移民新村77个，建成6万人的搬迁新房，确保搬得出、稳得住、能致富。抓全民创业促充分就业。新创办小企业2000个，培养小老板2000名，确保新增城镇就业6.6万人，输转农村劳动力80万人次。继续采取购买公益性岗位等措施，帮助更多失地农民、残疾人和困难群体实现就业。抓物价调控促市场稳定。在增加生产、保障供给的前提下，推动产销对接，全区建立300个鲜活农产品直销点，在5个地级市建立重要物资储备调运库，强化市场调控；加强价格监测和预警分析，严厉打击价格违法行为；实施动态物价补贴，稳定社会价格预期；依法加强市场监管，切实维护消费者合法权益。抓合理分配促社会公平。深化事业单位和国有企业收入分配制度改革，提高最低工资标准和企业退休人员养老金，完善职工工资集体协商和支付保障制度，加大对低收入群体的转移支付。抓社会保障解后顾之忧。推进"五险"扩面提标，尽快实现省级社保"一卡通"。加快城乡居民基本医疗保险一体化，扩大住院费即时结算和门诊大病统筹比例。提高城乡低保标准和补助水平，完善高龄老人津贴制度，做好孤儿养育、教育和救助，为全区55万重点优抚、城乡低保和五保供养对象发放取暖、节日补贴。开发聚集慈善资源，鼓励调动社会力量，大力发展慈善事业。抓保障房建设圆安居之梦。落实房地产调控政策，增加保障性住房供应。新建廉租房1.2万套、经适房1.1万套、公共租赁房7000套，新增廉租房租赁补贴1.27万户。深入实施"塞上农民新居"、危窑危房和棚户区改造工程，建设新村20个，整治旧村200个，改造危窑危房3万户、棚户区住房8000户，使更多的困难群众住有所居。抓创新管理促社会和谐。健全基层管理体系，推进和谐社区建设。强化信访督查督办，妥善解决群众反映强烈的突出问题，及时预防和处置群体性、突发性公共事件。严厉打击各种刑事犯罪活动，加强互联网、手机等新兴媒体管理，净化未成年人成长的社会文化环境。加强食品药品监管，严格安全生产责任制，坚决遏制重特大事故发生。

全面贯彻党的民族宗教政策，依法加强宗教事务管理，不断巩固发展平等团结互助和谐的社会主义民族关系。大力支持国防现代化建设，抓好国防教育、国防动员和民兵预备役工作，提高双拥共建水平。支持工会、共青团、妇联、侨联、科协等人民团体工作。发展老龄、残疾人、红十字等事业。高度重视自然灾害的预警预测和应急处置，进一步提高防灾、减灾、救灾能力。

各位代表，我们的政府是人民的政府，人民遇到的难处，就是我们工作的重点；人民关心的难题，就是我们攻坚的目标；人民心中的期盼，就是我们努力的方向。在人民面前，我们始终是公仆；为人民服务，是我们永远的天职。恪尽职守，当好公仆，必须进一步加强政府自身建设，全面提高每一位国家公务人员的综合素质和服务能力。

坚持依法行政，进一步增强公信力。主动接受人大依法监督和政协民主监督，认真办理人大代表建议和政协委员提案，主动听取各民主党派、工商联、无党派人士、人民团体、政府参事、文史馆员等方面的意见建议，广泛接受社会公众监督和媒体舆论监督。加强法治政府建设，严格依照法定权限和程序履行职责、行使权力，强化行政问责，落实过错追究，做到有诉必应、有错必纠、有责必问。坚持科学决策、民主决策，健全重大决策专家论证、集体审定、风险评估和社会公示制度，确保各项决策和行政行为更加符合发展实际，更加符合人民群众的愿望。

坚持廉洁从政，进一步增强凝聚力。认真落实党风廉政建设责任制，严厉查处各种违纪违法行为，加快建立全区统一的工程招投标、政府采购、产权交易、土地出让等公共资源交易平台，从源头上预防腐败。牢固树立过紧日子的思想，严格控制一般性支出，坚决制止奢侈浪费，把更多的精力用到为民谋利上，把更多的财力投到民生改善上。坚持群众路线，深入调查研究，问政于民，问需于民，问计于民，充分调动人民群众干事创业的积极性。在各级机关和国家公务人员队伍中深入开展"创先争优"活动，不断提高推动科学发展能力、维护社会稳定能力和解决民生突出问题能力，努力建设人民满意的政府。

坚持实干兴政，进一步增强执行力。深化机关效能建设，推进政务公开，兑现服务承诺，强化行政督查，完善效能考核，加快构建延伸到村的五级政务服务网络，推行审批服务全程代理制和网上审批制，把我区打造成西部乃至全国审批环节最少、程序最简、费用最低、服务最优的省区。建立健全抓落实的领导责任制和工作机制，以等不起的紧迫感、慢不得的危机感、坐不住的责任感，立说立行、紧张快干，抓实盯牢、不打折扣，把前进中的问题一个一个解决，把发展中的事情一件一件办好，创造出无愧于时代、无愧于人民的新业绩！

各位代表，"十二五"蓝图宏伟壮丽，今年的任务艰巨光荣。让我们紧密团结在以胡锦涛同志为总书记的党中央周围，高举中国特色社会主义伟大旗帜，全面贯彻落实科学发展观，在自治区党委的坚强领导下，开拓进取，科学发展，向建设和谐富裕新宁夏的宏伟目标奋勇前进！

宁夏回族自治区2010年国民经济和社会发展统计公报

宁夏回族自治区统计局　国家统计局宁夏调查总队

（2011年3月24日）

2010年，面对依然复杂的国内外经济环境，在自治区党委政府的坚强领导下，全区上下认真贯彻落实中央和自治区的各项决策部署，坚持以科学发展观为指导，围绕转方式、调结构、促发展、惠民生的主线，沉着应对，奋力攻坚，在发展中促转变，在转变中谋发展，全区经济持续向好的基础更为坚实稳固，各项社会事业持续进步，人民生活继续改善，圆满完成了全年确定的各项目标任务。

一、综合

初步核算，全年实现地区生产总值1643.41亿元，按可比价格计算，比上年增长13.4%，增速比全国平均水平高3.1个百分点。其中，第一产业完成增加值160.28亿元，增长7.0%；第二产业完成增加值833.16亿元，增长16.0%；第三产业完成增加值649.97亿元，增长11.6%。

三次产业增加值构成由2009年的9.4:48.9:41.7调整为2010年的9.8:50.7:39.5。2010年，第一产业对经济增长的贡献率为5.0%；第二产业贡献率为60.9%；第三产业贡献率为34.1%。

图1　2005-2010年全区地区生产总值及增长速度

单位：亿元、%

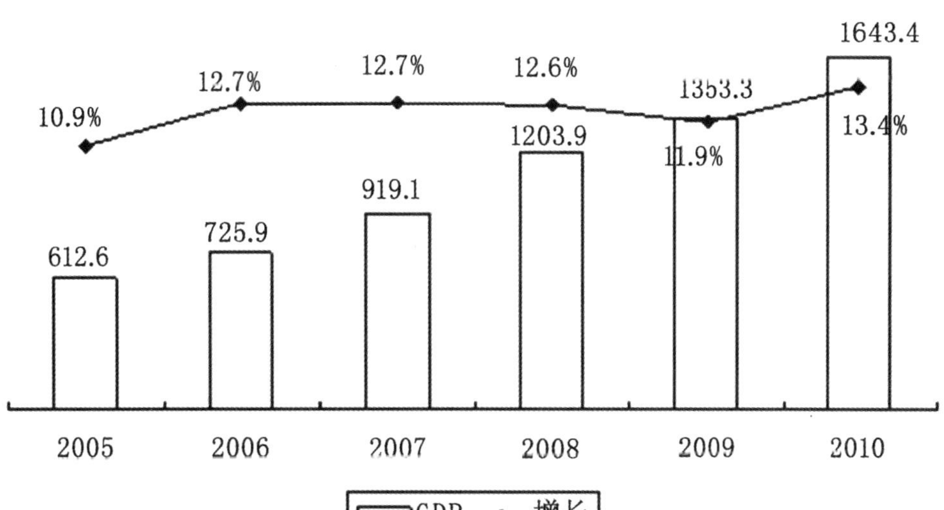

表 1　2010 年全区地区生产总值及增长速度

单位:亿元

指　　标	绝对值(亿元)	比上年增长(%)
地区生产总值	1643.41	13.4
第一产业	160.28	7.0
第二产业	833.16	16.0
工业	648.53	14.4
建筑业	184.63	22.9
第三产业	649.97	11.6
交通运输、仓储及邮政业	128.01	8.7
批发和零售业	84.97	10.1
住宿和餐饮业	28.89	9.5
金融保险业	87.07	10.7
房地产业	52.21	3.6
其他服务业	268.82	15.6

2010 年,全区居民消费价格总水平比上年上涨 4.1%,其中,城市、农村分别上涨 3.7%和 4.6%。食品类价格上涨 8.3%;工业品出厂价格上涨 9.1%,原材料、燃料、动力购进价格上涨 14.1%,农产品生产价格上涨 17.0%;农业生产资料价格上涨 4.4%。固定资产投资价格上涨 4.2%。

表 2:　2010 年全区居民生活消费价格指数(上年 =100)

指　标	全 区	城 市	农 村
居民生活消费价格总指数(%)	104.1	103.7	104.6
食 品	108.3	107.9	109.0
其中:粮食	112.8	111.5	113.9
烟酒及用品	101.4	101.8	100.8
衣着	101.3	100.1	103.6
家庭设备用品及服务	100.9	100.7	101.2
医疗保健及个人用品	101.8	101.4	102.8
交通和通信	100.1	100.6	99.2
娱乐教育文化用品及服务	103.9	103.3	105.0
居住	103.4	103.5	103.3

全年完成一般预算总收入 286.83 亿元，比上年增长 34.3%,完成地方一般预算收入 153.64 亿元,增长 37.8%。其中:实现增值税 20.33 亿元,增长 21.0%,实现营业税、企业所得税和个人所得税分别是 56.24 亿元、14.08 亿元和 5.57 亿元,分别增长 44.3%、51.8%和 23.8%。

图 2　2005-2010 年全区地方一般预算收入及增长速度

单位:亿元、%

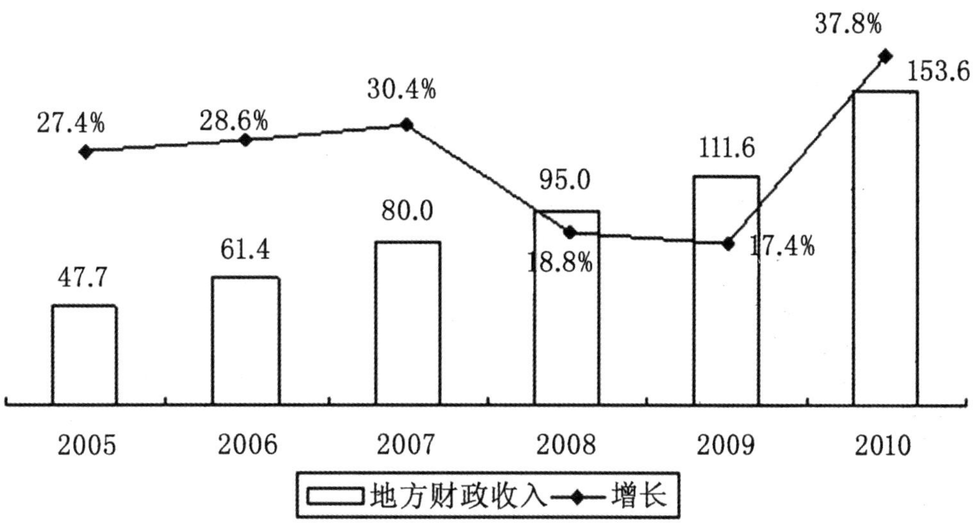

全年一般预算支出 555.87 亿元，比上年增长 29.9%;其中,一般公共服务支出 51.67 亿元,增长 28.2%;公共安全支出 31.44 亿元,增长 32.5%;农林水事务支出 88.10 亿元,增长 29.3%;社会保障和就业支出 34.85 亿元,增长 6.7%;医疗卫生支出 33.81 亿元，增长 54.4%；环境保护支出 30.61 亿元,增长 36.7%;城乡社区事务支出 62.71 亿元,增长 55.2%。

二、农业

全年实现农林牧渔业总产值 305.6 亿元，比上年增长 7.8%;全年粮食总产量 356.5 万吨,增长 4.6%,实现连续七年增产,再创历史新高。

图 3　2005-2010 年全区粮食总产量

单位:万吨

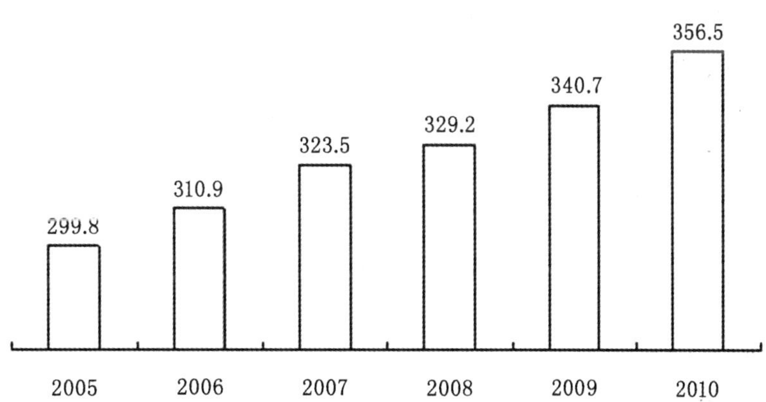

全年蔬菜产量 407.4 万吨,增长 15.1%;枸杞产量 6.9 万吨,增长 9.1%;西甜瓜产量 162.9 万吨,增长 12.5%;苹果产量 35.4 万吨,增长 8.2%;葡萄产量 13.8 万吨,增长 18.8%;红枣产量 5.7 万吨,增长 38.0%;清真肉牛出栏 52.1 万头,增长 2.3%;清真肉羊出栏 425.1 万只,增长 7.6%;肉类总产量 25.9 万吨,增长 1.5%;禽蛋产量 7.1 万吨,减少 4.4%;牛奶产量 84.6 万吨,增长 4.2%;水产品产量 9.0 万吨,增长 10.0%。

全年共完成荒山荒(沙)地造林面积 94.9 千公顷,其中,经济林面积 25.2 千公顷。2010 年末实有封山(沙)育林面积 233.7 千公顷。

三、工业和建筑业

全年完成规模以上工业增加值 552.89 亿元，比上年增长 16.8%。按经济类型分，国有及国有控股企业增加值 296.40 亿元,增长 18.3%;股份制企业增加值 445.41 亿元,增长 15.7%;外商及港澳台商投资企业增加值 22.3 亿元,增长 17.1%。按轻重工业分，轻工业增加值 82.38 亿元，增长 9.8%;重工业增加值 470.51 亿元,增长 18.2%。全区大中型企业完成工业增加值 426.3 亿元,增长 15.4%。

图 4. 2005-2010 年全区规模以上工业增加值及增长速度

单位:亿元、%

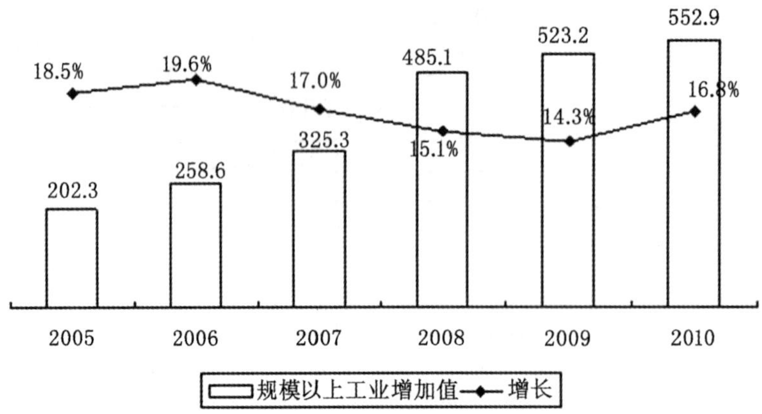

全年规模以上工业企业实现销售产值 1860.24 亿元,比上年增长 36.3%,工业产品销售率为 96.69%;工业品出口交货值 52.88 亿元,增长 41.6%。在全区重点监测考核的 48 种工业产品中,有 35 种产品产量增长,增长面达 72.9%。

表 3: 2010 年全区主要工业产品产量及增长速度

指　标	单 位	产 量	比上年增长(%)
原煤	万吨	6613.61	20.1
发电量	亿千瓦时	585.82	21.0
焦 炭	万吨	426.71	39.3
原 铝	万吨	91.51	39.6
轮胎外胎	万条	210.44	-6.7
化肥(折纯)	万吨	95.17	4.5
烧碱(氢氧化钠)	万吨	38.86	6.0
电石(碳化钙)	万吨	237.41	0.3
水泥	万吨	1357.45	28.8
乳制品	万吨	13.41	-0.5
饮料酒	万升	19615.61	31.2
白 酒	万升	2103.74	-8.0
啤 酒	万升	14096.67	23.2
葡萄酒	万升	2188.67	416.9
羊绒	吨	11536.84	8.8
钼	公斤	409193.00	37.9
铌	公斤	94358	-1.6
金属切削机床	台	5741	95.6
自动化仪表及系统	台(套)	39322	0.8
数控机床	台	3304	86.0

全年规模以上工业企业盈亏相抵后实现利润 125.66 亿元，比上年增长 60.8%；工业经济效益综合指数 247.03，提高 50.61 点；工业企业资产贡献率 9.18%，资本保值增值率 129.12%，资产负债率 65.89%，流动资产周转次数 1.82 次，成本费用利润率 7.33%，全员劳动生产率 23.7 万元/人，增长 22.8%。

全年完成建筑业总产值 342.69 亿元，比上年增长 32.2%；建筑业企业房屋建筑施工面积 2596.93 万平方米，增长 22.9%；房屋建筑竣工面积 1047.67 万平方米，增长 10.5%；按建筑业总产值计算的劳动生产率 147877 元/人，增长 16.9%。

四、固定资产投资

全年全社会完成固定资产投资 1464.70 亿元，比上年增长 30.9%。其中，基本建设投资 875.53 亿元，增长 26.1%；更新改造投资 165.12 亿元，增长 25.3%；房地产开发投资 254.37 亿元，增长 56.3%。分城乡看，城镇投资 1313.34 亿元，增长 30.4%，农村投资 151.36 亿元，增长 35.4%。分投资主体看，国有经济控股投资 776.08 亿元，增长 8.8%；非国有经济控股投资 688.62 亿元，增长 69.8%。

图 5 2005–2010 年全区全社会固定资产投资总额及增长速度

单位：亿元、%

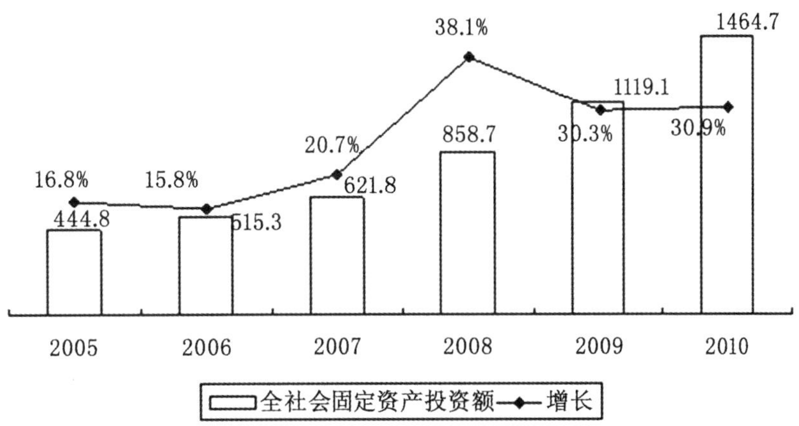

在城镇投资中，第一产业投资 19.45 亿元，下降 26.0%。第二产业投资 699.77 亿元，增长 21.0%，其中，工业投资 694.26 亿元，增长 20.8%。分行业看，采矿业投资 126.28 亿元，增长 3.3%；制造业投资 342.95 亿元，增长 27.0%；电力燃气及水的生产和供应业投资 225.03 亿元，增长 23.4%；工业投资在城镇投资中所占比重为 52.9%，对全区城镇投资增长的贡献达 39.1%。第二产业投资 594.11 亿元，增长 47.5%。

全年房地产开发投资 254.37 亿元，比上年增长 56.3%。其中，住宅投资 187.29 亿元，增长 48.5%；商业营业用房投资 35.56 亿元，增长 56.5%。商品房施工面积 2940.53 万平方米，增长 50.6%，竣工面积 936.86 万平方米，增长 26.4%。

全年商品房销售面积 935.98 万平方米，比上年增长 20.7%。其中，住宅销售面积 816.79 万平方米，增长 20.5%；商品房销售额 309.22 亿元，增长 29.1%。其中，住宅销售额 253.76 亿元，增长 32.5%。

五、交通运输业

年末铁路通车里程 1032 公里，公路通车里程 22518 公里，增长 3.3%。高速公路里程 1159 公里，比上年增长 13.4%。全年各种运输方式完成货物周转量 845.9 亿吨公里，增长 10.7%；完成旅客周转量 116.38 亿人公里，增长 11.4%。机场旅客吞吐量 301.25 万人，增长 30.6%。

表 4：2010 年全区各种运输方式完成运输量及增长速度

运输方式	货物周转量		货运量		旅客周转量		客运量	
	绝对数（亿吨公里）	比上年增长（%）	绝对数（万吨）	比上年增长（%）	绝对数（亿人公里）	比上年增长（%）	绝对数（万人）	比上年增长（%）
总 计	845.9	10.7	33597.8	10.8	116.4	11.4	13599.2	7.4
铁 路	276.6	10.8	6879	15.1	33.1	8.7	539	5.1
公 路	538.3	8.3	25453	9.4	65.3	7.0	12919	7.4
航 空	0.1	34.1	1.4	163.0	18.0	38.0	141.2	26.2
管 道	30.9	74.6	1264.5	17.0	–	–	–	–

注：2010 年对公路运输量调查口径进行调整，增长速度按可比口径计算。

全年完成邮政业务总量 4.18 亿元,比上年增长 2.1%;全年订销报刊累计数 7090 万份,增长 11.1%;函件 2087.6 万件,下降 12.8%;特快专递 475 万件,增长 33.4%。

年末全区固定电话用户达 111.87 万户,比上年下降 2.3%;本地局用交换机容量 125.1 万门,下降 1.3%。每百人拥有电话 17.89 部,净减 0.64 部。

年末全区移动电话用户达到 450.8 万户,增长 15.5%。互联网用户数 48.8 万户。每百人拥有移动电话 72.1 部,净增 8.9 部。

六、国内贸易业和旅游业

全年实现社会消费品零售总额 403.59 亿元,比上年增长 19.0%,扣除价格因素实际增长 15.3%。按经营地统计,城镇消费品零售额 366.30 亿元,增长 19.7%;乡村消费品零售额 37.29 亿元,增长 12.4%。

图 6: 2005-2010 年全区社会消费品零售总额及增长速度

单位:亿元、%

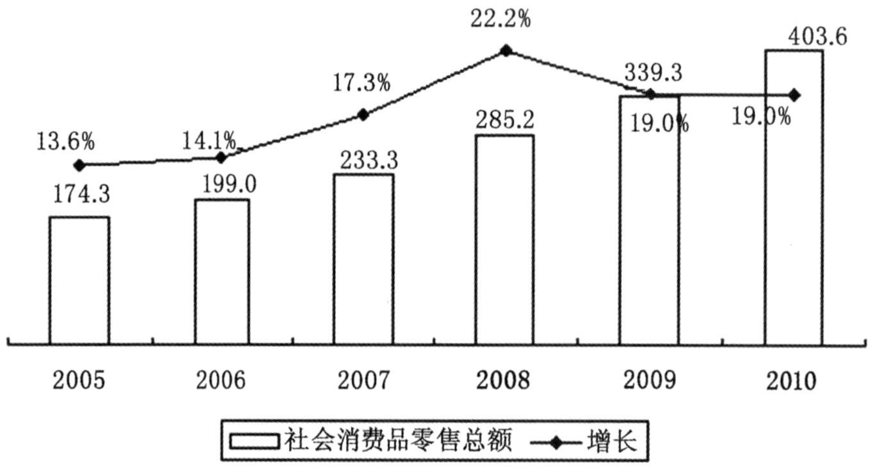

全年批发和零售业实现消费品零售额 337.57 亿元,比上年增长 20.0%;住宿和餐饮业实现消费品零售额 66.02 亿元,增长 13.8%。2010 年,私营经济实现消费品零售额 104.88 亿元,增长 22.1%;个体经济实现零售额 149.86 亿元,增长 8.8%;股份制经济实现零售额 115.15 亿元,增长 28.5%;国有经济实现零售额 26.85 亿元,增长 35.1%;集体经济实现零售额 4.84 亿元,增长 12.8%。全年限额以上批发和零售贸易企业实现零售额 196.3 亿元,增长 32.0%。

全年共接待国内外游客达到 1020.6 万人次,实现旅游总收入 67.8 亿元,分别比上年增长 12.1%和 26.9%。

七、对外经济

据海关统计,全年实现进出口总额 19.60 亿美元,比上年增长 63.2%。其中,出口总额 11.70 亿美元,增长 57.5%;进口总额 7.90 亿美元,增长 72.3%。

全年高新技术产品出口 3.82 亿美元,比上年增长 31.6%,占全区出口总额的Θ32.6%;机电产品出口 1.31 亿美元,增长 50.2%;碳化硅出口增长 2 倍;金属镁、钽铌铍及制品和铁合金出口分别增长 87.6%、79.9%和 59.3%。

全年实际利用外资 2.32 亿美元,比上年增长 63.4%,其中,实际利用外商直接投资 0.81 亿美元,比上年增长 15.7%。2010 年全区新批准外商直接投资项目 25 个,合同外资金额 2.84 亿美元。其中,制造业签订利用外商直接投资项目 11 个,合同额 0.91 亿美元。截止 2010 年底,全区注册登记外商投资企业累计达到 165 家。其中,中外合资企业占 37.6%。

八、金融、保险和证券业

截止 2010 年末,全区金融机构本外币各项存款余额 2586.66 亿元,比年初增加 519.03 亿元,同比多增 47.98 亿元。金融机构人民币各项存款余额 2573.64 亿元,增长 25.0%,比年初增加 515.94 亿元,多增 47.21 亿元,其中,企业存款余额 722.78 亿元,比年初增加 123.48 亿元;居民储蓄存款余额 1170.25 亿元,比年初增加 202.54 亿元。全区金融机构本外币各项贷款余额 2419.89 亿元,比年初增加 491.37 亿元,同比少增 23.89 亿元。全区金融机构人民币各项贷款余额 2398.70 亿元,增长 25.1%,比年初增加 481.49 亿元,同比少增 34.16 亿元。

年末上市公司 12 家,总股本 31.74 亿股,总市值 535.67 亿元,比上年增长 35.6%。其中,流通市值 471.89 亿元,增长 33.0%。全区有 21 家证券公司分支机构。全年证券交易额 1469.08 亿元,下降 10.2%。

全年实现保费收入 52.75 亿元,比上年增长 34.3%。其中,财产险 17.5 亿元,增长 47.8%;人寿险 29.46 亿元,增长 31.2%;健康险 4.36 亿元,增长 12.5%;意外伤害险 1.42 亿元,增长 28.4%。全年支付各项赔款和给付 11.68 亿元,增长 21.0%。其中,财产险 7.65 亿元,增长 31.3%;人寿险 2.40 亿元,下降 1.6%;健康险 1.27 亿元,增长 15.2%;意外伤害险 0.35 亿元,增长 26.9%。

九、教育与科技

年末全区各级各类学校 2796 所,教职工 84260 人。其中,各类普通高校 15 所,招生数 26394 人,在校生 83415 人,毕业生 20013 人。其中,研究生招生 1178 人,在校研究生 3209 人,毕业研究生 795 人。中等职业教育学校 36 所,招生 42521 人,在校生 101878 人,毕业生 28493 人。普通中学 337 所,全区普通高中招生 47399 人,在校生 142392 人,毕业生 44858 人。全区普通初中招生 103767 人,初中阶段毛入学率 104.25%,在校生 306755 人,毕业生 84837 人。小学 2027 所,普通小学招生 101270 人,小学学龄儿童入学率 99.86%,在校生 653669 人,毕业生 109658 人。特殊学校 7 所,特殊教育招生 242 人,在校生 1516 人。幼儿园 373 所,在园幼儿 137856 人。

全年登记区级科技成果 167 项,比上年减少 18.9%。其中,基础理论成果 37 项,应用技术成果 109 项,软科学成果 21 项。全年申请专利量 739 件。其中,发明专利 268 件,增长 47.3%。专利授权量 1081 件,增长 18.8%。其中,发明专利授权量 61 件,增长 17.3%。

年末全区拥有国家级工程研究中心 3 个,自治区级工程研究中心 24 个;国家重点实验室 1 个,省部共建国家重点实验室培育基地 3 个,自治区级重点实验室 15 个;国家级企业(集团)技术中心 9 个,自治区级企业(集团)技术中心 40 个。

十、文化、卫生和体育

年末全区共有各类艺术表演团体 46 个,公共图书馆 20 个,文化馆 24 个,博物馆 6 个。广播综合人口覆盖率 92.9%;电视综合人口覆盖率 98.2%;有线广播电视用户 705692 户。全年地方出版报纸 15 种,出版量 9400 万份;出版杂志 36 种,出版量 1331.7 万册;出版图书 1100 种,出版量 2123 万册。

年末全区共有卫生机构 1585 个,床位 23659 张;卫生技术人员 29746 人。其中,执业(助理)医师 12084 人,护师、护士 10308 人。疾病预防控制中心 25 个,卫生工作人员 1123 人;妇幼保健机构 22 个,卫生工作人员 1532 人;卫生院 233 个,卫生工作人员 3275 人。全区有 22 个县(市)开展新型农村合作医疗工作,参加农民人数 372 万人,参合率 95.8%,比上年提高 1.2 个百分点。

全年举办青少年单项比赛 12 项,举办大型全民健身活动 13 次,参加活动的人数总计达到 19 万人。全区运动员在世界比赛中取得金牌 9 枚、银牌 1 枚、铜牌 2 枚;在全国比赛取得金牌 17 枚、银牌 19 枚、铜牌 22 枚;全年有 47 人达国家一级运动员等级标准,240 人达国家二级运动员等级标准,72 人获得国家一级裁判员等级称号。

十一、人口、人民生活和社会保障

初步预计,年末全区总人口 632 万人。

全年城镇居民人均可支配收入 15344 元,比上年增加 1320 元,增长 9.4%,其中人均工资性收入 10821 元,增长 12.8%;人均经营净收入 2238 元,增长 9.9%;人均财产性收入 190 元,下降 32.6%;人均转移性收入 4288 元,增长 17.9%。人均消费性支出 11334 元,增长 10.3%。其中,增幅较大的是:交通通讯和教育文化娱乐服务,分别增长 15.5%和 19.6%。城镇居民家庭恩格尔系数(食品消费支出占消费性支出的比重)为 33.2%,比上年下降 0.14 个百分点。城镇 10%最高收入户人均可支配收入 37041 元,城镇 10%最低收入户人均可支配收入 3086 元。城镇居民人均现住房建筑面积 29.1 平方米,比上年增加 0.4 平方米。

图 7: 2005-2010 年全区城镇居民人均可支配收入

单位:元/人

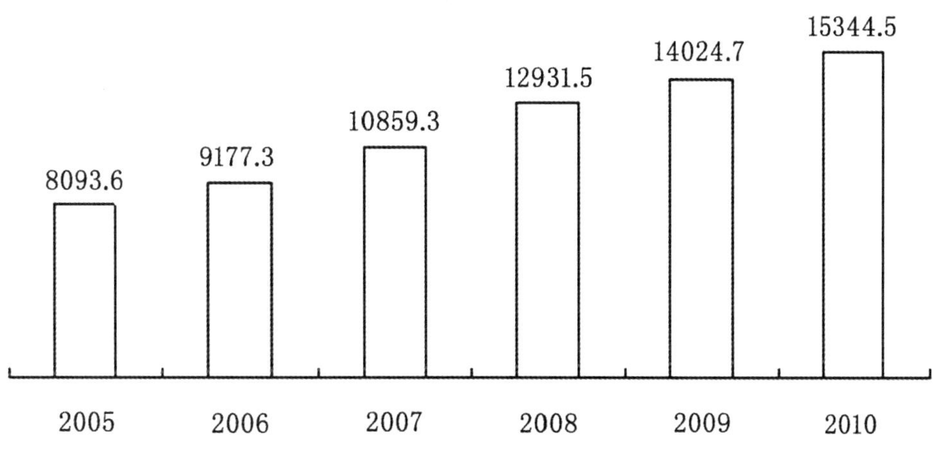

全年农民人均纯收入 4674.89 元,比上年增加 626.6 元,增长 15.5%。农民人均生活消费支出 4013.2 元,增长 19.9%。农村居民家庭恩格尔系数为 38.4%,比上年下降 3.3 个百分点。农村 20%最高收入户人均纯收入 9917.8 元,农村 20%最低收入户人均纯收入 1539.9 元。农村居民人均住房面积 25.7 平方米,比上年增加 1.2 平方米。

图 8：2005-2010 年全区农民人均纯收入

单位:元 / 人

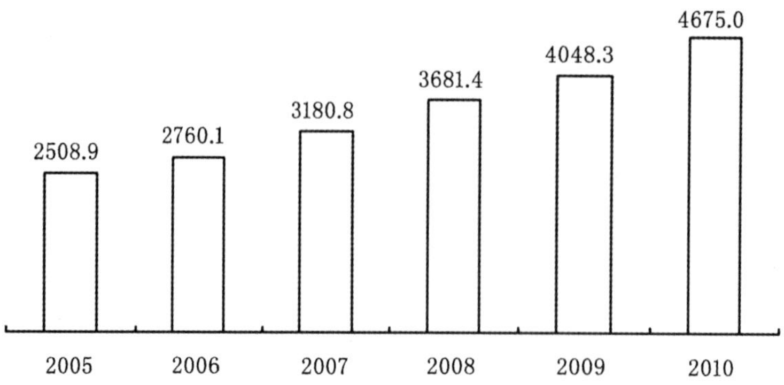

年末全区参加基本养老保险人数为 107.7 万人，比上年增长 16.1%,其中参保职工 77.3 万人,参保离退休人员 30.4 万人。离退休人员养老金社会化发放率继续保持在 100%。参加失业保险的人数 55.7 万人,增长 16.1%。参加基本医疗保险人数 177.94 万人,增长 4.2%。其中,参保职工 67.72 万人,参保退休人员 26.36 万人。截止 2010 年末,全区养老保险、失业保险、医疗保险、工伤保险和生育保险五项保险基金收入 108.48 亿元，较上年末增加 38.66 亿元,增长 55.4%。年末五项社保基金累计结余 142.31 亿元,较上年末增加 44.76 亿元,增长 45.9%。到 2010 年底,全区享受低保救济的困难群众达 53.82 万人。其中,城镇 20.63 万人,农村 33.19 万人。全区共发行销售福利彩票 6.37 亿元,筹集公益资金 1.99 亿元。

年末全区共有各类收养性社会福利单位数 80 个，床位数 6676 张,收养各类人员 5319 人。

十二、能源、环境保护与安全生产

全区一次能源生产量为 4912.4 万吨标准煤（当量值),比上年增长 19.9%,能源消费量比上年增长 8.6%。单位 GDP 能耗继续保持下降态势,如期实现了“十一五”单位 GDP 能耗降低 20%的目标任务。

年末全区环境保护系统人员 1008 人，各级环境监测站 15 个,环境监测人员 306 人。全区自然保护区 13 个,面积 53.42 万公顷;国家级自然保护区 6 个。

全年各类事故死亡人数 492 人,比上年下降 16.75%。亿元地区生产总值生产安全事故死亡率 0.299 人,下降 32.4%;煤矿百万吨死亡率为 0.22 人；道路交通万车死亡率为 3.38 人,下降 29.58%。

注:1. 本公报中统计数据为初步统计数,正式数据以《宁夏统计年鉴-2011》为准。

2. 地区生产总值及各产业增加值和行业增加值指标绝对数按现价计算,增长速度按可比价格计算。

3、从 2010 年起,社会消费品零售总额统计采用新的分组,即将经营单位所在地分组由“市”、“县”、“县以下”改为“城镇”、“乡村”。

4、2010 年末人口数为初步预计数，有关最终总人口数和结构数据以拟于 2011 年 4 月发布的宁夏第六次全国人口普查公报为准。

【第一篇】Chapter 1

行政区划与自然资源

Administrative Division and Natural Resources

责任编辑：梁建民　蔡川生

资料整理：梁建民　蔡川生　杨如文　王增沈　马　潇　陈　婷　焦　霙

Coordinator：Liang Jianmin　Cai Chuansheng

Data Compilation：Liang Jianmin　Cai Chuansheng　Yang Ruwen　Wang Zengshen　Ma Xiao　Chen Ting　Jiao Ying

1-1 全区行政区划

Administrative Divisions

(2010)

地 区	Region	乡 数（个）Townships (unit)	镇 数（个）Town (unit)	街道办事处（个）Urban Subdistrict Office (unit)	居委会（个）Neighbour-hood Committees (unit)	村委会（个）Village Committees (unit)
总 计	**Total**	**93**	**99**	**44**	**443**	**2319**
银川市	**Yinchuan**	**6**	**21**	**23**	**211**	**266**
兴庆区	Xingqing	2	2	11	95	32
西夏区	Xixia		2	6	48	16
金凤区	Jinfeng		2	5	38	19
永宁县	Yongning	1	5		8	69
贺兰县	Helan	1	4		7	59
灵武市	Lingwu	2	6	1	15	71
石嘴山市	**Shizuishan**	**9**	**11**	**16**	**107**	**192**
大武口区	Dawukou		1	10	47	12
惠农区	Huinong	3	3	6	39	38
平罗县	Pingluo	6	7		21	142
吴忠市	**Wuzhong**	**14**	**29**	**1**	**53**	**536**
利通区	Litong	4	8		17	104
红寺堡区	Hongsipu	2	2		2	60
盐池县	Yanchi	4	4		11	96
同心县	Tongxin	4	7		4	194
青铜峡市	Qingtongxia		8	1	19	82
固原市	**Guyuan**	**44**	**18**	**4**	**39**	**885**
原州区	Yuanzhou	5	6	3	26	194
西吉县	Xiji	16	3		4	306
隆德县	Longde	10	3	1	3	119
泾源县	Jingyuan	4	3		2	110
彭阳县	Pengyang	9	3		4	156
中卫市	**Zhongwei**	**20**	**20**		**33**	**440**
沙坡头区	Shapotou	2	10		17	160
中宁县	Zhongning	6	5		12	114
海原县	Haiyuan	12	5		4	166

1-2 自然资源状况

Natural Resources

指　标	Item	单　位	Unit	2010
自然状况	**Natural Conditions**			
国土面积	**Area of Territory**	**平方公里**	**sq.km**	**66400.1**
自然资源	**Natural Resources**			
耕　地	**Cultivated Area**	**万亩**	**10 000 mu**	**1659.6**
灌溉水田	Paddy Fields	万亩	10 000 mu	64.48
水浇地	Irrigable land	万亩	10 000 mu	546.25
旱地	Dry Fields	万亩	10 000 mu	1048.86
园　地	**Area of Garden Plot**	**万亩**	**10 000 mu**	**50.20**
果园	Orchards	万亩	10 000 mu	44.17
其它园地	Others	万亩	10 000 mu	6.02
林　地	**Woodland Area**	**万亩**	**10 000 mu**	**908.24**
有林地	Woodland Area	万亩	10 000 mu	182.39
灌木林	Bushes	万亩	10 000 mu	155.94
其他林地	Others	万亩	10 000 mu	569.92
牧草地	**Area of Grassland**	**万亩**	**10 000 mu**	**3385.19**
天然草地	Native Grassland	万亩	10 000 mu	3272.39
人工草地	Artificial Grassland	万亩	10 000 mu	112.80
交通运输用地	**Traffic Land**	**万亩**	**10 000 mu**	**67.26**
铁路	Railway	万亩	10 000 mu	5.53
公路	Highway	万亩	10 000 mu	26.40
农村道路	Rural Road	万亩	10 000 mu	34.54
机场	Civil Airport	万亩	10 000 mu	0.78

1-2 续表 continued

指　标	Item	单 位	Unit	2010
城镇村及工矿用地	**Residential Settlements and Industry and Mining**	**万亩**	**10 000 mu**	**298.34**
城市	Cities	万亩	10 000 mu	28.25
建制镇	Organic Towns	万亩	10 000 mu	20.96
村庄	Country Residential Areas	万亩	10 000 mu	173.05
采矿用地	Mining Sites	万亩	10 000 mu	48.04
风景名胜及特殊用地	Special Use Areas	万亩	10 000 mu	28.05
水域及水利设施用地	**Water Conservancy Facilities Land**	**万亩**	**10 000 mu**	**229.40**
河流水面	River	万亩	10 000 mu	59.18
湖泊水面	Lake	万亩	10 000 mu	14.12
水库水面	Reservoir	万亩	10 000 mu	8.45
坑塘水面	Swag Surface	万亩	10 000 mu	20.14
内陆滩涂	Inland Mudflat	万亩	10 000 mu	48.20
沟渠	Ditch	万亩	10 000 mu	75.60
水工建筑物	Hydraulic Structure	万亩	10 000 mu	3.72
其他土地	**Other Land**	**万亩**	**10 000 mu**	**1072.75**
设施农用地	Facility Agriculture	万亩	10 000 mu	11.03
田坎	Raised Path Through Fields	万亩	10 000 mu	104.08
盐碱地	Saline-alkali Soil	万亩	10 000 mu	90.90
沼泽地	Swampland	万亩	10 000 mu	5.30
沙地	Sand	万亩	10 000 mu	222.21
裸地	Bare Earth	万亩	10 000 mu	639.23

1-3 各市县土地利用情况

Land Use by City and Country

单位:万公顷　　　　(2010)　　　　(10 000 hectares)

地　区　Region	土地调查面积 Area under Land Survey	农用地 Land for Agriculture Use	园地 Garden Land	牧草地 Grazing and Pasture Land	建设用地 Land for Construction	居民点及工矿用地 Land for Inhabitation, Mining and Manufacturing	交通运输用地 Land for Transport Facilities	水利设施用地 Land for Water Conservancy Facilities
总　计　Total	**519.54**	**416.05**	**3.35**	**233.83**	**39.65**	**19.89**	**4.48**	**15.29**
银川市　Yinchuan	**74.71**	**54.76**	**0.94**	**35.79**	**10.52**	**4.6**	**1.04**	**4.88**
永宁县　Yongning	9.26	6.71	0.22	2.78	1.92	0.72	0.21	0.99
贺兰县　Helan	12.01	9.25	0.18	4.23	2.23	0.81	0.19	1.23
灵武市　Lingwu	35.43	28.39	0.33	23.39	2.34	1.08	0.32	0.94
石嘴山市　Shizuishan	**41.14**	**24.14**	**0.24**	**15.06**	**6.56**	**2.73**	**0.40**	**3.43**
大武口区　Dawukou	9.41	4.04	0.07	3.43	1.14	0.77	0.07	0.3
惠农区　Huinong	10.87	8.26	0.09	6.21	1.80	0.75	0.16	0.89
平罗县　Pingluo	20.86	11.84	0.08	5.42	3.62	1.21	0.17	2.24
吴忠市　Wuzhong	**156.18**	**134.85**	**0.94**	**88.91**	**8.97**	**5.53**	**1.06**	**2.38**
利通区　Litong	10.46	7.85	0.19	4.68	2.03	0.95	0.25	0.83
红寺堡区　Hongsipu								
盐池县　Yanchi	67.78	61.07	0.073	43.49	1.95	1.47	0.29	0.19
同心县　Tongxin	60.60	51.57	0.11	30.55	2.33	1.72	0.3	0.31
青铜峡市　Qingtongxia	17.35	14.37	0.57	10.19	2.66	1.39	0.22	1.05
固原市　Guyuan	**112.86**	**95.81**	**0.51**	**23.26**	**6.74**	**4.08**	**1.07**	**1.59**
原州区　Yuanzhou	35.06	28.22	0.07	9.70	2.22	1.30	0.44	0.48
西吉县　Xiji	31.30	27.40	0.01	5.07	1.87	1.01	0.23	0.63
隆德县　Longde	9.91	8.73	0.01	0.94	0.63	0.40	0.10	0.127
泾源县　Jingyuan	11.31	10.68	0.13	2.29	0.44	0.25	0.08	0.11
彭阳县　Pengyang	25.29	20.78	0.28	5.26	1.58	1.12	0.22	0.25
中卫市　Zhongwei	**134.65**	**106.50**	**0.72**	**70.83**	**6.87**	**2.96**	**0.90**	**3.01**
沙坡头区　Shapotou	45.99	32.62	0.33	26.31	2.19	0.88	0.31	1.00
中宁县　Zhongning	33.77	26.46	0.35	21.686	2.58	0.91	0.26	1.41
海原县　Haiyuan	54.89	47.42	0.03	22.83	2.09	1.17	0.33	0.60

1-4 主要矿产资源储量

Reserves of Major Minerals

矿产名称	Item	单位	Unit	查明资源储量 Resources Explored	资源保有量 Resources Inventory
能源矿产	**Reserves of Energy**				
煤 炭	Coal	亿吨	100 million tons	357.72	348.09
金属矿产	**Reserves of Metals**				
铁 矿(矿石)	Iron(Ore)	万吨	10 000 tons	393.38	260.14
铜 矿(铜)	Copper(Metal)	万吨	10 000 tons	2.48	2.11
镁 矿(矿石)	Magnesium(Ore)	万吨	10 000 tons	6557.28	6489.98
金 矿(金)	Gold(Metal)	千克	kg	700.38	674.92
银 矿(银)	Silver(Metal)	吨	ton	24.33	19.31
冶金辅助原料非金属矿产	**Reserves of Non-metallic (Metallurgical Ancillary Materials)**				
熔剂用灰岩(矿石)	Solvent Limestone(Ore)	万吨	10 000 tons	2484.10	2430.40
冶金用白云岩(矿石)	Metallurgical Dolostone(Ore)	万吨	10 000 tons	13576.40	13576.40
冶金用石英岩(矿石)	Metallurgical Quartzite(Ore)	万吨	10 000 tons	6090.74	5887.64
冶金用砂岩(矿石)	Metallurgical Sandstone(Ore)	万吨	10 000 tons	324.13	240.39
铸型用砂(矿石)	Casting Sand(Ore)	万吨	10 000 tons	107.80	78.60
耐火粘土(矿石)	Chamotte(Ore)	万吨	10 000 tons	505.70	461.30
化工原料非金属矿	**Reserves of Non-metallic (Chemical Materials)**				
硫铁矿(矿石)	Sulfurous Iron Ore	万吨	10 000 tons	5.90	5.80
电石用灰岩(矿石)	Calcium Carbide Limestone(Ore)	万吨	10 000 tons	7634.90	7488.32
制碱用灰岩(矿石)	Limestone for Alkali Making(Ore)	万吨	10 000 tons	1919.99	1919.99
磷 矿(矿石)	Phosphorite(Ore)	万吨	10 000 tons	1364.63	1255.78
建材和其它非金属矿产	**Building Materials and Other Non-metallic Minerals**				
石 膏(矿石)	Plaster(Ore)	万吨	10 000 tons	278822.90	277531.46
水泥用灰岩(矿石)	Cement Limestone(Ore)	万吨	10 000 tons	110869.79	103174.71
玻璃用白云岩(矿石)	Glass Dolostone(Ore)	万吨	10 000 tons	143.00	116.00
玻璃用砂岩(矿石)	Glass Sandstone(Ore)	万吨	10 000 tons	1925.84	1675.60
水泥配料用砂岩(矿石)	Cement Batching Sandstone(Ore)	万吨	10 000 tons	755.00	674.80
玻璃用砂(矿石)	Glass Sand(Ore)	万吨	10 000 tons	1925.84	1675.60
陶瓷土(矿石)	Ceramic Clay(Ore)	万吨	10 000 tons	137.50	128.40
砖瓦用粘土	Tile Clay(Ore)	万立方米	10 000 cu.m	993.10	776.16
水泥配料用粘土(矿石)	Cement Batching Clay(Ore)	万吨	10 000 tons	3613.00	3305.07
建筑用辉绿岩	Diabase for Building	万立方米	10 000 cu.m	253.00	253.00
饰面用大理岩	Griotte for Veneer	万立方米	10 000 cu.m	208.00	208.00
水泥配料用板岩(矿石)	Cement Batching Slate(Ore)	万吨	10 000 tons	1314.00	1292.00

1-5 主要年份气象资料
Meteorology in Main Years

年份 Year	降水量(毫米) Precipitation(mm)		无霜期(天) Frost Free Period(day)		初霜日(日/月) Primary Frost Day(day/month)	
	引黄灌区 Yellow River Irrigation Areas	干旱山区 Arid Mountain Areas	引黄灌区 Yellow River Irrigation Areas	干旱山区 Arid Mountain Areas	引黄灌区 Yellow River Irrigation Areas	干旱山区 Arid Mountain Areas
1952	214.4		164		26/9	
1957	122.3	160.3	166	152	25/9	25/9
1965	115.9	178.7	123	189	6/9	14/10
1970	208.0	260.0	158	199	29/9	29/9
1975	172.4	188.6	166	177	4/10	29/10
1978	283.6	384.6	164	188	18/9	27/10
1985	252.5	477.8	180	208	1/10	20/10
1990	252.8	386.7	161	173	13/10	24/10
1995	203.7	317.8	142	212	24/9	25/9
1996	211.0	357.2	148	170	7/10	7/10
1997	110.0	209.7	148	173	20/9	25/9
1998	195.1	356.0	173	187	15/10	20/9
1999	143.3	231.4	241	225	15/10	20/9
2000	110.0	214.0	181	181	15/10	1/11
2001	202.1	298.0	165	180	4/10	9/10
2002	259.3	280.0	169	223	5/10	23/10
2003	203.0	281.7	197	185	14/10	5/10
2004	122.3	194.5	150	169	1/10	21/10
2005	83.4	119.4	207	226	8/10	14/10
2006	168.4	224.3	192	191	8/10	14/10
2007	207.9	307.2	193	207	14/10	19/10
2008	189.1	191.7	168	181	10/10	23/10
2009	181.5	176.9	196	216	17/10	17/10
2010	168.9	202.9	196	194	26/10	25/10

注:引黄灌区以永宁县为代表,干旱山区以同心县为代表。

a)Data of Yellow River Irrigation Areas refers to County Yongning,while Arid Mountain Areas refers to County Tongxin.

1-6 各市县主要气象资料

Meteorology by City and Country

(2010)

地 区	Region	气温(℃) Temperature(℃)			降水量（毫米）Precipitation (mm)	日照时数（小时）Hours of Sunshine (hours)	风速(0.1 米/秒) Wind Speed (0.1m/second)	
		平均 Average	最高 Highest	最低 Lowest			平均 Average	最大 Maximum
银川市	Yinchuan	10.2	16.8	4.8	206.3	2759.3	2.0	12.4
永宁县	Yongning	10.5	17.4	5.1	168.9	2828.4	1.8	13.2
贺兰县	Helan	9.4	17.1	3.5	181.1	2959.0	1.4	11.7
灵武市	Lingwu	9.9	17.5	3.6	176.5	2980.1	2.6	13.7
石嘴山市	Shizuishan	9.4	16.8	2.9	176.4	2758.0	1.7	17.4
惠农区	Huinong	9.6	16.5	4.0	212.7	3130.8	2.3	22.0
平罗县	Pingluo	9.2	16.6	3.0	173.2	3009.2	2.4	18.5
吴忠市	Wuzhong	11.0	17.8	5.8	188.6	2924.2	1.9	9.7
青铜峡市	Qingtongxia	10.3	17.2	4.8	181.2	3302.8	2.3	15.4
盐池县	Yanchi	8.7	16.2	2.4	248.4	2939.6	2.3	15.8
同心县	Tongxin	9.8	17.3	4.1	202.9	3177.8	3.1	15.5
固原市	Guyuan	8.0	14.1	3.2	458.3	2563.0	2.5	11.9
西吉县	Xiji	6.4	13.7	1.0	410.7	2403.5	1.5	12.1
隆德县	Longde	6.1	12.4	1.2	430.0	2342.3	1.6	12.2
泾源县	Jingyuan	6.9	12.8	2.6	609.3	2295.7	2.3	13.4
彭阳县	Pengyang	8.4	15.9	2.7	615.4	2388.0	1.8	12.4
中卫市	Zhongwei	10.0	17.4	4.1	138.0	3006.0	2.4	16.1
中宁县	Zhongning	10.9	18.6	5.4	192.3	2985.9	2.2	11.3
海原县	Haiyuan	8.1	14.2	3.4	353.5	2796.1	2.4	16.4

1-7 各市县分月度平均气温

Monthly Average Temperature by City and Country

单位:摄氏度　　　　　　　　　　(2010)　　　　　　　　　　(℃)

地　区	Region	1月 Jan.	2月 Feb.	3月 Mar.	4月 Apr.	5月 May	6月 June	7月 July	8月 Aug.	9月 Sept.	10月 Oct.	11月 Nov.	12月 Dec.	年平均 Annual Average
银川市	Yinchuan	-5.2	-2.8	4.5	9.9	17.7	23.2	25.7	22.7	17.3	10.6	3.5	-3.9	10.3
永宁县	Yongning	-4.9	-2.4	4.6	9.9	17.9	23.5	26.1	22.9	17.4	10.7	4.1	-3.1	10.6
贺兰县	Helan	-6.5	-3.9	3.7	9.3	17.3	22.7	25.4	22.1	16.5	9.5	2.6	-5.3	9.5
灵武市	Lingwu	-5.3	-2.7	4.5	9.7	17.4	22.7	25.4	21.9	17.0	9.3	3.0	-3.1	10.0
石嘴山市	Shizuishan	-7.0	-4.3	2.9	9.2	17.8	23.3	26.3	23.0	16.4	9.1	2.2	-5.5	9.4
惠农区	Huinong	-6.4	-3.5	2.7	9.0	17.8	23.3	26.4	23.3	17.2	10.0	2.7	-5.2	9.8
平罗县	Pingluo	-6.9	-4.1	2.8	8.7	17.3	22.7	25.3	22.1	16.4	9.5	2.3	-5.6	9.2
吴忠市	Wuzhong	-4.1	-1.5	4.9	10.2	18.1	23.7	26.5	23.0	17.9	11.4	4.5	-2.5	11.0
青铜峡市	Qingtongxia	-4.4	-2.2	4.4	9.8	17.4	22.7	25.4	22.1	17.1	10.1	4.3	-2.7	10.3
盐池县	Yanchi	-6.3	-3.5	2.6	7.2	15.9	21.5	24.6	21.0	16.4	9.0	1.8	-4.8	8.8
同心县	Tongxin	-4.4	-1.5	4.4	9.6	17.2	21.8	24.4	21.9	17.2	9.9	2.8	-4.9	9.9
固原市	Guyuan	-3.8	-2.1	3.2	7.2	14.4	17.8	20.5	18.6	14.2	7.4	2.4	-3.9	8.0
西吉县	Xiji	-6.3	-3.0	1.4	6.1	12.9	16.6	19.3	18.0	13.9	6.5	-0.3	-7.4	6.5
隆德县	Longde	-5.5	-2.9	0.8	5.1	11.9	15.4	18.4	16.9	13.4	6.1	0.0	-5.8	6.1
泾源县	Jingyuan	-3.4	-2.3	1.7	6.0	12.6	15.3	18.4	16.5	12.9	6.5	2.3	-3.2	6.9
彭阳县	Pengyang	-4.6	-1.8	3.7	7.9	15.0	18.3	21.5	19.5	15.5	7.8	1.8	-3.9	8.4
中卫市	Zhongwei	-4.7	-2.2	4.5	9.8	17.5	22.5	24.9	21.8	16.7	10.0	3.4	-3.9	10.0
中宁县	Zhongning	-3.8	-1.0	5.1	10.5	18.2	23.4	26.1	22.9	18.0	10.9	4.0	-2.8	11.0
海原县	Haiyuan	-4.1	-1.8	2.8	7.2	14.3	18.7	21.3	19.1	14.2	7.9	2.7	-4.3	8.2

1-8 各市县分月度降水量

Monthly Precipitation by City and Country

单位:毫米 （2010） (mm)

地区	Region	1月 Jan.	2月 Feb.	3月 Mar.	4月 Apr.	5月 May	6月 June	7月 July	8月 Aug.	9月 Sept.	10月 Oct.	11月 Nov.	12月 Dec.	全年 Annual Total
银川市	Yinchuan		10.1	0.6	5.3	31.1	67.8	34.6	4.0	39.4	13.4			206.3
永宁县	Yongning		11.7	1.9	9.9	35.7	37.0	17.0	3.4	42.9	9.4			168.9
贺兰县	Helan		10.6	1.2	6.3	41.1	39.9	36.1	1.5	34.8	9.6			181.1
灵武市	Lingwu		8.3	2.1	24.7	38.9	38.0	10.7	10.5	32.8	10.5			176.5
石嘴山市	Shizuishan		10.8	0.1	0.6	46.4	35.7	24.2	9.6	38.2	9.1	0.9	0.8	176.4
惠农区	Huinong		7.1	1.0	0.4	68.7	55.6	22.9	16.8	23.3	16.9			212.7
平罗县	Pingluo		4.8	0.4	1.5	56.4	48.0	23.0	1.4	22.3	15.4			173.2
吴忠市	Wuzhong		8.5	3.5	24.1	33.9	31.5	15.6	16.1	35.9	19.5			188.6
青铜峡市	Qingtongxia		8.0	1.6	14.5	27.5	34.7	25.4	12.9	32.8	23.8			181.2
盐池县	Yanchi		9.5	2.3	32.8	41.9	46.7	4.4	57.1	23.5	26.1	4.1		248.4
同心县	Tongxin		2.5	0.5	20.9	35.1	35.6	14.3	40.4	19.0	33.3		1.3	202.9
固原市	Guyuan	0.3	5.0	12.6	33.0	71.7	31.2	116.3	57.9	66.3	60.3		3.7	458.3
西吉县	Xiji	0.2	1.2	13.6	28.8	70.9	52.7	115.8	39.4	49.2	37.7	0.5	0.7	410.7
隆德县	Longde	0.8	3.5	18.7	37.9	49.7	26.3	92.1	75.7	69.0	53.7	1.3	1.3	430.0
泾源县	Jingyuan	0.1	6.7	28.6	41.2	66.3	75.4	166.6	99.8	82.1	34.2	0.1	8.2	609.3
彭阳县	Pengyang		4.8	13.5	44.6	87.3	40.0	138.6	90.7	150.1	40.3	1.7	3.8	615.4
中卫市	Zhongwei	0.1	3.1	3.0	12.8	20.9	23.9	2.6	19.4	29.9	21.8		0.5	138.0
中宁县	Zhongning	0.2	4.0	0.7	17.4	25.2	33.2	20.1	43.3	21.5	26.2	0.3	0.2	192.3
海原县	Haiyuan	0.2	4.5	1.6	33.5	66.1	45.2	41.5	48.2	80.2	28.7	0.3	3.5	353.5

1-9 各市县分月度日照时数

Monthly Sunshine Hours by City and Country

单位:小时　　　　(2010)　　　　(hour)

地区	Region	1月 Jan.	2月 Feb.	3月 Mar.	4月 Apr.	5月 May	6月 June	7月 July	8月 Aug.	9月 Sept.	10月 Oct.	11月 Nov.	12月 Dec.	全年 Annual Total
银川市	Yinchuan	189.8	183.4	191.3	253.6	266.2	321.0	283.3	242.7	179.4	242.9	220.7	185.0	2759.3
永宁县	Yongning	178.7	183.3	188.6	250.3	270.8	321.1	296.5	248.8	190.3	243.9	236.3	219.8	2828.4
贺兰县	Helan	207.5	191.5	224.6	279.6	292.9	337.8	314.4	260.8	180.8	233.8	223.6	211.7	2959.0
灵武市	Lingwu	231.9	209.1	230.2	267.7	283.7	321.9	284.8	246.5	185.5	242.6	240.8	235.4	2980.1
石嘴山市	Shizuishan	192.6	178.7	211.4	260.2	277.3	307.3	285.1	239.4	166.2	224.8	220.7	194.3	2758.0
惠农区	Huinong	229.1	210.8	247.8	289.3	296.3	334.2	320.6	271.4	195.8	253.8	248.9	232.8	3130.8
平罗县	Pingluo	202.4	204.4	226.6	277.1	281.9	319.4	307.6	271.0	191.9	251.9	242.6	232.4	3009.2
吴忠市	Wuzhong	210.3	194.3	189.6	253.8	277.6	333.2	302.2	246.3	201.6	248.7	235.2	231.4	2924.2
青铜峡市	Qingtongxia	245.3	220.8	241.3	299.0	308.5	356.7	329.5	282.7	221.5	280.0	266.8	250.7	3302.8
盐池县	Yanchi	231.2	195.5	202.0	270.2	262.4	305.6	305.5	249.1	182.8	237.2	252.2	245.9	2939.6
同心县	Tongxin	246.0	230.7	257.0	280.5	271.0	341.6	308.9	298.6	197.9	245.8	249.3	250.5	3177.8
固原市	Guyuan	228.3	179.8	217.7	230.0	224.5	229.1	204.2	234.2	146.3	194.3	246.3	228.3	2563.0
西吉县	Xiji	209.5	182.4	197.8	217.9	217.2	231.4	195.9	204.4	122.5	170.4	240.2	213.9	2403.5
隆德县	Longde	211.7	192.5	200.0	218.8	201.0	211.3	184.4	182.3	123.4	176.9	227.3	212.7	2342.3
泾源县	Jingyuan	224.3	189.8	188.7	222.6	202.7	201.8	165.0	154.2	93.4	178.3	246.4	228.5	2295.7
彭阳县	Pengyang	223.9	168.8	189.6	227.0	217.7	212.9	184.3	198.3	113.5	176.5	244.4	231.1	2388.0
中卫市	Zhongwei	217.5	210.8	223.4	252.1	286.8	330.0	201.2	266.7	184.8	249.1	251.4	232.2	3006.0
中宁县	Zhongning	214.4	196.7	224.7	264.2	283.1	332.3	303.2	260.8	195.9	238.5	243.3	228.8	2985.9
海原县	Haiyuan	231.9	212.0	234.4	245.4	223.4	274.8	253.5	267.7	149.2	212.3	253.6	237.9	2796.1

【第二篇】Chapter 2

综 合

General Survey

责任编辑:梁建民　聂一平

资料整理:梁建民　聂一平　杨如文　马　潇　陈　婷　焦　霙　周军锋

Coordinator: Liang Jianmin　Nie Yiping

Data Compilation: Liang Jianmin　Nie Yiping　Yang Ruwen　Ma Xiao　Chen Ting　Jiao Ying　Zhou Junfeng

2-1 各部门机构单位数

Grass-roots Units in Various Sectors

单位:个 (2010) (unit)

项　目	Item	法人单位 Judicial Entities	企业法人 Enter-prises	事业法人 Insti-tutions
合　计	**Total**	**35966**	**21448**	**2837**
按登记注册类型分组	**Grouped by Registration Status**	**35966**	**21448**	**2837**
内资企业	**Domestic Funded Enterprises**	**35839**	**21323**	**2837**
国有	State-owned	5348	694	2761
集体	Collective-owned	609	368	32
股份合作	Cooperative	123	116	
联营企业	Joint Ownership	54	35	5
国有联营	State Joint Ownership	15	10	3
集体联营	Collective Joint Ownership	11	8	1
国有与集体联营	Joint State-Collective Ownership	9	3	
其他联营	Other Joint Ownership	19	14	1
有限责任公司	Limited Liability Corporations	2541	2515	
国有独资公司	State Sole Funded Corporations	106	106	
其他有限责任公司	Other Limited Liability Corporations	2435	2409	
股份有限公司	Share-holding Corporations Ltd.	344	341	
私营企业	Private Enterprises	16599	16280	
私营独资	Private-funded Enterprises	4145	3963	
私营合伙	Private Partnership Enterprises	624	576	
私营有限责任公司	Private Limited Liability Corporations	11224	11153	
私营股份有限公司	Private Share-holding Corporations Ltd.	606	588	
其他内资	Other Domestic Funded	10221	974	39
港、澳、台商投资企业	**Enterprises with Funds from Hong Kong, Macao and Taiwan**	**36**	**35**	
与港澳台商合资经营	Joint-ventures	12	12	
与港澳台商合作经营	Cooperative	4	4	
港澳台商独资	Enterprises with Sole Investment	8	7	
港澳台商投资股份有限公司	Share-holding Corporations Ltd.	12	12	
外商投资企业	**Foreign Funded Enterprises**	**91**	**90**	
中外合资经营	Joint-ventures	53	53	
中外合作经营	Cooperation	7	6	

注:本表资料根据基本单位名录库2010年年报结果加工整理。

a)Data in this table have been arranged according to the basic units directory 2010.

2-1 续表 1 continued

单位:个 （2010） (unit)

项　目	Item	机关法人 Government Agencies and Organizations	社团法人 Mass Organizations	其他法人 Others	产业活动单位 establishments
合　计	**Total**	**1485**	**2266**	**7930**	**44147**
按登记注册类型分组	**Grouped by Registration Status**	**1485**	**2266**	**7930**	**44147**
内资企业	**Domestic Funded Enterprises**	**1485**	**2266**	**7928**	**43905**
国有	State-owned	1485	335	73	11033
集体	Collective-owned		31	178	797
股份合作	Cooperative		3	4	367
联营企业	Joint Ownership		6	8	100
国有联营	State Joint Ownership			2	15
集体联营	Collective Joint Ownership		2		11
国有与集体联营	Joint State-Collective Ownership		4	2	12
其他联营	Other Joint Ownership			4	62
有限责任公司	Limited Liability Corporations		1	25	3027
国有独资公司	State Sole Funded Corporations				156
其他有限责任公司	Other Limited Liability Corporations		1	25	2871
股份有限公司	Share-holding Corporations Ltd.			3	943
私营企业	Private Enterprises		22	297	17232
私营独资	Private-funded Enterprises		10	172	4244
私营合伙	Private Partnership Enterprises		10	38	652
私营有限责任公司	Private Limited Liability Corporations			71	11687
私营股份有限公司	Private Share-holding Corporations Ltd.		2	16	649
其他内资	Other Domestic Funded		1868	7340	10406
港、澳、台商投资企业	**Enterprises with Funds from Hong Kong, Macao and Taiwan**			**1**	**70**
与港澳台商合资经营	Joint-ventures				13
与港澳台商合作经营	Cooperative				4
港澳台商独资	Enterprises with Sole Investment			1	10
港澳台商投资股份有限公司	Share-holding Corporations Ltd.				43
外商投资企业	**Foreign Funded Enterprises**			**1**	**172**
中外合资经营	Joint-ventures				64
中外合作经营	Cooperation			1	12

2-1 续表 2 continued

单位:个 （2010） (unit)

项目	Item	法人单位 Judicial Entities	企业法人 Enterprises	事业法人 Institutions
外资企业	Enterprises with Sole Funds	27	27	
外商投资股份有限公司	Share-holding Corporations Ltd.	4	4	
按国民经济行业分组	**Grouped by Sector**	**35966**	**21448**	**2837**
农、林、牧、渔业	**Agriculture,Forestry,Animal Husbandry and Fishery**	**1391**	**1053**	**61**
农 业	Agriculture	451	356	8
林 业	Forestry	156	117	25
畜牧业	Animal Husbandry	524	402	3
渔 业	Fishery	49	41	1
农、林、牧、渔服务业	Services in Support of Agriculture	211	137	24
采掘业	**Mining and Quarrying**	**625**	**625**	
煤炭开采和洗选业	Mining and Washing of Coal	300	300	
石油和天然气开采业	Extraction of Petroleum and Natural Gas	51	51	
黑色金属矿采选业	Mining and Processing of Ferrous Metal Ores	16	16	
有色金属矿采选业	Mining and Processing of Non-ferrous Metal Ores	4	4	
非金属矿采选业	Mining and Processing of Nonmetal Ores	248	248	
其他采矿业	Mining of Other Ores	6	6	
制造业	**Manufacturing**	**4599**	**4599**	
农副食品加工业	Processing of Food from Agricultural Products	647	647	
食品制造业	Manufacture of Foods	216	216	
饮料制造业	Manufacture of Beverages	111	111	
烟草制品业	Manufacture of Tobacco	2	2	
纺织业	Manufacture of Textile	143	143	
纺织服装、鞋、帽制造业	Manufacture of Textile Wearing Apparel, Footware and Caps	31	31	
皮革、毛皮、羽毛(绒)及其制品业	Manufacture of Leather,Fur,Feather and Related Products	53	53	
木材加工及木、竹、藤、棕、草制品业	Processing of Timber,Manufacture of Wood, Bamboo,Rattan,Palm and Straw Products	43	43	
家具制造业	Manufacture of Furniture	57	57	
造纸及纸制品业	Manufacture of Paper and Paper Products	89	89	
印刷业和记录媒介的复制业	Printing,Reproduction of Recording Media	190	190	
文教体育用品制造业	Manufacture of Articles for Culture,Education and Sport Activities	7	7	

2-1 续表 3 continued

单位:个 （2010） (unit)

项目	Item	机关法人 Government Agencies and Organizations	社团法人 Mass Organi-zations	其他法人 Others	产业活动单位 establ-ishments
外资企业	Enterprises with Sole Funds				84
外商投资股份有限公司	Share-holding Corporations Ltd.				12
按国民经济行业分组	**Grouped by Sector**	**1485**	**2266**	**7930**	**44147**
农、林、牧、渔业	**Agriculture,Forestry,Animal Husbandry and Fishery**			**277**	**1590**
农 业	Agriculture			87	483
林 业	Forestry			14	182
畜牧业	Animal Husbandry			119	536
渔 业	Fishery			7	52
农、林、牧、渔服务业	Services in Support of Agriculture			50	337
采掘业	**Mining and Quarrying**				**658**
煤炭开采和洗选业	Mining and Washing of Coal				326
石油和天然气开采业	Extraction of Petroleum and Natural Gas				51
黑色金属矿采选业	Mining and Processing of Ferrous Metal Ores				17
有色金属矿采选业	Mining and Processing of Non-ferrous Metal Ores				4
非金属矿采选业	Mining and Processing of Nonmetal Ores				254
其他采矿业	Mining of Other Ores				6
制造业	**Manufacturing**				**4702**
农副食品加工业	Processing of Food from Agricultural Products				671
食品制造业	Manufacture of Foods				230
饮料制造业	Manufacture of Beverages				112
烟草制品业	Manufacture of Tobacco				2
纺织业	Manufacture of Textile				148
纺织服装、鞋、帽制造业	Manufacture of Textile Wearing Apparel, Footware and Caps				32
皮革、毛皮、羽毛(绒)及其制品业	Manufacture of Leather,Fur,Feather and Related Products				54
木材加工及木、竹、藤、棕、草制品业	Processing of Timber,Manufacture of Wood, Bamboo,Rattan,Palm and Straw Products				43
家具制造业	Manufacture of Furniture				57
造纸及纸制品业	Manufacture of Paper and Paper Products				90
印刷业和记录媒介的复制业	Printing,Reproduction of Recording Media				195
文教体育用品制造业	Manufacture of Articles for Culture, Education and Sport Activities				7

2-1 续表 4 continued

单位:个　　　　(2010)　　　　(unit)

项 目	Item	法人单位 Judicial Entities	企业法人 Enter-prises	事业法人 Insti-tutions
石油加工、炼焦及核燃料加工业	Processing of Petroleum,Coking,Processing of Nuclear Fuel	57	57	
化学原料及化学制品制造业	Manufacture of Raw Chemical Materials and Chemical Products	391	391	
医药制造业	Manufacture of Medicines	40	40	
化学纤维制造业	Manufacture of Chemical Fibers	2	2	
橡胶制品业	Manufacture of Rubber	22	22	
塑料制品业	Manufacture of Plastics	176	176	
非金属矿物制品业	Manufacture of Non-metallic Mineral Products	1119	1119	
黑色金属冶炼及压延加工业	Smelting and Pressing of Ferrous Metals	152	152	
有色金属冶炼及压延加工业	Smelting and Pressing of Non-ferrous Metals	79	79	
金属制品业	Manufacture of Metal Products	269	269	
通用设备制造业	Manufacture of General Purpose Machinery	256	256	
专用设备制造业	Manufacture of Special Purpose Machinery	118	118	
交通运输设备制造业	Manufacture of Transport Equipment	107	107	
电气机械及器材制造业	Manufacture of Electrical Machinery and Equipment	106	106	
通信设备、计算机及其他电子设备制造业	Manufacture of Communication Equipment, Computers and Other Electronic Equipment	6	6	
仪器仪表及文化、办公用机械制造业	Manufacture of Measuring Instruments and Machinery for Cultural Activity and Office Work	31	31	
工艺品及其他制造业	Manufacture of Artwork and Other Manufacturing	67	67	
废弃资源和废旧材料回收加工业	Recycling and Disposal of Waste	12	12	
电力、煤气及水的生产和供应业	**Production and Supply of Electricity,Gas and Water**	**197**	**193**	**3**
电力、热力的生产和供应业	Production and Supply of Electric Power and Heat Power	118	118	
燃气生产和供应业	Production and Supply of Gas	30	30	
水的生产和供应业	Production and Supply of Water	49	45	3
建筑业	**Construction**	**1150**	**1150**	
房屋和土木工程建筑业	Construction of Buildings and Civil Engineering	550	550	
建筑安装业	Building Installation	197	197	
建筑装饰业	Building Decoration	316	316	
其他建筑业	Other Construction	87	87	
交通运输、仓储和邮政业	**Transport,Storage and Post**	**611**	**567**	**32**
铁路运输业	Railway Transport	3	3	

2-1 续表 5 continued

单位:个 （2010） (unit)

项 目	Item	机关法人 Government Agencies and Organizations	社团法人 Mass Organi-zations	其他法人 Others	产业活动单位 establ-ishments
石油加工、炼焦及核燃料加工业	Processing of Petroleum,Coking,Processing of Nuclear Fuel				56
化学原料及化学制品制造业	Manufacture of Raw Chemical Materials and Chemical Products				400
医药制造业	Manufacture of Medicines				41
化学纤维制造业	Manufacture of Chemical Fibers				2
橡胶制品业	Manufacture of Rubber				22
塑料制品业	Manufacture of Plastics				177
非金属矿物制品业	Manufacture of Non-metallic Mineral Products				1141
黑色金属冶炼及压延加工业	Smelting and Pressing of Ferrous Metals				153
有色金属冶炼及压延加工业	Smelting and Pressing of Non-ferrous Metals				83
金属制品业	Manufacture of Metal Products				271
通用设备制造业	Manufacture of General Purpose Machinery				259
专用设备制造业	Manufacture of Special Purpose Machinery				120
交通运输设备制造业	Manufacture of Transport Equipment				108
电气机械及器材制造业	Manufacture of Electrical Machinery and Equipment				106
通信设备、计算机及其他电子设备制造业	Manufacture of Communication Equipment, Computers and Other Electronic Equipment				7
仪器仪表及文化、办公用机械制造业	Manufacture of Measuring Instruments and Machinery for Cultural Activity and Office Work				31
工艺品及其他制造业	Manufacture of Artwork and Other Manufacturing				72
废弃资源和废旧材料回收加工业	Recycling and Disposal of Waste				12
电力、煤气及水的生产和供应业	**Production and Supply of Electricity,Gas and Water**			**1**	**270**
电力、热力的生产和供应业	Production and Supply of Electric Power and Heat Power				180
燃气生产和供应业	Production and Supply of Gas				32
水的生产和供应业	Production and Supply of Water			1	58
建筑业	**Construction**				**1444**
房屋和土木工程建筑业	Construction of Buildings and Civil Engineering				818
建筑安装业	Building Installation				208
建筑装饰业	Building Decoration				324
其他建筑业	Other Construction				94
交通运输、仓储和邮政业	**Transport,Storage and Post**			**12**	**855**
铁路运输业	Railway Transport				3

2-1 续表 6 continued

单位:个　　(2010)　　(unit)

项 目	Item	法人单位 Judicial Entities	企业法人 Enterprises	事业法人 Institutions
道路运输业	Road Transport	377	342	29
城市公共交通业	Urban Public Transport	56	55	
水上运输业	Water Transport	4	4	
航空运输业	Air Transport	9	8	1
管道运输业	Transport Via Pipelines	2	2	
装卸搬运和其他运输服务业	Loading,Unloading and Other Transport Services	73	72	
仓储业	Storage	53	50	2
邮政业	Post	34	31	
信息传输、计算机服务和软件业	**Information Transmission,Computer Services and Software**	**698**	**662**	**15**
电信和其他信息传输服务业	Telecommunications and Other Information Transmission Services	93	79	11
计算机服务业	Computer Services	539	518	4
软件业	Software	66	65	
批发和零售业	**Wholesale and Retail Trades**	**7997**	**7997**	
批发业	Wholesale Trade	4188	4188	
零售业	Retail Trade	3809	3809	
住宿和餐饮业	**Hotels and Catering Services**	**647**	**610**	**4**
住宿业	Hotels	307	296	2
餐饮业	Catering Services	340	314	2
金融业	**Financial Intermediation**	**283**	**243**	**8**
银行业	Bank	52	44	3
证券业	Security Activities	6	6	
保险业	Insurance	49	47	1
其 他	Other Financial Activities	176	146	4
房地产业	**Real Estate**	**1005**	**988**	**3**
房地产业	Real Estate	1005	988	3
租赁和商务服务业	**Leasing and Business Serveces**	**1701**	**1491**	**98**
租赁业	Leasing	254	249	
商务服务业	Business Services	1447	1242	98
科学研究、技术服务和地质勘查业	**Scientific Research,Technical Service and Geologic Prospecting**	**717**	**424**	**264**
研究与试验发展	Research and Experimental Development	45	20	21
专业技术服务业	Professional Technical Services	447	320	118
科技交流和推广服务业	Services of Science and Technology Exchanges and Promotion	201	69	116
地质勘查业	Geologic Prospecting	24	15	9

2-1 续表 7 continued

单位:个　　　　　　　　　　　　（2010）　　　　　　　　　　　　(unit)

项 目	Item	机关法人 Government Agencies and Organizations	社团法人 Mass Organi-zations	其他法人 Others	产业活动单位 establ-ishments
道路运输业	Road Transport			6	497
城市公共交通业	Urban Public Transport			1	64
水上运输业	Water Transport				5
航空运输业	Air Transport				10
管道运输业	Transport Via Pipelines				2
装卸搬运和其他运输服务业	Loading,Unloading and Other Transport Services			1	74
仓储业	Storage			1	80
邮政业	Post			3	120
信息传输、计算机服务和软件业	**Information Transmission,Computer Services and Software**			**21**	**853**
电信和其他信息传输服务业	Telecommunications and Other Information Transmission Services			3	241
计算机服务业	Computer Services			17	546
软件业	Software			1	66
批发和零售业	**Wholesale and Retail Trades**				**8979**
批发业	Wholesale Trade				4508
零售业	Retail Trade				4471
住宿和餐饮业	**Hotels and Catering Services**			**33**	**703**
住宿业	Hotels			9	333
餐饮业	Catering Services			24	370
金融业	**Financial Intermediation**	**4**		**28**	**1387**
银行业	Bank	4		1	926
证券业	Security Activities				6
保险业	Insurance			1	204
其 他	Other Financial Activities			26	251
房地产业	**Real Estate**			**14**	**1029**
房地产业	Real Estate			14	1029
租赁和商务服务业	**Leasing and Business Serveces**			**112**	**1821**
租赁业	Leasing			5	269
商务服务业	Business Services			107	1552
科学研究、技术服务和地质勘查业	**Scientific Research,Technical Service and Geologic Prospecting**			**29**	**1034**
研究与试验发展	Research and Experimental Development			4	45
专业技术服务业	Professional Technical Services			9	514
科技交流和推广服务业	Services of Science and Technology Exchanges and Promotion			16	450
地质勘查业	Geologic Prospecting				25

2-1 续表 8 continued

单位:个 （2010） (unit)

项 目	Item	法人单位 Judicial Entities	企业法人 Enterprises	事业法人 Institutions
水利、环境和公共设施管理业	**Management of Water Conservancy, Environment and Public Facilities**	**264**	**105**	**148**
水利管理业	Management of Water Conservancy	91	8	78
环境管理业	Environmental Management	56	17	36
公共设施管理业	Management of Public Facilities	117	80	34
居民服务和其他服务业	**Services to Households and Other Services**	**527**	**480**	**8**
居民服务业	Services to Households	183	152	6
其他服务业	Other Services	344	328	2
教 育	**Education**	**1391**	**64**	**991**
教育	Education	1391	64	991
卫生、社会保障和社会福利业	**Health,Social Security and Social Welfare**	**803**	**69**	**427**
卫生	Health	712	69	357
社会保障业	Social Security	47		46
社会福利业	Social Welfare	44		24
文化、体育和娱乐业	**Culture,Sports and Entertainment**	**329**	**128**	**157**
新闻出版业	Journalism and Publishing Activities	28	5	20
广播、电视、电影和音像业	Broadcasting, Movies, Television and Audiovisual Activities	51	30	21
文化艺术业	Cultural and Art Activities	114	10	93
体育	Sports Activities	44	3	19
娱乐业	Entertainment	92	80	4
公共管理和社会组织	**Public Management and Social Organization**	**11031**		**618**
中国共产党机关	Organs of Communist Party of China	188		4
国家机构	Government Agencies	1844		613
人民政协和民主党派	People´s Political Consultative Conference and Democratic Parties	67		1
群众团体、社会团体和宗教组织	Non-governmental Organizations,Social Organizations and Religion Organizations	6197		
基层群众自治组织	Grass Roots Self-governing Organizations	2735		

2-1 续表 9 continued

单位:个 （2010） (unit)

项 目	Item	机关法人 Government Agencies and Organizations	社团法人 Mass Organi-zations	其他法人 Others	产业活动单位 establ-ishments
水利、环境和公共设施管理业	**Management of Water Conservancy, Environment and Public Facilities**		**1**	**10**	**477**
水利管理业	Management of Water Conservancy			5	273
环境管理业	Environmental Management		1	2	72
公共设施管理业	Management of Public Facilities			3	132
居民服务和其他服务业	**Services to Households and Other Services**			**39**	**556**
居民服务业	Services to Households			25	203
其他服务业	Other Services			14	353
教 育	**Education**			**336**	**3060**
教育	Education			336	3060
卫生、社会保障和社会福利业	**Health,Social Security and Social Welfare**		**4**	**303**	**1154**
卫生	Health			286	1001
社会保障业	Social Security			1	85
社会福利业	Social Welfare		4	16	68
文化、体育和娱乐业	**Culture,Sports and Entertainment**		**17**	**27**	**520**
新闻出版业	Journalism and Publishing Activities			3	31
广播、电视、电影和音像业	Broadcasting,Movies,Television and Audiovisual Activities				70
文化艺术业	Cultural and Art Activities			11	269
体育	Sports Activities		17	5	50
娱乐业	Entertainment			8	100
公共管理和社会组织	**Public Management and Social Organization**	**1481**	**2244**	**6688**	**13055**
中国共产党机关	Organs of Communist Party of China	184			219
国家机构	Government Agencies	1231			3699
人民政协和民主党派	People´s Political Consultative Conference and Democratic Parties	66			82
群众团体、社会团体和宗教组织	Non-governmental Organizations,Social Organizations and Religion Organizations		2244	3953	6319
基层群众自治组织	Grass Roots Self-governing Organizations			2735	2736

2-1 续表 10 continued

单位:个 （2010） (unit)

项　目	Item	法人单位 Judicial Entities	企业法人 Enterprises	事业法人 Institutions
按地区分组	**Grouped by Region**	**35966**	**21448**	**2837**
银川市	**Yinchuan**	**14512**	**10938**	**908**
兴庆区	Xingqing	6847	5733	398
西夏区	Xiaxia	1359	969	112
金凤区	Jinfeng	2322	1775	154
永宁县	Yongning	1041	549	77
贺兰县	Helan	1536	1018	83
灵武市	Lingwu	1407	894	84
石嘴山市	**Shizuishan**	**4548**	**3010**	**376**
大武口区	Dawukou	1942	1374	162
惠农区	Huinong	1031	684	94
平罗县	Pingluo	1575	952	120
吴忠市	**Wuzhong**	**6299**	**3268**	**532**
利通区	Litong	2335	1404	123
红寺堡区	Hongsipu	296	148	28
盐池县	Yanchi	882	564	112
同心县	Tongxin	1538	426	173
青铜峡市	Qingtongxia	1248	726	96
固原市	**Guyuan**	**5164**	**1754**	**544**
原州区	Yuanzhou	1742	783	181
西吉县	Xiji	1376	358	118
隆德县	Longde	541	193	87
泾源县	Jingyuan	597	150	73
彭阳县	Pengyang	908	270	85
中卫市	**Zhongwei**	**5443**	**2478**	**477**
沙坡头区	Shapotou	2430	1438	210
中宁县	Zhongning	1525	725	168
海原县	Haiyuan	1488	315	99

2-1 续表 11 continued

单位:个　　　　（2010）　　　　(unit)

项　目	Item	机关法人 Government Agencies and Organizations	社团法人 Mass Organizations	其他法人 Others	产业活动单位 establishments
按地区分组	**Grouped by Region**	**1485**	**2266**	**7930**	**44147**
银 川 市	**Yinchuan**	**449**	**914**	**1303**	**16731**
兴 庆 区	Xingqing	138	265	313	7661
西 夏 区	Xiaxia	36	94	148	1582
金 凤 区	Jinfeng	129	46	218	2548
永 宁 县	Yongning	53	211	151	1399
贺 兰 县	Helan	48	166	221	1804
灵 武 市	Lingwu	45	132	252	1737
石嘴山市	**Shizuishan**	**226**	**240**	**696**	**5396**
大武口区	Dawukou	124	136	146	2147
惠 农 区	Huinong	44	48	161	1358
平 罗 县	Pingluo	58	56	389	1891
吴 忠 市	**Wuzhong**	**296**	**424**	**1779**	**8061**
利 通 区	Litong	100	199	509	2917
红寺堡区	Hongsipu	38	12	70	448
盐 池 县	Yanchi	48	31	127	1110
同 心 县	Tongxin	54	16	869	1894
青铜峡市	Qingtongxia	56	166	204	1692
固 原 市	**Guyuan**	**326**	**273**	**2267**	**7231**
原 州 区	Yuanzhou	111	42	625	2189
西 吉 县	Xiji	60	21	819	1958
隆 德 县	Longde	50	73	138	929
泾 源 县	Jingyuan	47	24	303	821
彭 阳 县	Pengyang	58	113	382	1334
中 卫 市	**Zhongwei**	**188**	**415**	**1885**	**6728**
沙坡头区	Shapotou	75	175	532	2770
中 宁 县	Zhongning	62	108	462	1836
海 原 县	Haiyuan	51	132	891	2122

2-2 平均每天主要社会经济活动

Selected Indicators on Average Daily Social and Economic Activities

指 标	Item	1952	1978	1990	2000	2005	2009	2010
每天创造的财富	**Daily Production**							
地区生产总值(万元)	Gross Domestic Product(10000yuan)	47.27	356.06	1776.44	8060.63	16783.84	37076.99	46291.78
第一产业	Primary Industry	39.07	83.91	461.43	1257.65	1974.52	3486.30	4364.11
第二产业	Secondary Industry	2.19	180.93	694.31	3317.82	7700.00	18145.75	22682.47
工业	Industry	1.91	153.11	583.32	2642.19	6256.71	14256.99	17617.81
建筑业	Construction	0.27	27.82	110.99	675.63	1443.29	3888.77	5064.66
第三产业	Tertiary Industry	6.01	91.21	620.69	3485.16	7109.32	15444.93	19245.21
交通运输仓储和邮电业	Transport,Storage and Post	1.09	18.19	95.61	807.36	1828.49	4412.05	5503.84
批发和零售业、住宿和餐饮业	Wholesale,Retail Trades and Catering Services,Hoteling	1.91	26.31	145.75	716.81	1429.86	2742.74	3301.37
地方财政收入(万元)	Local Government Revenue(10000yuan)	7.57	86.58	170.70	570.53	1307.44	3056.86	4206.87
粮食(吨)	Grain(ton)	1296.04	3204.96	5252.14	6905.52	8213.95	9334.32	9767.40
油料(吨)	Oil-bearing Crops(ton)	71.19	70.35	171.05	190.98	334.48	373.90	571.10
肉类(吨)	Meat(ton)		33.57	185.18	519.17	708.21	699.72	710.13
水产品(吨)	Aquatic Products(ton)		0.55	27.99	101.32	159.78	224.23	246.67
原煤(万吨)	Coal(10000ton)	0.02	2.74	3.95	4.33	7.10	15.09	18.12
发电量(万千瓦小时)	Electricity(10000kwh)	0.19	452.33	1533.15	3742.74	8571.78	13122.19	16049.86
钢材(吨)	Rolled Steel(ton)		76.16	130.14	153.15	252.28	1041.37	904.93
铝(吨)	Aluminum(ton)		50.14	164.66	320.27	981.45	1795.89	2507.12
水泥(吨)	Cement(ton)		757.81	2623.01	7678.08	15550.07	29164.38	37190.41

2-2 续表

指　　标	Item
每天消费量	**Daily Consumption**
最终消费(万元)	Final Consumption Expenditure(10 000 yuan)
居民消费	Household Consumption Expenditure
农村居民	Rural Household
城镇居民	Urban Household
政府消费	Government Consumption Expenditure
能源消耗量(万吨标准煤)	Energy Consumption(10 000 tons of SCE)
社会消费品零售总额(万元)	Total Retail Sales of Consumer Goods(10 000 yuan)
每天其他经济活动	**Other Daily Economic Activities**
资本形成总额(万元)	Gross Capital Formation(10 000 yuan)
固定资产形成	Gross Fixed Capital Formation
存货增加	Changes in Inventories
旅客周转量(万人公里)	Passenger-kilometers(10 000 passenger-km)
货物周转量(万吨公里)	Freight Ton-kilometers(10 000 ton-km)
邮电业务总量(万元)	Business Volume of Postal and Telecommunication Services(10 000 yuan)
进出口总额(万美元)	Total Value of Imports and Exports(USD 10 000)
出口总额	Total Export
进口总额	Total Import
实际利用外资(万美元)	Foreign Capital Actually Utilized(USD 10 000)
接待海外旅游人数(人)	Number of Overseas Visitor Arrivals
居民新增储蓄额(万元)	Newly Increased Saving Deposits(10 000 yuan)
每天人口变动和婚姻	**Daily Population Changes and Marriages**
出生(人)	Births(person)
死亡(人)	Deaths(person)
结婚(对)	Marriages(couples)
离婚(对)	Divorces(couples)

注:1.本表价值指标除邮电业务总量按不变价格计算外,其余均按当年价格计算。

continued

1952	1978	1990	2000	2005	2009	2010
37.70	270.41	1311.51	5297.54	10989.32	17872.05	22600.27
35.79	208.49	928.22	3701.91	7248.49	13378.90	15497.26
28.69	133.15	490.68	1440.98	2205.48	3181.64	3556.44
7.10	75.34	437.53	2260.93	5043.01	10197.26	11940.82
1.91	61.92	383.29	1595.63	3740.82	4493.15	7103.01
		1.94	3.17	6.87	9.19	10.23
	138.14	693.26	2747.04	4776.42	9296.44	11057.31
	247.67	1019.73	4766.94	13855.62	35858.36	42829.04
	217.81	697.81	4393.99	12866.30	32475.34	40820.82
	29.86	321.92	372.95	989.32	3383.01	2008.22
4.05	121.16	526.12	1572.67	1834.38	2872.62	3188.54
10.40	1540.33	2049.02	6061.82	7342.28	20944.59	23175.31
0.21	3.19	11.94	392.88	1331.46	3258.52	4278.82
	8.12	23.26	121.35	264.85	329.19	537.12
	6.22	21.04	89.69	188.25	203.55	320.62
	1.89	2.22	31.66	76.61	125.65	216.50
		2.95	24.91	38.65	38.93	63.49
		5.34	21.39	22.36	39.79	49.29
	3.60	244.78	484.92	2300.76	4757.72	5548.91
187.88	273.95	310.88	247.95	258.35	244.83	243.78
84.49	52.52	70.57	68.74	80.27	80.02	87.97
		100.39	97.57	111.29	154.98	165.01
		9.68	16.88	23.28	25.52	24.21

a)Figures in value terms in this table are calculated at current prices,except that on the business transaction of postal and telecommunication services.

2-3 国民经济与社会发展总量指标

指　　标	Item	单位	Unit
人口与就业	**Population and Employment**		
人口	**Population**		
年末总人口	Population at Year-end	万人	10 000 persons
回族人口	Hui Ethnic	万人	10 000 persons
城镇人口	Urban	万人	10 000 persons
乡村人口	Rural	万人	10 000 persons
男性人口	Male	万人	10 000 persons
女性人口	Female	万人	10 000 persons
出生率	Birth Rate	‰	‰
死亡率	Death Rate	‰	‰
自然增长率	Natural Growth Rate	‰	‰
就业	**Employment**		
年末就业人员数	Employment at Year-end	万人	10 000 persons
职工人数	Staff and Workers	万人	10 000 persons
城镇登记失业率	Registered Unemployment Rate in Urban Areas	%	%
宏观经济	**Macro Economy**		
国民经济核算	**National Accounting**		
地区生产总值	Gross Domestic Product	亿元	100 million yuan
第一产业	Primary Industry	亿元	100 million yuan
第二产业	Secondary Industry	亿元	100 million yuan
第三产业	Tertiary Industry	亿元	100 million yuan
人均生产总值	Per Capita GDP	元/人	yuan/person
固定资产投资	**Investment in Fixed Assets**		
全社会固定资产投资总额	Total Investment in Fixed Assets	亿元	100 million yuan
国有经济	State-owned Economy	亿元	100 million yuan
集体经济	Collective-owned Economy	亿元	100 million yuan
私营个体经济	Private Economy	亿元	100 million yuan
全社会施工房屋面积	Floor Space of Buildings under Construction	万平方米	10 000 sq.m
全社会竣工房屋建筑面积	Floor Space of Buildings Completed	万平方米	10 000 sq.m
财政、金融	**Government Finance and Financial Intermediation**		
地方财政收入	Local Financial Revenue	亿元	100 million yuan
地方财政支出	Local Financial Expenditure	亿元	100 million yuan

Principal Aggregate Indicators on National Economic and Social Development

1978	1985	1990	1995	2000	2009	2010
355.58	414.62	465.68	512.38	554.32	625.20	632.96
109.47	133.76	153.89	172.41	191.01	225.15	219.18
73.03	146.45	192.40	251.60	180.39	288.21	303.57
282.55	268.17	273.28	260.78	373.94	336.99	329.39
184.17	213.73	239.69	263.26	283.96	318.60	324.33
171.41	200.89	225.99	249.12	270.36	306.60	308.62
28.48	17.18	24.34	19.28	16.49	14.38	14.14
5.46	3.88	5.52	5.49	4.57	4.70	5.10
23.02	13.30	18.82	13.79	11.92	9.68	9.04
135.6	177.4	211.1	240.6	275.5	328.5	326.0
43.3	55.8	67.4	73.4	63.8	54.6	54.7
4.94	3.10	5.44	5.47	4.60	4.35	4.4
13.00	30.27	64.84	175.19	295.02	1353.31	1689.65
3.06	8.90	16.84	35.41	46.03	127.25	159.29
6.60	12.12	25.34	74.67	121.43	662.32	827.91
3.34	9.25	22.66	65.10	127.56	563.74	702.45
370	737	1393	3448	5376	21777	26860
4.27	13.63	21.96	70.12	160.82	1119.14	1464.70
4.22	11.29	17.51	51.40	101.17	609.26	610.18
0.05	1.00	1.26	4.17	5.70	4.46	3.40
	1.34	3.19	10.69	22.63	251.45	373.07
116	764	539	768	1019	3546	4800
67	577	459	599	1069	1351	1494
3.16	2.91	6.23	8.98	20.82	111.58	153.55
5.78	9.85	14.96	23.00	60.84	432.36	557.53

2-3 续表 1

指　　标	Item	单位	Unit
全区金融机构存款余额	Deposits of Financial Institutions	亿元	100 million yuan
全区金融机构贷款余额	Loans of Financial Institutions	亿元	100 million yuan
保险公司保费	Insurance Premium of Insurance Companies	亿元	100 million yuan
保险公司赔款及给付	Indemnity Expenditure and Payment of Insurance Companies	亿元	100 million yuan
物价总指数(以上年为 100)	**Price Indices(preceding year=100)**		
居民消费价格指数	Consumer Price Index	%	%
商品零售价格指数	Retail Price Index	%	%
农业生产资料价格指数	Agricultural Production Index	%	%
工业生产者出厂价格指数	Producer Price Index for Manufactured Goods	%	%
原材料、燃料、动力购进价格指数	Purchasing Price Index for Raw Material,Fuel and Power	%	%
固定资产投资价格指数	Price Index for Investment in Fixed Assets	%	%
能源生产与消耗	**Production and Consumption of Energy**		
能源生产总量	Total Energy Production	万吨标准煤	10 000 tons of SCE
能源消耗总量	Total Energy Consumption	万吨标准煤	10 000 tons of SCE
产　　业	**Industry**		
农 业	**Agriculture**		
耕地面积	Area of Cultivated Land	万公顷	10 000 hectares
乡村从业人员	Rural Employed Persons	万人	10 000 persons
农林牧渔业总产值	Gross Output Value of Agriculture,Forestry,Animal Husbandry and Fishery	亿元	100 million yuan
主要农产品产量	Output of Major Farm Products		
粮 食	Grain	万吨	10 000 tons
油 料	Oil-bearing Crops	万吨	10 000 tons
肉类总产量	Meat	万吨	10 000 tons
猪牛羊肉	Pork,Beef and Mutton	万吨	10 000 tons
羊 毛	Wool	吨	ton
羊 绒	Cashmere	吨	ton
水产品产量	Aquatic Products	万吨	10 000 tons
水 果	Fruits	万吨	10 000 tons
工 业	**Industry**		
工业总产值	Gross Output Value of Industry	亿元	100 million yuan
轻工业	Light Industry	亿元	100 million yuan
重工业	Heavy Industry	亿元	100 million yuan

注:2005 年起工业数据为规模以上工业口径。

continued

1978	1985	1990	1995	2000	2005	2009	2010
5.49	19.12	55.78	180.19	396.49	985.34	2058.49	2573.64
7.18	22.59	76.66	199.01	383.23	833.88	1917.40	2398.70
	0.08	0.41	1.59	5.05	15.74	39.28	52.75
	0.02	0.13	0.58	1.02	3.87	9.65	11.68
100.6	108.6	107.1	117.1	99.6	101.5	100.7	104.1
100.0	107.8	104.2	115.3	97.6	100.4	99.5	103.2
	103.8	105.6	130.4	96.0	109.3	96.3	104.4
				103.6	106.2	93.9	109.1
				105.8	109.7	94.7	114.1
			109.3	104.5	102.1	100.2	104.2
806.40	973.10	1115.20	1132.10	1362.70	1927.84	4095.70	4912.38
	420.40	707.30	775.20	1162.00	2506.90	3355.90	3732.77
89.1	79.5	79.6	80.7	129.3	111.4	113.6	113.5
92.36	120.48	140.93	162.53	197.91	211.98	218.42	218.03
4.81	12.02	24.69	56.55	77.75	138.00	243.50	305.94
116.98	139.53	191.70	203.25	252.74	299.81	340.70	356.51
2.57	5.34	6.24	5.59	6.99	12.21	13.65	20.85
1.23	3.49	6.76	12.06	19.00	25.85	25.54	25.92
1.23	3.36	6.28	10.28	15.94	22.28	23.23	23.36
2106	3443	4070	3917	5418	9455	6372	7424
129	88	158	165	364	253	317	378
0.02	0.21	1.02	1.87	3.70	5.83	8.18	9.00
1.83	3.54	5.52	11.64	19.32	31.48	56.75	64.92
13.85	24.30	64.74	173.49	293.94	671.55	1464.49	1924.39
3.45	7.27	17.96	36.14	68.37	123.86	269.24	315.31
10.40	17.03	46.79	137.34	225.57	547.69	1195.25	1609.08

a)From 2005,data of industry refers to enterprises above designated size.

2-3 续表 2

指 标	Item	单位	Unit
工业增加值	Gross Industrial Value-added	亿元	100 million yuan
主要工业产品产量	Output of Major Industrial Products		
原 煤	Coal	万吨	10 000 tons
发电量	Electricity	亿千瓦小时	10 000 million kwh
钢 材	Rolled Steel	万吨	10 000 tons
铝	Aluminum	万吨	10 000 tons
轮胎外胎	Tires	万条	10 000 tires
合成氨	Synthetic Ammonia	万吨	10 000 tons
农用化肥(折纯)	Chemical Fertilizers	万吨	10 000 tons
水 泥	Cement	万吨	10 000 tons
建筑业	**Construction**		
建筑业企业从业人员	Number of Employed Persons	人	person
建筑业总产值	Gross Output Value	亿元	100 million yuan
交通运输业	**Transportation**		
货物周转量	Freight Ton-kilometers	百万吨公里	million ton-km
铁 路	Railways	百万吨公里	million ton-km
公 路	Highways	百万吨公里	million ton-km
旅客周转量	Passenger-kilometers	万人公里	10 000 passenger-km
铁 路	Railways	万人公里	10 000 passenger-km
公 路	Highways	万人公里	10 000 passenger-km
邮电通讯业	**Postal and Telecommunication Services**		
邮电业务总量	Business Volume of Postal and Telecommunication Services	万元	10 000 yuan
函件	Number of Letters Delivered	万件	10 000 pcs
报刊期发数	Number of Newspapers and Magazines Distributed	万件	10 000 pcs
本地电话年末用户	Number of Telephone Subscribers at Year-end	万户	10 000 subscribers
移动电话用户	Mobile Telephone	万户	10 000 subscribers
国际互联网络用户	Number of Internet Subscribers	万户	10 000 subscribers

continued

1978	1985	1990	1995	2000	2005	2009	2010
5.59	9.32	21.29	63.37	96.70	228.37	520.38	643.05
999.00	1213.69	1443.10	1480.30	1581.00	2589.77	5509.53	6613.61
16.51	24.14	55.96	107.77	136.61	312.87	478.96	585.82
2.78	3.88	4.75	7.58	5.59	9.21	38.01	33.03
1.83	2.92	6.01	10.13	11.69	35.82	65.55	91.51
30.09	34.34	63.50	164.67	193.32	304.56	225.62	210.44
6.77	9.20	34.32	47.59	73.49	88.15	103.09	100.74
5.30	6.71	27.74	41.49	59.52	83.94	91.77	95.17
27.66	61.62	95.74	140.11	280.25	567.58	1064.50	1357.45
	53422	54367	58863	83980	76049	70127	98258
1.32	3.94	7.16	21.15	56.24	113.17	259.71	342.69
5622	6197	7479	11500	22186	26799	76448	84590
5349	5192	5980	9383	15945	18443	24973	27664
273	796	1259	2015	5686	6777	49697	53827
44223	121000	192033	279190	575597	669549	1048505	1163818
23208	45392	46810	55559	244662	219490	303971	330502
21015	75608	145223	215721	313768	402650	610222	653115
1165	1908	4358	22860	143401	485984	1200030	1561770
1169	1792	2054	2271	2021	3018	2395	2088
45.00	125.10	85.40	70.30	61.70	61.40	50.90	54.90
0.68	2.73	5.11	22.33	90.45	319.97	504.90	562.70
			0.69	20.44	181.08	390.40	450.80
				3.44	59.10	41.82	48.80

2-3 续表 3

指标	Item	单位	Unit
批发零售贸易餐饮业	**Wholesale and Retail Trade and Catering Services**		
社会消费品零售总额	Total Retail Sales of Consumer Goods	亿元	100 million yuan
对外贸易	**Foreign Trade**		
进出口总额	Total Value of Imports and Exports	万美元	USD 10 000
出口额	Exports	万美元	USD 10 000
进口额	Imports	万美元	USD 10 000
旅游业	**Tourism**		
接待海外旅游人数	Number of Oversea Visitors	人	person
旅游外汇总收入	Foreign Exchange Earnings from International Tourism	万元	10 000 yuan
利用外资	**Utilization of Foreign Capital**		
签订利用外资协议额		万美元	USD 10 000
实际利用外资额	Foreign Investment Actually Utilized	万美元	USD 10 000
教育、科技、文化、卫生	**Education,Science and Technology,Culture and Health Care**		
教 育	**Education**		
高等学校在校学生数	Students Enrollment of Higher Education	人	person
中等职业教育在校学生数	Students Enrollment of Specialized Secondary Schools	人	person
普通中学在校学生数	Students Enrollment of Regular Junior Secondary Schools	万人	10 000 persons
小学在校学生数	Students Enrollment of Primary Schools	万人	10 000 persons
科 技	**Science and Teconology**		
研究与试验发展人员全时当量	Number of Scientists and Engineers	人年	man-year
研究与试验发展经费内部支出	Expenditures on Research and Development	万元	10 000 yuan
文 化	**Culture**		
图书出版数量	Number of Books Published	万册	10 000 copies
报纸出版数	Number of Newspaper Published	万份	10 000 copies
卫 生	**Health Care**		
医疗卫生机构数	Number of Health Care Institutions	个	unit
医院病床数	Beds in Health Care Institutions	张	bed
卫生技术人员	Medical Technical Personnel	人	person
家庭、生活、环境	**Family,People's Living Conditions and Environment**		
家 庭	**Family**		
家庭总户数	Number of Family Household	万户	household
平均每户家庭人口	Average Family Size	人	person

注：医疗卫生机构数 2000 数据不包括诊所、医务室、社区服务站。

continued

1978	1985	1990	1995	2000	2005	2009	2010
5.04	13.15	25.30	62.64	100.54	174.34	339.32	403.59
2962	5426	8491	27810	44292	96672	120156	196049
2271	3416	7679	24012	32736	68711	74294	117026
691	2010	812	3798	11556	27961	45862	79023
		1950	3655	7807	8162	14523	17990
		175	938	2252	1890	3023	4067
	344	268	5202	11067	20182	22952	55210
	99	1077	6715	9091	14107	14208	23175
2890	6425	7992	10686	17163	48650	78400	83415
5198	19845	23257	22051	32862	54626	90726	102659
23.29	23.79	28.44	27.23	31.83	40.64	43.96	44.91
61.30	65.42	66.73	61.75	65.74	69.32	67.06	65.37
			1332	2519	3787	6020	6378
			1991	17335	32836	104422	115101
1136	2206	1890	2310	1649	1520	1815	2123
	3855	4561	4699	6136	9782	10203	9400
825	1057	1163	1026	1361	1463	1601	1583
6962	8640	10045	12144	13229	14780	22142	23659
10913	15528	19175	21223	19171	22817	28284	29744
66.80	80.83	100.91	119.51	140.60	167.23	188.14	195.48
5.52	5.13	4.61	4.29	3.94	3.57	3.32	3.24

a)Data of health care institutions in 2000,do not include clinics,health centers and community health service centers.

2-3 续表4

指　　标	Item	单位	Unit
婚 姻	**Marriages and Divorces**		
结婚登记总数	Registered Number of Marriages	对	couple
离婚总数	Number of Divorces	对	couple
生 活	**People's Living Conditions**		
城镇职工工资总额	Total Wages Bill of Staff and Workers in Urban Area	亿元	100 million yuan
城镇职工年平均工资	Annual Average Wage of Staff and Workers in Urban Area	元	yuan
城镇居民人均可支配收入	Annual Per Capita Disposable Income of Urban Households	元	yuan
城镇居民人均消费支出	Annual Per Capital Consumption Expenditure of Urban Households	元	yuan
农民人均纯收入	Annual Per Capital Net Income of Rural Households	元	yuan
农民人均生活消费支出	Annual Per Capita Living Expenditure of Rural Households	元	yuan
城乡居民储蓄存款余额	Per Capita Balance of Saving Deposit	亿元	100 million yuan
居 住	**Housing**		
城镇人均建筑面积	Per Capita Gross Living Space in Urban Areas	平方米	sq.m
农村人均居住面积	Per Capita Net Income of Rural Residents	平方米	sq.m
市政建设	**Municipal Works**		
自来水供应量	Annual Supply of Tap Water	万吨	10 000 tons
下水道长度	Length of Sewer Pipelines	公里	km
城市液化气供应量	Volume of Liquefied Gas Supply in Cities	万吨	10 000 tons
城市天然气供应量	Volume of Natural Gas Supply in Cities	万立方米	10 000 cu.m
年末公交车运营车数	Number of Public Vehicles under Operation at Year-end	辆	unit
出租车数	Number of Taxis	辆	unit
铺装道路面积	Areas of Paved Roads	万平方米	10 000 sq.m
绿地面积	Areas of Green Land	公顷	hectare
环境、灾害	**Environment and Disaster**		
当年施工污染治理项目数	Number of Projects for Pollution Treatment	个	unit
治污项目本年完成投资额	Total Investment in the Treatment of Environmental Pollution	万元	10 000 yuan
火灾发生数	Number of Fire Disasters	起	unit
火灾损失	Fire Loss	万元	10 000 yuan
交通事故发生数	Number of Traffic Accidents	起	unit
交通事故损失	Loss of Traffic Accidents	万元	10 000 yuan

注:市政建设部分统计数据来源于宁夏回族自治区建设厅。

continued

1978	1985	1990	1995	2000	2005	2009	2010
	34476	36644	36327	35711	40622	56567	60229
	2166	3533	5159	6161	8499	9316	8836
3.08	6.56	14.66	37.18	56.33	101.55	189.12	216.50
726	1206	2202	5079	8681	17211	34082	39144
346	735	1421	3383	4912	8094	14025	15344
300	645	1212	2866	4201	6404	10280	11334
116	326	594	1037	1724	2509	4048	4675
91	265	486	1058	1417	2095	3348	4013
0.90	8.04	32.80	115.19	229.35	509.50	967.72	1170.25
		18.40		24.80	26.29	28.66	28.91
7.80	11.80	13.60	19.80	18.00	21.03	24.46	24.89
			26644	25471	26659	31307	38945
			315	480	1223	1968	2102
			1.26	1.82	2.77	2.28	2.19
				56	68896	72612	115902
			531	719	1600	2629	2992
						15765	16503
			688	911	3139	4820	5798
			3370	3316	8511	19680	20366
			178	112	76	93	21
		1774	3178	18541	17710	43472	40896
		276	399	2893	4221	3963	3447
		180	582	688	651	327	1338
		2072	1835	11200	3803	1856	2050
		332	705	2083	1056	534	659

a)The data of "Municipal Works" come from Department of Construction of Ningxia Hui Autonomous Region.

2-4 国民经济与社会发展总量速度指标

指　标	Item	1978
人　口	**Population**	
年末总人口	Population at Year-end	178.0
回族人口	Hui Ethnic	200.2
从业人数	**Employment**	
年末从业人数	Employment at Year-end	240.4
职工人数	Staff and Workers	126.3
地区生产总值	**Gross Domestic Product**	**2042.5**
第一产业	Primary Industry	597.6
第二产业	Secondary Industry	2726.4
第三产业	Tertiary Industry	3005.1
固定资产投资	**Investment in Fixed Assets**	
全社会固定资产投资总额	Total Investment in Fixed Assets	34286.8
国有单位	State-owned Unit	14443.4
财　政	**Government Finance**	
地方财政收入	Local Government Revenue	4858.7
地方财政支出	Local Government Expenditure	9653.3
农　业	**Agriculture**	
年末耕地面积	Area of Cultivated Land	127.4
主要农产品产量	Output of Major Farm Products	
粮　食	Grain	304.8
油　料	Oil-bearing Crops	811.8
猪牛羊肉	Pork,Beaf and Mutton	1899.4
水产品	Aquatic Products	45017.5
工　业	**Industry**	
全部工业增加值	Gross Industrial Value-added	2674.6
主要工业产品产量	Output of Major Industrial Products	
原　煤	Coal	662.0
发电量	Electricity	3548.3

Growth Rate of Principal Aggregate Indicators on National Economic and Social Development

2010 年为以下各年% (2010 as Percentage of the Following Years)			平均每年增长% Average Annual Growth Rate	
1990	2000	2009	1979–2010	2001–2010
135.9	114.2	101.2	1.8	1.3
142.4	127.1	97.3	2.2	1.4
154.4	118.3	99.2	2.8	1.7
81.2	85.7	100.2	0.7	-1.5
709.0	**306.3**	**113.5**	**9.9**	**11.8**
257.4	173.6	107.9	5.7	5.7
1062.1	406.2	115.4	10.9	15.0
736.0	264.8	113.1	11.2	10.2
6669.8	910.8	130.9	20.0	24.7
3484.2	603.1	100.2	16.8	19.7
2464.4	737.4	137.6	12.9	22.1
3726.4	916.4	128.9	15.4	24.8
142.6	87.8	99.9	0.8	-1.3
186.0	141.1	104.6	3.5	3.5
333.9	298.2	152.7	6.8	11.5
372.1	146.6	100.6	9.6	3.9
881.2	243.4	110.0	21.0	9.3
1049.3	411.1	113.0	10.8	15.2
458.3	418.3	120.0	6.1	15.4
1046.9	428.8	122.3	11.8	15.7

2-4 续表

指　标	Item	1978
钢 材	Rolled Steel	1188.1
铝	Aluminum	5000.5
水 泥	Cement	4907.6
运输、邮电	**Transport and Postal**	
货物周转量	Freight Ton-kilometers	1504.6
旅客周转量	Passenger-kilometers	2631.7
批发零售贸易餐饮业	**Wholesale and Retail Trade and Catering Services**	
社会消费品零售总额	Retail Sales of Consumer Goods	8004.4
对外贸易	**Foreign Trade**	
进出口总额	Total Value of Imports and Exports	6618.8
出口额	Exports	5153.0
进口额	Imports	11436.1
文化、教育、卫生	**Culture,Education and Health Care**	
高等院校在校学生数	Students Enrollment of Higher Education	2886.3
中等职业教育在校学生数	Students Enrollment of Secondary Vocational Schools	1975.0
普通中学在校学生数	Students Enrollment of Regular Junior Secondary Schools	192.8
小学在校学生数	Students Enrollment of Primary Schools	106.6
报纸出版数	Number of Newspaper Published	
医疗卫生机构数	Number of Health Care Institutions	191.9
医院病床数	Beds in Health Care Institutions	291.0
卫生技术人员	Medical Technical Personnel	272.6
人民生活	**People's Living Conditions**	
农民人均纯收入	Annual Per Capita Net Income of Rural Households	4030.1
农民家庭人均生活消费支出	Annual Per Capita Living Expenditure of Rural Households	4410.1
城镇居民人均可支配收入	Annual Per Capita Disposable Income of Urban Households	4434.8
城镇居民人均消费支出	Annual Per Capita Consumption Expenditure of Urban Households	3778.1
职工年工资总额	Total Wages Bill of Staff and Workers	70.3
职工年平均工资	Annual Average Wages of Staff and Workers	5391.7
居民储蓄存款余额	Balance of Saving Deposit	130028.3

continued

2010年为以下各年% (2010 as Percentage of the Following Years)			平均每年增长% Average Annual Growth Rate	
1990	2000	2009	1979-2010	2001-2010
695.4	590.9	86.9	8.0	19.4
1522.6	782.8	139.6	13.0	22.8
1417.9	484.4	127.5	12.9	17.1
1131.0	381.3	110.7	8.8	14.3
606.1	606.1	111.0	10.8	7.3
1595.0	401.4	118.9	14.7	14.9
2308.9	442.6	163.2	14.0	16.0
1524.0	357.5	157.5	13.1	13.6
9731.9	683.8	172.3	16.0	21.2
1043.7	486.0	106.4	11.1	17.1
441.4	312.4	113.2	9.8	12.1
157.9	141.1	102.2	2.1	3.5
98.0	99.4	97.5	0.2	-0.1
206.1	153.2	92.1		4.4
136.1	116.3	98.9	2.1	1.5
201.7	153.1	107.8	3.4	4.4
155.1	155.2	105.2	3.2	4.5
786.6	271.1	115.5	12.2	10.5
825.7	283.2	119.9	12.6	11.0
1079.8	312.4	109.4	12.6	12.1
935.2	269.8	110.3	12.0	10.4
1476.4	384.3	114.5	14.2	14.4
1777.7	450.9	114.9	13.3	16.3
3567.8	510.2	120.9	25.1	17.7

2-5 国民经济主要比例关系

指　　标	Item	1978
地区生产总值中三次产业比例	**Proportion of Three Industry on GDP**	**100.0**
第一产业	Primary Industry	23.6
第二产业	Secondary Industry	50.8
第三产业	Tertiary Industry	25.6
从业人员中三次产业比例	**Proportion of Three Industry on Employment**	**100.0**
第一产业	Primary Industry	69.5
第二产业	Secondary Industry	18.6
第三产业	Tertiary Industry	11.9
农业总产值中农、林、牧、渔业比例	**Proportion of Gross Output Value of Agriculture**	**100.0**
农　业	Farming	78.7
林　业	Forestry	3.1
牧　业	Animal Husbandary	18.1
渔　业	Fishery	0.1
农林牧渔服务业	Services for Agriculture	
工业总产值中轻、重工业比例	**Proportion of Gross Output Value of Industry**	**100.0**
轻工业	Light Industry	24.9
重工业	Heavy Industry	75.1
工业总产值中大中小型企业比例	**Proportion of Gross Output Value of Industry**	**100.0**
大型企业	Large Enterprises	21.9
中型企业	Medium-sized Enterprises	27.6
小型企业	Small Enterprises	50.5
财政收入占地区生产总值的比例	**Proportion of Government Revenue to GDP**	**24.3**
基建拨款支出占财政支出的比例	**Proportion of Capital Construction Appropriation to Government Expenditure**	**38.1**
科教文卫支出占财政支出的比例	**Proportion of Science,Education,Culture and Health Care to Government Expenditure**	**13.5**

注:按全国核算制度规定,2005 年起,农林牧渔服务业包括在第一产业中,2004 年及之前包括在第三产业中。

Major Indicators on Proportions in National Economic

1980	1990	2000	2005	2009	2010
100.0	**100.0**	**100.0**	**100.0**	**100.0**	**100.0**
26.7	26.0	15.6	11.9	9.4	9.4
45.6	39.1	41.2	46.4	48.9	49.0
27.7	34.9	43.2	41.7	41.7	41.6
100.0	**100.0**	**100.0**	**100.0**	**100.0**	**100.0**
70.0	62.2	57.6	48.4	39.8	39.4
17.7	18.2	18.1	22.3	25.8	26.4
12.3	19.6	24.3	29.3	34.4	34.2
100.0	**100.0**	**100.0**	**100.0**	**100.0**	**100.0**
82.5	70.9	60.5	57.2	60.3	63.8
3.8	5.3	4.0	4.0	3.4	2.8
13.6	21.9	33.1	33.3	29.0	26.8
0.1	1.9	2.4	2.9	2.9	2.6
			2.5	4.4	3.9
100.0	**100.0**	**100.0**	**100.0**	**100.0**	**100.0**
27.0	27.7	23.3	18.4	18.4	16.4
73.0	72.3	76.7	81.6	81.6	83.6
100.0	**100.0**	**100.0**	**100.0**	**100.0**	**100.0**
23.2	31.6	43.4	38.3	38.0	39.6
29.6	19.6	16.5	36.1	36.1	35.6
47.2	48.8	40.2	25.6	25.9	24.8
12.8	**9.6**	**7.8**	**7.9**	**8.2**	**9.1**
29.0	**10.1**	**15.4**	**24.0**		
13.1	**22.5**	**20.9**	**18.3**		

a) According to the national accounting system,from 2005,the output value of services of farming,forestry,animal husbandry and fishery were included in the first industry,whice included in the tertiery industry before 2004.

2-6 按人口平均的主要经济指标

指　标	Item	单位	Unit
地区生产总值	**Gross Domestic Product**	**元**	**yuan**
农　业	**Agriculture**		
农林牧渔业总产值	Gross Output Value of Agriculture,Forestry,Animal Husbandary and Fishery	元	yuan
耕地面积	Area of Cultivated Land	亩	mu
粮食产量	Output of Grain	千克	kg
油料产量	Output of Oil-bearing Crops	千克	kg
猪牛羊肉产量	Output of Pork,Beaf and Mutton	千克	kg
水产品产量	Output of Aquatic Products	千克	kg
工　业	**Industry**		
工业总产值	Gross Output Value of Industry	元	yuan
原　煤	Coal	千克	kg
发电量	Electricity	千瓦时	kwh
钢　材	Rolled Steel	千克	kg
铝	Aluminum	千克	kg
农用化肥	Chemical Fertilizer	千克	kg
水　泥	Cement	千克	kg
财　政	**Government Finance**		
地方财政收入	Local Financial Revenue	元	yuan
地方财政支出	Local Financial Expenditure	元	yuan
全社会固定资产投资	**Total Investment in Fixed Assets**	**元**	**yuan**
社会消费品零售额	**Total Retail Sales of Consumer Goods**	**元**	**yuan**
人民生活	**People's Living Conditions**		
职工平均工资	Annual Average Wages of Staff and Workers	元	yuan
农民人均纯收入	Annual Per Capita Net Income of Rural Residents	元	yuan
农民人均生活消费支出	Annual Per Capita Living Expenditure of Rural Households	元	yuan
城镇居民人均可支配收入	Annual Per Capita Disposable Income of Urban Households	元	yuan
城镇居民人均消费支出	Annual Per Capita Consumption Expenditure of Urban Households	元	yuan

注：本表价值指标均按当年价格计算。

Per capita Main Indicators on Economy

1978	1980	1990	2000	2005	2009	2010
370	**433**	**1393**	**5376**	**10349**	**21777**	**26860**
137.1	173.9	530.3	1416.8	2331.2	3918.3	4863.3
3.8	3.6	2.6	3.5	2.8	2.7	2.7
333.2	326.3	411.8	460.5	506.5	548.2	566.7
7.3	9.8	13.4	12.7	20.6	22.0	33.1
3.5	5.2	13.5	29.0	37.6	37.4	37.1
0.1	0.1	2.2	6.7	9.9	13.2	14.3
394.4	377.3	1390.6	5356.0	11344.5	23565.8	30590.6
2845.0	2632.0	3099.8	2880.8	4374.9	8865.6	10513.2
470.2	526.7	1202.0	2489.2	5285.3	7707.2	9312.3
7.9	11.2	10.2	10.2	15.6	61.2	52.5
5.2	6.1	12.9	21.3	60.5	105.5	145.5
15.1	15.1	59.6	108.5	141.8	147.7	151.3
78.8	79.3	205.7	510.7	958.8	1712.9	2157.8
90.0	55.2	133.8	379.4	806.1	1795.4	2440.9
164.5	155.9	321.4	1108.6	2707.1	6957.3	8862.9
121.7	**107.8**	**471.7**	**2930.3**	**7514.4**	**18008.6**	**23283.8**
143.6	**182.8**	**543.5**	**1832.0**	**2945.1**	**5460.2**	**6415.6**
726	863	2202	8681	17211	34082	39144
115.9	175.1	594.3	1724.3	2508.9	4048.3	4671.9
90.7	135.5	486.3	1417.1	2094.5	3347.9	4013.2
346.1	464.2	1421.2	4912.5	8093.6	14024.7	15344.5
300.0	403.3	1211.8	4200.5	6404.3	10280.0	11334.4

a)Figures in value terms in this table are calculated at current prices.

2-7 各市县国民经济主要指标及位次

Major Indicators on National Economic and Ranking by City and Country

（2010）

地　区	Region	年平均人口（人）Average Population (person)	人口出生率(‰) Birth Rate(‰)		人口自然增长率(‰) Natural Growth Rate(‰)	
			绝对值 Rate	位次 Rank	绝对值 Rate	位次 Rank
全区总计	**Total**	**6290787**	**14.14**		**9.04**	
银 川 市	Yinchuan	1178667	10.90	2	7.13	9
永 宁 县	Yongning	213137	11.18	3	4.94	2
贺 兰 县	Helan	212300	13.42	9	6.98	7
灵 武 市	Lingwu	249045	14.94	11	11.09	13
石嘴山市	Shizuishan	461709	9.98	1	4.47	1
平 罗 县	Pingluo	265411	13.07	8	5.94	5
利 通 区	Litong	380794	14.19	10	9.61	11
红寺堡区	Hongsipu	159983	17.42	14	15.09	17
盐 池 县	Yanchi	150722	15.34	12	9.49	10
同 心 县	Tongxin	345350	21.18	19	16.97	19
青铜峡市	Qingtongxia	270927	12.43	6	6.83	6
原 州 区	Yuanzhou	406289	17.65	16	12.22	15
西 吉 县	Xiji	391456	20.93	18	15.27	18
隆 德 县	Longde	165909	12.14	5	5.60	3
泾 源 县	Jingyuan	105848	19.13	17	12.21	14
彭 阳 县	Pengyang	222796	15.81	13	9.68	12
沙坡头区	Shapotou	391190	11.53	4	5.78	4
中 宁 县	Zhongning	318718	12.83	7	7.01	8
海 原 县	Haiyuan	400540	17.64	15	12.40	16

2-7 续表 1 continued

(2010)

地　区	Region	地区生产总值比上年增长(%) Growth Rate of GDP(%)		人均地区生产总值比上年增长(%) Growth Rate of Per Capita GDP(%)		人均农林牧渔业总产值(元) Per Capita of Gross Output Value of Agriculture, Forestry, Animal Husbandry and Fishery(yuan)	
		绝对值 Rate	位次 Rank	绝对值 Rate	位次 Rank	绝对值 Level	位次 Rank
全区总计	**Total**	**13.5**		**12.1**		**4863.27**	
银 川 市	Yinchuan	13.4	8	0.2	19	2114.87	18
永 宁 县	Yongning	18.0	3	14.5	9	8149.04	3
贺 兰 县	Helan	19.9	1	10.4	14	9087.43	1
灵 武 市	Lingwu	16.7	4	9.8	15	5276.17	10
石嘴山市	Shizuishan	13.4	9	11.8	13	2096.54	19
平 罗 县	Pingluo	13.6	6	18.0	5	8901.21	2
利 通 区	Litong	8.9	18	8.0	16	5928.39	8
红寺堡区	Hongsipu	11.7	11	4.4	18	3558.00	16
盐 池 县	Yanchi	15.2	5	20.2	2	5622.09	9
同 心 县	Tongxin	12.3	10	18.3	4	4312.62	14
青铜峡市	Qingtongxia	13.5	7	15.8	8	7478.06	4
原 州 区	Yuanzhou	9.7	16	7.8	17	4508.30	12
西 吉 县	Xiji	8.8	19	16.8	7	4632.52	11
隆 德 县	Longde	10.2	15	13.8	11	4235.77	15
泾 源 县	Jingyuan	10.5	13	17.2	6	4437.27	13
彭 阳 县	Pengyang	9.7	17	20.5	1	7057.82	5
沙坡头区	Shapotou	10.7	12	14.2	10	6575.11	7
中 宁 县	Zhongning	18.2	2	19.4	3	6959.90	6
海 原 县	Haiyuan	10.5	14	12.4	12	3546.99	17

2-7 续表 2 continued

(2010)

地 区	Region	人均耕地面积(亩) Per Capita Cultivated Area(mu)		人均粮食产量(千克) Per Capita Output of Grain(kg)		人均油料产量(千克) Per Capita Oil-bearing Crops(kg)	
		绝对值 Level	位次 Rank	绝对值 Level	位次 Rank	绝对值 Level	位次 Rank
全区总计	**Total**	**2.71**		**566.72**		**33.14**	
银川市	Yinchuan	0.44	19	188.04	18	1.89	19
永宁县	Yongning	2.29	12	1107.31	3	2.11	18
贺兰县	Helan	2.68	9	1120.52	2	9.98	15
灵武市	Lingwu	1.45	16	708.37	8	22.37	11
石嘴山市	Shizuishan	0.76	18	176.04	19	22.74	10
平罗县	Pingluo	3.10	7	1343.13	1	72.32	4
利通区	Litong	1.14	17	483.51	13	13.49	14
红寺堡区	Hongsipu	2.67	10	665.16	9	68.19	5
盐池县	Yanchi	8.81	1	647.55	10	60.87	6
同心县	Tongxin	7.01	2	771.89	7	134.23	1
青铜峡市	Qingtongxia	1.81	14	979.40	4	2.47	17
原州区	Yuanzhou	4.58	4	434.49	15	76.32	2
西吉县	Xiji	4.46	6	634.89	11	35.19	8
隆德县	Longde	2.81	8	560.47	12	41.16	7
泾源县	Jingyuan	2.46	11	361.98	17	31.18	9
彭阳县	Pengyang	4.53	5	850.41	5	20.41	12
沙坡头区	Shapotou	1.62	15	364.32	16	4.95	16
中宁县	Zhongning	1.86	13	807.67	6	17.68	13
海原县	Haiyuan	5.60	3	473.30	14	72.67	3

2-7 续表3 continued

(2010)

地区 Region		人均猪牛羊肉产量(千克) Per Capita Output of Pork, Beaf and Mutton(kg)		人均水产品产量(千克) Per Capita Output of Aquatic Products(kg)		人均地方财政收入(元) Per Capita Local Financial Revenue(yuan)	
		绝对值 Level	位次 Rank	绝对值 Level	位次 Rank	绝对值 Level	位次 Rank
全区总计	**Total**	**37.14**		**14.31**		**2440.88**	
银川市	Yinchuan	9.00	19	11.71	6	3730.53	2
永宁县	Yongning	51.45	7	40.68	3	1974.84	6
贺兰县	Helan	31.80	13	118.33	1	2598.12	4
灵武市	Lingwu	58.70	6	7.67	9	4152.42	1
石嘴山市	Shizuishan	11.90	18	9.10	7	3562.74	3
平罗县	Pingluo	45.87	9	72.48	2	1957.91	7
利通区	Litong	30.32	15	2.96	10	1711.27	8
红寺堡区	Hongsipu	24.18	17			342.16	13
盐池县	Yanchi	97.62	1	0.21	12	1558.63	9
同心县	Tongxin	40.17	11			258.90	14
青铜峡市	Qingtongxia	64.60	5	25.11	4	1979.1	5
原州区	Yuanzhou	35.91	12			236.14	16
西吉县	Xiji	40.30	10	0.34	11	113.93	19
隆德县	Longde	48.71	8			198.30	17
泾源县	Jingyuan	69.08	4			239.49	15
彭阳县	Pengyang	79.43	2			406.92	12
沙坡头区	Shapotou	30.86	14	16.10	5	1087.83	11
中宁县	Zhongning	75.13	3	8.34	8	1144.33	10
海原县	Haiyuan	30.04	16	0.07	13	148.60	18

2-7 续表 4 continued

(2010)

地 区	Region	人均财政支出(元) Per Capita Local Financial Expenditure(yuan)		人均城镇固定资产投资(元) Per Capita Investment in Fixed Assets of Urban Area(yuan)		人均社会消费品零售额(元) Per Capita Retail Sales of Consumer Goods(yuan)	
		绝对值 Level	位次 Rank	绝对值 Level	位次 Rank	绝对值 Level	位次 Rank
全区总计	**Total**	**8862.62**		**20877.17**		**6415.60**	
银川市	Yinchuan	5979.31	11	25375.48	6	14087.01	2
永宁县	Yongning	6610.43	8	24402.21	7	4524.38	7
贺兰县	Helan	6412.11	9	26258.03	5	19738.48	1
灵武市	Lingwu	8728.34	2	87981.29	1	2974.84	12
石嘴山市	Shizuishan	9330.60	1	32551.61	2	10270.21	3
平罗县	Pingluo	6922.73	5	17013.05	9	5297.09	5
利通区	Litong	6826.34	6	18646.88	8	7064.92	4
红寺堡区	Hongsipu	3799.28	18	10195.96	12	1468.16	18
盐池县	Yanchi	7931.36	3	26845.91	3	4075.45	8
同心县	Tongxin	5227.68	15	6089.01	14	1749.88	17
青铜峡市	Qingtongxia	6086.53	10	12905.11	11	3870.91	9
原州区	Yuanzhou	3482.94	19	7669.69	13	3855.93	10
西吉县	Xiji	4723.11	16	2804.68	19	1983.98	13
隆德县	Longde	7150.12	4	3348.10	17	1803.10	15
泾源县	Jingyuan	6635.36	7	3069.97	18	1982.18	14
彭阳县	Pengyang	5600.10	13	5861.10	15	1761.30	16
沙坡头区	Shapotou	5969.17	12	14585.88	10	4563.28	6
中宁县	Zhongning	5499.34	14	26752.96	4	3195.46	11
海原县	Haiyuan	4378.52	17	4107.34	16	1176.46	19

2-7 续表 5 continued

（2010）

地　区	Region	职工平均工资(元) Average Wage of Staff and Workers(yuan)		农民人均纯收入(元) Per Capita Net Income of Rural Residents(yuan)		农民人均生活消费支出(元) Annual Per Capita Living Expenditure of Rural (yuan)	
		绝对值 Level	位次 Rank	绝对值 Level	位次 Rank	绝对值 Level	位次 Rank
全区总计	**Total**	**39144**		**4675**		**4013**	
银 川 市	Yinchuan	46497	1				
永 宁 县	Yongning	25222	19	5896	6	4520	6
贺 兰 县	Helan	27961	18	6214	4	6003	1
灵 武 市	Lingwu	31141	12	6581	2	5277	2
石嘴山市	Shizuishan	35732	6				
平 罗 县	Pingluo	28138	17	6186	5	4941	3
利 通 区	Litong	31447	10	6761	1	4255	8
红寺堡区	Hongsipu	29026	16				
盐 池 县	Yanchi	34701	8	3669	9	3496	9
同 心 县	Tongxin	30697	15	3421	14	3149	12
青铜峡市	Qingtongxia	40303	2	6549	3	4363	7
原 州 区	Yuanzhou	35831	5	3546	11	3002	13
西 吉 县	Xiji	36033	4	3459	13	3332	10
隆 德 县	Longde	32847	9	3478	12	2969	14
泾 源 县	Jingyuan	35141	7	3168	15	3202	11
彭 阳 县	Pengyang	38980	3	3556	10	2767	15
沙坡头区	Shapotou	30815	14	5358	7	4775	5
中 宁 县	Zhongning	30999	13	5288	8	4932	4
海 原 县	Haiyuan	31330	11	3111	16	2422	16

【第三篇】Chapter 3

国民经济核算

National Economic Accounting

责任编辑:张学武

资料整理:张学武　圣希明　万自梅　杨　柳　王丹玥

Coordinator:Zhang Xuewu

Data Compilation: Zhang Xuewu　Sheng Ximing　Wan Zimei　Yang Liu　Wang Danyue

3-1 地区生产总值
Gross Domestic Product

单位:亿元　　（按当年价格计算）Caculated at constant prices　　(100 million yuan)

年份 Year	地区生产总值 Gross Domestic Product	第一产业 Primary Industry	第二产业 Secondary Industry			第三产业 Tertiary Industry
				工业 Industry	建筑业 Construction	
1978	13.00	3.06	6.60	5.59	1.02	3.33
1979	14.36	3.41	7.36	6.37	0.99	3.58
1980	15.96	4.26	7.27	6.17	1.10	4.43
1985	30.27	8.90	12.12	9.32	2.80	9.25
1986	34.54	10.36	12.97	9.99	2.99	11.20
1987	39.63	10.44	15.77	12.44	3.32	13.42
1988	50.29	13.39	19.74	16.14	3.60	17.16
1989	59.21	14.80	24.39	20.91	3.47	20.02
1990	64.84	16.84	25.34	21.29	4.05	22.66
1991	71.78	17.90	27.77	23.12	4.65	26.10
1992	83.14	18.31	34.05	27.74	6.31	30.78
1993	104.49	20.84	45.61	37.33	8.27	38.04
1994	136.26	29.94	56.01	46.34	9.67	50.31
1995	175.19	35.41	74.67	63.37	11.30	65.10
1996	202.90	43.28	80.54	68.97	11.57	79.09
1997	224.59	44.87	88.67	74.99	13.68	91.05
1998	245.44	48.75	95.11	78.33	16.78	101.58
1999	264.58	48.08	103.82	83.51	20.32	112.67
2000	295.02	46.03	121.43	96.70	24.73	127.56
2001	337.44	49.67	135.89	106.82	29.06	151.89
2002	377.16	52.95	153.06	120.54	32.52	171.14
2003	445.36	55.63	194.27	151.22	43.05	195.46
2004	537.11	65.33	244.05	197.54	46.50	227.73
2005	612.61	72.07	281.05	228.37	52.68	259.49
2006	725.90	79.54	351.58	287.55	64.03	294.78
2007	919.11	97.89	455.04	376.71	78.33	366.18
2008	1203.92	118.94	609.98	506.98	103.00	475.00
2009	1353.31	127.25	662.32	520.38	141.94	563.74
2010	1689.65	159.29	827.91	643.05	184.86	702.45

注:按全国核算制度规定,2005年起,农林牧渔服务业包括在第一产业中,2004年及之前包括在第三产业中。

a) According to the national accounting system,from 2005,the output value of services of farming,forestry,animal husbandry and fishery were included in the first industry,which included in the tertiery industry before 2004.

3-1 续表 continued

单位:亿元 (100 million yuan)

年份 Year	第三产业 Tertiary Industry 交通运输仓储和邮电业 Transport, Storage and Post Service	批发和零售业、住宿和餐饮业 Wholesale,Retail Trade, Hoteling and Catering Services	金融业 Finance and Insurance	房地产业 Real Estate	其他服务业 Other Services	人均地区生产总值(元/人) Per Capita Gross Domestic Product (yuan/person)
1978	0.66	0.96	0.43	0.08	1.20	370
1979	0.65	0.97	0.53	0.09	1.35	399
1980	0.82	1.12	0.73	0.10	1.65	433
1985	1.75	1.87	1.98	0.22	3.43	737
1986	1.96	2.22	2.55	0.27	4.20	823
1987	2.46	2.83	3.14	0.30	4.69	922
1988	2.65	4.41	4.02	0.36	5.72	1143
1989	3.33	4.90	4.80	0.43	6.56	1317
1990	3.49	5.32	5.57	0.50	7.78	1393
1991	4.20	6.45	6.04	0.54	8.88	1511
1992	4.76	7.60	7.08	0.79	10.55	1718
1993	5.47	9.68	10.59	1.01	11.29	2148
1994	6.83	12.30	14.54	1.39	15.25	2740
1995	9.84	15.36	19.32	2.15	18.44	3448
1996	14.46	18.77	20.76	2.82	22.28	3926
1997	18.69	20.87	21.96	3.94	25.59	4277
1998	22.17	22.72	21.18	5.15	30.37	4607
1999	26.16	24.33	20.47	7.01	34.70	4900
2000	29.55	26.24	21.57	8.86	41.34	5376
2001	37.04	29.18	21.37	13.19	51.11	6039
2002	43.54	32.25	21.45	13.46	60.44	6647
2003	49.97	36.53	24.80	16.85	67.30	7734
2004	56.83	44.53	27.94	20.78	77.65	9199
2005	66.29	52.19	32.25	22.97	85.79	10349
2006	77.33	57.21	36.99	25.53	97.72	12099
2007	94.00	71.76	51.05	29.49	119.88	15142
2008	123.76	92.89	64.80	38.85	154.70	19609
2009	159.62	100.11	75.54	47.56	180.91	21777
2010	200.89	120.50	97.87	60.53	222.66	26860

3-2 地区生产总值构成
Composition of Gross Domestic Product

单位:%　　　　（按当年价格计算 Caculated at constant prices）　　　　(%)

年份 Year	地区生产总值 Gross Domestic Product	第一产业 Primary Industry	第二产业 Secondary Industry	工业 Industry	建筑业 Construction	第三产业 Tertiary Industry	交通运输仓储和邮电业 Transport, Storage and Post Service	批发和零售业、住宿和餐饮业 Wholesale,Retail Trade, Hoteling and Catering Services
1978	100.0	23.6	50.8	43.0	7.8	25.6	5.1	7.4
1979	100.0	23.7	51.3	44.4	6.9	25.0	4.5	6.7
1980	100.0	26.7	45.6	38.7	6.9	27.8	5.1	7.0
1985	100.0	29.4	40.0	30.8	9.3	30.5	5.8	6.2
1986	100.0	30.0	37.6	28.9	8.6	32.4	5.7	6.4
1987	100.0	26.4	39.8	31.4	8.4	33.9	6.2	7.1
1988	100.0	26.6	39.3	32.1	7.2	34.1	5.3	8.8
1989	100.0	25.0	41.2	35.3	5.9	33.8	5.6	8.3
1990	100.0	26.0	39.1	32.8	6.2	34.9	5.4	8.2
1991	100.0	24.9	38.7	32.2	6.5	36.4	5.8	9.0
1992	100.0	22.0	41.0	33.4	7.6	37.0	5.7	9.1
1993	100.0	19.9	43.6	35.7	7.9	36.4	5.2	9.3
1994	100.0	22.0	41.1	34.0	7.1	36.9	5.0	9.0
1995	100.0	20.2	42.6	36.2	6.5	37.2	5.6	8.8
1996	100.0	21.3	39.7	34.0	5.7	39.0	7.1	9.2
1997	100.0	20.0	39.5	33.4	6.1	40.5	8.3	9.3
1998	100.0	19.9	38.7	31.9	6.8	41.4	9.0	9.3
1999	100.0	18.2	39.2	31.6	7.7	42.6	9.9	9.2
2000	100.0	15.6	41.2	32.8	8.4	43.2	10.0	8.9
2001	100.0	14.7	40.3	31.7	8.6	45.0	11.0	8.6
2002	100.0	14.0	40.6	32.0	8.6	45.4	11.5	8.6
2003	100.0	12.5	43.6	34.0	9.7	43.9	11.2	8.2
2004	100.0	12.2	45.4	36.8	8.7	42.4	10.6	8.3
2005	100.0	11.8	45.9	37.3	8.6	42.3	10.8	8.5
2006	100.0	11.0	48.4	39.6	8.8	40.6	10.7	7.9
2007	100.0	10.7	49.5	41.0	8.5	39.8	10.2	7.8
2008	100.0	9.9	50.7	42.1	8.6	39.5	10.3	7.7
2009	100.0	9.4	48.9	38.5	10.5	41.7	11.8	7.4
2010	100.0	9.4	49.0	38.1	10.9	41.6	11.9	7.1

3-3 地区生产总值指数

Indices of Gross Domestic Product

单位:% (1978 年=100) (%)

年份 Year	地区生产总值 Gross Domestic Product	第一产业 Primary Industry	第二产业 Secondary Industry	工业 Industry	建筑业 Construction	第三产业 Tertiary Industry	交通运输仓储和邮电业 Transport, Storage and Post Service	批发和零售业、住宿和餐饮业 Wholesale,Retail Trade, Hoteling and Catering Services
1979	106.4	91.3	112.8	115.3	99.9	107.0	104.5	102.2
1980	114.8	107.5	115.5	115.9	114.5	120.5	122.4	108.1
1981	117.1	132.0	102.7	98.3	128.3	128.1	126.5	110.1
1982	127.5	132.6	110.4	105.7	137.2	154.3	158.9	113.6
1983	147.2	158.9	123.0	117.3	156.0	180.6	181.0	124.6
1984	167.2	183.0	139.4	129.9	193.7	203.1	207.6	142.7
1985	196.9	197.7	171.0	155.4	259.2	245.4	263.3	159.0
1986	213.3	209.9	181.9	165.5	274.5	276.3	295.6	181.5
1987	230.1	194.0	198.1	184.7	274.6	329.9	370.1	220.7
1988	258.0	211.6	224.2	216.6	268.8	372.1	399.0	294.0
1989	277.8	224.5	250.5	253.9	234.7	387.8	394.2	326.6
1990	288.1	232.2	256.7	254.9	269.9	408.3	384.8	354.7
1991	301.9	238.4	265.0	260.8	291.5	442.6	435.6	430.3
1992	327.9	228.2	298.1	287.1	363.2	503.7	476.9	507.3
1993	361.6	243.1	338.1	326.9	402.9	549.7	532.7	571.2
1994	389.3	248.2	367.9	359.7	408.8	603.0	582.8	595.2
1995	426.3	251.0	416.9	411.3	436.1	669.4	673.1	629.7
1996	472.6	296.5	455.6	457.1	420.9	722.0	825.2	704.0
1997	510.1	306.4	493.8	492.9	474.9	810.2	977.1	755.4
1998	554.9	336.5	532.8	525.1	561.9	895.9	1127.5	823.4
1999	605.1	351.0	585.0	568.8	673.1	1017.0	1338.4	881.9
2000	666.8	344.2	671.3	650.6	787.6	1134.7	1540.5	953.3
2001	734.2	366.1	746.9	717.3	907.5	1251.9	1713.0	1035.3
2002	809.4	388.4	841.8	814.5	994.4	1369.1	1939.1	1132.6
2003	911.8	397.7	998.7	951.5	1249.6	1511.1	2131.1	1257.2
2004	1014.0	412.9	1146.6	1129.2	1260.5	1658.6	2280.3	1389.2
2005	1124.5	426.1	1322.0	1323.5	1355.0	1806.2	2480.9	1549.0
2006	1267.3	453.4	1542.8	1552.4	1543.3	1990.5	2743.9	1663.6
2007	1428.3	482.9	1792.7	1811.7	1759.4	2195.5	3026.5	1788.4
2008	1608.2	518.6	2054.5	2067.2	2055.0	2448.0	3417.0	1931.5
2009	1799.6	556.4	2350.3	2337.9	2470.1	2692.8	3710.8	2103.3
2010	2042.5	597.6	2726.4	2674.6	3035.8	3005.1	4185.8	2311.6

3-3 续表 continued

单位:% （上年=100） (%)

年份 Year	地区生产总值 Gross Domestic Product	第一产业 Primary Industry	第二产业 Secondary Industry	工业 Industry	建筑业 Construction	第三产业 Tertiary Industry	交通运输仓储和邮电业 Transport, Storage and Post Service	批发和零售业、住宿和餐饮业 Wholesale,Retail Trade, Hotel and Catering Services
1978	108.9	106.0	110.1	108.8	118.2	109.0	109.3	103.1
1980	107.9	117.7	102.4	100.5	114.6	112.6	117.1	105.8
1985	117.8	108.0	122.6	119.6	133.8	120.8	126.8	111.4
1986	108.3	106.2	106.4	106.5	105.9	112.6	112.3	114.2
1987	107.9	92.4	108.9	111.6	99.7	119.4	125.2	121.6
1988	112.1	109.1	113.2	117.3	97.9	112.8	107.8	133.2
1989	107.7	106.1	111.7	117.2	87.3	104.2	98.8	111.1
1990	103.7	103.4	102.5	100.4	115.0	105.3	97.6	108.6
1991	104.8	102.7	103.2	102.3	108.0	108.4	113.2	121.3
1992	108.6	95.7	112.5	110.1	124.6	113.8	109.5	117.9
1993	110.3	106.5	113.4	113.9	110.9	109.1	111.7	112.6
1994	107.7	102.1	108.8	110.0	101.5	109.7	109.4	104.2
1995	109.5	101.1	113.3	114.4	106.7	111.0	115.5	105.8
1996	110.9	118.1	109.3	111.1	96.5	107.9	122.6	111.8
1997	107.9	103.3	108.4	107.8	112.8	112.2	118.4	107.3
1998	108.8	109.8	107.9	106.5	118.3	110.6	115.4	109.0
1999	109.1	104.3	109.8	108.3	119.8	113.5	118.7	107.1
2000	110.2	98.1	114.8	114.4	117.0	111.6	115.1	108.1
2001	110.1	106.4	111.3	110.2	115.2	110.3	111.2	108.6
2002	110.2	106.1	112.7	113.5	109.6	109.4	113.2	109.4
2003	112.7	102.4	118.6	116.8	125.7	110.4	109.9	111.0
2004	111.2	103.8	114.8	118.7	100.9	109.8	107.0	110.5
2005	110.9	103.2	115.3	117.2	107.5	108.9	108.8	111.5
2006	112.7	106.4	116.7	117.3	113.9	110.2	110.6	107.4
2007	112.7	106.5	116.2	116.7	114.0	110.3	110.3	107.5
2008	112.6	107.4	114.6	114.1	116.8	111.5	112.9	108.0
2009	111.9	107.3	114.4	113.1	120.2	110.0	108.6	108.9
2010	113.5	107.4	116.0	114.4	122.9	111.6	112.8	109.9

3-4 分行业增加值及构成

Value-added by Sector and Composition

行　业	Sector	增加值(亿元)Added Valve(100 million yuan)			增加值构成(%) Composition(%)		
		2008	2009	2010	2008	2009	2010
总　计	**Total**	**1203.92**	**1353.31**	**1689.65**	**100.0**	**100.0**	**100.0**
第一产业	**Primary Industry**	**118.94**	**127.25**	**159.29**	**9.9**	**9.4**	**9.4**
农林牧渔业	Agriculture,Forestry,Animal Husbandry and Fishery	118.94	127.25	159.29	9.9	9.4	9.4
第二产业	**Secondary Industry**	**609.98**	**662.32**	**827.91**	**50.7**	**48.9**	**49.0**
工业	Industry	506.98	520.38	643.05	42.1	38.5	38.1
采矿业	Mining	118.21	120.54	173.32	9.8	8.9	10.3
制造业	Manufacturing	294.34	299.67	339.81	24.4	22.1	20.1
电力、燃气及水的生产和供应业	Production and Supply of Electricity, Gas and Water	94.43	100.17	129.92	7.9	7.5	7.7
建筑业	Construction	103.00	141.94	184.86	8.6	10.4	10.9
第三产业	**Tertiary Industry**	**475.00**	**563.74**	**702.45**	**39.5**	**41.7**	**41.6**
交通运输、仓储和邮政业	Transport,Storage and Post	93.29	114.77	145.17	7.7	8.5	8.6
信息传输、计算机服务和软件业	Information Transmission, Computer Services and Software	31.69	46.27	57.38	2.6	3.4	3.4
批发和零售业	Wholesale and Retail Trades	70.34	74.52	89.50	5.8	5.5	5.3
住宿和餐饮业	Hotels and Catering Services	22.55	25.59	31.00	1.9	1.9	1.8
金融业	Financial Intermediation	64.80	75.54	97.87	5.4	5.6	5.8
房地产业	Real Estate	38.85	47.56	60.53	3.2	3.5	3.6
租赁和商务服务业	Leasing and Business Services	9.90	11.81	13.30	0.8	0.9	0.8
科学研究、技术服务和地质勘查业	Scientific Research,Technical Services and Geologic Prospecting	9.37	11.14	12.06	0.8	0.8	0.7
水利、环境和公共设施管理业	Management of Water Conservancy, Environment and Public Facilities	4.84	7.16	7.82	0.4	0.5	0.5
居民服务和其他服务业	Services to Households and Other Services	15.86	20.15	27.86	1.3	1.5	1.6
教育	Education	37.31	41.46	49.27	3.1	3.1	2.9
卫生、社会保障和社会福利业	Health,Social Security and Social Welfare	17.59	19.42	24.59	1.5	1.4	1.5
文化、体育和娱乐业	Culture,Sports and Entertainment	4.21	6.40	7.18	0.3	0.5	0.4
公共管理和社会组织	Public Management and Social Organizations	54.40	61.95	78.92	4.5	4.6	4.7

注:本表按当年价格计算。

a)Data in this table are calculated at current prices.

3-5 主要年份支出法地区生产总值

Gross Domestic Product by Expenditure Approach in Main Years

年份 Year	地区生产总值（亿元） Gross Demestic Product(100 million yuan)	最终消费 Final Consumption	资本形成总额 Gross Capital Formation	货物和服务净出口 Net Exports of Goods and Services	最终消费率（消费率）（%） Final Consumption Rate(%)	资本形成率（投资率）（%） Capital Formation Rate(%)
1978	13.00	9.87	9.04	-5.91	75.9	69.5
1979	14.36	10.90	9.37	-5.91	75.9	65.3
1980	15.96	12.81	8.07	-4.92	80.3	50.6
1985	30.27	25.72	19.12	-14.57	85.0	63.2
1986	34.54	29.85	22.34	-17.65	86.4	64.7
1987	39.63	33.34	25.27	-18.98	84.1	63.8
1988	50.29	38.83	31.20	-19.74	77.2	62.0
1989	59.21	44.44	33.59	-18.82	75.1	56.7
1990	64.84	47.87	37.22	-20.25	73.8	57.4
1991	71.78	53.84	40.55	-22.61	75.0	56.5
1992	83.14	59.54	46.70	-23.10	71.6	56.2
1993	104.49	72.44	62.46	-30.41	69.3	59.8
1994	136.26	95.89	70.49	-30.12	70.4	51.7
1995	175.19	114.82	86.16	-25.79	65.5	49.2
1996	202.90	126.78	105.07	-28.95	62.5	51.8
1997	224.59	133.78	112.61	-21.80	59.6	50.1
1998	245.41	145.54	140.56	-40.66	59.3	57.3
1999	264.58	159.16	152.37	-46.95	60.2	57.6
2000	295.02	193.89	174.47	-73.34	65.7	59.1
2001	337.44	231.99	221.96	-116.51	68.8	65.8
2002	377.16	260.38	265.40	-148.62	69.0	70.4
2003	445.36	291.69	324.03	-170.36	65.5	72.8
2004	537.11	338.66	412.13	-213.68	63.1	76.7
2005	612.61	401.11	505.73	-294.23	65.5	82.6
2006	725.90	460.41	588.83	-323.34	63.4	81.1
2007	919.11	538.50	688.58	-307.97	58.6	74.9
2008	1203.92	650.16	968.45	-414.69	54.0	80.4
2009	1353.31	652.33	1244.60	-543.62	48.2	92.0
2010	1689.65	824.91	1563.26	-698.52	48.8	92.5

注：本表按当年价格计算。

a)Data in this table are calculated at current prices.

3-6 主要年份最终消费及构成

Final Consumption Expenditure and Its Composition in Main Years

年份 Year	绝对数(亿元) Level(100 million yuan)					构成(%) Composition(%)			
						最终消费=100 Final Consumption=100		居民消费=100 Household Consumption=100	
	最终消费 Final Consumption	居民消费 Household Consumption	农村居民 Rural Household	城镇居民 Urban Household	政府消费 Government Consumption	居民消费 Household Consumption	政府消费 Government Consumption	农村居民 Rural Household	城镇居民 Urban Household
1978	9.87	7.61	4.86	2.75	2.26	77.1	22.9	63.9	36.1
1979	10.90	8.11	4.63	3.48	2.79	74.4	25.6	57.1	42.9
1980	12.81	9.78	5.44	4.34	3.03	76.3	23.7	55.6	44.4
1985	25.72	17.67	10.60	7.07	8.05	68.7	31.3	60.0	40.0
1986	29.85	20.42	12.25	8.17	9.43	68.4	31.6	60.0	40.0
1987	33.34	23.74	13.46	10.28	9.60	71.2	28.8	56.7	43.3
1988	38.83	27.79	15.77	12.02	11.04	71.6	28.4	56.7	43.3
1989	44.44	31.73	17.38	14.35	12.71	71.4	28.6	54.8	45.2
1990	47.87	33.88	17.91	15.97	13.99	70.8	29.2	52.9	47.1
1991	53.84	38.07	19.72	18.35	15.77	70.7	29.3	51.8	48.2
1992	59.54	42.45	21.54	20.91	17.09	71.3	28.7	50.7	49.3
1993	72.44	50.91	24.32	26.59	21.53	70.3	29.7	47.8	52.2
1994	95.89	68.73	31.75	36.98	27.16	71.7	28.3	46.2	53.8
1995	114.82	85.79	40.50	45.29	29.03	74.7	25.3	47.2	52.8
1996	126.78	95.51	45.64	49.87	31.27	75.3	24.7	47.8	52.2
1997	133.78	100.97	46.29	54.68	32.81	75.5	24.5	45.8	54.2
1998	145.54	109.00	48.20	60.80	36.54	74.9	25.1	44.2	55.8
1999	159.16	115.57	48.63	66.94	43.59	72.6	27.4	42.1	57.9
2000	193.89	135.49	52.74	82.75	58.40	69.9	30.1	38.9	61.1
2001	231.99	145.90	51.89	94.01	86.09	62.9	37.1	35.6	64.4
2002	260.38	163.02	53.99	109.03	97.36	62.6	37.4	33.1	66.9
2003	291.69	189.37	63.49	125.88	102.32	64.9	35.1	33.5	66.5
2004	338.66	226.17	72.84	153.33	112.49	66.8	33.2	32.2	67.8
2005	401.11	264.57	80.50	184.07	136.54	66.0	34.0	30.4	69.6
2006	460.41	304.18	84.94	219.24	156.23	66.1	33.9	27.9	72.1
2007	538.50	348.58	96.31	252.27	189.92	64.7	35.3	27.6	72.4
2008	650.16	433.64	109.81	323.83	216.52	66.7	33.3	25.3	74.7
2009	652.33	488.33	116.13	372.20	164.00	74.9	25.1	23.8	76.2
2010	824.91	565.65	129.81	435.84	259.26	68.6	31.4	23.0	77.1

3-7 主要年份资本形成总额及构成

Gross Capital Formation and Its Composition in Main Years

年份 Year	资本形成总额 Gross Capital Formation				
	绝对数(亿元) Level (100 million yuan)			构成(%) Composition(%)	
		固定资本形成总额 Gross Fixed Capital Formation	存货增加 Change in Inventories	固定资本形成总额 Gross Fixed Capital Formation	存货增加 Change in Inventories
1978	9.04	7.95	1.09	87.9	12.1
1979	9.37	8.78	0.59	93.7	6.3
1980	8.07	7.48	0.59	92.7	7.3
1985	19.12	17.05	2.07	89.2	10.8
1986	22.34	19.35	2.99	86.6	13.4
1987	25.27	21.98	3.29	87.0	13.0
1988	31.20	22.88	8.32	73.3	26.7
1989	33.59	22.96	10.63	68.4	31.6
1990	37.22	25.47	11.75	68.4	31.6
1991	40.55	31.74	8.81	78.3	21.7
1992	46.70	38.38	8.32	82.2	17.8
1993	62.46	52.67	9.79	84.3	15.7
1994	70.49	61.98	8.51	87.9	12.1
1995	86.16	70.12	16.04	81.4	18.6
1996	105.07	77.32	27.75	73.6	26.4
1997	112.61	88.10	24.51	78.2	21.8
1998	140.56	108.65	31.91	77.3	22.7
1999	152.37	130.61	21.76	85.7	14.3
2000	174.47	160.82	13.65	92.2	7.8
2001	221.96	195.81	26.15	88.2	11.8
2002	265.40	230.83	34.57	87.0	13.0
2003	324.03	318.21	5.82	98.2	1.8
2004	412.13	379.72	32.41	92.1	7.9
2005	505.73	469.62	36.11	92.9	7.1
2006	588.83	574.59	14.24	97.6	2.4
2007	688.58	652.20	36.38	94.7	5.3
2008	968.45	898.25	70.20	92.8	7.2
2009	1244.60	1185.35	59.25	95.2	4.8
2010	1563.26	1489.96	73.30	95.3	4.7

3-8 按支出法计算的地区生产总值

Gross Domestic Product by Expenditure Approach

指标	Item	绝对数(亿元) Level (100 million yuan)		构成(%) Composition(%)	
		2009	2010	2009	2010
地区生产总值	**Gross Demestic Product**	**1353.31**	**1689.65**	**100.0**	**100.0**
最终消费	**Final Consumption**	**652.33**	**824.91**	**48.2**	**48.8**
居民消费	Household Consumption	488.33	565.65	36.1	33.5
农村居民	Rural Household	116.13	129.81	8.6	7.7
城镇居民	Urban Household	372.20	435.84	27.5	25.8
政府消费	Government Consumption	164.00	259.26	12.1	15.3
资本形成总额	**Gross Capital Formation**	**1244.60**	**1563.26**	**92.0**	**92.5**
固定资本形成总额	Gross Fixed Capital	1185.35	1489.96	87.6	88.2
存货增加	Change in Inventories	59.25	73.30	4.4	4.3
货物和服务净出口	**Net Exports of Goods and Services**	**-543.62**	**-698.52**	**-40.2**	**-41.3**

注:本表按当年价格计算。

a)Data in this table are calculated at current prices.

3-9 按消费类型划分的最终消费

Final Consumption Expenditure by Patterns

单位:亿元　　　　（2010）　　　　(100million yuan)

指　标	Item	绝对数 Level	构成(%) Composition(%)
最终消费支出	**Final Consumption Expenditures**	**824.91**	**100.0**
居民消费支出	**Household Consumption**	**565.65**	**68.6**
农村居民	**Rural Household**	**129.81**	**15.7**
食品类支出	Food	51.40	6.2
衣着类支出	Clothing	10.09	1.2
居住类支出	Residence	9.07	1.1
家庭设备、用品及服务类支出	Household Facilities,Articles and Services	6.27	0.8
医疗保健类支出	Health Care and Personal Articles	13.93	1.7
交通和通信类支出	Transportation and Communications	14.80	1.8
文教娱乐用品及服务类支出	Recreation,Education and Culture Articles	8.04	1.0
银行中介服务消费支出	Financial Service	4.60	0.6
保险服务消费支出	Insurance Service	1.02	0.1
自有住房服务虚拟支出	Imaginary Expenditure of Freeform Resident Services	7.22	0.9
其他商品和服务类支出	Other Goods and Services	3.37	0.4
城镇居民	**Urban Household**	**435.84**	**52.8**
食品类支出	Food	111.42	13.5
衣着类支出	Clothing	41.91	5.1
居住类支出	Residence	34.94	4.2
家庭设备、用品及服务类支出	Household Facilities,Articles and Services	21.18	2.6
医疗保健类支出	Health Care and Personal Articles	43.37	5.3
交通和通信类支出	Transportation and Communications	46.56	5.6
文教娱乐用品及服务类支出	Recreation,Education and Culture Articles	38.03	4.6
银行中介服务消费支出	Financial Service	25.94	3.1
保险服务消费支出	Insurance Service	9.45	1.1
自有住房服务虚拟支出	Imaginary Expenditure of Freeform Resident Services	32.75	4.0
实物消费支出	Reality Consumption	15.50	1.9
其他商品和服务类支出	Other Goods and Services	14.79	1.8
政府消费支出	**Government Consumption**	**259.26**	**31.4**

注:本表按当年价格计算。

a)Data in this table are calculated at current prices.

3-10 按行业划分的资本形成总额
Gross Capital Formation by Sector

单位:亿元　　(2010)　　(100million yuan)

指　标	Item	绝对数 Level	构成(%) Composition(%)
固定资本形成总额	**Gross Fixed Capital Formation**	**1489.96**	**100.0**
住宅	Residence	333.95	22.4
非住宅建筑物	Non-residential Buildings	803.40	53.9
机器和设备	Machinery and Equipment	340.79	22.9
土地改良支出	Land Improvement Expenditure	1.87	0.1
矿藏勘探费	Mineral Exploration Costs	7.88	0.5
计算机软件	Computer Software	2.07	0.1
存货增加	**Change in Inventories**	**73.30**	**100.0**
第一产业	**Primary Industry**	**2.32**	**3.2**
农林牧渔业	Agriculture,Forestry,Animal Husbandary and Fishery	2.32	3.2
第二产业	**Secondary Industry**	**59.94**	**81.8**
工业	Industry	60.45	82.5
建筑业	Construction	-0.51	-0.7
第三产业	**Tertiary Industry**	**11.04**	**15.1**
交通运输、仓储和邮政业	Transport,Storage and Post	3.41	4.7
批发和零售业	Wholesales and Retail Trades	1.13	1.5
住宿和餐饮业	Hotels and Catering Services	0.65	0.9
房地产业	Real Estate	5.40	7.4
其他行业	Others	0.45	0.6

注:本表按当年价格计算。

a)Data in this table are calculated at current prices.

3-11 各市县地区生产总值

Gross Domestic Product by City and Country

单位:万元　　　　（2010）　　　　(10000yuan)

地 区	Region	地区生产总值 Gross Domestic Product	第一产业 Primary Industry	第二产业 Secondary Industry			第三产业 Tertiary Industry
					工业 Industry	建筑业 Construction	
全区总计	**Total**	**16896500**	**1592900**	**8279100**	**6430500**	**1848600**	**7024500**
银 川 市	Yinchuan	5170401	137490	2045093	1345722	699370	2987819
永 宁 县	Yongning	608036	94348	364029	259295	104734	149659
贺 兰 县	Helan	578902	101803	313256	238865	74391	163843
灵 武 市	Lingwu	1568801	69218	1280070	1143140	136930	219513
石嘴山市	Shizuishan	2184904	50912	1415705	1219627	196078	718287
平 罗 县	Pingluo	801065	128965	454778	407076	47702	217322
利 通 区	Litong	715947	118250	333351	239010	94342	264345
红寺堡区	Hongsipu	72873	30327	19848	9730	10118	22698
盐 池 县	Yanchi	269994	40495	126313	83216	43097	103186
同 心 县	Tongxin	264455	71350	97716	74529	23187	95389
青铜峡市	Qingtongxia	848335	111425	529211	471711	57500	207699
原 州 区	Yuanzhou	443399	89425	85033	36976	48057	268941
西 吉 县	Xiji	254550	89053	54269	26743	27526	111228
隆 德 县	Longde	107716	31835	23274	12224	11050	52607
泾 源 县	Jingyuan	69955	20339	18595	9448	9147	31021
彭 阳 县	Pengyang	182394	77970	45651	32844	12807	58773
沙坡头区	Shapotou	842096	138732	328218	270225	57993	375146
中 宁 县	Zhongning	672922	116628	345518	224926	120592	210776
海 原 县	Haiyuan	216874	74338	32886	12761	20125	109650

注:本表绝对数按当年价格计算,指数按可比价格计算。

a)Level data in this table are calculated at current prices, while indices at constant prices.

3-11 续表 continued

地 区	Region	构成(%) Conposition(%) 第一产业 Primary Industry	第二产业 Secondary Industry	第三产业 Tertiary Industry	指数(上年=100) Indices(preceding year=100) 地区生产总值 Gross Demestic Product	第一产业 Primary Industry	第二产业 Secondary Industry	第三产业 Tertiary Industry	人均地区生产总值(元/人) Per Capita GDP (yuan/person)
全区总计	**Total**	**9.4**	**49.0**	**41.6**	**113.5**	**107.4**	**116.0**	**111.6**	**26860**
银川市	Yinchuan	2.7	39.6	57.8	113.4	106.2	117.9	110.6	43867
永宁县	Yongning	15.5	59.9	24.6	118.0	106.0	122.2	113.4	28528
贺兰县	Helan	17.6	54.1	28.3	119.9	105.6	125.1	119.5	27268
灵武市	Lingwu	4.4	81.6	14.0	116.7	107.6	118.4	111.0	62993
石嘴山市	Shizuishan	2.3	64.8	32.9	113.4	105.8	114.8	110.6	47322
平罗县	Pingluo	16.1	56.8	27.1	113.6	106.7	116.8	111.5	30182
利通区	Litong	16.5	46.6	36.9	108.9	105.3	107.7	112.1	18801
红寺堡区	Hongsipu	41.6	27.2	31.1	111.7	108.1	126.0	107.6	4555
盐池县	Yanchi	15.0	46.8	38.2	115.2	106.6	125.5	107.8	17913
同心县	Tongxin	27.0	36.9	36.1	112.3	109.3	117.7	108.9	7661
青铜峡市	Qingtongxia	13.1	62.4	24.5	113.5	104.5	115.7	110.6	31312
原州区	Yuanzhou	20.2	19.2	60.7	109.7	111.8	112.3	108.3	10913
西吉县	Xiji	35.0	21.3	43.7	108.8	108.1	108.7	109.2	6503
隆德县	Longde	29.6	21.6	48.8	110.2	108.2	115.6	109.5	6492
泾源县	Jingyuan	29.1	26.6	44.3	110.5	107.9	114.8	109.3	6609
彭阳县	Pengyang	42.7	25.0	32.2	109.7	109.2	112.4	108.1	8187
沙坡头区	Shapotou	16.5	39.0	44.5	110.7	105.9	111.2	111.7	21527
中宁县	Zhongning	17.3	51.3	31.3	118.2	106.3	128.2	109.7	21113
海原县	Haiyuan	34.3	15.2	50.6	110.5	110.8	114.9	109.1	5415

注:本表绝对数按当年价格计算,指数按可比价格计算。

a)Level data in this table are calculated at current prices, while indices at constant prices.

主要统计指标解释

[**国内生产总值**] 国内生产总值代表一国或一个地区所有常住单位和个人在一定时期内全部生产活动(包括产品和劳务)的最终成果,是社会总产品价值扣除了中间投入价值后的余额,也就是当期新创造财富的价值总量。GDP是国内生产总值英文Gross Domestic Products的缩写,中文译名对国家来说叫做国内生产总值,对地区的中文名称用行政区的名字作定语,如“宁夏生产总值”,简称为“宁夏GDP”,依此类推“银川市生产总值”,简称为“银川市 GDP”等等。

国内生产总值核算有三种方法:

一是生产法,是从生产的角度衡量经济单位和个人在核算时期内新创造的价值。按三次产业划分,第一、二、三产业增加值的总和代表国内生产总值,各产业增加值的计算方法是各产业总产值减去中间消耗。计算公式为:增加值=总产出-中间消耗。

二是收入法,是根据生产要素(资本、劳动力)在生产过程中应得的收入份额来反映最终成果的一种计算方法。从劳动者报酬、国家税收(含规费)、企业利润和固定资产折旧四者的总和进行核算。计算公式为: 增加值=劳动者报酬+生产税净额+固定资产折旧+营业盈余。

三是支出法,是从使用的角度衡量核算期内生产的所有货物和服务的最终去向。由居民消费、政府消费、固定资本形成总额、存货增加、货物和服务的净出口(出口-进口)五项组成。计算公式为:国内生产总值=居民消费+政府消费+固定资本形成总额+存货增加+货物和服务的净出口。

从理论上讲, 上述三种方法计算得到的国内生产总值应该是一致的,但在实际操作中,因为资料来源的不同以及基础数据质量上的差异, 三种方法计算的国内生产总值之间存在着一定的计算误差。我国目前对外公布的国内生产总值是以生产法为准。

[**当年价格**] 指报告期的实际价格, 如工厂的出厂价格,农产品的收购价格,商业的零售价格等。使用当年价格计算的数字,是为了使国民经济各项指标互相衔接,便于考察当年社会经济效益,便于对生产和流通、生产和分配、生产和消费进行经济核算和综合平衡。

按当年价格计算的价值指标,在不同年份之间进行对比时, 因为包含有各年间价格变动的因素,不能确切地反映实物且的增减变动。必须消除价格变动因素后,才能真实反映经济发展动态。因此,在计算增长速度时都使用按可比价格计算。

[**可比价格**] 指在不同时期的价值指标对比时,扣除了价格变动的因素,以确切反映物量的变化。按可比价格计算有两种方法:一种是直接用产品产量乘某一年的不变价格计算; 另一种是用价格指数换算。

[**三次产业**] 根据社会生产活动历史发展的顺序对产业结构的划分,产品直接取自自然界的部门称为第一产业,对初级产品进行再加工的部门称为第二产业,为生产和消费提供各种服务的部门称为第三产业。它是世界上通用的产业结构分类,但各国的划分不尽一致。我国的三次产业划分是:

第一产业:农业(包括种植业、林业、牧业和渔业)。

第二产业:工业(包括采掘工业、制造业、自来水、电力、燃气、热水、煤气)和建筑业。

第三产业:除第一、第二产业以外的其他各业。

[**劳动者报酬**] 指劳动者因从事生产活动所获得的全部报酬。包括劳动者获得的各种形式的工资、奖金和津贴,既包括货币形式的,也包括实物形式的,还包括劳动者所享受的公费医疗和医药卫生费、上下班交通补贴、单位支付的社会保险费、住房公积金等。对于个体经济来说,其所有者获得的劳动报酬和经营利润不易区分,这两部分统一作为劳动报酬处理。

[**生产税净额**] 指生产税减生产补贴后的余额。生产税指政府对生产单位从事生产、销售和经营活动以及因从事生产活动使用某些生产要素(如

固定资产、土地、劳动力)所征收的各种税、附加费和规费。生产补贴与生产税相反,指政府对生产单位的单方面转移支出,因此视为负生产税,包括政策亏损补贴、价格补贴等。

[**固定资产折旧**]指一定时期内为弥补固定资产损耗按定的固定资产折旧率提取的固定资产折旧,或按国民经济核算统一规定的折旧率虚拟计算的固定资产折旧。它反映了固定资产在当期生产中的转移价值。各类企业和企业化管理的事业单位的固定资产折旧是指实际计提的折旧费;不计提折旧的政府机关、非企业化管理的事业单位和居民住房的固定资产折旧是按照统一规定的折旧率和固定资产原值计算的虚拟折旧。原则上,固定资产折旧应按固定资产的重置价值计算,但是目前我国尚不具备对全社会固定资产进行重估价的基础,所以暂时只能采用上述办法。

[**营业盈余**]指常住单位创造的增加值扣除劳动者报酬、生产税净额和固定资产折旧后的余额。它相当于企业的营业利润加上生产补贴,但要扣除从利润中开支的工资和福利等。

[**最终消费**] 指常住单位为满足物质、文化和精神生活的需要,从本国经济领土和国外购买的货物和服务的支出。它不包括非常住单位在本国经济领土内的消费支出。最终消费分为居民消费和政府消费。

[**居民消费**]指常住住户在一定时期内对于货物和服务的全部最终消费支出。居民消费除了直接以货币形式购买的货物和服务的消费支出外,还包括以其他方式获得的货物和服务的消费支出,即所谓的虚拟消费支出。居民虚拟消费支出包括如下几种类型:单位以实物报酬及实物转移的形式提供给劳动者的货物和服务;住户生产并由本住户消费了的货物和服务,其中的服务仅指住户的自有住房服务和付酬的家庭雇员提供的家庭和个人服务;金融机构提供的金融媒介服务;保险公司提供的保险服务。

[**政府消费**]指政府部门为全社会提供的公共服务的消费支出和免费或以较低的价格向居民住户提供的货物和服务的净支出,前者等于政府服务的产出价值减去政府单位所获得的经营收人的价值,后者等于政府部门免费或以较低价格向居民住户提供的货物和服务的市场价值减去向住户收取的价值。

[**资本形成总额**]指常住单位在一定时期内获得减去处置的固定资产和存货的净额,包括固定资本形成总额和存货增加两部分。

[**固定资本形成总额**]指生产者在一定时期内获得的固定资产减处置的固定资产的价值总额。固定资产是通过生产活动生产出来的,且其使用年限在一年以上、单位价值在规定标准以上的资产,不包括自然资产。可分为有形固定资本形成总额和无形固定资本形成总额。有形固定资本形成总额包括一定时期内完成的建筑工捏、安装工程和设备工器具购置(减处置)价值,以及土地改良、新增役、种、奶、毛、娱乐用牲畜和新增经济林木价值。无形固定资本形成总额包括矿藏的勘探、计算机软件等获得减处置。

[**存货增加**] 指常住单位在一定时期内存货实物量变动的市场价值,即期末价值减期初价值的差额,再扣除当期由于价格变动而产生的持有收益。存货增加可以是正值,也可以是负值,正值表示存货上升,负值表示存货下降。存货包括生产单位购进的原材料?燃料和储备物资等存货,以及生产单位生产的产成品、在制品和半成品等存货。

[**货物和服务净出口**] 指货物和服务出口减货物和服务进口的差额。出口包括常住单位向非常住单位出售或无偿转让的各种货物和服务的价值;进口包括常住单位从非常住单位购买或无偿得到的各种货物和服务的价值。由于服务活动的提供与使用同时发生,一般把常住单位从非常住单位得到的服务作为进口,非常住单位从常住单位得到的服务作为出口。货物的出口和进口都按离岸价格计算。

【第四篇】Chapter 4

人口

Population

责任编辑：张雪艳

资料整理：张雪艳　门建军　管利民　贺惠英　冯海江　白晓明

Coordinator: Zhang Xueyan

Data Compilation: Zhang Xueyan　Men Jianjun　Guan Limin　He Huiying　Feng Haijiang　Bai Xiaoming

4-1 全区户数、人口数与性别比
Household, Population and Sex Ratio

年份 Year	总户数(户) Number of Households (household)	总人口数(人) Population(person)					平均每户人数(人/户) Average Family Size(person/household)	性别比(女=100) Sex Ratio (Female=100)
		合计 Total	男 Male		女 Female			
			人数 Population	比重(%) Percentage(%)	人数 Population	比重(%) Percentage(%)		
1950	224904	1259619	663298	52.66	596321	47.34	5.60	111.23
1953	279719	1510483	802139	53.10	708344	46.90	5.40	113.24
1958	334349	1935163	1034493	53.46	900670	46.54	5.90	114.86
1960	399445	2130316	1153050	54.13	977266	45.87	5.33	117.99
1964	429194	2148981	1129112	52.54	1019869	47.46	5.01	110.71
1965	441086	2267851	1191628	52.54	1076223	47.46	5.14	110.72
1970	519067	2773480	1442033	51.99	1331447	48.01	5.34	108.31
1975	613969	3279228	1703021	51.93	1576207	48.07	5.34	108.05
1978	667996	3555828	1841668	51.79	1714160	48.21	5.32	107.44
1980	699614	3737169	1930280	51.65	1806889	48.35	5.33	106.83
1985	808315	4146215	2137278	51.55	2008937	48.45	5.13	106.39
1990	1009078	4656774	2396934	51.47	2259840	48.53	4.61	106.07
1991	1034681	4738791	2439762	51.48	2299029	48.52	4.58	106.12
1992	1071292	4822697	2483462	51.50	2339235	48.50	4.50	106.17
1993	1099661	4908582	2525650	51.45	2382932	48.55	4.46	105.99
1994	1169474	5038682	2591720	51.44	2446962	48.56	4.31	105.92
1995	1195094	5123845	2632599	51.38	2491246	48.62	4.29	105.67
1996	1235188	5212099	2679993	51.42	2532106	48.58	4.22	105.84
1997	1271075	5289401	2717756	51.38	2571645	48.62	4.16	105.68
1998	1320085	5365666	2754769	51.34	2610897	48.66	4.06	105.51
1999	1354786	5432891	2784706	51.26	2648185	48.74	4.01	105.16
2000	1406024	5543214	2839607	51.23	2703607	48.77	3.94	105.10
2001	1442585	5632211	2889481	51.30	2742730	48.70	3.90	105.35
2002	1474654	5715376	2928132	51.23	2787244	48.77	3.88	105.05
2003	1521845	5801912	2976411	51.30	2825501	48.70	3.81	105.34
2004	1571951	5877142	3018099	51.35	2859043	48.65	3.74	105.56
2005	1672299	5962029	3056766	51.27	2905263	48.73	3.57	105.21
2006	1661191	6037305	3090722	51.19	2946583	48.81	3.63	104.89
2007	1784141	6102518	3117717	51.09	2984801	48.91	3.42	104.45
2008	1828332	6176939	3153651	51.06	3023288	48.94	3.38	104.31
2009	1881371	6252023	3186039	50.96	3065984	49.04	3.32	103.92
2010	1954859	6329550	3243333	51.24	3086217	48.76	3.24	105.09

注：2001 年及以后数据为常住人口，按年度人口变动情况抽样调查数据推算。

a)From 2001,data in this table refers to resident population,which is estimated on the base of annual national sample survey on population changes.

4-2 全区农业、非农业与市镇、乡村人口

Population of Agriculture and Non-Agriculture, Urban and Rural

单位:人 (person)

年份 Year	农业人口 Agriculture Population	非农业人口 Non-Agriculture Population	市、镇人口 Urban Population	乡村人口 Rural Population
1950	1165106	94513		
1953	1375430	135053	120385	1390098
1955	1515637	135481		
1958	1698952	236211		
1960	1721839	408477		
1964	1829191	319790	251001	1897980
1965	1921985	345866		
1970	2323964	449516		
1975	2729220	550008		
1978	2945095	610733		
1980	3059028	678141		
1985	3313764	832451		
1990	3542939	1113835	1196791	3459983
1991	3599853	1138938		
1992	3656949	1165748		
1993	3713037	1195545		
1994	3695492	1343190		
1995	3744295	1379550		
1996	3804257	1407842		
1997	3822377	1467024		
1998	3843507	1522159		
1999	3878930	1553961		
2000	3950946	1592268	1803855	3739359
2001	3992902	1639309	1876653	3755558
2002	4027547	1687829	1954659	3760717
2003	3817164	1984748	2142337	3659575
2004	3799685	2077457	2386120	3491022
2005	3819228	2142801	2520746	3441283
2006	3839178	2198127	2593626	3443679
2007	3864589	2237929	2686553	3415965
2008	3887666	2289273	2778230	3398709
2009	3924177	2327846	2882093	3369930
2010	3972837	2356713	3035652	3293898

注:2000 年起城乡人口按人口变动抽样调查数据推算。

a)The urban and rural population are calculated on the data of surveyed population variation from 2000.

4-3 全区民族人口和构成
Population by Nationality and Its Composition

年份 Year	汉族 Han		回族 Hui		其他少数民族 Others	
	人口数（人） Population (person)	比重（%） Percentage (%)	人口数（人） Population (person)	比重(%) Percentage (%)	人口数（人） Population (person)	比 重(%) Percentage (%)
1950	876725	69.60	381806	30.31	1088	0.09
1953	1009963	66.86	498783	33.02	1737	0.12
1955	1106765	67.03	542598	32.86	1755	0.11
1958	1303335	67.35	629797	32.54	2031	0.11
1960	1515958	71.16	612379	28.75	1979	0.09
1964	1486939	69.19	658629	30.65	3413	0.16
1965	1569719	69.22	695061	30.65	3071	0.13
1970	1931177	69.63	839353	30.26	2950	0.11
1975	2280396	69.54	995202	30.35	3630	0.11
1978	2457551	69.11	1094660	30.78	3617	0.11
1980	2565593	68.65	1167257	31.23	4319	0.12
1985	2797427	67.47	1337561	32.26	11227	0.27
1990	3098093	66.53	1538925	33.05	19756	0.42
1991	3145793	66.38	1572370	33.18	20628	0.44
1992	3194363	66.24	1606934	33.32	21400	0.44
1993	3247349	66.16	1639100	33.39	22133	0.45
1994	3323330	65.96	1691572	33.57	23780	0.47
1995	3374813	65.86	1724148	33.65	24884	0.49
1996	3424762	65.71	1761876	33.80	25461	0.49
1997	3465287	65.51	1797247	33.98	26867	0.51
1998	3507446	65.37	1829700	34.10	28520	0.53
1999	3537134	65.11	1865903	34.34	29854	0.55
2000	3602104	64.98	1910101	34.46	31009	0.56
2001	3649994	64.81	1950424	34.63	31793	0.56
2002	3694928	64.65	1987129	34.77	33319	0.58
2003	3741161	64.48	2024723	34.90	36028	0.62
2004	3774150	64.22	2064854	35.13	38138	0.65
2005	3816891	64.02	2105192	35.31	39946	0.67
2006	3856020	63.87	2140903	35.46	40382	0.67
2007	3874218	63.49	2182260	35.76	46040	0.75
2008	3909502	63.29	2220417	35.95	47020	0.76
2009	3952260	63.22	2251503	36.01	48260	0.77
2010	4096692	64.72	2191810	34.63	41048	0.65

4-4 全区人口自然变动情况
Natural Change of Population

年份 Year	年平均人口（人） Annual average population (person)	出生 Birth		死亡 Death		自然增长 Natural Growth	
		人数（人） Population (person)	出生率（‰） Birth Rate (%)	人数（人） Population (person)	死亡率（‰） Death Rate (%)	人数（人） Population (person)	自然增长率（‰） Natural Growth Rate(‰)
1950	1228560	49536	40.32	25284	20.58	24252	19.74
1953	1467318	58707	40.01	28437	19.38	30270	20.63
1955	1617587	56450	34.90	16565	10.24	39885	24.66
1958	1864485	73316	39.32	27936	14.98	45380	24.34
1960	2109436	34970	16.58	29331	13.90	5639	2.68
1964	2108025	104065	49.37	28326	13.44	75739	35.93
1965	2208416	106191	48.08	20509	9.29	85682	38.79
1970	2711573	109191	40.27	17168	6.33	92023	33.94
1975	3225840	117747	36.50	25073	7.77	92674	28.73
1978	3511449	99991	28.48	19169	5.46	80822	23.02
1980	3689265	92069	24.96	17430	4.72	74639	20.24
1985	4107443	70552	17.18	15934	3.88	54618	13.30
1990	4655451	113470	24.34	25759	5.52	87711	18.82
1991	4749749	104328	21.96	24366	5.13	79962	16.83
1992	4839980	97332	20.11	25942	5.36	71390	14.75
1993	4912506	95450	19.43	26331	5.36	69119	14.07
1994	4995500	98261	19.67	30073	6.02	68188	13.65
1995	5081264	97967	19.28	27896	5.49	70071	13.79
1996	5167972	98347	19.03	27132	5.25	71215	13.78
1997	5250750	99239	18.90	28511	5.43	70728	13.47
1998	5327534	96908	18.19	27224	5.11	69684	13.08
1999	5399279	97025	17.97	30506	5.65	66519	12.32
2000	5488053	90501	16.49	25090	4.57	65411	11.92
2001	5587713	92476	16.55	27044	4.84	65432	11.71
2002	5673794	93164	16.42	27575	4.86	65589	11.56
2003	5758644	90296	15.68	27238	4.73	63057	10.95
2004	5839527	93257	15.97	27971	4.79	65286	11.18
2005	5919586	94299	15.93	29302	4.95	64997	10.98
2006	5999667	93175	15.53	29038	4.84	64137	10.69
2007	6069912	89835	14.80	30592	5.04	59243	9.76
2008	6139729	87860	14.31	28366	4.62	59494	9.69
2009	6214481	89364	14.38	29208	4.70	60156	9.68
2010	6290787	88981	14.14	32110	5.10	56871	9.04

4-5 全区六次人口普查人口基本情况

Basic Statistics on Population Census in 1953,1964,1982, 1990,2000 and 2010

指　标	Item	1953.7.1	1964.7.	1982.7.1	1990.7.1	2000.11.1	2010.11.1
总人口(万人)	**Total Population(10000 persons)**	**150.62**	**210.75**	**389.56**	**465.54**	**548.64**	**630.14**
男	Male	80.74	110.84	200.68	238.95	281.35	322.88
女	Female	69.88	99.91	188.87	226.60	267.29	307.25
性别比(以女性为 100)	Sex Ratio(female=100)	115.55	110.95	106.25	105.45	105.26	105.09
家庭户规模(人/户)	**Average Family Household Size (person/household)**	**5.10**	**4.98**	**5.09**	**4.57**	**3.82**	**3.17**
各年龄组人口(万人)	**Population by Age Group (10000 persons)**						
0-14 岁	0-14	61.27	91.39	160.71	157.07	155.67	135.37
15-64 岁	15-64	84.84	114.56	216.39	292.13	368.42	454.37
65 岁及以上	65 and Over	4.51	4.80	12.45	16.34	24.55	40.39
民族人口	**Population by Ethnicity**						
汉族(万人)	Han (10000 persons)	100.07	145.71	265.13	310.74	359.06	406.94
占总人口比重 (%)	Percentage to Total Population (%)	66.43	69.14	68.06	66.75	65.45	64.58
回族(万人)	Hui (10000 persons)	50.37	64.70	123.52	152.44	186.24	219.10
占总人口比重 (%)	Percentage to Total Population (%)	33.44	30.70	31.71	32.75	33.95	34.77
其他少数民族 (万人)	Other Ethnic Minorities (10000 persons)	0.17	0.34	0.91	2.36	3.34	4.10
占总人口比重(%)	Percentage to Total Population (%)	0.13	0.16	0.23	0.50	0.60	0.65
每十万人拥有的各种受教育程度人口(人)	**Population with Various Education Attainments Per 100 000 Persons (Person)**						
大专及以上	Junior College and Above		380	659	1610	3690	9152
高中和中专	Senior Secondary School and Technical Secondary School		1250	5294	8010	10934	12451
初中	Junior Secondary School		4080	15542	20272	27859	33654
小学	Primary School		18730	25686	29424	31845	29826
文盲人口及文盲率	**Illiterate Population and Illiterate Rate**						
文盲人口(万人)	Illiterate Population(10000 persons)			105.01	103.27	61.77	39.17
文盲率(%)	Illiterate Rate (%)			45.89	33.48	15.72	6.22
城乡人口(万人)	**Population by Residence(10000 Persons)**						
城镇人口	Urban Population		24.94	75.58	119.75	180.39	301.83
乡村人口	Rural Population		185.81	313.98	345.79	368.25	328.30

4-6 全区人口计划生育状况

Family Planning

单位:人、% (person,%)

年份 Year	已婚育龄妇女人数 Number of Married Women of Child-Bearing Age		采取各种节育措施人数 Number of Women Taking Various Birth Control Measures		节育率 Birth Control Rate		领取独生子女证人数 Number of Married Couples with One-child Certificate	
	合计 Total	少数民族 Ethnic Minorities	合计 Total	少数民族 Ethnic Minorities	合计 Total	少数民族 Ethnic Minorities	合计 Total	少数民族 Ethnic Minorities
1979	508985		235560		46.28			
1980	522377		274823		52.61		3249	
1985	642996	202714	502048	134011	78.08	66.11	34961	6204
1990	854353	273182	695877	200383	81.45	73.35	79400	6995
1991	883417	290211	742963	216052	84.10	74.45	89369	8531
1992	901002	299179	767046	235212	85.13	78.62	98439	9651
1993	927515	307513	814040	248875	87.77	80.93	107344	12163
1994	951613	315043	843318	263897	88.62	83.77	115513	10154
1995	986322	324715	890234	284327	90.26	89.56	124105	11128
1996	1019995	338682	933088	303927	91.48	89.74	129738	11294
1997	1045379	351026	952531	313232	91.12	89.23	130714	11732
1998	1070721	363660	968450	317290	90.45	87.25	135032	12218
1999	1090681	371306	979795	323070	89.83	87.01	135864	11514
2000	1101214	369538	993341	327596	90.20	88.65	135866	11867
2001	1119278	363471	1011630	334608	90.38	92.06	138694	10990
2002	1137026	344071	1022832	330093	89.96	95.94	141848	11814
2003	1151773	396789	1039803	349116	90.28	87.99	139662	12563
2004	1161088	404450	1053142	357673	90.70	88.43	126280	11456
2005	1173526	415211	1066291	368432	90.86	88.73	127570	11983
2006	1155239		1045821		90.53		114095	
2007	1192461		1082676		90.79		121201	
2008	1219697		1103869		90.50		118034	
2009	1249649		1132844		90.65		121836	
2010	1263078		1143429		90.53		122687	

注:本资料根据计划生育部门统计数据整理。

a)Data in this table are compiled on statistic of Family Planning Department.

4-7 主要年份各市县人口总数
Population by City and Country in Main Years

单位:人 (person)

地　区	Region	1958	1978	1980	1990	2000	2005	2009	2010
全区总计	**Total**	**1935163**	**3555828**	**3737169**	**4656774**	**5543214**	**5962029**	**6252023**	**6329550**
银 川 市	**Yinchuan**	**401035**	**786743**	**822542**	**1034520**	**1264588**	**1424300**	**1701839**	**2004456**
银 川 市	District	148237	325177	344540	480184	641723	800641	1058205	1299129
永 宁 县	Yongning	81971	146243	149157	168325	185213	207069	207554	218719
贺 兰 县	Helan	96125	152140	154492	166423	182500	181822	200537	224062
灵 武 市	Lingwu	74702	163183	174353	219588	255152	234768	235543	262546
石嘴山市	**Shizuishan**	**220670**	**506569**	**529873**	**613753**	**691677**	**732266**	**727234**	**727005**
石嘴山市	District	67618	269636	286591	346755	399687	446517	449662	473756
平 罗 县	Pingluo	135562	219145	224699	245070	261481	285749	277572	253249
陶 乐 县	Taole	17490	17788	18583	21928	30509			
吴 忠 市	**Wuzhong**	**370840**	**660327**	**696769**	**892347**	**1067147**	**1257435**	**1333418**	**1282132**
利 通 区	Litong	115189	196266	205838	257959	306379	356447	381309	380278
红寺堡区	Hongsipu						143881	152974	166992
盐 池 县	Yanchi	52637	108157	114378	140038	152117	165112	154658	146786
同 心 县	Tongxin	88136	183156	197780	279103	363630	331331	367858	322841
青铜峡市	Qingtongxia	114878	172748	178773	215247	245021	260664	276619	265235
固 原 市	**Guyuan**	**588899**	**991027**	**1047927**	**1316834**	**1504288**	**1506207**	**1351395**	**1233200**
原 州 区	Yuanzhou	187682	328542	350155	442190	507874	484620	399877	412701
西 吉 县	Xiji	157564	274186	291842	377333	452477	462937	425375	357537
隆 德 县	Longde	104585	151025	155523	185327	216954	183034	170832	160986
泾 源 县	Jingyuan	46564	73414	77114	93538	81888	122325	110416	101279
彭 阳 县	Pengyang	92504	163860	173293	218446	245095	253291	244895	200697
中 卫 市	**Zhongwei**	**353719**	**611162**	**640058**	**799320**	**1015514**	**1041821**	**1138137**	**1082757**
沙坡头区	Shapotou	132403	234374	239966	289527	335374	352817	403258	379121
中 宁 县	Zhongning	111175	164986	172219	205960	315900	297186	323817	313619
海 原 县	Haiyuan	110141	211802	227873	303833	364240	391818	411062	390017

4-8 各市县户数、人口数

Household and Population by City and Country

单位:人　　　　（2010）　　　　(person)

地 区	Region	总户数(户) Number of Households (household)	总人口 Population(person) 合计 Total	男性 Male	女性 Female	平均家庭人口数(人/户) Average Family Size (person/household)
全区总计	**Total**	**1954859**	**6329550**	**3243333**	**3086217**	**3.24**
银川市	**Yinchuan**	**702846**	**2004456**	**1037602**	**966854**	**2.85**
银川市	District	481762	1299129	661050	638079	2.70
永宁县	Yongning	68997	218719	113340	105379	3.17
贺兰县	Helan	73948	224062	117341	106721	3.03
灵武市	Lingwu	78139	262546	145871	116675	3.36
石嘴山市	**Shizuishan**	**264779**	**727005**	**375524**	**351481**	**2.75**
石嘴山市	District	175607	473756	246418	227338	2.70
平罗县	Pingluo	89172	253249	129106	124143	2.84
吴忠市	**Wuzhong**	**349923**	**1282132**	**655079**	**627053**	**3.66**
利通区	Litong	106820	380278	193790	186488	3.56
红寺堡	Hongsipu	41748	166992	85834	81158	4.00
盐池县	Yanchi	37445	146786	76241	70545	3.92
同心县	Tongxin	74905	322841	163095	159746	4.31
青铜峡市	Qingtongxia	89005	265235	136119	129116	2.98
固原市	**Guyuan**	**329462**	**1233200**	**621866**	**611334**	**3.74**
原州区	Yuanzhou	111240	412701	208455	204246	3.71
西吉县	Xiji	88719	357537	179055	178482	4.03
隆德县	Longde	50784	160986	81459	79527	3.17
泾源县	Jingyuan	27521	101279	50943	50336	3.68
彭阳县	Pengyang	51198	200697	101954	98743	3.92
中卫市	**Zhongwei**	**307849**	**1082757**	**553262**	**529495**	**3.52**
沙坡头区	Shapotou	126796	379121	194527	184594	2.99
中宁县	Zhongning	82315	313619	159475	154144	3.81
海原县	Haiyuan	98738	390017	199260	190757	3.95

注:表中数据根据2008年人口抽样调查结果推算。

a)Data in this table are estimated on the Population Sample Survey in 2008.

4-9 各市县民族人口和构成

Population by Nationality in Cities and Countries

(2010)

地区	Region	汉族 Han		回族 Hui		其他少数民族 Others	
		人口数(人) Population (person)	比重(%) Percentage (%)	人口数(人) Population (person)	比重(%) Percentage (%)	人口数(人) Population (person)	比重(%) Percentage (%)
全区总计	**Total**	**4096692**	**64.72**	**2191810**	**34.63**	**41048**	**0.65**
银川市	**Yinchuan**	**1513208**	**75.49**	**462090**	**23.05**	**29158**	**1.45**
银川市	District	1031460	79.40	241464	18.59	26205	2.02
永宁县	Yongning	168043	76.83	49755	22.75	921	0.42
贺兰县	Helan	171979	76.76	51072	22.79	1011	0.45
灵武市	Lingwu	141726	53.98	119799	45.63	1021	0.39
石嘴山市	**Shizuishan**	**579325**	**79.69**	**141704**	**19.49**	**5976**	**0.82**
石嘴山市	District	406981	85.91	61338	12.95	5437	1.15
平罗县	Pingluo	172344	68.05	80366	31.73	539	0.21
吴忠市	**Wuzhong**	**613450**	**47.85**	**665371**	**51.90**	**3311**	**0.26**
利通区	Litong	153824	40.45	225098	59.19	1356	0.36
红寺堡区	Hongsipu	65320	39.12	101469	60.76	203	0.12
盐池县	Yanchi	142513	97.09	4065	2.77	208	0.14
同心县	Tongxin	35853	11.11	286943	88.88	45	0.01
青铜峡市	Qingtongxia	215940	81.41	47796	18.02	1499	0.57
固原市	**Guyuan**	**685031**	**55.55**	**547642**	**44.41**	**527**	**0.04**
原州区	Yuanzhou	223636	54.19	188608	45.70	457	0.11
西吉县	Xiji	156274	43.71	201244	56.29	19	0.01
隆德县	Longde	143316	89.02	17654	10.97	16	0.01
泾源县	Jingyuan	19902	19.65	81375	80.35	2	0.00
彭阳县	Pengyang	141903	70.71	58761	29.28	33	0.02
中卫市	**Zhongwei**	**705678**	**65.17**	**375003**	**34.63**	**2076**	**0.19**
沙坡头区	Shapotou	355156	93.68	23182	6.11	783	0.21
中宁县	Zhongning	235875	75.21	77361	24.67	383	0.12
海原县	Haiyuan	114647	29.40	274460	70.37	910	0.23

4-10 主要年份各市县回族人口数

Population by the Hui Nationality by City and Country in Main Years

单位:人 (person)

地　区	Region	1958	1978	1980	1990	2000	2005	2009	2010
全区总计	**Total**	**629797**	**1094660**	**1214922**	**1538925**	**1910101**	**2105192**	**2251503**	**2191810**
银 川 市	**Yinchuan**	**116123**	**191204**	**200710**	**253987**	**331708**	**369477**	**448080**	**462090**
银 川 市	District	32040	60144	63495	85885	137059	174679	234344	241464
永 宁 县	Yongning	16694	18484	18788	22343	24970	37822	39933	49755
贺 兰 县	Helan	22473	35614	36419	38351	45229	43705	51438	51072
灵 武 市	Lingwu	44916	76962	82008	107408	124450	113271	122365	119799
石嘴山市	**Shizuishan**	**46253**	**94450**	**99837**	**118499**	**139678**	**146498**	**148686**	**141704**
石嘴山市	District	23899	28423	30705	37767	47121	53794	57559	61338
平 罗 县	Pingluo	21362	64193	67293	78645	84633	92704	91127	80366
陶 乐 县	Taole	992	1834	1839	2087	7924			
吴 忠 市	**Wuzhong**	**149851**	**274030**	**293313**	**401384**	**501731**	**610347**	**683628**	**665371**
利 通 区	Litong	68593	106376	112225	141700	165635	199338	221388	225098
红寺堡区	Hongsipu						85045	92702	101469
盐 池 县	Yanchi	1348	2971	3170	3743	3825	4076	4006	4065
同 心 县	Tongxin	68964	142119	154163	225477	297440	277955	316321	286943
青铜峡市	Qingtongxia	10946	22564	23755	30464	34831	43933	49211	47796
固 原 市	**Guyuan**	**240744**	**388568**	**461671**	**547024**	**625774**	**645893**	**593418**	**547642**
原 州 区	Yuanzhou	76490	128357	185670	184838	215932	218721	184943	188608
西 吉 县	Xiji	84055	132627	141828	192304	239145	245730	237104	201244
隆 德 县	Longde	8314	11525	12057	15741	20015	16759	17117	17654
泾 源 县	Jingyuan	45243	70745	74451	90719	79461	91321	83773	81375
彭 阳 县	Pengyang	26642	45314	47665	63422	71221	73362	70481	58761
中 卫 市	**Zhongwei**	**76826**	**146408**	**159391**	**218031**	**311210**	**332977**	**377691**	**375003**
沙坡头区	Shapotou	1022	1681	1695	3492	4640	6401	20526	23182
中 宁 县	Zhongning	2635	4022	4281	4946	51588	50606	68682	77361
海 原 县	Haiyuan	73169	140705	153415	209593	254982	275970	288483	274460

4-11 各市县人口自然变动情况

Natural Changes on Population by City and Country

(2010)

地 区 Region	年平均人口(人) Annual Average Population (person)	自然变动人数(人) Population of Natural Changes (person)			自然变动率(‰) Natural Rates of Change(‰)		
		出生人数 Birth	死亡人数 Death	自然增长人数 Natural Growth	出生率 Birth Rate	死亡率 Death Rate	自然增长率 Natural Growth Rate
全区总计 Total	**6290787**	**88981**	**32110**	**56871**	**14.14**	**5.10**	**9.04**
银川市 Yinchuan	**1853148**	**21774**	**8041**	**13733**	**11.75**	**4.34**	**7.41**
银川市 District	1178667	12848	4444	8404	10.90	3.77	7.13
永宁县 Yongning	213137	2382	1328	1054	11.18	6.23	4.94
贺兰县 Helan	212300	2849	1367	1482	13.42	6.44	6.98
灵武市 Lingwu	249045	3720	958	2762	14.94	3.85	11.09
石嘴山市 Shizuishan	**727120**	**8041**	**4418**	**3623**	**11.06**	**6.08**	**4.98**
石嘴山市 District	461709	4607	2543	2064	9.98	5.51	4.47
平罗县 Pingluo	265411	3469	1893	1576	13.07	7.13	5.94
吴忠市 Wuzhong	**1307775**	**21100**	**5956**	**15144**	**16.13**	**4.55**	**11.58**
利通区 Litong	380794	5405	1746	3659	14.19	4.59	9.61
红寺堡区 Hongsipu	159983	2786	372	2415	17.42	2.32	15.09
盐池县 Yanchi	150722	2312	882	1430	15.34	5.85	9.49
同心县 Tongxin	345350	7314	1454	5860	21.18	4.21	16.97
青铜峡市 Qingtongxia	270927	3367	1516	1851	12.43	5.60	6.83
固原市 Guyuan	**1292298**	**22854**	**7602**	**15252**	**17.68**	**5.88**	**11.80**
原州区 Yuanzhou	406289	7170	2205	4964	17.65	5.43	12.22
西吉县 Xiji	391456	8192	2216	5976	20.93	5.66	15.27
隆德县 Longde	165909	2015	1086	929	12.14	6.55	5.60
泾源县 Jingyuan	105848	2025	733	1292	19.13	6.93	12.21
彭阳县 Pengyang	222796	3522	1366	2156	15.81	6.13	9.68
中卫市 Zhongwei	**1110447**	**15699**	**6199**	**9499**	**14.14**	**5.58**	**8.55**
沙坡头区 Shapotou	391190	4512	2250	2262	11.53	5.75	5.78
中宁县 Zhongning	318718	4089	1854	2235	12.83	5.82	7.01
海原县 Haiyuan	400540	7065	2097	4968	17.64	5.24	12.40

注:根据2010年第六次全国人口普查资料整理.受出生率和死亡率构成影响,各市县数据加总后不等于总计数。

主要统计指标解释

［总人口］ 指在一定时点，一定地区范围内有生命的个人总和，包括有常住户口和未落常住户口的人，以及被注销户口的在押犯、劳改、劳教人员，但不包括军人及人民武装警察。

［总户数］ 包括家庭户和集体户。

［市镇人口数］ 指居住在市（包括县级市）、镇辖区内的全部人口。

［乡村人口数］ 指县辖乡(不含县辖镇)的全部人口。

［性别比］ 男性人数与女性人数之比（女=100）

$$性别比=\frac{男性人数}{女性人数}\times100\%$$

［年平均人口数］ 指一年之中各个时点的平均生存人数。

$$年平均人口数=\frac{年初人口数+年末人口数}{2}$$

［出生人数］ 指在一定时期内 (通常为一年内) 出生有生命现象 (即有心跳和呼吸)婴儿数的总和。

［出生率］ 指某个地区一定时期内的出生人数与同期平均人数之比。

$$出生率=\frac{年出生人数}{年平均人数}\times1000‰$$

［死亡率］ 指某个地区一定时期内的死亡人数与同期平均人数之比。

$$死亡率=\frac{年死亡人数}{年平均人数}\times1000‰$$

【第五篇】Chapter 5

劳动力资源与工资

Labor Force and Wages

责任编辑:张雪艳

资料整理:张雪艳　门建军　管利民　贺惠英　冯海江　白晓明

Coordinator:Zhang Xueyan

Data Compilation: Zhang Xueyan　Men Jianjun　Guan Limin　He Huiying　Feng Haijiang　Bai Xiaoming

5-1 就业基本情况
Employment

指　标	Item	1995	2000	2005	2009	2010
就业人员合计(万人)	**Total Number of Employed persons(10000 persons)**	**240.6**	**275.5**	**299.6**	**328.5**	**326.0**
第一产业	Primary Industry	143.5	158.6	145.1	130.8	128.3
第二产业	Secondary Industry	46.7	50.0	66.7	84.7	86.2
第三产业	Tertiary Industry	50.4	66.9	87.8	113.0	111.5
就业人员构成(合计=100)	**Composition of Employed Persons (total=100)**	**100.0**	**100.0**	**100.0**	**100.0**	**100.0**
第一产业	Primary Industry	59.7	57.6	48.4	39.8	39.4
第二产业	Secondary Industry	19.4	18.1	22.3	25.8	26.4
第三产业	Tertiary Industry	20.9	24.3	29.3	34.4	34.2
城镇从业人员(万人)	**Urban Employed Persons(10000 persons)**	**81.1**	**77.6**	**87.6**	**110.1**	**108.0**
国有单位	State-owned Units	62.9	52.0	38.5	36.0	37.2
城镇集体单位	Urban Collective-owned Units	9.9	5.0	1.4	0.8	0.8
股份合作单位	Cooperative Units		1.1	1.0	0.5	0.5
联营单位	Joint Ownership Units	0.2	0.1	0.1	0.1	0.1
有限责任公司	Limited Liability Corporations		4.0	13.0	15.6	15.8
股份有限公司	Share-holding Corporations Ltd.	0.5	1.7	4.0	3.6	3.3
私营企业	Private Enterprises	1.9	4.8	14.0	26.3	20.0
港澳台商投资单位	Units of Funds from Hong Kong,Macao & Taiwan	0.5	0.3		0.1	0.1
外商投资单位	Foreign Funded Units	0.9	1.0	1.0	1.0	1.2
个　　体	Self-employed Individuals	4.3	7.7	14.0	25.7	28.6
在岗职工人数(万人)	**Number of Staff and Workers(10000 persons)**	**73.4**	**63.8**	**57.4**	**54.6**	**54.7**
国有单位	State-owned Units	61.5	51.0	37.4	33.8	34.0
城镇集体单位	Urban Collective-owned Units	9.9	4.8	1.3	0.7	0.7
其他单位	Units of Other Types of Ownership	2.0	8.0	18.8	20.1	20.0
女性从业人员数(万人)	**Number of Female Employment (10000 persons)**	**26.4**	**23.9**	**21.1**	**21.0**	**21.0**
城镇登记失业人数(万人)	**Number of Registered Umemployed Persons in Urban Areas(10000 persons)**	**4.4**	**3.8**	**4.4**	**4.8**	**4.8**
城镇登记失业率(%)	**Registered Unemployment Rate in Urban Areas (%)**	**5.5**	**4.6**	**4.5**	**4.4**	**4.4**

5-2 劳动力资源和从业人员数
Labor Force and Number of Employed Persons

单位:万人、% (10000 persons,%)

年 份 Year	劳动力资源 Labor Force		从业人员 Employees		
	人 数 Population	占总人口比重 As Percentage of Total Population	人 数 Population	占总人口比重 As Percentage of Total Population	占劳动力资源比重 As Percentage of Labor Force
1950	57.6	45.71	47.2	37.50	82.07
1955	77.6	46.97	67.7	41.00	87.30
1960	99.5	46.77	96.6	45.32	94.17
1965	107.1	47.20	98.6	43.52	92.18
1970	130.2	46.94	112.5	40.56	86.43
1975	158.1	48.20	125.6	38.30	79.49
1980	194.3	51.20	146.5	39.20	75.40
1985	221.8	53.49	177.4	42.79	82.01
1990	259.6	55.73	211.1	45.35	81.36
1991	268.6	56.70	219.2	46.25	81.60
1992	277.1	57.45	225.9	46.84	81.52
1993	314.0	63.96	229.4	46.73	73.06
1994	318.2	63.15	232.7	46.18	73.13
1995	324.8	63.39	240.6	46.96	74.08
1996	337.4	64.74	245.4	47.08	72.73
1997	346.3	65.48	256.8	48.55	74.16
1998	355.5	66.25	254.8	49.49	71.69
1999	363.3	66.87	272.3	50.13	74.95
2000	380.9	68.71	275.5	49.70	72.13
2001	393.4	69.90	279.0	49.54	70.92
2002	399.9	70.00	282.4	49.40	70.62
2003	406.0	70.00	291.4	50.22	71.77
2004	411.7	70.10	298.8	50.84	72.58
2005	416.1	69.79	299.6	50.25	72.00
2006	422.6	70.00	308.1	51.00	72.90
2007	427.6	70.10	309.5	50.70	72.40
2008	432.3	69.99	303.9	49.20	70.30
2009	437.9	70.04	328.5	52.54	75.02
2010	473.6	74.84	326.0	51.50	68.82

5-3 全社会就业人员数

Total Number of Employed Persons in the Whole Country

单位：万人　　　　(10 000 persons)

年份 Year	就业人员合计 Total Employed Persons	职工 Staff and Workers	国有单位 State-owned Units	集体单位 Collective-owned Units	其他单位 Units of Other Types of Ownership	城镇私营企业及个体劳动者 Urban Private and Individuals	乡村劳动者 Rural Employed Persons	其他 Other Employed Persons
1950	47.2	0.8	0.8			3.7	42.7	
1955	67.7	7.5	3.5	4.0		1.7	58.5	
1960	96.5	28.0	25.7	2.3			68.5	
1965	98.6	18.8	17.1	1.7			79.8	
1970	112.5	26.6	24.5	2.1			85.9	
1975	125.6	33.7	30.8	2.9			91.9	
1980	146.5	47.6	41.3	6.3		0.1	98.8	
1985	177.4	55.8	46.8	9.0		1.1	120.5	
1990	211.1	67.4	56.4	10.9	0.1	2.8	140.9	
1991	219.2	70.1	58.6	11.3	0.2	3.1	145.5	0.5
1992	225.9	71.9	60.1	11.3	0.5	3.3	147.2	3.5
1993	229.4	71.9	60.7	10.6	0.6	4.0	153.5	
1994	232.7	72.3	60.4	10.3	1.6	4.7	154.2	1.5
1995	240.6	73.4	61.5	9.9	2.0	6.2	159.5	1.5
1996	245.4	72.7	61.6	8.7	2.4	7.2	163.9	1.6
1997	256.8	73.9	61.7	8.6	3.6	8.6	172.9	1.4
1998	254.8	67.4	53.7	6.0	7.7	9.9	176.6	0.9
1999	272.3	65.6	52.6	5.3	7.7	13.3	192.0	1.4
2000	275.5	63.8	51.0	4.8	8.0	12.5	197.9	1.4
2001	279.0	61.3	48.9	3.9	8.5	16.1	200.4	1.1
2002	282.4	60.6	44.1	3.3	13.2	17.4	203.2	1.2
2003	291.4	60.2	39.5	2.2	18.5	20.6	208.5	2.2
2004	298.1	58.5	37.2	1.8	19.5	27.7	209.9	1.9
2005	299.6	57.4	37.4	1.3	18.8	28.0	212.0	2.2
2006	308.1	56.7	35.5	1.1	20.1	37.4	212.0	1.9
2007	309.5	56.3	35.3	1.0	20.0	36.7	214.6	1.9
2008	303.9	54.7	34.3	0.8	19.6	28.1	218.7	2.4
2009	328.5	54.6	33.8	0.7	20.1	52.0	218.4	3.5
2010	326.0	54.7	34.0	0.7	20.0	48.6	218.0	4.7

注：1.1998-2010 年劳动统计口径调整，职工不再包括"离开本单位仍保留劳动关系"的职工；

2.2004 年以后数据不含长庆油田宁夏部分。

a)From 1998 to 2010,statistical criteria of employment has been adjusted,that data of "Staff and Workers Leaving Their Working Units While Keeping Their Labour Contract"is not included in "staff and workers".

b)From 2004, data in this table excluding Changqing oil field in Ningxia.

5-4 按经济类型划分的各行业从业人员数

单位:人 (2010)

指　标	Item	合　计 Total
全区总计	**Total**	**3259848**
按国民经济行业分组	**Grouped by Sector**	
农、林、牧、渔业	Agriculture,Forestry,Animal Husbandry and Fishery	1283177
采矿业	Mining	234801
制造业	Manufacturing	158204
电力、燃气及水的生产和供应业	Production and Distribution of Electricity,Gas and Water	37854
建筑业	Construction	431160
交通运输、仓储和邮政业	Transport,Storage and Post	140445
信息传输、计算机服务和软件业	Information Transmission,Computer Services and Software	25496
批发和零售业	Wholesale and Retail Trades	349615
住宿和餐饮业	Hotels and Catering Services	121379
金融业	Financial Intermediation	28578
房地产业	Real Estate	17623
租赁和商务服务业	Leasing and Business Services	32552
科学研究、技术服务和地质勘查业	Scientific Research,Technical Service and Geologic Prospecting	15834
水利、环境和公共设施管理业	Management of Water Conservancy,Environment and Public Facilities	18400
居民服务和其他服务业	Services to Households and Other Services	55211
教育	Education	79337
卫生、社会保障和社会福利业	Health,Social Security and Social Welfare	35382
文化、体育和娱乐业	Culture,Sports and Entertainment	11976
公共管理与社会组织	Public Management and Social Organization	82848
其他行业	Others	99976
按三次产业分组	**Grouped by Three Strate of Industry**	
第一产业	Primary Industry	1283177
第二产业	Secondary Industry	862019
第三产业	Tertiary Industry	1114652

Number of Employed Persons by Sector at Year-end

(person)

国有经济单位从业人员 State-owned Units	城镇集体单位从业人员 Urban Collective-owned	其他经济单位从业人员 Units of Other Types of Ownership	城镇个体经济从业人员 Urban Self-employed Individuals	城镇私营经济从业人员 Urban Private Enterprises	乡村从业人员 Rural Employed Persons
371782	**8098**	**213262**	**285942**	**200488**	**2180276**
25344	8	987	1259	4664	1250915
5243		52377	272	1483	175426
17664	741	87486	14468	37845	
25064		11769	13	1008	
12479	2038	15683	152	22110	378698
25981	20	2743	3131	8837	99733
4448		1975	851	5863	12359
7407	733	7297	161116	72215	100847
1229	4	2978	45011	6155	66002
12476	3619	10605	6	1872	
3265	10	4788	998	8562	
2427	584	10960	2877	15704	
10182		1797	62	3793	
17448	174	227	12	539	
162		198	47983	6868	
77683		1340	29	285	
32813	167	26	1294	1082	
7619		26	3111	1220	
82848					
			3297	383	96296
25344	8	987	1259	4664	1250915
60450	2779	167315	14905	62446	554124
285988	5311	44960	269778	133378	375237

5-5 国有单位从业人员数

单位:人　　　　　　　　　　　　　　　　　　　　　　　　　　　　　　　　　（2010）

指　　标	Item	单位数（个）Unit (unit)
全区总计	**Total**	**6656**
按隶属关系分组	**Grouped by Jurisdiction of Management**	
中　央	Central Authorities	261
省、自治区、直辖市	Provinces,Autonomous Regions and Municipalities	662
地　区	Region	1137
县及县以下	Country and Under Country Level	4582
其它	Others	14
按企、事业、机关分组	**Grouped by Enterprises,Institutions and Agencies**	
企　业	Enterprises	666
地方	Local	471
事　业	Institutions	4092
地方	Local	4061
机　关	Agencies & Organizations	1898
地方	Local	1863
按国民经济行业分组	**Grouped by Sector**	
农、林、牧、渔业	Agriculture,Forestry,Animal Husbandry and Fishery	370
采矿业	Mining and Quarrying	6
制造业	Manufacturing	41
电力、燃气及水的生产和供应业	Production and Distribution of Electricity,Gas and Water	47
建筑业	Construction	42
交通运输、仓储和邮政业	Transport,Storage and Post	162
信息传输、计算机服务和软件业	Information Transmission,Computer Services and Software	30
批发和零售业	Wholesale and Retail Trades	161
住宿和餐饮业	Hotels and Catering Services	12
金融业	Financial Intermediation	178
房地产业	Real Estate	30
租赁和商务服务业	Leasing and Business Services	84
科学研究、技术服务和地质勘查业	Scientific Research,Technical Service and Geologic Prospecting	218
水利、环境和公共设施管理业	Management of Water Conservancy,Environment and Public Facilities	179
居民服务和其他服务业	Services to Households and Other Services	12
教育	Education	2292
卫生、社会保障和社会福利业	Health,Social Security and Social Welfare	438
文化、体育和娱乐业	Culture,Sports and Entertainment	181
公共管理与社会组织	Public Management and Social Organization	2173
国际组织	International Organizations	

Employed Persons in State-owned Units

(person)

单位从业人员 Number of Engaged Persons	在岗职工 Staff and Workers	其他从业人员 Other Engaged Persons	离开本单位仍保留劳动关系的职工 Staff and Workers Leaving Their Working Units While Keeping Their Labour Contract
371782	**339689**	**32093**	**6299**
68300	59999	8301	3340
84902	81561	3341	1645
78040	71874	6166	536
139428	125148	14280	775
1112	1107	5	3
119787	108602	11185	4841
58675	55632	3043	1842
182206	168131	14075	1056
178781	164751	14030	736
69789	62956	6833	402
66026	59307	6719	381
25344	23841	1503	454
5243	5131	112	2
17664	17625	39	709
25064	24594	470	235
12479	6322	6157	388
25981	25340	641	1952
4448	4272	176	35
7407	6816	591	555
1229	1119	110	36
12476	10858	1618	553
3265	2641	624	37
2427	2317	110	8
10182	9936	246	584
17448	14843	2605	53
162	162		
77683	72755	4928	37
32813	29319	3494	140
7619	7265	354	16
82848	74533	8315	505

5-6 城镇集体单位从业人员数

单位:人　　　　(2010)

指　　标	Item	单位数(个) Unit (unit)
全区总计	**Total**	**192**
按企业、事业、机关分组	**Grouped by Enterprises,Institutions and Agencies**	
企　业	Enterprises	178
事　业	Institutions	14
机　关	Agencies & Organizations	
按国民经济行业分组	**Grouped by Sector**	
农、林、牧、渔业	Agriculture,Forestry,Animal Husbandry and Fishery	1
采矿业	Mining	
制造业	Manufacturing	18
电力、燃气及水的生产和供应业	Production and Distribution of Electricity,Gas and Water	
建筑业	Construction	16
交通运输、仓储和邮政业	Transport,Storage and Post	1
信息传输、计算机服务和软件业	Information Transmission,Computer Services and Software	
批发和零售业	Wholesale and Retail Trades	47
住宿和餐饮业	Hotels and Catering Services	1
金融业	Financial Intermediation	85
房地产业	Real Estate	1
租赁和商务服务业	Leasing and Business Services	15
科学研究、技术服务和地质勘查业	Scientific Research,Technical Service and Geologic Prospecting	
水利、环境和公共设施管理业	Management of Water Conservancy,Environment and Public Facilities	1
居民服务和其他服务业	Services to Households and Other Services	
教育	Education	
卫生、社会保障和社会福利业	Health,Social Security and Social Welfare	6
文化、体育和娱乐业	Culture,Sports and Entertainment	
公共管理与社会组织	Public Management and Social Organization	
国际组织	International Organization	

Employed Persons in Urban Collective-owned Units

(person)

单位从业人员 Number of Engaged Persons	在岗职工 Staff and Workers	其他从业人员 Other Engaged Persons	离开本单位仍保留劳动关系的职工 Staff and Workers Leaving Their Working Units While Keeping Their Labour Contract
8098	**6839**	**1259**	**596**
7682	6522	1160	593
416	317	99	3
8	8		
741	729	12	
2038	1457	581	20
20	20		
733	471	262	535
4	4		
3619	3327	292	38
10	10		
584	570	14	3
174	76	98	
167	167		

5-7 城镇单位女性从业人员数

单位:人 2010

指　　标	Item	城镇单位女性从业人员 Number of Female Employed Persons in Urban Units
全区总计	**Total**	**210143**
按企业、事业、机关分组	**Grouped by Enterprises,Institutions and Agencies**	
企　业	Enterprises	102938
事　业	Institutions	85220
机　关	Agencies & Organizations	21475
按国民经济行业分组	**Grouped by Sector**	
农、林、牧、渔业	Agriculture,Forestry,Animal Husbandry and Fishery	9840
采矿业	Mining	10844
制造业	Manufacturing	32961
电力、燃气及水的生产和供应业	Production and Distribution of Electricity,Gas and Water	11053
建筑业	Construction	4448
交通运输、仓储和邮政业	Transport,Storage and Post	8737
信息传输、计算机服务和软件业	Information Transmission,Computer Services and Software	3001
批发和零售业	Wholesale and Retail Trades	8583
住宿和餐饮业	Hotels and Catering Services	2651
金融业	Financial Intermediation	11437
房地产业	Real Estate	3012
租赁和商务服务业	Leasing and Business Services	4045
科学研究、技术服务和地质勘查业	Scientific Research,Technical Service and Geologic Prospecting	3768
水利、环境和公共设施管理业	Management of Water Conservancy,Environment and Public Facilities	7154
居民服务和其他服务业	Services to Households and Other Services	107
教育	Education	37586
卫生、社会保障和社会福利业	Health,Social Security and Social Welfare	20621
文化、体育和娱乐业	Culture,Sports and Entertainment	3233
公共管理与社会组织	Public Management and Social Organization	27062
国际组织	International Organization	

Number of Female Employed Persons in Urban Units

(person)

国有单位 State-owned Units	城镇集体单位 Collective-owned Units in Urban Area	其他单位 Other Units
144998	**2779**	**62366**
38854	2544	61540
84669	235	316
21475		
9511	1	328
772		10072
5772	397	26792
7868		3185
1258	180	3010
7721	6	1010
2173		828
3372	315	4896
694	3	1954
6246	1565	3626
1134	2	1876
826	89	3130
3173		595
6970	98	86
50		57
36693		893
20480	123	18
3223		10
27062		

5-8 全区个体劳动者人数

单位:户、人 (2010)

指　　标	Item	合 计 Total 户数 Number of Households
全区合计	**Total**	**197868**
农、林、牧、渔业	Agriculture,Forestry,Animal Husbandry and Fishery	2758
采矿业	Mining	290
制造业	Manufacturing	11140
电力燃气及水的生产和供应业	Production and Distribution of Electricity,Gas and Water	8
建筑业	Construction	132
交通运输、仓储和邮政业	Transport,Storage and Post	2786
信息传输、计算机服务和软件业	Information Transmission,Computer Services and Software	609
批发和零售业	Wholesale and Retail Trades	115652
住宿和餐饮业	Hotels and Catering Services	22588
金融业	Finance	7
房地产业	Real Estate	279
租赁和商务服务业	Leasing and Business Services	3456
科学研究、技术服务和地质勘查业	Scientific Research,Technical Services and Geological Prospecting	67
水利、环境和公共设施管理业	Management of Water Conservancy,Environment and Public Facilities	7
居民服务和其他服务业	Services to Households and Other Services	32871
教育	Education	12
卫生、社会保障和社会福利业	Health,Social Security and Social Welfare	657
文化、体育和娱乐业	Culture,Sports and Entertainment	1623
其他行业	Others	2926

Number of Self-employed Individuals

(household, person)

合 计 Total	城 镇 Urban		乡 村 Rural	
从业人员 Number of Engaged Persons	户数 Number of Households	从业人员 Number of Engaged Persons	户数 Number of Households	从业人员 Number of Engaged Persons
442300	**134605**	**285942**	**63263**	**156358**
6617	498	1259	2260	5358
1574	80	272	210	1302
29771	6617	14468	4523	15303
21	4	13	4	8
425	59	152	73	273
4008	2376	3131	410	877
1309	427	851	182	458
239123	81962	161116	33690	78007
62981	16381	45011	6207	17970
9	4	6	3	3
1013	266	998	13	15
6218	1556	2877	1900	3341
153	33	62	34	91
25	4	12	3	13
76882	21064	47983	11807	28899
35	9	29	3	6
1549	532	1294	125	255
3937	1148	3111	475	826
6650	1585	3297	1341	3353

5-9 全区私营企业从业人员

单位：户、人 (2010)

指　　标	Item	合计 Total 户数 Number of Enterprises
全区合计	**Total**	**37740**
农、林、牧、渔业	Agriculture,Forestry,Animal Husbandry and Fishery	1333
采矿业	Mining and Quarrying	411
制造业	Manufacturing	5252
电力、燃气及水的生产和供应业	Production and Distribution of Electricity,Gas and Water	206
建筑业	Construction	2248
交通运输、仓储和邮政业	Transportation and Storage	1105
信息传输、计算机服务和软件业	Information Transmission,Computer Services and Software	1388
批发和零售业	Wholesale and Retail Trades	17586
住宿和餐饮业	Hotels and Catering Services	706
金融业	Finance	327
房地产业	Real Estate	1250
租赁和商务服务业	Leasing and Business Services	3456
科学研究、技术服务和地质勘查业	Scientific Research,Technical Services and Geological Prospecting	681
水利、环境和公共设施管理业	Management of Water Conservancy,Environment and Public Facilities	135
居民服务和其他服务业	Services to Households and Other Services	1236
教育	Education	54
卫生、社会保障和社会福利业	Health,Social Security and Social Welfare	83
文化、体育和娱乐业	Culture,Sports and Entertainment	247
其他行业	Others	36

Number of Engaged Persons in Private Enterprises

(household,person)

合计 Total	城镇 Urban		乡村 Rural	
从业人员 Number of Engaged Persons	户数 Number of Enterprises	从业人员 Number of Engaged Persons	户数 Number of Enterprises	从业人员 Number of Engaged Persons
367860	**30357**	**200488**	**7383**	**167372**
11812	654	4664	679	7148
7491	185	1483	226	6008
82409	3290	37845	1962	44564
1640	135	1008	71	632
30401	1994	22110	254	8291
13030	878	8837	227	4193
8874	1188	5863	200	3011
139692	14828	72215	2758	67477
8549	623	6155	83	2394
2569	285	1872	42	697
12195	1133	8562	117	3633
27805	3075	15704	381	12101
5980	583	3793	98	2187
1358	108	539	27	819
9736	1053	6868	183	2868
514	35	285	19	229
1428	64	1082	19	346
1907	222	1220	25	687
470	24	383	12	87

5-10 城镇登记失业人数及失业率

Registered Unemployed Persons and Unemployment Rate in Urban Area

单位:万人　　(10 000 persons)

年份 Year	本年登记失业人员总数 Number of Registered Unemployed Persons This Year	本年登记失业人员就业人数 Employment among Registered Unemployed Persons This Year	年末尚有失业人员数 Unemployed Persons among Registered at Year End	登记失业率(%) Registered Unemployment Rate(%)
1979	5.93	3.56	2.38	4.94
1980	4.83	3.02	1.80	3.64
1985	4.89	2.86	1.82	3.10
1986	4.67	2.37	2.18	3.53
1987	5.17	2.40	2.78	4.30
1988	6.25	2.71	3.39	4.98
1989	6.25	2.41	3.83	5.35
1990	7.29	2.96	4.04	5.44
1991	7.08	2.98	3.75	4.87
1992	6.70	3.27	3.26	4.10
1993	6.02	2.66	2.98	4.00
1994	6.74	2.37	4.23	5.17
1995	6.28	2.07	4.48	5.47
1996	6.12	1.99	3.42	4.35
1997	7.10	2.74	3.95	4.79
1998	7.60	3.65	3.91	4.71
1999	7.75	4.00	3.70	4.50
2000	7.37	3.64	3.80	4.60
2001	7.78	3.19	3.66	4.40
2002	7.19	3.65	3.54	4.40
2003	8.26	4.50	3.75	4.40
2004	8.92	4.85	4.07	4.51
2005	9.82	5.46	4.36	4.52
2006	10.50	6.28	4.22	4.31
2007	10.87	6.45	4.42	4.28
2008	11.36	6.59	4.77	4.35
2009	11.45	6.65	4.80	4.40
2010	11.65	6.90	4.76	4.35

注:本数据由自治区劳动就业局提供。

a) Data in this tabale are provided by Bureau of Labor and Employment.

5-11 在岗职工工资总额及指数

Total Wages Bill of Staff and Workers and Related Indices

年份 Year	绝对数(万元) Level(10 000 yuan)				指数(以上年为 100) Indices(preceding year=100)			
	全部工资总额 Total Wages	国有单位 State-owned Units	城镇集体单位 Urban Collective-owned Units	其他单位 Other Units	全部工资总额 Total Wages	国有单位 State-owned Units	城镇集体单位 Urban Collective-owned Units	其他单位 Other Units
1950		236.8				549.4		
1955		1997.7				128.2		
1960		13031.0				137.8		
1965		10832.0				110.4		
1970		16283.5				109.0		
1975	23117.1	21650.5	1406.6			104.4		
1980	40350.0	36258.1	4091.9		117.0	114.8	140.0	
1985	65560.0	57209.9	8290.4	59.7	117.2	116.7	120.4	175.1
1990	146646.4	128897.9	17545.7	202.8	116.8	117.1	114.1	216.2
1991	162592.6	142701.1	19530.5	361.0	110.9	110.7	111.3	178.0
1992	190450.4	166670.4	22990.8	789.2	117.1	116.8	117.7	218.6
1993	224690.1	195728.8	27266.9	1694.4	118.0	117.4	118.6	214.7
1994	306731.6	267637.0	32029.5	7065.1	136.5	136.7	117.5	417.0
1995	371794.7	321097.4	38910.5	11786.8	121.2	119.9	121.5	166.8
1996	410323.2	357400.2	39093.0	13830.0	110.4	111.3	100.5	117.3
1997	449072.4	379507.9	44221.1	25343.4	109.4	106.2	113.1	183.2
1998	467398.5	378709.2	34207.3	54482.0	104.1	99.8	77.4	215.0
1999	502394.1	413666.4	31812.0	56915.7	107.5	109.2	92.9	104.5
2000	563326.8	463588.1	34906.7	64832.0	112.1	112.1	109.7	113.9
2001	657761.1	550966.8	32744.2	74050.1	116.8	118.8	93.8	114.2
2002	723503.4	555429.6	27774.4	140299.4	110.0	100.8	84.8	189.5
2003	808405.5	548730.2	20937.2	238738.4	111.7	98.8	75.4	170.2
2004	871455.4	566834.3	20918.3	283702.8	109.7	106.0	99.9	118.8
2005	1015504.5	668324.6	20337.0	326842.9	116.5	117.9	97.2	115.2
2006	1216118.5	749666.3	23001.1	443451.1	119.8	112.2	113.1	135.7
2007	1500242.9	931098.3	25973.2	543171.4	123.4	124.2	112.9	122.5
2008	1722131.3	1066225.5	28883.6	627022.2	114.8	114.5	111.2	115.4
2009	1891213.9	1149131.5	29296.2	712786.2	109.8	107.8	101.4	113.7
2010	2165027.1	1271874.5	33594.6	859558.0	114.5	110.7	114.7	120.6

注:1998 年以后为在岗职工工资总额,2004 年以后数据不含长庆油田宁夏部分。

a)From 1998,data in this table refers to total wages bill of staff and workers,besides,from 2004,data of Changqing oil field in Ningxia is not included.

5-12 在岗职工平均工资及指数

Average Wage of Staff and Workers and Related Indices

年份 Year	平均工资(元) Average Wages(yuan)				指数(以上年为100) Indices(preceding year=100)			
	全部职工 Total Employees	国有单位 职工 State-owned Units	城镇集体单位职工 Urban Collective-owned Units	其他单位职工 Other Units	全部职工 Total Employees	国有单位职工 State-owned Units	城镇集体单位职工 Urban Collective-owned Units	其他单位职工 Other Units
1950		343				100.9		
1955		586				103.5		
1960		552				96.2		
1965		696				99.0		
1970		684				101.9		
1975	708	725	532			99.7		
1980	863	892	666		111.1	109.4	128.8	
1985	1206	1252	963	1152	112.5	112.7	112.6	120.0
1990	2202	2313	1631	1814	113.3	113.5	111.9	104.4
1991	2366	2478	1785	1892	107.4	107.1	109.4	104.3
1992	2674	2808	2006	1958	113.0	113.3	112.4	103.5
1993	3128	3264	2425	2728	117.0	116.2	120.9	139.3
1994	4270	4476	3062	4464	136.5	137.1	126.3	163.6
1995	5079	5273	3782	5832	118.9	117.8	123.5	130.6
1996	5635	5819	4320	5888	101.0	101.0	114.2	101.0
1997	6073	6206	4831	6962	118.2	106.7	111.8	118.2
1998	6822	7020	5373	6643	112.3	113.1	111.2	95.4
1999	7550	7847	5568	7018	110.7	111.8	103.6	105.6
2000	8681	9022	6538	7943	115.0	115.0	117.4	113.2
2001	10521	11198	7166	8464	121.2	124.1	109.6	106.6
2002	11723	12465	7572	10400	111.4	111.3	105.7	122.9
2003	13056	13825	8924	12009	111.4	110.9	117.9	115.5
2004	14620	15212	10613	13926	112.7	111.0	119.0	116.0
2005	17211	17634	13630	16668	117.7	115.9	128.4	119.7
2006	21239	21370	19427	21123	123.4	121.2	142.5	126.7
2007	26210	26687	25362	25470	123.4	124.9	130.6	120.6
2008	30719	31111	31155	30054	117.2	116.6	122.8	118.0
2009	34082	33841	35182	34432	110.9	108.8	112.9	114.6
2010	39144	37377	40815	42014	114.9	110.4	116.0	122.0

注:1998-2010年职工平均工资为在岗职工平均工资,2004年以后数据不含长庆油田宁夏部分。

a)From 1998,data in this table refers to average wages of staff and workers,besides,from 2004,data of Changqing oil field in Ningxia is not included.

5-13 国有单位从业人员劳动报酬
Earning of Employed Persons in State-owned Units

单位:万元、元　　　　（2010）　　　　（10 000 yuan,yuan）

指 标	Item	从业人员 Employees	
		劳动报酬 Earning	平均劳动报酬 Average Earning
全 区 总 计	**Total**	**1314717.9**	**35330**
按隶属关系分组	**Grouped by Jurisdiction of Management**		
中 央	Central Authorities	343908.6	49293
省、自治区、直辖市	Provinces,Autonomous Regions and Municipalities	288009.7	33469
地 区	Region	249731.3	32305
县及县以下	Country and Under Country Level	428995.1	31108
其 它	Others	4073.2	37164
按企业、事业、机关分组	**Grouped by Enterprises,Institutions and Agencies**		
企 业	Enterprises	497775.8	40225
地 方	Local	181624.2	29734
事 业	Institutions	576042.6	32218
地 方	Local	564977.2	32209
机 关	Agencies & Organizations	240899.5	34620
地 方	Local	224207.9	34042
按国民经济行业分组	**Grouped by Sector**		
农、林、牧、渔业	Agriculture,Forestry,Animal Husbandry and Fishery	52192.7	20745
采矿业	Mining	22401.2	42726
制造业	Manufacturing	65708.9	37772
电力、燃气及水的生产和供应业	Production and Distribution of Electricity,Gas and Water	148002.2	57303
建筑业	Construction	35239.7	23365
交通运输、仓储和邮政业	Transport,Storage and Post	95562.7	37217
信息传输、计算机服务和软件业	Information Transmission,Computer Services and Software	20067.2	44564
批发和零售业	Wholesale and Retail Trades	27004.4	36761
住宿和餐饮业	Hotels and Catering Services	2658.9	21495
金融业	Financial Intermediation	74063.8	60044
房地产业	Real Estate	11279.3	32703
租赁和商务服务业	Leasing and Business Services	6345.9	26619
科学研究、技术服务和地质勘查业	Scientific Research,Technical Service and Geologic Prospecting	32828.2	32349
水利、环境和公共设施管理业	Management of Water Conservancy,Environment and Public Facilities	44347.4	25246
居民服务和其他服务业	Services to Households and Other Services	448.4	27851
教育	Education	275892.8	35965
卫生、社会保障和社会福利业	Health,Social Security and Social Welfare	101943.4	31940
文化、体育和娱乐业	Culture,Sports and Entertainment	25783.8	34074
公共管理与社会组织	Public Management and Social Organization	272947.0	33119
国际组织	International Organizations		

5-13 续表1 continued

单位:万元、元 （2010） (10 000 yuan,yuan)

指　标	Item	在岗职工 Staff and Workers	
		工资总额 Total Wages	平均工资 Average
全 区 总 计	**Total**	**1271874.5**	**37377**
按隶属关系分组	**Grouped by Jurisdiction of Management**		
中 央	Central Authorities	330308.2	53833
省、自治区、直辖市	Provinces,Autonomous Regions and Municipalities	281542.9	34217
地 区	Region	241945.6	34118
县及县以下	Country and Under Country Level	414010.1	33218
其 它	Others	4067.7	37284
按企业、事业、机关分组	**Grouped by Enterprises,Institutions and Agencies**		
企 业	Enterprises	478113.0	42763
地 方	Local	175413.1	30561
事 业	Institutions	560268.6	33826
地 方	Local	549243.9	33843
机 关	Agencies & Organizations	233492.9	37157
地 方	Local	216909.3	36622
按国民经济行业分组	**Grouped by Sector**		
农、林、牧、渔业	Agriculture,Forestry,Animal Husbandry and Fishery	50178.9	21414
采矿业	Mining	22324.7	43509
制造业	Manufacturing	65615.0	37834
电力、燃气及水的生产和供应业	Production and Distribution of Electricity,Gas and Water	147487.0	57904
建筑业	Construction	25896.1	29691
交通运输、仓储和邮政业	Transport,Storage and Post	94633.4	37803
信息传输、计算机服务和软件业	Information Transmission,Computer Services and Software	19464.7	45130
批发和零售业	Wholesale and Retail Trades	26203.5	38999
住宿和餐饮业	Hotels and Catering Services	2383.7	21095
金融业	Financial Intermediation	69594.5	65273
房地产业	Real Estate	10163.0	39088
租赁和商务服务业	Leasing and Business Services	6004.3	26358
科学研究、技术服务和地质勘查业	Scientific Research,Technical Service and Geologic Prospecting	32466.5	32745
水利、环境和公共设施管理业	Management of Water Conservancy,Environment and Public Facilities	41695.6	28104
居民服务和其他服务业	Services to Households and Other Services	448.4	27851
教育	Education	270113.8	37283
卫生、社会保障和社会福利业	Health,Social Security and Social Welfare	97730.1	34065
文化、体育和娱乐业	Culture,Sports and Entertainment	25280.4	35034
公共管理与社会组织	Public Management and Social Organization	264190.9	35616
国际组织	International Organizations		

5-13 续表 2 continued

单位:万元、元 （2010） （10 000 yuan,yuan）

指 标	Item	其他从业人员 Other Employees	
		劳动报酬 Earning	平均劳动报酬 Average Earning
全 区 总 计	**Total**	**42843.4**	**13453**
按隶属关系分组	**Grouped by Jurisdiction of Management**		
中 央	Central Authorities	13600.4	16172
省、自治区、直辖市	Provinces,Autonomous Regions and Municipalities	6466.8	17149
地 区	Region	7785.7	12186
县及县以下	Country and Under Country Level	14985.0	11292
其 它	Others	5.5	11000
按企业、事业、机关分组	**Grouped by Enterprises,Institutions and Agencies**		
企 业	Enterprises	19662.8	16465
地 方	Local	6211.1	16846
事 业	Institutions	15774.0	11986
地 方	Local	15733.3	11995
机 关	Agencies & Organizations	7406.6	10983
地 方	Local	7298.6	11005
按国民经济行业分组	**Grouped by Sector**		
农、林、牧、渔业	Agriculture,Forestry,Animal Husbandry and Fishery	2013.8	11667
采矿业	Mining	76.5	6830
制造业	Manufacturing	93.9	17717
电力、燃气及水的生产和供应业	Production and Distribution of Electricity,Gas and Water	515.2	14431
建筑业	Construction	9343.6	14691
交通运输、仓储和邮政业	Transport,Storage and Post	929.3	14430
信息传输、计算机服务和软件业	Information Transmission,Computer Services and Software	602.5	31711
批发和零售业	Wholesale and Retail Trades	800.9	12774
住宿和餐饮业	Hotels and Catering Services	275.2	25720
金融业	Financial Intermediation	4469.3	26714
房地产业	Real Estate	1116.3	13148
租赁和商务服务业	Leasing and Business Services	341.6	32226
科学研究、技术服务和地质勘查业	Scientific Research,Technical Service and Geologic Prospecting	361.7	15524
水利、环境和公共设施管理业	Management of Water Conservancy,Environment and Public Facilities	2651.8	9714
居民服务和其他服务业	Services to Households and Other Services		
教育	Education	5779.0	13559
卫生、社会保障和社会福利业	Health,Social Security and Social Welfare	4213.3	13052
文化、体育和娱乐业	Culture,Sports and Entertainment	503.4	14342
公共管理与社会组织	Public Management and Social Organization	8756.1	10629
国际组织	International Organizations		

5-14 城镇集体单位从业人员劳动报酬

Earning of Employed Persons in Urban Collective-owned Units

单位:万元、元　　（2010）　　（10 000 yuan,yuan）

指　　标	Item	从业人员 Employees	
		劳动报酬 Earning	平均劳动报酬 Average Earning
全 区 总 计	**Total**	**36578.9**	**38127**
按企业、事业、机关分组	**Grouped by Enterprises, Institutions and Agencies**		
企 业	Enterprises	35722.5	38871
事 业	Institutions	856.4	21198
机 关	Agencies & Organizations		
按国民经济行业分组	**Grouped by Sector**		
农、林、牧、渔业	Agriculture,Forestry,Animal Husbandry and Fishery	11.2	14000
采矿业	Mining		
制造业	Manufacturing	1770.4	23605
电力、燃气及水的生产和供应业	Production and Distribution of Electricity,Gas and Water		
建筑业	Construction	9341.0	25328
交通运输、仓储和邮政业	Transport,Storage and Post	66.8	33400
信息传输、计算机服务和软件业	Information Transmission,Computer Services and Software		
批发和零售业	Wholesale and Retail Trades	1009.0	13765
住宿和餐饮业	Hotels and Catering Services	4.9	12250
金融业	Financial Intermediation	22674.5	65401
房地产业	Real Estate	16.7	16700
租赁和商务服务业	Leasing and Business Services	1037.6	17767
科学研究、技术服务和地质勘查业	Scientific Research,Technical Service and Geologic Prospecting		
水利、环境和公共设施管理业	Management of Water Conservancy,Environment and Public Facilities	242.1	14673
居民服务和其他服务业	Services to Households and Other Services		
教育	Education		
卫生、社会保障和社会福利业	Health,Social Security and Social Welfare	404.7	24527
文化、体育和娱乐业	Culture,Sports and Entertainment		
公共管理与社会组织	Public Management and Social Organization		
国际组织	International Organizations		

5-14 续表 1 continued

单位:万元、元 (2010) (10 000 yuan,yuan)

指标	Item	在岗职工 Staff and Workers	
		工资总额 Total Wages	平均工资 AverageWages
全区总计	**Total**	**33594.6**	**40815**
按企业、事业、机关分组	**Grouped by Enterprises, Institutions and Agencies**		
企业	Enterprises	32821.9	41457
事业	Institutions	772.7	24608
机关	Agencies & Organizations		
按国民经济行业分组	**Grouped by Sector**		
农、林、牧、渔业	Agriculture,Forestry,Animal Husbandry and Fishery	11.2	14000
采矿业	Mining		
制造业	Manufacturing	1749.9	23744
电力、燃气及水的生产和供应业	Production and Distribution of Electricity,Gas and Water		
建筑业	Construction	8114.2	27404
交通运输、仓储和邮政业	Transport,Storage and Post	66.8	33400
信息传输、计算机服务和软件业	Information Transmission,Computer Services and Software		
批发和零售业	Wholesale and Retail Trades	780.1	16252
住宿和餐饮业	Hotels and Catering Services	4.9	12250
金融业	Financial Intermediation	21270.0	66510
房地产业	Real Estate	16.7	16700
租赁和商务服务业	Leasing and Business Services	1017.3	17785
科学研究、技术服务和地质勘查业	Scientific Research,Technical Service and Geologic Prospecting		
水利、环境和公共设施管理业	Management of Water Conservancy,Environment and Public Facilities	158.8	20895
居民服务和其他服务业	Services to Households and Other Services		
教育	Education		
卫生、社会保障和社会福利业	Health,Social Security and Social Welfare	404.7	24527
文化、体育和娱乐业	Culture,Sports and Entertainment		
公共管理与社会组织	Public Management and Social Organization		
国际组织	International Organizations		

5-14 续表 2 continued

单位:万元、元 （2010） （10 000 yuan,yuan）

指 标	Item	其他从业人员 Other Employees	
		劳动报酬 Earning	平均劳动报酬 Average Earning
全 区 总 计	**Total**	**2984.3**	**21895**
按企业、事业、机关分组	**Grouped by Enterprises, Institutions and Agencies**		
企 业	Enterprises	2900.6	22786
事 业	Institutions	83.7	9300
机 关	Agencies & Organizations		
按国民经济行业分组	**Grouped by Sector**		
农、林、牧、渔业	Agriculture,Forestry,Animal Husbandry and Fishery		
采矿业	Mining		
制造业	Manufacturing	20.5	15769
电力、燃气及水的生产和供应业	Production and Distribution of Electricity,Gas and Water		
建筑业	Construction	1226.8	16875
交通运输、仓储和邮政业	Transport,Storage and Post		
信息传输、计算机服务和软件业	Information Transmission,Computer Services and Software		
批发和零售业	Wholesale and Retail Trades	228.9	9047
住宿和餐饮业	Hotels and Catering Services		
金融业	Financial Intermediation	1404.5	52212
房地产业	Real Estate		
租赁和商务服务业	Leasing and Business Services	20.3	16917
科学研究、技术服务和地质勘查业	Scientific Research,Technical Service and Geologic Prospecting		
水利、环境和公共设施管理业	Management of Water Conservancy,Environment and Public Facilities	83.3	9360
居民服务和其他服务业	Services to Households and Other Services		
教育	Education		
卫生、社会保障和社会福利业	Health,Social Security and Social Welfare		
文化、体育和娱乐业	Culture,Sports and Entertainment		
公共管理与社会组织	Public Management and Social Organization		
国际组织	International Organizations		

5-15 其他经济单位从业人员劳动报酬

Earning of Employed Persons in Units of Other Types of Ownership

单位:万元、元　　　　(2010)　　　　(10 000 yuan,yuan)

指　标	Item	从业人员 Employees 劳动报酬 Earning	平均劳动报酬 Average Earning
全区总计	**Total**	**907778.3**	**40148**
农、林、牧、渔业	Agriculture,Forestry,Animal Husbandry and Fishery	2530.5	26034
采矿业	Mining	387337.4	74610
制造业	Manufacturing	243954.7	27974
电力、燃气及水的生产和供应业	Production and Distribution of Electricity,Gas and Water	56528.1	51408
建筑业	Construction	82850.9	26193
交通运输、仓储和邮政业	Transport,Storage and Post	8246.3	29835
信息传输、计算机服务和软件业	Information Transmission,Computer Services and Software	7227.9	37567
批发和零售业	Wholesale and Retail Trades	16456.6	23520
住宿和餐饮业	Hotels and Catering Services	5481.2	16435
金融业	Financial Intermediation	44256.8	42282
房地产业	Real Estate	11901.2	25599
租赁和商务服务业	Leasing and Business Services	25794.2	26521
科学研究、技术服务和地质勘查业	Scientific Research,Technical Service and Geologic Prospecting	10774.5	61780
水利、环境和公共设施管理业	Management of Water Conservancy,Environment and Public Facilities	581.3	25721
居民服务和其他服务业	Services to Households and Other Services	392.4	19719
教育	Education	3282.9	25195
卫生、社会保障和社会福利业	Health,Social Security and Social Welfare	62.9	24192
文化、体育和娱乐业	Culture,Sports and Entertainment	118.5	47400
公共管理与社会组织	Public Management and Social Organization		
国际组织	International Organizations		

5-15 续表 1 continued

单位:万元、元 （2010） （10 000 yuan,yuan）

指 标	Item	在岗职工 Staff and Workers 工资总额 Total Wages	在岗职工 Staff and Workers 平均工资 Average Wages
全区总计	**Total**	**859558.0**	**42014**
农、林、牧、渔业	Agriculture,Forestry,Animal Husbandry and Fishery	2375.1	26567
采矿业	Mining	374347.0	78346
制造业	Manufacturing	241298.9	28116
电力、燃气及水的生产和供应业	Production and Distribution of Electricity,Gas and Water	56192.0	51543
建筑业	Construction	62719.2	28299
交通运输、仓储和邮政业	Transport,Storage and Post	8244.0	29848
信息传输、计算机服务和软件业	Information Transmission,Computer Services and Software	5859.9	44226
批发和零售业	Wholesale and Retail Trades	16360.8	23585
住宿和餐饮业	Hotels and Catering Services	5379.9	18349
金融业	Financial Intermediation	36105.0	60055
房地产业	Real Estate	11530.3	26098
租赁和商务服务业	Leasing and Business Services	24166.6	26171
科学研究、技术服务和地质勘查业	Scientific Research,Technical Service and Geologic Prospecting	10637.1	62461
水利、环境和公共设施管理业	Management of Water Conservancy,Environment and Public Facilities	577.7	25790
居民服务和其他服务业	Services to Households and Other Services	391.0	19848
教育	Education	3200.8	25813
卫生、社会保障和社会福利业	Health,Social Security and Social Welfare	54.2	33875
文化、体育和娱乐业	Culture,Sports and Entertainment	118.5	47400
公共管理与社会组织	Public Management and Social Organization		
国际组织	International Organizations		

5-15 续表 2 continued

单位:万元、元 (2010) (10 000 yuan,yuan)

指　　标	Item	其他从业人员 Other Employees	
		劳动报酬 Earning	平均劳动报酬 Average Earning
全区总计	**Total**	**48220.3**	**22407**
农、林、牧、渔业	Agriculture,Forestry,Animal Husbandry and Fishery	155.4	19923
采矿业	Mining	12990.4	31423
制造业	Manufacturing	2655.8	19162
电力、燃气及水的生产和供应业	Production and Distribution of Electricity,Gas and Water	336.1	35755
建筑业	Construction	20131.7	21263
交通运输、仓储和邮政业	Transport,Storage and Post	2.3	11500
信息传输、计算机服务和软件业	Information Transmission,Computer Services and Software	1368.0	22838
批发和零售业	Wholesale and Retail Trades	95.8	15967
住宿和餐饮业	Hotels and Catering Services	101.3	2514
金融业	Financial Intermediation	8151.8	18298
房地产业	Real Estate	370.9	16056
租赁和商务服务业	Leasing and Business Services	1627.6	33081
科学研究、技术服务和地质勘查业	Scientific Research,Technical Service and Geologic Prospecting	137.4	33512
水利、环境和公共设施管理业	Management of Water Conservancy,Environment and Public Facilities	3.6	18000
居民服务和其他服务业	Services to Households and Other Services	1.4	7000
教育	Education	82.1	13032
卫生、社会保障和社会福利业	Health,Social Security and Social Welfare	8.7	8700
文化、体育和娱乐业	Culture,Sports and Entertainment		
公共管理与社会组织	Public Management and Social Organization		
国际组织	International Organizations		

5-16 各市县从业人员数

Number of Employed Persons by City and Country

单位:人 （2010） (person)

地　区	Region	从业人员合计 Total Employment	城镇从业人员 Number of Employed Persons in Urban Units	国有单位 State-owned Units	集体单位 Collective-owned Units	其他单位 Units of Other Type of Ownership	私营和个体 Private and Individuals	乡村劳动力 Rural Labor Force
全区总计	**Total**	**3259848**	**1079572**	**371782**	**8098**	**213262**	**486430**	**2180276**
银 川 市	**Yinchuan**	**875104**	**535588**	**150687**	**2823**	**147195**	**234883**	**339516**
银 川 市	District	528320	436179	121888	1005	124563	188723	92141
永 宁 县	Yongning	120970	28743	7561	594	12031	8557	92227
贺 兰 县	Helan	115675	40882	8258	529	8639	23456	74793
灵 武 市	Lingwu	110139	29784	12980	695	1962	14147	80355
石嘴山市	**Shizuishan**	**333804**	**165879**	**61259**	**1098**	**32972**	**70550**	**167925**
石嘴山市	District	182071	133400	50519	555	27653	54673	48671
平 罗 县	Pingluo	151733	32479	10740	543	5319	15877	119254
吴 忠 市	**Wuzhong**	**696596**	**164899**	**54092**	**1875**	**19409**	**89523**	**531697**
利 通 区	Litong	197584	63309	20937	597	8850	32925	134275
红 寺 堡	Hongsipu	83488	9851	2986		83	6782	73637
盐 池 县	Yanchi	79788	21673	6929	199	116	14429	58115
同 心 县	Tongxin	183748	17682	9155	785	508	7234	166066
青铜峡市	Qingtongxia	151988	52384	14085	294	9852	28153	99604
固 原 市	**Guyuan**	**745995**	**118022**	**52290**	**1218**	**2059**	**62455**	**627973**
原 州 区	Yuanzhou	204711	53937	20820	324	226	32567	150774
西 吉 县	Xiji	232825	19805	12031	203	768	6803	213020
隆 德 县	Longde	92975	16113	6580	297	632	8604	76862
泾 源 县	Jingyuan	69221	14739	3731	157	433	10418	54482
彭 阳 县	Pengyang	146263	13428	9128	237		4063	132835
中 卫 市	**Zhongwei**	**592995**	**79830**	**38100**	**1084**	**11627**	**29019**	**513165**
沙坡头区	Shapotou	200396	36664	13066	547	10625	12426	163732
中 宁 县	Zhongning	174892	25249	14435	376	1002	9436	149643
海 原 县	Haiyuan	217707	17917	10599	161		7157	199790

5-17 各市县三次产业从业人员与构成

Persons Employed in Three Industries and Composition by City and Country

（2010）

地 区	Region	从业人员合计 Total Employed Persons	从业人员(人) Employed Persons(person)			构成(%) Composition(%)		
			第一产业 Primary Industry	第二产业 Secondary Industry	第三产业 Tertiary Industry	第一产业 Primary Industry	第二产业 Secondary Industry	第三产业 Tertiary Industry
全区总计	**Total**	**3259848**	**1283177**	**862019**	**1114652**	**39.36**	**26.44**	**34.19**
银川市	**Yinchuan**	**875104**	**215033**	**248307**	**411764**	**24.57**	**28.37**	**47.05**
银川市	District	528320	63814	157102	307404	12.08	29.74	58.19
永宁县	Yongning	120970	58112	34653	28205	48.04	28.65	23.32
贺兰县	Helan	115675	50472	26416	38787	43.63	22.84	33.53
灵武市	Lingwu	110139	42635	30136	37368	38.71	27.36	33.93
石嘴山市	**Shizuishan**	**333804**	**93855**	**112656**	**127293**	**28.12**	**33.75**	**38.13**
石嘴山市	District	182071	21849	76458	83764	12.00	41.99	46.01
平罗县	Pingluo	151733	72006	36198	43529	47.46	23.86	28.69
吴忠市	**Wuzhong**	**696596**	**316103**	**142981**	**237512**	**45.38**	**20.53**	**34.10**
利通区	Litong	197584	66656	48058	82870	33.74	24.32	41.94
红寺堡区	Hongsipu	83488	58174	11010	14304	69.68	13.19	17.13
盐池县	Yanchi	79788	31585	15064	33139	39.59	18.88	41.53
同心县	Tongxin	183748	96735	36605	50408	52.65	19.92	27.43
青铜峡市	Qingtongxia	151988	62953	32244	56791	41.42	21.21	37.37
固原市	**Guyuan**	**745995**	**380270**	**175506**	**190219**	**50.97**	**23.53**	**25.50**
原州区	Yuanzhou	204711	92656	39432	72623	45.26	19.26	35.48
西吉县	Xiji	232825	132843	59211	40771	57.06	25.43	17.51
隆德县	Longde	92975	48529	24888	19558	52.20	26.77	21.04
泾源县	Jingyuan	69221	22125	21536	25560	31.96	31.11	36.93
彭阳县	Pengyang	146263	84117	30439	31707	57.51	20.81	21.68
中卫市	**Zhongwei**	**592995**	**277916**	**182524**	**132555**	**46.87**	**30.78**	**22.35**
沙坡头区	Shapotou	200396	93338	58608	48450	46.58	29.25	24.18
中宁县	Zhongning	174892	99141	28992	46759	56.69	16.58	26.74
海原县	Haiyuan	217707	85437	94924	37346	39.24	43.60	17.15

5-18 各市县城镇单位在岗职工人数

Number of Fully Employed Staff and Workers in Urban Entities by City and Country

单位:人　　　　（2010）　　　　(person)

地　区　Region	合计 Total	按经济类型分 Grouped by Economic Type			按三次产业分 Grouped Industry		
		国有经济单位 State-owned Units	城镇集体经济单位 Urban Collective-owned Units	其他经济单位 Other Economic Type Units	第一产业 Primary Industry	第二产业 Secondary Industry	第三产业 Tertiary Industry
全区总计 Total	**546532**	**339689**	**6839**	**200004**	**24758**	**216129**	**305645**
银川市 Yinchuan	**281902**	**143169**	**2094**	**136639**	**11952**	**133788**	**136162**
银川市 District	233055	117676	616	114763	4712	113899	114444
永宁县 Yongning	18555	6462	395	11698	1468	11162	5925
贺兰县 Helan	15347	6400	528	8419	1602	7525	6220
灵武市 Lingwu	14945	12631	555	1759	4170	1202	9573
石嘴山市 Shizuishan	**82994**	**49617**	**990**	**32387**	**2058**	**47164**	**33772**
石嘴山市 District	67397	39783	533	27081	1732	42830	22835
平罗县 Pingluo	15597	9834	457	5306	326	4334	10937
吴忠市 Wuzhong	**70749**	**50634**	**1642**	**18473**	**4187**	**20762**	**45800**
利通区 Litong	27454	18895	592	7967	2744	6645	18065
红寺堡区 Hongsipu	3069	2986		83		80	2989
盐池县 Yanchi	7141	6847	179	115	593	467	6081
同心县 Tongxin	9987	8937	577	473	206	1182	8599
青铜峡市 Qingtongxia	23098	12969	294	9835	644	12388	10066
固原市 Guyuan	**50803**	**48190**	**1047**	**1566**	**2767**	**4864**	**43172**
原州区 Yuanzhou	19581	19052	313	216	1167	999	17415
西吉县 Xiji	11525	10555	203	767	793	647	10085
隆德县 Longde	6654	6367	137	150	262	352	6040
泾源县 Jingyuan	4147	3557	157	433	191	540	3416
彭阳县 Pengyang	8896	8659	237		354	2326	6216
中卫市 Zhongwei	**45418**	**33413**	**1066**	**10939**	**3794**	**9506**	**32118**
沙坡头区 Shapotou	22262	11777	529	9956	890	8330	13042
中宁县 Zhongning	14363	13004	376	983	2450	1114	10799
海原县 Haiyuan	8793	8632	161		454	62	8277

5-19 主要年份各市县在岗职工人数

Number of Fully Employed Staff and Workers by City and Country in Main Years

单位:人 (2010) (person)

地　区	Region	1978	1980	1990	2000	2005	2009	2010
全区总计	**Total**	**432755**	**475706**	**674115**	**637611**	**574361**	**545569**	**546532**
银川市	**Yinchuan**	**135594**	**179562**	**273270**	**254215**	**280507**	**278313**	**281902**
银川市	District	109514	139033	214303	194850	232333	231346	233055
永宁县	Yongning	6814	11984	15203	15886	18872	18326	18555
贺兰县	Helan	9564	12736	16037	14758	12259	12974	15347
灵武市	Lingwu	9702	15809	27727	28721	17043	15667	14945
石嘴山市	**Shizuishan**	**123313**	**139606**	**171790**	**136141**	**84475**	**78140**	**82994**
石嘴山市	District	103971	114699	143735	110175	65179	63297	67397
平罗县	Pingluo	17540	22844	25147	22960	19296	14843	15597
陶乐县	Taole	1802	2063	2908	3006			
吴忠市	**Wuzhong**	**47013**	**59427**	**92679**	**100702**	**83290**	**48526**	**70749**
利通区	Litong	21187	27885	39167	41976	31889	28363	27454
红寺堡区	Hongsipu				374	1862	2856	3069
盐池县	Yanchi	5081	6384	9544	9360	7037	7246	7141
同心县	Tongxin	3997	5090	10046	12333	10304	10061	9987
青铜峡市	Qingtongxia	16748	20068	33922	37033	32198	26024	23098
固原市	**Guyuan**	**27674**	**33453**	**51812**	**61937**	**57929**	**53459**	**50803**
原州区	Yuanzhou	15006	18326	22712	24472	21554	20734	19581
西吉县	Xiji	4995	5808	10091	15894	14089	11774	11525
隆德县	Longde	3664	4330	7916	9519	9432	6639	6654
泾源县	Jingyuan	2587	2977	4105	4032	4904	5653	4147
彭阳县	Pengyang	1422	2012	6988	8020	7950	8659	8896
中卫市	**Zhongwei**	**26971**	**36432**	**55432**	**54834**	**50963**	**45071**	**45418**
沙坡头区	Shapotou	9873	17073	24485	22408	24585	22203	22262
中宁县	Zhongning	12784	13526	21551	20986	17221	14386	14363
海原县	Haiyuan	4314	5833	9396	11440	9157	8482	8793

注:1.1998-2010 年为在岗职工人数(不包括"离开本单位仍保留劳动关系的职工")。
2.全区总计中包括银川铁路分局、长庆油田宁夏部分和总后宁夏分部。
3.2004 年以后数据不含长庆油田宁夏部分。

a)From 1998 to 2010,data in this table refers to number of fully employed staff and workers.Number of "Staff and workers leaving their working units while keeping their labour contract" is not included.
b)Sum of Yinchuan Railway Bureau and Changqing oil field in Ningxia is included in total.
c)From 2004,data in this table excluding Changqing oil field in Ningxia.

5-20 各市县城镇单位分行业在岗职工人数

Number of Urban Entities Fully Employed Staff and Workers by Sector by City and Country

单位:人　　　　(2010)　　　　(person)

地　区 Region	合计 Total	农、林、牧、渔业 Agriculture, Forestry, Animal Husbandry and Fishery	采矿业 Mining	制造业 Manufacturing	电力、燃气及水的生产和供应业 Production and Distribution of Electricity, Gas and Water	建筑业 Construction	交通运输、仓储和邮政业 Transport, Storage and Post
全区总计 Total	**546532**	**24758**	**53919**	**104410**	**36253**	**21547**	**28101**
银 川 市 Yinchuan	**281902**	**11952**	**47899**	**45835**	**24633**	**15421**	**8873**
银 川 市 District	233055	4712	47810	30534	24060	11495	6625
永 宁 县 Yongning	18555	1468		9941	79	1142	92
贺 兰 县 Helan	15347	1602		4990	335	2200	152
灵 武 市 Lingwu	14945	4170	89	370	159	584	2004
石嘴山市 Shizuishan	**82994**	**2058**	**3822**	**34033**	**6319**	**2990**	**937**
石嘴山市 District	67397	1732	3822	30814	6000	2194	848
平 罗 县 Pingluo	15597	326		3219	319	796	89
吴 忠 市 Wuzhong	**70749**	**4187**		**14990**	**4268**	**1504**	**1710**
利 通 区 Litong	27454	2744		4920	955	770	1147
红寺堡区 Hongsipu	3069				80		29
盐 池 县 Yanchi	7141	593		71	325	71	170
同 心 县 Tongxin	9987	206		400	218	564	248
青铜峡市 Qingtongxia	23098	644		9599	2690	99	116
固 原 市 Guyuan	**50803**	**2767**	**2198**	**1269**	**495**	**902**	**2717**
原 州 区 Yuanzhou	19581	1167		279	184	536	1859
西 吉 县 Xiji	11525	793		493	51	103	271
隆 德 县 Longde	6654	262			115	237	269
泾 源 县 Jingyuan	4147	191		460	54	26	126
彭 阳 县 Pengyang	8896	354	2198	37	91		192
中 卫 市 Zhongwei	**45418**	**3794**		**8283**	**538**	**685**	**1940**
沙坡头区 Shapotou	22262	890		7652	378	300	367
中 宁 县 Zhongning	14363	2450		631	98	385	1309
海 原 县 Haiyuan	8793	454			62		264

注:总计包括铁路数据。

a)The total urban entities fully employed staff and workers include that of the railway.

5-20 续1 continued

(2010)

地 区 Region	信息传输、计算机服务和软件业 Information Transmission, Computer Services and Software	批发和零售业 Wholesale and Retail Trades	住宿和餐饮业 Hotels and Catering Services	金融业 Financial Intermediation	房地产业 Real Estate	租赁和商务服务业 Leasing and Business Services	科学研究、技术服务和地质勘查业 Scientific Research, Technical Service and Geologic Prospecting
全区总计 Total	**5627**	**14469**	**4034**	**20325**	**7197**	**13353**	**11682**
银川市 Yinchuan	**3612**	**8154**	**2347**	**11760**	**4718**	**9592**	**9198**
银川市 District	3607	7081	2316	10086	4601	9496	8643
永宁县 Yongning	5	154		455	80	35	123
贺兰县 Helan		596	31	538	37	30	217
灵武市 Lingwu		323		681		31	215
石嘴山市 Shizuishan	**688**	**1618**	**276**	**2249**	**451**	**1905**	**379**
石嘴山市 District	688	1097	247	1621	451	543	190
平罗县 Pingluo		521	29	628		1362	189
吴忠市 Wuzhong	**508**	**1425**	**684**	**2828**	**259**	**990**	**1195**
利通区 Litong	397	920	497	1355	63	504	406
红寺堡区 Hongsipu		15		83			
盐池县 Yanchi		83	145	278		66	113
同心县 Tongxin	75	68	42	311	41	290	352
青铜峡市 Qingtongxia	36	339		801	155	130	324
固原市 Guyuan	**559**	**1621**	**133**	**1869**	**103**	**214**	**759**
原州区 Yuanzhou	441	960		916	54	67	340
西吉县 Xiji	64	221	78	341	20	54	153
隆德县 Longde	54	162	26	267	29	22	167
泾源县 Jingyuan		18	25	154		38	89
彭阳县 Pengyang		260	4	191		33	10
中卫市 Zhongwei	**260**	**1389**	**444**	**1619**	**342**	**652**	**124**
沙坡头区 Shapotou	260	726	444	851	308	628	73
中宁县 Zhongning		481		544	26	4	18
海原县 Haiyuan		182		224	8	20	33

5-20 续2 continued

（2010）

地　区 Region	水利、环境和公共设施管理业 Management of Water Conservancy, Environment and Public Facilities	居民服务和其他服务业 Services to Households and Other Services	教 育 Education	卫生、社会保障和社会福利业 Health, Social Security and Social Welfare	文化、体育和娱乐业 Culture, Sports and Entertainment	公共管理与社会组织 Public Management and Social Organization
全区总计 Total	**15140**	**358**	**74033**	**29502**	**7291**	**74533**
银川市 Yinchuan	**6060**	**227**	**25151**	**12964**	**4789**	**28717**
银川市 District	5543	227	17887	10924	4541	22867
永宁县 Yongning	99		2618	619	83	1562
贺兰县 Helan	72		2319	452	78	1698
灵武市 Lingwu	346		2327	969	87	2590
石嘴山市 Shizuishan	**1403**	**96**	**7890**	**4953**	**460**	**10467**
石嘴山市 District	758	96	5094	3975	415	6812
平罗县 Pingluo	645		2796	978	45	3655
吴忠市 Wuzhong	**3743**	**17**	**11938**	**3983**	**812**	**15708**
利通区 Litong	1257		2035	1133	191	8160
红寺堡区 Hongsipu	154		1551	176	26	955
盐池县 Yanchi	397		2194	654	84	1897
同心县 Tongxin	408	17	3891	738	197	1921
青铜峡市 Qingtongxia	1527		2267	1282	314	2775
固原市 Guyuan	**1385**	**13**	**18243**	**3564**	**806**	**11186**
原州区 Yuanzhou	463	8	5813	1523	435	4536
西吉县 Xiji	427	5	5388	884	121	2058
隆德县 Longde	178		2672	456	98	1640
泾源县 Jingyuan	115		1264	266	79	1242
彭阳县 Pengyang	202		3106	435	73	1710
中卫市 Zhongwei	**2549**	**5**	**10727**	**4038**	**397**	**7632**
沙坡头区 Shapotou	497	5	3717	2221	160	2785
中宁县 Zhongning	1706		3364	1052	150	2145
海原县 Haiyuan	346		3646	765	87	2702

5-21 各市县在岗职工工资总额和指数
Total Wages of Fully Employed Staff and Workers by City and Country and Related Indices

(2010)

地区 Region	工资总额(万元) Total Wages(10 000 yuan)				指数(以上年为100) Indices(preceding year=100)			
	合计 Total Wages	国有单位 State-owned Units	城镇集体单位 Urban Collective-owned Units	其他单位 Other Units	合计 Total Wages	国有单位 State-owned Units	城镇集体单位 Urban Collective-owned Units	其他单位 Other Units
全区总计 Total	**2165027.1**	**1271874.5**	**33594.6**	**859558.0**	**114.5**	**110.7**	**114.7**	**120.6**
银川市 Yinchuan	**1237079.7**	**566499.8**	**10537.5**	**660042.4**	**117.0**	**111.7**	**108.2**	**122.2**
银川市 District	1093289.1	487962.8	1740.3	603586.0	117.7	111.9	79.1	123.1
永宁县 Yongning	46870.7	19571.6	1566.3	25732.8	100.1	104.1	96.8	97.4
贺兰县 Helan	42718.2	20006.8	3007.7	19703.7	133.9	112.6	209.7	155.3
灵武市 Lingwu	54201.7	38958.6	4223.2	11019.9	108.6	112.9	94.2	101.0
石嘴山市 Shizuishan	**287718.5**	**175371.3**	**5845.2**	**106502.0**	**120.1**	**124.1**	**113.2**	**114.5**
石嘴山市 District	240688.4	145910.9	1608.3	93169.2	121.6	131.0	96.6	109.8
平罗县 Pingluo	47030.1	29460.4	4236.9	13332.8	113.0	98.5	121.2	162.2
吴忠市 Wuzhong	**240741.9**	**173757.7**	**6307.7**	**60676.5**	**103.7**	**100.8**	**113.2**	**111.9**
利通区 Litong	83216.1	58868.3	907.9	23439.9	104.5	102.2	195.1	108.7
红寺堡区 Hongsipu	8507.4	8170.6		336.8	114.2	113.4		135.4
盐池县 Yanchi	24391.5	23312.0	940.3	139.2	110.4	111.0	130.8	38.3
同心县 Tongxin	31470.2	28126.3	2651.6	692.3	105.6	106.7	100.1	87.4
青铜峡市 Qingtongxia	93156.7	55280.5	1807.9	36068.3	99.9	91.7	103.9	115.4
固原市 Guyuan	**187773.1**	**180387.3**	**4704.7**	**2681.1**	**109.7**	**110.4**	**102.6**	**83.2**
原州区 Yuanzhou	73911.7	72260.1	1363.9	287.7	110.3	112.6	66.5	37.7
西吉县 Xiji	42900.6	40147.9	1655.1	1097.6	108.2	107.7	147.0	89.1
隆德县 Longde	21853.2	21233.7	494.9	124.6	113.2	112.8	131.2	114.0
泾源县 Jingyuan	14555.3	12824.8	559.3	1171.2	83.6	81.1	118.9	104.5
彭阳县 Pengyang	34552.3	33920.8	631.5		124.4	124.6	112.2	
中卫市 Zhongwei	**142247.6**	**106392.1**	**6199.5**	**29656.0**	**114.2**	**108.2**	**146.3**	**135.1**
沙坡头区 Shapotou	68899.0	39802.7	3898.8	25197.5	116.3	104.2	126.6	140.1
中宁县 Zhongning	45223.8	39240.0	1525.3	4458.5	114.7	112.2	308.4	112.1
海原县 Haiyuan	28124.8	27349.4	775.4		108.7	108.5	117.0	

5-22 主要年份各市县在岗职工工资总额

Total Wages of Fully Employed Staff and Workers by City and Country in Main Years

单位:万元　　(2010)　　(10 000 yuan)

地 区	Region	1978	1980	1990	2000	2005	2009	2010
全区总计	**Total**	**30825.8**	**40350.0**	**146646.4**	**563326.8**	**1015504.5**	**1891213.9**	**2165027.1**
银川市	**Yinchuan**	**9714.4**	**14818.9**	**54492.9**	**227581.4**	**538329.1**	**1057126.7**	**1237079.7**
银川市	District	8054.5	11902.2	43866.7	186211.9	473551.1	928496.7	1093289.1
永宁县	Yongning	405.1	818.8	2513.5	11781.6	23196.0	46828.3	46870.7
贺兰县	Helan	634.8	909.9	2908.6	10338.5	16828.9	31891.9	42718.2
灵武市	Lingwu	620.0	1188.0	5204.1	19249.4	24753.1	49909.8	54201.7
石嘴山市	**Shizuishan**	**9804.1**	**12836.2**	**43282.5**	**124404.0**	**137649.0**	**239531.4**	**287718.5**
石嘴山市	District	8457.0	10963.8	37584.8	104721.9	113195.4	197905.4	240688.4
平罗县	Pingluo	1249.1	1741.7	5195.9	17594.5	24453.6	41626	47030.1
陶乐县	Taole	98.0	130.7	501.8	2087.6			
吴忠市	**Wuzhong**	**2981.5**	**4425.9**	**18518.3**	**83102.7**	**137015.1**	**232241.7**	**240741.9**
利通区	Litong	1364.6	2061.7	7573.5	30476.1	48072.4	79623.3	83216.1
红寺堡区	Hongsipu				344.6	2418.4	7452.6	8507.4
盐池县	Yanchi	309.0	451.9	1836.9	7211.7	11570.0	22087.7	24391.5
同心县	Tongxin	256.5	364.8	1870.5	8464.6	14891.4	29788.9	31470.2
青铜峡市	Qingtongxia	1051.4	1547.5	7237.4	36605.7	60062.9	93289.2	93156.7
固原市	**Guyuan**	**1796.5**	**2577.1**	**10268.3**	**48461.5**	**91260.9**	**171151.9**	**187773.1**
原州区	Yuanzhou	992.1	1426.2	4587.2	20018.5	35855.3	67013	73911.7
西吉县	Xiji	313.9	444.8	2039.4	11751.1	22122.4	39634.5	42900.6
隆德县	Longde	223.3	321.1	1483.3	7279.8	13896.7	19308.2	21853.2
泾源县	Jingyuan	157.4	222.6	834.2	3063.2	6607.9	17412.9	14555.3
彭阳县	Pengyang	109.8	162.4	1324.2	6348.9	12778.6	27783.3	34552.3
中卫市	**Zhongwei**	**1667.0**	**2596.2**	**10343.0**	**37742.1**	**72626.4**	**124565.9**	**142247.6**
沙坡头区	Shapotou	885.8	1145.1	4652.7	15076.1	35724.1	59261.9	68899
中宁县	Zhongning	512.6	1021.5	3992.9	13760.5	21794.7	39435.8	45223.8
海原县	Haiyuan	268.6	429.6	1697.4	8905.5	15107.6	25868.2	28124.8

注:1.1998 年以后为在岗职工工资总额。
2.全区总计中包括银川铁路分局、长庆油田宁夏部分和总后宁夏分部。
3.2004 年以后数据不含长庆油田宁夏部分。

a) From 1998,data in this table refers to total wages of fully employed staff and workers.
b) Sum of Yinchuan Railway Bureau and Changqing oil field in Ningxia is included in total.
c) From 2004,data in this table excluding Changqing oil field in Ningxia.

5-23 各市县在岗职工平均工资和指数

Average Wages of Fully Employed Staff and Workers by City and Country and Related Indices

(2010)

地区	Region	平均工资(元) Average Wages(yuan)				指数(以上年为100) Indices(preceding year = 100)			
		合计 Total	国有单位 State-owned Units	城镇集体单位 Urban Collective-owned Units	其他单位 Other Units	合计 Total Wages	国有单位 State-owned Units	城镇集体单位 Urban Collective-owned Units	其他单位 Other Units
全区总计	**Total**	**39144**	**37377**	**40815**	**42014**	**114.85**	**110.45**	**116.01**	**122.02**
银川市	**Yinchuan**	**43195**	**39170**	**43010**	**47376**	**117.38**	**111.26**	**114.16**	**123.33**
银川市	District	46497	40999	27756	52265	118.25	111.21	92.69	124.86
永宁县	Yongning	25222	29990	39957	22060	102.04	105.42	91.58	99.94
贺兰县	Helan	27961	31023	58289	23702	121.85	112.06	191.04	130.93
灵武市	Lingwu	31141	30836	46155	28579	114.19	113.85	103.82	119.16
石嘴山市	**Shizuishan**	**34222**	**35658**	**42853**	**31765**	**112.97**	**111.28**	**126.62**	**114.17**
石嘴山市	District	35732	37047	39809	33794	113.87	110.60	146.10	116.33
平罗县	Pingluo	28138	30074	44134	22378	108.15	109.01	115.37	115.51
吴忠市	**Wuzhong**	**34496**	**35203**	**31665**	**32910**	**109.80**	**107.47**	**118.31**	**116.50**
利通区	Litong	31447	32976	15336	29234	108.03	105.28	120.61	116.57
红寺堡区	Hongsipu	29026	28649		42633	108.12	107.81		111.38
盐池县	Yanchi	34701	34582	54353	12104	111.78	110.78	125.47	73.36
同心县	Tongxin	30697	31796	28420	14636	109.02	104.18	136.53	124.66
青铜峡市	Qingtongxia	40303	42302	61493	36986	112.75	113.54	98.23	114.03
固原市	**Guyuan**	**35977**	**36723**	**45194**	**13201**	**113.94**	**112.70**	**111.47**	**120.50**
原州区	Yuanzhou	35831	35934	44427	13571	113.61	112.51	85.40	133.87
西吉县	Xiji	36033	38357	81532	8880	110.70	108.71	140.51	102.13
隆德县	Longde	32847	33344	36659	8307	113.04	112.73	128.32	114.00
泾源县	Jingyuan	35141	36106	35624	27048	114.00	110.81	128.04	150.66
彭阳县	Pengyang	38980	39328	26423		119.06	119.11	113.62	
中卫市	**Zhongwei**	**30974**	**31980**	**44794**	**26307**	**110.31**	**105.93**	**106.13**	**129.07**
沙坡头区	Shapotou	30815	34473	59889	24796	113.76	105.39	110.83	132.78
中宁县	Zhongning	30999	30409	26573	40131	109.95	109.25	151.51	115.53
海原县	Haiyuan	31330	31015	48767		102.90	102.67	111.80	

5-24 各市县分行业在岗职工工资总额

Total Wages of Fully Employed Staff and Workers in Sector by City and Country

单位：千元 （2010） (10 00 yuan)

地　区	Region	合计 Total	农、林、牧、渔业 Agriculture, Forestry, Animal Husbandry and Fishery	采矿业 Mining	制造业 Manufacturing	电力、燃气及水的生产和供应业 Production and Supply of Electricity, Gas and Water	建筑业 Construction	交通运输、仓储和邮政业 Transport, Storage and Post
全区总计	**Total**	**21650271**	**525652**	**3966717**	**3086638**	**2036790**	**967295**	**1029442**
银川市	**Yinchuan**	**12370797**	**231310**	**3729513**	**1273669**	**1523436**	**674081**	**258984**
银川市	District	10932891	103595	3722148	947253	1512272	508192	164138
永宁县	Yongning	468707	23213		211635	2001	27636	2668
贺兰县	Helan	427182	32324		109857	6438	64922	3023
灵武市	Lingwu	542017	72178	7365	4924	2725	73331	89155
石嘴山市	**Shizuishan**	**2877185**	**50566**	**131437**	**1082664**	**266312**	**149549**	**27713**
石嘴山市	District	2406884	42145	131437	1011782	259460	99813	25445
平罗县	Pingluo	470301	8421		70882	6852	49736	2268
吴忠市	**Wuzhong**	**2407419**	**69267**		**493247**	**223511**	**60946**	**42787**
利通区	Litong	832161	25549		135755	19014	32649	27704
红寺堡区	Hongsipu	85074				1875		520
盐池县	Yanchi	243915	21901		803	6438	1534	4780
同心县	Tongxin	314702	6493		4120	3557	23463	6839
青铜峡市	Qingtongxia	931567	15324		352569	192627	3300	2944
固原市	**Guyuan**	**1877731**	**95349**	**105767**	**19329**	**11415**	**52239**	**71004**
原州区	Yuanzhou	739117	40044		2273	5312	43160	48917
西吉县	Xiji	429006	27301		3798	1094	4888	6502
隆德县	Longde	218532	8787			1318	3682	7321
泾源县	Jingyuan	145553	6304		12203	1489	509	3485
彭阳县	Pengyang	345523	12913	105767	1055	2202		4779
中卫市	**Zhongwei**	**1422476**	**79160**		**217729**	**12116**	**28500**	**57054**
沙坡头区	Shapotou	688990	25010		190976	8146	11419	11150
中宁县	Zhongning	452238	39187		26753	3270	17081	37751
海原县	Haiyuan	281248	14963			700		8153

5-24 续 1 continued

（2010）

地 区 Region	信息传输、计算机服务和软件业 Information Transmission, Computer Services and Software	批发和零售业 Wholesale and Retail Trades	住宿和餐饮业 Hotels and Catering Services	金融业 Financial Intermediation	房地产业 Real Estate	租赁和商务服务业 Leasing and Business Services	科学研究、技术服务和地质勘查业 Scientific Research, Technical Service and Geologic Prospecting
全区总计 Total	**253246**	**433444**	**77685**	**1269695**	**217100**	**311882**	**431036**
银 川 市 Yinchuan	**173589**	**243610**	**47511**	**788445**	**118897**	**230195**	**352205**
银 川 市 District	173455	227762	47171	683700	115258	226872	333970
永 宁 县 Yongning	134	2317		20728	2662	925	2756
贺 兰 县 Helan		9565	340	38727	977	1482	8246
灵 武 市 Lingwu		3966		45290		916	7233
石嘴山市 Shizuishan	**26047**	**49475**	**5443**	**116993**	**14656**	**40306**	**13697**
石嘴山市 District	26047	33534	4823	80871	14656	16952	8085
平 罗 县 Pingluo		15941	620	36122		23354	5612
吴 忠 市 Wuzhong	**20621**	**44636**	**12721**	**162807**	**16105**	**17658**	**34553**
利 通 区 Litong	16986	31473	9319	84571	1937	8309	11683
红寺堡区 Hongsipu		204		3368			
盐 池 县 Yanchi		1117	3100	17828		1405	3717
同 心 县 Tongxin	2374	2046	302	14242	912	5988	11431
青铜峡市 Qingtongxia	1261	9796		42798	13256	1956	7722
固 原 市 Guyuan	**24118**	**48344**	**1777**	**92388**	**3568**	**6780**	**25455**
原 州 区 Yuanzhou	20594	36964		45509	2316	2235	12545
西 吉 县 Xiji	1816	2625	960	22852	650	1681	5580
隆 德 县 Longde	1708	3802	246	9816	602	716	3826
泾 源 县 Jingyuan		415	522	6800		1270	3069
彭 阳 县 Pengyang		4538	49	7411		878	435
中 卫 市 Zhongwei	**8871**	**34781**	**5905**	**109062**	**8721**	**16943**	**3241**
沙坡头区 Shapotou	8871	24072	5905	66378	7809	16186	1630
中 宁 县 Zhongning		9503		30653	688	112	516
海 原 县 Haiyuan		1206		12031	224	645	1095

5-24 续2 continued

（2010）

地　区 Region	水利、环境和公共设施管理业 Management of Water Conservancy, Environment and Public Facilities	居民服务和其他服务业 Services to Households and Other Services	教育 Education	卫生、社会保障和社会福利业 Health,Social Security and Social Welfare	文化、体育和娱乐业 Culture, Sports and Entertainment	公共管理与社会组织 Public Management and Social Organization
全区总计 Total	**424321**	**8394**	**2733146**	**981890**	**253989**	**2641909**
银川市 Yinchuan	**138366**	**5073**	**938528**	**417900**	**173089**	**1052396**
银川市 District	124767	5073	680955	354055	165242	837013
永宁县 Yongning	2089		92080	19545	2493	55825
贺兰县 Helan	2182		74099	12866	2567	59567
灵武市 Lingwu	9328		91394	31434	2787	99991
石嘴山市 Shizuishan	**44582**	**2223**	**296875**	**190773**	**14246**	**353628**
石嘴山市 District	24740	2223	201479	161969	13093	248330
平罗县 Pingluo	19842		95396	28804	1153	105298
吴忠市 Wuzhong	**116805**	**487**	**407653**	**129007**	**26377**	**528231**
利通区 Litong	40716		64551	37347	7294	277304
红寺堡区 Hongsipu	1730		48710	3749	613	24305
盐池县 Yanchi	9205		85228	18771	2594	65494
同心县 Tongxin	12409	487	121734	23585	6768	67952
青铜峡市 Qingtongxia	52745		87430	45555	9108	93176
固原市 Guyuan	**44727**	**405**	**711667**	**137214**	**26840**	**399345**
原州区 Yuanzhou	14700	265	227258	58163	15329	163533
西吉县 Xiji	13734	140	221356	32912	3742	77375
隆德县 Longde	5412		96032	19976	2903	52385
泾源县 Jingyuan	3906		48431	9067	2432	45651
彭阳县 Pengyang	6975		118590	17096	2434	60401
中卫市 Zhongwei	**79841**	**206**	**375307**	**106996**	**12306**	**265737**
沙坡头区 Shapotou	14882	206	134393	60616	5340	96001
中宁县 Zhongning	54688		129921	27159	3882	71074
海原县 Haiyuan	10271		110993	19221	3084	98662

5-25 各市县分行业在岗职工平均工资

Average Wages of Fully Employed Staff and Workers in Sector by City and Country

单位:元　　　　　　　　　　(2010)　　　　　　　　　　(yuan)

地　区　Region	合计 Total	农、林、牧、渔业 Agriculture, Forestry, Animal Husbandry and Fishery	采矿业 Mining	制造业 Manufacturing	电力、燃气及水的生产和供应业 Production and Supply of Electricity, Gas and Water	建筑业 Construction	交通运输、仓储和邮政业 Transport, Storage and Post
全区总计　Total	**39144**	**21601**	**74968**	**29707**	**55997**	**28579**	**37010**
银 川 市　Yinchuan	**43195**	**18835**	**78883**	**27760**	**60658**	**29836**	**30199**
银 川 市　District	46497	21311	79013	30964	61477	31295	25479
永 宁 县　Yongning	25222	15312		21302	25329	24263	29000
贺 兰 县　Helan	27961	19614		22064	23158	29443	19888
灵 武 市　Lingwu	31141	16959	43070	13131	17138	24362	47172
石嘴山市　Shizuishan	**34222**	**24357**	**38275**	**32013**	**42051**	**29749**	**29233**
石嘴山市　District	35732	24138	38275	32975	42886	33382	29935
平 罗 县　Pingluo	28138	25518		22595	24212	24416	23143
吴 忠 市　Wuzhong	**34496**	**20200**		**33914**	**56757**	**24585**	**25791**
利 通 区　Litong	31447	12904		29518	24887	24167	25254
红寺堡区　Hongsipu	29026				23734		17931
盐 池 县　Yanchi	34701	36747		11310	31101	21914	27953
同 心 县　Tongxin	30697	31067		10300	17351	25531	27801
青铜峡市　Qingtongxia	40303	23795		37214	71795	23741	25379
固 原 市　Guyuan	**35977**	**34459**	**48098**	**18803**	**24032**	**19086**	**26376**
原 州 区　Yuanzhou	35831	34255		8265	28870	25984	26556
西 吉 县　Xiji	36033	34341		14894	21451	6035	25104
隆 德 县　Longde	32847	34191			12434	15342	27015
泾 源 县　Jingyuan	35141	33005		26528	27574	19577	27659
彭 阳 县　Pengyang	38980	36375	48098	27763	27525		24634
中 卫 市　Zhongwei	**30974**	**20931**		**25229**	**23664**	**29412**	**29608**
沙坡头区　Shapotou	30815	28228		24297	23341	29583	26998
中 宁 县　Zhongning	30999	15956		34744	32376	29298	30395
海 原 县　Haiyuan	31330	34007			11290		29974

5-25 续 1 continued

(2010)

地 区	Region	信息运输、计算机服务和软件业 Information Transmission, Computer Services and Software	批发和零售业 Wholesale and Retail Trades	住宿和餐饮业 Hotels and Catering Services	金融业 Financial Intermediation	房地产业 Real Estate	租赁和商务服务业 Leasing and Business Services	科学研究、技术服务和地质勘查业 Scientific Research, Technical Service and Geologic Prospecting
全区总计	**Total**	**44918**	**30662**	**19106**	**63894**	**30891**	**25810**	**37101**
银 川 市	**Yinchuan**	**47847**	**30356**	**20013**	**68459**	**26011**	**27585**	**38623**
银 川 市	District	47876	32706	20133	69228	25843	27520	39006
永 宁 县	Yongning	26800	15243		46165	35973	26429	22590
贺 兰 县	Helan		16577	10968	74190	26405	44909	37482
灵 武 市	Lingwu		11946		67597		27758	33642
石嘴山市	**Shizuishan**	**38304**	**34989**	**19439**	**55764**	**34005**	**21081**	**36045**
石嘴山市	District	38304	36450	19215	52108	34005	31627	42553
平 罗 县	Pingluo		32269	21379	66158		16972	29537
吴 忠 市	**Wuzhong**	**40354**	**31724**	**18680**	**58104**	**61236**	**18317**	**28842**
利 通 区	Litong	42465	35126	18864	63019	30266	16453	28847
红寺堡区	Hongsipu		13600		42633			
盐 池 县	Yanchi		13458	21379	66030		20362	32605
同 心 县	Tongxin	31653	28817	7190	45794	21714	23031	32200
青铜峡市	Qingtongxia	35028	28643		53498	84433	15046	23833
固 原 市	**Guyuan**	**43145**	**29460**	**12971**	**49886**	**34641**	**31535**	**33275**
原 州 区	Yuanzhou	46698	38828		50010	42889	33358	36789
西 吉 县	Xiji	28375	11878	11707	68215	32500	31130	35541
隆 德 县	Longde	31630	21122	9462	36764	20759	29833	22774
泾 源 县	Jingyuan		23056	20880	44156		33421	34483
彭 阳 县	Pengyang		16807	12250	39844		27438	43500
中 卫 市	**Zhongwei**	**34119**	**24685**	**13181**	**68036**	**25726**	**26147**	**25124**
沙坡头区	Shapotou	34119	32311	13181	78276	25603	25939	22639
中 宁 县	Zhongning		19757		57510	26462	28000	28667
海 原 县	Haiyuan		6590		54194	28000	32250	28077

5-25 续2 continued

(2010)

地 区	Region	水利、环境和公共设施管理业 Management of Water Conservancy, Environment and Public Facilities	居民服务和其他服务业 Services to Households and Other Services	教育 Education	卫生、社会保障和社会福利业 Health, Social Security and Social Welfare	文化、体育和娱乐业 Culture, Sports and Entertainment	公共管理与社会组织 Public Management and Social Organization
全区总计	**Total**	**28034**	**23447**	**37090**	**34011**	**35077**	**35616**
银川市	**Yinchuan**	**22893**	**22348**	**37480**	**33198**	**36640**	**36969**
银川市	District	22550	22348	38374	33547	36917	36904
永宁县	Yongning	21101		34813	31575	30036	36274
贺兰县	Helan	30732		32064	28277	33338	35414
灵武市	Lingwu	27355		39057	32744	31670	38983
石嘴山市	**Shizuishan**	**30349**	**23156**	**37565**	**38941**	**30505**	**33983**
石嘴山市	District	33031	23156	39818	41287	31100	36535
平罗县	Pingluo	27558		33555	29512	25065	29177
吴忠市	**Wuzhong**	**31697**	**28647**	**34082**	**33045**	**32285**	**34016**
利通区	Litong	34129		32051	32761	38188	34546
红寺堡区	Hongsipu	11382		32823	22053	23577	27096
盐池县	Yanchi	23070		38600	29193	30163	34525
同心县	Tongxin	29973	28647	31310	35254	33840	35227
青铜峡市	Qingtongxia	34542		36937	35534	29006	33529
固原市	**Guyuan**	**32271**	**31154**	**39286**	**38576**	**33550**	**35809**
原州区	Yuanzhou	31749	33125	39257	38519	35899	36060
西吉县	Xiji	31718	28000	41765	37443	30672	37488
隆德县	Longde	30404		36089	42867	29323	32197
泾源县	Jingyuan	35509		38316	34086	30785	36756
彭阳县	Pengyang	34530		38243	39211	33342	35868
中卫市	**Zhongwei**	**31286**	**41200**	**35453**	**27281**	**30310**	**34078**
沙坡头区	Shapotou	30004	41200	37415	28167	32761	34846
中宁县	Zhongning	32226		38610	26471	25709	33274
海原县	Haiyuan	28610		30585	25835	33522	33939

主要统计指标解释

［**从业人员**］ 指从事一定社会劳动并取得劳动报酬或经营收人的全部劳动力，包括:全部职工、城镇私营企业从业人员、城镇个体劳动者、农村社会劳动者、其它社会劳动者。

这一指标取带了现行制度中的社会劳动者，它反映了一定时期内的全部劳动力资源的实际利用情况，是研究我国基本国情国力的重要指标。

各单位的从业人员是指在各级国家机关、政党机关、社会团体及企业、事业单位中工作，并取得劳动报酬的全部人员。包括职工、再就业的离退休人员、民办教师以及在各单位中工作的外方人员和港、澳、台方人员。

各单位的从业人员反映了各单位实际参加生产或工作的全部劳动力。

［**在岗职工**］ 指在国有经济、城镇集体经济、联营经济、股份制经济、外商和港、澳、台投资经济、其它经济单位及其附属机构工作，并由其支付工资的各类在岗人员。不包括城镇私营企业、个体工商户和乡镇企业从业人员。

［**长期职工**］ 指用工期限在一年以上 (含一年)的职工:包括原固定职工、合同制职工、长期临时工以及国有单位使用的城镇集体单位的人员和其它使用期限在一年以上的原计划外用工。

［**其它从业人员**］ 指劳动统计制度规定不做职工统计，但实际参加社会劳动并取得劳动报酬的人员。

各单位的其它从业人员是指职工以外的全部参加本单位生产或工作并取得劳动报酬的人员。包括再就业离退休人员、民办教师以及在各单位中工作的外方人员和港、澳、台方人员及兼职人员 (不包括在单位中工作并领取劳动报酬在校学生)。

［**在岗职工工资总额**］ 指各单位在一定时期内直接支付给本单位全部在岗职工的劳动报酬总计。包括:计时工资、计件工资、奖金、津贴和补贴、加班加点工资和其他工资。

职工工资总额是计算国内生产总值的基础指标，也是研究分配政策，居民购买力的主要依据。

【第六篇】Chapter 6

固定资产投资

Investment in Fixed Assets

责任编辑：崔 琳

资料整理：崔 琳 方建晓 黄 剑 刘晓龙 杨瑞博

Coordinator：Cui Lin

Data Compilation：Cui Lin Fang Jianxiao Huang Jian Liu XiaoLong Yang Ruibo

6-1 全社会固定资产投资基本情况

Total Investment in Fixed Assets in the Whole Country

指　标	Item	1980	1990	2000
投资总额(万元)	**Total Investment (10 000 yuan)**	**39758**	**219603**	**1608204**
按隶属关系分	**Grouped by Jurisdiction of Management**			
中　央	Central Investment	9104	78568	281567
地　方	Local Investment	30654	141035	1326637
按经济类型分	**Grouped by Economic Types**			
国有经济	State-owned	39312	175126	1011732
房地产	Real Estate		2834	47471
集体经济	Collective-owned	446	12614	57002
房地产	Real Estate			17348
私营个体经济	Private		31863	226346
其他经济	Others			279970
本年资金来源小计	**Subtotal of Sources of Funds This Year**	**39758**	**219603**	**1608204**
国家预算内资金	State Budget	24497	40934	185722
国内贷款	Demestic Loans	2080	52510	490678
利用外资	Foreign Investment		4697	22497
自筹资金	Self-raising Funds			492953
其他资金	Others	13181	121422	416354
按构成分	**Grouped by Structure**			
建筑工程	Construction	24591	118868	952440
安装工程	Installation	5897	18513	159861
设备、工器具购置	Purchase of Equipment and Instruments	7289	63526	309988
其他费用	Others	1981	18696	185915
新增固定资产(万元)	**Newly Increased Fixed Assets(10 000 yuan)**	**26258**	**193282**	**1357643**
交付使用率(%)	**Rate of Projects of Fixed Assets Completed and Put into Use(%)**	**86.4**	**91.2**	**84.4**
本年施工房屋面积(万平方米)	**Floor Space under Construction This Year(10 000 sq.m)**	**212**	**539**	**1019**
住　宅	Residential Buildings	49	381	689
本年竣工房屋面积(万平方米)	**Floor Space Completed This Year(10 000 sq.m)**	**132**	**459**	**1069**
施工项目(个)	**Number of Project under Construction (unit)**	**609**	**934**	**1069**
新开工	Number of Project Started	263	499	774
投　产	Number of Project Put into Use	301	576	688

6-1 续表 continued

指 标	Item	2005	2009	2010
投资总额(万元)	**Total Investment (10 000 yuan)**	**4448174**	**11191392**	**14646972**
按隶属关系分	**Grouped by Jurisdiction of Management**			
中 央	Central Investment	616065	3442418	2464361
地 方	Local Investment	3832109	7748974	12182611
按经济类型分	**Grouped by Economic Types**			
国有经济	State-owned	2024100	6092634	6101779
房地产	Real Estate	31527	173754	282063
集体经济	Collective-owned	21975	44581	33982
房地产	Real Estate	4125	2633	6521
私营个体经济	Private	1009613	2514542	4197103
其他经济	Others	1392486	2539635	4314108
本年资金来源小计	**Subtotal of Sources of Funds This Year**	**4172439**	**10646169**	**14643866**
国家预算内资金	State Budget	450508	832213	890205
国内贷款	Demestic Loans	820059	3073211	4191316
利用外资	Foreign Investment	69122	41303	41294
自筹资金	Self-raising Funds	2166639	5023711	7121225
其他资金	Others	666111	1675731	2399826
按构成分	**Grouped by Structure**			
建筑工程	Construction	2388134	6256880	8734611
安装工程	Installation	372329	908533	1134879
设备、工器具购置	Purchase of Equipment and Instruments	1166879	2729191	3380840
其他费用	Others	520832	1296788	1396642
新增固定资产(万元)	**Newly Increased Fixed Assets(10 000 yuan)**	**2840752**	**6459739**	**6942491**
交付使用率(%)	**Rate of Projects of Fixed Assets Completed and Put into Use(%)**	**63.9**	**57.7**	**47.4**
本年施工房屋面积(万平方米)	**Floor Space under Construction This Year (10 000 sq.m)**	**1938**	**3546**	**4800**
住 宅	Residential Buildings	1106	2112	2874
本年竣工房屋面积(万平方米)	**Floor Space Completed This Year(10 000 sq.m)**	**1151**	**1351**	**1494**
施工项目(个)	**Number of Project under Construction (unit)**	**2783**	**2799**	**2901**
新开工	Number of Project Started	2289	2329	2303
投 产	Number of Project Put into Use	1962	1846	1925

6-2 主要年份全社会固定资产投资

Total Investment in Fixed Assets in the Whole Country in Main Years

年份 Year	全社会固定资产投资额 Total Investment in Fixed Assets	基本建设 Infrastructure	更新改造 Renovation and Reformation Investment	国有经济固定资产投资额 Investment in Fixed Assets of State-owned Economy	基本建设 Infrastructure	更新改造 Renovation and Reformation Investment
1952	502	502		502	502	
1955	1314	1314		1314	1314	
1957	1536	1536		1536	1536	
1958	9287	9287		9287	9287	
1960	24446	24446		24446	24446	
1965	14002	14002		14002	14002	
1970	24659	24659		24659	24659	
1975	24957	24957		24957	24957	
1978	42719	42246		42246	42246	
1980	39758	30409	8903	39312	30409	8903
1985	136346	79413	26493	112944	79413	26493
1990	219603	113336	52045	175126	113336	52045
1995	701237	336000	158960	514041	331107	149584
2000	1608204	888744	233621	1011732	805530	155822
2001	1958118	1053095	260815	1241374	1014378	167519
2002	2308269	1243615	263571	1335911	1160543	141495
2003	3182100	1646006	410646	1545791	1372117	141791
2004	3808465	1909048	531662	1513064	1168051	215759
2005	4448174	2355165	607118	2024100	1620235	349338
2006	5152753	2865707	768071	2657927	2069116	363814
2007	6218092	3459859	923769	3316282	2604356	300682
2008	8588368	5179075	1119381	5210136	4143600	397954
2009	11191392	6945483	1318126	6092634	4870545	466031
2010	14646972	8755326	1651175	6101779	4554443	490241

6-3 城镇固定资产投资

单位:万元

(2010)

指　标	Item	投资额 Investment
总　计	**Total**	**13133386**
按经济类型分:	**Grouped by Economic Types**	
国有企业	State-owned Enterprises	4017010
集体企业	Collective-owned Enterprises	23240
股份合作企业	Share-holding Cooperative	4568
国有联营企业	State Joint Ownership	
集体联营企业	Collective Joint Ownership	1520
国有与集体联营企业	Joint State-collective Enterprises	
其他联营企业	Other Joint Ownership Enterprises	3500
国有独资公司	State Sole Funded Corporations	1371037
其他有限责任公司	Other Limited Liability Corporations	3156093
股份有限公司	Share-holding Corporations Ltd	714102
私营企业	Private Enterprises	3654195
其他企业	Other Enterprises	27651
合资经营企业(港或澳、台资)	Joint-ventures Enterprises(Hongkong,Macao or Taiwan)	
合作经营企业(港或澳、台资)	Cooperative Enterprises(Hongkong,Macao or Taiwan)	
港、澳、台商投资股份有限公司	Enterprises with Sole Investment from Hongkong,Macao and Taiwan	
中外合资经营企业	Joint-venture Enterprises	21031
中外合作经营企业	Cooperation Enterprises	6030
外资企业	Foreign Sole Funded Enterprises	130069
外商投资股份有限公司	Foreign Share-holding Corporations Ltd.	1000
个体户	Self-employment	1840
个人合伙	Individual Parternership	500
按国民经济行业分:	**Grouped by Sector**	
农、林、牧、渔业	Agriculture,Forestry,Animal Husbandry and Fishery	194536
采矿业	Mining	1262799
制造业	Manufacturing	3429497
电力、燃气及水的生产和供应业	Production and Distribution of Electricity,Gas and Water	2250295
建筑业	Construction	55150
交通运输、仓储和邮政业	Transport,Storage and Post	916230
信息传输、计算机服务和软件业	Information Transmission,Computer Services and Software	155142
批发和零售业	Wholesale and Retail Trades	223549
住宿和餐饮业	Hotels and Catering Services	53665
金融业	Financial Intermediation	3437
房地产业	Real Estate	3051280
租赁和商务服务业	Leasing and Business Services	18948
科学研究、技术服务和地质勘查业	Scientific Research,Technical Service and Geologic Prospecting	11142
水利、环境和公共设施管理业	Management of Water Conservancy,Environment and Public Facilities	704831
居民服务和其他服务业	Services to Households and Other Services	9880
教　育	Education	323786
卫生、社会保障和社会福利业	Health,Social Security and Social Welfare	124880
文化、体育和娱乐业	Culture,Sports and Entertainment	105768
公共管理和社会组织	Public Management and Social Organizations	238571

Investment in Fixed Assets in Urban Area

(10 000 yuan)

地方 Local	按建设性质分 Grouped by Type of Construction		
	新建 New Construction	扩建 Expansion	改建 Reconstruction
10719776	**8449779**	**1126802**	**854806**
3266211	3152547	482146	292081
23240	17729	510	
4568	4568		
1520			
3500		3500	
513680	850480	49357	136009
2742981	2245914	420164	73796
389860	449471	23605	238871
3654195	1611445	120637	103557
27651	20941	6710	
21031	4186		10003
6030	3030	3000	
61969	86628	16673	489
1000	1000		
1840	1840		
500		500	
194536	151758	17853	24925
484696	982304	19432	159620
2796202	2614391	433659	376510
1633094	2023166	92528	134601
55150	50056	974	3800
708981	767550	128321	18747
15820	122072		33070
223549	202159	21100	290
53665	49715	300	3650
3092	3437		
3048768	461889	31856	
18448	17578	470	900
11142	11142		
672615	421260	193420	85279
9880	2970	6460	450
323786	244428	52931	6628
124880	55659	58661	79
105768	67097	38671	
235704	201148	30166	6257

6-3 表续 1

单位:万元　　　　(2010)

指　标	Item	建筑工程 Construction
总　计	**Total**	**7622953**
按经济类型分:	**Grouped by Economic Types**	
国有	State-owned Enterprises	2622010
集体	Collective-owned Enterprises	20149
股份合作	Share-holding Cooperative	632
国有联营企业	State Joint Ownership	
集体联营	Collective Joint Ownership	870
国有与集体联营企业	Joint State-collective Enterprises	
其他联营	Others	3120
国有独资公司	State-funded Corporations	630329
其他有限责任公司	Other Limited Liability Corporations	1607943
股份有限公司	Share-holding Corporations Ltd	291996
私营	Private	2368698
其他企业	Other Enterprises	19967
合资经营企业(港或澳、台资)	Joint-ventures Enterprises(Hongkong,Macao or Taiwan)	
合作经营企业(港或澳、台资)	Cooperative Enterprises(Hongkong,Macao or Taiwan)	
港、澳、台商投资股份有限公司	Enterprises with Sole Investment from Hongkong,Macao and Taiwan	
中外合资经营企业	Joint-venture Enterprises	8231
中外合作经营企业	Cooperation Enterprises	6030
外资企业	Foreign Sole Funded Enterprises	41088
外商投资股份有限公司	Foreign Share-holding Corporations Ltd.	500
个体户	Self-employment	1010
个人合伙	Individual Parternership	380
按国民经济行业分:	**Grouped by Sector**	
农、林、牧、渔业	Agriculture,Forestry,Animal Husbandry and Fishery	156802
采矿业	Mining	651027
制造业	Manufacturing	1312745
电力、燃气及水的生产和供应业	Production and Distribution of Electricity,Gas and Water	489282
建筑业	Construction	52227
交通运输、仓储和邮政业	Transport,Storage and Post	772744
信息传输、计算机服务和软件业	Information Transmission,Computer Services and Software	48495
批发和零售业	Wholesale and Retail Trades	149791
住宿和餐饮业	Hotels and Catering Services	46399
金融业	Financial Intermediation	2677
房地产业	Real Estate	2546737
租赁和商务服务业	Leasing and Business Services	16759
科学研究、技术服务和地质勘查业	Scientific Research,Technical Service and Geologic Prospecting	10942
水利、环境和公共设施管理业	Management of Water Conservancy,Environment and Public Facilities	656066
居民服务和其他服务业	Services to Households and Other Services	8930
教育	Education	272401
卫生、社会保障和社会福利业	Health,Social Security and Social Welfare	117029
文化、体育和娱乐业	Culture,Sports and Entertainment	95882
公共管理和社会组织	Public Management and Social Organizations	216018

continued

(10 000 yuan)

按构成分 Grouped by Use of Funds		
安装工程 Installation	设备工器具购置 Purchase of Equipment and Instruments	其他费用 Others
1086255	**3115498**	**1308680**
259310	828762	306928
131		2960
1463	2157	316
		650
	380	
174256	320648	245804
251444	974053	322653
110695	265125	46286
209753	700158	375586
1630	1730	4324
882	9716	2202
75836	12624	521
500		
355	145	330
		120
5892	2709	29133
119161	305767	186844
367010	1472263	277479
364121	1204583	192309
1250	782	891
13109	50690	79687
73554	29100	3993
21985	10327	41446
690	1564	5012
		760
98801	10602	395140
	200	1989
	200	
3923	8607	36235
950		
8652	9412	33321
1523	1959	4369
2595	1749	5542
3039	4984	14530

6-3 续表 2

单位:万元 （2010）

指　标	Item	国家预算内资金 State Budgetary Funds
总　计	**Total**	**687443**
按经济类型分:	**Grouped by Economic Types**	
国有	State-owned Enterprises	647863
集体	Collective-owned Enterprises	310
股份合作	Share-holding Cooperative	
国有联营企业	State Joint Ownership	
集体联营	Collective Joint Ownership	
国有与集体联营企业	Joint State-collective Enterprises	
其他联营	Others	
国有独资公司	State-funded Corporations	15045
其他有限责任公司	Other Limited Liability Corporations	3939
股份有限公司	Share-holding Corporations Ltd	15457
私营	Private	4029
其他企业	Other Enterprises	
合资经营企业(港或澳、台资)	Joint-ventures Enterprises(Hongkong,Macao or Taiwan)	
合作经营企业(港或澳、台资)	Cooperative Enterprises(Hongkong,Macao or Taiwan)	
港、澳、台商投资股份有限公司	Enterprises with Sole Investment from Hongkong,Macao and Taiwan	
中外合资经营企业	Joint-venture Enterprises	800
中外合作经营企业	Cooperation Enterprises	
外资企业	Foreign Sole Funded Enterprises	
外商投资股份有限公司	Foreign Share-holding Corporations Ltd.	
个体户	Self-employment	
个人合伙	Individual Parternership	
按国民经济行业分:	**Grouped by Sector**	
农、林、牧、渔业	Agriculture,Forestry,Animal Husbandry and Fishery	53029
采矿业	Mining	18680
制造业	Manufacturing	11253
电力、燃气及水的生产和供应业	Production and Distribution of Electricity,Gas and Water	30710
建筑业	Construction	15461
交通运输、仓储和邮政业	Transport,Storage and Post	64065
信息传输、计算机服务和软件业	Information Transmission,Computer Services and Software	
批发和零售业	Wholesale and Retail Trades	1332
住宿和餐饮业	Hotels and Catering Services	2957
金融业	Financial Intermediation	
房地产业	Real Estate	37611
租赁和商务服务业	Leasing and Business Services	270
科学研究、技术服务和地质勘查业	Scientific Research,Technical Service and Geologic Prospecting	4049
水利、环境和公共设施管理业	Management of Water Conservancy,Environment and Public Facilities	163255
居民服务和其他服务业	Services to Households and Other Services	
教育	Education	129663
卫生、社会保障和社会福利业	Health,Social Security and Social Welfare	48058
文化、体育和娱乐业	Culture,Sports and Entertainment	40941
公共管理和社会组织	Public Management and Social Organizations	66109

continued

(10 000 yuan)

按资金来源分 Grouped by Capital Sources			
国内贷款 Domestic Loans	利用外资 Foreign Investment	自筹资金 Self-financed Capital	其他资金 Other Capital
4037971	**41294**	**6090416**	**2319642**
1226075	30721	1473595	238586
200		19039	2021
		4568	
700		1000	
		3270	
749919		503242	145248
1051329	4000	1601471	330331
205115		388895	22295
784679	5700	1946156	1502299
11754		23487	150
4700		9421	23536
		6030	
3000	873	106992	55086
		1000	
500		1450	90
		800	
4256		102067	4824
412125		740895	1040
894817	4073	2267380	21203
1554968	10700	414831	89943
2000		49692	
208892	15700	425061	90340
		107873	26981
8950		174813	14508
3300		40861	
		3524	
759209	2500	1240929	2005538
200		17648	
5000		967	590
55925	671	267591	29475
7000		10050	
56243	300	53849	7078
35371	7350	28275	4370
15405		25302	3685
14310		118808	20067

6-4 农村固定资产投资额

单位:万元、万平方米、个 （2010）

指 标	Item
本年固定资产投资完成额	**Investment in Fixed Assets this Year**
按投资构成分	**Grouped by Structure**
建筑工程	Construction
安装工程	Installation
设备工.器具购置	Purchase of Equipment and Instruments
其它费用	Others
按国民经济行业分	**Grouped by Sector**
农林牧渔业	Agriculture,Forestry,Animal Husbandry and Fishery
采矿业	Mining
制造业	Manufacturing
电力、燃气及水的生产和供应业	Production and Distribution of Electricity,Gas and Water
建筑业	Construction
交通运输、仓储和邮政业	Transport,Storage and Post
信息传输、计算机服务和软件业	Information Transmission,Computer Services and Software
批发和零售业	Wholesale and Retail Trades
住宿和餐饮业	Hotels and Catering Services
金融业	Financial Intermediation
房地产业	Real Estate
租赁和商务服务业	Leasing and Business Services
科学研究、技术服务和地质勘查业	Scientific Research,Technical Service and Geologic Prospecting
水利、环境和公共设施管理业	Management of Water Conservancy,Environment and Public Facilities
居民服务和其他服务业	Services to Households and Other Services
教育	Education
卫生、社会保障和社会福利业	Health,Social Security and Social Welfare
文化、体育和娱乐业	Culture,Sports and Entertainment
公共管理和社会组织	Public Management and Social Organizations
国际组织	International Organizations
本年新增固定资产	**Newly Increased Fixed Assets this Year**
本年施工房屋面积	**Floor Space under Construction This Year**
住宅	Residential Buildings
本年竣工房屋面积	**Floor Space Completed This Year**
住宅	Residential Buildings
本年资金来源	**Capital Sources this Year**
国家预算内资金	State Budgetary Funds
国内贷款	Domestic Loans
债券	Bonds
利用外资	Foreign Investment
自筹资金	Self-financed Capital
其他资金	Other Capital

Investment in Fixed Assets of Rural Households in Rural Areas

(10 000 yuan,10 000 sq.m,unit)

合计 Total	非农户 Non-farm Households	农户 Farm Households
1513586	**1047135**	**466451**
1111658	844175	267483
48624	48624	
265342	110691	154651
87962	43645	44317
217455	137846	79609
35440	35440	
186256	185541	715
109621	109621	
41268	41268	
369069	246127	122942
19371	19371	
3300	3300	
280342	17157	263185
12588	12588	
2458	2458	
147246	147246	
3207	3207	
6364	6364	
19859	19859	
3220	3220	
56522	56522	
1162547	**703330**	**459217**
414	**150**	**264**
304	60	244
329	**65**	**264**
288	44	244
202762	202762	
153345	148620	4725
1030809	577986	452823
80184	71281	8903

6-5 固定资产投资主要生产能力

（2010）

名 称	Item	建设规模 Total Construction Size
原煤开采(万吨/年)	Coal Mining(10 000 tons/year)	6312
洗煤(万吨/年)	Washer Coal(10 000 tons/year)	1687.4
焦炭(万吨/年)	Coke(10 000 tons/year)	230
天然原油开采(万吨/年)	Petroleum Extraction (10 000 tons/year)	10
石油加工:(处理万吨/年)	Oil Processing(10 000 tons/year)	
蒸馏设备能力	Distillation Equipment Dressing	150
裂化设备能力	Cracking Equipment Capacity	80
加氢精制设备能力(处理万吨/年)	Hydrofining Equipment Capacity (10 000 tons/year)	360
焦化设备能力(万吨/年)	Coking Equipment Capacity (10 000 tons/year)	100
催化重整设备能力(万吨/年)	Contact Reforming Equipment Capacity(10 000 tons/year)	10
铁矿开采(原矿)(万吨/年)	Iron Ore Mining (10 000 tons/year)	60
铁合金(折标吨/年)	Iron Alloy (standard ton/year)	204000
电解铝(吨/年)	Electrolytic Aluminum(ton/year)	760000
铝加工(吨/年)	Aluminium Processing (ton/year)	160000
火力发电(万千瓦)	Fire Power (10 000 kw)	792
其他发电(万千瓦)	Other Power (10 000 kw)	108.13
输电线路长度(11 万伏及以上)(公里)	Transmission Line(110 000V)(km)	977.08
水泥(万吨/年)	Cement (10 000 tons/year)	1052
石墨及炭素制品(吨/年)	Graphite and Carbon Products (ton/year)	170012
电石(吨/年)	Calcium Carbide(ton/year)	530000
氮肥(吨/年)	Nitrogen Fertilizers (ton/year)	202600
化学农药原药(吨/年)	Chemical Pesticides(ton/year)	6000
精甲醇(吨/年)	Methanol (ton/year)	3450000
新建公路(公里)	Length of New Highways(km)	862.46
高速公路	Expressway	268.2
一级公路	First Class Highway	86.8
二级公路	Second Class Highway	39.45
改建公路(公里)	Length of Reconstructed Highways (km)	198.4
一级公路	First Class Highway	17.9
二级公路	Second Class Highway	37.5
新(扩)建客、货运站(个)	Number of Newly-built or Expanded Passenger and Freight Stations (unit)	1
新(扩)建客、货运站(平方米)	Number of Newly-built or Expanded Passenger and Freight Stations (sq.m)	4000
城市自来水供水能力(万吨/日)	Capacity of City Tap Water Supply(10 000 tons/day)	15
城市污水处理能力(万吨/日)	Disposal Capacity of Sewer (10 000 tons/day)	9

Major Incremental Production Capacity

本年施工规模 Under Construction This Year	本年新开工能力 Capacity of Started This Year	累计新增生产能力 Accumulated Newly Increased Capacity	本年新增生产能力 Newly Increased Capacity This Year
5412	342	942	910
1544.3	1544.3	1544.3	1344.3
150	150	210	110
10	5	10	10
150		150	
80		80	
40		40	
20	20	20	
10		10	
10	10	60	10
204000	204000	204000	204000
760000	700000	460000	460000
160000			
792	76	394	262
108.13	102.13	27.58	12.98
977.08	714.43	497.68	497.68
962	760	642	375
126012	120012	48012	40012
530000	380000	130000	130000
125000	125000	126600	101000
5000	5000	5000	
3340000	40000	640000	640000
821.43	559.23	645.81	617.87
254	41.8	144.8	144.8
86.8	86.8	57.8	57.8
39.45	39.45	39.45	39.45
198.4	187.6	180.5	169.7
17.9	17.9		
37.5	26.7	37.5	26.7
1	1		
4000	4000		
15			
9	4	4	4

6-6 房地产开发投资及财务主要指标

Investment in Real Estate Development and Its Main Financial Indicators

指　标	Item	2000	2005	2009	2010
企业个数(个)	**Number of Enterprises(unit)**	**139**	**304**	**321**	**360**
内　资	Domestic Funded	132	301	318	357
国 有	State-owned	33	17	15	12
集 体	Collective-owned	17	3	3	3
私营个体	Private and Self-employed Individual Units	17	167	219	271
联营	Joint	1			
股份制经济	Share Holding	64	114	81	71
港澳台投资	Hong Kong,Macao and Taiwan Funded	4			
外商投资	Foreign Funded	3	3	3	3
年末从业人数(人)	**Number of Employed Persons at the Year End(person)**	**5190**	**8263**	**8989**	**10567**
内　资	Domestic Funded	4915	7991	8890	10477
国 有	State-owned	1714	437	701	738
集 体	Collective-owned	610	37	38	38
私营个体	Private and Self-employed Individual Units	484	4327	6144	7785
联营	Joint	21			
股份制经济	Share Holding	2086	3190	2007	1916
港澳台投资	Hong Kong,Macao and Taiwan Funded	100			
外商投资	Foreign Funded	175	272	99	90
土地开发及购置(万平方米)	**Land Development and Purchase(10 000 sq.m)**				
本年土地开发面积	Land Space Developed This Year	8	35	180	
本年土地购置面积	Land Space Purchased This Year	72	246	374	549
本年完成投资额(万元)	**Investment Completed This Year(10 000 yuan)**	**155691**	**747766**	**1627417**	**2543715**
住 宅	Residential Buildings	91735	475437	1260821	1872939
经济适用房屋	Economically Affordable Housing	22987	18150	98751	41779
资金来源小计(万元)	**Sources of Funds (10 000 yuan)**	**158495**	**730428**	**1979352**	**3591354**
国内贷款	Domestic Loans	36332	104707	288147	560709
利用外资	Foreign Investment				2500
自筹资金	Self-raising Fund	42419	245388	545291	1033182
定金和预收款	Advanced Deposit	51761	326490	757134	1274481
房屋建筑面积(万平方米)	**Floor Space of Buildings (10 000 sq.m)**				
施工面积	Floor Space under Construction	259	1049	1952	2941
竣工面积	Floor Space Completed	155	568	1160	937
本年新开工面积	Floor Space Started This Year	172	581	741	1809

6-6 续表 continued

指　标	Item	2000	2005	2009	2010
竣工房屋价值(万元)	Value of Buildings Completed (10 000 yuan)	107651	590867	1032092	1755147
竣工房屋造价(元/平方米)	Cost of Buildings Completed(yuan/sq.m)	692	1040	1392	1873
商品房屋销售面积(万平方米)	**Floor Space of Commercialized Buildings Sold (10 000 sq.m)**	**104**	**378**	**775**	**936**
住宅	Residential Buildings	91	319	678	817
经济适用房屋	Economically Affordable Housing	21	38	18	47
商品房屋销售价格(元/平方米)	**Selling Price of Commercialized Buildings (yuan/sq.m)**	**1352**	**2235**	**3090**	**3304**
住宅	Residential Buildings	1145	1765	2824	3107
经济适用房屋	Economically Affordable Housing	925	1057	1924	1388
实收资本合计(万元)	**Total Capital Held(10 000 yuan)**	**89467**	**424629**	**857437**	**1101552**
年末资产负债情况(万元)	**Situation of Year-end Liabilities(10 000 yuan)**				
资产总计	Total Assets	448079	2091222	5875983	8370883
固定资产累计折旧	Accumulated Depreciation of Fixed Assets	7881	27246	47175	55908
本年折旧	Depreciation of the Current Year	2057	6271	10800	13594
负债总计	Total Liabilities	344569	1603373	4656307	6854150
所有者权益合计	Total Equity	103510	487849	1219676	1516732
损益情况(万元)	**Situation of Profit and Loss (10 000 yuan)**				
经营总收入	Total Revenue	143568	598769	1469818	1783476
土地转让收入	Land Transferred	250	2360	34074	13426
商品房屋销售收入	Sales Income of Commercial Flat	138608	592315	1410975	1748783
房屋出租收入	Income of Renting House	747	3018	9536	9450
其他收入	Other Income	3981	1076	15234	11817
经营成本	Cost of Business	114263	503687	1181178	1407263
销售费用	Expenses of Sales	1141	8860	28534	43498
经营税金及附加	Tax and Extra Charges on Business	7268	31532	87244	120150
其他业务利润	Other Business Profits	2112	2241	6447	7836
管理费用及财务费用	Expenses of both Management and Finance	14627	48510	97307	136314
投资收益及营业外收入	Income of Investment Earnings and Extra-business	-298	5211	7308	3622
营业外支出	Expenditure of Extra-business	1392	2647	7589	14618
利润总额	Total Profits	6709	10985	80412	77405

6-7 商品房屋竣工面积、价值及平均造价

Floor Space, Value and Average Cost of Commodity Buildings Completed

指 标	Item	2000	2005	2009	2010
房屋竣工面积(万平方米)	**Floor Space Completed(10 000 sq.m)**	**155.46**	**568.12**	**741.23**	**936.86**
住宅	Residential Buildings	122.71	420.75	603.10	746.32
经济适用房	Economically Affordable Housing	43.78	44.45	59.17	49.39
办公楼	Office Buildings	8.29	18.88	12.95	17.34
商业营业用房	Houses for Business Use	21.52	110.43	102.68	122.50
其他	Others	2.94	18.06	22.50	50.70
房屋竣工价值(万元)	**Value of Buildings Completed (10 000 yuan)**	**107651**	**590867**	**1032092**	**1755147**
住宅	Residential Buildings	80314	391988	811205	1339116
经济适用房	Economically Affordable Housing	26381	38940	63205	61750
办公楼	Office Buildings	7122	29455	26109	48120
商业营业用房	Houses for Business Use	17362	147731	161579	269011
其他	Others	2853	21693	33199	98900
房屋竣工平均造价(元/平方米)	**Average Cost of Buildings Completed (yuan/sq.m)**	**692**	**1040**	**1392**	**1873**
住宅	Residential Buildings	655	932	1345	1794
经济适用房	Economically Affordable Housing	603	876	1068	1250
办公楼	Office Buildings	860	1560	2016	2776
商业营业用房	Houses for Business Use	807	1338	1574	2196
其他	Others	696	1201	1476	1951

6-8 商品房屋销售面积、销售额及平均销售价格

Floor Space Sold, Total Sales and Average Selling Price of Commercial Houses

指 标	Item	2000	2005	2009	2010
商品房销售面积(万平方米)	**Floor Space of Commercialized Buildings Sold (10 000 sq.m)**	**104.50**	**377.89**	**775.29**	**935.98**
住宅	Residential Buildings	90.61	319.16	677.98	816.79
经济适用房	Economically Affordable Housing	20.72	38.28	18.11	47.39
办公楼	Office Buildings	2.23	8.65	11.80	15.40
商业营业用房	Houses for Business Use	11.12	48.09	78.73	89.94
其他	Others	0.54	1.99	6.77	13.86
商品房销售额(万元)	**Total Sale of Commercialized Buildings(10 000 yuan)**	**141306**	**844726**	**2395310**	**3092169**
住宅	Residential Buildings	103746	563186	1914733	2537646
经济适用房	Economically Affordable Housing	19159	40449	34835	65791
办公楼	Office Buildings	4357	29660	60275	81253
商业营业用房	Houses for Business Use	32626	247703	405062	439656
其他	Others	577	4177	15240	33614
商品房平均销售价格(元/平方米)	**Average Selling Price of Commercialized Buildings (yuan/sq.m)**	**1352**	**2235**	**3090**	**3304**
住宅	Residential Buildings	1145	1765	2824	3107
经济适用房	Economically Affordable Housing	925	1057	1924	1388
办公楼	Office Buildings	1958	3429	5110	5278
商业营业用房	Houses for Business Use	2934	5151	5145	4888
其他	Others	1074	2102	2250	2426

6-9 商品房待售、出租面积

Floor Space of Untapped and Rented Marketable Buildings

单位:平方米 (sq.m)

指　标	Item	2000	2005	2009	2010
商品房待售面积	**Floor Space of Untapped Marketable Buildings**	**620209**	**3424795**	**3632090**	**4015173**
住宅	Residential Buildings	430438	2116731	2000703	2457119
别墅、高档公寓	Villas, High-grade Apartments	2537	119223	33778	44803
经济适用房	Economically Affordable Housing	41616	73921	163191	126666
办公楼	Office Buildings	34636	113743	101668	64019
商业营业用房	Houses for Business Use	130838	1082818	1399222	1341438
其他	Others	24297	111503	130497	152597
商品房待售一年至三年面积	**Floor Space Untapped for One to Three Years of Commercialized Buildings**	**620209**	**1003079**	**1164907**	**1764470**
住宅	Residential Buildings	430438	524501	440580	1026585
别墅、高档公寓	Villas, High-grade Apartments	2537	62553	22255	19962
经济适用房	Economically Affordable Housing	41616	16449	257	43414
办公楼	Office Buildings	34636	37544	45422	35934
商业营业用房	Houses for Business Use	130838	418633	646149	642637
其他	Others	24297	22401	32756	59314
商品房待售三年以上面积	**Floor Space Untapped above Three Years of Commercialized Buildings**		**57829**	**151133**	**182221**
住宅	Residential Buildings		4617	17281	26096
别墅、高档公寓	Villas, High-grade Apartments			1094	752
经济适用房	Economically Affordable Housing				
办公楼	Office Buildings		13477	18631	10076
商业营业用房	Houses for Business Use		29283	114100	145139
其他	Others		10452	1121	910
商品房出租面积	**Floor Space of Leased Marketable Buildings**	**58330**	**217197**	**295143**	**413244**
住宅	Residential Buildings	12659	25467	14909	14909
办公楼	Office Buildings	5347	10564	36004	44082
商业营业用房	Houses for Business Use	39708	180391	233795	341310
其他	Others	616	775	10435	12943

6-10 各市县城镇固定资产投资额

Investment in Fixed Assets in Urban Area by City and Country

单位:万元、平方米、个　　（2010）　　(10 000 yuan,sq.m,unit)

地区	Region	计划总投资 Total Planned Investment	本年新开工项目计划投资 Planned Investment of New Projects This Year	本年完成投资 Investment Completed This Year	住宅 Residential Buildings	本年新增固定资产 Newly Increased Fixed Assets This Year
全区总计	**Total**	**47052637**	**13728649**	**13133386**	**2092766**	**5779944**
银川市	**Yinchuan**	**26566417**	**5027764**	**6259611**	**1348800**	**2273723**
银川市	District	8967587	2786508	2990924	998750	1373486
永宁县	Yongning	1149623	696127	520099	71528	276381
贺兰县	Helan	2345805	358462	557458	226874	307724
灵武市	Lingwu	14103402	1186667	2191130	51648	316132
石嘴山市	**Shizuishan**	**5196189**	**1558482**	**1954482**	**239048**	**848449**
石嘴山市	District	4037238	1101273	1502937	169626	508430
平罗县	Pingluo	1158951	457209	451545	69422	340019
吴忠市	**Wuzhong**	**4294127**	**1920700**	**1837724**	**241761**	**1355883**
利通区	Litong	1419195	760942	710062	135827	453338
红寺堡区	Hongsipu	311794	177271	163118	11074	83391
盐池县	Yanchi	840692	531088	404627	15901	208717
同心县	Tongxin	335119	253512	210284	24642	67453
青铜峡市	Qingtongxia	1387327	197887	349633	54317	542984
固原市	**Guyuan**	**3432177**	**2465246**	**640028**	**115977**	**379650**
原州区	Yuanzhou	2759583	2059033	311611	42932	170348
西吉县	Xiji	175571	100225	109791	15614	95620
隆德县	Longde	115598	55678	55548	23909	32241
泾源县	Jingyuan	44214	27212	32495	12972	24484
彭阳县	Pengyang	337211	223098	130583	20550	56957
中卫市	**Zhongwei**	**3697300**	**2015295**	**1587765**	**131880**	**714810**
沙坡头区	Shapotou	1798158	660781	570585	87474	429605
中宁县	Zhongning	1622832	1167402	852665	40089	166684
海原县	Haiyuan	276310	187112	164515	4317	118521
不分地区	**Not Classified by Region**	**3866427**	**741162**	**853776**	**15300**	**207429**

6-10 续表 continued

单位:万元、平方米、个　　　　　　　　（2010）　　　　　　　　(10 000 yuan,sq.m,unit)

地区	Region	本年施工房屋面积 Floor Space of Buildings Under Construction This Year	本年竣工房屋面积 Floor Space of Buildings Completed This Year	本年竣工房屋价值 Value of Buildings Completed This Year	施工项目个数 Number of Projects Under Construction	本年新开工 Started This Year	本年投产项目个数 Number of Project Put into Use This Year
全区总计	**Total**	**43862857**	**11648253**	**2088747**	**2087**	**1556**	**1269**
银川市	**Yinchuan**	**27096793**	**7100879**	**1390631**	**681**	**473**	**338**
银川市	District	19365938	4906735	1051168	396	281	174
永宁县	Yongning	1631130	696416	103495	52	41	32
贺兰县	Helan	4501532	791358	120299	77	70	60
灵武市	Lingwu	1598193	706370	115669	156	81	72
石嘴山市	**Shizuishan**	**4846417**	**1089291**	**161403**	**457**	**342**	**243**
石嘴山市	District	3553448	650189	86851	328	235	156
平罗县	Pingluo	1292969	439102	74552	129	107	87
吴忠市	**Wuzhong**	**4119757**	**1321165**	**179320**	**311**	**250**	**231**
利通区	Litong	1938063	681900	101585	92	85	75
红寺堡区	Hongsipu	229090	10490	1450	30	16	21
盐池县	Yanchi	493455	105767	17271	48	33	32
同心县	Tongxin	575796	358235	26866	96	83	72
青铜峡市	Qingtongxia	883353	164773	32148	45	33	31
固原市	**Guyuan**	**2716422**	**990261**	**152472**	**249**	**189**	**180**
原州区	Yuanzhou	986525	476686	81485	64	49	53
西吉县	Xiji	577429	242843	35772	88	63	56
隆德县	Longde	676348	120648	17935	45	31	26
泾源县	Jingyuan	152440	107956	11800	23	19	20
彭阳县	Pengyang	323680	42128	5480	29	27	25
中卫市	**Zhongwei**	**4974777**	**1116862**	**198904**	**250**	**179**	**173**
沙坡头区	Shapotou	3308046	879507	159039	73	46	42
中宁县	Zhongning	1268810	213855	35658	32	20	24
海原县	Haiyuan	397921	23500	4207	145	113	107
不分地区	**Not Classified by Region**	**108691**	**29795**	**6017**	**139**	**123**	**104**

6-11 各市县按登记注册类型划分的城镇固定资产投资

Investment in Fixed Assets in Urban Area by Registration Status by City and Country

单位:万元　　　　(2010)　　　　(10 000 yuan)

地 区	Region	投资总计 Total Investment	内资合计 Total Domestic Investment	按登记注册类型划分 Grouped by Registration Status				
				国有 State-owned	集体 Collective-owned	股份合作 Share Holding	集体联营 Collective Joint Venture	其他联营 Other Joint Venture
全区总计	**Total**	**13133386**	**12972916**	**4017010**	**23240**	**4568**	**1520**	**3500**
银 川 市	**Yinchuan**	**6259611**	**6187067**	**1247843**	**510**			
银 川 市	District	2990924	2925710	563320	510			
永 宁 县	Yongning	520099	514069	105776				
贺 兰 县	Helan	557458	557458	65338				
灵 武 市	Lingwu	2191130	2189830	513409				
石嘴山市	**Shizuishan**	**1954482**	**1927256**	**602600**	**2499**	**4568**		
石嘴山市	District	1502937	1493851	559327		4568		
平 罗 县	Pingluo	451545	433405	43273	2499			
吴 忠 市	**Wuzhong**	**1837724**	**1833324**	**732899**	**16051**			**3500**
利 通 区	Litong	710062	705662	363065	9783			
红寺堡区	Hongsipu	163118	163118	98339				
盐 池 县	Yanchi	404627	404627	108837				
同 心 县	Tongxin	210284	210284	72962	1251			3500
青铜峡市	Qingtongxia	349633	349633	89696	5017			
固 原 市	**Guyuan**	**640028**	**636828**	**454643**				
原 州 区	Yuanzhou	311611	308411	212806				
西 吉 县	Xiji	109791	109791	79354				
隆 德 县	Longde	55548	55548	23077				
泾 源 县	Jingyuan	32495	32495	19823				
彭 阳 县	Pengyang	130583	130583	119583				
中 卫 市	**Zhongwei**	**1587765**	**1584265**	**432474**	**4180**		**1520**	
沙坡头区	Shapotou	570585	567085	156158	4180		1520	
中 宁 县	Zhongning	852665	852665	114346				
海 原 县	Haiyuan	164515	164515	161970				
不分地区	**Not Classified by Region**	**853776**	**804176**	**546551**				

6-11 续表 continued

(2010)

地区 Region	按登记注册类型划分 Grouped by Registration Status							
	国有独资公司 Whooly State-owned	其他有限责任公司 Other Limited Liability Corporations	股份有限公司 Share Holding Corporations Ltd.	私营 Private	其他内资 Others	港澳台投资 Hongkong, Macao and Taiwan Investment	外商投资 Foreign Investment	个体经营 Self-employed
全区总计 Total	**1371037**	**3156093**	**714102**	**3654195**	**27651**		**158130**	**2340**
银川市 Yinchuan	**962717**	**2010659**	**340646**	**1619405**	**5287**		**72544**	
银川市 District	141903	869490	187958	1162529			65214	
永宁县 Yongning		230098	29057	143851	5287		6030	
贺兰县 Helan	162387	185427	8000	136306				
灵武市 Lingwu	658427	725644	115631	176719			1300	
石嘴山市 Shizuishan	**143453**	**721534**	**52929**	**380609**	**19064**		**24886**	**2340**
石嘴山市 District	143453	460042	35840	281967	8654		9086	
平罗县 Pingluo		261492	17089	98642	10410		15800	2340
吴忠市 Wuzhong	**146786**	**192352**	**112112**	**627324**	**2300**		**4400**	
利通区 Litong	5000	44300		283514			4400	
红寺堡区 Hongsipu		45175		17304	2300			
盐池县 Yanchi		90914	102907	101969				
同心县 Tongxin				132571				
青铜峡市 Qingtongxia	141786	11963	9205	91966				
固原市 Guyuan	**11500**	**43735**	**1940**	**125010**			**3200**	
原州区 Yuanzhou	11500		1500	82605			3200	
西吉县 Xiji		7419		23018				
隆德县 Longde		32031	440					
泾源县 Jingyuan				12672				
彭阳县 Pengyang		4285		6715				
中卫市 Zhongwei		**187813**	**71463**	**885815**	**1000**		**3500**	
沙坡头区 Shapotou		187813	71463	145951			3500	
中宁县 Zhongning				738319				
海原县 Haiyuan				1545	1000			
不分地区 Not Classified by Region	**106581**		**135012**	**16032**			**49600**	

6-12 各市县按资金来源划分的城镇固定资产投资

Investment in Fixed Assets in Urban Area by Sources of Funds by City and Country

单位:万元　　　　(2010)　　　　(10 000 yuan)

地 区	Region	本年资金来源小计 Total Funds This Year	国家预算内资金 State Budget	国内贷款 Domestic Loans	利用外资 Foreign Investment	自筹资金 Self-raising Funds	其他资金来源 Others
全区总计	**Total**	**13176766**	**687443**	**4037971**	**41294**	**6090416**	**2319642**
银川市	**Yinchuan**	**6478539**	**154778**	**2083586**	**12223**	**2614146**	**1613806**
银川市	District	3231201	123595	770151	12223	1017875	1307357
永宁县	Yongning	505698	13604	57107		418967	16020
贺兰县	Helan	720205	1800	124728		408856	184821
灵武市	Lingwu	2021435	15779	1131600		768448	105608
石嘴山市	**Shizuishan**	**1873736**	**117785**	**445891**	**12400**	**1095444**	**202216**
石嘴山市	District	1385357	107904	328807	9200	759074	180372
平罗县	Pingluo	488379	9881	117084	3200	336370	21844
吴忠市	**Wuzhong**	**1855389**	**96108**	**748838**		**861632**	**148811**
利通区	Litong	710075	2846	239093		410884	57252
红寺堡区	Hongsipu	226415	12567	110864		100367	2617
盐池县	Yanchi	439109	36196	226887		166744	9282
同心县	Tongxin	101112	41939	3941		46543	8689
青铜峡市	Qingtongxia	378678	2560	168053		137094	70971
固原市	**Guyuan**	**635067**	**137220**	**111528**	**300**	**279583**	**106436**
原州区	Yuanzhou	315707	46319	97948		106313	65127
西吉县	Xiji	99331	28768	774	300	36508	32981
隆德县	Longde	55548	16987	500		32733	5328
泾源县	Jingyuan	34679	7805	779		25095	1000
彭阳县	Pengyang	129802	37341	11527		78934	2000
中卫市	**Zhongwei**	**1513825**	**132600**	**415292**		**804755**	**161178**
沙坡头区	Shapotou	529592	43822	75809		299279	110682
中宁县	Zhongning	813354	11555	329715		444329	27755
海原县	Haiyuan	170879	77223	9768		61147	22741
不分地区	**Not Classified by Region**	**820210**	**48952**	**232836**	**16371**	**434856**	**87195**

6-13 各市县按构成划分的城镇固定资产投资
Investment in Fixed Assets in Urban Area by Composition of Fund by City and Country

单位:万元 （2010） (10 000 yuan)

地　区 Region		投资总计 Total Investment	按构成划分 By Composition of Funds			
			建筑工程 Construction	安装工程 Installation	设备工器具购置 Purchase of Equipment and Instruments	其他费用 Others
全区总计	**Total**	**13133386**	**7622953**	**1086255**	**3115498**	**1308680**
银川市	**Yinchuan**	**6259611**	**3864998**	**550384**	**1140781**	**703448**
银川市	District	2990924	2217969	170954	280549	321452
永宁县	Yongning	520099	350698	30233	85579	53589
贺兰县	Helan	557458	481508	2544	36720	36686
灵武市	Lingwu	2191130	814823	346653	737933	291721
石嘴山市	**Shizuishan**	**1954482**	**1080564**	**154735**	**556772**	**162411**
石嘴山市	District	1502937	865556	107331	409751	120299
平罗县	Pingluo	451545	215008	47404	147021	42112
吴忠市	**Wuzhong**	**1837724**	**830875**	**174551**	**645897**	**186401**
利通区	Litong	710062	306335	55732	267836	80159
红寺堡区	Hongsipu	163118	68454	28600	63296	2768
盐池县	Yanchi	404627	152614	38139	170979	42895
同心县	Tongxin	210284	155151	8629	13909	32595
青铜峡市	Qingtongxia	349633	148321	43451	129877	27984
固原市	**Guyuan**	**640028**	**450626**	**55729**	**70828**	**62845**
原州区	Yuanzhou	311611	164825	39836	63869	43081
西吉县	Xiji	109791	94441	1043	3479	10828
隆德县	Longde	55548	45103	5029		5416
泾源县	Jingyuan	32495	29795	1820	480	400
彭阳县	Pengyang	130583	116462	8001	3000	3120
中卫市	**Zhongwei**	**1587765**	**789903**	**79562**	**628533**	**89767**
沙坡头区	Shapotou	570585	327441	33569	173940	35635
中宁县	Zhongning	852665	300931	45122	453380	53232
海原县	Haiyuan	164515	161531	871	1213	900
不分地区	**Not Classified by Region**	**853776**	**605987**	**71294**	**72687**	**103808**

6-14 各市县分行业城镇固定资产投资

Investment in Fixed Assets in Urban Area by Sector by City and Country

单位:万元　　　　（2010）　　　　(10 000 yuan)

地　区	Region	投资总计 Total Investment	按国民经济行业分 By Sector					
			农林牧渔业 Agriculture, Forestry, Animal Husbandry and Fishery	采矿业 Mining	制造业 Manufacturing	电力、燃气及水的生产和供应业 Production and Supply of Electricity, Gas and Water	建筑业 Construction	交通运输、仓储和邮政业 Transport, Storage and Post
全区总计	**Total**	**13133386**	**194536**	**1262799**	**3429497**	**2250295**	**55150**	**916230**
银 川 市	**Yinchuan**	**6259611**	**74101**	**437965**	**1436184**	**972049**	**5905**	**262787**
银 川 市	District	2990924	674	1439	542771	130962	605	89883
永 宁 县	Yongning	520099	4767		183120	29785	5300	10050
贺 兰 县	Helan	557458	46500		163018	800		28100
灵 武 市	Lingwu	2191130	22160	436526	547275	810502		134754
石嘴山市	**Shizuishan**	**1954482**	**9648**	**251764**	**743502**	**219392**	**492**	**67215**
石嘴山市	District	1502937	5675	228791	489774	193247	492	62045
平 罗 县	Pingluo	451545	3973	22973	253728	26145		5170
吴 忠 市	**Wuzhong**	**1837724**	**33450**	**271163**	**247837**	**746227**	**27742**	**18263**
利 通 区	Litong	710062		57400	127473	291954		
红寺堡区	Hongsipu	163118	3300	17965	4540	102668	27742	
盐 池 县	Yanchi	404627	14907	71564	42770	187099		8731
同 心 县	Tongxin	210284	15243	124234	3500	3025		9532
青铜峡市	Qingtongxia	349633			69554	161481		
固 原 市	**Guyuan**	**640028**	**14896**	**72700**	**30659**	**148631**	**4777**	**34755**
原 州 区	Yuanzhou	311611	687	11500	20514	130388		12500
西 吉 县	Xiji	109791	5422		2670	3550		18955
隆 德 县	Longde	55548	1529		3675	6286	1280	
泾 源 县	Jingyuan	32495	2199			480	3280	600
彭 阳 县	Pengyang	130583	5059	61200	3800	7927	217	2700
中 卫 市	**Zhongwei**	**1587765**	**56035**		**971315**	**156179**	**15684**	**56855**
沙坡头区	Shapotou	570585	29278		267472	65651		32000
中 宁 县	Zhongning	852665			691738	84181	5230	13405
海 原 县	Haiyuan	164515	26757		12105	6347	10454	11450
不分地区	**Not Classified by Region**	**853776**	**6406**	**229207**		**7817**	**550**	**476355**

6-14 续表 1 continued

地 区 Region	信息传输、计算机服务和软件业 Information Transmission, Computer Services and Software	批发和零售业 Wholesale and Retail Trades	住宿和餐饮业 Hotels and Catering Services	金融业 Financial Intermediation	房地产业 Real Estate	租赁和商务服务业 Leasing and Business Services	科学研究、技术服务和地质勘查业 Scientific Research, Technical Services, and Geological Prospecting
全区总计 Total	**155142**	**223549**	**53665**	**3437**	**3051280**	**18948**	**11142**
银 川 市 Yinchuan	**49312**	**127576**	**32058**		**2149214**	**12681**	**6589**
银 川 市 District	49262	49328	23558		1695639	900	5789
永 宁 县 Yongning	50	72342	8500		96295	9321	
贺 兰 县 Helan					278542	2460	800
灵 武 市 Lingwu		5906			78738		
石嘴山市 Shizuishan	**388**	**54236**	**600**	**2499**	**341539**		**3214**
石嘴山市 District	388	53676			245954		3214
平 罗 县 Pingluo		560	600	2499	95585		
吴 忠 市 Wuzhong	**3400**	**11606**	**15757**	**345**	**271389**	**5517**	
利 通 区 Litong	3400	5780	15757	345	158448	500	
红寺堡区 Hongsipu					1500		
盐 池 县 Yanchi		5826			17231		
同 心 县 Tongxin					27668		
青铜峡市 Qingtongxia					66542	5017	
固 原 市 Guyuan	**3200**	**24031**	**3950**		**113912**	**750**	**650**
原 州 区 Yuanzhou	3200	6221			54840	280	
西 吉 县 Xiji		12500			18837		650
隆 德 县 Longde		1810	3950		22963		
泾 源 县 Jingyuan		3500			10072	470	
彭 阳 县 Pengyang					7200		
中 卫 市 Zhongwei	**9500**	**6100**	**1300**	**593**	**159926**		**689**
沙坡头区 Shapotou	3500				113345		
中 宁 县 Zhongning					46581		
海 原 县 Haiyuan	6000	6100	1300	593			689
不分地区 Not Classified by Region	**89342**				**15300**		

6-14 续表 2 continued

地 区	Region	水利、环境和公共设施管理业 Management of Water Conservancy, Environment and Public Facilities	居民服务和其他服务业 Services to Households and Other Services	教 育 Education	卫生、社会保障和社会福利业 Health,Social Securities and Social Welfare	文化、体育和娱乐业 Culture, Sports and Entertainment	公共管理和社会组织 Public Management and Social Organizations
全区总计	**Total**	**704831**	**9880**	**323786**	**124880**	**105768**	**238571**
银 川 市	**Yinchuan**	**383359**		**111389**	**44916**	**46273**	**107253**
银 川 市	District	169200		101399	37752	44373	47390
永 宁 县	Yongning	29334		6000	3962	1900	59373
贺 兰 县	Helan	36748					490
灵 武 市	Lingwu	148077		3990	3202		
石嘴山市	**Shizuishan**	**76266**	**9430**	**63749**	**14671**	**42967**	**52910**
石嘴山市	District	72899		56277	11771	32094	46640
平 罗 县	Pingluo	3367	9430	7472	2900	10873	6270
吴 忠 市	**Wuzhong**	**103628**		**50802**	**15061**	**640**	**14897**
利 通 区	Litong	27330		14550			7125
红寺堡区	Hongsipu			791			4612
盐 池 县	Yanchi	38314		13185	5000		
同 心 县	Tongxin	12289		9440	1553	640	3160
青铜峡市	Qingtongxia	25695		12836	8508		
固 原 市	**Guyuan**	**60730**	**450**	**64585**	**33845**	**9338**	**18169**
原 州 区	Yuanzhou	17806		26724	10945	6803	9203
西 吉 县	Xiji	26531		15086	3504	1606	480
隆 德 县	Longde	3450		6303	2756	60	1486
泾 源 县	Jingyuan	7205	450	450	1920	869	1000
彭 阳 县	Pengyang	5738		16022	14720		6000
中 卫 市	**Zhongwei**	**53090**		**32384**	**16387**	**6550**	**45178**
沙坡头区	Shapotou	32876		11086	8125	6550	702
中 宁 县	Zhongning	1366		7424	2740		
海 原 县	Haiyuan	18848		13874	5522		44476
不分地区	**Not Classified by Region**	**27758**		**877**			**164**

6-15 各市县房地产开发企业(单位)土地开发及购置

Land Development and Purchase of Enterprises for Real Estate Development by City and Country

单位:万元　　　　（2010）　　　　(10 000 yuan)

地 区	Region	土地购置费用(万元) Total Value of Land Purchased (10 000 yuan)	本年土地购置面积（万平方米） Land Space Purchased This Year(10 000 sq.m)	本年土地成交价款（万元） Land Transaction Price This Year(10 000 yuan)
全区总计	**Total**	**215897**	**5488116**	**245886**
银 川 市	**Yinchuan**	**104952**	**2160178**	**127517**
银 川 市	District	78985	1126044	91127
永 宁 县	Yongning	4141	201558	3650
贺 兰 县	Helan	19251	740220	24747
灵 武 市	Lingwu	2575	92356	7993
石嘴山市	**Shizuishan**	**35900**	**1460106**	**43188**
石嘴山市	District	16770	375484	11051
平 罗 县	Pingluo	19130	1084622	32137
吴 忠 市	**Wuzhong**	**38143**	**914885**	**39942**
利 通 区	Litong	24936	406747	28029
红寺堡区	Hongsipu			
盐 池 县	Yanchi	2060	10405	172
同 心 县	Tongxin	2864	7600	260
青铜峡市	Qingtongxia	8283	490133	11481
固 原 市	**Guyuan**	**12890**	**299355**	**18321**
原 州 区	Yuanzhou	7398	163801	13433
西 吉 县	Xiji	4850	71386	3262
隆 德 县	Longde		47608	1285
泾 源 县	Jingyuan	301		
彭 阳 县	Pengyang	341	16560	341
中 卫 市	**Zhongwei**	**24012**	**653592**	**16918**
沙坡头区	Shapotou	9431	194852	9331
中 宁 县	Zhongning	11901	458740	7587
海 原 县	Haiyuan	2680		

6-16 各市县房地产开发企业(单位)投资完成情况

Investment Actually Completed by Enterprises for Real Estate Development by City and country

单位:万元 (2010) (10 000 yuan)

地 区	Region	本年完成投资额 Investment Completed This Year	住宅 Residential Buildings	经济适用房 Economically Affordable Housing	办公楼 Office Buildings	商业营业用房 Houses for Business Use	其他 Others
全区总计	**Total**	**2543715**	**1872939**	**41779**	**81655**	**355621**	**233500**
银川市	**Yinchuan**	**1608188**	**1160756**	**10940**	**69967**	**206983**	**170482**
银川市	District	1094669	755427	10940	58787	142597	137858
永宁县	Yongning	194720	164893			18105	11722
贺兰县	Helan	207647	170022		7772	19821	10032
灵武市	Lingwu	111152	70414		3408	26460	10870
石嘴山市	**Shizuishan**	**357127**	**245887**	**14042**	**7746**	**64708**	**38786**
石嘴山市	District	243917	165002	10664	1592	42818	34505
平罗县	Pingluo	113210	80885	3378	6154	21890	4281
吴忠市	**Wuzhong**	**273089**	**237694**	**5187**	**2223**	**19176**	**13996**
利通区	Litong	146066	128260	354	330	8739	8737
红寺堡区	Hongsipu	17212	17212				
盐池县	Yanchi	23893	21532	313		1626	735
同心县	Tongxin	9638	6116		20	1213	2289
青铜峡市	Qingtongxia	76280	64574	4520	1873	7598	2235
固原市	**Guyuan**	**108945**	**72937**	**1620**	**737**	**32238**	**3033**
原州区	Yuanzhou	71816	46394	20	537	23678	1207
西吉县	Xiji	16357	9541			5690	1126
隆德县	Longde	5000	3150	1600	200	950	700
泾源县	Jingyuan	8572	7672			900	
彭阳县	Pengyang	7200	6180			1020	
中卫市	**Zhongwei**	**196366**	**155665**	**9990**	**982**	**32516**	**7203**
沙坡头区	Shapotou	131345	101695	8780	972	22612	6066
中宁县	Zhongning	60211	49610	1200	10	9504	1087
海原县	Haiyuan	4810	4360	10		400	50

6-17 各市县房地产开发经营情况

Operating Statistics for Real Estate Development by City and Country

单位:万元 （2010） (10 000 yuan)

地区 Region	经营总收入 Total Revenue	土地转让收入 Land Transferred	商品房屋销售收入 Commercialized Buildings Sold	商品房出租收入 Commercialized Buildings Leased	其他收入 Others	经营税金及附加 Operating Tax and Extra Charges	利润总额 Total Profit
全区总计 Total	**1783476**	**13426**	**1748783**	**9450**	**11817**	**120150**	**77405**
银川市 Yinchuan	**1182143**	**13248**	**1157252**	**9171**	**2472**	**78414**	**70639**
银川市 District	902184	13242	879249	8983	710	60432	53575
永宁县 Yongning	53851		53851			2838	-1000
贺兰县 Helan	183101		182885	188	29	12724	19853
灵武市 Lingwu	43006	6	41267		1733	2421	-1789
石嘴山市 Shizuishan	**180107**		**172944**	**39**	**7124**	**12658**	**-4461**
石嘴山市 District	145630		138467	39	7124	10045	-2632
平罗县 Pingluo	34477		34477			2613	-1830
吴忠市 Wuzhong	**242177**		**241937**	**240**		**16453**	**12330**
利通区 Litong	189413		189176	237		11365	12325
红寺堡区 Hongsipu	6624		6624			369	117
盐池县 Yanchi	10342		10342			1445	-1195
同心县 Tongxin	9402		9402			363	391
青铜峡市 Qingtongxia	26397		26394	3		2911	692
固原市 Guyuan	**59069**		**59021**		**48**	**3536**	**-493**
原州区 Yuanzhou	35567		35567			2430	-795
西吉县 Xiji	7191		7191			321	31
隆德县 Longde	7530		7530			240	111
泾源县 Jingyuan	2518		2471		48	192	24
彭阳县 Pengyang	6263		6263			354	136
中卫市 Zhongwei	**119981**	**178**	**117628**		**2175**	**9089**	**-609**
沙坡头区 Shapotou	84772	178	82420		2175	7133	-912
中宁县 Zhongning	30703		30703			1701	176
海原县 Haiyuan							

6-18 各市县商品房屋销售情况

Sale of Commercialized Buildings by City and Country

（2010）

地 区	Region	商品房屋销售面积（平方米）Floor Space of Commercialized Buildings Sold (sq.m)	住宅 Residential Buildings	经济适用房 Economically Affordable Buildings	商品房屋销售额（万元）Total Sale of Commercialized Buildings (10 000 yuan)	住宅 Residential Buildings	经济适用房 Economically Affordable Buildings
全区总计	**Total**	**9359844**	**8167870**	**473947**	**3092169**	**2537646**	**65791**
银 川 市	**Yinchuan**	**5361121**	**4561750**	**93180**	**2106347**	**1710572**	**21130**
银 川 市	District	3493536	3014827	87181	1563201	1289440	20343
永 宁 县	Yongning	483438	409555		140745	116114	
贺 兰 县	Helan	883016	769347		261141	222721	
灵 武 市	Lingwu	501131	368021	5999	141260	82297	787
石嘴山市	**Shizuishan**	**1234152**	**1107787**	**267423**	**293061**	**233007**	**28500**
石嘴山市	District	946181	848813	238046	231598	183726	24905
平 罗 县	Pingluo	287971	258974	29377	61463	49281	3595
吴 忠 市	**Wuzhong**	**1097613**	**1013834**		**305075**	**277303**	
利 通 区	Litong	469227	432940		147920	133767	
红寺堡区	Hongsipu	35289	32106		8012	7757	
盐 池 县	Yanchi	250045	222220		63238	56268	
同 心 县	Tongxin	34149	29730		5620	4678	
青铜峡市	Qingtongxia	308903	296838		80285	74833	
固 原 市	**Guyuan**	**640008**	**521027**	**22800**	**156699**	**114033**	**4838**
原 州 区	Yuanzhou	475282	417042		116397	93577	
西 吉 县	Xiji	70658	37229		15705	7309	
隆 德 县	Longde	50575	28100	22800	15968	5438	4838
泾 源 县	Jingyuan	33643	28806		6344	5424	
彭 阳 县	Pengyang	9850	9850		2285	2285	
中 卫 市	**Zhongwei**	**1026950**	**963472**	**90544**	**230987**	**202731**	**11323**
沙坡头区	Shapotou	758762	711072	83844	174254	151518	10313
中 宁 县	Zhongning	261488	245700		55723	50203	
海 原 县	Haiyuan	6700	6700	6700	1010	1010	1010

主要统计指标解释

［**全社会固定资产投资**］固定资产投资额是以货币表现的在一定时期内建造和购置固定资产的工作量以及与此有关的费用的总称，它是反映固定资产投资规模、结构、和发展速度的综合性指标。

现行国家统计制度规定，全社会固定资产投资统计包括：基本建设投资、更新改造投资、其他固定资产投资、城镇私人建房投资以及各种经济类型的房地产开发投资和农村投资。

［**施工项目**］是指报告期内进行过建筑或安装施工活动的项目。凡是报告期内施过工的建设项目，不论施工时间长短，均作为施工项目统计。施工项目个数可以反映一定时期固定资产投资实际规模，与同期建成投产的建设项目个数相比，可以从建设速度的角度反映固定资产投资的效果。施工项目按建设阶段分为：本年正式施工项目、本年收尾项目和以前年度全部停缓建项目。

［**建成投产项目**］是指报告期内按设计文件规定建成主体工程和相应配套的辅助设施，形成生产能力或工程效益，经过验收合格，并且已正式投入生产或交付使用的建设项目。建成投产项目个数是反映报告期建设成果和考核投资效果的重要依据。建成投产项目分为全部建成投入生产项目和部分建成投入生产项目。

［**房屋施工面积**］是指报告期内施工的全部房屋建筑面积。包括本期新开工的面积和上期开工跨入本期继续施工的房屋面积，以及上期已停建在本期恢复施工的房屋面积。本期竣工和本期施工后又停续建的房屋，其建筑面积仍计入本期房屋施工面积中。

［**房屋竣工面积**］是指在报告期内房屋建筑按照设计要求已全部完工。达到住人和使用条件，经验收鉴定合格（或达到竣工验收标准），正式移交给使用单位的各栋房屋建筑面积的总和。

［**新增固定资产**］新增固定资产(又称交付使用的固定资产)，是指已经完成建造和购置过程，并已交付生产或使用单位的固定资产价值。新增固定资产是反映固定资产投资活动成果的价值量指标，只有已经完成建造和购置过程，并正式移交生产、使用单位的固定资产才能计算新增固定资产。没有安装的需要安装的设备、正在施工的建设工程等都不能计算新增固定资产。

［**房地产开发投资**］指各种登记注册类型的房地产开发公司在一定时期内用于房屋建造、土地开发以及配套服务设施的投资，是全社会固定资产投资的重要组成部分。

［**本年资金来源**］指固定资产投资单位在报告期内收到的，用于固定资产投资的各种货币资金。包括国家预算内资金、国内贷款、债券、利用外资、自筹资金和其他资金。

【第七篇】Chapter 7

能 源

Energy

责任编辑：马宏德

资料整理：马宏德　薛　玮　朱庆武　王　伟　张卫红

Coordinator：Ma Hongde

Data Compilation：Ma Hongde　Xue Wei　Zhu Qingwu　Wang Wei　Zhang Weihong

7-1 主要年份能源生产总量和构成

Total Production of Energy and Its Composition in Main Years

年份 Year	能源生产总量（万吨标准煤） Total Energy Production (10 000 tons of SCE)		占能源生产总量(%) As percentage of Total Energy Production							
			原煤 Raw Coal		原油 Crude Oil		天然气 Natural Gas		水电、风电及光伏发电 Hydro-power, Wind Power and Photovoltaic	
1958	86.4		100.0							
1965	219.9		100.0							
1970	348.3		97.0						3.0	
1975	580.4		92.1		1.3				6.6	
1978	806.4		88.5		7.0				4.5	
1979	864.6		86.0		9.4				4.6	
1980	810.8		85.5		10.0				4.5	
1985	973.1		89.6		5.9				4.5	
1990	1115.2		92.4		3.3		0.1		4.2	
1991	1070.6		93.6		3.1		0.1		3.2	
1992	1049.8		93.8		2.8		0.1		3.2	
1993	1024.5		95.6		2.9		0.2		1.3	
1994	1052.6		94.2		4.1		0.5		1.2	
1995	1132.1		93.4		4.9		0.7		1.0	
1996	1251.6		92.2		6.4		0.6		0.8	
1997	1319.0		90.4		8.7		0.2		0.7	
1998	1300.5		86.9		12.2		0.1		0.8	
1999	1290.5		84.7		14.2		0.1		0.9	
2000	1339.7	(1362.7)	84.3	(89.2)	14.8	(14.6)	0.1	(0.1)	0.8	(2.4)
2001	1409.0	(1438.4)	82.4	(81.2)	16.8	(16.6)	0.1	(0.1)	0.7	(2.1)
2002	1594.9	(1616.7)	81.4	(80.3)	17.7	(17.5)	0.3	(0.3)	0.6	(1.9)
2003	1903.9	(1924.1)	82.3	(81.5)	16.6	(16.4)	0.6	(0.6)	0.5	(1.5)
2004	1759.8	(1777.4)	99.0	(97.8)	0.3	(0.3)			0.7	(1.9)
2005	1927.8	(1971.5)	98.6	(96.4)	0.3	(0.3)			1.1	(3.3)
2006	2370.2	(2415.9)	98.7	(96.8)	0.3	(0.3)			1.0	(2.9)
2007	2824.9	(2867.6)	98.8	(97.3)	0.4	(0.4)			0.8	(2.3)
2008	3181.7	(3229.6)	98.7	(97.2)	0.4	(0.4)			0.9	(2.4)
2009	4095.7	(4146.5)	98.9	(97.7)	0.4	(0.4)			0.7	(1.9)
2010	4912.4	(4973.1)	99.0	(97.8)	0.2	(0.2)			0.8	(2.0)

注：1993—2010 年电力折标系数采用当量热值折算，括号内为按照等价值折算。2004 年及以后不包括长庆油田宁夏分部数据。

a)From 1993 to 2010,the coefficient for conversion of electric power into SCE is calculated on the basis of the data on average coal consumption in generating electric power in the same year.Data in brackets were converted on the basis of equal caloric value.From 2004,data in this table excluding Changqing oil field in Ningxia.

7-2 主要年份能源消费总量和构成

Total Consumption of Energy and Its Composition in Main Years

年份 Year	能源消费总量（万吨标准煤） Total Energy Consumption (10 000 tons of SCE)		占能源消费总量(%) As Percentage of Total Energy Consumption							
			煤炭 Coal		石油 Petroleum		天然气 Natural Gas		水电、风电及光伏发电 Hydro-power, Wind Power and Photovoltaic	
1958										
1970										
1975										
1978										
1979										
1980	320.0		73.4		3.8		0.0			22.8
1985	420.4		65.6		7.6		0.3			26.4
1990	707.3		57.6		9.2		0.1			33.1
1991	694.4		54.1		9.8		0.1			36.0
1992	705.0		50.8		11.0		0.2			38.0
1993	715.8		47.7		11.8		0.2			40.3
1994	740.8		75.0		10.5		0.7			13.8
1995	775.2		75.0		10.2		0.2			14.6
1996	808.8		74.8		9.7		0.2			15.3
1997	814.0		73.9		10.5		0.1			15.5
1998	816.9		70.9		12.8		0.2			16.1
1999	823.1		69.6		13.0		0.2			17.2
2000	1162.0	(1179.4)	89.0	(87.3)	9.9	(9.8)	0.2	(0.1)	0.9	(2.8)
2001	1208.1	(1228.4)	89.1	(87.6)	9.9	(9.8)	0.2	(0.1)	0.8	(2.5)
2002	1355.3	(1378.5)	89.2	(87.8)	9.9	(9.7)	0.2	(0.2)	0.7	(2.3)
2003	1980.9	(2014.8)	87.8	(86.9)	6.6	(6.6)	5.1	(5.1)	0.5	(1.4)
2004	2283.1	(2322.2)	85.9	(84.8)	10.0	(9.8)	3.6	(3.9)	0.5	(1.5)
2005	2506.9	(2536.1)	87.2	(85.6)	8.4	(8.3)	3.5	(3.5)	0.9	(2.6)
2006	2803.4	(2829.8)	87.5	(86.1)	7.9	(7.8)	3.8	(3.7)	0.8	(2.4)
2007	3058.9	(3077.3)	87.4	(86.0)	7.9	(7.9)	3.9	(3.9)	0.8	(2.2)
2008	3229.7	(3229.3)	86.7	(85.2)	7.9	(7.9)	4.5	(4.5)	0.9	(2.4)
2009	3355.9	(3387.7)	86.4	(85.0)	8.0	(7.9)	4.7	(4.7)	0.9	(2.4)
2010	3732.8	(3681.1)	86.8	(85.0)	7.4	(7.4)	4.8	(4.9)	1.0	(2.7)

注:1980–1999 为工业能源消费量,2000 年及以后能源消费量为全社会能源消费量(当量值),括号内为按等价值折算。

a)From 1980 to 1999,data in this table refers to industrial energy consumption.Since 2000, energy consumption refers to total energy consumption in the whole region.It was calculated on the basis of the data on average coal consumption in generating electric power in the same year.

7-3 主要年份每亿元工业总产值能源、电力消费量

Energy and Electricity Consumption 100 Million Yuan of Gross Industrial Output Value in Main Years

年份 Year	能源消费量(万吨标准煤) Energy Consumption(10 000 tons of SEC)			电力消费量(万千瓦小时) Electricity Consumption(10 000 kwh)		
	工 业 Industry	重工业 Heavy Industry	轻工业 Light Industry	工 业 Industry	重工业 Heavy Industry	轻工业 Light Industry
1985	11.99	15.25	4.14	8935.00	11751.00	2154.00
1990	12.17	15.63	4.28	10858.00	14765.00	1945.00
1995	5.20	6.04	1.83	5992.00	7097.00	1541.00
1996	5.14	6.02	1.40	6403.00	7525.00	1639.00
1997	4.95	5.76	1.57	6249.00	7385.00	1517.00
1998	4.86	5.67	1.46	6413.00	7559.00	1582.00
1999	4.78	5.55	1.64	6776.00	7958.00	1924.00
2000	4.21	4.91	1.35	6201.00	7310.00	1598.00
2001	3.99	4.86	1.53	5786.00	7181.00	1992.00
2002	3.87	4.71	1.48	6835.00	8482.00	2359.00
2003	3.88			4567.00		
2004	3.28	3.79	0.92	4107.00	4616.00	915.00
2005	2.87	3.49	0.75	3294.43	4213.00	903.00
2006	2.52	2.91	0.68	3568.28	4130.00	844.00
2007	2.28	2.57	0.78	3391.89	3905.04	767.53
2008	1.81	2.02	0.67	2762.40	3128.36	791.49
2009	1.75	2.00	0.60	2776.10	3210.51	779.94
2010	1.63	1.89	0.48	2685.49	3120.51	701.97

注:1991—2003 年工业总产值按 1990 年不变价计算。2004 年及以后工业总产值按当年价格计算。

a)From 1991 to 2003, industrial output value was calculated at 1990 constant prices,and from 2004 at current prices .

7-4 主要年份单位能源、电力消费实现的工业总产值

Gross Industrial Output Value per Unit of Energy and Electricity Consumption in Main Years

单位:元 (yuan)

年份 Year	每吨能源消费实现的工业总产值 Gross Industrial Output Value of Energy Consumption Per Tons			每千瓦小时电力消费实现的工业总产值 Gross Industrial Output Value of Electricity Consumption Per kwh		
	工 业 Industry	重工业 Heavy Industry	轻工业 Light Industry	工 业 Industry	重工业 Heavy Industry	轻工业 Light Industry
1985	834.00	656.00	2415.00	1.12	0.85	4.64
1990	821.67	639.77	2337.33	0.92	0.68	5.14
1995	1922.36	1655.68	5475.75	1.67	1.41	6.49
1996	1946.82	1662.42	7128.62	1.56	1.33	6.10
1997	2019.29	1735.07	6366.07	1.60	1.35	6.59
1998	2055.69	1763.30	6827.96	1.56	1.32	6.32
1999	2090.27	1800.47	6092.94	1.48	1.26	5.20
2000	2375.20	2035.24	7402.35	1.61	1.37	6.26
2001	2506.26	2057.61	6535.95	1.73	1.39	5.02
2002	2651.65	2179.97	6915.11	1.46	1.17	4.24
2003	2575.00			1.89		
2004	3046.39	2649.66	10819.57	2.43	2.17	10.93
2005	3480.83	2865.33	13333.33	3.08	2.37	11.08
2006	3973.79	3438.93	14721.26	2.80	2.42	11.85
2007	4394.33	3894.33	12797.94	2.95	2.56	13.03
2008	5528.46	4948.63	14982.95	3.62	3.20	12.63
2009	5716.50	4999.93	16742.34	3.60	3.11	12.82
2010	6134.97	5291.01	20833.33	3.72	3.20	14.25

注:1991—2003 年工业总产值按 1990 年不变价计算。2004 年及以后工业总产值按当年价格计算。

a)From 1991 to 2003, industrial output value was calculated at 1990 constant prices,and from 2004 at current prices .

7-5 规模以上工业企业能源购进、消费与库存情况

能源名称	Energy	计量单位	Unit
原煤	Coal	吨	ton
其中:1.无烟煤	Anthracite	吨	ton
2.炼焦烟煤	Coking Bituminous Coal	吨	ton
3.一般烟煤	General Bituminous	吨	ton
4.褐煤	Lignite	吨	ton
洗精煤	Clean Coal	吨	ton
其他洗煤	Other Washing Coal	吨	ton
煤制品	Coal Products	吨	ton
焦炭	Coke	吨	ton
其他焦化产品	Other Coking Products	吨	ton
焦炉煤气	Coking Gas	万立方米	10 000 cu.m
高炉煤气	Blast Furnace Gas	万立方米	10 000 cu.m
转炉煤气	Converter Gas	万立方米	10 000 cu.m
发生炉煤气	Producer Gas	万立方米	10 000 cu.m
天然气	Natural Gas	万立方米	10 000 cu.m
液化天然气	Liquefied Natural Gas	吨	ton
煤层气(煤田)	Coal Bed Methane	万立方米	10 000 cu.m
原油	Crude Oil	吨	ton
汽油	Gasoline	吨	ton
煤油	Kerosene	吨	ton
柴油	Diesel Oil	吨	ton
燃料油	Fuel Oil	吨	ton
液化石油气	Liquefied Petroleum Gas	吨	ton
炼厂干气	Net Gas of Plant	吨	ton
石脑油	Naphtha	吨	ton
润滑油	Lubricating Oil	吨	ton
石蜡	Paraffin	吨	ton
溶剂油	Solvent Oil	吨	ton
石油焦	Petroleum coke	吨	ton
石油沥青	Petroleum pitch	吨	ton
其他石油制品	Other Petroleum Products	吨	ton
热力	Heat	百万千焦	million kilo-joule
电力	Electricity	万千瓦时	10 000 kwh
煤矸石用于燃料	Coal Gangue as Fuel	吨	ton
余热余压	Waste Heat and Excess Pressure	百万千焦	million kilo-joule
其他燃料	Other Feul	吨标准煤	tons of SCE
能源合计	Total Energy	吨标准煤	tons of SCE

Energy Purchase, Consumption and Inventory of Industrial Enterprises above Designated Size

年初库存量 Inventory at the Beginning of the Year	购进实物量 Physical quantity purchased	消费量 Consumption		年末库存量 Inventory at the Year End
		合计 Total	工业生产消费 Industry	
5253184	72867373	72735590	72425671	7570736
2004126	11202757	11725167	11718111	1458251
292927	11208966	12884765	12871706	868561
2931575	50371331	48040674	47750870	5243191
664	84320	84984	84984	
387795	4814359	5199500	5191430	504449
168296	692604	943658	933891	44006
4025	23782	25110	23706	2696
21522	443614	490259	490259	42746
6106	64504	72450	72450	7934
	4730	96926	95696	
		23811	23811	
	93407	95651	93953	
	39	39	26	
32599	1834728	1757700	1757693	56837
132	7041	7354	4041	110
10	282	297	268	7
4318	52796	53732	49786	3729
4416	551504	397643	397643	4187
6007	159184	183132	183132	5249
		51973	51973	
	1	1	1	
14456	108908	87035	87035	35347
38862	411632	371722	371664	52226
	2405886	13791238	13140554	
	3887036	4713763	4664083	
	1812155	2307942	2307942	
		1966922	1910422	
157680	1892965	1806825	1806780	217876
		68281589	67946332	

7-5 续表

(2010)

能源名称	Energy	计量单位	Unit	加工转换投入合计 Input in Processing	火力发电 Thermal Power	供热 Heating supply
原煤	Raw Coal	吨	ton	66745471	29164589	2399589
其中:1.无烟煤	Anthracite	吨	ton	11242309		
2.炼焦烟煤	Coking Bituminous Coal	吨	ton	12660185		
3.一般烟煤	General Bituminous	吨	ton	42757993	29164589	2399589
4.褐煤	Lignite	吨	ton	84984		
洗精煤	Clean Coal	吨	ton	3742481	10500	
其他洗煤	Other Washing Coal	吨	ton	758114	429601	80430
煤制品	Coal Products	吨	ton			
焦炭	Coke	吨	ton			
其他焦化产品	Other Coking Products	吨	ton			
焦炉煤气	Coking Gas	万立方米	10 000 cu.m			
高炉煤气	Blast Furnace Gas	万立方米	10 000 cu.m			
转炉煤气	Converter Gas	万立方米	10 000 cu.m			
发生炉煤气	Producer Gas	万立方米	10 000 cu.m			
天然气	Natural Gas	万立方米	10 000 cu.m	12874	2992	2550
液化天然气	Liquefied Natural Gas	吨	ton			
煤层气(煤田)	Coal Bed Methane	万立方米	10 000 cu.m			
原油	Crude Oil	吨	ton	1757693		
汽油	Gasoline	吨	ton			
煤油	Kerosene	吨	ton			
柴油	Diesel Oil	吨	ton	2345	2324	21
燃料油	Fuel Oil	吨	ton	392171	989	
液化石油气	Liquefied Petroleum Gas	吨	ton			
炼厂干气	Refinery Gas	吨	ton			
石脑油	Naphtha	吨	ton			
润滑油	Lubricating Oil	吨	ton			
石蜡	Paraffin	吨	ton			
溶剂油	Solvent Oil	吨	ton			
石油焦	Petroleum coke	吨	ton			
石油沥青	Petroleum pitch	吨	ton			
其他石油制品	Other Petroleum Products	吨	ton	72393		
热力	Heat	百万千焦	million kilo-joule			
电力	Electricity	万千瓦时	10 000 kwh			
煤矸石用于燃料	Coal Gangue as Fuel	吨	ton	1770342	1635836	134505
余热余压	Waste Heat and Excess Pressure	百万千焦	million kilo-joule	801761	801761	
其他燃料	Other Feul	吨标准煤	tons of SCE	59539	4307	22284
能源合计	Total Energy	吨标准煤	tons of SCE	51784951	17883660	1585004

continued

原煤入洗 Washing-dressing Coal	炼焦 Coking	炼油 Petroleum Refining	制气 Gas Making	天然气液化 Natural Gas Liquefying	能源加工转换产出 Output in Processing	回收利用 Recycling
31390069	3689791		101433			
11189083	53226					
10617482	1941269		101433			
9498519	1695296					
84984						
	3731981				17988441	
	248083				7701701	
						9693
					5332081	
					269860	
					105138	
						23811
					5226	
				7332		
					44498	
		1757693				
					766223	
					919793	
		391182			35289	
					141234	134567
					52566	
					104806	
		72393			36910	
					37791996	
					5679656	
					1414019	
						2510880
		32948			2443	
22800978	6145827	3204030	76075	89377	38905246	356482

7-6 主要能源按工业行业分组消费量

（2010）

指 标	Item
总 计	**Total**
采矿业	**Mining**
煤炭开采和洗选业	Mining and Washing of Coal
石油和天然气开采业	Extraction of Petroleum and Natural Gas
黑色金属矿采选业	Mining and Processing of Ferrous Metal Ores
有色金属矿采选业	Mining and Processing of Non-ferrous Metal Ores
非金属矿采选业	Mining and Processing of Non-Metal Ores
其他采矿业	Mining of Other Ores
制造业	**Manufacturing**
农副食品加工业	Processing of Food from Agricultural Products
食品制造业	Manufacture of Foods
饮料制造业	Manufacture of Beverages
烟草制品业	Manufacture of Tobacco
纺织业	Manufacture of Textile
纺织服装、鞋、帽制造业	Manufacture of Textile Wearing Apparel,Footware and Caps
皮革、毛皮、羽毛(绒)及其制品业	Manufacture of Leather,Fur,Feather and Related Products
木材加工及木、竹、藤、棕、草制品业	Processing of Timber,Manufacture of Wood,Bamboo,Rattan,Palm,and Straw Products
家具制造业	Manufacture of Furniture
造纸及纸制品业	Manufacture of Paper and Paper Products
印刷业和记录媒介的复制	Printing,Reproduction of Recording Media
文教体育用品制造业	Manufacture of Articles For Culture,Education and Sport Activities
石油加工、炼焦及核燃料加工业	Processing of Petroleum,Coking,Processing of Nuclear Fuel
化学原料及化学制品制造业	Manufacture of Raw Chemical Materials and Chemical Products
医药制造业	Manufacture of Medicines
化学纤维制造业	Manufacture of Chemical Fibres
橡胶制品业	Manufacture of Rubber
塑料制品业	Manufacture of Plastics
非金属矿物制品业	Manufacture of Non-metallic Mineral Products
黑色金属冶炼及压延加工业	Smelting and Pressing of Ferrous Metals
有色金属冶炼及压延加工业	Smelting and Pressing of Non-ferrous Metals
金属制品业	Manufacture of Metal Products
通用设备制造业	Manufacture of General Purpose Machinery
专用设备制造业	Manufacture of Special purpose Machinery
交通运输设备制造业	Manufacture of Transport Equipment
电气机械及器材制造业	Manufacture of Electrical Machinery and Equipment
通信设备、计算机及其他电子设备制造业	Manufacture of Communication Equipment,Computers and Other Electronic Equipment
仪器仪表及文化、办公用机械制造业	Manufacture of Measuring Instruments and Machinery for Cultural Activity and Office Work
工艺品及其他制造业	Manufacture of Artwork and Other Manufacturing
废弃资源和废旧材料回收加工业	Recycling and Disposal of Waste
电力、燃气及水的生产和供应业	**Electric Power,Gas and Water Production and Supply**
电力、热力的生产和供应业	Production and Supply of Electric Power and Heat Power
燃气生产和供应业	Production and Supply of Gas
水的生产和供应业	Production and Supply of Water

Major Consumption of Energy by Industries

综合能源消费量（吨标准煤）Comprehensive Energy Consumption (tons of SCE)	原 煤(吨) Raw Coal (ton)	无烟煤(吨) Anthracite (ton)	炼焦烟煤(吨) Coking Bituminous Coal(ton)	一般烟煤(吨) General Bituminous (ton)	褐煤(吨) Lignite (ton)
28684605	**72735590**	**11725167**	**12884765**	**48040674**	**84984**
2827055	**26040589**	**11033147**	**8919093**	**6003364**	**84984**
2811592	26024021	11033147	8919093	5986796	84984
1124	1186			1186	
9414	9957			9957	
4925	5425			5425	
15841385	**19064408**	**692020**	**3965671**	**14406716**	
85279	95916		286	95630	
387920	630569	299		630270	
37356	52252			52252	
4546	6042			6042	
13941	15501			15501	
548					
2591	3289			3289	
4912	7050			7050	
828	580			580	
655649	1094129			1094129	
1385	913			913	
2397817	10868542	42845	3602552	7223145	
4402038	3265515	152498	87693	3025324	
235490	430973			430973	
68469	5172			5172	
8292	1191			1191	
2326627	2118045	474593	165817	1477634	
2458814	66611	13244		53367	
2584188	299591		109323	190267	
36558	7222			7222	
71577	32928			32928	
31320	40083			40083	
739	897			897	
21799	15369	8541		6828	
2693	6030			6030	
11					
10016165	**27630593**			**27630593**	
9961061	27469552			27469552	
23707					
31396	161041			161041	

7-6 续表 1

(2010)

指 标	Item
总　计	**Total**
采矿业	**Mining**
煤炭开采和洗选业	Mining and Washing of Coal
石油和天然气开采业	Extraction of Petroleum and Natural Gas
黑色金属矿采选业	Mining and Processing of Ferrous Metal Ores
有色金属矿采选业	Mining and Processing of Non-ferrous Metal Ores
非金属矿采选业	Mining and Processing of Non-Metal Ores
其他采矿业	Mining of Other Ores
制造业	**Manufacturing**
农副食品加工业	Processing of Food from Agricultural Products
食品制造业	Manufacture of Foods
饮料制造业	Manufacture of Beverages
烟草制品业	Manufacture of Tobacco
纺织业	Manufacture of Textile
纺织服装、鞋、帽制造业	Manufacture of Textile Wearing Apparel,Footware and Caps
皮革、毛皮、羽毛(绒)及其制品业	Manufacture of Leather,Fur,Feather and Related Products
木材加工及木、竹、藤、棕、草制品业	Processing of Timber,Manufacture of Wood,Bamboo,Rattan,Palm,and Straw Products
家具制造业	Manufacture of Furniture
造纸及纸制品业	Manufacture of Paper and Paper Products
印刷业和记录媒介的复制	Printing,Reproduction of Recording Media
文教体育用品制造业	Manufacture of Articles For Culture,Education and Sport Activities
石油加工、炼焦及核燃料加工业	Processing of Petroleum,Coking,Processing of Nuclear Fuel
化学原料及化学制品制造业	Manufacture of Raw Chemical Materials and Chemical Products
医药制造业	Manufacture of Medicines
化学纤维制造业	Manufacture of Chemical Fibres
橡胶制品业	Manufacture of Rubber
塑料制品业	Manufacture of Plastics
非金属矿物制品业	Manufacture of Non-metallic Mineral Products
黑色金属冶炼及压延加工业	Smelting and Pressing of Ferrous Metals
有色金属冶炼及压延加工业	Smelting and Pressing of Non-ferrous Metals
金属制品业	Manufacture of Metal Products
通用设备制造业	Manufacture of General Purpose Machinery
专用设备制造业	Manufacture of Special purpose Machinery
交通运输设备制造业	Manufacture of Transport Equipment
电气机械及器材制造业	Manufacture of Electrical Machinery and Equipment
通信设备、计算机及其他电子设备制造业	Manufacture of Communication Equipment,Computers and Other Electronic Equipment
仪器仪表及文化、办公用机械制造业	Manufacture of Measuring Instruments and Machinery for Cultural Activity and Office Work
工艺品及其他制造业	Manufacture of Artwork and Other Manufacturing
废弃资源和废旧材料回收加工业	Recycling and Disposal of Waste
电力、燃气及水的生产和供应业	**Electric Power,Gas and Water Production and Supply**
电力、热力的生产和供应业	Production and Supply of Electric Power and Heat Power
燃气生产和供应业	Production and Supply of Gas
水的生产和供应业	Production and Supply of Water

continued

洗精煤(吨) Clean Coal (ton)	其他洗煤(吨) Other Washing Coal (ton)	煤制品(吨) Coal Products (ton)	焦 炭 (吨) Coke (ton)	其他焦化产品(吨) Other Coking Products (ton)	焦炉煤气(万立方米) Coking Gas (10 000 cu.m)
5199500	**943658**	**25110**	**490259**	**72450**	**96926**
95265	**47565**			**9391**	
93259	47565			9391	
2006					
5104235	**401375**	**23910**	**490259**	**63059**	**96926**
	132				
	36				
3418382	225161		13000	13770	65271
773806	48094	1391	38961	11169	1669
	84473				
611153	11313	380		32253	
300878	6842	22025	412498	5868	9306
			9484		20680
	25324		32		
17		114	15922		
			131		
			231		
	494718	**1200**			
	494718	1200			

7-6 续表 2

(2010)

指 标	Item
总　计	**Total**
采矿业	**Mining**
煤炭开采和洗选业	Mining and Washing of Coal
石油和天然气开采业	Extraction of Petroleum and Natural Gas
黑色金属矿采选业	Mining and Processing of Ferrous Metal Ores
有色金属矿采选业	Mining and Processing of Non-ferrous Metal Ores
非金属矿采选业	Mining and Processing of Non-Metal Ores
其他采矿业	Mining of Other Ores
制造业	**Manufacturing**
农副食品加工业	Processing of Food from Agricultural Products
食品制造业	Manufacture of Foods
饮料制造业	Manufacture of Beverages
烟草制品业	Manufacture of Tobacco
纺织业	Manufacture of Textile
纺织服装、鞋、帽制造业	Manufacture of Textile Wearing Apparel,Footware and Caps
皮革、毛皮、羽毛(绒)及其制品业	Manufacture of Leather,Fur,Feather and Related Products
木材加工及木、竹、藤、棕、草制品业	Processing of Timber,Manufacture of Wood,Bamboo,Rattan,Palm,and Straw Products
家具制造业	Manufacture of Furniture
造纸及纸制品业	Manufacture of Paper and Paper Products
印刷业和记录媒介的复制	Printing,Reproduction of Recording Media
文教体育用品制造业	Manufacture of Articles For Culture,Education and Sport Activities
石油加工、炼焦及核燃料加工业	Processing of Petroleum,Coking,Processing of Nuclear Fuel
化学原料及化学制品制造业	Manufacture of Raw Chemical Materials and Chemical Products
医药制造业	Manufacture of Medicines
化学纤维制造业	Manufacture of Chemical Fibres
橡胶制品业	Manufacture of Rubber
塑料制品业	Manufacture of Plastics
非金属矿物制品业	Manufacture of Non-metallic Mineral Products
黑色金属冶炼及压延加工业	Smelting and Pressing of Ferrous Metals
有色金属冶炼及压延加工业	Smelting and Pressing of Non-ferrous Metals
金属制品业	Manufacture of Metal Products
通用设备制造业	Manufacture of General Purpose Machinery
专用设备制造业	Manufacture of Special purpose Machinery
交通运输设备制造业	Manufacture of Transport Equipment
电气机械及器材制造业	Manufacture of Electrical Machinery and Equipment
通信设备、计算机及其他电子设备制造业	Manufacture of Communication Equipment,Computers and Other Electronic Equipment
仪器仪表及文化、办公用机械制造业	Manufacture of Measuring Instruments and Machinery for Cultural Activity and Office Work
工艺品及其他制造业	Manufacture of Artwork and Other Manufacturing
废弃资源和废旧材料回收加工业	Recycling and Disposal of Waste
电力、燃气及水的生产和供应业	**Electric Power,Gas and Water Production and Supply**
电力、热力的生产和供应业	Production and Supply of Electric Power and Heat Power
燃气生产和供应业	Production and Supply of Gas
水的生产和供应业	Production and Supply of Water

continued

高炉煤气（万立方米） Blast Furnace Gas (10 000 cu.m)	天然气(万立方米) Natural Gas (10 000 cu.m)	液化天然气(吨) Liquefied Natural Gas (ton)	原油(吨) Crude Oil (ton)	汽油(吨) Gasoline (ton)	煤油(吨) Kerosene (ton)
23811	**95651**	**39**	**1757700**	**7354**	**297**
	2294			**1532**	**21**
	2294			1507	21
				20	
				5	
23811	**80482**	**28**	**1757700**	**4839**	**275**
	78	2	2	413	23
	8	18		272	
				71	
	27				
	10			207	
	42			41	
				51	
				16	
	5	2		73	
	129			79	2
	13		5	63	
	63373		1757693	350	
2450	564			329	3
				54	
	18			108	
	1771	4		523	7
21361	213			147	3
	12283			361	101
	188			286	
	1384	2		549	127
	179			171	3
				53	
	193			440	7
	3			180	
	12875	**11**		**983**	**2**
	5542	11		538	
	7332			217	
	1			229	2

7-6 续表 3

(2010)

指 标	Item
总 计	**Total**
采矿业	**Mining**
煤炭开采和洗选业	Mining and Washing of Coal
石油和天然气开采业	Extraction of Petroleum and Natural Gas
黑色金属矿采选业	Mining and Processing of Ferrous Metal Ores
有色金属矿采选业	Mining and Processing of Non-ferrous Metal Ores
非金属矿采选业	Mining and Processing of Non-Metal Ores
其他采矿业	Mining of Other Ores
制造业	**Manufacturing**
农副食品加工业	Processing of Food from Agricultural Products
食品制造业	Manufacture of Foods
饮料制造业	Manufacture of Beverages
烟草制品业	Manufacture of Tobacco
纺织业	Manufacture of Textile
纺织服装、鞋、帽制造业	Manufacture of Textile Wearing Apparel,Footware and Caps
皮革、毛皮、羽毛(绒)及其制品业	Manufacture of Leather,Fur,Feather and Related Products
木材加工及木、竹、藤、棕、草制品业	Processing of Timber,Manufacture of Wood,Bamboo,Rattan,Palm,and Straw Products
家具制造业	Manufacture of Furniture
造纸及纸制品业	Manufacture of Paper and Paper Products
印刷业和记录媒介的复制	Printing,Reproduction of Recording Media
文教体育用品制造业	Manufacture of Articles For Culture,Education and Sport Activities
石油加工、炼焦及核燃料加工业	Processing of Petroleum,Coking,Processing of Nuclear Fuel
化学原料及化学制品制造业	Manufacture of Raw Chemical Materials and Chemical Products
医药制造业	Manufacture of Medicines
化学纤维制造业	Manufacture of Chemical Fibres
橡胶制品业	Manufacture of Rubber
塑料制品业	Manufacture of Plastics
非金属矿物制品业	Manufacture of Non-metallic Mineral Products
黑色金属冶炼及压延加工业	Smelting and Pressing of Ferrous Metals
有色金属冶炼及压延加工业	Smelting and Pressing of Non-ferrous Metals
金属制品业	Manufacture of Metal Products
通用设备制造业	Manufacture of General Purpose Machinery
专用设备制造业	Manufacture of Special purpose Machinery
交通运输设备制造业	Manufacture of Transport Equipment
电气机械及器材制造业	Manufacture of Electrical Machinery and Equipment
通信设备、计算机及其他电子设备制造业	Manufacture of Communication Equipment,Computers and Other Electronic Equipment
仪器仪表及文化、办公用机械制造业	Manufacture of Measuring Instruments and Machinery for Cultural Activity and Office Work
工艺品及其他制造业	Manufacture of Artwork and Other Manufacturing
废弃资源和废旧材料回收加工业	Recycling and Disposal of Waste
电力、燃气及水的生产和供应业	**Electric Power,Gas and Water Production and Supply**
电力、热力的生产和供应业	Production and Supply of Electric Power and Heat Power
燃气生产和供应业	Production and Supply of Gas
水的生产和供应业	Production and Supply of Water

continued

柴油(吨) Diesel Oil (ton)	燃料油(吨) Fuel Oil (ton)	液化石油气 (吨) Lequefied Petroleum Gas (ton)	炼厂干气 (吨) Refinery Gas (ton)	润滑油(吨) Lubricating Oil (ton)	石油焦(吨) Petroleum coke (ton)
53732	**397643**	**183132**	**51973**	**1**	**87035**
23023				**1**	
22425				1	
598					
27457	**395911**	**183132**	**51973**		**87035**
199					
287					
54					
72					
43					
46					
567	376				
36					
3622	395522	183125	51973		
2874					
152					
251					
13461	5				
1428					8110
3353					78925
130					
470		7			
175	8				
35					
202					
3252	**1732**				
3226	1732				
11					
15					

7-6 续表 4

(2010)

指　　标	Item
总　　计	**Total**
采矿业	**Mining**
煤炭开采和洗选业	Mining and Washing of Coal
石油和天然气开采业	Extraction of Petroleum and Natural Gas
黑色金属矿采选业	Mining and Processing of Ferrous Metal Ores
有色金属矿采选业	Mining and Processing of Non-ferrous Metal Ores
非金属矿采选业	Mining and Processing of Non-Metal Ores
其他采矿业	Mining of Other Ores
制造业	**Manufacturing**
农副食品加工业	Processing of Food from Agricultural Products
食品制造业	Manufacture of Foods
饮料制造业	Manufacture of Beverages
烟草制品业	Manufacture of Tobacco
纺织业	Manufacture of Textile
纺织服装、鞋、帽制造业	Manufacture of Textile Wearing Apparel,Footware and Caps
皮革、毛皮、羽毛(绒)及其制品业	Manufacture of Leather,Fur,Feather and Related Products
木材加工及木、竹、藤、棕、草制品业	Processing of Timber,Manufacture of Wood,Bamboo,Rattan,Palm,and Straw Products
家具制造业	Manufacture of Furniture
造纸及纸制品业	Manufacture of Paper and Paper Products
印刷业和记录媒介的复制	Printing,Reproduction of Recording Media
文教体育用品制造业	Manufacture of Articles For Culture,Education and Sport Activities
石油加工、炼焦及核燃料加工业	Processing of Petroleum,Coking,Processing of Nuclear Fuel
化学原料及化学制品制造业	Manufacture of Raw Chemical Materials and Chemical Products
医药制造业	Manufacture of Medicines
化学纤维制造业	Manufacture of Chemical Fibres
橡胶制品业	Manufacture of Rubber
塑料制品业	Manufacture of Plastics
非金属矿物制品业	Manufacture of Non-metallic Mineral Products
黑色金属冶炼及压延加工业	Smelting and Pressing of Ferrous Metals
有色金属冶炼及压延加工业	Smelting and Pressing of Non-ferrous Metals
金属制品业	Manufacture of Metal Products
通用设备制造业	Manufacture of General Purpose Machinery
专用设备制造业	Manufacture of Special purpose Machinery
交通运输设备制造业	Manufacture of Transport Equipment
电气机械及器材制造业	Manufacture of Electrical Machinery and Equipment
通信设备、计算机及其他电子设备制造业	Manufacture of Communication Equipment,Computers and Other Electronic Equipment
仪器仪表及文化、办公用机械制造业	Manufacture of Measuring Instruments and Machinery for Cultural Activity and Office Work
工艺品及其他制造业	Manufacture of Artwork and Other Manufacturing
废弃资源和废旧材料回收加工业	Recycling and Disposal of Waste
电力、燃气及水的生产和供应业	**Electric Power,Gas and Water Production and Supply**
电力、热力的生产和供应业	Production and Supply of Electric Power and Heat Power
燃气生产和供应业	Production and Supply of Gas
水的生产和供应业	Production and Supply of Water

continued

其他石油制品(吨) Other Petroleum Products (ton)	热力(百万千焦) Heat (million kilo-joule)	电力 (万千瓦时) Electricity (10 000 kwh)	煤矸石用于燃料(吨) Coal Gangue as Fuel (ton)	余热余压 (百万千焦) Waste Heat andExcess Pressure (million kilo-joule)	其他燃料 (吨标准煤) Other Feul (tons of SCE)
371722	**13791238**	**4713763**	**2307942**	**1966922**	**1806825**
3245		**142964**	**935199**		
3245		142208	935199		
		201			
		404			
		151			
368476	**13791238**	**4183547**	**1226541**	**1966922**	**1780234**
	223779	15959			
	5156722	44489			
		3309			
		626			
1		2703			
		79			
		189			
		401			
		267			
	1118469	88898	44685		
		557			
75976		94271	471982		27288
22	3784087	1127809	537449	1165161	912950
	2581889	44940			
		10427			
		5819			
	119199	222461	172425	801761	31642
926		923286			755699
291503	749834	1548590			52655
		10795			
49	49049	21591			
		6887			
		143			
	8210	8009			
		1035			
		9			
		387252	**146201**		**26591**
		364550	146201		26591
		10117			
		12586			

7-7 各市县规模以上工业能源消耗表

Consumption of Energy on Industry above Designated Size by City and Country

(2010)

指 标	Item	综合能源消费量 (吨标准煤) Overall Energy Consumption (tons of SCE)	产值单耗 (吨标准煤/万元) Energy Consumption per Unit of Gross Industrial Output Value (tons of SCE/10 000 yuan)
全区总计	**Total**	**28684605**	**1.63**
银 川 市	**Yinchuan**	**8602015**	**1.12**
银 川 市	District	3776447	1.19
永 宁 县	Yongning	691099	0.91
贺 兰 县	Helan	258191	0.38
灵 武 市	Lingwu	3876278	1.25
石嘴山市	**Shizuishan**	**9998000**	**1.98**
石嘴山市	District	7628811	2.05
平 罗 县	Pingluo	2369189	1.80
吴 忠 市	**Wuzhong**	**6798978**	**2.25**
利 通 区	Litong	691216	0.83
红寺堡区	Hongsipu	290	0.03
盐 池 县	Yanchi	220356	1.02
同 心 县	Tongxin	1837	0.01
青铜峡市	Qingtongxia	5885279	3.32
固 原 市	**Guyuan**	**68097**	**0.44**
原 州 区	Yuanzhou	4696	0.10
西 吉 县	Xiji	1711	0.07
隆 德 县	Longde	4587	1.00
泾 源 县	Jingyuan	55023	2.20
彭 阳 县	Pengyang	2080	0.04
中 卫 市	**Zhongwei**	**3217503**	**2.00**
沙坡头区	Shapotou	1569905	2.02
中 宁 县	Zhongning	1635203	2.01
海 原 县	Haiyuan	12395	0.67

注:综合能源消费量按当量值计算,石嘴山市和灵武市产值和综合能源消费量中包括神华宁煤集团有限公司的数据。

a)Data of overall energy consumption were calculated on the basis of the data on average coal consumption in generating electric power in the same year.Data of Shizuishan District and Lingwu included Shenhua NCPP limited liability corporations.

主要统计指标解释

[能源生产总量] 指一定时期内一次能源生产量的总和，是观察能源生产水平、规模、构成和发展速度的总量指标。一次能源生产量包括原煤、原油、天然气、水电及其他动力能（如风能、地热能等）发电量。不包括低热值燃料生产量、生物质能、太阳能等利用和由一次能源加工转换而成的二次能源产量。

[能源消费总量] 指一定时期内物质生产部门，非物质生产部门和生活消费的各种能源的总和，是观察能源消费水平、构成和增长速度的总量指标。能源消费总量包括原煤及其制品、天然气、电力。不包括低热值燃料、生物质能和太阳能等的利用。能源消费总量分为三部分。即终端能源消费量、能源加工转换损失量和损失量。

【第八篇】Chapter 8

财政金融保险

Government Finance, Financial Intermediation and Insurance

责任编辑:张学武

资料整理:张学武　圣希明　万自梅　杨　柳　王丹玥

Coordinator:Zhang Xuewu

Data Compilation: Zhang Xuewu　Sheng Ximing　Wan Zimei　Yang Liu　Wang Danyue

8-1 财政收支决算总表

Financial Revenue and Expenditure Balance Sheet

单位:万元 （2010） （10 000 yuan）

指 标	Item	2010
本年财政收入合计	**Total Government Revenue This Year**	**1535507**
税收收入	**Total Tax Revenue**	**1267854**
1、增值税	Value-added Tax	202475
2、营业税	Business Tax	562367
3、企业所得税	Corporate Income Tax	140805
4、企业所得税退税	Corporate Income Tax Rebate	
5、个人所得税	Individual Income Tax	55737
6、资源税	Resource Tax	19226
7、固定资产投资方向调节税	Regulatory Taxes on Investment in Fixed Assets	
8、城市维护建设税	City Maintenance and Construction Tax	81039
9、房产税	House Property Tax	23508
10、印花税	Stamp Tax	20983
11、城镇土地使用税	Urban Land Use Tax	44028
12、土地增值税	Land Appreciation Tax	16704
13、车船税	Tax on Vehicles and Boat Operation	9093
14、耕地占用税	Farm Land Occupation Tax	2383
15、契税	Deed Tax	89394
16、烟叶税	Tobacco Leaf Tax	112
17、其他税收收入	Other Tax Revenue	
非税收入	**Total Non-tax Revenue**	**267653**
18、专项收入	Special Program Recipts	89225
19、行政事业性收费收入	Charge of Administrative and Institutional Units	94403
20、罚没收入	Penalty Receipts	41597
21、国有资本经营收入	Operating Income of State-owned Capital	5722
22、国有资源(资产)有偿使用收入	Income from National Resources Paid Using	27066
23、其他收入	Other Income	9640

8-1 续表 continued

单位:万元 (10 000 yuan)

指 标	Item	2010
本年财政支出合计	**Total Government Expenditure This Year**	**5575285**
1、一般公共服务	Expenditure for General Public Services	517664
2、外交	Expenditure for Foreign Affairs	
3、国防	Expenditure for National Defense	6262
4、公共安全	Expenditure for Public Security	314890
5、教育	Expenditure for Education	815869
6、科学技术	Expenditure for Science and Technology	59666
7、文化体育与传媒	Expenditure for Culture,Sports and Media	160933
8、社会保障和就业	Expenditure for Social Safety Net and Employment Effort	350312
9、医疗卫生	Expenditure for Medical and Health Care	340180
10、环境保护	Expenditure for Environment Protection	307857
11、城乡社区事务	Expenditure for Urban and Rural Community Affairs	618913
12、农林水事务	Expenditure for Agriculture,Forestry and Water Conservancy	942262
13、交通运输	Expenditure for Transportation	218039
14、资源勘探电力信息等事务	Expenditure for Resource Exploration,Electricity and Information Technology	216629
15、商业服务业等事务	Expenditure for Business Service Industry Affairs	103342
16、金融监管等事务支出	Expenditure for Financial Supervision Affairs	9315
17、地震灾后恢复重建支出	Expenditure for Post-Earthquakes Recovery and Reconstruction	
18、国土资源气象等事务	Expenditure for Land Resources And Meteorology Affairs	71484
19、住房保障支出	Expenditure for Affordable Houses	280463
20、粮油物资储备管理事务	Expenditure for Reserve for Cereals and Oils	22881
21、预备费	Expenditure for Rerveed Fee	
22、国债还本付息支出	Interest Payments on Government Bonds	82100
23、其他支出	Other Expenditure	136224

8-2 主要年份地方财政收入
Local Financial Revenue in Main Years

单位:万元 (10 000 yuan)

年份 Year	地方财政收入 Local Government Revenue	工商税收 Industrial and Commercial Tax	农牧业税 Agriculture and Animal Husbandry Tax	企业所得税 Corporate Income Tax	国有企业亏损补贴 Subsidies to Loss-making Enterprises	企业所得税退税 Corporate Income Tax Rebate
1955	2891	1028	1155			
1958	5774	1683	1680			
1960	10469	2763	887			
1970	9894	5006	1049			
1975	22324	10172	963			
1978	31603	13163	995			
1980	20353	13514	827			
1985	29075	25655	1092	8900	-9999	
1990	62307	56481	2649	8805	-12266	-1668
1995	89792	67672	4901	7690	-1817	-532
1996	126807	84079	9948	11033	-1588	-465
1997	140738	97673	11832	15071	-1955	-2309
1998	177525	114752	13587	12845	-1888	-4673
1999	188393	126165	12796	18775	-2153	-5062
2000	208244	148958	9318	26147	-967	-2464
2001	275745	163307	10797	60084	-557	-852
2002	264714	192083	8757	18412	-241	
2003	300310	219847	7480	16846	-11	
2004	374677	276898	5440	21364		
2005	477216	341609	333	26077		
2006	613570	417266		32246		-229

8-2 续表 continued

单位:万元 (10 000 yuan)

年份 Year	地方财政收入 Local Government Revenue	税收收入 Total Tax Revenue	增值税 Value-added Tax	营业税 Business Tax	企业所得税 Corporate Income Tax	非税收入 Total Non-tax Revenue
2007	800312	587871	141997	230485	45767	212441
2008	950090	777432	183793	300884	62400	172658
2009	1115755	907389	168098	389831	92946	208366
2010	1535507	1267854	202475	562367	140805	267653

注:2007年以后财政收支科目有变化。

a)Since 2007, the item of local government revenue was adjusted.

8-3 主要年份地方财政支出

Local Financial Expenditure in Main Years

单位:万元 (10 000 yuan)

年 份 Year	地方财政支出 Local Government Expenditure	基本建设 Capital Construction	企业技术改造 Technological Upgrading of Enterprises	支援农业 Expenditure for Surporting Rural Production	工交商事业 Industry, Transportation and Commerce	科教文卫 Science, Education, Culture and Health Care	城市维护 City Maint-enance	社会抚恤救济 Social pension relief	行政管理 Administra-tive
1955	3802				2505	411		111	773
1958	12434	6254		621	2796	888	6	88	1012
1960	30270	17851		3709	1388	2060	17	427	1540
1965	11171	3708	78	1722	185	1988	286	284	1368
1970	16855	8226		1299	163	2500	365	240	1692
1975	37050	13840		5553	442	4990	543	579	2467
1978	57755	21982	2979	9574	653	7569	592	1082	2923
1980	57528	16719	3582	13489	800	10052	1230	1554	4770
1985	98526	22024	4067	15027	1987	22183	3375	1900	7118
1990	149616	14610	5322	20015	2177	36659	4714	2099	12660
1995	229963	15941	7021	28698	3390	65413	7408	3473	27619
1996	295196	26209	15355	35463	3955	73312	9499	4205	27890
1997	336300	27550	15508	39252	4043	78182	12658	5010	31519
1998	451239	61890	13575	45505	4313	97678	14217	7066	37233
1999	495346	60595	22373	45080	5202	109454	15859	7304	39588
2000	608380	93938	32790	48034	5708	127026	17710	8843	45521
2001	935787	379901	51947	69084	11489	188948	19515	20464	60843
2002	1145650	255018	32809	82093	11109	199973	24797	21318	69594
2003	1057793	203563	39719	86025	13276	220032	27957	26717	77326
2004	1230177	205213	32627	183572	16152	241744	43181	27844	87671
2005	1602509	384608	33440	175688	21129	293055	59852	35847	106901
2006	1932089	389413	40952	212857	29599	369315	81276	52366	129959

8-3 续表 continued

单位:万元 (10 000 yuan)

年 份 Year	地方财政支出 Local Government Expenditure	一般公共服务 Expenditure for General Public Services	教育 Expenditure for Education	文化体育与传媒 Expenditure for Culture, Sports and Media	社会保障和就业 Expenditure for Social Safety Net and Employment Effort	医疗卫生 Expenditure for Medical and Health Care	城乡社区事务 Expenditure for Urban and Rural Community Affairs	农林水事务 Expenditure for Agriculture, Forestry and Water Conservancy	工业商业金融等事务 Expenditure for Industry, Commerce and Banking
2007	2418545	383921	473068	70629	254973	114174	174252	279206	163873
2008	3246064	423470	540553	70925	370490	171073	333778	451996	220537
2009	4323624	469657	635025	90306	476765	229169	425640	686819	422695
2010	5575285	517664	815869	160933	350312	340180	618913	942262	786214

注:2007 年以后财政收支科目有变化。

a)Since 2007, the item of local government expenditure was adjusted.

8-4 地方财政收支占地区生产总值比重

Proportion of Government Revenue and Expenditure to GDP

年份 Year	地方财政收入 (亿元) Local Government Revenue (100 million yuan)	地方财政支出 (亿元) Local Government Expenditure (100 million yuan)	地区生产总值 (亿元) Gross Demestic Products (100 million yuan)	地方财政收入占生产总值比重(%) Ratio of Local Government Revenue to GDP(%)	地方财政支出占生产总值比重(%) Retio of Local Government Expenditure to GDP(%)
1978	3.16	5.78	13.00	24.31	44.43
1979	3.05	6.30	14.36	21.24	43.85
1980	2.04	5.75	15.96	12.78	36.04
1985	2.91	9.85	30.27	9.61	32.55
1986	3.66	12.02	34.54	10.60	34.80
1987	4.11	11.84	39.63	10.37	29.89
1988	5.09	13.82	50.29	10.12	27.47
1989	6.33	14.66	59.21	10.69	24.76
1990	6.23	14.96	64.84	9.61	23.07
1991	6.81	16.05	71.78	9.49	22.36
1992	7.73	15.86	83.14	9.30	19.08
1993	10.85	19.40	104.49	10.38	18.56
1994	7.17	19.38	136.26	5.26	14.22
1995	8.98	23.00	175.19	5.13	13.13
1996	12.68	29.52	202.90	6.25	14.55
1997	14.07	33.63	224.59	6.26	14.97
1998	17.75	45.12	245.44	7.23	18.38
1999	18.84	49.53	264.58	7.12	18.72
2000	20.82	60.84	295.02	7.06	20.62
2001	27.57	93.58	337.44	8.17	27.73
2002	26.47	114.57	377.16	7.02	30.38
2003	30.03	105.78	445.36	6.74	23.75
2004	37.47	123.02	537.11	6.98	22.90
2005	47.72	160.25	612.61	7.79	26.16
2006	61.36	193.21	725.90	8.45	26.62
2007	80.03	241.85	919.11	8.71	26.31
2008	95.01	324.61	1203.92	7.89	26.96
2009	111.58	432.36	1353.31	8.24	31.95
2010	153.55	557.53	1689.65	9.09	33.00

8-5 金融机构信贷资金平衡表
Balance Sheet of Credit Funds of Financial Institutions

单位:万元 (10 000 yuan)

指　　标	Item	2005	2009	2010
资金来源合计	**Funds Sources**	**10692955**	**20721784**	**25888025**
各项存款	**Total Deposits**	**9853407**	**20584908**	**25736402**
企业存款	Deposits by Enterprises	2922681	5915879	7227780
财政存款	Fiscal Deposits	471202	1821471	1941461
机关团体存款	Deposits of Government Departments & Organizations	225746	1120792	2758149
农业存款	Agricultural Deposits	277465	536692	148002
信托类存款	Trust Deposits	167993		
其他类存款	Other Deposits	667743	1492057	1927943
金融债券	**Financial Bond**	**2**		
其　他	**Other Items**	**219889**	**-3055945**	**-3334985**
资金运用合计	**Funds Uses**	**10692955**	**20721784**	**25888025**
各项贷款	**Total Loans**	**8338821**	**19174049**	**23987031**
短期贷款	Short-term Loans	3443789	6834129	7029246
工业贷款	Loans to Industrial Sector	906676	2051483	
商业贷款	Loans to Commercial Sector	495288	537372	
建筑业贷款	Loans to Construction Sector	58377	97397	
农业贷款	Loans to Agricultural Sector	997173	1719871	
乡镇企业贷款	Loans to township Enterprises	48186	1220	
私营企业及个体贷款	Loans to Private Enterprises and Self-employed Individuals	158451	663402	
三资企业贷款	Loans to Enterprises with Foreign Funds	760	3770	
其他短期贷款	Other Short-term Loans	778878	1759614	
中长期贷款	Medium & Long-term Loans	4586352	11565405	16081625
信托类贷款	Trust Loans	24323		
有价证券及投资	**Portfolio Investment**	**943013**	**931805**	**1065632**
金银占款	**Position for Bullion & Silver Purchase**			
外汇占款	**Position for Foreign Exchanges Pruchase**	**7517**	**4229**	**5094**
财政借款	**Advances to Treasury**			

注:金融机构包括人民银行、政策性银行、国有独资商业银行、邮政储蓄机构、其他商业银行、城市合作银行、农村信用社、城市信用社、信托投资公司、租赁公司、财务公司等。

a)Financial Institutions in the tabal include the People´s Bank of China,policy banks,state sole funded commercial banks,postal savings institutions, other commericial banks,urban cooperative banks,rural credit cooperatives,urban credit cooperatives, financial trust and investment companies,financial leasing companies,finance companies.

8-6 主要年份金融机构各项存款余额

Total Deposits of Financial Institutions in Main Years

单位:亿元 (100 million yuan)

年份 Year	各项存款 Total Deposits	企业存款 Deposits by Enterprises	储蓄存款 Saving Deposits
1991	69.13	15.52	40.76
1992	86.25	20.24	50.32
1993	102.76	23.63	61.45
1994	140.44	34.17	85.68
1995	180.19	45.51	115.19
1996	223.99	59.28	144.80
1997	262.41	75.77	168.86
1998	295.82	82.98	192.37
1999	343.87	98.62	211.60
2000	396.49	125.59	229.35
2001	468.87	152.73	257.97
2002	578.16	193.27	306.75
2003	746.35	247.66	377.70
2004	841.16	260.31	425.52
2005	985.34	292.27	509.50
2006	1131.22	343.49	581.14
2007	1278.52	410.32	613.96
2008	1590.58	433.29	794.06
2009	2058.49	591.59	967.72
2010	2573.64	722.78	1170.25

8-7 主要年份金融机构各项贷款余额

Total Loans of Financial Institutions in Main Years

单位:亿元 (100 million yuan)

年份 Year	各项贷款 Total Loans	短期贷款 Short-term Loans	中长期贷款 Medium & Long-term Loans	票据融资 Bill Financing
1993	135.32	87.09	38.59	
1994	170.49	101.85	55.78	
1995	210.49	128.77	69.05	
1996	256.08	156.01	85.87	
1997	303.04	190.17	105.22	
1998	339.98	202.81	129.09	
1999	366.36	212.15	143.95	
2000	383.23	206.91	164.54	
2001	441.39	202.12	229.56	3.57
2002	524.56	230.69	281.22	10.02
2003	681.61	288.02	365.08	25.14
2004	762.14	308.39	425.37	25.24
2005	833.88	344.38	458.63	26.87
2006	983.37	410.26	532.52	38.94
2007	1184.57	472.84	650.65	59.71
2008	1402.56	534.14	796.53	71.36
2009	1917.40	683.41	1156.54	77.26
2010	2398.70	702.92	1608.16	87.38

8-8 按定期活期划分的居民储蓄存款余额

Urban and Rural Household Saving Deposits by Time

指　标	Item	1978	1980	1985	1990	1995	2000	2005	2009	2010
居民储蓄存款余额(万元)	Saving Deposits (10 000 yuan)	8989	17134	80353	327998	1151902	2293503	5094978	9677192	11702545
定期储蓄存款	Time Deposits	6227	13650	65459	273103	966998	1605935	3315979	5159047	5774443
活期储蓄存款	Demand Deposits	2762	3484	14894	54895	184904	687568	1778999	4518145	5928102
全区人均储蓄存款余额(元)	Savings Deposits Per Capita (yuan)	25.6	46.4	195.6	704.5	2267.0	4179.1	8607.0	15572.0	18644.5

8-9 保险公司主要业务指标

Major Statistics for Insurance Company

单位:万元　　(10 000 yuan)

指 标	Item	2001	2005	2009	2010
保费收入	Premium	62362	157392	392775	527466
财产险	Property Insurance	19917	45838	118414	175020
机动车辆保险	Motor Vehicle Insurance	14537	37580	100479	153046
人身意外伤害险	Personal Accident Insurance	3343	5688	11101	14249
健康险	Health Insurance	1350	22368	38778	43625
寿险	Life Insurance	37753	83498	224482	294573
各项赔款和给付	Payment	16223	38727	96501	116770
财产险	Property Insurance	9199	22375	58284	76511
机动车辆保险	Motor Vehicle Insurance	6783	18506	50439	66179
人身意外伤害险	Personal Accident Insurance	1158	1494	2793	3544
健康险	Health Insurance	886	5983	11054	12730
寿险	Life Insurance	4980	8875	24369	23985
退保金	Insurance Withdrawn	1926	8487	14168	21774
手续费支出	Service Charges	1544	4714	42046	53424
人身保险业务手续费支出	Personal Insurance	253	847		
佣金支出	Expenditure for Commission	5476	11406		
营业费用	Operating Expenses	8284	15634	39944	51764
人身保险业务营业费用	Personal Insurance	2698	8073		
利润(税前)	Profits(before tax)	9341	11190	-12655	-21923
银行存款	Bank Deposits	18050	16776	7819	19731
活期	Demand	7553	11776	7819	19731
定期	Time	10497	5000		
应收保费	Premiums receivable	109	5462	12303	15598
资产总额	Total Assets	116768	340058	816904	1060625
所有者权益	Owners'Equity	-3260	-10015	-81007	-100037

8-10 各地市县金融机构存贷款余额

The Balance of Deposits/Loans of Financial Institutions by City and Country

单位:亿元　　　　（2010）　　　　(100 million yuan)

地区	Region	存款 Deposits	储蓄存款 Saving Deposits	贷款 Loans
全区总计	**Total**	**2573.64**	**1170.25**	**2398.70**
银 川 市	**Yinchuan**	**1597.96**	**634.45**	**1641.06**
银 川 市	District	1417.36	525.06	1426.09
永 宁 县	Yongning	48.55	33.70	48.88
贺 兰 县	Helan	42.06	25.10	33.63
灵 武 市	Lingwu	90.00	50.60	132.47
石嘴山市	**Shizuishan**	**359.04**	**206.79**	**270.07**
石嘴山市	District	294.65	161.71	225.38
平 罗 县	Pingluo	64.40	45.08	44.69
吴 忠 市	**Wuzhong**	**269.68**	**148.95**	**243.51**
利 通 区	Litong	126.33	69.92	103.16
红寺堡区	Hongsipu	3.49	2.31	3.17
盐 池 县	Yanchi	30.71	16.19	15.06
同 心 县	Tongxin	23.48	12.90	10.00
青铜峡市	Qingtongxia	85.66	47.63	112.12
固 原 市	**Guyuan**	**148.57**	**74.12**	**83.65**
原 州 区	Yuanzhou	74.69	38.83	56.65
西 吉 县	Xiji	25.70	12.28	9.20
隆 德 县	Longde	18.05	9.79	6.33
泾 源 县	Jingyuan	10.55	5.24	4.75
彭 阳 县	Pengyang	19.58	7.97	6.72
中 卫 市	**Zhongwei**	**198.39**	**105.94**	**160.41**
沙坡头区	Shapotou	92.03	51.70	76.78
中 宁 县	Zhongning	85.31	44.39	78.12
海 原 县	Haiyuan	21.05	9.86	5.51

8-11 各地市县地方财政收入

Local Financial Revenue by Prefecture, City and Country

单位:万元 (10 000 yuan)

地 区	Region	1978	1980	1985	1995	2000	2005	2009	2010
全区总计	**Total**	**30225**	**19389**	**28064**	**85653**	**196642**	**477216**	**1115755**	**1535507**
区 级	**Autonomous Regional Level**	**14502**	**10237**	**6228**	**37174**	**50592**	**130904**	**279102**	**384429**
地市县级	**Prefercture Level**	**15723**	**9152**	**21836**	**48479**	**146050**	**346312**	**836653**	**1151078**
银 川 市	**Yinchuan**	**7267**	**3880**	**13172**	**26402**	**83064**	**181645**	**440581**	**640368**
银 川 市	District	5466	2396	10545	20868	68290	154739	317434	439705
永 宁 县	Yongning	401	410	604	1674	4299	8129	24049	42091
贺 兰 县	Helan	375	365	614	1673	4218	7325	36095	55158
灵 武 市	Lingwu	1025	709	1409	2187	6257	11452	63003	103414
石嘴山市	**Shizuishan**	**4141**	**2125**	**4957**	**9468**	**28752**	**72900**	**171292**	**216460**
石嘴山市	District	3141	1413	3651	7108	22558	51864	129180	164495
平 罗 县	Pingluo	1000	712	1306	2360	6194	21036	42112	51965
吴 忠 市	**Wuzhong**	**2052**	**1205**	**1933**	**4637**	**13448**	**50177**	**123290**	**156690**
利 通 区	Litong	1598	783	1504	3401	9444	20927	53919	65164
红寺堡区	Hongsipu						1850	4075	5474
盐 池 县	Yanchi	213	224	290	539	2549	4971	15301	23492
同 心 县	Tongxin	241	198	139	697	1455	3423	6235	8941
青铜峡市	Qingtongxia	1346	917	964	4052	11162	20856	43760	53619
固 原 市	**Guyuan**	**1182**	**833**	**538**	**3208**	**7874**	**14024**	**35290**	**52581**
固 原 市	District	149	47	35	309	822	6398	14773	23636
原 州 区	Yuanzhou	602	479	308	1274	3017	2220	6608	9594
西 吉 县	Xiji	245	156	102	380	1058	1803	3303	4460
隆 德 县	Longde	123	106	6	603	1781	1204	2363	3290
泾 源 县	Jingyuan	63	45	22	206	545	1080	2223	2535
彭 阳 县	Pengyang			65	436	651	1319	6020	9066
中 卫 市	**Zhongwei**	**1081**	**1109**	**1236**	**4764**	**12912**	**27566**	**66200**	**84979**
沙坡头区	Shapotou	516	564	462	2892	7425	15572	35820	42555
中 宁 县	Zhongning	375	374	774	1670	4487	10395	25199	36472
海 原 县	Haiyuan	190	171		202	1000	1599	5181	5952

8-12 各地市县地方财政支出

Local Financial Expenditure by Prefecture by City and Country

单位:万元 (10 000 yuan)

地区	Region	1978	1980	1985	1995	2000	2005	2009	2010
全区总计	**Total**	**56387**	**56127**	**95900**	**221222**	**587493**	**1602509**	**4323624**	**5575285**
区级	**Autonomous Regional Level**	**30989**	**29029**	**48071**	**92232**	**266998**	**718290**	**1369137**	**1605095**
地市县级	**Prefercture Level**	**25398**	**27098**	**47829**	**128990**	**320495**	**884219**	**2954487**	**3970190**
银川市	**Yinchuan**	**6794**	**6669**	**12224**	**42953**	**110739**	**276850**	**898476**	**1199157**
银川市	District	3915	3411	6974	28798	79513	199938	583427	704761
永宁县	Yongning	935	898	1454	4190	7910	21859	82308	140892
贺兰县	Helan	1073	1300	1587	4077	7818	21387	86803	136129
灵武市	Lingwu	871	1060	2209	5888	15498	33666	145938	217375
石嘴山市	**Shizuishan**	**3861**	**3561**	**6233**	**22145**	**46152**	**149331**	**421890**	**614539**
石嘴山市	District	2513	2212	4089	15163	34563	102377	296306	430802
平罗县	Pingluo	1348	1349	2144	6982	11589	46954	125584	183737
吴忠市	**Wuzhong**	**3866**	**4794**	**8227**	**19499**	**45916**	**161620**	**591083**	**785706**
利通区	Litong	1724	1652	3260	10224	18836	60644	188519	259943
红寺堡区	Hongsipu						10906	47783	60782
盐池县	Yanchi	1100	1467	2578	3922	12561	26806	94617	119543
同心县	Tongxin	1042	1675	2389	5353	14519	34122	130749	180538
青铜峡市	Qingtongxia	1098	1036	1911	7522	15805	40048	129415	164900
固原市	**Guyuan**	**7032**	**7565**	**13578**	**26417**	**77143**	**185472**	**600008**	**786629**
固原市	District	1374	809	1548	3776	8384	36460	104738	146603
原州区	Yuanzhou	2747	3210	3927	6955	19851	43043	125655	141508
西吉县	Xiji	1471	1959	3191	6129	16873	38614	141778	184889
隆德县	Longde	972	1042	1659	4166	12249	24900	75522	118627
泾源县	Jingyuan	468	545	1228	1997	7181	16357	54643	70234
彭阳县	Pengyang			2025	3394	12605	26098	97672	124768
中卫市	**Zhongwei**	**3845**	**4509**	**7567**	**17976**	**40545**	**110946**	**443030**	**584159**
沙坡头区	Shapotou	1624	1742	2908	7878	15896	46362	171327	233508
中宁县	Zhongning	1074	1054	1736	5170	9608	30941	123919	175274
海原县	Haiyuan	1147	1713	2923	4928	15041	33643	147784	175377

主要统计指标解释

［财政收入］指国家财政参与社会产品分配所取得的收入，是实现国家职能的财力保证。主要包括：

（1）各项税收：包括国内增值税、国内消费税、进口货物增值税和消费税、出口货物退增值税和消费税、营业税、企业所得税、个人所得税、资源税、城市维护建设税、房产税、印花税、城镇土地使用税、土地增值税、车船税、船舶吨税、车辆购置税、关税、耕地占用税、契税、烟叶税等。

（2）非税收入：包括专项收入、行政事业性收费、罚没收入和其他收入。

［财政支出］指国家财政将筹集起来的资金进行分配使用，以满足经济建设和各项事业的需要。主要包括：

（1）一般公共服务：指政府提供基本公共管理与服务的支出，包括人大事务、政协事务、政府办公厅（室）及相关机构事务、发展与改革事务、统计信息事务、财政事务、税收事务、审计事务、海关事务、人力资源事务、纪检监察事务、人口与计划生育事务、商贸事务、知识产权事务、工商行政管理事务、国土资源事务、海洋管理事务、测绘事务、地震事务、气象事务、民族事务、宗教事务、港澳台侨事务、档案事务、共产党事务、民主党派事务及工商联事务、群众团体事务、彩票事务等。

（2）外交：指政府外交事务支出，包括外交行政管理、驻外机构、对外援助、国际组织、对外合作与交流、边界勘界联检等方面的支出。

（3）国防：指政府用于国防方面的支出，包括用于现役部队、预备役部队、民兵、国防科研事业、专项工程、国防动员等方面的支出。

（4）公共安全：指政府维护社会公共安全方面的支出，包括武装警察、公安、国家安全、检察、法院、司法行政、监狱、劳教、国家保密、缉私警察等。

（5）教育：指政府教育事务支出，包括教育行政管理、学前教育、小学教育、初中教育、普通高中教育、普通高等教育、初等职业教育、中专教育、技校教育、职业高中教育、高等职业教育、广播电视教育、留学生教育、特殊教育、干部继续教育、教育机关服务等。

（6）科学技术：指用于科学技术方面的支出，包括科学技术管理事务、基础研究、应用研究、技术研究与开发、科技条件与服务、社会科学、科学技术普及、科技交流与合作等。

（7）文化教育与传媒：指政府在文化、文物、体育、广播影视、新闻出版等方面的支出。

（8）社会保障和就业：指政府在社会保障与就业方面的支出，包括社会保障和就业管理事务、民政管理事务、财政对社会保险基金的补助、补充全国社会保障基金、行政事业单位离退休、企业改革补助、就业补助、抚恤、退役安置、社会福利、残疾人事业、城市居民最低生活保障、其他城镇社会救济、农村社会救济、自然灾害生活救助、红十字事务等。

（9）医疗卫生：指政府医疗卫生方面的支出，包括医疗卫生管理事务支出、医疗服务支出、医疗保障支出、疾病预防控制支出、卫生监督支出、妇幼保健支出、农村卫生支出等。

（10）环境保护：指政府环境保护支出，包括环境保护管理事务支出、环境监测与监察支出、污染治理支出、自然生态保护支出、天然林保护工程支出、退耕还林支出、风沙荒漠治理支出、退牧还草支出、已垦草原退耕还草、能源节约利用、污染减排、可再生能源和资源综合利用等支出。

（11）城乡社区事务：指政府城乡社区事务支出，包括城乡社区管理事务支出、城乡社区规划与管理支出、城乡社区公共设施支出、城乡社区住宅支出、城乡社区环境卫生支出、建设市场管理与监督支出等。

（12）农林水事务：指政府农林水事务支出，包括农业支出、林业支出、水利支出、扶贫支出、农业综合开发支出等。

（13）交通运输：指政府交通运输和邮政业方面的支出，包括公路运输支出、水路运输支出、铁路运输支出、民用航空运输支出、邮政业支出等。

(14)工业商业金融等事务:指政府对工业、商业及金融等方面的支出,包括采掘业支出、制造业支出、建筑业支出、工业和信息产业监管支出、国有资产监管支出、商业流通事务支出、金融业监管支出、旅游业管理与服务支出等。

[**中央财政收入和地方财政收入**] 指按现行分税制财政体制划分的中央本级收入和地方本级收入。属于中央财政的收入包括关税,进口货物增值税和消费税,出口货物退增值税和消费税,消费税,铁道部门、各银行总行、各保险公司总公司等集中交纳的营业税和城市维护建设税, 增值税 75%部分,纳入共享范围的企业所得税 60%部分,未纳入共享范围的中央企业所得税、中央企业上交的利润,个人所得税 60%部分,车辆购置税,船舶吨税,证券交易印花税 97%部分,海洋石油资源税,中央非税收入等。属于地方财政的收入包括营业税(不含铁道部门、各银行总行、各保险公司总公司集中交纳的营业税),地方企业上交利润,城市维护建设税(不含铁道部门、各银行总行、各保险公司总公司集中交纳的部分),房产税,城镇土地使用税,土地增值税,车船税,耕地占用税,契税,烟叶税,印花税,增值税 25%部分,纳入共享范围的企业所得税 40%部分,个人所得税 40%部分,证券交易印花税 3%部分,海洋石油资源税以外的其他资源税,地方非税收入等。

[**中央财政支出和地方财政支出**] 指根据政府在经济和社会活动中的不同职责,划分中央和地方政府的责权,按照政府的责权划分确定的支出。中央财政支出包括一般公共服务,外交支出,国防支出,公共安全支出,以及中央政府调整国民经济结构、协调地区发展、实施宏观调控的支出等。地方财政支出包括一般公共服务,公共安全支出,地方统筹的各项社会事业支出等。

【第九篇】Chapter 9

物价指数

Price Indices

责任编辑:张淑兰　王振权

资料整理:张淑兰　苏玉英　胡　明　刘晓鹏　王振权　徐志宏　张　明　王明珠　孙惠玲

Coordinator:Zhang Shulan　Wang Zhenquan

Data Compilation: Zhang Shulan　Su Yuying　Hu Ming　Liu Xiaopen　Wang Zhenquan　Xu Zhihong　Zhang Ming　Wang Mingzhu　Sun Huiling

9-1 居民消费价格指数

Consumer Price Indices

（以上年价格为100）　　（2010）　　(preceding Year =100)

项目名称	Item	全区 General	城市 Urban Household	农村 Rural Household
居民消费价格总指数	**Consumer Price Index**	**104.1**	**103.7**	**104.6**
服务项目价格指数	**Service Items Price Index**	**104.3**	**104.6**	**103.6**
消费品价格指数	**Consumer Goods Price Index**	**104.0**	**103.5**	**104.9**
食品	**Food**	**108.3**	**107.9**	**109.0**
粮食	Grain	112.8	111.5	113.9
淀粉	Starches and Tubers	122.1	123.8	119.3
干豆类及豆制品	Beans and Bean Products	107.2	107.0	107.5
油脂	Oil or Fat	101.1	102.4	100.0
肉禽及其制品	Meat,Poultry and Processed Products	105.7	105.3	106.5
蛋	Eggs	108.7	108.2	109.5
水产品	Aquatic Products	104.8	104.4	106.3
菜	Vegetables	110.7	112.7	107.5
调 味 品	Flavoring	108.4	105.7	112.0
糖	Carbohydrate	110.1	105.2	118.3
茶及饮料	Tea and Beverages	101.9	101.0	103.7
干鲜瓜果	Dried and Fresh Melons and Fruits	120.7	120.5	121.0
糕点饼干	Cake,Biscuit and Bread	101.8	101.2	103.6
液体乳及乳制品	Milk and Processed Products	103.6	104.0	102.7
在外用膳食品	Dining Out	103.8	103.5	104.9
其他食品	Others Food	101.2	100.0	104.2
烟酒及用品	**Tobacco,Liquor and Articles**	**101.4**	**101.8**	**100.8**
烟草	Tobacco	100.7	101.2	100.0
酒	Liquor	102.9	103.1	102.7
吸烟、饮酒用品	Articles for Smoking and Drinking	100.5	100.0	101.2
衣着	**Clothing**	**101.3**	**100.1**	**103.6**
服　装	Garments	101.3	99.8	104.2
衣着材料	Clothing Material	105.3	107.1	102.2
鞋袜帽	Footgear and Hats	101.1	100.5	102.0
衣着加工服务费	Clothing Manufacturing Services	104.1	103.6	105.7
家庭设备用品及维修服务	**Household Facilities , Articles and Services**	**100.9**	**100.7**	**101.2**
耐用消费品	Durable Consumer Goods	100.0	100.0	99.9
室内装饰品	Interior Decorations	102.2	102.0	102.6
床上用品	Bed Articles	100.5	99.4	102.1
家庭日用杂品	Daily Use Household Articles	99.7	98.8	101.7
家庭服务及加工维修服务	Household Services and Maintenance and Renovation	112.6	113.6	109.7
医疗保健和个人用品	**Health Care and Personal Articles**	**101.8**	**101.4**	**102.8**
医疗保健	Health Care	101.7	101.1	102.7
个人用品及服务	Personal Articles and Service	102.2	102.0	102.9
交通和通信	**Transportation and Communication**	**100.1**	**100.6**	**99.2**
交通	Transportation	103.3	103.7	102.5
通信	Communication	96.0	96.7	94.7
娱乐教育文化用品及服务	**Recreation,Education , Culture Articles and Service**	**103.9**	**103.3**	**105.0**
文娱用耐用消费品及服务	Durable Consumer Goods for Cultural and Recreational Use and Services	91.6	91.1	92.6
教育	Education	110.0	110.0	110.1
文化娱乐类	Cultural and Recreational	101.9	102.2	101.2
旅游	Touring and Outing	104.4	104.4	105.0
居住	**Residence**	**103.4**	**103.5**	**103.3**
建房及装修材料	Building and Building Decoration Materials	100.6	100.7	100.6
租房	Renting	106.8	107.0	108.6
自有住房	Private Housing	101.1	101.8	100.2
水、电、燃料	Water,Electricity and Fuels	106.2	105.3	108.1

9-2 商品零售价格总指数

Retail Price Indices

（以上年价格为 100）　　（2010）　　(preceding year=100)

项目名称	Item	全区 General	城市 Urban Household	农村 Rural Household
商品零售价格总指数	**Retail Price Index**	**103.2**	**102.7**	**104.5**
食品	**Food**	**108.4**	**108.1**	**109.1**
粮食	Grain	112.8	111.7	113.9
淀粉	Starches and Tubers	123.6	126.1	119.6
干豆类及豆制品	Beans and Bean Products	119.4	123.0	111.8
油脂	Oil or Fat	101.3	102.8	99.5
肉禽及其制品	Meat,Poultry and Processed Products	106.1	105.7	106.9
蛋	Eggs	107.7	107.1	109.0
水产品	Aquatic Products	104.6	104.4	106.4
菜	Vegetables	112.7	114.8	107.6
调味品	Flavoring	108.1	107.0	111.6
糖	Carbohydrate	104.9	103.3	117.3
干鲜瓜果	Dried and Fresh Melons and Fruits	119.9	119.4	121.4
糕点饼干面包	Cake,Biscuit and Bread	101.1	101.0	103.8
液体乳及乳制品	Milk and Processed Products	103.4	103.5	102.9
在外用膳食品	Dining Out	104.2	103.7	105.6
其他食品	Others Food	102.2	100.6	103.9
饮料、烟酒	**Beverages,Tobacco,Liquor and Articles**	**101.4**	**101.2**	**101.8**
茶及饮料	Tea and Beverages	100.6	100.1	104.3
烟草	Tobacco	100.3	100.5	100.0
酒	Liquor	103.2	103.1	103.5
服装、鞋帽	**Garments,Shoes and Hats**	**100.9**	**99.7**	**103.6**
服装	Garments	101.2	99.7	104.4
鞋袜帽	Footgear and Hats	100.7	100.2	101.9
其他	Others	93.5	94.1	91.0
纺织品	**Textiles**	**101.0**	**100.7**	**102.9**
衣着材料	Clothing	108.9	110.7	101.9
床上用品	Bedding	98.8	98.1	103.4
家用电器及音像器材	**Household Appliances,Music and Video Equipment**	**96.2**	**96.5**	**95.0**
家庭设备	Household Facilities	99.6	100.0	97.9
文娱用耐用消费品	Durable Consumer Goods for Cultural and Recreational Use and Services	91.4	91.2	92.3

9-2 续表 continued

项目名称	Item	全区 General	城市 Urban Household	农村 Rural Household
音像器材	AV Facilities	99.9	100.6	93.1
文化办公用品	**Cultural and Office Appliances**	**94.8**	**94.4**	**97.4**
日用品	**Articles for Daily Use**	**100.8**	**101.2**	**99.9**
日用百货	General Merchandise for Daily Use	98.8	99.5	98.1
日用杂品	Miscellaneous for Daily Use	99.9	99.5	101.0
洗涤用品	Washing Articles	101.6	101.6	101.6
其他日用品	Other Articles	102.1	103.1	99.8
体育娱乐用品	**Sports and Recreation Articles**	**94.8**	**93.9**	**99.7**
体育用品	Sports Articles	98.8	98.4	100.7
娱乐用品	Recreation Articles	91.0	90.2	98.3
交通、通信用品	**Transportation and Communication Appliances**	**94.7**	**95.2**	**92.8**
交通运输机械	Transport Machinery	99.1	99.2	98.8
通信器材	Communication Apparatus	87.5	88.2	85.5
家具	**Furniture**	**98.8**	**98.2**	**101.3**
化妆品	**Cosmetics**	**101.1**	**101.2**	**100.8**
金银珠宝	**Gold ,Silver and Jewel**	**111.9**	**111.9**	**112.0**
中西药品及医疗保健用品	**Traditional Chinese and Western Medicines and Health Care Articles**	**103.6**	**103.1**	**104.7**
医疗器具及用品	Medical Apparatus and Article	103.7	103.6	105.2
中药材及中成药	Traditional Chinese Medicinal Materials and Medicines	109.6	109.1	110.1
西药	Western Medicines	99.5	98.6	101.9
保健品及器具	Health Care Apparatus and Articles	102.1	102.3	102.7
书报杂志及电子出版物	**Books,Newspapers,Magazines and Electronic Publications**	**101.0**	**100.3**	**102.3**
教材及参考书	Teaching Materials and Reference Books	102.0	100.8	103.3
书报杂志	Books,Newspapers and Magazines	100.6	100.1	102.3
电子音像制品	Electromin Publications	99.0	100.1	97.3
燃料	**Feuls**	**109.9**	**109.3**	**110.8**
煤炭及制品	Coal and Processed Products	107.3	101.8	110.1
石油及制品	Petroleum and Processed Products	111.0	110.8	112.3
建筑材料及五金电料	**Building Materials and Hardware**	**102.3**	**102.7**	**101.8**
建筑装璜材料	Building Decoration Materials	103.0	103.4	102.4
五金电料	Hardware	100.9	101.7	100.1

9-3 各月居民消费价格指数

Monthly Consumer Price Indices

（以上年价格为 100）　　（2010）　　(prededing year=100)

月 份 Month	居民消费价格总指数 Consumer Price Indices	食 品 Food	烟酒及用品 Tobacco, Liquor and Articles	衣 着 Clothing	家庭设备用品及维修服务费 Household Facilities, Articles and Services	医疗保健和个人用品 Health Care and Personal Articles	交通和通信 Transportation and Communication	娱乐教育文化用品及服务 Recreation, Education and Culture Articles	居 住 Residence
一月 Jan.	101.7	104.0	100.5	98.3	99.2	101.1	99.2	103.8	101.3
二月 Feb.	103.4	107.3	100.8	98.3	99.3	101.3	100.7	105.5	102.1
三月 Mar.	102.4	104.2	100.8	98.2	99.7	101.2	100.0	105.7	103.5
四月 Apr.	103.4	106.7	101.1	100.0	100.1	100.7	100.6	104.8	103.3
五月 May	103.2	105.5	101.5	100.9	101.0	101.1	100.5	104.3	103.7
六月 June	103.2	105.3	101.5	100.7	101.2	101.5	99.8	105.0	104.0
七月 July	104.2	107.7	101.6	101.4	101.9	101.7	100.2	105.7	103.6
八月 Aug.	104.5	108.5	101.6	102.4	101.6	101.9	100.0	105.8	103.6
九月 Sept.	104.1	109.1	101.7	102.5	101.6	102.0	100.4	100.9	102.8
十月 Oct.	105.2	112.0	101.8	101.9	101.3	102.5	100.4	101.3	103.5
十一月 Nov.	107.1	116.0	101.9	105.0	101.5	103.4	99.5	101.7	104.6
十二月 Dec.	106.6	113.2	102.0	106.4	102.1	103.9	100.0	102.1	105.0

9-4 各月商品零售及农业生产资料价格指数

Monthly Price Indices for Retail and Agricultural Production

（以上年价格为100）　　（2010）　　(prededing year=100)

指标 Item	1月 Jan.	2月 Feb.	3月 Mar.	4月 Apr.	5月 May	6月 June
商品零售价格总指数 Retail Price Indices	**100.9**	**102.2**	**101.3**	**102.4**	**102.3**	**102.0**
食品 Food	104.0	107.5	104.7	107.1	105.5	105.2
饮料、烟酒 Beverages,Tobacco,Liquor	99.7	100.9	100.5	100.3	100.4	100.9
服装、鞋帽 Garments,Shoes and Hats	97.7	97.9	97.7	99.6	100.4	100.2
纺织品 Textiles	100.5	98.3	96.9	97.9	97.7	100.6
家用电器及音像器材 Household Appliances, Music and Video Equipment	95.3	94.6	95.2	94.9	95.4	96.1
文化办公用品 Cultural and Office Appliances	95.6	95.4	94.5	94.7	93.0	93.8
日用品 Articles for Daily Use	99.6	99.9	99.1	99.8	100.1	100.7
体育娱乐用品 Sports and Recreation Articles	93.6	93.8	93.9	92.5	92.3	92.2
交通、通信用品 Transportation and Communication Appliances	93.3	93.5	93.9	94.0	93.6	93.4
家具 Furniture	95.9	96.8	96.9	98.3	99.8	99.3
化妆品 Cosmetics	101.3	101.4	101.4	100.1	101.1	101.7
金银珠宝 Gold,Silver and Jewelry	111.9	108.5	107.2	109.5	112.1	112.3
中西药品及医疗保健用品 Traditional Chinese and Western Medicines and Health Care Articles	101.2	101.7	102.1	102.1	103.8	104.2
书报杂志及电子出版物 Books,Newspapers, Magazines and Electronic Publications	101.0	101.0	101.0	101.0	101.0	101.0
燃料 Feuls	111.5	113.2	112.4	113.2	114.5	110.9
建筑材料及五金电料 Building Materials and Hardware	99.5	99.7	102.3	103.8	103.1	102.1
农业生产资料价格指数 Agricultural Production Price Index	99.2	101.8	101.9	102.4	104.5	105.4

9-4 续表 continued

(以上年价格为 100) (2010) (prededing year=100)

指标 Item	7月 July	8月 Aug.	9月 Sept.	10月 Oct.	11月 Nov.	12月 Dec.
商品零售价格总指数 Retail Price Indices	**103.0**	**103.4**	**103.5**	**104.7**	**106.5**	**106.1**
食品 Food	107.7	108.6	109.4	112.2	115.8	113.1
饮料、烟酒 Beverages,Tobacco,Liquor	101.7	102.0	102.3	102.4	102.4	103.0
服装、鞋帽 Garments,Shoes and Hats	101.0	102.0	102.0	101.3	104.8	106.1
纺织品 Textiles	100.8	103.2	101.6	100.6	105.9	108.5
家用电器及音像器材 Household Appliances, Music and Video Equipment	97.0	97.4	97.3	97.4	96.9	97.1
文化办公用品 Cultural and Office Appliances	94.4	94.5	95.1	95.3	95.2	96.7
日用品 Articles for Daily Use	101.8	101.8	102.0	102.0	101.5	101.2
体育娱乐用品 Sports and Recreation Articles	95.2	95.8	96.4	97.6	97.3	97.0
交通、通信用品 Transportation and Communication Appliances	94.9	94.4	95.8	96.6	96.8	96.4
家具 Furniture	100.5	100.0	100.0	100.0	99.0	99.8
化妆品 Cosmetics	100.5	100.6	101.2	101.1	100.8	102.0
金银珠宝 Gold,Silver and Jewelry	112.6	112.2	112.8	114.7	116.1	112.5
中西药品及医疗保健用品 Traditional Chinese and Western Medicines and Health Care Articles	104.6	104.5	103.7	104.5	105.1	105.1
书报杂志及电子出版物 Books,Newspapers, Magazines and Electronic Publications	101.2	101.1	100.9	101.0	101.0	101.0
燃料 Feuls	107.5	108.8	104.5	107.2	107.4	108.4
建筑材料及五金电料 Building Materials and Hardware	100.9	100.8	102.1	102.9	104.9	105.6
农业生产资料价格指数 Agricultural Production Price Index	106.8	106.3	104.8	105.6	107.3	107.2

9-5 主要年份全区工业生产者出厂价格指数
Producer Price Indices in Main Years

指标	Item	2005	2009	2010
全部工业品	**Total Industry Products**	**106.2**	**93.9**	**109.1**
轻工业	**Light Industry**	**102.5**	**97.5**	**107.1**
以农产品为原料	Raw Material of Agricultural Products	104.1	93.8	110.7
以非农产品为原料	Raw Material of Non-Agricultural Products	100.7	101.8	102.8
重工业	**Heavy Industry**	**107.5**	**93.0**	**109.8**
采掘	Mining & Quarrying	123.8	100.3	116.1
原料	Raw Material	108.7	92.6	110.2
加工	Process	99.4	91.5	105.5
生产资料	**Means of Production**	**106.5**	**93.5**	**109.4**
采掘	Mining & Quarrying	128.6	93.9	114.4
原料	Raw Material	106.2	93.4	109.7
加工	Processing	100.6	93.6	106.5
生活资料	**Consumer Goods**	**103.4**	**98.5**	**106.6**
食品	Food	104.9	99.3	108.1
衣着	Clothing	98.8	96.3	105.6
一般日用品	Articles for Daily Use	102.7	97.9	102.4
耐用消费品	Durable Consumer Goods	99.6	100.3	112.7
按工业部门分:	**By Industry Branch**			
冶金工业	Metallurgy Industry	96.9	82.9	110.7
电力工业	Electric Power Industry	104.3	101.5	104.6
煤炭及炼焦工业	Coal and Coking Industry	127.7	93.6	114.4
石油工业	Petroleum Industry	118.9	97.4	113.7
化学工业	Chemistry Industry	104.7	90.7	109.3
机械工业	Machinery Industry	106.0	97.2	100.2

9-5 续表1 continued

指标	Item	2005	2009	2010
建筑材料工业	Building Materials Industry	99.3	114.9	97.4
森林工业	Forest Industry	98.8	100.3	104.4
食品工业	Food Industry	103.8	99.3	108.8
纺织工业	Textile Industry	111.8	86.8	116.2
缝纫工业	Sewing Industry	98.8	96.2	104.8
皮革工业	Leather Industry	103.6	93.4	104.6
造纸工业	Papermaking Industry	103.6	86.9	108.5
文教艺术用品工业	Culture and Education Articles Industry	100.8	97.2	98.9
其它工业	Other Industry	106.9	92.1	107.5
按工业行业分:	**By Industry Sector**			
煤炭开采和洗选业	Mining and Washing of Coal	128.6	93.9	114.5
石油和天然气开采业	Extraction of Petroleum and Natural Gas			
黑色金属矿采选业	Mining and Dressing of Ferrous Metal			
有色金属矿采选业	Mining and Dressing of Non-Ferrous Metal			
非金属矿采选业	Mining and Processing of Non-ferrous Metal Ores	95.6	105.8	99.3
其他采矿业	Other Mining and Dressing			
农副食品加工业	Processing of Food from Agricultural Products	103.2	96.9	109.9
食品制造业	Manufacture of Foods	106.4	99.5	111.1
饮料制造业	Manufacture of Beverages	101.9	103.0	102.5
烟草制品业	Processing of Tobacco	100.0	98.2	99.6
纺织业	Manufacture of Textile	106.0	91.4	115.5
纺织服装、鞋、帽制造业	Manufacture of Textile Wearing Apparel,Footware and Caps	100.0	103.3	100.3
皮革、毛皮、羽毛(绒)及其制品业	Manufacture of Leather,Fur,Feather and Related Products	103.6	93.4	104.6
木材加工及木、竹、藤、棕、草制品业	Processing of Timber,Manufacture of Wood,Bamboo, Rattan,Palm and Straw Products		101.3	101.0
家具制造业	Manufacture of Furniture	99.8	100.2	105.9
造纸及纸制品业	Manufacture of Paper and Paper Products	103.6	86.9	108.5
印刷业和记录媒介的复制	Printing,Reproduction of Recording Media	100.8	97.1	97.7
文教体育用品制造业	Manufacture of Articles For Culture,Education and Sport Activities			
石油加工、炼焦及核燃料加工业	Processing of Petroleum,Coking,Processing of Nuclear Fuel	118.3	96.4	114.1
化学原料及化学制品制造业	Manufacture of Raw Chemical Materials and Chemical Products	107.4	88.5	110.5

9-5 续表 2　continued

指　标	Item	2005	2009	2010
医药制造业	Manufacture of Medicines	98.6	98.2	102.7
化学纤维制造业	Manufacture of Chemical Fibers	104.1	94.1	90.9
橡胶制品业	Manufacture of Rubber	98.4	97.7	108.4
塑料制品业	Manufacture of Plastics	104.3	90.2	104.9
非金属矿物制品业	Manufacture of Non-metallic Mineral Products	99.8	109.3	101.4
黑色金属冶炼及压延加工业	Smelting and Pressing of Ferrous Metals	87.9	81.6	113.8
有色金属冶炼及压延加工业	Smelting and Pressing of Non-ferrous Metals	101.6	82.9	110.4
金属制品业	Manufacture of Metal Products	98.9	94.2	97.7
通用设备制造业	Manufacture of General Purpose Machinery	102.7	98.8	101.5
专用设备制造业	Manufacture of Special Purpose Machinery	115.7	93.9	101.8
交通运输设备制造业	Manufacture of Transport Equipment	100.0	101.1	107.5
电气机械及器材制造业	Manufacture of Electrical Machinery and Equipment	102.9	97.6	96.2
通信设备、计算机及其他电子设备制造业	Manufacture of Communication Equipment, Computers and Other Electronic Equipment	99.9	91.7	104.8
仪器仪表及文化、办公用机械制造业	Manufacture of Measuring Instruments and Machinery for Cultural Activity and Office Work	106.8	98.2	98.8
工艺品及其他制造业	Manufacture of Artwork and Other Manufacturing	106.0		
废弃资源和废旧材料回收加工业	Recycling and Pressing of Abandoned Resources and Wasteandscrap			
电力、热力的生产和供应业	Production and Supply of Electric Power,Steam and Hot Water	104.3	101.5	104.6
燃气生产和供应业	Production and Supply of Gas	126.4	100.3	99.2
水的生产和供应业	Production and Supply of Tap Water	113.2	99.9	100.6
全部原材料	**Total Raw Materials**	**109.7**	**94.7**	**114.1**
燃料、动力类	Fuels and Powers	113.6	103.5	112.3
黑色金属材料类	Ferrous Metals Materials	105.8	81.1	111.7
钢材	Steels	103.8	81.7	109.0
其它	Others	114.4	77.5	118.8
有色金属材料和电线类	Non-Ferrous Metals Materials and Electric Wires	101.9	81.2	129.9
化工原料类	Chemical Rawmaterials	110.5	93.3	109.3
木材及纸浆类	Timbers and Pulps	117.2	93.5	107.9
建筑材料及非金属矿类	Building Materials and Non-metallic Mineral	109.5	103.6	103.7
其它工业原材料及半成品类	Other Industry Rawmaterials and Semi-manufactures	103.8	92.4	109.0
农副产品类	Agricultural Products	108.8	89.5	118.7
纺织原料类	Textile Rawmaterials	122.7	95.6	108.6

9-6 主要年份全区居民消费价格总指数

年份 Year	以 1957 年价格为 100 Year of 1957=100	以 1965 年价格为 100 Year of 1965=100	以 1970 年价格为 100 Year of 1970=100	以 1978 年价格为 100 Year of 1978=100	以 1980 年价格为 100 Year of 1980=100
1958	102.4				
1960	109.9				
1965	103.5				
1970	109.1	105.3			
1975	110.7	106.9	101.5		
1980	133.6	129.0	122.4	109.8	
1985	159.0	153.6	145.8	130.8	119.1
1990	265.3	256.2	243.2	218.2	198.7
1991	282.1	272.4	258.6	231.9	211.2
1992	305.5	295.0	280.0	251.2	228.7
1993	349.1	337.2	320.1	287.1	261.4
1994	429.8	415.1	394.0	353.4	321.8
1995	503.3	486.0	461.4	413.8	376.8
1996	537.5	519.1	492.7	442.0	402.4
1997	557.9	538.8	511.5	458.8	417.7
1998	557.9	538.8	511.5	458.8	417.7
1999	550.7	531.8	504.8	452.8	412.3
2000	548.5	529.7	502.8	451.0	410.6
2001	557.3	538.2	510.8	458.2	417.2
2002	553.9	534.9	507.8	455.5	414.7
2003	563.3	544.0	516.4	463.2	421.8
2004	584.2	564.2	535.5	480.4	437.4
2005	592.9	572.6	543.6	487.6	443.9
2006	604.2	583.5	553.9	496.8	452.4
2007	636.8	615.0	583.8	523.7	476.8
2008	691.0	667.3	633.4	568.2	517.3
2009	695.8	672.0	637.8	572.1	520.9
2010	724.3	699.5	664.0	595.6	542.3

Consumer Price Indices in Main Years

以 1985 年价格为 100 Year of 1985=100	以 1990 年价格为 100 Year of 1990=100	以 1995 年价格为 100 Year of 1995=100	以 2000 年价格为 100 Year of 2000=100	以 2005 年价格为 100 Year of 2005=100	以上年价格为 100 preceding Year =100
					102.4
					104.3
					97.7
					100.8
					100.6
					108.1
					108.6
166.9					107.1
177.4	106.3				106.3
192.1	115.1				108.3
219.6	131.6				114.3
270.3	162.0				123.1
316.5	189.7				117.1
338.0	202.6	106.8			106.8
350.9	210.3	110.9			103.8
350.9	210.3	110.9			100.0
346.3	207.5	109.4			98.7
344.9	206.7	109.0			99.6
350.4	210.0	110.7	101.6		101.6
348.3	208.8	110.1	101.0		99.4
354.3	212.3	111.9	102.7		101.7
367.4	220.2	116.1	106.5		103.7
372.9	223.5	117.8	108.1		101.5
380.0	227.7	120.1	110.2	101.9	101.9
400.5	240.0	126.5	116.1	107.4	105.4
434.5	260.4	137.3	126.0	116.5	108.5
437.6	262.2	138.2	126.9	117.3	100.7
455.5	273.0	143.9	132.1	122.2	104.1

9-7 主要年份全区城市居民消费价格总指数

年份 Year	以 1957 年价格为 100 Year of 1957=100	以 1965 年价格为 100 Year of 1965=100	以 1970 年价格为 100 Year of 1970=100	以 1978 年价格为 100 Year of 1978=100	以 1985 年价格为 100 Year of 1985=100
1958	102.4				
1960	109.9				
1965	103.5				
1970	109.1	105.3			
1975	110.7	106.9	101.5		
1980	133.6	129.0	122.4	109.8	
1985	159.9	154.5	146.6	131.5	
1990	268.9	259.6	246.5	221.1	168.1
1991	287.4	277.6	263.5	236.3	179.7
1992	314.1	303.4	288.0	258.3	196.4
1993	361.9	349.5	331.7	297.6	226.3
1994	451.6	436.1	414.0	371.4	282.4
1995	529.8	511.6	485.6	435.6	331.2
1996	564.7	545.4	517.7	464.3	353.1
1997	586.7	566.6	537.9	482.5	366.8
1998	586.7	566.6	537.9	482.5	366.8
1999	581.5	561.5	533.0	478.1	363.5
2000	579.7	559.8	531.4	476.7	362.4
2001	587.3	567.1	538.3	482.9	367.2
2002	583.7	563.7	535.1	480.0	365.0
2003	592.5	572.2	543.1	487.2	370.4
2004	612.0	591.1	561.1	503.3	382.7
2005	621.8	600.5	570.0	511.3	388.8
2006	632.4	610.7	579.7	520.0	395.4
2007	664.7	641.9	609.3	546.5	415.5
2008	717.2	692.6	657.4	589.7	448.4
2009	719.3	694.7	659.4	591.5	449.7
2010	746.3	720.7	684.1	613.6	466.6

Consumer Price Index of Urban Households in Main Years

以 1990 年价格为 100 Year of 1990=100	以 1995 年价格为 100 Year of 1995=100	以 2000 年价格为 100 Year of 2000=100	以 2005 年价格为 100 Year of 2005=100	以上年价格为 100 preceding Year=100
				102.4
				104.3
				97.7
				100.8
				100.6
				108.1
				108.6
				105.5
106.9				106.9
116.8				109.3
134.6				115.2
168.0				124.8
197.0				117.3
210.0	106.6			106.6
218.2	110.8			103.9
218.2	110.8			100.0
216.3	109.8			99.1
215.6	109.4			99.7
218.4	110.9	101.3		101.3
217.1	110.2	100.7		99.4
220.4	111.8	102.2		101.5
227.6	115.5	105.6		103.3
231.3	117.4	107.3		101.6
235.2	119.4	109.1	101.7	101.7
247.2	125.5	114.7	106.9	105.1
266.8	135.4	123.7	115.3	107.9
267.6	135.8	124.1	115.7	100.3
277.6	140.9	128.7	120.0	103.7

9-8 主要年份全区农村居民消费价格总指数

年份 Year	以 1957 年价格为 100 Year of 1957=100	以 1965 年价格为 100 Year of 1965=100	以 1970 年价格为 100 Year of 1970=100	以 1978 年价格为 100 Year of 1978=100	以 1980 年价格为 100 Year of 1980=100
1958	102.4				
1960	109.9				
1965	103.5				
1970	109.1	105.3			
1975	110.7	106.9	101.5		
1980	133.6	129.0	122.4	109.8	
1985	156.9	151.5	143.8	129.0	108.3
1990	259.5	250.6	237.8	213.3	179.1
1991	273.2	263.8	250.5	224.7	188.6
1992	291.0	281.0	266.7	239.3	200.9
1993	331.1	319.8	303.5	272.3	228.6
1994	402.7	388.8	369.1	331.1	278.0
1995	468.7	452.6	429.6	385.4	323.6
1996	501.0	483.9	459.3	412.0	345.9
1997	518.6	500.8	475.4	426.4	358.0
1998	517.5	499.8	474.4	425.5	357.3
1999	507.7	490.3	465.4	417.5	350.5
2000	505.2	487.8	463.1	415.4	348.7
2001	516.3	498.6	473.3	424.5	356.4
2002	513.7	496.1	470.9	422.4	354.6
2003	524.0	506.0	480.3	430.8	361.7
2004	547.5	528.8	501.9	450.2	378.0
2005	554.1	535.1	507.9	455.6	382.5
2006	566.9	547.4	519.6	466.1	391.3
2007	600.3	579.7	550.3	493.6	414.4
2008	659.7	637.1	604.8	542.5	455.4
2009	669.6	646.7	613.8	550.6	462.3
2010	700.7	676.7	642.3	576.1	483.7

Consumer Price Index of Rural Households in Main Years

以 1985 年价格为 100 Year of 1985=100	以 1990 年价格为 100 Year of 1990=100	以 1995 年价格为 100 Year of 1995=100	以 2000 年价格为 100 Year of 2000=100	以 2005 年价格为 100 Year of 2005=100	以上年价格为 100 preceding Year =100
					102.4
					104.3
					97.7
					100.8
					100.6
					108.1
					108.3
165.4					109.0
174.2	105.3				105.3
185.5	112.1				106.5
211.1	127.6				113.8
256.7	155.2				121.6
298.8	180.6				116.4
319.4	193.1	106.9			106.9
330.5	199.9	110.6			103.5
329.9	199.5	110.4			99.8
323.6	195.7	108.3			98.1
322.0	194.7	107.8			99.5
329.1	199.0	110.2	102.2		102.2
327.4	198.0	109.6	101.7		99.5
334.0	201.9	111.8	103.7		102.0
349.0	211.0	116.8	108.4		104.5
353.2	213.6	118.2	109.7		101.2
361.3	218.5	120.9	112.2	102.3	102.3
382.6	231.4	128.1	118.8	108.3	105.9
420.5	254.3	140.8	130.6	119.1	109.9
426.8	258.1	142.9	132.6	120.8	101.5
446.6	270.0	149.5	138.7	126.5	104.6

9-9 主要年份全区商品零售价格总指数

年份 Year	以 1957 年价格为 100 Year of 1957=100	以 1965 年价格为 100 Year of 1965=100	以 1970 年价格为 100 Year of 1970=100	以 1978 年价格为 100 Year of 1978=100	以 1980 年价格为 100 Year of 1980=100
1958	101.0				
1960	105.6				
1965	100.0				
1970	102.8	102.8			
1975	102.6	102.6	99.8		
1980	118.7	118.7	115.4	107.2	
1985	139.6	139.5	135.7	126.0	117.6
1990	228.0	228.0	221.8	205.9	192.1
1991	241.5	241.4	234.9	218.1	203.5
1992	261.0	261.0	253.9	235.7	220.0
1993	292.6	292.6	284.6	264.3	246.6
1994	351.5	351.4	341.9	317.4	296.1
1995	405.2	405.1	394.2	365.9	341.4
1996	432.4	432.3	420.6	390.5	364.3
1997	441.9	441.8	429.8	399.1	372.3
1998	430.8	430.7	419.1	389.1	363.0
1999	421.8	421.7	410.3	380.9	355.4
2000	411.7	411.6	400.4	371.8	346.9
2001	411.7	411.6	400.4	371.8	346.9
2002	405.5	405.4	394.4	366.2	341.7
2003	403.5	403.4	392.4	364.4	340.0
2004	414.8	414.7	403.4	374.6	349.5
2005	416.4	416.3	405.0	376.1	350.9
2006	421.8	421.7	410.3	380.9	355.4
2007	439.1	439.0	427.1	396.6	370.0
2008	476.5	476.4	463.4	430.3	401.5
2009	474.1	474.0	461.1	428.1	399.5
2010	489.2	489.1	475.9	441.8	412.2

Retail Price Index in Main Years

以 1985 年价格为 100 Year of 1985=100	以 1990 年价格为 100 Year of 1990=100	以 1995 年价格为 100 Year of 1995=100	以 2000 年价格为 100 Year of 2000=100	以 2005 年价格为 100 Year of 2005=100	以上年价格为 100 preceding Year =100
					101.0
					103.0
					97.6
					100.5
					100.3
					105.8
					107.8
163.4					104.2
173.0	105.9				105.9
187.1	114.5				108.1
209.7	128.3				112.1
251.8	154.1				120.1
290.4	177.7				115.3
309.8	189.6	106.7			106.7
316.6	193.8	109.0			102.2
308.7	188.9	106.3			97.5
302.2	185.0	104.1			97.9
295.0	180.5	101.6			97.6
295.0	180.5	101.6			100.0
290.6	177.8	100.1	98.5		98.5
289.1	176.9	99.6	98.0		99.5
297.2	181.9	102.4	100.8		102.8
298.4	182.6	102.8	101.2		100.4
302.3	185.0	104.1	102.5	101.3	101.3
314.7	192.6	108.4	106.7	105.5	104.1
341.4	208.9	117.6	115.7	114.4	108.5
339.7	207.9	117.0	115.2	113.8	99.5
350.6	214.5	120.7	118.8	117.5	103.2

9-10 主要年份全区城市商品零售价格总指数

年份 Year	以 1957 年价格为 100 Year of 1957=100	以 1965 年价格为 100 Year of 1965=100	以 1970 年价格为 100 Year of 1970=100	以 1978 年价格为 100 Year of 1978=100	以 1980 年价格为 100 Year of 1980=100
1958	101.7				
1960	106.8				
1965	102.1				
1970	107.4	105.2			
1975	109.1	106.8	101.5		
1980	132.4	129.7	123.3	110.0	
1985	158.1	154.9	147.2	131.4	119.4
1990	261.1	255.7	243.0	216.9	197.1
1991	278.3	272.6	259.0	231.2	210.1
1992	303.7	297.4	282.6	252.3	229.3
1993	341.3	334.3	317.7	283.6	257.7
1994	409.6	401.2	381.2	340.3	309.2
1995	469.8	460.2	437.2	390.3	354.7
1996	499.4	489.1	464.8	414.9	377.0
1997	510.4	499.9	475.0	424.0	385.3
1998	496.6	486.4	462.2	412.6	374.9
1999	488.6	478.6	454.8	406.0	368.9
2000	477.9	468.1	444.8	397.0	360.8
2001	479.3	469.5	446.1	398.2	361.9
2002	472.6	462.9	439.9	392.7	356.8
2003	468.8	459,2	436.3	389.5	354.0
2004	478.7	468.9	445.5	397.7	361.4
2005	481.1	471.2	447.7	399.7	363.2
2006	486.8	476.9	453.1	404.5	367.6
2007	504.9	494.5	469.9	419.5	381.2
2008	540.7	529.6	503.2	449.2	408.2
2009	537.5	526.4	500.2	446.5	405.8
2010	552.2	540.9	514.0	458.8	417.0

Retail Price Index of Urban Households in Main Years

以 1985 年价格为 100 Year of 1985=100	以 1990 年价格为 100 Year of 1990=100	以 1995 年价格为 100 Year of 1995=100	以 2000 年价格为 100 Year of 2000=100	以 2005 年价格为 100 Year of 2005=100	以上年价格为 100 preceding Year =100
					101.7
					103.0
					97.5
					100.8
					100.7
					108.2
					108.5
165.1					102.3
176.0	106.6				106.6
192.0	116.3				109.1
215.8	130.7				112.4
259.0	156.9				120.0
297.1	179.9				114.7
315.8	191.3	106.3			106.3
322.7	195.5	108.6			102.2
314.0	190.2	105.7			97.3
309.0	187.1	104.0			98.4
302.2	183.0	101.7			97.8
303.1	183.6	102.0	100.3		100.3
298.9	181.0	100.6	98.9		98.6
296.5	179.6	99.8	98.1		99.2
302.7	183.3	101.9	100.2		102.1
304.2	184.2	102.4	100.7		100.5
307.9	186.5	103.6	101.9	101.2	101.2
319.2	193.4	107.5	105.6	104.9	103.7
341.9	207.1	115.1	113.1	112.4	107.1
339.9	205.8	114.4	112.5	111.7	99.4
349.2	211.5	117.6	115.6	114.8	102.7

9-11 主要年份全区农村商品零售价格总指数

年份 Year	以 1957 年价格为 100 Year of 1957=100	以 1965 年价格为 100 Year of 1965=100	以 1970 年价格为 100 Year of 1970=100	以 1978 年价格为 100 Year of 1978=100	以 1980 年价格为 100 Year of 1980=100
1958	100.0				
1960	101.8				
1965	111.9				
1970	111.6	99.8			
1975	109.4	97.8	98.0		
1980	122.6	109.6	109.8	105.1	
1985	139.9	125.1	125.3	120.0	114.1
1990	225.5	201.6	202.0	193.4	183.9
1991	236.5	211.4	211.9	202.9	193.0
1992	251.2	224.5	225.0	215.5	204.9
1993	281.1	251.3	251.8	241.1	229.3
1994	338.1	302.3	302.9	290.0	275.8
1995	391.9	350.3	351.1	336.2	319.7
1996	420.9	376.3	377.1	361.0	343.4
1997	429.7	384.2	385.0	368.6	350.6
1998	420.7	376.1	376.9	360.9	343.2
1999	408.1	364.8	365.6	350.0	332.9
2000	397.5	355.3	356.1	340.9	324.3
2001	395.9	353.9	354.7	339.6	323.0
2002	389.5	348.2	349.0	334.1	317.8
2003	389.9	348.6	349.4	334.5	318.1
2004	406.3	363.2	364.0	348.5	331.5
2005	406.7	363.6	364.4	348.9	331.8
2006	414.0	370.1	371.0	355.2	337.8
2007	436.4	390.1	391.0	374.3	356.0
2008	490.9	438.9	439.9	421.1	400.5
2009	490.9	438.9	439.9	421.1	400.5
2010	512.9	458.5	459.5	439.9	418.4

Retail Price Index of Rural Households in Main Years

以 1985 年价格为 100 Year of 1985=100	以 1990 年价格为 100 Year of 1990=100	以 1995 年价格为 100 Year of 1995=100	以 2000 年价格为 100 Year of 2000=100	以 2005 年价格为 100 Year of 2005=100	以上年价格为 100 preceding Year =100
					100.0
					101.0
					97.7
					100.0
					100.0
					104.0
					106.1
161.2					105.7
169.1	104.9				104.9
179.5	111.4				106.2
200.9	124.7				111.9
241.7	150.0				120.3
280.1	173.8				115.9
300.8	186.7	107.4			107.4
307.2	190.6	109.7			102.1
300.7	186.6	107.4			97.9
291.7	181.0	104.1			97.0
284.1	176.3	101.4			97.4
283.0	175.6	101.0	99.6		99.6
278.4	172.8	99.4	98.0		98.4
278.7	172.9	99.5	98.1		100.1
290.4	180.2	103.7	102.2		104.2
290.7	180.4	103.8	102.3		100.1
295.9	183.6	105.7	104.2	101.8	101.8
311.9	193.6	111.4	109.8	107.3	105.4
350.9	217.7	125.3	123.5	120.7	112.5
350.9	217.7	125.3	123.5	120.7	100.0
366.6	227.5	130.9	129.0	126.1	104.5

9-12 主要年份全区农业生产资料价格总指数

年份 Year	以 1957 年价格为 100 Year of 1957=100	以 1965 年价格为 100 Year of 1965=100	以 1970 年价格为 100 Year of 1970=100	以 1978 年价格为 100 Year of 1978=100	以 1980 年价格为 100 Year of 1980=100
1978	92.7	91.8	99.7		
1980	94.8	93.9	102.0	102.3	101.5
1985	108.6	107.5	116.8	117.1	116.2
1990	171.0	169.3	187.3	187.8	186.3
1991	178.9	177.1	195.9	196.5	194.9
1992	186.1	184.2	203.7	204.3	202.7
1993	216.4	214.2	236.9	237.6	235.8
1994	266.8	264.1	292.1	293.0	290.7
1995	347.9	344.4	380.9	382.1	379.1
1996	379.2	375.4	415.2	416.5	413.2
1997	372.4	368.6	407.8	409.0	405.7
1998	357.9	354.2	391.9	393.0	389.9
1999	334.3	330.8	366.0	367.1	364.2
2000	320.9	317.6	351.4	352.4	349.6
2001	327.3	324.0	358.4	359.5	356.6
2002	338.8	335.3	370.9	372.0	369.1
2003	336.7	333.3	368.7	369.8	366.9
2004	382.2	378.3	418.5	419.7	416.4
2005	417.7	413.5	457.4	458.8	455.1
2006	421.1	416.8	461.0	462.4	458.8
2007	472.5	467.6	517.3	518.9	514.7
2008	596.2	590.1	652.8	654.8	649.6
2009	574.2	568.3	628.7	630.6	625.6
2010	599.5	593.4	656.4	658.4	653.1

Agricultural Production Index in Main Years

以1985年价格为100 Year of 1985=100	以1990年价格为100 Year of 1990=100	以1995年价格为100 Year of 1995=100	以2000年价格为100 Year of 2000=100	以2005年价格为100 Year of 2005=100	以上年价格为100 preceding Year =100
					99.7
					101.5
					103.8
160.4					105.6
167.8	104.6				104.6
174.5	108.8				104.0
202.9	126.5				116.3
250.2	156.0				123.3
326.2	203.4				130.4
355.6	221.7	109.0			109.0
349.2	217.7	107.0			98.2
335.6	209.2	102.9			96.1
313.4	195.4	96.1			93.4
300.9	187.6	92.2			96.0
306.9	191.4	94.1	102.0		102.0
317.6	198.1	97.4	105.6		103.5
315.7	196.9	96.8	104.9		99.4
358.4	223.5	109.9	119.1		113.5
391.7	244.2	120.1	130.2		109.3
394.8	246.2	121.0	131.2	100.8	100.8
443.0	276.2	135.8	147.2	113.1	112.2
559.1	348.6	171.4	185.8	142.7	126.2
538.4	335.7	165.0	178.9	137.4	96.3
562.1	350.5	172.3	186.8	143.5	104.4

9-13 分市县居民消费价格指数

(以上年价格为 100)　　　　(2010)

分类名称	Item	银川市区 Yinchuan
居民消费价格总指数	**Consumer Price Index**	**103.8**
消费品价格指数	**Consumer Goods Price Index**	**103.6**
食品	Food	108.1
粮食	Grain	111.6
淀粉	Starches and Tubers	118.0
干豆类及豆制品	Beans and Bean Products	105.9
油脂	Oil or Fat	102.8
肉禽及其制品	Meat,Poultry and Processed Products	104.9
蛋	Eggs	107.4
水产品	Aquatic Products	104.2
菜	Vegetables	115.6
调 味 品	Flavoring	105.8
糖	Carbohydrate	104.1
茶及饮料	Tea and Beverages	99.7
干鲜瓜果	Dried and Fresh Melons and Fruits	119.3
糕点饼干	Cake,Biscuit and Bread	100.6
液体乳及乳制品	Milk and Processed Products	104.0
在外用膳食品	Dining Out	104.0
其他食品	Others Food	99.6
烟酒及用品	**Tobacco,Liquor and Articles**	**102.1**
烟草	Tobacco	101.7
酒	Liquor	103.2
吸烟、饮酒用品	Articles for Smoking and Drinking	99.4
衣着	**Clothing**	**100.4**
服　装	Garments	100.2
衣着材料	Clothing Material	112.1
鞋袜帽	Footgear and Hats	100.4
衣着加工服务费	Clothing Manufacturing Services	105.3
家庭设备用品及维修服务	**Household Facilities , Articles and Services**	**100.5**
耐用消费品	Durable Consumer Goods	100.0
室内装饰品	Interior Decorations	102.7
床上用品	Bed Articles	98.3
家庭日用杂品	Daily Use Household Articles	98.9
家庭服务及加工维修服务	Household Services and Maintenance and Renovation	113.1
医疗保健和个人用品	**Health Care and Personal Articles**	**100.7**
医疗保健	Health Care	100.2
个人用品及服务	Personal Articles and Service	102.0
交通和通信	**Transportation and Communication**	**101.2**
交通	Transportation	104.5
通信	Communication	96.5
娱乐教育文化用品及服务	**Recreation,Education , Culture Articles and Service**	**102.4**
文娱用耐用消费品及服务	Durable Consumer Goods for Cultural and Recreational Use and Services	87.7
教育	Education	109.2
文化娱乐类	Cultural and Recreational	102.1
旅游	Touring and Outing	106.2
居住	**Residence**	**104.4**
建房及装修材料	Building and Building Decoration Materials	100.9
租房	Renting	110.5
自有住房	Private Housing	100.0
水、电、燃料	Water,Electricity and Fuels	107.0

Consumer Price Indices by City and Country

(prededing year=100)

石嘴山市 Shizuishan	利通区 Litong	原州区 Yuanzhou	沙坡头区 Shapotou	平罗县 Pingluo	海原县 Haiyuan
103.0	**104.4**	**105.0**	**103.8**	**106.1**	**104.2**
102.7	**104.6**	**105.5**	**103.6**	**106.1**	**104.3**
106.0	110.1	109.7	107.6	110.6	108.2
109.1	114.1	113.5	112.8	117.7	112.7
140.6	120.7	123.3	117.4	119.0	120.1
111.1	105.9	113.8	106.8	105.6	102.3
100.7	104.5	93.8	101.5	105.8	94.9
105.5	108.8	106.4	106.5	106.7	105.6
110.7	106.8	109.2	111.8	99.6	109.0
106.9	101.3	108.8	105.6	103.8	107.3
102.2	113.9	109.8	98.5	114.5	109.1
105.9	103.9	119.5	111.3	106.2	109.4
100.7	121.7	111.5	109.8	132.1	116.7
104.1	100.8	100.6	100.4	113.7	100.3
120.9	120.1	121.2	127.5	116.5	107.2
101.8	103.7	103.5	105.7	102.9	99.9
102.7	106.6	101.4	105.1	102.1	100.0
101.0	105.1	106.4	102.9	106.4	102.8
101.3	101.4	108.7	104.4	101.3	106.4
101.0	**101.4**	**100.9**	**101.2**	**101.0**	**98.7**
100.0	100.0	100.0	100.0	100.0	100.0
102.6	104.1	103.2	104.1	103.6	93.6
100.3	100.0	100.1	100.8	100.0	102.7
98.8	**100.7**	**103.0**	**104.7**	**104.4**	**101.3**
98.3	100.8	103.7	105.3	105.4	101.3
102.3	100.7	103.2	101.9	100.8	102.0
100.1	100.9	100.7	103.2	101.4	101.4
100.9	104.4	106.8	107.2	106.3	100.0
101.0	**100.5**	**102.2**	**101.5**	**100.4**	**100.4**
100.1	100.4	100.0	100.4	99.1	99.3
100.0	100.6	105.0	101.0	102.5	100.7
100.0	101.8	105.0	101.1	101.9	99.3
99.0	97.9	102.1	101.5	101.3	102.3
116.2	110.7	110.4	109.5	108.3	102.2
102.5	**102.9**	**103.9**	**102.2**	**101.9**	**102.2**
103.0	102.8	104.5	101.9	101.4	102.4
101.4	103.1	102.2	103.1	104.1	101.6
99.5	**99.5**	**98.5**	**98.0**	**101.0**	**99.7**
102.1	101.9	102.2	102.6	102.8	101.8
97.0	97.0	93.5	91.1	98.9	96.9
105.2	**104.1**	**103.7**	**106.5**	**107.4**	**106.9**
97.7	93.8	91.5	93.9	89.1	97.1
111.2	110.5	107.6	110.8	120.5	110.9
103.4	100.2	102.1	100.1	102.2	99.8
99.8	100.9	100.4	107.5	106.9	100.0
101.7	**102.4**	**104.3**	**100.1**	**106.6**	**103.0**
100.0	101.7	99.9	99.4	104.3	97.2
100.0	105.5	111.6	106.5	113.6	101.9
106.4	100.2	98.2	99.7	97.9	104.3
101.5	103.6	109.8	101.2	113.2	109.7

9-14 分市县商品零售价格指数

(以上年价格为 100)　　(2010)

分类名称	Item	银川市区 Yinchuan
商品零售价格总指数	**Retail Price Index**	**102.5**
食品	**Food**	**108.2**
粮食	Grain	112.1
淀粉	Starches and Tubers	118.0
干豆类及豆制品	Beans and Bean Products	130.8
油脂	Oil or Fat	102.9
肉禽及其制品	Meat,Poultry and Processed Products	105.0
蛋	Eggs	106.2
水产品	Aquatic Products	104.5
菜	Vegetables	117.4
调味品	Flavoring	107.6
糖	Carbohydrate	101.5
干鲜瓜果	Dried and Fresh Melons and Fruits	119.0
糕点饼干面包	Cake,Biscuit and Bread	100.7
液体乳及乳制品	Milk and Processed Products	103.4
在外用膳食品	Dining Out	104.1
其他食品	Others Food	99.6
饮料、烟酒	**Beverages,Tobacco,Liquor and Articles**	**101.0**
茶及饮料	Tea and Beverages	99.5
烟草	Tobacco	101.0
酒	Liquor	103.0
服装、鞋帽	**Garments,Shoes and Hats**	**99.5**
服装	Garments	99.6
鞋袜帽	Footgear and Hats	99.9
其他	Others	92.5

Retail Price Indices by City and Country

(prededing year=100)

石嘴山市区 Shizuishan	利通区 Litong	原州区 Yuanzhou	沙坡头区 Shapotou	平罗县 Pingluo	海原县 Haiyuan
102.9	**104.1**	**104.7**	**103.1**	**105.9**	**104.5**
106.2	**110.3**	**110.1**	**107.4**	**110.5**	**108.1**
109.1	114.2	113.5	112.9	116.9	112.7
140.6	120.7	123.3	117.4	119.0	120.1
112.5	105.2	113.8	109.4	115.2	102.1
100.7	104.7	93.8	101.5	105.7	95.1
105.2	109.1	106.6	107.8	106.5	104.5
110.7	106.8	109.2	111.8	99.8	108.9
106.9	100.7	108.8	105.9	103.9	107.9
102.2	114.9	114.4	96.4	116.0	112.3
105.9	104.2	119.5	109.5	105.2	109.0
100.7	121.6	111.5	111.5	126.7	115.2
120.9	120.1	121.2	128.2	116.6	106.7
101.8	103.8	103.5	105.7	102.7	99.9
102.7	105.6	101.4	104.6	102.6	99.9
101.0	105.6	106.4	102.9	108.1	102.7
101.3	101.4	108.7	104.4	101.3	106.4
101.5	**101.6**	**101.1**	**101.5**	**103.5**	**98.7**
102.9	101.0	100.7	100.2	113.9	100.3
100.0	100.0	100.0	100.0	100.0	100.0
102.7	104.5	103.2	104.7	103.8	93.5
99.1	**101.0**	**103.0**	**104.4**	**104.0**	**101.6**
98.6	101.1	103.7	105.4	105.3	101.8
100.3	101.0	100.7	103.0	101.4	101.2
100.0	100.0	100.0	84.7	93.3	100.0

9-14 续表

(2010)

分类名称	Item	银川市区 Yinchuan
纺织品	**Textiles**	**100.3**
衣着材料	Clothing	114.4
床上用品	Bedding	97.5
家用电器及音像器材	**Household Appliances,Music and Video Equipment**	**95.7**
家庭设备	Household Facilities	99.8
文娱用耐用消费品	Durable Consumer Goods for Cultural and Recreational Use and Services	89.6
音像器材	AV Facilities	100.9
文化办公用品	**Cultural and Office Appliances**	**93.0**
日用品	**Articles for Daily Use**	**101.5**
日用百货	General Merchandise for Daily Use	98.5
日用杂品	Miscellaneous for Daily Use	99.2
洗涤用品	Washing Articles	101.9
其他日用品	Other Articles	103.9
体育娱乐用品	**Sports and Recreation Articles**	**92.6**
体育用品	Sports Articles	98.1
娱乐用品	Recreation Articles	88.2
交通、通信用品	**Transportation and Communication Appliances**	**95.3**
交通运输机械	Transport Machinery	99.0
通信器材	Communication Apparatus	88.9
家具	**Furniture**	**97.4**
化妆品	**Cosmetics**	**101.6**
金银珠宝	**Gold ,Silver and Jewel**	**112.2**
中西药品及医疗保健用品	**Traditional Chinese and Western Medicines and Health Care Articles**	**102.7**
医疗器具及用品	Medical Apparatus and Article	103.2
中药材及中成药	Traditional Chinese Medicinal Materials and Medicines	109.0
西药	Western Medicines	97.4
保健品及器具	Health Care Apparatus and Articles	100.0
书报杂志及电子出版物	**Books,Newspapers,Magazines and Electronic Publications**	**100.5**
教材及参考书	Teaching Materials and Reference Books	101.6
书报杂志	Books,Newspapers and Magazines	100.0
电子音像制品	Electromin Publications	100.0
燃料	**Feuls**	**110.0**
煤炭及制品	Coal and Processed Products	96.9
石油及制品	Petroleum and Processed Products	111.1
建筑材料及五金电料	**Building Materials and Hardware**	**103.0**
建筑装璜材料	Building Decoration Materials	103.5
五金电料	Hardware	102.2

continued

石嘴山市区 Shizuishan	利通区 Litong	原州区 Yuanzhou	沙坡头区 Shapotou	平罗县 Pingluo	海原县 Haiyuan
100.5	**100.9**	**105.5**	**101.6**	**102.1**	**100.4**
102.3	100.7	103.2	101.8	101.0	102.3
100.0	101.1	106.1	101.5	102.6	98.7
99.6	**97.3**	**96.0**	**95.9**	**92.8**	**97.4**
100.6	100.7	99.0	98.8	96.6	97.3
98.0	92.5	92.6	94.8	87.3	97.5
100.0	96.8	90.7	93.9	100.0	100.0
100.3	**98.8**	**97.0**	**96.1**	**99.9**	**95.1**
100.5	**100.2**	**98.5**	**99.6**	**101.3**	**100.0**
101.3	98.8	94.9	99.0	100.8	99.0
100.2	100.0	102.0	99.4	102.0	103.0
99.8	98.5	101.3	102.2	100.8	99.9
100.2	104.0	102.0	97.8	102.2	99.9
98.5	**96.1**	**100.3**	**100.0**	**99.0**	**99.6**
100.0	97.5	101.0	100.0	101.2	100.0
97.0	94.9	99.5	99.9	94.7	98.6
96.0	**93.5**	**93.0**	**87.6**	**97.8**	**95.3**
100.0	97.9	98.2	98.6	99.6	99.2
86.6	86.5	82.9	75.8	96.2	87.7
99.3	**99.8**	**100.6**	**101.9**	**101.5**	**100.8**
99.9	**100.3**	**99.7**	**101.8**	**99.9**	**100.4**
112.4	**107.2**	**102.7**	**112.1**	**121.4**	**115.0**
104.7	**104.3**	**107.6**	**103.1**	**104.1**	**104.4**
98.3	114.2	119.3	104.9	104.7	108.1
112.3	108.4	114.1	106.0	110.2	112.8
101.5	100.8	103.6	101.8	100.8	99.4
102.7	105.2	105.8	98.8	105.4	101.6
100.4	**99.6**	**101.5**	**104.6**	**100.0**	**104.1**
100.1	98.8	101.1	108.0	98.5	111.4
101.1	100.1	102.6	100.0	105.5	99.9
100.0	100.4	100.0	101.5	90.7	94.3
108.8	**110.2**	**113.3**	**104.4**	**117.0**	**113.9**
107.0	113.0	113.1	100.2	121.8	113.7
110.1	108.8	113.7	111.6	112.6	114.1
101.9	**103.4**	**101.6**	**101.0**	**103.2**	**99.9**
102.5	104.6	101.1	101.3	105.3	99.6
100.6	100.6	103.1	100.5	96.7	100.9

主要统计指标解释

［居民消费价格指数（CPI）］ 居民消费价格指数是度量一组代表性消费商品及服务项目价格水平随着时间而变动的相对数，反映居民家庭购买的消费品及服务价格水平的变动情况。它是宏观经济分析和决策、价格总水平监测和调控以及国民经济核算的重要指标。其按年度计算的变动率通常被用来作为反映通货膨胀(或紧缩)程度的指标。

［商品零售价格指数］ 商品的零售价格是商品在流通过程中最后一个环节的价格，是工业、商业、餐饮业和其他零售企业向城乡居民、机关团体出售生活消费品和办公用品的价格。商品零售价格调查的任务是系统地调查、搜集和整理市场商品零售价格资料，编制商品零售价格指数，以此反映市场商品零售价格的变动趋势和变动程度。其目的在于掌握商品价格的变动趋势，为国家宏观调控和国民经济核算提供参考依据。同时，还可以在此基础上编制其他派生价格指数。

［农业生产资料价格指数］ 农业生产资料价格是农业生产资料在流通领域的最后一个环节价格，是工业、商业及其他单位和个人向农民出售农业生产资料的价格。农业生产资料价格调查的任务是系统地调查、搜集和整理市场农业生产资料价格资料，编制农业生产资料价格指数，据此测定全国市场农业生产资料价格变动趋势和变动程度。其目的在于掌握农业生产资料的平均价格水平，为国家制定经济政策提供依据；同时，为研究城乡市场流通和国民经济核算提供参考依据。

【第十篇】Chapter 10

居民生活

People's Living Conditions

责任编辑：潘　勤　哈金才

资料整理：潘　勤　黄亚萍　朱幼平　王　娟　哈金才　赵美兰　马志明　乔亚庆　龚淑玲　苏春燕

Coordinator: Pan Qin　Ha Jincai

Data Compilation: Pan Qin　Huang Yaping　Zhu Youping　Wang Juan　Ha Jincai　Zhao Meilan　Ma Zhiming　Qiao Yaqing　Gong Shuling　Su Chunyan

10-1 主要年份全区城镇居民家庭人口和收支情况

Number of Households and Income and Expenditure of Uran Households in Main Years

年份 Year	平均每户家庭人口(人) Average Household Size (person)	平均每户就业人口(人) Average Number of Employed Persons per Household (person)	每一就业者负担系数 Number of Dependents per Employee	人均家庭总收入(元) per Capita Total Income (yuan)	工资性收入(元) Income from Wages and Salaries (yuan)	经营净收入(元) Net Business Income (yuan)	财产性收入(元) Income from Properties (yuan)	转移性收入(元) Income from Transfer (yuan)	人均可支配收入(元) per Capita Disposable Income (yuan)
1980	4.97	2.36	2.09	464					464
1985	4.16	2.16	1.92	735	640	4		91	735
1990	3.64	1.86	1.96	1434	1113	12	8	302	1421
1991	3.44	1.85	1.86	1574	1265	7	13	289	1565
1992	3.41	1.92	1.77	1821	1595	7	20	199	1821
1993	3.36	1.93	1.74	2171	1861	16	23	271	2171
1994	3.24	1.88	1.72	2986	2498	28	33	427	2986
1995	3.22	1.84	1.75	3383	2778	54	39	511	3383
1996	3.19	1.76	1.81	3612	2940	61	32	578	3612
1997	3.20	1.59	2.01	3855	2732	230	42	851	3837
1998	3.18	1.53	2.08	4144	2925	224	49	945	4112
1999	3.13	1.52	2.06	4505	3078	208	82	1138	4473
2000	3.08	1.50	2.05	4945	3459	305	41	1140	4912
2001	3.08	1.48	2.08	5566	3908	365	40	1253	5544
2002	3.02	1.40	2.16	6409	4367	405	41	1597	6067
2003	2.95	1.37	2.15	6991	4671	441	82	1797	6530
2004	2.91	1.35	2.16	7749	5166	495	60	2027	7218
2005	2.89	1.33	2.17	8745	5772	957	64	1952	8094
2006	2.85	1.32	2.16	10002	6451	979	89	2483	9177
2007	2.86	1.36	2.10	11793	7668	1183	147	2795	10859
2008	2.92	1.36	2.15	14119	8794	1857	183	3285	12932
2009	2.90	1.34	2.16	15551	9597	2036	281	3636	14025
2010	2.87	1.37	2.09	17537	10821	2238	190	4288	15344

10-1 续表 continued

年份 Year	人均消费性支出(元) per Capita Consumption Expenditure (yuan)	食品(元) Food (yuan)	衣着(元) Clothing (yuan)	家庭设备用品及服务(元) Household Facilities, Articles and Services (yuan)	医疗保健(元)Health Care and Medical Services (yuan)	交通和通讯(元) Transport and Communication (yuan)	教育文化娱乐服务(元) Education,Cultural and Recreation Service (yuan)	居住(元) Residence (yuan)	其它商品和服务(元) Other Goods and Services (yuan)
1980	403								
1985	645	304	112	51	8	18	86	30	36
1990	1212	640	180	113	33	27	90	58	71
1991	1354	655	233	123	48	33	123	59	78
1992	1506	707	259	137	56	43	142	86	73
1993	1877	822	306	195	77	72	198	124	83
1994	2478	1131	445	181	125	146	223	128	100
1995	2866	1336	491	195	131	195	261	153	104
1996	3039	1384	527	195	172	229	275	152	105
1997	3271	1423	542	209	233	209	330	218	109
1998	3380	1420	514	187	245	249	394	262	109
1999	3548	1386	481	205	317	289	455	298	118
2000	4201	1509	562	290	327	407	565	381	157
2001	4595	1577	572	313	410	487	589	479	168
2002	5105	1774	578	343	453	557	711	483	206
2003	5330	1919	585	363	451	585	645	561	221
2004	5821	2156	637	364	441	647	651	660	265
2005	6404	2229	777	417	536	706	770	711	259
2006	7206	2445	874	481	579	775	847	891	314
2007	7817	2761	994	481	646	859	863	911	302
2008	9558	3353	1179	597	817	1096	1044	1069	404
2009	10280	3432	1261	637	922	1364	1076	1128	461
2010	11334	3768	1417	716	890	1575	1286	1182	500

10-2 主要年份全区城镇居民家庭分类平均每人消费性支出

Per Capital Annual Living Expenditure of Urban Households in Main Years

单位:元 (yuan)

指　　标	Item	2000	2005	2009	2010
消费性支出	**Consumption Expenditure**	**4201**	**6404**	**10280**	**11334**
食品	**Food**	**1509**	**2229**	**3432**	**3768**
粮　食	Grain	187	237	306	343
油　脂	Oil and Fats	66	78	123	112
肉禽及制品	Meat,Poultry and Processed Products	282	362	574	626
蛋	Eggs	37	43	53	57
水产品	Aquatic Products	41	53	59	70
蔬　菜	Vegetables	159	198	333	371
烟　草	Tobacco	95	126	196	240
酒和饮料	Liquor and Beverages	69	98	141	166
奶及奶制品	Milk and Processed Products	59	124	179	177
衣着	**Clothing**	**562**	**777**	**1261**	**1417**
服装	Garments	377	567	930	1052
家庭设备用品及服务	**Household Facilities,Articles and Services**	**389**	**417**	**637**	**716**
耐用消费品	Durable Consumer Goods	228	226	329	318
室内装饰品	Articles for Interior Decoration	21	23	39	22
床上用品	Bed Articles	19	26	45	51
家庭日用杂品	Household Articles for Daily Use	74	121	194	289
医疗保健	**Health Care and Medical Services**	**327**	**536**	**922**	**890**
药品费	Drug Charges	259	365	606	559
交通和通信	**Transport and Communications**	**372**	**706**	**1364**	**1575**
交通	Transport	143	291	885	1030
通信	Communications	228	414	478	545
教育文化娱乐服务	**Education,Culture and Recreation Services**	**536**	**770**	**1076**	**1286**
文娱用品	Recreation Articles	168	220	352	371
教育	Education	256	388	438	481
居 住	**Residence**	**282**	**711**	**1128**	**1182**
住房	Housing	73	191	369	320
水电燃料及其它	Water,Electricity,Fuels and Others	210	483	692	782
其它商品和服务	**Other Goods and Services**	**231**	**259**	**461**	**500**

10-3 主要年份全区城镇居民家庭平均每人购买主要商品数量
Per Capital Annual Purchases of Major Commodities of Urban Households in Main Years

品 种 Item	单位 Unit	1985	1990	2000	2005	2009	2010
粮食 Grain	千克 kg	137.00	159.96	80.15	77.34	50.60	79.49
鲜菜 Fresh Vegetables	千克 kg	152.00	164.16	114.90	115.47	111.61	110.87
食用植物油 Edible Vegetable Oil	千克 kg	7.40	9.72	7.67	8.17	8.58	7.75
猪肉 Pork	千克 kg	9.00	10.56	8.26	6.88	7.06	7.28
牛羊肉 Beef and Mutton	千克 kg	7.10	10.44	10.22	12.44	9.15	9.43
禽类 Poultry	千克 kg	1.40	2.28	4.51	5.74	4.78	6.62
鲜蛋 fresh Eggs	千克 kg	4.50	3.48	8.30	7.23	6.88	6.67
鱼 Fish	千克 kg	2.90	4.92	3.51	4.23	3.34	3.64
食糖 Sugar	千克 kg	3.60	3.36	1.70	1.72		
卷烟 Cigarette	盒 pack	47.00	52.68	33.35	27.39		
酒类 Liquor	千克 kg	3.70	5.64	4.61	3.95	4.23	4.35
男式服装 Men´s Clothing	件 suit			2.28	3.02		
女式服装 Women´s Clothing	件 suit			3.86	3.93		
各式童装 Children´s Wear	件 suit			1.89	1.06		
鞋类 Footwear	双 pair			3.02	2.94	3.41	3.17
水 Water	吨 ton			22.34	21.63	20.21	22.27
电 Electricity	度 kwh			205.85	278.22	362.28	408.85
煤炭 Coal	千克 kg	544.00	384.70	137.60	110.88	48.03	46.05
液化石油气 Liquefied Petroleum Gas	千克 kg	0.70	5.27	13.22	12.23	6.70	6.77
管道煤气 Pipeline Gas	立方米 cm.q			2.32	8.14	3.74	3.84

注：1. 2010 年粮食包括大米、面粉和其他粮食及制品。2. 2010 年家禽包括鸡、鸭和其他禽类及制品。3. 2010 年鲜蛋不包含蛋制品。4. 2010 年酒类包括白酒、果酒、啤酒和其它酒。

a)Data of Grain include rice, flour and other products of grain in 2010.

b)Data of Poultry include chickens, ducks and other products of poultry in 2010.

c)Data of egg products are not included in Fresh Eggs in 2010.

d)Data of Liquor include liquor, fruit wine, beer and other liquor.

10-4 主要年份全区城镇居民家庭主要耐用消费品百户拥有情况

Statistics of Major Durable Consumer Goods Owned Per 100 Urban Households in Main Years

指 标	Item	2000	2005	2009	2010
成套家具(套)	Furniture (set)		22.07		
摩托车(辆)	Motorcycle (unit)	15.48	18.59	20.35	19.19
自行车(辆)	Bicycle (unit)	181	130.34		
助力车(辆)	Powered Bicycle (unit)		2.83	19.99	24.71
家用汽车(辆)	Automobile (unit)		1.27	5.3	7
洗衣机(台)	Washing Machine (set)	87	89.61	93.92	94.32
电风扇(台)	Electric Fans (set)	63	64.19		
电冰箱(台)	Refrigerator (set)	72	79.48	86.22	88.65
冰柜(台)	Ice Chest (set)	3	1.81		
彩色电视机(台)	Color Television (set)	109	108.64	104.27	105.24
影碟机(台)	Video Disc Player (set)	34	63.27		
录音机(台)	Recorder (set)	37	24.55		
录放像机(台)	Video Tape Recorder (set)	10	6.53		
家用电脑(台)	Computer (set)	4	23.15	48.47	51.32
组合音响(套)	Hi-Fi Stereo Component System (set)	19	21.76	19.56	17.81
摄像机(架)	Video Camera (set)	0.5	0.67	3.27	3.24
照相机(架)	Camera (set)	28	28.08	19.39	20.31
钢琴(架)	Piano (unit)	0.7	0.92	1.36	1.31
其他中高档乐器(件)	Secondary and Top Grade Musical Instrument (set)	4	4.24	5.18	5.37
微波炉(台)	Microwave Oven (unit)	7	30.91	40.35	42.1
空调器(台)	Air Conditioner (unit)	1	6.68	10.47	10.19
取暖器(台)	Heat Utensil (unit)		9.97		
电炊具(台)	Electric Cooking Utensils (unit)	137	127.31		
淋浴热水器(台)	Water Heater for Shower (unit)	40	60.87	71.47	75.07
排油烟机(台)	Ventilator (unit)	44	64.59		
消毒碗柜(台)	Disinfection Cupboard (unit)		2.82	2.05	2.16
洗碗机(台)	Dishwasher (unit)		0.13	0.31	0.43
饮水机(台)	Machine for Drink (unit)		35.6		
吸尘器(台)	Dust Collector (unit)	8	7.66		
健身器材(套)	Body-building Apparatus (unit)	6	2.49	2.22	1.52
固定电话(部)	Telephone (unit)	85	85.1	64.55	63
移动电话(部)	Mobile Telephone (set)	14	122.67	175.46	185.48
传真机(部)	Facsimile (unit)		0.66		
接入有线电视网络的电视机(台)	Television of Lined Network (set)		99.27	95.73	95.88
接入互连网的计算机(台)	Internet Computer (set)		14.49	36.66	39.67
接入互连网的移动电话(部)	Internet Mobile Telephone (set)		0.27	0.57	1.36

10-5 城镇居民家庭按可支配收入不等距九组分组资料

单位:元/人 (2010)

指标名称	Indicator	总计 Average	最低收入户 (10%) Lowest Income Households	#更低收入户 (5%) Lower Income Households
人口与就业(人/户)	**Population and Employment(person/household)**			
家庭人口数	Household Size	2.87	3.13	2.91
有收入者人数	Number of Income	1.81	1.23	1.12
就业人口数	Number of Employed	1.37	0.83	0.61
国有经济单位职工人数	State-owned Unit	0.62	0.23	0.16
负担系数	Dependents Coefficient	2.09	3.77	4.77
家庭总收入	**Total Income**	**17537**	**6577**	**6991**
可支配收入	Disposable Income	15344	3086	1443
工资性收入	Income from Wages and Salaries	10821	2582	1829
经营净收入	Business Income	2238	884	716
财产性收入	Income from Properties	190	120	131
转移性收入	Income from Transfer	4288	2992	4315
出售财物收入	**Proceeds from Sales of Belongings**	**113**	**1**	
出售住房收入	Sale of Housing	111		
出售其他物品收入	Sale of Other	2	1	
借贷收入	**Credit Income**	**11445**	**6671**	**9874**
提取储蓄存款	Draw Saving Deposits	10655	5507	7672
借入款	Borrowed	406	1150	2199
收回借出款	Recover Loans	20	9	3
收回储蓄性保险本	Recover of Principal Insurance Savings	2		
兑售有价证券	Income from Securities			
收回投资本金	Recouping Investment Principal	10		
住房贷款	Repayment of House Loan	288		
汽车贷款	Repayment of Auto Loan	16		
教育贷款	Repayment of Education Loan	3		
其他贷款	Repayment of Other Loans	18	4	
其他借贷收入	Other Credit Income	28		
家庭总支出	**Total Expenditure**	**16742**	**9893**	**12830**
消费性支出	Consumption Expenditure	11334	5803	6600
财产性支出	Property Expenditure	127	2	
转移性支出	Transfer Expenditures	1943	671	758
社会保障支出	Social Security Expenditure	2040	3418	5472
购房与建房支出	Expenditures of Purchasing and Building Houses	1298		
借贷支出	**Credit Expenditures**	**12375**	**3346**	**4035**

Statistics of Urban Households by Income Percentile

(yuan/person)

低收入户(10%) Low Income Households	中等偏下收入户(20%) Lower Middle Income Θ Households	中等收入户(20%) Middle Income Households	中等偏上收入户(20%) Upper Middle Income Households	高收入户(10%) High Income Households	最高收入户(10%) Highest Income Households	#更高收入户(5%) Higher Income Households
3.51	3.18	2.94	2.61	2.45	2.22	2.2
1.64	1.75	1.89	1.99	1.96	1.93	1.95
1.34	1.42	1.54	1.49	1.34	1.25	1.25
0.21	0.39	0.69	0.86	0.85	0.96	0.96
2.62	2.24	1.91	1.75	1.83	1.78	1.76
8049	**11670**	**16542**	**22551**	**29132**	**40564**	**46079**
7083	10288	14468	20190	26058	37041	41905
3920	7017	10575	15281	19310	23662	27098
1961	2050	2729	2048	2094	4255	4955
91	150	83	284	295	472	720
2077	2453	3156	4938	7432	12175	13306
2	**211**	**2**	**1**	**508**	**252**	**506**
	208			508	245	494
2	3	2	1		7	12
5016	**6441**	**10068**	**15739**	**17677**	**27940**	**32117**
4314	5833	9783	14759	16323	26789	30953
360	372	285	265	189	442	890
116			27			
				12	7	
	8				101	203
195	211		440	1041	566	
			91			
25						
2	12		20	91	35	71
4	4		137	20		
9188	**11060**	**15861**	**20820**	**25237**	**36250**	**41315**
7024	8247	11445	13690	16347	22385	23597
46	104	58	160	204	480	545
912	866	1789	2574	3416	5447	6451
905	1308	1973	2200	2761	2991	3386
300	536	597	2195	2510	4948	7335
3852	**7209**	**10735**	**17491**	**22072**	**32981**	**38368**

10-5 续表 5

单位:元/人　　　　　　　　　　　　　　　　　　　　　　　　　　(2010)

指标名称	Indicator	总计 Average	最低收入户(10%) Lowest Income Households	# 更低收入户(5%) Lower Income Households
消费性支出	**Consumption Expenditure**	**11334**	**5803**	**6600**
食品	**Food**	**3768**	**2179**	**2361**
粮油类	Grain and Oil	552	465	501
肉禽蛋水产品类	Meat,Poultry and Eggs and Aquatic Products	753	543	628
蔬菜类	Vegetables	371	266	290
调味品	Condiment	48	35	38
糖烟酒饮料类	Sugar and Cigarette and Liquor and Beverage	441	210	232
干鲜瓜果类	Dried and Fresh Melons and Fruits	360	214	232
糕点、奶及奶制品	Cake and Milk and Processed Products	232	135	149
其他食品	Other Food	108	58	65
饮食服务	Food and Drink Services	903	254	226
衣着	**Clothing**	**1417**	**556**	**534**
服装	Garments	1052	404	397
衣着材料	Clothing Material	12	10	11
鞋类	Shoes	306	116	108
其他衣着用品	Other Articles	38	23	15
衣着加工服务费	Clothing Processing Charges	9	4	4
居住	**Residence**	**1182**	**703**	**749**
住房	Housing	320	90	78
水电燃料及其他	Water, Electricity, Fuels and Others	782	564	604
居住服务费	Habitation Service Charge	80	49	67
家庭设备用品及服务	**Household Facilities,Articles and Services**	**716**	**264**	**248**
耐用消费品	Durable Consumer Goods	318	77	74
室内装饰品	Articles for Interior Decoration	22	9	8
床上用品	Bed Articles	51	16	17
家庭日用杂品	Household Articles for Daily Use	289	153	136
家具材料	Furniture Materials	10	1	0
家庭服务	Household Services	27	9	12
医疗保健	**Health Care and Medical Services**	**890**	**839**	**1257**
医疗器具	Medical Implement	11	7	7
保健器具	Health Care Implement	15	36	73
药品费	Drug Charges	559	540	800
滋补保健品	Health Products	72	22	31
医疗费	Medical Care Expenses	229	230	344
其他医疗保健支出	Other	5	2	4
交通和通信	**Transport and Communications**	**1575**	**452**	**482**
交通	Transport	1030	182	191
通信	Communications	545	270	291
教育文化娱乐服务	**Education,Culture and Recreation Services**	**1286**	**453**	**385**
文化娱乐用品	Recreation Articles	371	126	116
文化娱乐服务	Recreation Services	431	99	98
教育	Education	484	228	172
其他商品和服务	**Other Goods and Services**	**500**	**357**	**583**
其他商品	Other Goods	350	224	360
服务	Services	150	133	223

continued

(yuan/person)

低收入户 (10%) Low Income Households	中等偏下收入户 (20%) Lower Middle Income Households	中等收入户 (20%) Middle Income Households	中等偏上收入户 (20%) Upper Middle Income⊖Households	高收入户 (10%) High Income Households	最高收入户 (10%) Highest Income Households	#更高收入户(5%) Higher Income Households
7024	**8247**	**11445**	**13690**	**16347**	**22385**	**23597**
2504	**3019**	**3908**	**4596**	**4961**	**6272**	**6546**
441	479	561	613	689	726	747
567	626	792	848	983	1096	1160
262	312	385	433	477	540	550
40	40	51	52	59	65	66
300	341	446	551	637	756	824
266	281	378	434	474	578	581
179	189	236	274	296	376	344
85	90	122	127	135	149	153
363	661	938	1263	1211	1987	2120
779	**1057**	**1418**	**1883**	**2015**	**2781**	**3020**
556	765	1046	1389	1546	2145	2340
6	14	11	11	20	14	13
185	239	315	424	381	555	588
28	33	39	46	50	54	59
5	6	7	13	17	14	19
874	**898**	**1149**	**1290**	**1607**	**2408**	**2448**
215	188	274	284	371	1260	1252
613	649	797	917	1096	1008	1029
46	61	79	89	140	140	167
390	**519**	**716**	**989**	**942**	**1473**	**1654**
169	240	306	440	401	736	827
14	12	18	31	37	47	59
35	34	48	72	62	116	115
160	212	309	373	386	520	581
2	2		44	7	3	7
9	19	35	28	50	51	64
671	**661**	**726**	**987**	**1262**	**1691**	**1665**
1	5	19	10	13	22	21
9	11	7	9	12	42	33
471	455	448	626	787	877	915
32	32	52	68	134	297	222
153	155	193	270	313	447	467
5	4	6	4	4	7	6
809	**841**	**1689**	**1741**	**2755**	**4231**	**4063**
476	434	1090	1058	2038	3268	3039
333	407	599	682	717	963	1024
684	**949**	**1352**	**1624**	**2169**	**2316**	**2662**
172	281	332	471	662	791	851
118	170	438	602	922	1110	1436
394	498	583	552	585	415	375
313	302	486	581	634	**1212**	**1539**
268	154	369	428	471	828	1054
45	148	117	153	164	385	485

10-6 主要年份全区城镇居民家庭居住情况

指　标	Item	1985
平均每户居住面积(平方米/户)	**Average Floor Space Per Household(sq.m/household)**	
建筑面积	Building Space	69.58
使用面积	Living Space	52.20
按房屋产权分的家庭比重(%)	**Percentage of Household by House Property Right(%)**	**100.00**
租赁公房	Public House Leasing	
租赁私房	Private House Leasing	
原有私房	Inhered Private House	
房改私房	Reformed Private House	
商品房	Commercial Residential Building	
其他	Others	
按用水情况分的家庭比重(%)	**Percentage of Household by Water Using(%)**	**100.00**
无自来水	No Tap Water	8.25
独用自来水	Private Tap Water	82.75
公用自来水	Public Tap Water	9.00
按卫生设备分的家庭比重(%)	**Percentage of Household by Sanitary Equipment(%)**	**100.00**
无卫生设备	No Sanitary Equipment	33.75
有厕所浴室	Having Bathroom	2.00
有厕所无浴室	Having Toilet but No Shower	26.50
公有卫生设备	Public Sanitary Equipment	37.75
按取暖设备分的家庭比重(%)	**Percentage of Household by Heating Installation(%)**	**100.00**
#有取暖设备户(暖气)	Having Heating Installation(heater)	17.75
按炊用燃料使用情况分的家庭比重(%)	**Percentage of Household by Fuel Using(%)**	**100.00**
管道煤气(天然气)	Piped Gas(Natural Gas)	
液化石油气	Liquefied Petroleum Gas	1.52
煤	Coal	98.48
其它	Others	
家庭通讯设备使用情况	**Using of Household Communication Apparatus**	
每百户拥有固定电话(部/百户)	Number of Fixed Phone Per 100 Households(set/100 households)	
每百户拥有移动电话(部/百户)	Number of Mobile Phone Per 100 Households(set/100 households)	
每百户接入互联网的计算机(台/百户)	Number of Computers Accessed to Internet Per 100 Households (set/100 households)	

Housing Conditions of Urban Households in Main Years

1990	1995	2000	2005	2009	2010
66.56	66.36	77.03	75.45	82.25	82.96
49.93	49.78	57.79	56.83		
100.00	**100.00**	**100.00**	**100.00**	**100.00**	**100.00**
			5.37	3.05	2.99
			3.67	7.56	6.78
			4.60	3.89	4.71
			53.26	33.70	30.19
			30.67	51.13	54.97
			2.42	0.66	0.37
100.00	**100.00**	**100.00**	**100.00**	**100.00**	**100.00**
3.82	1.64	1.80	0.69	1.01	1.02
90.18	94.91	97.20	99.03	98.94	98.93
6.00	3.65	1.00	0.29	0.05	0.05
100.00	**100.00**	**100.00**	**100.00**	**100.00**	**100.00**
48.36	18.91	15.30	9.46	6.00	5.36
8.36	20.36	21.20	61.73	71.47	74.5
37.64	52.36	60.40	27.29	22.19	19.8
5.64	8.37	3.10	1.52	0.34	0.35
100.00	**100.00**	**100.00**	**100.00**	**100.00**	**100.00**
37.82	62.18	76.70	88.57	87.62	88.88
100.00	**100.00**	**100.00**	**100.00**	**100.00**	**100.00**
	3.28	5.78	11.78	36.50	40.72
15.27	56.73	73.48	75.63	48.30	45.66
83.82	37.09	16.21	10.17	4.26	3.23
0.91	2.90	4.53	2.42	10.94	10.4
	38.91	85.42	85.10	64.55	63
		13.56	122.67	175.46	185.48
			14.49	36.66	39.67

10-7 2010年调查市县城镇居民家庭主要耐用消费品百户拥有情况

指标名称	Indicator	单位	unit	全区 Total	银川市区 Yinchuan
摩托车	Motorcycle	辆	unit	19.19	8.06
助力车	Powered Bicycle	辆	unit	24.71	19.35
家用汽车	Automobile	辆	unit	7.00	7.10
洗衣机	Washing Machine	台	set	94.32	92.90
电冰箱	Refrigerator	台	set	88.65	91.29
彩色电视机	Color Television	台	set	105.24	104.19
家用电脑	Computer	台	set	51.32	57.42
组合音响	Hi-Fi Stereo Component System	套	set	17.81	14.84
摄像机	Video Camera	架	set	3.24	2.90
照相机	Camera	架	set	20.31	22.26
钢琴	Piano	架	unit	1.31	1.29
其它中高档乐器	Secondary and Top Grade Musical Instrument	件	set	5.37	2.58
微波炉	Microwave Oven	台	unit	42.10	55.81
空调器	Air Conditioner	台	unit	10.19	10.65
淋浴热水器	Water Heater for Shower	台	unit	75.07	86.45
消毒碗柜	Disinfection Cupboard	台	set	2.16	0.32
洗碗机	Dishwasher	台	set	0.43	
健身器材	Body-building Apparatus	套	set	1.52	0.65
固定电话	Telephone	部	unit	63.00	56.45
移动电话	Mobile Telephone	部	set	185.48	188.39
信息化调查(每百户)	Informationization Survey(Per 100 household)				
接入互联网的移动电话	Internet Mobile Telephone	部	set	1.36	2.26
接入有线电视网络的电视机	Lined Netwok Television	台	set	95.88	97.74
接入互联网的计算机	Internet Computer	台	set	39.67	43.23

Statistics of Major Durable Consumer Goods Owed Per 100 Urban Households by City and Country in 2010

石嘴山市区 Shizuishan	平罗县 Pingluo	利通区 Litong	原州区 Yuanzhou	沙波头区 Shapotou	海原县 Haiyuan
24.68	18.00	29.14	25.00	23.76	62.00
32.91	26.00	28.48	30.77	26.73	16.00
8.23	5.00	7.28	8.65	5.94	6.00
95.57	94.00	88.74	100.00	100.99	98.00
91.14	80.00	88.74	82.69	94.06	80.00
103.80	104.00	101.99	114.42	103.96	122.00
43.67	45.00	48.34	50.00	54.46	52.00
13.92	13.00	29.14	24.04	35.64	18.00
5.70	2.00	3.31	5.77	0.99	
20.25	17.00	23.84	20.19	14.85	14.00
1.27	1.00	1.32	0.96	1.98	2.00
5.70	9.00	3.97	10.58	9.90	8.00
39.24	21.00	39.07	36.54	29.70	28.00
16.46	7.00	7.28	2.88	8.91	6.00
68.99	55.00	89.4	70.19	67.33	48.00
5.70	4.00	2.65	0.96	0.99	
1.90		0.66			
2.53		3.31	4.81	2.97	
75.95	65.00	49.67	49.04	75.25	86.00
169.62	177.00	196.03	208.65	193.07	192.00
0.63		1.32		2.97	
100.00	100.00	85.43	80.77	94.06	92.00
37.97	38.00	33.77	35.58	36.63	42.00

10-8 2010年调查市县城镇居民家庭收支基本情况

单位:元/人

指 标	Indicator	全区 Total	银川市区 Yinchuan
期初手存现金	**Initial Hand Deposit in Cash**	**234.22**	**174.70**
家庭总收入	**Total Income**	**17536.78**	**19515.78**
可支配收入	Disposable Income	15344.49	17073.12
工资性收入	Income from Wages and Salaries	10821.22	11129.71
工资及补贴收入	Laborage and Allowance Income	10640.33	10833.1
其他劳动收入	Other Income from Work	180.89	296.60
经营净收入	Business Income	2238.13	2498.67
财产性收入	Income from Properties	189.52	207.64
利息收入	Interest	12.36	7.91
股息与红利收入	Dividend and Bonus	40.77	90.01
保险收益	Insurance Profit	4.11	10.77
其它投资收入	Other Investment	22.87	
出租房屋收入	Lease House Income	91.57	69.57
知识产权收入	Intelletual Property		
其他财产性收入	Other Properties	17.84	29.38
转移性收入	Income from Transfer	4287.91	5679.76
养老金或离退休金	Annuities and Pension	3405.39	4545.35
社会救济收入	Social Relief	102.88	113.87
最低生活保障收入	Living Ensure at lest	57.70	57.48
辞退金	Dismiss	33.18	
赔偿收入	Compensate	21.98	53.80
保险收入	Insurance	13.65	24.21
失业保险金	Insurance of Unemployment	4.95	4.20
赡养收入	Maintenance Income	344	398.69
捐赠收入	Gift Income	209.33	278.84
提取住房公积金	Draw Money of Housing Accumulation Fund	22.85	52.63
记帐补贴	Allowance of Charge Account	76.78	88.20
其他转移性收入	Other Transfer	57.87	124.17

Statistics of Income and Expenditure of Urban Households by City and Country in 2010

(yuan/person)

石嘴山市区 Shizuishan	平罗县 Pingluo	利通区 Litong	原州区 Yuanzhou	沙波头区 Shapotou	海原县 Haiyuan
386.36	**240.38**	**230.72**	**135.72**	**255.02**	**201.97**
18186.69	**14648.16**	**16682.57**	**16557.87**	**17312.82**	**12935.73**
15738.62	13322.38	14544.39	14255.66	14668.63	11462.25
11376.32	9934.34	10545.61	10329.64	11733.08	9323.17
11305.23	9869.12	10409.13	10122.93	11698.23	9046.83
71.09	65.22	136.48	206.71	34.85	276.34
2243.84	2564.65	1887.24	1828.48	1865.54	1188.54
213.29	76.26	234.07	329.57	133.48	141.42
5.74	21.86	15.34	1.59	44.61	6.22
21.57	1.94	11.73	18.01		
23.96		23.47	280.66		
162.03	52.46	148.93	23.37	46.61	135.2
		34.61	5.95	42.27	
4353.23	2072.91	4015.64	4070.18	3580.71	2282.59
3557.08	1610.38	3392.58	2763.62	2977.12	1363.55
88.73	65.16	78.18	236.54	31.64	160.22
17.04	50.77	52.21	191.16	28.95	111.17
	222.59				
			25.06		
	18.59		10.05	15.58	
	18.59		10.05		
318.16	25.53	282.8	683.82	378.15	590.23
279.61	56.24	160.05	255.19	72.83	128.69
		28.16			
86.17	66.32	69.69	59.72	69.01	39.9
23.48	8.12	4.19	36.18	36.39	

10-8 续表 1

单位:元/人

指标名称	Indicator	全区 Total	银川市区 Yinchuan
出售财物收入	**Proceeds from Sales of Belongings**	**113.28**	**124.00**
出售住房收入	Sale of Housing	111.18	122.40
出售其他物品收入	Sale of Other	2.09	1.60
借贷收入	**Credit Income**	**11445.03**	**13389.34**
提取储蓄存款	Draw Saving Deposits	10655.40	12720.06
借入款	Borrowed	405.51	343.94
收回借出款	Recover Loans	19.82	36.72
收回储蓄性保险本	Recover of Principal Insurance Savings	1.65	
兑售有价证券	Income from Securities		
收回投资本金	Recouping Investment Principal	10.14	
住房贷款	Repayment of House Loan	287.50	244.80
汽车贷款	Repayment of Auto Loan	16.42	
教育贷款	Repayment of Education Loan	2.97	
其他贷款	Repayment of Other Loans	17.86	42.23
其他借贷收入	Other Credit Income	27.76	1.59
家庭总支出	**Total Expenditure**	**16742.46**	**19206.40**
消费性支出	Consumption Expenditure	11334.43	13589.00
财产性支出	Property Expenditures	126.77	220.24
非生产性贷款利息支出	Interest of Non-productive Loans	106.26	199.13
其它	Other	20.52	21.12
转移性支出	Transfer Expenditures	1943.34	1884.45
交纳所得税	Individual Income-tax	75.45	148.18
捐赠支出	Gift Expenditures	1117.69	1077.61
购买彩票	Buy Lottery Expenditures	17.13	12.36
赡养支出	Support Expenditures	630.72	548.08
在外就学子女费用	Cost of Schooling Children away from Home	376.42	213.95
各种非储蓄性保险支出	Non-saving-deposits Insurance	47.85	41.79
车辆保险支出	Vehicle Insurance	24.77	33.11
其它转移性支出	Others	54.50	56.43

continued

(yuan/person)

石嘴山市区 Shizuishan	平罗县 Pingluo	利通区 Litong	原州区 Yuanzhou	沙波头区 Shapotou	海原县 Haiyuan
95.88		**2.26**	**64.21**	**652.47**	
95.85			46.98	648.65	
0.04		2.26	17.23	3.82	
10487.70	**9861.37**	**12002.16**	**9871.18**	**11243.23**	**6947.46**
10045.78	8645.32	10880.55	8486.99	10037.73	6947.46
293.29	351.48	1002.50	572.33	539.97	
	32.30		17.23		
5.82				8.63	
		103.25			
	812.38	2.35	502.07	641.75	
			284.73		
	19.89				
		3.52	7.83	13.80	
142.81		9.99		1.35	
16225.97	**14695.53**	**16602.11**	**14856.20**	**16159.78**	**10689.59**
11074.20	9265.54	10399.73	9607.17	9919.21	7871.50
9.00	127.91	126.29	106.88	49.71	0.73
3.44	65.89	105.26	106.88	47.81	0.73
5.56	62.03	21.03		1.89	
2192.08	1809.16	2458.30	1986.23	1616.84	1404.44
27.66	14.68	31.85	49.32	64.41	20.65
1329.45	838.06	1510.70	1112.92	844.04	1096.30
10.98	56.23	10.05	1.64	10.39	3.78
683.5	858.68	722.95	744.00	583.72	239.62
474.69	565.63	498.79	567.27	422.43	211.66
94.82	13.66	57.27	16.04	59.81	30.74
21.22	6.86	30.62	11.81	30.20	23.78
45.67	27.86	125.48	62.30	54.48	13.36

10-8 续表 2

单位:元/人

指　　标	Indicator	全区 Total	银川市区 Yinchuan
社会保障支出	Social Security Expenditures	2040.06	2206.28
个人交纳的养老基金	Annuities	1089.18	1199.70
个人交纳的住房公积金	Housing Accumulation Fund	702.07	682.48
个人交纳的医疗基金	Medical Accumulation Fund	210.11	278.12
个人交纳的失业基金	Disemployed Accumulation Fund	36.69	44.49
其它社会保障支出	Others	2.01	1.48
购房与建房支出	Expenditures of Purchasing and Building Houses	1297.86	1306.43
购房	Purchasing Houses	1297.86	1306.43
建房	Building Houses		
借贷支出	**Credit Expenditures**	**12375.28**	**13781.94**
存入储蓄款	Saving Deposits	11679.68	13075.65
借出款	Lending	13.80	
归还借款	Repayment of Loans	158.08	87.81
储蓄性保险支出	Saving-purpose Insurance Costs	187.09	265.02
购买有价证券	Purchase of Securities	2.12	
其它投资支出	Other Investment Expenditure	0.94	
归还住房贷款	Repayment of House Loan	282.33	321.78
归还汽车贷款	Repayment of Auto Loan	4.27	
归还教育贷款	Repayment of Education Loan		
归还其它贷款	Repayment of Other Loans	6.90	1.10
其它借贷支出	Other Credit Expenditures	40.07	30.59
期末手存现金	**Final Hand Deposit in Cash**	**213.98**	**213.8**

continued

(yuan/person)

石嘴山市区 Shizuishan	平罗县 Pingluo	利通区 Litong	原州区 Yuanzhou	沙波头区 Shapotou	海原县 Haiyuan
2334.24	1244.79	2036.63	2193.16	2510.77	1412.92
1258.09	540.82	1284.60	1202.52	1432.47	442.69
834.81	569.07	561.83	793.95	777.75	803.83
201.04	123.13	169.62	156.73	220.08	130.88
39.98	11.78	19.44	39.22	62.43	35.52
0.32		1.14	0.73	18.04	
616.46	2248.12	1581.15	962.75	2063.25	
616.46	2248.12	1581.15	962.75	2063.25	
12789.07	**9739.10**	**11981.05**	**11683.64**	**13096.92**	**9336.03**
12406.26	8946.55	10684.10	10832.62	12505.20	8997.40
2.79	9.95	109.31	18.65		
164.81	87.87	388.92	231.69	138.01	326.17
85.48	238.61	205.58	66.54	145.93	12.46
		21.60			
2.76	2.91				
113.42	453.21	313.87	401.98	252.73	
		35.20	14.09		
			99.28	11.11	
13.54		222.46	18.79	43.94	
161.60	**319.15**	**329.19**	**88.15**	**209.30**	**62.98**

10-9 主要年份全区农村居民家庭基本情况

年份 Year	调查户数(户) Number of Households Surveyed (household)	调查户常住人口(人) Number of Permanent Residents in the Households Surveyed (person)	平均每户常住人口(人) Average Number of Permanent Residents per Household (person)	平均每户整半劳动力(人) Average Number of Able-bodied and Semi-able-bodied Labours per Household (person)	整半劳动力占常住人口比重(%) Able-bodied Labours as Percentage of Permanent Residents (%)
1983	480	2983	6.21	2.95	47.54
1984	480	2939	6.12	2.91	47.60
1985	1090	6588	6.04	3.02	49.92
1986	1090	6557	6.02	2.93	48.73
1987	1090	6454	5.92	2.88	48.56
1988	1090	6407	5.88	2.91	49.45
1989	1090	6286	5.77	2.92	50.62
1990	990	5753	5.80	3.00	50.90
1991	990	5561	5.60	3.00	52.60
1992	990	5434	5.50	2.90	53.10
1993	990	5358	5.40	3.00	56.20
1994	990	5377	5.40	3.10	57.70
1995	1050	5517	5.30	3.10	58.20
1996	1050	5398	5.14	3.06	59.48
1997	1050	5302	5.00	3.00	59.70
1998	1050	5118	4.87	2.86	58.60
1999	1050	5036	4.80	2.82	58.76
2000	600	2850	4.75	2.81	59.05
2001	600	2826	4.71	2.81	59.70
2002	600	2813	4.69	2.82	60.18
2003	600	2769	4.62	2.80	60.67
2004	600	2759	4.59	2.78	60.46
2005	600	2720	4.53	2.79	61.43
2006	600	2703	4.51	2.80	62.20
2007	600	2642	4.40	2.78	63.21
2008	600	2648	4.41	2.79	63.26
2009	600	2587	4.31	2.75	63.86
2010	600	2559	4.27	2.76	64.63

Statistics of Rural Households in Main Years

劳动力中 Culture Level of Labours					
不识字或识字很少比重(%) Illiterate or Semi-illiterate(%)	小学程度比重(%) Primary School(%)	初中程度比重(%) Junior Middle School(%)	高中程度比重(%) Senior Middle Mchool(%)	中专程度比重(%) Special Secondary School(%)	大专及以上(%) College and Higher (%)
43.36	27.58	23.75	5.17	0.14	
41.28	29.42	24.13	5.10	0.07	
40.14	30.86	23.90	5.07	0.03	
38.76	30.74	25.00	5.46	0.04	
37.02	30.80	26.34	5.81	0.03	
37.30	30.20	27.10	5.35	0.10	
35.20	30.90	27.50	5.95	0.15	
34.40	30.50	28.80	6.03	0.21	
32.30	30.50	30.20	6.57	0.40	
31.20	30.60	31.20	6.52	0.44	
26.60	32.30	33.10	7.50	0.50	
23.98	32.64	36.16	6.88	0.34	
23.50	31.78	37.05	6.98	0.69	
21.57	31.24	38.21	8.47	0.51	
20.82	30.15	38.90	9.83	0.30	
19.48	30.30	39.10	9.10	2.02	
17.84	30.05	41.20	9.07	1.84	
16.89	30.30	41.94	8.74	2.13	
16.31	30.54	42.14	8.93	2.08	
15.77	28.84	44.72	8.69	1.98	
21.13	31.90	40.04	5.03	0.72	0.60
20.24	31.49	40.95	6.19	0.60	0.54
20.00	30.84	39.82	7.72	0.84	0.78
18.69	31.16	40.36	8.18	0.78	0.83
17.98	29.96	42.13	8.29	0.67	0.97
18.50	28.48	41.29	9.01	1.03	1.69

10-9 续表

年份 Year	年内新建房屋价值 （元/平方米） Value of Newly-built Houses (yuan/sq.m)	年末住房面积 （平方米/人） Floor Space of Lliving Houses at Year-end （sq.m/person）		
			砖木结构面积 Brick and Wood Structure	钢筋混泥土结构面积 Reinforced Concrete Structure
1983	14.29	10.35		
1984	14.44	10.98		
1985	21.83	11.83	0.03	
1986	24.88	12.50	0.21	
1987	32.48	12.98	0.24	
1988	36.03	13.22	0.47	0.02
1989	56.94	13.73	0.91	0.02
1990	61.70	13.62	1.04	0.02
1991	63.08	13.97	1.60	0.02
1992	70.29	14.64	1.94	0.02
1993	102.85	15.42	2.87	0.13
1994	62.84	16.33	3.32	0.06
1995	149.15	19.67	5.91	0.17
1996	156.02	16.12	5.32	
1997	212.34	16.76	6.14	0.34
1998	175.00	17.30	7.57	0.31
1999	185.13	18.18	8.94	0.17
2000	218.02	17.98	7.15	0.64
2001	190.02	18.84	8.47	0.54
2002	218.55	19.23	8.46	0.59
2003	226.18	20.12	9.20	0.71
2004	203.57	21.38	10.72	0.56
2005	286.49	21.03	11.15	0.95
2006	264.75	21.64	11.90	0.90
2007	311.27	23.04	13.38	0.78
2008	484.98	23.06	13.45	0.87
2009	343.37	24.46	14.92	1.28
2010	486.61	24.89	15.40	1.81

continued

年末生产固定资产原值(元/户) Original Value of Productive Fixed Assets at Year-end (yuan/household)	农业原值 Agriculture	工业原值 Industry	建筑业原值 Construction	交通运输业原值 Transport
742.67	563.51	16.28		99.94
818.92	655.69	37.67		34.19
1170.70	732.92	37.30		250.43
1361.33	772.34	51.75		353.68
1508.53	745.04	64.05		488.70
1707.75	803.73	74.08		599.56
1974.56	836.57	77.74		823.86
2128.90	924.24	84.51		849.10
2354.70	1212.29	69.02		703.88
2482.90	1245.45	90.64		778.41
2757.10	1415.81	95.98		744.42
3366.40	1767.70	112.19		863.06
5153.02	2991.02	111.06		1236.99
5426.09	3146.21	226.61		1102.58
6824.99	3487.40	122.58		1290.86
6722.50	3704.03	121.34		1399.85
7086.46	3849.89	134.43		1552.03
10168.09	6051.06	480.93	4.50	1658.58
11069.85	6270.36	520.44	1.67	2199.25
12024.13	6983.16	576.17	4.00	2288.58
13058.17	7925.36	554.65	1.11	2388.79
13735.07	9743.20	822.65	1.28	2430.17
14811.19	7296.87	604.72	21.05	3527.30
15368.15	7492.11	466.25	76.88	3806.57
16917.74	8154.97	485.40	20.85	4717.09
18244.68	9359.18	475.70	20.85	4366.96
21310.13	10642.49	575.45	24.30	5253.33
23405.21	10745.15	544.09	24.30	7676.17

10-10 主要年份全区农村居民家庭纯收入来源情况

Statistics of Net Income of Rural Households by Source in Main Years

单位:元/人 (yuan/person)

年份 Year	全年纯收入 Net Income	工资性收入 Wage Income	家庭经营收入 Household Business Income	财产性及转移收入 Property and Transfer Income
1983	274	43	212	18
1984	299	59	224	16
1985	326	63	241	34
1986	379	77	284	22
1987	387	78	289	18
1988	480	86	374	20
1989	538	87	431	20
1990	594	79	494	21
1991	608	97	489	22
1992	619	114	477	27
1993	667	134	504	28
1994	910	146	726	38
1995	1037	178	810	48
1996	1416	209	1152	56
1997	1545	263	1230	52
1998	1756	368	1314	75
1999	1791	423	1278	90
2000	1724	484	1121	119
2001	1823	528	1180	116
2002	1917	527	1265	125
2003	2043	592	1255	196
2004	2320	618	1506	196
2005	2509	702	1562	245
2006	2760	823	1662	275
2007	3181	1021	1862	297
2008	3681	1260	2032	389
2009	4048	1519	2112	418
2010	4675	1788	2422	465

10-11 主要年份农村居民家庭平均每人生活消费支出

Per Capita Annual Expenditure of Rural Households in Main Years

单位：元/人 (yuan/person)

年份 Year	生活消费支出 Living Expenditure	食品 Food	衣着 Clothing	居住 Residence	家庭设备、用品及服务 Household Facilities, Article and Service	医疗保健 Medicine and Health Care	交通和通讯 Transport, Post and Telecommu-nications	文教娱乐 Cultural, Educational, Recreational Article and Services	其他商品和服务 Other Commodities and Services
1983	209	127	29	23	16	5	1	7	1
1984	232	135	31	29	19	6	2	8	1
1985	264	155	33	31	21	8	1	15	2
1986	301	170	39	39	22	9	2	17	4
1987	330	187	40	44	25	11	2	17	4
1988	398	206	49	48	42	13	3	35	3
1989	459	240	53	69	38	16	3	37	3
1990	486	275	51	66	29	17	12	34	2
1991	519	293	58	63	37	21	10	33	4
1992	561	323	53	74	32	23	10	40	6
1993	606	342	55	80	37	27	15	42	7
1994	831	486	67	106	47	29	26	51	18
1995	1058	609	84	146	59	44	31	71	13
1996	1234	730	94	156	67	55	31	79	21
1997	1282	688	105	201	64	68	39	97	20
1998	1350	713	105	217	69	77	53	97	19
1999	1330	676	103	199	76	75	53	121	27
2000	1417	691	97	227	62	89	80	145	26
2001	1381	644	97	223	61	98	96	132	30
2002	1418	633	98	204	70	123	111	148	31
2003	1637	680	109	286	56	116	171	178	40
2004	1927	809	122	325	65	187	155	217	46
2005	2094	923	143	346	77	199	178	178	51
2006	2247	929	159	415	104	188	226	169	57
2007	2529	1019	184	451	109	239	266	192	68
2008	3095	1288	217	582	124	319	299	193	72
2009	3348	1395	256	502	169	356	366	217	86
2010	4013	1542	303	776	188	418	444	241	101

10-12 主要年份全区农村居民家庭现金收入情况

Statistics of Per Capita Cash Income of Rural Households in Main Years

单位:元/人 (yuan/person)

年份 Year	全年现金收入 Annual Cash Income	工资性收入 Wage Income	家庭经营收入 Household Business Income	财产及转移性收入 Property and Transfer Income
1983	211	43	142	26
1984	241	58	159	25
1985	285	50	206	29
1986	361	77	254	30
1987	396	78	289	30
1988	499	86	376	36
1989	577	87	456	32
1990	581	79	449	53
1991	638	97	487	54
1992	660	114	490	56
1993	692	133	493	66
1994	943	146	719	77
1995	1252	178	996	78
1996	1454	209	1152	93
1997	1808	263	1426	120
1998	1988	368	1468	152
1999	2112	423	1505	184
2000	2169	484	1535	150
2001	2295	528	1623	145
2002	2457	526	1760	171
2003	2625	592	1862	170
2004	2979	618	2224	137
2005	3463	702	2546	215
2006	3729	823	2673	232
2007	4317	1021	3061	235
2008	5004	1260	3393	351
2009	5380	1519	3497	364
2010	5879	1788	3655	436

10-13 主要年份全区农村居民家庭现金支出情况

Statistics of Per Capita Cash Expenditure of Rural Households in Main Years

单位:元/人 (yuan/person)

年份 Year	全年现金支出 Annual Cash Expenditure	生产费用支出 Expenditure for Production	税费支出 Expenditure for Taxes and Fees	生活消费支出 Living Expenditure	财产及转移性支出 Property and Transfer Expenditure
1983	197	63	3	115	16
1984	216	64	4	131	17
1985	275	95	8	153	19
1986	326	110	9	184	23
1987	380	132	12	206	29
1988	489	175	13	269	32
1989	666	227	17	309	39
1990	554	192	20	300	42
1991	604	218	19	320	47
1992	651	240	24	335	51
1993	714	257	26	376	56
1994	947	352	33	485	77
1995	1354	581	36	654	83
1996	1497	601	61	737	97
1997	1656	655	66	821	115
1998	1822	704	81	893	143
1999	1895	714	83	922	175
2000	2032	813	66	1017	136
2001	2168	896	55	1036	180
2002	2262	939	39	1079	205
2003	2457	963	31	1273	190
2004	2861	1132	26	1489	214
2005	3427	1489	3	1649	287
2006	3644	1518	4	1825	298
2007	4307	1820	8	2116	363
2008	5114	2152	1	2560	402
2009	5424	2181	1	2782	460
2010	6130	2101	3	3447	579

10-14 主要年份全区农村居民家庭生活消费现金支出

Per Capita Cash Consumption Expenditure of Rural Households in Main Years

单位:元/人 (yuan/person)

年份 Year	生活消费现金支出 Cash Consumption Expenditure	食品 Food	衣着 Clothing	居住 Residence	家庭设备、用品及服务 Household Facilities, Article and Service	医疗保健 Medicine and Health Care	交通和通讯 Transport, pPst and Telecommu-nications	文教娱乐 Cultural, Educational, Recreational Article and Service	其他商品和服务 Other Commodities and Services
1983	115	39	28	18	16	5	1	7	1
1984	131	41	31	23	19	6	2	10	1
1985	153	48	33	26	21	8	1	15	2
1986	184	58	38	34	22	9	2	17	4
1987	206	68	40	39	25	11	2	17	4
1988	269	82	49	44	44	13	3	35	1
1989	309	95	53	64	38	16	3	37	3
1990	300	94	51	61	29	17	12	34	2
1991	320	100	58	56	37	21	11	33	4
1992	335	102	52	70	32	23	10	40	6
1993	376	119	55	73	37	27	15	42	7
1994	485	150	67	96	47	29	26	51	18
1995	654	215	84	137	59	44	31	71	13
1996	737	243	94	147	67	55	31	79	21
1997	821	238	105	190	64	68	39	97	20
1998	893	270	105	203	69	77	53	97	19
1999	922	277	103	190	76	75	53	121	27
2000	1017	303	97	216	62	89	80	145	26
2001	1036	307	97	215	61	98	96	132	30
2002	1079	304	98	194	70	123	111	148	31
2003	1273	324	109	278	56	116	171	178	40
2004	1489	380	122	316	65	187	155	217	46
2005	1649	484	143	338	77	199	178	178	51
2006	1825	524	159	398	104	188	226	169	57
2007	2116	622	184	435	109	239	266	192	68
2008	2560	768	217	567	124	319	299	193	72
2009	2782	834	256	497	169	356	366	217	86
2010	3447	975	303	776	188	418	444	241	101

10-15 主要年份全区农村居民家庭主要食物消费情况

Statistics of Major Foods Consumption of Rural Households in Main Years

单位:公斤/人 (kg/person)

年份 Year	谷物和薯类 Cereal and tubers	细粮 Flour and Rice	蔬菜及制品 Vegetables and Related Products	豆类及制品 Soybeans and Related Products	植物油 Vegetable Oil	动物油 Animal Fat	猪肉 Pork	牛羊肉 Beef and Mutton
1983	246.89	193.41	101.85		3.04	0.82	4.61	2.33
1984	241.65	203.88	103.61		3.51	0.85	4.72	2.26
1985	261.07	229.45	102.99		3.77	0.89	5.39	1.86
1986	261.10	232.66	94.49		4.20	0.74	6.01	1.98
1987	258.44	233.06	84.96		4.30	0.62	6.11	2.17
1988	250.08	223.65	90.39		4.66	0.60	5.01	2.06
1989	253.61	231.47	96.38		4.75	0.52	4.97	2.24
1990	254.88	217.78	83.49	0.89	4.94	0.59	5.89	2.84
1991	272.70	233.80	76.36		5.13	0.46	6.87	3.32
1992	267.87	233.37	93.79		5.90	0.45	6.23	2.53
1993	264.36	234.76	70.97		6.11	0.45	5.56	2.09
1994	260.21	236.41	63.63		5.67	0.41	5.40	1.96
1995	274.67	234.68	76.27	0.58	6.78	0.39	5.45	2.01
1996	277.40	236.73	72.47		6.38	0.40	6.24	2.66
1997	255.53	225.37	70.27	0.53	6.46	0.13	6.84	3.13
1998	262.94	236.33	97.32	0.77	6.94	0.72	6.85	3.53
1999	250.60	223.88	83.08	1.02	7.08	0.94	7.93	3.51
2000	248.63	223.44	91.19	1.20	6.55	0.55	8.29	3.27
2001	236.54	216.21	82.64	0.94	7.20	0.85	7.16	3.11
2002	235.25	216.85	74.59	1.07	7.27	0.61	8.01	3.01
2003	224.09	212.89	84.38	1.25	7.14	0.08	7.81	3.52
2004	226.67	216.74	79.82	0.87	6.99	0.19	7.42	4.42
2005	233.18	220.95	82.68	0.91	7.80	0.09	7.74	5.50
2006	212.12	199.75	76.53	0.75	6.37	0.09	8.01	5.40
2007	202.58	192.81	76.50	0.80	6.14	0.14	7.83	4.53
2008	213.64	195.36	74.77	0.74	7.83	0.12	7.39	4.71
2009	202.05	190.03	75.86	0.76	9.47	0.11	7.96	6.24
2010	203.42	192.76	73.67	0.69	8.92	0.08	7.50	5.98

10-15 续表

单位:公斤/人 (kg/person)

年份 Year	奶及奶制品 Milk and Dairy Products	家禽 Poultry	水产品 Aquatic Products	食糖 Sugar	酒 Liquor	糖果 Candy	糕点 Cake	水果 Fruit
1983	0.07	0.28	0.03	0.93	0.39	0.35		
1984	0.09	0.19	0.05	0.99	0.42	0.34		
1985	0.23	0.29	0.06	1.29	0.69	0.68		
1986	0.14	0.43	0.08	1.52	0.08	0.69		
1987	0.08	0.48	0.12	1.64	0.85	0.72		
1988	0.15	0.36	0.18	1.48	0.79	0.18	0.44	7.04
1989	0.09	0.43	0.14	1.62	0.85	0.58	0.41	8.44
1990	0.02	0.33	0.23	1.58	0.86	0.14	0.39	3.05
1991	0.61	0.44	0.24	1.47	0.87	0.13	0.30	4.03
1992	0.95	0.57	0.29	1.61	0.79	0.13	0.29	4.25
1993	0.21	0.71	0.27	1.44	0.93	0.16	0.30	8.97
1994	0.28	0.60	0.29	1.52	0.81	0.16	0.31	8.35
1995	0.29	0.81	0.35	1.32	0.92	0.13	0.27	10.09
1996	0.46	0.79	0.39	1.47	1.02	0.13	0.25	19.24
1997	0.57	0.98	0.37	1.56	1.02	0.14	0.27	23.96
1998	0.61	1.45	0.40	1.70	1.08	0.14	0.25	46.77
1999	0.78	1.43	0.54	2.08	1.16	0.18	0.26	37.69
2000	0.88	1.85	0.51	1.57	1.63	0.17	0.23	39.01
2001	0.87	2.26	0.63	1.50	1.65	0.16	0.31	40.95
2002	1.41	2.74	0.77	1.75	1.83	0.17	0.26	40.90
2003	2.22	2.81	0.51	1.62	2.02	1.35	2.37	26.36
2004	2.77	2.37	0.33	1.56	2.12	1.22	2.17	22.07
2005	2.92	2.50	0.45	1.38	2.97			21.82
2006	2.61	2.78	0.58	1.32	3.08			16.90
2007	5.00	3.48	0.67	1.47	3.12			23.92
2008	6.52	4.52	0.70	1.46	3.04			20.19
2009	4.98	4.45	0.77	1.54	3.09			29.97
2010	4.48	4.51	0.74	1.38	3.22			21.61

10-16 主要年份全区农村居民家庭主要耐用物品拥有情况

Statistics of Major Durable Goods Owned of Rural Households in Main Years

单位:百户均 (per 100 household)

年份 Year	自行车(辆) Bicycle (unit)	电风扇(台) Electric Fan (set)	洗衣机(台) Washing Machine (set)	电冰箱(台) Refrigerator (set)	摩托车(辆) Motorcycle (unit)	彩色电视机(台) Color TV set (set)	收录机(台) Radio-cassette Recorder (set)	照相机(台) Camera (unit)
1983	107.08		0.42				2.71	
1984	116.04	0.20	1.46				6.25	
1985	125.23	0.28	3.67		1.10	2.94	8.26	0.28
1986	136.88	0.92	8.17		0.73	6.15	12.20	0.09
1987	148.44	1.47	11.93		1.28	8.17	15.78	0.37
1988	161.19	4.13	16.97	0.09	2.75	11.74	22.29	0.55
1989	168.35	4.95	19.72	0.37	2.57	15.41	25.32	0.28
1990	170.20	5.40	19.60	0.20	2.70	17.90	25.60	0.50
1991	164.20	8.40	24.10	0.70	2.30	22.60	30.50	0.40
1992	168.50	8.70	24.10	0.70	1.80	25.80	29.90	0.50
1993	172.40	10.80	25.50	1.30	2.50	31.10	33.60	0.90
1994	173.50	12.70	27.30	1.40	3.20	35.60	35.40	1.10
1995	176.570	11.60	29.43	2.48	5.81	35.71	38.38	0.95
1996	177.52	14.38	30.00	2.76	7.43	39.71	40.67	1.52
1997	180.00	14.48	31.24	3.33	8.38	47.24	41.90	1.43
1998	174.76	14.57	31.62	4.19	12.00	49.71	42.00	1.52
1999	174.48	14.86	31.62	5.14	15.14	54.48	42.57	1.33
2000	162.83	21.33	37.55	6.00	25.83	67.00	35.50	3.33
2001	166.67	25.83	40.00	7.17	29.17	71.17	38.00	3.17
2002	166.33	26.83	42.33	9.50	36.50	78.17	39.00	3.5
2003	164.67	26.67	44.33	8.83	45.50	84.33	37.17	3.00
2004	168.50	26.83	48.33	10.00	50.67	91.00	31.83	5.67
2005	120.33	25.50	44.50	10.17	63.50	92.67	17.00	3.17
2006	121.67	27.67	49.33	12.33	67.33	98.67	17.00	2.33
2007	118.83		56.67	14.67	71.50	107.83		2.83
2008	123.67		63.17	18.67	78.33	115.17		2.67
2009	118.67		70.33	27.67	83.67	120.33		2.67
2010	116.67		76.17	35.33	85.83	118.83		5.83

10-17 各市县(区)城镇居民人均可支配收入

Per Capita Annual Disposable Income of Urban Households by City and Country

单位:元 (yuan)

地区	Region	2010	2009	增加额 Incremental	增长 Growth(%)
全 区	**Total**	**15344**	**14025**	**1320**	**9.4**
银 川 市	**Yinchuan**	**16842**	**15465**	**1377**	**8.9**
银川市区	District	17073	15715	1358	8.6
灵 武 市	Yongning	15336	13936	1400	10
贺 兰 县	Helan	15146	13416	1729	12.9
永 宁 县	Lingwu	15240	13729	1511	11
石嘴山市	**Shizuishan**	**15466**	**14110**	**1356**	**9.6**
石嘴山市区	District	15739	14354	1385	9.6
平 罗 县	Pingluo	13322	12196	1127	9.2
吴 忠 市	**Wuzhong**	**13849**	**12649**	**1200**	**9.5**
利 通 区	Litong	14544	13142	1402	10.7
青铜峡市	Qingtongxia	14118	13277	841	6.3
同 心 县	Tongxin	11100	9792	1308	13.4
盐 池 县	Yanchi	12637	11366	1271	11.2
固 原 市	**Guyuan**	**13044**	**11794**	**1250**	**10.6**
原 州 区	Yuanzhou	14256	12900	1356	10.5
隆 德 县	Longde	11800	10694	1106	10.3
西 吉 县	Xiji	11169	10117	1052	10.4
彭 阳 县	Pengyang	11552	10389	1163	11.2
泾 源 县	Jingyuan	11480	10372	1108	10.7
中 卫 市	**Zhongwei**	**13980**	**12809**	**1171**	**9.1**
沙坡头区	Shapotou	14669	13394	1274	9.5
中 宁 县	Zhongning	13380	12476	904	7.2
海 原 县	Haiyuan	11462	10335	1127	10.9

10-18 各市县农民家庭平均每人纯收入来源情况

Per Capital Annual Income of Rural Households by City and Country

单位:元 （2010） (yuan)

地 区	Region	纯收入 Net Income	按纯收入来源分 Grouped by Source					
			工资性收入 Wages Income	家庭经营收入 Income from Household Operations	一产业纯收入 Primary Industry	非农产业纯收入 Non-agriculture	财产性收入 Property Income	转移性收入 Transfer Income
全区	**Total**	**4674.89**	**1788.28**	**2421.50**	**2058.10**	**363.40**	**98.66**	**366.45**
川区	**Plain**	**6010.76**	**1918.37**	**3677.13**	**2833.28**	**843.85**	**127.86**	**287.39**
山区	**Mountain Area**	**3415.74**	**1446.14**	**1583.99**	**1384.28**	**199.71**	**23.04**	**362.56**
银川市	**Yinchuan**	**6160.51**	**1912.70**	**3726.01**	**2747.02**	**978.99**	**189.96**	**331.84**
兴庆区	Xingqing	6819.82	1569.37	4378.79	3375.60	1003.19	652.91	218.74
西夏区	Xixia	4337.44	1900.61	1740.36	1134.32	606.04	198.81	497.67
金凤区	Jinfeng	6008.43	2084.35	3412.43	1929.93	1482.50	268.86	242.79
永宁县	Yongning	5896.40	1902.49	3541.73	2966.00	575.72	106.37	345.82
贺兰县	Helan	6214.00	1310.51	4418.84	3683.35	735.49	124.39	360.26
灵武市	Lingwu	6581.42	2568.47	3563.11	2006.99	1556.12	118.80	331.04
石嘴山市	**Shizuishan**	**6060.19**	**1943.85**	**3685.76**	**3128.40**	**557.35**	**97.37**	**333.22**
惠农区	Huinong	6390.17	2254.69	3778.27	3084.15	694.12	43.48	313.73
平罗县	Pingluo	6186.24	1682.23	4039.13	3571.29	467.84	103.13	361.74
吴忠市	**Wuzhong**	**5040.90**	**1568.19**	**3041.15**	**2427.73**	**613.42**	**94.91**	**336.64**
利通区	Litong	6761.50	2037.73	4481.42	3185.47	1295.95	81.39	160.96
盐池县	Yanchi	3668.84	682.03	2282.32	2124.34	157.98	49.42	655.06
同心县	Tongxin	3421.45	1253.31	1739.31	1558.86	180.44	24.74	404.09
青铜峡市	Qingtongxia	6549.26	2127.08	3936.06	3142.94	793.12	263.77	222.36
固原市	**Guyuan**	**3477.19**	**1570.11**	**1518.08**	**1325.90**	**192.18**	**22.77**	**366.23**
原州区	Yuanzhou	3545.61	1653.28	1504.29	1247.80	256.49	18.07	369.97
西吉县	Xiji	3458.75	1588.40	1588.38	1436.90	151.48	33.10	248.87
隆德县	Longde	3477.72	1455.20	1466.33	1334.87	131.46	12.61	543.59
泾源县	Jingyuan	3168.04	1424.77	1310.23	1148.26	161.97	17.30	415.74
彭阳县	Pengyang	3556.46	1554.26	1542.45	1317.10	225.35	19.97	439.79
中卫市	**Zhongwei**	**4439.22**	**1654.19**	**2489.58**	**1980.25**	**509.33**	**36.64**	**258.81**
沙坡头区	Shapotou	5358.31	2076.32	2891.98	2293.20	598.78	52.46	337.55
中宁县	Zhongning	5288.20	1456.94	3545.89	2774.59	771.31	51.92	233.46
海原县	Haiyuan	3110.63	1448.67	1436.05	1179.63	256.42	13.32	212.58

10-19 主要年份各市县农民家庭平均每人纯收入

Per Capital Annual Income of Rural Households by City and Country in Main Years

单位:元 (yuan)

地 区	Region	1985	1990	1995	2000	2005	2009	2010
全 区	**Total**	**326**	**594**	**1037**	**1724**	**2509**	**4048**	**4675**
川 区	**Plain**	**419**	**805**	**1530**	**2701**	**3584**	**5260**	**6011**
山 区	**Mountain Area**	**200**	**363**	**600**	**987**	**1687**	**2916**	**3416**
银川市	**Yinchuan**	**466**	**979**	**1683**	**2712**	**3493**	**5389**	**6161**
兴庆区	Xingqing					4017	6040	6820
西夏区	Xixia					2333	3655	4337
金凤区	Jinfeng					3488	5307	6008
永宁县	Yongning	467	977	1648	2543	3375	5127	5896
贺兰县	Helan	408	993	1629	2561	3534	5480	6214
灵武市	Lingwu	433	769	1513	2705	3597	5733	6581
石嘴山市	**Shizuishan**	**434**	**813**	**1534**	**2719**	**3556**	**5315**	**6060**
惠农区	Huinong	405	781	1493	2760	3687	5563	6390
平罗县	Pingluo	460	839	1484	2601	3640	5431	6186
吴忠市	**Wuzhong**	**355**	**648**	**1213**	**2194**	**2891**	**4391**	**5041**
利通区	Litong	354	726	1384	2853	3974	5827	6761
盐池县	Yanchi	365	534	821	1136	2005	3288	3669
同心县	Tongxin	221	427	812	1194	1710	2914	3421
青铜峡市	Qingtongxia	414	753	1529	2812	4019	5831	6549
固原市	**Guyuan**	**195**	**352**	**553**	**928**	**1715**	**2962**	**3477**
原州区	Yuanzhou	248	395	628	933	1727	3005	3546
西吉县	Xiji	166	338	447	902	1740	2944	3459
隆德县	Longde	187	383	631	1082	1696	2959	3478
泾源县	Jingyuan	215	246	457	971	1508	2726	3168
彭阳县	Pengyang	156	369	657	896	1764	3046	3556
中卫市	**Zhongwei**					**2537**	**3853**	**4439**
沙坡头区	Shapotou	341	702	1381	2495	3349	4700	5358
中宁县	Zhongning	370	632	1470	2648	3307	4619	5288
海原县	Haiyuan	201	333	470	877	1446	2640	3111

注:1.2003 年、2004 年部分市县(区)数据按最新区划调整重新进行了测算,具体包括川区、山区、银川市、石嘴山市、吴忠市、固原市、中卫市、平罗县、中宁县、同心县。2003 年以前市县(区)数是原区划数未作调整。

2.2008 年,因区划调整,原州区黑城镇、甘城乡划归海原县;海原县兴隆乡划归同心县,徐套乡划归中宁县,兴仁乡划归沙坡头区,因此对原州区、海原县、同心县、中宁县、沙坡头区的数据进行了调整,同时对川区、山区、吴忠市、固原市、中卫市的数据也进行了相应调整。2009 年以后数据按新区划调整口径。

a)2003 and 2004, data were adjusted according newly division of some county and city,include Plain,Mountain Area,Yinchuan,Shizuishan,Wuzhong, Guyuan,Zhongwei,Pingluo,Zhongning and Tongxin.data were not adjusted on original division before 2003.

b)2008, Leicheng town,Gancheng town of Country Yuanzhou were allocated Country Haiyuan,Xinlong town of Country Haiyuan were allocated Country Tongxin,Xutao town of Country Haiyuan were allocated Country Zhongning,Xingren town of Country Haiyuan were allocated Country Shapotou,data of Country Yuanzhou,Country Haiyuan,Country Tongxin,Country Zhongning and Country Shapotou were adjusted,at the same time,data of Plain, Mountain area,Wuzhong,Guyuan,Zhongwei were adjusted.From 2009,data are newly division.

10-20 主要年份各市县农民家庭平均每人生活消费支出

Per Capital Consumption Expenditure of Rural Households by City and Country in Main Years

单位:元/人 (yuan/person)

地 区	Region	1985	1990	1995	2000	2005	2009	2010
全区总计	**Total**	**264**	**486**	**1058**	**1417**	**2094**	**3348**	**4013**
川 区	**Plain**	**320**	**657**	**1395**	**1939**	**2712**	**4474**	**4914**
山 区	**Mountain Area**	**186**	**295**	**743**	**906**	**1624**	**2585**	**3003**
银川市	**Yinchuan**	**383**	**810**	**1449**	**1886**	**2836**	**4817**	**5394**
兴庆区	Xingqing					2699	4696	5923
西夏区	Xixia					2175	4385	5021
金凤区	Jinfeng					2749	5800	6562
永宁县	Yongning	384	887	1446	1666	2871	4196	4520
贺兰县	Helan	331	682	1620	2095	3164	5105	6003
灵武市	Lingwu	319	594	1374	1770	2757	5063	5277
石嘴山市	**Shizuishan**	**312**	**656**	**1438**	**2102**	**3187**	**4542**	**4930**
惠农区	Huinong	299	735	1361	2469	3425	4535	4753
平罗县	Pingluo	324	656	1391	2027	3126	4462	4941
吴忠市	**Wuzhong**	**275**	**531**	**1201**	**1641**	**2107**	**3410**	**3763**
利通区	Litong	286	694	1310	2345	2494	3764	4255
盐池县	Yanchi	317	469	1038	1231	2513	3322	3496
同心县	Tongxin	188	342	901	958	1384	2723	3149
青铜峡市	Qingtongxia	294	622	1566	1849	2470	4185	4363
固原市	**Guyuan**	**186**	**288**	**709**	**854**	**1680**	**2563**	**3085**
原州区	Yuanzhou	227	330	692	985	1716	2519	3002
西吉县	Xiji	181	270	622	965	1653	2479	3332
隆德县	Longde	185	324	857	1110	1680	2793	2969
泾源县	Jingyuan	164	221	540	804	1835	2723	3202
彭阳县	Pengyang	164	297	824	753	1592	2560	2767
中卫市	**Zhongwei**					**1986**	**3590**	**3877**
沙坡头区	Shapotou	256	495	1351	1600	2142	4161	4775
中宁县	Zhongning	282	472	1065	1982	2898	4815	4932
海原县	Haiyuan	176	254	683	678	1288	2284	2422

注: 1.2003 年以前吴忠市农民人均生活消费支出包括中卫、中宁两县;
2.2003 年以前惠农区农民人均生活消费支出为原惠农县数据。

a)Before 2003,data of city wuzhong included county zhongwei and zhongning.
b)Before 2003,data of huinong district refered to the former county huinong.

10-21 各市县农村居民家庭平均每百户耐用消费品拥有量

地 区 Region	洗衣机(台) Washing Machine (unit)	电冰箱(台) Refrigerator (unit)	空调机(台) Air Conditioner (unit)	抽油烟机(台) Ventilator (unit)	微波炉(台) Microwave Oven (unit)	热水器(台) Water Heater (unit)	自行车(辆) Bicycle (unit)
全　区 Total	**76.17**	**35.33**	**0.67**	**3.67**	**5.17**	**13.83**	**116.67**
川　区 Plain	**91.49**	**51.11**	**1.19**	**6.17**	**7.57**	**23.52**	**178.41**
山　区 Mountain Area	**65.34**	**22.81**	**0.51**	**0.22**	**1.84**	**7.08**	**68.26**
银川市 Yinchuan	**95.38**	**55.64**	**1.49**	**8.08**	**10.10**	**23.06**	**177.61**
兴庆区 Xingqing	100.00	91.67	3.33	30.00	35.00	38.33	198.33
西夏区 Xixia	100.00	72.00	4.00	6.00	16.00	28.00	136.00
金凤区 Jinfeng	82.00	76.00	6.00	8.00	26.00	16.00	162.00
永宁县 Yongning	96.67	45.00	0.83	8.33	5.00	26.67	194.17
贺兰县 Helan	92.50	40.83	0.83	1.67	7.50	6.67	175.83
灵武市 Lingwu	99.17	58.33		5.83	0.83	32.50	165.00
石嘴山市 Shizuishan	**80.85**	**46.72**	**1.31**	**2.99**	**1.39**	**18.47**	**192.81**
惠农区 Huinong	91.67	30.00	3.33	1.67		33.33	173.33
平罗县 Pingluo	76.00	51.00	1.00	3.00	2.00	16.00	192.00
吴忠市 Wuzhong	**93.43**	**56.96**	**0.90**	**7.02**	**5.29**	**27.74**	**122.81**
利通区 Litong	108.89	81.11	2.22	17.78	8.89	64.44	181.11
盐池县 Yanchi	83.75	52.50				11.25	13.75
同心县 Tongxin	79.09	46.36		0.91	0.91	10.91	50.91
青铜峡市 Qingtongxia	99.00	43.00	1.00	6.00	10.00	14.00	216.00
固原市 Guyuan	**61.62**	**14.01**	**0.16**	**0.16**	**2.13**	**5.26**	**77.13**
原州区 Yuanzhou	63.75	26.25			1.25		78.75
西吉县 Xiji	51.00	9.00			4.00	8.00	78.00
隆德县 Longde	68.75	8.75	1.25	1.25	1.25	7.50	100.00
泾源县 Jingyuan	76.67	11.67				15.00	73.33
彭阳县 Pengyang	64.00	8.00			2.00	3.00	59.00
中卫市 Zhongwei	**75.67**	**33.60**	**1.08**	**0.81**	**5.43**	**11.74**	**125.10**
沙坡头区 Shapotou	81.67	35.83		0.83	5.83	3.33	163.33
中宁县 Zhongning	87.27	42.73	0.91	1.82	9.09	25.45	149.09
海原县 Haiyuan	61.11	24.44	2.22		2.22	8.89	71.11

Number of Durable Consumer Goods Owned Per 100 Rural Households by City and Country

摩托车 (辆) Motorcycle (unit)	电话机 (部) Telephone (set)	移动电话 (部) Mobile Telephone (set)	彩色电视机 (台) Color TV Set (unit)	黑白电视机 (台) Black and White TV Set (unit)	摄像机 (台) Video Camera (unit)	影碟机 (台) Video Disc Player (set)	照相机 (台) Camera (unit)	家用计算机 (台) Computer (set)
85.83	**55.50**	**178.5**	**118.83**	**7.83**	**1.50**	**45.83**	**5.83**	**7.17**
88.63	**54.34**	**204.26**	**122.82**	**1.26**	**0.86**	**55.20**	**4.46**	**11.13**
78.95	**55.19**	**157.64**	**113.60**	**14.81**	**1.17**	**46.00**	**3.69**	**2.45**
78.07	**52.32**	**192.87**	**114.28**	**0.17**	**0.19**	**45.39**	**8.02**	**8.65**
71.67	75.00	181.67	125.00	1.67		53.33	13.33	25.00
68.00	60.00	192.00	106.00			64.00	2.00	20.00
78.00	28.00	184.00	108.00			34.00	22.00	14.00
75.00	42.50	223.33	125.83			66.67	12.50	5.00
66.67	45.00	198.33	112.50			26.67	3.33	8.33
100.00	70.00	158.33	101.67		0.83	38.33	1.67	1.67
85.00	**50.95**	**188.72**	**111.99**	**0.70**		**58.77**	**0.31**	**5.90**
86.67	61.67	150.00	110.00			51.67	1.67	6.67
88.00	50.00	191.00	112.00	1.00		57.00		5.00
97.79	**45.16**	**233.41**	**133.62**	**3.59**	**2.95**	**56.32**	**5.45**	**14.76**
97.78	42.22	240.00	140.00			67.78	4.44	25.56
91.25	27.50	257.50	96.25		1.25	32.50	6.25	3.75
106.36	42.73	217.27	131.82	10.91	8.18	50.00	6.36	8.18
91.00	64.00	230.00	153.00	1.00	1.00	66.00	5.00	17.00
74.70	**60.47**	**146.66**	**113.32**	**18.70**		**48.08**	**3.93**	**1.15**
83.75	55.00	173.75	123.75	10.00		42.50	2.50	
82.00	77.00	104.00	111.00	36.00		38.00	1.00	1.00
50.00	61.25	150.00	97.50	28.75		57.50	17.50	5.00
43.33	30.00	125.00	113.33	11.67		31.67	5.00	
80.00	55.00	182.00	112.00			74.00	1.00	1.00
87.48	**59.22**	**170.84**	**117.09**	**5.89**	**1.56**	**50.07**	**1.83**	**6.73**
92.50	57.50	196.67	112.50	3.33		57.50		5.83
105.45	64.55	212.73	134.55	3.64	5.45	52.73	6.36	13.64
68.89	56.67	114.44	107.78	10.00		41.11		2.22

主要统计指标解释

1、有关历年收入指标说明

1992年至1996年同时使用生活费收入和可支配收入。

可支配收入=实际收入-个人所得税-家庭生产副业支出

生活费收入=实际收入-赚养、赠送支出-记账补贴-亲友搭伙费-家庭生产副业支出

1997年开始可支配收入指标口径改变为:可支配收入=实际收入-个人所得税-家庭生产副业支出-记账补贴

随着社会保障体系的逐步建立,个人交纳的社会保障支出逐年增加,2002年之后可支配收入指标口径为:

可支配收入=家庭总收入-交纳个人所得税-个人交纳的社会保障支出-记账补贴。

其中家庭总收入口径小于实际收入,从2002年之后家庭总收入中不包括出售财物收入。“历年宁夏城镇居民家庭人口和收支情况表”中的收支指标已做了同口径调整。

2、有关消费指标的说明

从2002年以后“旅游消费支出”中旅馆住宿费仍归在“杂项商品和服务”中,与旅游有关的交通、伙食等其他花费分别归入相应的消费支出项目中。同时,针对无法拆分的团体旅游花费,增加了团体旅游消费指标。

3、2002年之前城镇住户调查指标体系作过多次大范围调整,“历年宁夏城镇居民家庭人口和收支情况表”中大部分数据是按2002年指标口径调整的结果。

[现住房总建筑面积] 指调查户现住房的总建筑面积。现住房计算总建筑面积时以房屋产权证或租赁证为准,建筑面积也可按使用面积×1.333计算得出。应扣除住房中专门用于出租的建筑面积。

[家庭人口] 指居住在一起,经济上合在一起共同生活的家庭成员。凡计算为家庭人口的成员其全部收支都应包括在调查表中。

[家庭总收入] 指调查户中生活在一起的所有家庭成员在调查期得到的工资性收入、经营净收入、财产性收入、转移性收入的总和,不包括出售财物和借贷收入。收入的统计标准以实际发生的数额为准,无论收入是补发还是预发,只要是调查期得到的都应如实计算,原则上不作分摊。考虑到对样本量小的市县影响较大,大笔收入可以分摊记入,但要尽量减少分摊次数,并要在本年度内分摊完毕。

[可支配收入] 指调查户可用于最终消费支出和其他非义务性支出以及储蓄的总和,即居民家庭可以用来自由支配的收入。它是家庭总收入扣除经营性支出、交纳的个人所得税、个人交纳的社会保障费以及调查户的记账补贴后的收入。计算公式为:

可支配收入=家庭总收入-经营性支出-交纳个人所得税-个人交纳的社会保障支出-记账补贴

[工资性收入] 指就业人员通过各种途径得到的全部劳动报酬,包括所从事主要职业的工资以及从事第二职业、其他兼职和零星劳动得到的其他劳动收入。

[经营净收入] 指家庭成员从事生产经营活动所获得的净收入。是全部生产经营收入中扣除生产成本和税金后所得的收入。如当期收入小于生产费用的开支,其差额记入“其他借贷支出”中。

[财产性收入] 指家庭拥有的动产(如银行存款、有价证券)、不动产(如房屋、土地等)所获得的收入。包括出让财产使用权所获得的利息、租金、专利收入;财产营运所获得的红利收入、财产增值收益等。

[转移性收入] 指国家、单位、社会团体对居民家庭的各种转移支付和居民家庭间的收入转移。包括政府对个人收入转移的离退休金、失业救济金、赔偿等;单位对个人收入转移的辞退金、保险索赔、住房公积金、家庭间的赠送和赡养等。

［家庭总支出］ 指家庭除借贷支出以外的全部实际支出。包括消费性支出、财产性支出、转移性支出、社会保障支出、购房与建房支出。支出统计是以实际购得的商品或服务的总价值填报，不论其付款方式是一次付清、分期付款、还是赊购，只要商品或服务已被消费就要按其总价值计量。如果采用分期付款或赊购形式，则要在借贷收入类相应的项目填入实付款与总的应付款的差额。

［消费性支出］ 指调查户用于本家庭日常生活的全部支出，包括食品、衣着、居住、家庭设备用品及服务、医疗保健、交通和通信、娱乐教育文化服务、其他商品和服务八大类等。包括用于赠送的商品或服务。消费支出按商品(服务)的用途分类，详细解释见消费支出表。

［食品］ 指居民为摄取身体所需要的营养和满足某种嗜好而购买的各种消费品，包括在商店、集市、工作单位食堂和饮食业购买的主食、副食、烟草、酒、饮料以及干鲜瓜果、糖果、糕点、奶制品等。

［衣着］ 指各种穿着用品及加工穿着品的各种材料，包括棉、麻、丝、毛和各种人造纤维、合成纤维纺织的各种布匹、呢绒、绸缎及其加工的服装，各种鞋、袜、帽及其他零星穿着用品等。

［居住］ 指与居住有关的支出，包括住房、水、电、燃料方面的支出。

［家庭设备用品及服务］ 指家庭各类日用消费品及家庭服务。包括日用耐用消费品、室内装饰品、床上用品、家庭日用杂品、家具、家庭服务。不含个人用品和服务。

［医疗保健］ 指用于医疗和保健的药品、用品和服务费用。包括医疗器具、保健用品、医药费、滋补保健品、医疗保健服务及其他医疗保健费用。实行医疗改革的单位，医疗基金(医保卡)支付的全部费用记入工资及补贴收入中，同时记入相应的医疗保健支出中。个人先现金支付然后到单位报销的医疗费在记入相应消费的同时，如果是在职职工则记入工资性收入，如果是离退休职工则记入离退休金中。

［交通和通信］ 指用于交通和通信工具及相关的各种服务费、维修费等支出。

［教育文化娱乐服务］ 指调查户用于教育和文化娱乐方面的支出。

［其他商品和服务］ 指无法直接归入上述各类支出以外的个人用品和其他商品与服务支出。

［服务性消费支出］ 指调查户用于本家庭支付社会提供的各种文化和生活方面的非商品性服务费用。包括为别人付款的服务。服务消费与商品消费不同，其特点在于其劳动过程和消费过程在时间与空间上的统一。

服务性消费支出=食品加工服务费用+在外饮食 *50%+衣着加工服务费+ 家庭服务+医疗费+交通工具服务支出+交通费+通信服务+文化娱乐服务费+教育费用+房租+住房装潢支出 *40%+居住服务费+其他服务费

这一指标是派生的，由计算机根据各类消费支出的性质自动生成。

［社会保障支出］ 指调查户家庭成员参加国家法律、法规规定的社会保障项目中由个人交纳的保障支出。不包括职工所在单位交纳的那部分社会保障金。

［非现金收入］ 指居民从工作单位、政府部门、社会团体和个人(农业居民和海外亲朋)等处免费或低价(扣除自付部分)得到的各种商品及服务，自产的各种农副产品也包括其中。共分八类：食品、衣着、居住、家庭设备用品及服务、医疗保健、交通和通信、娱乐教育文化服务、其他商品和服务。

［生产性固定资产］ 是指生产过程中使用年限较长、单位价值较高，并在使用过程中保持原有物质形态的资产，包括厂房、机器设备等。农民家庭使用的固定资产，需同时具备两个条件，即使用年限在两年以上，单位价值在 50 元以上。在乡村企业及其他部门中，规定单位价值在 200 元以上，使用年限在一年以上。如果企业的主要设备虽低于 200 元，但使用年限在一年以上，也划为固定资产。

［固定资产原值］ 是指固定资产当初的购进价、新建价或开始转为固定资产的价值。自繁自养的幼畜成龄转作役畜、产品畜、种畜，按市场同类牲畜的平均价格计价。国家奖励和外单位赠送的固定资产按购置同类固定资产的价格参照其新旧程度酌情计价。

［住房面积］ 是指农村住户自有或租用的住房面积。房屋中的起居室、厨房或放置灶具的地方包括在内。但不包括仓库等作为生产用途房屋

面积。

[住房价值] 指房屋当初购买或新建时的价值。新建房屋的价值可按实际消耗的建筑材料和人工的报酬计算,有的地方,人工不要报酬,只管吃喝,可将吃喝的费用,当作报酬,计入房价内。原有房屋,按房屋质量和新旧程度,根据当地实际情况进行估价。对原有房屋进行大翻修的,也应考虑在内。

[家庭常住人口] 指全年经常在家或在家居住6个月以上,而且经济和生活与本户连成一体的人口。外出从业人员在外居住时间虽然在6个月以上,但收入主要带回家中,经济与本户连为一体,仍视为家庭常住人口;在家居住,生活和本户连成一体的国家职工、退休人员也为家庭常住人口。但是现役军人、中专及以上(走读生除外)的在校学生、以及常年在外(不包括探亲、看病等)且已有稳定的职业与居住场所的外出从业人员,不应当作家庭常住人口。家庭常住人口主要作为计算农村住户平均每人收入、消费和积累水平及分析家庭人口状况的依据。

[在校学生人数] 指调查期内常住人口中所有正在学校就读的学生。不包括利用业余时间学习的夜校、电大、函授学校的学生。

[整、半劳动力整劳动力] 是指男子18周岁到50周岁,女子18周岁到45周岁;半劳动力是指男子16周岁到17周岁,51周岁到60周岁; 女子16周岁到17周岁,46周岁到55周岁,同时具有劳动能力的人。虽然在劳动年龄之内,但已丧失劳动能力的人,不应算为劳动力;超过劳动年龄,但能经常参加劳动,计入半劳动力数内。常住人口中的职工,若这些职工为劳动力,就包括在本户的整半劳动力中。

[总收入] 指调查期内农村住户和住户成员从各种来源渠道得到的收入总和。按收入的性质划分为工资性收入、家庭经营收入、财产性收入和转移性收入。

[工资性收入] 指农村住户成员受雇于单位或个人,靠出卖劳动而获得的收入。

[家庭经营收入] 指农村住户以家庭为生产经营单位进行生产筹划和管理而获得的收入。

农村住户家庭经营活动按行业划分为农业、林业、牧业、渔业、工业、建筑业、交通运输业邮电业、批发和零贸易餐饮业、社会服务业、文教卫生业和其他家庭经营。

[财产性收入] 指金融资产或有形非生产性资产的所有者向其他机构单位提供资金或将有形非生产性资产供其支配, 作为回报而从中获得的收入。

[转移性收入] 指农村住户和住户成员无须付出任何对应物而获得的货物、服务、资金或资产所有权等,不包括无偿提供的用于固定资本形成的资金。一般情况下,指农村住户在二次分配中的所有收入。

[总支出] 指农村住户用于生产、生活和再分配的全部支出。家庭经营费用支出、购置生产性固定资产支出、生产性固定资产折旧、税费支出、生活消费支出、财产性支出和转移性支出。

[家庭经营费用支出] 指农村住户以家庭为基本生产经营单位从事生产经营活动而消费的商品和服务、自产自用产品。所消费的未计算为住户收入的自产自用产品,不计算为费用支出;库存的化肥、农药也不计算为本期费用支出。

[购置生产性固定资产支出] 指农村住户用于建造和购置生产性固定资产所支出的费用。

[生产性固定资产折旧] 指农村住户在家庭经营生产活动中,因使用固定资产,而转移到新产品中的那部分固定资产价值。在农村住户调查中,生产性固定资产的使用年限定为15年。

[税费支出] 指农村住户以现金和实物形式缴纳的从事生产经营活动的各种税费支出。

[生活消费支出] 指农村住户用于物质生活和精神生活方面的支出。生活消费支出包括食品支出、衣着支出、居住支出、家庭设备用品及服务支出、医疗保健支出、交通和通讯支出、文化教育娱乐用品及服务支出、其他商品和服务支出。

[食品消费支出] 指农村居民年内消费各类食品支出。包括主食、副食、其他食品、在外饮食和食品加工费支出。

[衣着消费] 指农村住户各种穿着用品及加工穿用品的各种材料。包括棉花、丝棉、化纤棉、驼毛、棉布、各种化纤布、绸、缎、呢绒、各类成衣、棉、毛、丝、麻纺织品,背心、汗衫、棉毛衫裤、卫生衫裤、

袜子等针织品，毛线、毛线织品、各种鞋、帽等消费品及衣着的加工修理费（指农村住户为加工或修补服装、鞋帽等衣着所支付的服务费）。但不包括用各种布料做的床上用品，室内装饰品。

[居住消费] 指与农村住户居住有关的所有支出。包括新建(购)房屋、房屋维修、居住服务、租赁住房所付的租金、生活用水、生活用电、用于生活的燃料等支出。

[家庭设备、用品及服务] 指农村住户消费的各种耐用消费品、其他家庭用品及用品的加工修理费用。

[医疗保健] 指农村住户用于医疗和保健的药品、医疗器械和服务费用。包括医药卫生保健用品、医疗保健服务费和医疗卫生设备、用品加工修理费等。

[交通通讯消费] 指农村住户用于交通和通讯的工具、各种服务费、维修费用支出。

[文教娱乐用品及服务] 指农村住户用于文化、教育、娱乐方面的支出。包括文化教育娱乐用品支出和文化教育娱乐服务支出。

[其他商品和服务消费] 指上述各类支出以外的商品和服务支出。

财产性支出为获得其他住户财产（包括无形资产）的使用权而支付的各种费用。

[转移性支出] 指农村住户和住户成员没有获得任何对应物而支出的货物、服务、资金或资产所有权等，不包括无偿提供的用于固定资本形成的资金。一般情况下，指农村住户在二次分配中的所有支出。

[纯收入] 指农村住户当年从各个来源得到的总收入相应地扣除所发生的费用后的收入总和。纯收入主要用于再生产投入和当年生活消费支出，也可用于储蓄和各种非义务性支出。“农民人均纯收入”按人口平均的纯收入水平，反映的是一个地区或一个农户农村居民的平均收入水平。计算方法：

纯收入=总收入-家庭经营费用支出-税费支出-生产性固定资产折旧-赠送农村外部亲友支出

[可支配收入] 指农村住户获得的经过初次分配与再分配后的收入。可支配收入可用于住户的最终消费、非义务性支出以及储蓄。计算方法：

农村住户可支配收入=农村住户总收入-家庭经营费用支出-税费支出-生产性固定资产折旧-财产性支出-转移性支出

[现金收入] 指农村住户和住户成员在调查期内得到以现金形态表现的收入。按来源分成工资性收入、家庭经营现金收入、财产性收入、转移性收入。

[现金支出] 指农村住户在调查期内用于生产、生活和再分配所支付的现金。包括家庭经营费用支出、缴纳的税费、购买生产性固定资产、生活消费、财产性和转移性支出。

【第十一篇】Chapter 11

农 业

Agriculture

责任编辑:王金贵

资料整理:王金贵　马　宏　张蓓蓓

Coordinator: Wang Jingui

Data Compilation: Wang Jingui　Ma Hong　Zhang Beibei

11-1 农村基层基本情况
Basic Statistics on Rural Areas

指　标	Item	单位	unit	1978	1980	1990	2000
乡镇数	Number of Township and Town Governments	个	unit	246	251	288	309
乡 数	Villages	个	unit			248	245
镇 数	Towns	个	unit			40	64
村民委员会	Number of Villagers'Committees	个	unit	2168	2285	2501	2692
乡村从业人员	Number of Rural Labor Force	人	person	923593	988053	1409341	1979117
男	Male	人	person			733813	1030471
女	Female	人	person			675528	948646
分行业乡村从业人员	Number of Rural Labor Force Grouped by Sector						
农林牧渔业	Agriculture,Forestry,Animal Husbandry & Fishery	人	person	866250	947634	1244241	1531310
工业	Industry	人	person		18637	34398	80524
建筑业	Construction	人	person			27516	120545
交通运输仓储及邮政业	Transportation,Storage,Postal and Telecommunication Services	人	person			27817	75560
信息传输、计算机服务和软件业	Information Transmission,Computer Service and Software Sector	人	person				
批发与零售业	Wholesale and Retail Trades	人	person			15785	73184
住宿和餐饮业	Hotels and Catering Services	人	person				
其他行业	Others	人	person			59584	97994

11-1 续表 continued

指 标	Item	单位	unit	2005	2009	2010
乡镇数	Number of Township and Town Governments	个	unit	191	191	192
乡 数	Villages	个	unit	97	93	93
镇 数	Towns	个	unit	94	98	99
村民委员会	Number of Villagers´Committees	个	unit	2382	2319	2319
乡村从业人员	Number of Rural Labor Force	人	person	2119845	2184 155	2180276
男	Male	人	person	1105616	1152847	1147579
女	Female	人	person	1014229	1031308	1032697
分行业乡村从业人员	Number of Rural Labor Force Grouped by Sector					
农林牧渔业	Agriculture,Forestry,Animal Husbandry & Fishery	人	person	1406424	1275900	1250915
工业	Industry	人	person	141634	167620	175426
建筑业	Construction	人	person	231656	367808	378698
交通运输仓储及邮政业	Trans porta tion, Storage, Postal and Telecommunication Services	人	person	95745	99166	99733
信息传输、计算机服务和软件业	Informa tion Trans mis sion, Computer Service and Software Sector	人	person	3792	9692	12359
批发与零售业	Wholesale and Retail Trades	人	person	91274	96881	100847
住宿和餐饮业	Hotels and Catering Services	人	person	47099	62700	66002
其他行业	Others	人	person	102221	104388	96296

11-2 农业机械拥有量

Major Agriculture Machinery

年 份 Year	农业机械总动力（万瓦特） Total Agricultural Machinery Power (10 000w)	大中型拖拉机（混合台） Number of Large and Medium-sized Agricultural Tractors (unit)	小型及手扶拖拉机（台） Small and Walking Tractors (unit)	大中型配套农具（部） Number of Large and Medium-sized Farm Machinery (unit)	农用排灌动力机械(混合台) Number of Diesel Engines (unit)	联合收割机（台） Combine Harvester (unit)
1978		4 655	12 088			147
1979		5 478	15 114			190
1980		5 811	16 442			252
1985		5 848	42 384	6 622	9 003	215
1990	191 105	5 966	83 934	6 084	10 611	169
1991	202 687	6 200	93 400	6 011	11 449	233
1992	212 126	5 481	100 245	6 030	10 653	245
1993	217 581	4 693	105 319	5 598		228
1994	228 601	4 433	110 137	5 236		294
1995	241 463	3 822	115 196	4 780		307
1996	255 986	3 667	119 880			
1997	288 432	3 588	129 023		12 951	473
1998	316 183	3 620	132 335			634
1999	377 934	3 897	149 470			1 346
2000	380 633	4 774	157 061			1 689
2001	407 623	4 887	163 059			1 856
2002	447 513	5 734	169 856	8 083		1 996
2003	486 339	7 534	167 005	9 516	20 857	1 994
2004	528 493	12 084	169 150	13 613	26 325	1 955
2005	555 144	13 245	168 563	14 127	25 173	2 191
2006	592 197	15 207	169 951	18 469	26 158	2 718
2007	629 779	15 414	170 327	29 006	27 357	3 095
2008	657 846	18 752	173 062	33 673	29 818	3 374
2009	702 548	22 121	178 935	43 656	27 565	4 983
2010	729 125	27 962	179 866	51 489	27 733	6 333

11-3 农业施肥量及农村用电量

Consumption of Chemical Fertilizers and Electricity in Rural Areas

年份 Year	化肥施用量（万吨） Consumption of Chemical Fertilizers (10 000 tons)	氮肥 Nitrogenous Fertilizer	磷肥 Phosphate Fertilizer	钾肥 Potash Fertilizer	复合肥 Compound Fertilizer	农村用电量（万千瓦小时） Electricity Consumed in Rural Areas (10 000 kwh)
1978	22.8					10541.0
1979	20.1					12255.0
1980	17.7					15134.0
1985	23.2					19478.0
1990	46.1	32.1	9.2	0.1	4.7	38570.0
1991	48.8	33.4	9.9	0.2	5.3	45292.9
1992	51.9	35.4	10.0	0.3	6.2	48676.0
1993	50.8	33.8	10.3	0.3	6.4	47732.7
1994	55.2	35.8	12.4	0.3	6.7	53794.7
1995	61.7	39.6	14.4	0.3	7.4	55631.3
1996	67.8	43.7	15.8	0.2	8.1	65476.1
1997	69.2	43.9	16.1	0.2	9.0	72664.5
1998	74.5	46.2	18.1	0.4	9.8	73474.1
1999	75.5	46.5	17.8	0.5	10.7	77596.6
2000	76.9	46.9	18.3	0.6	11.1	79392.0
2001	78.4	48.2	17.8	0.8	11.6	78615.5
2002	79.5	48.8	17.9	0.8	11.8	82273.0
2003	80.1	46.9	15.6	1.1	12.5	85800.0
2004	84.2	47.9	19.5	1.6	15.2	89980.0
2005	86.9	46.0	20.2	1.8	18.9	92507.0
2006	90.6	48.2	21.4	2.2	18.8	101059.0
2007	95.5	50.1	22.0	2.4	21.1	106276.0
2008	95.9	50.2	22.8	2.9	20.1	109471.0
2009	96.7	50.2	22.0	3.4	21.1	101055.0
2010	102.6	53.5	22.7	3.4	22.9	109588.0

注:化肥施用量为实物量。

a)Data on Consumption of Chemical Fertilizers refer to the Practical quantity.

11-4 农林牧渔业总产值、中间消耗及增加值

Gross Output, Intermediate Consumption and Added Value of Agriculture, Forestry, Animal Husbandry and Fishery

单位:万元 (10 000 yuan)

指 标	Item	1995	2000
农林牧渔业总产值	**Gross Output Value of Agriculture,Forestry,Animal Husbandry and Fishery**	**565493**	**777525**
农 业	Agriculture	381301	469905
林 业	Forestry	9688	31137
牧 业	Animal Husbandry	162897	257488
渔 业	Fishery	11607	18995
农林牧渔服务业	Output Value of Services for Agriculture,Forestry,Animal Husbandry and Fishery		
农林牧渔业中间消耗	**Intermediate consumption of Agriculture,Forestry,Animal Husbandry and Fishery**	**211539**	**318047**
农 业	Agriculture	128952	162335
林 业	Forestry	3674	15463
牧 业	Animal Husbandry	69122	125528
渔 业	Fishery	5546	9274
农林牧渔服务业	Output Value of Services for Agriculture,Forestry,Animal Husbandry and Fishery		
农林牧渔业增加值	**Value-added of Agriculture,Forestry,Animal Husbandry and Fishery**	**353954**	**459478**
农 业	Agriculture	248581	303291
林 业	Forestry	5987	15628
牧 业	Animal Husbandry	93356	131024
渔 业	Fishery	6030	9535
农林牧渔服务业	Output Value of Services for Agriculture,Forestry,Animal Husbandry and Fishery		

注:1.2006-2007 年数据与第二次全国农业普查进行了衔接;
2.本表按当年价格计算。
a)From 2006 to 2007,agricultural products were adjusted according to the Second National Agricultural Censes.
b)Data in this table are calculated at current price.

11-4 续表 continued

单位:万元 (10 000 yuan)

指 标	Item	2005	2009	2010
农林牧渔业总产值	**Gross Output Value of Agriculture,Forestry,Animal Husbandry and Fishery**	**1379 973**	**2435033**	**3059382**
农 业	Agriculture	789410	1467825	1951448
林 业	Forestry	55645	83828	86774
牧 业	Animal Husbandry	459969	706735	821343
渔 业	Fishery	39781	70456	80376
农林牧渔服务业	Output Value of Services for Agriculture,Forestry,Animal Husbandry and Fishery	35168	106189	119441
农林牧渔业中间消耗	**Intermediate consumption of Agriculture,Forestry,Animal Husbandry and Fishery**	**657556**	**1162435**	**1466481**
农 业	Agriculture	318105	625995	846148
林 业	Forestry	34658	53613	55925
牧 业	Animal Husbandry	258738	401865	472026
渔 业	Fishery	22879	42840	49383
农林牧渔服务业	Output Value of Services for Agriculture,Forestry,Animal Husbandry and Fishery	5134	38122	42999
农林牧渔业增加值	**Value-added of Agriculture,Forestry,Animal Husbandry and Fishery**	**722417**	**1272598**	**1592901**
农 业	Agriculture	463478	841830	1105300
林 业	Forestry	20770	30215	30849
牧 业	Animal Husbandry	198719	304870	349317
渔 业	Fishery	16761	27616	30993
农林牧渔服务业	Output Value of Services for Agriculture,Forestry,Animal Husbandry and Fishery	22689	68067	76442

11-5 主要年份农林牧渔业总产值

Gross Output Value of Agriculture, Forestry, Animal Husbandry and Fishery in Main Years

单位:万元 (10 000 yuan)

年份 Year	农林牧渔业总产值 Gross Output of Agriculture, Forestry,Animal Husbandry and Fishery	农业 Agriculture	林业 Forestry	牧业 Animal Husbandry	渔业 Fishery	农林牧渔服务业 Output Value of Services for Agriculture, Forestry,Animal Husbandry and Fishery
1950	11444.9	8939.4	17.2	2488.3		
1955	20140.0	15936.8	86.5	4116.7		
1960	17897.4	14673.8	406.8	2787.3	29.5	
1965	30488.6	25044.1	395.0	5012.8	36.7	
1970	27970.3	22708.1	474.2	4759.1	28.7	
1975	46002.3	36710.0	1088.8	8181.6	21.9	
1978	48132.9	37892.7	1504.8	8713.6	21.6	
1980	64139.1	52945.3	2440.5	8699.1	54.2	
1985	120164.0	88619.0	8035.0	22903.0	607.0	
1990	246887.0	175113.0	13186.0	53974.0	4614.0	
1995	565493.0	381301.0	9688.0	162897.0	11607.0	
2000	777525.0	469905.0	31137.0	257488.0	18995.0	
2001	852988.5	493901.1	34999.0	302895.7	21192.7	
2002	924917.3	528801.2	51391.1	320369.6	24355.4	
2003	1005247.0	541303.0	74569.0	363502.0	25873.0	
2004	1255201.7	712965.7	61978.2	412389.8	35868.0	32000.0
2005	1379972.6	789410.4	55644.8	459968.7	39780.7	35168.0
2006	1481763.2	905542.5	50245.0	419816.8	41158.9	65000.0
2007	1829476.8	1111213.1	56893.6	532784.0	51586.1	77000.0
2008	2272018.0	1311389.0	74756.0	730697.0	60376.0	94800.0
2009	2435033.3	1467824.5	83827.9	706735.5	70456.4	106189.0
2010	3059382.0	1951448.2	86773.7	821342.8	80376.6	119440.7

注:1.2006-2007 年数据与第二次全国农业普查进行了衔接;
2.本表按当年价格计算。

a)From 2006 to 2007,agricultural products were adjusted according to the Second National Agricultural Censes.

b)Data in this table are calculated at current price.

11-6 农林牧渔业总产值指数

Agriculture, Forestry, Animal Husbandry and Fishery Related Indices

（按可比价格计算，以 1952 年为 100）　(constant price,1952=100)

年份 Year	农林牧渔业总产值 Gross Output of Agriculture,Forestry, Animal Husbandry and Fishery	农　业 Agriculture	林　业 Forestry	牧　业 Animal Husbandry	渔　业 Fishery	农林牧渔服务业 Output Value of Services for Agriculture, Forestry,Animal Husbandry and Fishery
1950	72.76	72.95	30.51	76.59		
1955	128.03	128.34	150.75	124.45		
1960	122.77	106.92	666.22	121.24		
1965	179.40	163.24	573.90	194.81		
1970	166.33	146.06	686.78	183.94		
1975	220.59	203.97	820.03	215.94		
1978	232.97	208.11	1119.27	228.72		
1980	253.48	238.03	1222.06	205.21		
1985	384.50	332.53	2308.96	362.98		
1990	480.99	435.55	1400.54	515.51		
1995	563.14	475.08	695.60	808.94		
2000	829.92	631.53	1327.03	1380.49		
2001	896.16	668.80	1054.14	1339.12		
2002	965.91	713.41	2213.55	1595.05		
2003	1049.80	730.28	3211.84	1809.79		
2004	1131.68	828.87	2758.97	1855.03		
2005	1201.84	886.06	2477.56	1994.16		
2006	1283.57	942.77	2237.24	2157.68		
2007	1373.42	1001.22	2499.00	2308.72		
2008	1493.85	1092.97	3012.49	2447.12		
2009	1616.34	1186.96	3377.00	2601.29		
2010	1742.42	1304.47	3498.57	2697.53		

11-7 农林牧渔业总产值指数

Agriculture, Forestry, Animal Husbandry and Fishery Related Indices

（按可比价格计算，以上年为 100）　　(Constant price,preceding year=100)

年份 Year	农林牧渔业总产值 Gross Output of Agriculture,Forestry, Animal Husbandry and Fishery	农　业 Agriculture	林　业 Forestry	牧　业 Animal Husbandry	渔　业 Fishery	农林牧渔服务业 Output Value of Services for Agriculture,Forestry, Animal Husbandry and Fishery
1950	106.5	106.2		103.1		
1960	84.1	77.6	105.5	99.4	93.3	
1965	114.8	111.8	109.5	127.3	108.8	
1970	97.3	93.5	107.2	104.2	91.0	
1975	96.7	90.3	131.2	112.2	101.4	
1978	112.5	112.5	138.8	102.5	108.3	
1980	114.1	123.2	98.8	93.9	106.5	
1985	102.5	102.8	79.0	125.6	138.2	
1990	104.3	101.0	127.3	109.4	108.0	
1995	105.6	100.5	101.5	118.9	109.9	
2000	103.8	97.7	128.4	112.5	114.7	
2001	108.0	105.9	109.3	111.0	111.8	
2002	107.8	106.7	152.6	104.1	117.7	
2003	108.7	102.4	145.1	113.5	106.2	
2004	107.8	113.5	85.9	102.5	117.9	110.0
2005	106.2	106.9	89.8	107.5	104.2	108.3
2006	106.8	106.4	90.3	108.2	114.1	115.3
2007	107.0	106.2	111.7	107.0	110.1	112.5
2008	108.8	109.2	120.5	106.0	109.7	113.0
2009	108.2	108.6	112.1	106.3	111.5	111.3
2010	107.8	109.9	103.6	103.7	111.2	108.0

11-8 耕地面积、造林面积和播种面积

Cultivated Areas, Afforested Areas and Sown Area

单位:万公顷 (10 000 hectare)

年份 Year	年末耕地面积 Cultivated Land at Year End	水田 Paddy Fields	旱田 Dry Fields	水浇地 Irrigated Fields	当年造林面积 Afforestation Area This Year	农作物总播种面积 Total Sown Area	粮食作物播种面积 Sown Area of Grain Crops
1950	71.7					50.4	43.9
1955	83.9				0.1	70.7	59.2
1960	93.2				0.7	94.3	77.1
1965	92.3				1.2	90.9	77.2
1970	90.6				0.5	88.3	77.0
1975	91.4				0.6	88.0	75.8
1978	89.1				1.4	90.2	76.4
1980	89.6				1.1	89.6	75.7
1985	79.5	14.1	65.4	10.3	4.0	82.8	65.0
1990	79.6	17.5	62.1	8.5	0.9	88.9	72.4
1995	80.7	17.1	63.6	10.6	2.6	95.6	76.2
2000	129.3	19.8	109.5	20.0	8.2	102.4	81.5
2001	129.9	21.1	108.8	19.5	9.9	98.1	75.5
2002	121.2	21.2	100.0	19.8	18.2	107.9	81.2
2003	111.9	18.2	93.7	23.0	29.5	112.9	80.4
2004	110.5	15.2	95.3	25.5	16.3	115.8	79.2
2005	111.4	17.0	94.4	25.3	11.2	109.9	77.6
2006	111.6	16.3	95.3	22.2	5.5	110.9	79.4
2007	111.7	19.0	92.7	23.6	5.7	119.0	85.6
2008	112.8	19.3	93.5	24.1	9.0	121.0	82.6
2009	113.6	19.0	94.6	26.5	9.0	122.7	82.7
2010	113.5	18.8	94.7	24.2	9.5	124.8	84.4

注:1.1997 年以后的耕地面积为土地详查数。

2.2006-2007 年数据与第二次全国农业普查进行了衔接。

a)Since 1997, the cultivated land detailed survey for the number.

b)From 2006 to 2007,agricultural products were adjusted according to the Second National Agricultural Censes.

11-9 主要农产品产量

Output of Major Farm Products

单位:万千克 (10 000 kg)

年份 Year	粮食 Grain	稻谷 Rice	小麦 Wheat	玉米 Corn	油料 Oil -bearing Crops
1950	33 512	5 012	6 877		2110.7
1955	62 061	11 145	17 922		4181.0
1960	46 701	8 557	18 648		1309.8
1965	83 334	13 215	37 540	660	3087.7
1970	72 036	16 634	22 176		2851.5
1975	109 470	26 965	46 843	2 041	2446.2
1978	116 981	27 785	47 901	5 698	2567.8
1980	120 357	32 915	49 469	8 545	3598.5
1985	139 534	41 889	58 553	14 214	5337.9
1990	191 703	54 300	78 000	37 600	6243.4
1995	203 253	46 153	68 870	60 849	5590.6
2000	252 742	62 376	74 462	81 955	6989.7
2001	274 795	61 821	83 603	94 772	7344.7
2002	301 914	65 669	96 116	104 272	10879.8
2003	270 174	37 042	75 614	119 926	13175.4
2004	290 488	52 462	80 419	117 689	13801.3
2005	299 809	61 058	79 414	121 415	12208.7
2006	322 410	76 600	83 300	127 100	8433.4
2007	323 500	60 500	61 600	146 600	7746.8
2008	329 240	66 381	64 074	149 940	13556.9
2009	340 703	64 554	73 563	156 382	13647.3
2010	356 510	69 986	70 333	165 805	20845.3

注:1.1998 年起粮食总产量及稻谷、小麦、玉米产量为抽样调查数。

2.2006-2007 年数据与第二次全国农业普查进行了衔接。

a)Data in this table are obtained from the sample surveys on total grain,rice,wheat and corn after 1998.

b)From 2006 to 2007,agricultural products were adjusted according to the Second National Agricultural Censes.

11-10 主要农产品产量及单位面积产量

指 标	Item	1990		2000	
		总产量（吨）Total Yield (ton)	单位产量（千克/公顷）Unit Yield (kg/hectare)	总产量（吨）Total Yield (ton)	单位产量（千克/公顷）Unit Yield (kg/hectare)
粮 食	Grain	1 917 028	2 655	2 527 416	3 132
稻谷	Rice	543 000	9 004	623 764	8 130
小麦	Wheat	780 000	2 540	744 618	2 546
玉米	Corn	376 000	4 980	819 549	6 252
大豆	Soybean	24 477	638	30 226	804
薯类	Tubers	83 574	1 898	162 206	2 138
油 料	Oil-bearing Crops	62 434	642	69 897	891
胡麻籽	Rapeseeds	43 766	647	25 190	619
药 材	Medicinal Materials	369	1 726	15 852	2 588
蔬 菜	Vegetables	668 768	41 808	1 504 057	30 553
瓜果类	Melons	142 742	36 851	280 266	23 820
水 果	Fruits	55 208	2 070	193 155	4 402
苹果	Apples	34 768	1 620	159 462	7 340

注:1.粮食总产量及稻谷、小麦、玉米、薯类产量为抽样数,其余为全面统计数据。
2.2006-2007 年数据与第二次全国农业普查进行了衔接。

Output of Major Farm Products Per Hectare

2005		2009		2010	
总产量 （吨） Total Yield (ton)	单位产量 (千克/公顷) Unit Yield (kg/hectare)	总产量 （吨） Total Yield (ton)	单位产量 (千克/公顷) Unit Yield (kg/hectare)	总产量 （吨） Total Yield (ton)	单位产量 (千克/公顷) Unit Yield (kg/hectare)
2 998 089	3 864	3 407 028	4 120	3 565 096	4 224
610 580	8 570	645 538	8 250	699 862	8 416
794 139	2 877	735 632	3 367	703 325	3 327
1 214 150	6 806	1 563 817	7 271	1 658 047	7 422
10 982	587	9 977	609	9 546	583
275 235	2 347	390 648	1 795	425 016	1 915
122 087	1 259	136 473	1 591	208 453	2 110
57 738	1 033	51 407	1 123	66 911	1 327
40 357	3 074	46 684	4 192	48 388	5 196
1 836 076	35 785	3 539 838	38 019	4 074 160	40 187
381 292	14 956	1 456 717	18 447	1 639 426	20 398
314 818	6 484	567 473	5 659	649 158	5 434
221 126	11 621	327 487	9 771	354 421	8 766

a)Data in this table are obtained from the sample surveys on total grain,rice,wheat,corn and tubers.The rest of comprehensive statistics.
b)From 2006 to 2007,agricultural products were adjusted according to the Second National Agricultural Censes.

11-11 主要畜产品产量

指　标	Item	单位	Unit
当年出栏肉猪头数	Slaghtered Fattened Hogs This Year	万头	10000 head
当年出售和自宰的肉用牛	Beef Cattle for Sale and Self-Use This Year	万头	10000 head
当年出售和自宰的肉用羊	Mutton Sheep for Sale and Self-Use This Year	万只	10000 head
当年出售和自宰的家禽	Poultry for Sale and Self-Use This Year	万只	10000 head
当年肉类总产量	Total Output of Meat This Year	万吨	10000 ton
猪肉产量	Pork	万吨	10000 ton
牛肉产量	Beef	万吨	10000 ton
羊肉产量	Mutton	万吨	10000 ton
奶类产量	Milk	万吨	10000 ton
牛奶	Cow Milk	万吨	10000 ton
山羊毛产量	Goat Wool	吨	ton
绵羊毛产量	Sheep Wool	吨	ton
羊绒产量	Cashmere	吨	ton
蜂蜜产量	Honey	吨	ton
禽蛋产量	Poultry Eggs	万吨	10000 ton
水产品产量	Aquatic Products	吨	ton

11-12 造林面积

指　标	Item	单位	Unit
当年造林面积	Afforestation Area This Year	公顷	hectare
按主要林种用途分	Grouped by Different Use of Forest		
用材林	Timber Forest	公顷	hectare
经济林	Economic Forest	公顷	hectare
防护林	Windbreak	公顷	hectare
薪炭林	Firewood Forest	公顷	hectare
在当年造林面积中:飞机播种	Aircraft Seeding	公顷	hectare
村及村以下合作组织及农用木材采伐量	Logging of Village and Under Village Level Cooperative Association and Agriculture Use	立方米	cu.m

Output of Major Livestock Products

1980	1990	2000	2009	2010
32.7	59.1	147.1	127.2	120.0
0.5	4.4	28.2	50.9	52.1
42.9	104.7	234.0	395.3	425.3
		1859.5	1102.4	1135.1
1.9	6.8	19.0	25.5	25.7
1.5	4.1	9.3	9.2	8.5
	0.5	3.3	7.3	7.5
0.4	1.7	3.3	6.8	7.3
0.4	4.1	23.6	81.1	84.5
0.4	4.1	23.6	81.1	84.5
336	290	715	349	535
2 675	3 780	4 703	6 023	6 889
139	158	364	317	378
427	517	807	758	826
	2.2	7.6	7.5	7.2
309	10 217	36 983	81 844	90 035

Afforested Areas

1980	1990	2000	2009	2010
11 761	9 402	81 583	89 480	94 932
5 079	2 648		1 132	1 608
257	338	10 528	25 496	25 153
5 457	5 573	71 035	62 852	68 121
	842			
		17 235		
21 708	242 811	12 146	750	3 587

11-13 各市县农村基层组织和基础设施

Grassroots Units and Construction of Infrastructural Facilities by City and Country

(2010)

地　区	Region	农村基层组织(个) Primary Organization of Rural Area(unit)			农村基础设施(个) Infrastructure of Rural Area(unit)		
		乡镇数 Number of Township and Town Governments	镇数 Towns	村委会数 Villager's Committees	自来水受益村 Number of Villages Benefit from Using Tap Water	通汽车村 Number of Villages Openning Bus Line	通电话村 Number of Villages Openning Telephone
全区总计	**Total**	**192**	**99**	**2319**	**1 347**	**2 270**	**2 319**
银川市	**Yinchuan**	**27**	**21**	**266**	**232**	**267**	**266**
银川市	District	8	6	67	65	67	67
永宁县	Yongning	6	5	69	43	69	69
贺兰县	Helan	5	4	59	55	59	59
灵武市	Lingwu	8	6	71	69	72	71
石嘴山市	**Shizuishan**	**20**	**11**	**192**	**161**	**189**	**192**
石嘴山市	District	7	4	50	46	50	50
平罗县	Pingluo	13	7	142	115	139	142
吴忠市	**Wuzhong**	**43**	**29**	**536**	**270**	**506**	**536**
利通区	Litong	12	8	104	87	104	104
红寺堡区	Hongsipu	4	2	60	60	60	60
盐池县	Yanchi	8	4	96	65	96	96
同心县	Tongxin	11	7	194	16	164	194
青铜峡市	Qingtongxia	8	8	82	42	82	82
固原市	**Guyuan**	**62**	**18**	**885**	**456**	**871**	**885**
原州区	Yuanzhou	11	6	194	102	190	194
西吉县	Xiji	19	3	306	67	298	306
隆德县	Longde	13	3	119	116	118	119
泾源县	Jingyuan	7	3	110	90	109	110
彭阳县	Pengyang	12	3	156	81	156	156
中卫市	**Zhongwei**	**40**	**20**	**440**	**228**	**437**	**440**
沙坡头区	Shapotou	12	10	160	108	160	160
中宁县	Zhongning	11	5	114	53	110	114
海原县	Haiyuan	17	5	166	67	167	166

11-14 各市县乡村从业人员

Rural Persons Engaged by City and Country

单位:人　　　　(2010)　　　　(person)

地区	Region	乡村从业人员 Number of Rural Labor Force	农林牧渔业 Agriculture, Forestry, Animal Husbandry and Fishery	工业 Industry	建筑业 Construction	交通运输仓储及邮政业 Transport, Postal and Telecommunication Services	信息传输、计算机服务和软件业 Information Transmission, Computer Services and Software	批发与零售业 Wholesale and Retail Trades	住宿和餐饮业 Hotels and Catering Services	其他行业 Others
全区总计	**Total**	**2180276**	**1250915**	**175426**	**378 698**	**99 733**	**12 359**	**100 847**	**66 002**	**96 296**
银川市	**Yinchuan**	**339 516**	**200 039**	**32 988**	**40 517**	**18 359**	**4 907**	**15 747**	**12 246**	**14 713**
银川市	District	92 141	57 086	5 386	8 362	3 424	3 456	4 223	4 079	6 125
永宁县	Yongning	92 227	56 330	10 406	11 416	3 448	320	3 334	3 282	3 691
贺兰县	Helan	74 793	48 412	4 751	7 635	5 359	689	3 504	2 520	1 923
灵武市	Lingwu	80 355	38 211	12 445	13 104	6 128	442	4 686	2 365	2 974
石嘴山市	**Shizuishan**	**167 925**	**90 115**	**25 456**	**20 577**	**9 315**	**906**	**8 439**	**5 971**	**7 146**
石嘴山市	District	48 671	18 643	9 884	6 708	3 588	432	3 882	2 222	3 312
平罗县	Pingluo	119 254	71 472	15 572	13 869	5 727	474	4 557	3 749	3 834
吴忠市	**Wuzhong**	**531 697**	**310 909**	**33 629**	**77 727**	**26 834**	**3 044**	**23 666**	**17 528**	**38 360**
利通区	Litong	134 275	63 585	17 367	19 399	10 734	731	8 948	3 968	9 543
红寺堡区	Hongsipu	73 637	58 085	1 003	8 702	940	119	1 449	772	2 567
盐池县	Yanchi	58 115	30 646	2 922	10 315	3 723	917	2 749	3 472	3 371
同心县	Tongxin	166 066	96 497	6 164	28 107	6 628	917	5 551	6 128	16 074
青铜峡市	Qingtongxia	99 604	62 096	6 173	11 204	4 809	360	4 969	3 188	6 805
固原市	**Guyuan**	**627 973**	**376 289**	**49 820**	**107 614**	**26 312**	**1 652**	**26 469**	**16 869**	**22 948**
原州区	Yuanzhou	150 774	91 109	10 015	23 547	5 316	340	8 612	4 573	7 262
西吉县	Xiji	213 020	131 713	20 880	37 151	10 849	583	7 506	3 823	515
隆德县	Longde	76 862	48 192	4 612	16 441	1 505	269	2 075	1 472	2 296
泾源县	Jingyuan	54 482	21 607	5 091	12 215	3 327	245	3 072	2 805	6 120
彭阳县	Pengyang	132 835	83 668	9 222	18 260	5 315	215	5 204	4 196	6 755
中卫市	**Zhongwei**	**513 165**	**273 563**	**33 533**	**132 263**	**18 913**	**1 850**	**26 526**	**13 388**	**13 129**
沙坡头区	Shapotou	163 732	92 189	17 598	28 152	7 668	946	8 643	4 296	4 240
中宁县	Zhongning	149 643	96 467	10 202	16 813	4 404	561	8 085	4 222	8 889
海原县	Haiyuan	199 790	84 907	5 733	87 298	6 841	343	9 798	4 870	

11-15 各市县农用化肥施用量

Consumption of Chemical Fertilizers by City and Country

单位:吨　　(2010)　　(ton)

地 区	Region	农用化肥施用量 Consumption of Chemical Fertilizer	氮 肥 Nitrogenous Fertilizer	尿 素 Urea	磷 肥 Phosphate Fertilizer	钾 肥 Potash Fertilizer	复合肥 Compound Fertilizer
全区总计	**Total**	**1 025 726**	**534 946**	**299 496**	**226 933**	**34 437**	**229 410**
银 川 市	**Yinchuan**	**250 708**	**160 500**	**74 947**	**35 122**	**8 236**	**46 850**
银 川 市	District	81 780	53 413	22 200	13 906	2 533	11 928
永 宁 县	Yongning	55 562	37 828	18 003	5 443	2 066	10 225
贺 兰 县	Helan	73 700	49 769	25 808	9 378	1 941	12 612
灵 武 市	Lingwu	39 666	19 490	8 936	6 395	1 696	12 085
石嘴山市	**Shizuishan**	**155 920**	**86 460**	**62 445**	**31 506**	**8 725**	**29 229**
石嘴山市	District	46 342	26 859	24 497	8 436	888	10 159
平 罗 县	Pingluo	109 578	59 601	37 948	23 070	7 837	19 070
吴 忠 市	**Wuzhong**	**242 331**	**133 846**	**62 413**	**41 096**	**9 661**	**57 728**
利 通 区	Litong	70 830	38 825	18 516	14 107	4 741	13 157
红寺堡区	Hongsipu	30 528	12 418	8 852	5 821	137	12 152
盐 池 县	Yanchi	11 967	5 627	2 963	2 018	1 172	3 150
同 心 县	Tongxin	41 434	20 486	7 481	6 281	401	14 266
青铜峡市	Qingtongxia	87 572	56 490	24 601	12 869	3 210	15 003
固 原 市	**Guyuan**	**177 168**	**47 827**	**36 329**	**94 545**	**436**	**34 360**
原 州 区	Yuanzhou	27 038	12 777	6 141	7 147	215	6 899
西 吉 县	Xiji	75 978	10 068	10 068	48 931		16 979
隆 德 县	Longde	24 063	6 305	6 305	15 380		2 378
泾 源 县	Jingyuan	6 015	3 151	2 077	972	218	1 674
彭 阳 县	Pengyang	44 074	15 526	11 738	22 115	3	6 430
中 卫 市	**Zhongwei**	**199 599**	**106 313**	**63 362**	**24 664**	**7 379**	**61 243**
沙坡头区	Shapotou	62 609	32 704	24 209	7 342	3 886	18 677
中 宁 县	Zhongning	116 853	65 082	34 138	10 743	3 476	37 552
海 原 县	Haiyuan	20 137	8 527	5 015	6 579	17	5 014

注:按实物量计算。

a)Data refer to the practical quantity.

11-16 各市县农林牧渔业总产值

Gross Output Value of Agriculture, Forestry, Animal Husbandry and Fishery by City and Country

单位:万元 （2010,按现行价格计算）(calculated at current price) (10 000yuan)

地　区	Region	农林牧渔业总产值 Gross Output Value of Agriculture, Forestry, Animal Husbandry and Fishery	农业 Agriculture	林业 Forestry	牧业 Animal Husbandry	渔业 Fishery	农林牧渔服务业 Output Value of Services for Agriculture, Forestry,Animal Husbandry and Fishery	农林牧渔业总产值指数（上年=100） Indices of Gross Output (preceding year=100)
全区总计	**Total**	**3059382.0**	**1951448.2**	**86773.7**	**821342.8**	**80376.6**	**119440.7**	**107.8**
银川市	**Yinchuan**	**747284.0**	**474072.0**	**12530.9**	**183406.4**	**42009.6**	**35265.0**	**107.2**
银川市	District	249272.1	138288.6	3250.5	78560.9	9695.1	19477.0	107.6
永宁县	Yongning	173685.4	118879.1	2527.3	39182.0	7961.0	5136.0	106.9
贺兰县	Helan	192926.2	138386.1	1173.4	25710.9	22376.8	5279.0	106.5
灵武市	Lingwu	131400.3	78518.3	5579.7	39952.6	1976.7	5373.0	108.2
石嘴山市	**Shizuishan**	**333047.1**	**242063.1**	**5016.7**	**56458.5**	**19465.8**	**10043.0**	**107.1**
石嘴山市	District	96799.2	64058.6	3138.8	21139.0	4341.8	4121.0	105.8
平罗县	Pingluo	236247.9	178004.5	1877.9	35319.5	15124.0	5922.0	107.7
吴忠市	**Wuzhong**	**718945.3**	**387549.0**	**25951.6**	**272824.0**	**6394.1**	**26226.7**	**107.0**
利通区	Litong	225749.5	104089.1	2084.2	107555.8	1070.4	10950.0	106.1
红寺堡区	Hongsipu	56922.0	44321.4	4084.8	6661.8		1854.0	108.8
盐池县	Yanchi	84737.2	33008.4	9682.9	38024.8	24.2	3997.0	107.6
同心县	Tongxin	148936.4	84159.4	4761.5	56315.5		3700.0	110.1
青铜峡市	Qingtongxia	202600.2	121970.7	5338.2	64266.1	5299.5	5725.7	105.1
固原市	**Guyuan**	**638998.4**	**415663.8**	**29971.1**	**161536.3**	**135.3**	**31692.0**	**110.0**
原州区	Yuanzhou	183167.2	128648.8	5449.3	39739.1		9330.0	112.0
西吉县	Xiji	181342.9	131009.7	4751.4	36346.6	135.3	9100.0	108.8
隆德县	Longde	70275.2	45262.1	3059.3	18717.8		3236.0	109.0
泾源县	Jingyuan	46967.6	21359.8	6129.1	13428.7		6050.0	108.5
彭阳县	Pengyang	157245.5	89383.4	10582.0	53304.1		3976.0	110.0
中卫市	**Zhongwei**	**621107.2**	**432100.3**	**13303.4**	**147117.6**	**12371.8**	**16214.0**	**107.8**
沙坡头区	Shapotou	257211.8	175064.5	4097.4	63432.5	8453.3	6164.0	106.7
中宁县	Zhongning	221824.6	156713.7	3676.1	51519.2	3890.6	6025.0	107.1
海原县	Haiyuan	142070.8	100322.1	5529.9	32165.9	27.9	4025.0	111.1

11-17 各市县农林牧渔业增加值

Value-added of Agriculture, Forestry, Animal Husbandry and Fishery by City and Country

单位:万元　　（2010,按现行价格计算)(calculated at current price)　　(10 000yuan)

地　区	Region	农林牧渔业增加值 Value Added of Agriculture, Forestry, Animal Husbandry and Fishery	农 业 Agriculture	林 业 Forestry	牧 业 Animal Husbandry	渔 业 Fishery	农林牧渔服务业 Output Value of Services for Agriculture, Forestry, Animal Husbandry and Fishery	农林牧渔业增加值指数(上年=100) Indices of Value Added of Agriculture, Forestry,Animal Husbandry and Fishery (preceding year=100)
全区总计	**Total**	**1592900.5**	**1105300.2**	**30848.1**	**349317.0**	**30993.2**	**76442.0**	**107.4**
银 川 市	**Yinchuan**	**402857.7**	**287028.9**	**4409.5**	**73213.8**	**15672.7**	**22532.7**	**106.2**
银 川 市	District	137489.5	88767.4	1165.3	31534.3	3549.4	12473.1	106.2
永 宁 县	Yongning	94347.8	71940.4	855.5	15175.2	3089.7	3287.0	106.0
贺 兰 县	Helan	101802.9	79751.9	414.1	10047.8	8236.9	3352.2	105.6
灵 武 市	Lingwu	69217.6	46569.2	1974.7	16456.5	796.8	3420.5	107.6
石嘴山市	**Shizuishan**	**179876.2**	**141441.8**	**1829.8**	**22476.3**	**7725.0**	**6403.2**	**106.2**
石嘴山市区	District	50911.0	37291.4	1165.3	8143.7	1688.7	2622.0	104.9
平 罗 县	Pingluo	128965.2	104150.4	664.6	14332.7	6036.3	3781.2	106.7
吴 忠 市	**Wuzhong**	**371847.4**	**216026.6**	**9410.5**	**127145.9**	**2463.3**	**16801.1**	**106.2**
利 通 区	Litong	118250.2	54657.2	773.0	55369.7	442.3	7008.0	105.3
红寺堡区	Hongsipu	30327.3	25241.0	1220.9	2678.7		1186.6	108.1
盐 池 县	Yanchi	40495.5	18157.9	3581.7	16171.9	9.8	2574.1	106.6
同 心 县	Tongxin	71349.9	42458.4	1913.6	24609.9		2368.0	109.3
青铜峡市	Qingtongxia	111424.5	75512.1	1921.2	28315.6	2011.2	3664.4	104.5
固 原 市	**Guyuan**	**308621.4**	**210062.4**	**10571.8**	**67616.9**	**50.1**	**20320.2**	**109.4**
原 州 区	Yuanzhou	89424.9	66652.9	1950.3	14850.5		5971.2	111.8
西 吉 县	Xiji	89052.8	65518.0	1771.8	15898.0	50.1	5814.9	108.1
隆 德 县	Longde	31834.6	20372.5	1131.6	8243.3		2087.2	108.2
泾 源 县	Jingyuan	20338.7	9421.8	2205.9	4808.8		3902.3	107.9
彭 阳 县	Pengyang	77970.3	48097.2	3512.2	23816.3		2544.6	109.2
中 卫 市	**Zhongwei**	**329697.7**	**250740.5**	**4626.5**	**58864.0**	**5082.0**	**10384.8**	**107.0**
沙坡头区	Shapotou	138731.9	106981.9	1297.5	22990.6	3529.3	3932.6	105.9
中 宁 县	Zhongning	116628.2	88872.3	1296.2	21061.0	1542.6	3856.0	106.3
海 原 县	Haiyuan	74337.6	54886.2	2032.8	14812.4	10.1	2596.1	110.8

11-18 各市县农作物播种面积

Total Sown Areas of Farm Crops by City and Country

单位:公顷　　　　（2010）　　　　(hectare)

地区	Region	农作物总播种面积 Total Sown Area	粮食播种面积 Sown Area of Grain Crops					
			合计 Total	稻谷 Rice	小麦 Wheat	玉米 Corn	薯类 Tubers	豆类 Soybeans
全区总计	**Total**	**1 247 864**	**844 049**	**83 158**	**211 370**	**223 405**	**221 888**	**48 726**
银川市	**Yinchuan**	**166 476**	**123 201**	**46 717**	**27 629**	**44 015**		**4 431**
银川市	District	44 917	29 489	12 555	3 860	12 172		715
永宁县	Yongning	42 138	35 496	7 777	10 655	15 321		1 743
贺兰县	Helan	48 907	32 871	14 912	7 966	9 865		106
灵武市	Lingwu	30 514	25 345	11 473	5 148	6 657		1 867
石嘴山市	**Shizuishan**	**92 140**	**67 140**	**12 945**	**17 108**	**34 957**		**2 068**
石嘴山市	District	22 294	12 376	187	3 708	8 380		42
平罗县	Pingluo	69 846	54 764	12 758	13 400	26 577		2 026
吴忠市	**Wuzhong**	**298 687**	**213 004**	**12 743**	**58 085**	**65 789**	**29 819**	**12 121**
利通区	Litong	41 043	25 403	5 284	8 782	10 739		585
红寺堡区	Hongsipu	26 456	18 944		3 029	10 573	3 645	1 168
盐池县	Yanchi	77 253	42 373		3 003	9 182	9 295	393
同心县	Tongxin	106 723	84 416		30 515	18 022	16 879	5 595
青铜峡市	Qingtongxia	47 212	41 868	7 459	12 756	17 273		4 380
固原市	**Guyuan**	**391 850**	**278 898**		**78 830**	**42 366**	**125 686**	**22 037**
原州区	Yuanzhou	113 524	60 079		15 649	10 395	27 674	3 361
西吉县	Xiji	152 424	121 135		32 966	7 228	67 476	9 766
隆德县	Longde	39 808	28 190		8 121	3 082	10 946	5 988
泾源县	Jingyuan	15 826	11 419		3 056	1 036	6 555	212
彭阳县	Pengyang	70 268	58 075		19 038	20 625	13 035	2 710
中卫市	**Zhongwei**	**298 711**	**161 806**	**10 753**	**29 718**	**36 278**	**66 383**	**8 069**
沙坡头区	Shapotou	73 871	23 851	5 893	7 114	7 635		2 374
中宁县	Zhongning	75 064	38 336	4 860	9 046	19 598		2 575
海原县	Haiyuan	149 776	99 619		13 558	9 045	66 383	3 120

11-18 续表 continued

单位:公顷 (2010) (hectare)

地区	Region	其他经济作物 Other Economic Crop					
		油料 Oil-bearing Crops	药材 Medicinal Materials	蔬菜 Vegetables	瓜果类 Melons and Fruits	其他农作物 Other Farm Crops	青饲料 Succulence
全区总计	**Total**	**98 797**	**9 313**	**101 379**	**80 374**	**113 464**	**58 930**
银川市	**Yinchuan**	**3 269**	**989**	**28 182**	**4 783**	**6 027**	**3 243**
银川市	District	815	48	8 627	732	5 181	2 898
永宁县	Yongning	252	617	4 141	1 301	331	121
贺兰县	Helan	863	24	13 409	1 268	472	185
灵武市	Lingwu	1 339	300	2 005	1 482	43	39
石嘴山市	**Shizuishan**	**6 862**	**501**	**15 263**	**359**	**2 015**	**180**
石嘴山市	District	2 894		4 920	89	2 015	180
平罗县	Pingluo	3 968	501	10 343	270		
吴忠市	**Wuzhong**	**29 489**	**5 306**	**15 569**	**9 364**	**25 945**	**12 136**
利通区	Litong	2 113	140	4 487	1 821	7 079	6 184
红寺堡区	Hongsipu	3 727	477	2 414	409	485	130
盐池县	Yanchi	12 615	4 669	811	2 511	14 274	1 715
同心县	Tongxin	10 609	20	4 173	3 614	3 881	3 881
青铜峡市	Qingtongxia	425		3 684	1 009	226	226
固原市	**Guyuan**	**35 365**	**2 380**	**21 347**	**929**	**52 478**	**33 439**
原州区	Yuanzhou	13 869		8 540	420	30 616	16 676
西吉县	Xiji	13 120	210	4 000		13 959	13 959
隆德县	Longde	4 178	1 992	3 165	79	2 204	
泾源县	Jingyuan	1 000		474		2 933	1 733
彭阳县	Pengyang	3 198	178	5 168	430	2 766	1 071
中卫市	**Zhongwei**	**23 812**	**137**	**21 018**	**64 939**	**26 999**	**9 932**
沙坡头区	Shapotou	1 281	137	11 664	36 499	439	439
中宁县	Zhongning	6 157		4 647	22 680	3 244	493
海原县	Haiyuan	16 374		4 707	5 760	23 316	9 000

11-19 各市县主要农作物产量

Output of Major Farm Products by City and Country

单位:吨　　（2010）　　(ton)

地　区　Region	粮食产量 Output of Grain					
	合计 Total	稻谷 Rice	小麦 Wheat	玉米 Corn	薯类 Tubers	豆类 Soybeans
全区总计　Total	**3 565 096**	**699 862**	**703 325**	**1 658 047**	**425 016**	**37 526**
银川市　Yinchuan	**871 942**	**395 769**	**132 673**	**340 448**		**2 485**
银川市　District	221 632	98 933	20 360	102 033		131
永宁县　Yongning	236 007	71 160	48 633	115 029		1 185
贺兰县　Helan	237 887	126 403	38 803	72 549		100
灵武市　Lingwu	176 416	99 273	24 877	50 837		1 069
石嘴山市　Shizuishan	**437 761**	**98 662**	**77 706**	**260 698**		**640**
石嘴山市　District	81 280	1 300	17 183	62 710		32
平罗县　Pingluo	356 481	97 362	60 523	197 988		608
吴忠市　Wuzhong	**920 049**	**111 208**	**209 599**	**520 903**	**46 164**	**6 963**
利通区　Litong	184 116	41 975	56 603	85 125		353
红寺堡区　Hongsipu	106 414		13 178	80 883	11 081	946
盐池县　Yanchi	97 600		3 828	65 018	13 085	294
同心县　Tongxin	266 573		71 863	160 240	21 998	3 021
青铜峡市　Qingtongxia	265 346	69 233	64 127	129 637		2 349
固原市　Guyuan	**745 829**		**184 614**	**232 719**	**298 716**	**21 146**
原州区　Yuanzhou	176 528		37 557	69 221	64 409	2 014
西吉县　Xiji	248 531		67 745	26 561	144 100	7 325
隆德县　Longde	92 987		25 461	16 223	41 742	9 521
泾源县　Jingyuan	38 315		8 161	3 963	25 420	254
彭阳县　Pengyang	189 468		45 690	116 751	23 045	2 032
中卫市　Zhongwei	**589 515**	**94 223**	**98 733**	**303 279**	**80 136**	**6 292**
沙坡头区　Shapotou	142 520	51 270	31 929	56 565		2 425
中宁县　Zhongning	257 418	42 953	42 399	169 419		1 762
海原县　Haiyuan	189 577		24 405	77 295	80 136	2 105

11-19 续表 continued

单位:吨　　（2010）　　(ton)

地 区	Region	其他经济作物产量 Output of Other Economic Crops 油 料 Oil-bearing Crops	胡 麻 Benne	向日葵 Helianthus	药 材 Medicinal Materials	蔬 菜 Vegetable	瓜果类 Melons and Fruits
全区总计	**Total**	**208 453**	**66 911**	**137 339**	**48 388**	**4 074 160**	**1 639 426**
银 川 市	**Yinchuan**	**10 372**	**171**	**10 123**	**13 606**	**1 269 280**	**248 806**
银 川 市	District	2 233		2 233		402 680	40 181
永 宁 县	Yongning	449	147	302	6 566	194 014	42 075
贺 兰 县	Helan	2 119	24	2 017	290	591 313	68 938
灵 武 市	Lingwu	5 571		5 571	6 750	81 273	97 612
石嘴山市	**Shizuishan**	**29 694**	**3 624**	**26 070**	**18 634**	**835 633**	**21 126**
石嘴山市	District	10 499	854	9 645	0	216 137	3 626
平 罗 县	Pingluo	19 195	2 770	16 425	18 634	619 496	17 500
吴 忠 市	**Wuzhong**	**72 246**	**7 652**	**62 898**	**9 339**	**514 303**	**267 055**
利 通 区	Litong	5 137	1 200	3 937	158	206 468	62 466
红寺堡区	Hongsipu	10 909	1 002	9 907	6 440	42 308	9 831
盐 池 县	Yanchi	9 174	234	7 244	2 591	14 851	51 552
同 心 县	Tongxin	46 357	5 216	41 141	150	64 778	98 860
青铜峡市	Qingtongxia	669		669		185 898	44 346
固 原 市	**Guyuan**	**59 461**	**37 937**	**21 194**	**6 501**	**946 917**	**35 499**
原 州 区	Yuanzhou	31 008	10 348	20 660		464 255	17 964
西 吉 县	Xiji	13 776	13 776		260	227 645	
隆 德 县	Longde	6 829	6 785	44	5 600	79 235	3 205
泾 源 县	Jingyuan	3 300	2 970			12 260	
彭 阳 县	Pengyang	4 548	4 058	490	641	163 522	14 330
中 卫 市	**Zhongwei**	**36 680**	**17 527**	**17 054**	**308**	**508 027**	**1 066 940**
沙坡头区	Shapotou	1 937	881	1 016	308	374 300	680 828
中 宁 县	Zhongning	5 635	466	3 110		80 752	309 042
海 原 县	Haiyuan	29 108	16 180	12 928		52 975	77 070

11-20 各市县主要牲畜存、出栏数

Number of Animals on Hand and Slaughtered by City and Country

（2010）

地　区	Region	当年存栏数(万头、万只) Number of Animals on Hand This Year(10000 head)				当年出栏数(万头、万只) Number of Animals Slaughtered This Year(10000 head)		
		牛 Cattle and Buffaloes	奶牛 Cow	猪 Hog	羊 Sheep	牛 Cattle and Buffaloes	猪 Hog	羊 Sheep
全区总计	**Total**	**90.7**	**26.9**	**73.7**	**473.1**	**52.1**	**120.0**	**425.3**
银川市	**Yinchuan**	**18.9**	**11.1**	**16.3**	**66.8**	**10.0**	**26.0**	**63.8**
银川市	District	8.9	6.4	4.0	9.9	3.6	5.2	11.2
永宁县	Yongning	4.4	1.6	4.5	11.4	2.7	7.0	13.0
贺兰县	Helan	2.7	1.2	2.2	9.9	1.8	3.6	9.9
灵武市	Lingwu	2.9	1.9	5.5	35.6	1.8	10.2	29.7
石嘴山市	**Shizuishan**	**4.2**	**1.4**	**4.5**	**50.1**	**3.3**	**7.3**	**47.4**
石嘴山市	District	1.5	1.0	1.3	16.9	0.9	2.2	16.3
平罗县	Pingluo	2.7	0.4	3.2	33.2	2.4	5.1	31.1
吴忠市	**Wuzhong**	**22.0**	**13.2**	**17.1**	**211.5**	**10.4**	**25.2**	**162.4**
利通区	Litong	11.3	10.6	2.1	25.5	3.8	2.7	25.8
红寺堡区	Hongsipu	1.6		0.9	16.0	1.0	0.8	10.7
盐池县	Yanchi	0.3	0.2	3.8	90.3	0.2	5.8	52.0
同心县	Tongxin	5.3		0.4	55.9	3.7	0.6	46.9
青铜峡市	Qingtongxia	3.5	2.3	9.9	23.8	1.8	15.3	27.0
固原市	**Guyuan**	**36.6**	**0.1**	**17.5**	**62.8**	**22.4**	**24.7**	**75.9**
原州区	Yuanzhou	7.8		3.5	24.1	4.6	4.7	26.8
西吉县	Xiji	9.7		5.9	15.1	5.6	7.1	14.4
隆德县	Longde	4.4		4.0	3.2	2.6	4.9	4.6
泾源县	Jingyuan	5.8		0.5	3.4	3.9	0.7	5.9
彭阳县	Pengyang	8.9		3.7	17.1	2.7	7.2	24.1
中卫市	**Zhongwei**	**8.9**	**1.2**	**18.2**	**82.4**	**6.0**	**37.1**	**75.6**
沙坡头区	Shapotou	2.1	0.5	4.6	16.1	1.4	9.9	18.1
中宁县	Zhongning	3.1	0.7	11.5	24.9	1.9	24.9	23.7
海原县	Haiyuan	3.7		2.1	41.5	2.8	2.3	33.8

11-21 各市县主要畜产品产量
Output of Major Livestock Products by City and Country

(2010)

地区	Region	肉类总产量(万吨) Total Output of Meat(10000 ton)				牛奶产量(万吨) Milk (10000 ton)	禽蛋产量(万吨) Poultry Eggs (10000 ton)
		合计 Total	猪肉 Pork	牛肉 Beef	羊肉 Mutton		
全区总计	**Total**	**25.7**	**8.5**	**7.5**	**7.3**	**84.5**	**7.2**
银 川 市	**Yinchuan**	**5.0**	**1.8**	**1.4**	**1.1**	**35.4**	**1.7**
银 川 市	District	1.3	0.4	0.5	0.2	21.6	0.8
永 宁 县	Yongning	1.3	0.5	0.4	0.2	4.8	0.5
贺 兰 县	Helan	0.8	0.3	0.3	0.2	3.4	0.2
灵 武 市	Lingwu	1.5	0.7	0.3	0.5	5.6	0.1
石嘴山市	**Shizuishan**	**2.1**	**0.5**	**0.5**	**0.8**	**4.0**	**0.4**
石嘴山市	District	0.7	0.2	0.1	0.3	2.9	0.1
平 罗 县	Pingluo	1.4	0.4	0.3	0.5	1.1	0.2
吴 忠 市	**Wuzhong**	**6.5**	**1.8**	**1.5**	**2.9**	**41.3**	**0.7**
利 通 区	Litong	1.2	0.2	0.5	0.4	33.9	0.1
红寺堡区	Hongsipu	0.4	0.1	0.1	0.2	0.1	
盐 池 县	Yanchi	1.5	0.4		1.0	0.6	0.1
同 心 县	Tongxin	1.5		0.5	0.8		0.1
青铜峡市	Qingtongxia	1.9	1.0	0.2	0.5	6.7	0.4
固 原 市	**Guyuan**	**7.0**	**1.8**	**3.2**	**1.3**	**0.1**	**0.4**
原 州 区	Yuanzhou	1.6	0.3	0.7	0.5	0.1	0.1
西 吉 县	Xiji	1.8	0.5	0.8	0.2		0.1
隆 德 县	Longde	0.9	0.4	0.4	0.1		0.1
泾 源 县	Jingyuan	0.8	0.1	0.6	0.1		
彭 阳 县	Pengyang	2.0	0.5	0.8	0.4		0.1
中 卫 市	**Zhongwei**	**5.4**	**2.6**	**0.9**	**1.3**	**3.7**	**4.0**
沙坡头区	Shapotou	1.6	0.7	0.2	0.3	1.5	3.8
中 宁 县	Zhongning	2.5	1.7	0.3	0.4	2.2	0.2
海 原 县	Haiyuan	1.3	0.2	0.4	0.6		

11-22 各市县渔业生产情况

Output of Basic Indicators on Fishery by City and Country

（2010）

地　区	Region	水产品总产量（吨）Total Aquatic Products (ton)	养殖捕捞量 Artificially Cultured	天然捕捞量 Naturally Grown	养殖面积（公顷）Area for Breeding Aquatics (hectare)	池塘养殖 Ponds
全区总计	**Total**	**90 035**	**89 845**	**190**	**40 426**	**14 030**
银 川 市	**Yinchuan**	**49 510**	**49 436**	**74**	**14 407**	**6 950**
银 川 市	District	13 808	13 795	13	4 890	1 744
永 宁 县	Yongning	8 671	8 668	3	1 467	856
贺 兰 县	Helan	25 121	25 063	58	7 048	3 766
灵 武 市	Lingwu	1 910	1 910		1 002	584
石嘴山市	**Shizuishan**	**23 439**	**23 389**	**50**	**15 861**	**3 764**
石嘴山市	District	4 202	4 202		5 355	1 164
平 罗 县	Pingluo	19 237	19 187	50	10 506	2 600
吴 忠 市	**Wuzhong**	**7 962**	**7 916**	**46**	**5 657**	**1 932**
利 通 区	Litong	1 127	1 103	24	1 001	270
红寺堡区	Hongsipu					
盐 池 县	Yanchi	32	32		402	25
同 心 县	Tongxin					
青铜峡市	Qingtongxia	6 803	6 781	22	4 254	1 637
固 原 市	**Guyuan**	**135**	**135**		**461**	
原 州 区	Yuanzhou					
西 吉 县	Xiji	135	135		461	
隆 德 县	Longde					
泾 源 县	Jingyuan					
彭 阳 县	Pengyang					
中 卫 市	**Zhongwei**	**8 989**	**8 969**	**20**	**4 040**	**1 384**
沙坡头区	Shapotou	6 300	6 300		1 901	926
中 宁 县	Zhongning	2 659	2 639	20	1 834	434
海 原 县	Haiyuan	30	30		305	24

主要统计指标解释

[乡村实有劳动力] 指乡村人口实际参加各种行业劳动并取得实物或货币收人的劳动力人数。包括劳动年龄内实际参加劳动的人口和不足或超过劳动年龄实际参加劳动的人口数。不包括户口在家的在外学生和丧失劳动能力的人。也不包括待业人员和家务劳动者。

[年末实有耕地面积] 按照《土地利用现状调查技术规程》(以下简称《土地规程》),耕地是指种植农作物的土地,包括新开荒地、休闲地、轮歇地、草田轮作地;以种植农作物为主间有零星果树、桑树或其他树木的土地;耕种三年以上的河滩地、海涂。耕地中包括宽小于2.0米的沟、渠、路、田埂。年末实有耕地指当年10月31日的耕地面积数。

[农用机械总动力] 是指主要用于农、林、牧、渔业的各种动力机械动力总和，包括耕作机械、农用排灌机械、收获机械、植保机械、林业机械、畜牧机械、渔业机械、农产品加工机械、农用运输机械、其他农业机械。按能源又分为柴油、汽油、电力和其他动力。总动力按法定计算单位千瓦计算。(注:1马力=0.735千瓦)

[有效灌溉面积] 是指具有一定的水源,地块比较平整,灌溉工程或设备已经配套,在一般年景下当年能够进行正常灌概的耕地面积。

[农作物播种面积] 是指实际种植或移植有农作物的面积。包括耕地和非耕地上的播种面积;混种、间种只计算一次,复、套在同一亩地上每复种、套种一次算一亩;播种面积还包括秋冬播面积。播种面积在统计范围看,包括全社会口径,即按在地原则统计。从时间范围看,从1月1日至12月31日都要统计在内。

[造林面积] 是指报告期内在荒山、荒地、沙丘等一切可以造林的土地上，采用人工播种、植苗、飞机播种等方法新植的成片乔木林和灌木林,经过检查验收符合“造林技术规程”要求株数,成活率达85%以上的面积。四旁植树如一侧在四行以上,连续面积0.066公顷(一亩)以上,应统计在造林面积内。

在造林面积中,不包括补植面积、治沙种草面积、经济林垦复面积、迹地更新面积和低产林改造面积。

[肉类总产量] 是指当年出栏并已屠宰的畜禽肉产量，即屠宰后除去头蹄下水带骨肉的重量，也叫胴体重。

[农林牧渔业增加值] 农林牧渔业增加值可以客观反映农林牧渔业企业或行业的投人、产出、效益、速度和收人等情况。它与农林牧渔业总产值相比,一个最大的优点在于避免了中间产品的重复计算。计算结果是社会最终产品的价值,因此它能客观反映企业单位或行业对社会的贡献。也是计算各项经济效益指标的重要依据。

农林牧渔业增加值=农林牧渔业总产值-中间物质消耗-对非物质生产部门的劳务消耗。

【第十二篇】Chapter 12

工 业

National Economic Accounting

责任编辑：吴　苏

资料整理：吴　苏　吕　莹　卜宁飞　周　涛　刘聚才　张晶晶　季　翔

Coordinator：Wu Su

Data Compilation：Wu Su　Lv Ying　Pu Ningfei　Zhou Tao　Liu Jucai　Zhang Jingjing　Ji Xiang

12-1 全部工业总产值

Gross Industrial Output Value

单位:万元 (10 000 yuan)

年份 Year	工业总产值 Gross Industrial Output Value	按经济类型分 Grouped by Economic Type		按轻重工业分 Grouped by Light & Heavy Industries		按企业规模分 Grouped by Size of Enterprises		
		国有及国有控股企业 State-owned and State-holding Enterprises	集体企业 Collective-owned Enterprises	轻工业 Light Industry	重工业 Heavy Industry	大型企业 Large Enterprises	中型企业 Medium-sized Enterprises	小型企业 Small Enterprises
1950	1350	186		1315	35			
1955	3703	1612		3374	329			
1960	23773	20915	2858	13519	10254			
1965	20346	16317	4029	10531	9815			
1970	50052	44875	5177	16562	33490			
1975	111708	97010	14698	32344	79364			
1978	138485	114664	23821	34453	104032	30359	38220	69906
1980	139179	121539	17354	37525	101654	32318	41236	65625
1985	243007	196586	39104	72723	170284	73307	49927	119773
1990	647403	509009	109895	179605	467858	204786	126578	316099
1995	1734852	1177702	229501	361446	1373406	685169	335848	713835
2000	2939383	1745801	140993	683696	2255687	1274549	483886	1180948
2001	3273074	1927432	141839	765954	2507120	1458181	540156	1274737
2002	3720196	2101200	98458	905675	2814521	1922167	294874	1503155
2003	4714293	2539302	82954	1106599	3607694	1581230	1317414	1815649
2004	5536557	3082623	48761	925091	4611466	2136124	1987942	1412491
2005	6715450	3753424	19099	1238558	5476892	2572854	2423097	1719498
2006	8596964	4375364	14164	1466089	7130876	3622447	2714588	2259929
2007	10707114	5184832	20680	1751178	8955936	4213436	3812571	2681107
2008	13690370	6676647	24372	2165690	11524680	5410355	4486653	3793363
2009	14644914	7092454	11662	2692423	11952491	5572301	5279519	3793095
2010	19243865	9622326	5093	3153090	16090775	7625387	6848766	4769712

注:1.工业总产值按当年价格计算,2004 年为规模以上工业企业口径;
2.1995 年以前年份国有及国有控股企业为国有工业企业口径(下表同)。

a)Gross industrial output value is calculated at current prices.Since 2004,data in this table were above designated size.

b)Before 1995,state-owned and state holding industrial enterprises were state-owned enterprises.

12-2 规模以上工业企业单位数和工业总产值

Number of Industrial Enterprises above Designated Size and Gross Industrial Output Value

指标	Item	企业单位数(个) Number of Enterprises (unit)		工业总产值(万元) Gross Industrial Output Value (10 000 yuan)	
		2009	2010	2009	2010
全区总计	**Total**	**970**	**975**	**14644914**	**19243865**
在总计中:国有及国有控股企业	Of Which:State-owned and State-holding Enterprises	111	117	7092454	9622326
按经济类型分	**Grouped by Economic Type**				
国有企业	State-owned Enterprises	41	31	1894959	2648922
中央企业	Central	12	12	1734261	2525854
地方企业	Local	29	19	160698	123068
集体企业	Collective-owned Enterprises	4	3	11662	5093
股份合作企业	Cooperative Enterprises	2	6	17001	106909
私营企业	Private Enterprises	602	593	4434326	5624866
联营企业	Joint Ownership Enterprises	2	1	11128	12228
股份制企业	Share-holding Enterprises	854	856	11821423	15152818
外商投资企业	Foreign Funded Enterprises	34	35	607105	819170
港澳台商投资企业	Enterprises with Funds from Hong Kong, Macao and Taiwan	7	8	57761	206955
其他企业	Other Enterprises	2	6	12270	28328
按轻重工业分	**Grouped by Light&Heavy Industries**				
轻工业	Light Industry	283	285	2692423	3153090
重工业	Heavy Industry	687	690	11952491	16090775
按企业规模分	**Grouped by Size of Enterprises**				
大型企业	Large Enterprises	17	17	5572301	7625387
中型企业	Medium-sized Enterprises	127	136	5279519	6848766
小型企业	Small Enterprises	826	822	3793095	4769712

注:规模以上工业系指全部国有工业企业及年销售收入500万元以上非国有工业企业。

a)Industrial enterprises above designated size refers to total state-owned industrial enterprises and non-state-owned enterprises with annual sales revenue over 5 million yuan.

12-2 续表 1 continued

指 标	Item	企业单位数（个）Number of Enterprises (unit) 2009	2010	工业总产值（万元）Gross Industrial Output Value (10 000 yuan) 2009	2010
按国民经济经济行业分	**Grouped by Industrial Sector**				
采矿业	**Mining**	**115**	**86**	**2118968**	**2705240**
煤炭采选业	Mining and Washing of Coal	109	78	2098336	26624380
石油和天然气开采业	Extraction of Petroleum and Natural Gas	3	3	12118	16125
黑色金属矿采选业	Mining and Processing of Ferrous Metal Ores		2		18801
非金属矿采选业	Mining and Processing of Non-ferrous Metal Ores	3	3	8514	7875
制造业	**Manufacturing**	**804**	**833**	**10297253**	**13348055**
农副食品加工业	Processing of Food from Agricultural Products	82	90	396590	503424
食品制造业	Manufacture of Foods	41	37	412349	467129
饮料制造业	Manufacture of Beverages	25	26	192673	214121
烟草加工业	Processing of Tobacco	2	2	31249	46728
纺织业	Manufacture of Textile	46	47	746769	888415
毛纺织业	Wool Textile	40	41	736762	860684
纺织服装、鞋、帽制造业	Manufacture of Textile Wearing Apparel, Footware and Caps	1	1	7288	10113
纺织服装制造	Wearing Apparel	1	1	7288	10113
皮革、毛皮、羽毛(绒)及其制品业	Manufacture of Leather,Fur,Feather and Related Products	10	12	19150	66549
木材加工竹、藤、棕、草制品业	Processing of Timber,Manufacture of Wood, Bamboo,Rattan,Palm and Straw Products	5	3	8855	8347
家具制造业	Manufacture of Furniture	6	5	10275	25542
造纸及纸制品业	Manufacture of Paper and Paper Products	17	17	424394	449024
印刷业	Printing	12	9	31344	23240
文教体育用品制造业	Manufacture of Articles for Culture,Education and Sport Activities				
石油加工及炼焦业	Processing of Petroleum and Coking	31	32	1681029	2179048
化学原料及化学制品制造业	Manufacture of Raw Chemical Materials and Chemical Products	115	103	1492544	1707334

12-2 续表 2 continued

指　　标	Item	企业单位数（个）Number of Enterprises (unit)		工业总产值（万元）Gross Industrial Output Value (10 000 yuan)	
		2009	2010	2009	2010
医药制造业	Manufacture of Medicines	12	11	228019	263024
化学纤维制造业	Manufacture of Chemical Fibers				
橡胶制品业	Manufacture of Rubber	4	2	236955	250689
塑料制品业	Manufacture of Plastics	29	29	81635	98169
非金属矿物质制品业	Manufacture of Non-metallic Mineral Products	129	155	728803	1073476
水泥制造业	Manufacture of Cement	29	31	363646	489521
建筑陶瓷制品制造	Manufacture of Architectural Ceramic Products	3	3	24920	27361
黑色金属冶炼及压延加工业	Smelting and Pressing of Ferrous Metals	73	91	708582	1166383
有色金属冶炼及压延加工业	Smelting and Pressing of Non-ferrous Metals	27	25	1621723	2287312
金属制品业	Manufacture of Metal Products	35	26	228073	231865
通用设备制造业	Manufacture of General Purpose Machinery	47	49	297568	417425
金属加工机械制造业	Manufacture of Metal Processing Machinery	7	8	74239	139244
金属切削机床制造业	Manufacture of Metal Cutting Machine Tool	5	4	72119	130259
专用设备制造业	Manufacture of Special Purpose Machinery	13	14	258236	321434
交通运输设备制造业	Manufacture of Transport Equipment	4	6	3676	9473
电气机械及器材制造业	Manufacture of Electrical Machinery and Equipment	29	32	348017	541393
通信设备、计算机及其他电子设备	Manufacture of Communication Equipment,Computers and Other Electronic Equipment	1		14984	
仪器仪表及文化、办公用品机械制造业	Manufacture of Measuring Instrument and Machinery for Cultural Activity and Office Work	8	6	86474	97508
电力、燃气及水的生产和供应业	Production and Supply of Electric Power,Gas and Water	51	56	2228693	3190570
电力、热力的生产和供应业	Production and Supply of Electric Power,Steam and Hot Water	35	38	2147772	3035053
燃气生产和供应业	Production and Supply of Gas	6	8	47524	112928
自来水的生产和供应业	Production and Supply of Tap Water	10	9	33397	40556

12-3 主要工业产品产量

Output of Major Industrial Products

年份 Year	原 煤（万吨） Coal (10 000 tons)	发电量（亿千瓦时） Electricity (100million kwh)	钢 材（万吨） Rolled Steel (10 000 tons)	铝（万吨） Aluminum (10 000 tons)	轮胎外胎（万条） Tires (10 000 tires)	合成氨（万吨） Synthetic Ammonia (10 000 tons)	农用化肥（万吨） Chemical Fertilizers (10 000tons)	金属切削机 床（台） Metal-cutting Machine Tools (unit)	起重设备（吨） Lifting Appliances (ton)
1978	999.00	16.51	2.78	1.83	30.09	6.77	5.30	1402	1503
1980	971.00	19.43	4.12	2.26	29.30	7.95	5.57	1194	2104
1985	1214.00	24.14	3.88	2.92	34.34	9.20	6.71	1671	3714
1990	1443.10	55.96	4.75	6.01	63.50	34.32	27.74	1308	7004
1995	1480.30	107.77	7.58	10.13	164.67	47.59	41.49	994	5140
1996	1615.70	111.63	7.97	10.24	193.24	47.83	40.14	829	5919
1997	1669.70	113.42	8.92	10.23	187.77	49.46	41.19	938	5183
1998	1583.00	110.63	9.50	10.23	191.24	54.81	46.32	455	6145
1999	1531.10	111.28	11.90	10.63	167.98	67.28	53.87	659	5488
2000	1581.00	136.61	5.59	11.69	193.32	73.49	59.52	969	3308
2001	1635.70	150.30	1.08	15.82	181.94	80.84	73.58	1298	4414
2002	1818.19	171.02	1.24	26.09	224.31	93.31	76.13	1816	3733
2003	2194.80	206.13	12.68	26.89	241.53	90.55	76.30	1953	15724
2004	2354.59	260.05	14.09	27.42	293.57	95.67	75.78	3397	11670
2005	2589.77	312.87	9.21	35.82	304.56	88.15	83.94	3353	11005
2006	3153.68	388.42	21.80	55.82	389.59	86.68	77.94	3663	12330
2007	3729.90	451.16	41.46	60.00	395.54	93.25	86.35	5136	15347
2008	4234.71	462.56	33.18	60.35	337.16	105.16	109.16	3898	17077
2009	5509.53	478.96	38.01	65.55	225.62	103.09	91.77	2949	14700
2010	6613.61	585.82	33.03	91.51	210.44	100.74	95.17	5741	12209

注:1978-2003 年未全部工业口径,2004 年及以后为规模以上口径。

a)From 1978 to 2003,the data on industry refer to total industrial enterprises. Since 2004,industrial enterprises were above designated size.

12-3 续表 1 continued

年份 Year	金属材料试验机（台）Metallic Material Testing Machine (unit)	轴 承（万套）Bearing (10 000 sets)	小型拖拉机（台）Small Tractors (set)	水 泥（万吨）Cement (10 000tons)	布（万米）Cloth (10 000 m)	饮料酒（千升）Alcoholic Drink (kiloliter)	机制纸（万吨）Machine-made Paper (10 000 tons)	日用陶瓷（万件）Ceramics for Daily Use (10 000units)	塑料制品（吨）Plastic Products (ton)
1978	1345	171.89	2502	27.66	1268.32	2700	0.97	894	2878
1980	1779	132.60	600	29.27	1508.00	2785	0.99	1191	2632
1985	1959	62.80	7606	61.62	1059.98	12816	2.47	1202	5584
1990	445	197.57	11900	95.74	1232.64	26300	6.68	1923	7783
1995	715	274.00	15908	140.11	540.00	48858	13.98	3504	15459
1996	296	393.69	12179	164.96	485.79	59905	14.96	2997	15662
1997	185	375.76	6540	181.47	581.42	53686	15.95	2511	19859
1998		437.59	5955	226.48	117.48	56976	17.81	2878	17087
1999		464.24	4681	248.28	106.00	63946	18.07	2523	17373
2000	380	557.45	1843	280.25	2.00	57639	23.71	2699	16750
2001	392	621.17	800	318.69	7.49	67281	30.85	2059	13111
2002	343	522.83	1985	377.24	7.46	89412	28.58	1667	13144
2003	331	391.47	689	494.13		76112	33.01	878	13549
2004	123	352.67		582.79	132.79	104018	39.62		8018
2005		307.54		567.58	122.65	113622	45.58		8557
2006	149	244.13	4973	699.08	15.00	107453	46.45		18384
2007	150	334.16	3722	808.40		130330	50.62		20164
2008		223.86	3600	884.76		130303	69.02		53530
2009		203.13	2970	1064.50		159215	77.32		76605
2010		230.64	1954	1357.45		196156	78.92		7495

12-3 续表 2 continued

年份 Year	天然气 (万立方米) Natural Gas (10 000cu.m)	羊绒 (吨) Cashmere (ton)	钽 (公斤) Tantalum (kg)	铌 (公斤) Niobium (kg)	生铁 (万吨) Pig Iron (10 000tons)	铁合金 (万吨) Ferroalloy (10 000 tons)	卷烟 (万箱) Cigarettes (10000 boxes)	食用植物油 (万吨) Edible Vegetable Oil (10 000 tons)	石墨及碳素制品 (万吨) Graphite and Carbon Products (10 000 tons)
1978					3.88		1.80	0.69	1.75
1980					0.61		1.75	0.73	1.64
1985	992		8396	8243	1.31	0.63	1.21	1.50	2.69
1990	701		5231	5769	5.54	7.79	4.47	2.19	6.51
1995	6211		32526	7673	7.29	15.32	3.50	4.17	20.77
1996	6189		53793	5086	6.98	18.44	3.70	6.47	18.04
1997	2576		97473	4561	6.67	16.04	3.80	6.97	17.57
1998	1066		121509	7581	5.95	20.20	3.00	5.39	18.62
1999	1163		231126	6447	6.96	19.50	3.10	5.40	18.10
2000	1496		205436	81742	6.85	25.34	3.12	5.36	31.14
2001	797		215041	17763	7.06	24.53	2.61	4.85	30.77
2002	3161	2101.50	90887	22636	8.80	23.44	2.30	4.99	23.81
2003	8635	2406.43	103788	30633	14.72	43.06	2.00	5.51	27.66
2004	7815	3807.01	130753	33581	18.61	58.80	2.30	0.14	31.43
2005	422	4693.47	158634	48467	24.08	49.52	11.5(亿支)	0.48	51.53
2006		5267.62	225617	70563	39.34	81.92	13(亿支)	0.71	75.74
2007		6093.26	299202	100642	42.51	96.46	25(亿支)	1.05	79.15
2008		7244.35	380337	55849	32.77	86.43	30(亿支)	0.71	92.39
2009		9468.71	296649	95870	36.18	83.59	35(亿支)	1.14	89.79
2010		11536.84	409193	94358	39.13	107.32	50(亿支)	2.53	59.43

12-4 规模以上国有、集体企业分行业单位数和工业总产值

单位:个、万元 (2010)

指　　标	Item
全 区 总 计	**Total**
采矿业	**Mining**
煤炭开采和洗选业	Mining and Washing of Coal
石油和天然气开采业	Extraction of Petroleum and Natural Gas
非金属矿采选业	Mining and Processing of Non-ferrous Metal Ores
制造业	**Manufacturing**
农副食品加工业	Processing of Food from Agricultural Products
食品制造业	Manufacture of Foods
饮料制造业	Manufacture of Beverages
烟草制品业	Processing of Tobacco
纺织业	Manufacture of Textile
纺织服装、鞋、帽制造业	Manufacture of Textile Wearing Apparel,Footware and Caps
皮革、毛皮、羽毛(绒)及其制品业	Manufacture of Leather,Fur,Feather and Related Products
木材加工及木、竹、藤、棕、草制	Processing of Timber,Manufacture of Wood,Bamboo,Rattan,Palm and Straw Products
家具制造业	Manufacture of Furniture
造纸及纸制品业	Manufacture of Paper and Paper Products
印刷业和记录媒介的复制	Printing,Reproduction of Recording Media
石油加工、炼焦及核燃料加工业	Processing of Petroleum,Coking,Processing of Nuclear Fuel
化学原料及化学制品制造业	Manufacture of Raw Chemical Materials and Chemical Products
医药制造业	Manufacture of Medicines
化学纤维制造业	Manufacture of Chemical Fibers
橡胶制品业	Manufacture of Rubber
塑料制品业	Manufacture of Plastics
非金属矿物制品业	Manufacture of Non-metallic Mineral Products
黑色金属冶炼及压延加工业	Smelting and Pressing of Ferrous Metals
有色金属冶炼及压延加工业	Smelting and Pressing of Non-ferrous Metals
金属制品业	Manufacture of Metal Products
通用设备制造业	Manufacture of General Purpose Machinery
专用设备制造业	Manufacture of Special Purpose Machinery
交通运输设备制造业	Manufacture of Transport Equipment
电器机械及器材制造业	Manufacture of Electrical Machinery and Equipment
通信设备、计算机及其他电子设备	Manufacture of Communication Equipment,Computers and Other Electronic Equipment
仪器仪表及文化、办公用机械制造	Manufacture of Measuring Instruments and Machinery for Cultural Activity and Office Work
工艺品及其他制造业	Manufacture of Artwork and Other Manufacturing
电力、燃气及水的生产和供应业	**Production and Supply of Electric Power,Gas and Water**
电力、热力的生产和供应业	Production and Supply of Electric Power,Steam and Hot Water
燃气生产和供应业	Production and Supply of Gas
水的生产和供应业	Production and Supply of Tap Water

Number of Industrial Enterprises and Collective-owned Enterprises above Designated Size and Gross Industrial Output Value by City and County

(unit,10 000 yuan)

国有及国有控股企业 State-owned and State-holding Enterprises		集体企业 Collective-owned Enterprises	
企业单位数 Number of Enterprises	工业总产值 Gross Industrial Output Value	企业单位数 Number of Enterprises	工业总产值 Gross Industrial Output Value
117	**9622326**	**3**	**5093**
6	2174983		
1	3874		
6	52105		
1	2721		
2	46728		
1	2922		
1	10113		
3	276339		
3	6717		
1	1023774		
8	350800		
14	310022	2	3849
5	74989		
6	1457977		
2	94147		
7	93701		
3	247727		
1	1002	1	1243
6	207323		
1	60669		
25	2991524		
4	89581		
10	42590		

12-5 规模以上工业企业职工人数

单位:人

指　　标	Item
全 区 总 计	**Total**
按登记注册类型分	**By Status of Registration**
国　有	State-owned Enterprises
集　体	Collective-owned Enterprises
其　他	Other Enterprises
按行业分	**Grouped by Sector**
采掘业	**Mining**
煤炭采选业	Mining and Washing of Coal
石油和天然气开采业	Extraction of Petroleum and Natural Gas
有色金属矿采选业	Mining and Processing of Ferrous Metal Ores
非金属矿采选业	Mining and Processing of Non-ferrous Metal Ores
制造业	**Manufacturing**
农副食品加工业	Processing of Food from Agricultural Products
食品制造业	Manufacture of Foods
饮料制造业	Manufacture of Beverages
烟草制品业	Processing of Tobacco
纺织业	Manufacture of Textile
纺织服装、鞋、帽制造业	Manufacture of Textile Wearing Apparel,Footware and Caps
皮革、毛皮、羽毛(绒)及其制品业	Manufacture of Leather,Fur,Feather and Related Products
木材加工木、竹、藤、棕、草制品业	Processing of Timber,Manufacture of Wood,Bamboo,Rattan,Palm and Straw Products
家具制造业	Manufacture of Furniture
造纸及纸制品业	Manufacture of Paper and Paper Products
印刷业记录媒介的复制	Printing,Reproduction of Recording Media
文教体育用品制造业	Manufacture of Articles for Culture,Education and Sport Activities
石油加工、炼焦及核燃料加工业	Processing of Petroleum,Coking,Processing of Nuclear Fuel
化学原料及化学制品制造业	Manufacture of Raw Chemical Materials and Chemical Products
医药制造业	Manufacture of Medicines
化学纤维制造业	Manufacture of Chemical Fibers
橡胶制品业	Manufacture of Rubber
塑料制品业	Manufacture of Plastics
非金属矿物质制品业	Manufacture of Non-metallic Mineral Products
黑色金属冶炼及压延加工业	Smelting and Pressing of Ferrous Metals
有色金属冶炼及压延加工业	Smelting and Pressing of Non-ferrous Metals
金属制品业	Manufacture of Metal Products
通用设备制造业	Manufacture of General Purpose Machinery
专用设备制造业	Manufacture of Special Purpose Machinery
交通运输设备制造业	Manufacture of Transport Equipment
电气机械及器材制造业	Manufacture of Electrical Machinery and Equipment
通信设备、计算机及其他电子设备	Manufacture of Communication Equipment,Computers and Other Electronic Equipment
仪器仪表及文化办公用品机械制造业	Manufacture of Measuring Instruments and Machinery for Cultural Activity and Office Work
其他制造业	Manufacture of Artwork and Other Manufacturing
电力煤气及水的生产和供应业	**Production and Supply of Electric Power,Gas and Water**

Number of Industrial Enterprises above Designated Size of Staff

(person)

1999	2000	2005	2009	2010
251452	**224118**	**256292**	**273149**	**290410**
156516	92781	36680	27567	27330
18973	13153	1888	350	160
75963	118184	217724	245232	262920
66685	**60831**	**57021**	**61542**	**62476**
61090	57514	56901	61062	61794
5149	3165	102	242	248
180	110			
266	42	18	238	206
165798	**145038**	**170117**	**183705**	**197541**
6657	1696	4488	5955	6592
5253	6246	6615	6198	7308
2884	3199	5124	4452	4558
620	562	377	391	401
9049	2630	7261	9525	9554
546	1622	669	805	870
1451	1777	298	451	804
57	157	55	273	256
623	179	229	531	534
11002	11836	14593	12733	12894
1002	578	885	1546	921
44	33			
6817	6613	8975	18497	19419
22844	22033	28138	27045	27956
2082	2664	4726	4485	4685
509	784	148		
5457	5205	4674	3740	3469
2681	1820	2176	2379	2943
16408	15019	16113	16368	18085
9091	8967	15387	15488	19300
13815	10970	19392	24040	24667
8680	7596	5035	4973	4953
16840	15183	12420	11994	13799
10708	7492	5128	4281	4940
999	608	111	397	516
3097	4130	3013	4943	5972
553		797	62	
5118	5151	2940		2086
333	288			
18969	**18249**	**29154**	**27902**	**30393**

12-6 规模以上工业企业主要经济指标

单位:个、万元 （2010）

指　　标	Item	企业单位数 Number of Enterprises	工业总产值 Gross Industrial Output Value
总　　　计	**Total**	**975**	**19243865**
在总计中:亏损企业	**Of Which:Loss-suffering Enterprises**	**232**	**3123525**
按轻重工业分	**Grouped by Light & Heavy Industries**		
轻工业	Light Industry	285	3153090
重工业	Heavy Industry	690	16090775
按企业规模分	**Grouped by Size of Enterprises**		
大型企业	Large Enterprises	17	7625387
中型企业	Medium-sized Enterprises	136	6848766
小型企业	Small Enterprises	822	4769712
按登记注册类型分组	**Grouped by Status of Registration**		
内资企业	Domestic Funded	932	18217739
国有企业	State-owned Enterprises	31	2648922
中央企业	Central	12	2525854
地方企业	Local	19	123068
集体企业	Collective-owned Enterprises	3	5093
股份合作企业	Cooperative Enterprises	6	106909
联营企业	Joint Ownership Enterprises	1	12228
国有联营企业	State Joint Ownership Enterprises		
集体联营企业	Collective Joint Ownership Enterprises	1	122278
国有与集体联营企业	Joint State-collective Enterprises		
其他联营企业	Other Joint Ownership Enterprises		
有限责任公司	Limited Liability Corporations	259	6784079
国有独资公司	State Sole Funded Corporations	15	2325915
股份有限公司	Share-holding Corporations Limited	33	3007315
私营企业	Private Enterprises	593	5624866
港、澳、台商投资企业	Enterprises with Funds from Hong Kong,Macao and Taiwan	8	206955
外商投资企业	Foreign Funded Enterprises	35	819170

Main Economic Indicators of Industrial Enterprises above Designated Size

(unit,10 000 yuan)

工业增加值 Value-added of Industry	资产合计 Total Assets	流动资产合计 Total Working Capitals	固定资产原价 Original Value of Fixed Assets	流动负债合计 Total Working Liabilities	长期负债合计 Total Long-term Liabilities
5510354	**32931575**	**11555976**	**1771534**	**12334881**	**7766316**
647426	**5155774**	**1887186**	**3230611**	**2691508**	**847848**
690725	4741411	2356005	2077248	2228954	671603
4819629	28190164	9199971	15638095	10105927	7094438
2758965	13306023	3711081	7704379	4733651	3844246
1886552	13912596	4879807	7474406	4740033	3170214
864837	5712956	2965089	2536558	2861197	751582
5226795	30553036	10780191	16636374	11810546	7683770
761618	3642045	771491	3775427	1355378	1097815
702521	3212191	642706	3591125	1227216	950788
59098	429854	128785	184302	128163	147028
1789	4850	3428	2018	1565	
26058	109697	44214	46023	55932	7165
6266	7282	5195	4498	2925	
62656	72822	51950	4498	2925	
2507555	15334760	4367001	8023221	4955506	5077823
1422747	7062381	1446345	3121777	1944132	2641991
801697	4321945	1960277	2367993	1893950	689007
1116354	7122443	3623395	2409864	3540369	810749
73595	1384076	262047	589763	147758	6057
209964	994463	513738	489206	376576	76214

12-6 续表 1

指　　标	Item	所有者权益 Owners´ Equities	实收资本 Paid-up Capital
总　　计	**Total**	**11532863**	**6187311**
在总计中:亏损企业	**Loss-suffering Enterprises**	**1485348**	**1288515**
按轻重工业分	**Grouped by Light & Heavy Industries**		
轻工业	Light Industry	1778203	898128
重工业	Heavy Industry	9754660	5289183
按企业规模分	**Grouped by Size of Enterprises**		
大型企业	Large Enterprises	4645930	2181837
中型企业	Medium-sized Enterprises	4827071	2759513
小型企业	Small Enterprises	2059862	1245961
按登记注册类型分组	**Grouped by Status of Registration**		
内资企业	Domestic Funded	10602103	5496295
国有企业	State-owned Enterprises	1165186	548189
中央企业	Central	1032916	431303
地方企业	Local	132270	116886
集体企业	Collective-owned Enterprises	3285	1160
股份合作企业	Cooperative Enterprises	46578	23041
联营企业	Joint Ownership Enterprises	4357	1458
国有联营企业	State Joint Ownership Enterprises		
集体联营企业	Collective Joint Ownership Enterprises	4357	1458
国有与集体联营企业	Joint State-collective Enterprises		
其他联营企业	Other Joint Ownership Enterprises		
有限责任公司	Limited Liability Corporations	5043178	2813544
国有独资公司	State Sole Funded Corporations	2467135	1134045
股份有限公司	Share-holding Corporations Limited	1620626	650740
私营企业	Private Enterprises	2715013	1454335
港、澳、台商投资企业	Enterprises with Funds from Hong Kong,Macao and Taiwan	416949	351839
外商投资企业	Foreign Funded Enterprises	513812	339177

continued

主营业务收入 Revenue from Principal Business	主营业务成本 Cost of Principal Business	主营业务税金及附加 Taxes and Other Charges on Principal Business	利润总额 Total Profits	本年应交增值税 Value-added Tax Payable
18799890	**15909481**	**343445**	**1379964**	**711208**
3174205	**2824237**	**227709**	**-164824**	**85752**
2862378	2353922	34104	224358	57890
15937512	13555559	309341	1155606	653318
7578292	6167377	242746	734897	381264
6651143	5725190	82582	423451	227421
4570455	4016914	18117	221616	102523
17784698	15041793	335911	1300991	673356
2640905	2365332	30491	112086	100373
2515728	2277232	29304	94691	95334
125177	88100	1187	17395	5039
8035	6670	32	527	423
95965	82425	464	7437	3942
8870	6201	49	1533	49
8870	6201	49	1533	49
6495180	5274758	72194	739975	322679
2155448	1514802	51608	508368	200334
3158960	2600498	180882	169356	121996
5347549	4678879	51732	269054	123212
219142	209805	1113	31002	9395
796050	657883	6422	47971	28457

12-7 分行业规模以上工业企业主要经济指标

单位:个、万元 (2010)

指　　标	Item	企业单位数 Number of Enterprises
总　　计	**Total**	**975**
采矿业	**Mining**	**86**
煤炭开采和洗选业	Mining and Washing of Coal	78
石油和天然气开采业	Extraction of Petroleum and Natural Gas	3
非金属矿采选业	Mining and Processing of Non-ferrous Metal Ores	3
制造业	**Manufacturing**	**833**
农副食品加工业	Processing of Food from Agricultural Products	90
食品制造业	Manufacture of Foods	37
饮料制造业	Manufacture of Beverages	26
烟草制品业	Processing of Tobacco	2
纺织业	Manufacture of Textile	47
纺织服装、鞋、帽制造业	Manufacture of Textile Wearing Apparel,Footware and Caps	1
皮革、毛皮、羽毛(绒)及其制品业	Manufacture of Leather,Fur,Feather and Related Products	12
木材加工及木、竹、藤、棕、草制	Processing of Timber,Manufacture of Wood,Bamboo,Rattan,Palm and Straw Products	3
家具制造业	Manufacture of Furniture	5
造纸及纸制品业	Manufacture of Paper and Paper Products	17
印刷业和记录媒介的复制	Printing,Reproduction of Recording Media	9
石油加工、炼焦及核燃料加工业	Processing of Petroleum,Coking,Processing of Nuclear Fuel	32
化学原料及化学制品制造业	Manufacture of Raw Chemical Materials and Chemical Products	103
医药制造业	Manufacture of Medicines	11
化学纤维制造业	Manufacture of Chemical Fibers	
橡胶制品业	Manufacture of Rubber	4
塑料制品业	Manufacture of Plastics	29
非金属矿物制品业	Manufacture of Non-metallic Mineral Products	155
黑色金属冶炼及压延加工业	Smelting and Pressing of Ferrous Metals	91
有色金属冶炼及压延加工业	Smelting and Pressing of Non-ferrous Metals	25
金属制品业	Manufacture of Metal Products	26
通用设备制造业	Manufacture of General Purpose Machinery	49
专用设备制造业	Manufacture of Special Purpose Machinery	14
交通运输设备制造业	Manufacture of Transport Equipment	6
电器机械及器材制造业	Manufacture of Communication Equipment,Computers and Other Electronic Equipment	32
通信设备、计算机及其他电子设备	Manufacture of Electrical Machinery and Equipment	
仪器仪表及文化、办公用机械制造	Manufacture of Measuring Instruments and Machinery for Cultural Activity and Office Work	6
工艺品及其他制造业	Manufacture of Artwork and Other Manufacturing	1
电力、燃气及水的生产和供应业	**Production and Supply of Electric Power,Gas and Water**	**56**
电力、热力的生产和供应业	Production and Supply of Electric Power,Steam and Hot Water	38
燃气生产和供应业	Production and Supply of Gas	8
水的生产和供应业	Production and Supply of Tap Water	10

Main Economic Indicators of Industrial Enterprises above Designated Size by Sector

(unit,10 000 yuan)

工业总产值 Gross Industrial Output Value	工业增加值 Value-added of Industry	资产合计 Total Assets	流动资产合计 Total Working Capitals
19243865	**5510354**	**32931575**	**11555976**
2705240	**1450528**	**7179307**	**1719824**
2662438	1436385	7125501	1688000
16125	9111	30090	12687
7875	2339	13155	11449
13348055	**3039773**	**18126030**	**8542071**
503424	58673	454193	205474
467129	81083	535502	228822
214121	63297	370471	212332
46728	27593	48647	14725
888415	161562	1271517	948658
10113	3701	10499	5942
66549	8184	47671	33365
8347	1727	13732	2346
25542	7739	20125	10462
449024	107875	1139886	425363
23240	6791	31998	16701
2179048	575785	2928792	996700
1707334	358842	2080968	954794
263024	126869	414050	95083
250689	44333	185362	83350
98169	15220	96743	58833
1073476	322228	1728834	788913
1166383	223953	983665	534437
2287312	468260	3733338	1621427
231865	35248	256653	128766
417425	129892	709084	421208
321434	86773	350553	272512
9473	2552	33712	23470
541393	95616	534441	381936
97508	25591	144234	75728
889	387	1360	723
3190570	**1020052**	**7626237**	**1294082**
3035053	950783	6990880	1063783
112928	51134	425889	204172
42590	18136	209469	26126

12-7 续表 1

单位:个、万元

(2010)

指　标	Item	固定资产原价 Original Value of Fixed Assets
总　计	**Total**	**17715343**
采矿业	**Mining**	**2695115**
煤炭开采和洗选业	Mining and Washing of Coal	2684014
石油和天然气开采业	Extraction of Petroleum and Natural Gas	5385
非金属矿采选业	Mining and Processing of Non-ferrous Metal Ores	2313
制造业	**Manufacturing**	**8581653**
农副食品加工业	Processing of Food from Agricultural Products	197204
食品制造业	Manufacture of Foods	232410
饮料制造业	Manufacture of Beverages	144992
烟草制品业	Processing of Tobacco	40819
纺织业	Manufacture of Textile	204923
纺织服装、鞋、帽制造业	Manufacture of Textile Wearing Apparel,Footware and Caps	3863
皮革、毛皮、羽毛(绒)及其制品业	Manufacture of Leather,Fur,Feather and Related Products	14468
木材加工及木、竹、藤、棕、草制	Processing of Timber,Manufacture of Wood,Bamboo, Rattan,Palm and Straw Products	4210
家具制造业	Manufacture of Furniture	8565
造纸及纸制品业	Manufacture of Paper and Paper Products	650345
印刷业和记录媒介的复制	Printing,Reproduction of Recording Media	18344
石油加工、炼焦及核燃料加工业	Processing of Petroleum,Coking,Processing of Nuclear	1457928
化学原料及化学制品制造业	Manufacture of Raw Chemical Materials and Chemical Products	1281716
医药制造业	Manufacture of Medicines	319098
化学纤维制造业	Manufacture of Chemical Fibers	
橡胶制品业	Manufacture of Rubber	148102
塑料制品业	Manufacture of Plastics	45665
非金属矿物制品业	Manufacture of Non-metallic Mineral Products	863258
黑色金属冶炼及压延加工业	Smelting and Pressing of Ferrous Metals	467917
有色金属冶炼及压延加工业	Smelting and Pressing of Non-ferrous Metals	1828157
金属制品业	Manufacture of Metal Products	108091
通用设备制造业	Manufacture of General Purpose Machinery	319415
专用设备制造业	Manufacture of Special Purpose Machinery	76525
交通运输设备制造业	Manufacture of Transport Equipment	8848
电器机械及器材制造业	Manufacture of Electrical Machinery and Equipment	95021
通信设备、计算机及其他电子设备制造业	Manufacture of Communication Equipment,Computers and Other Electronic Equipment	
仪器仪表及文化、办公用机械制造业	Manufacture of Measuring Instruments and Machinery for Cultural Activity and Office Work	41371
工艺品及其他制造业	Manufacture of Artwork and Other Manufacturing	399
电力、燃气及水的生产和供应业	**Production and Supply of Electric Power,Gas and**	**6438574**
电力、热力的生产和供应业	Production and Supply of Electric Power,Steam and Hot	6053119
燃气生产和供应业	Production and Supply of Gas	197258
水的生产和供应业	Production and Supply of Tap Water	188197

continued

(unit,10 000 yuan)

流动负债合计 Total Working Liabilities	长期负债合计 Total Long-term Liabilities	所有者权益 Owners' Equities	实收资本 Paid-up Capital
12334881	**7766316**	**11532863**	**6187311**
2187323	**2418780**	**2546004**	**1154268**
2162090	2418711	2517501	1131310
10827		19263	20245
8702		4453	2003
8337832	**2623876**	**6720545**	**3741828**
208152	18475	194918	112064
264667	68990	201817	101619
220323	21070	127374	63051
52510	74	-3936	197
613806	83569	569575	170961
5575	1773	3150	1000
22072	163	25436	10249
7362	1449	4921	3973
9370	990	9766	5019
525187	270586	343102	243510
16097	1352	14546	9494
1312261	424370	1186044	669443
897107	210551	684892	313800
129123	92847	191881	70651
71277	38500	75585	63018
54036	12245	30056	27455
665806	164114	882233	292484
728429	11271	240927	236042
1445790	1130067	1117796	883711
132834	10244	100088	44485
334578	30831	338345	215186
205020	2302	143230	40109
25832	829	7051	7852
300858	21833	183202	110581
88904	5095	48339	45777
859	285	207	100
1809726	**2723385**	**2266314**	**1291215**
1675487	2353486	2135140	1175631
97916	261692	66235	30512
36322	108208	64939	85073

12-7 续表 2

单位：个、万元 （2010）

指　　标	Item	主营业务收入 Revenue from Principal Business
总　　计	**Total**	**18799890**
采矿业	**Mining**	**2627747**
煤炭开采和洗选业	Mining and Washing of Coal	2578835
石油和天然气开采业	Extraction of Petroleum and Natural Gas	14877
非金属矿采选业	Mining and Processing of Non-ferrous Metal Ores	14284
制造业	**Manufacturing**	**12983183**
农副食品加工业	Processing of Food from Agricultural Products	479439
食品制造业	Manufacture of Foods	438824
饮料制造业	Manufacture of Beverages	158378
烟草制品业	Processing of Tobacco	46889
纺织业	Manufacture of Textile	809215
纺织服装、鞋、帽制造业	Manufacture of Textile Wearing Apparel,Footware and Caps	9600
皮革、毛皮、羽毛(绒)及其制品业	Manufacture of Leather,Fur,Feather and Related Products	61366
木材加工及木、竹、藤、棕、草制	Processing of Timber,Manufacture of Wood,Bamboo,Rattan,Palm and Straw Products	7753
家具制造业	Manufacture of Furniture	23151
造纸及纸制品业	Manufacture of Paper and Paper Products	416267
印刷业和记录媒介的复制	Printing,Reproduction of Recording Media	25026
石油加工、炼焦及核燃料加工业	Processing of Petroleum,Coking,Processing of Nuclear Fuel	2113965
化学原料及化学制品制造业	Manufacture of Raw Chemical Materials and Chemical Products	1566472
医药制造业	Manufacture of Medicines	217714
化学纤维制造业	Manufacture of Chemical Fibers	
橡胶制品业	Manufacture of Rubber	255874
塑料制品业	Manufacture of Plastics	95196
非金属矿物制品业	Manufacture of Non-metallic Mineral Products	1088160
黑色金属冶炼及压延加工业	Smelting and Pressing of Ferrous Metals	1190295
有色金属冶炼及压延加工业	Smelting and Pressing of Non-ferrous Metals	2416524
金属制品业	Manufacture of Metal Products	219836
通用设备制造业	Manufacture of General Purpose Machinery	417355
专用设备制造业	Manufacture of Special Purpose Machinery	337486
交通运输设备制造业	Manufacture of Transport Equipment	9750
电器机械及器材制造业	Manufacture of Electrical Machinery and Equipment	485363
通信设备、计算机及其他电子设备	Manufacture of Communication Equipment,Computers and Other Electronic Equipment	
仪器仪表及文化、办公用机械制造	Manufacture of Measuring Instruments and Machinery for Cultural Activity and Office Work	92487
工艺品及其他制造业	Manufacture of Artwork and Other Manufacturing	799
电力、燃气及水的生产和供应业	**Production and Supply of Electric Power,Gas and Water**	**3188960**
电力、热力的生产和供应业	Production and Supply of Electric Power,Steam and Hot Water	3028959
燃气生产和供应业	Production and Supply of Gas	118873
水的生产和供应业	Production and Supply of Tap Water	41128

continued

(unit,10 000 yuan)

主营业务成本 Cost of Principal Business	主营业务税金及附加 Taxes and Other Charges on Principal Business	利润总额 Total Profits	本年应交增值税 Value-added Tax Payable
15909481	**343445**	**1379964**	**711208**
1906240	**53407**	**540322**	**214184**
1872339	52990	535136	211787
7404	252	4407	741
8618	87	541	826
11100326	**274811**	**611094**	**366040**
434491	1490	19187	4778
360848	954	34659	7767
109961	7279	20759	8251
25728	19893	-4330	3302
682760	1297	95267	7805
6714		530	595
55063	69	3762	872
6504	25	587	4
14869	215	2913	483
349266	1050	-494	13059
20609	50	2339	338
1722274	208316	45300	62719
1411320	5488	43884	49971
139323	1126	47832	7239
230763	752	8069	9536
86678	240	155	2037
852232	5446	125713	51577
1100612	6385	4410	31910
2188128	9168	56986	56848
198597	926	3137	4434
336051	1082	17466	12811
265026	1920	37026	17839
8547	50	223	344
418019	1316	33702	8764
75426	275	11926	2756
521		86	3
2902915	**15228**	**228549**	**130984**
2776703	14251	223236	127237
94646	752	7325	1617
31566	225	-2012	2130

12-8 大中型工业企业主要经济指标

单位:个、万元 (2010)

指　　标	Item	企业单位数 Number of Enterprises	工业总产值 Gross Industrial Output Value
总　　计	**Total**	**153**	**14474153**
在总计中:亏损企业	**Loss-suffering Enterprises**	**36**	**2391798**
按轻重工业分	**Grouped by Light & Heavy Industries**		
轻工业	Light Industry	35	1771617
重工业	Heavy Industry	118	12702536
按企业规模分	**Grouped by Size of Enterprises**		
大型企业	Large Enterprises	17	7625387
中型企业	Medium-sized Enterprises	136	6848766
按登记注册类型分组	**Grouped by Status of Registration**		
内资企业	Domestic Funded	139	13726233
国有企业	State-owned Enterprises	10	2568090
中央企业	Central	7	2488917
地方企业	Local	3	79174
集体企业	Collective-owned Enterprises		
股份合作企业	Cooperative Enterprises	2	60118
联营企业	Joint Ownership Enterprises		
国有联营企业	State Joint Ownership Enterprises		
集体联营企业	Collective Joint Ownership Enterprises		
国有与集体联营企业	Joint State-collective Enterprises		
其他联营企业	Other Joint Ownership Enterprises		
有限责任公司	Limited Liability Corporations	55	5546402
国有独资公司	State Sole Funded Corporations	6	2288780
股份有限公司	Share-holding Corporations Limited	21	2959498
私营企业	Private Enterprises	51	2592125
其他企业	Other Enterprises		
港、澳、台商投资企业	Enterprises with Funds from Hong Kong,Macao and Taiwan	2	144591
外商投资企业	Foreign Funded Enterprises	12	603329

Main Economic Indicators of Large & Medium-Sized Industrial Enterprises

(unit,10 000 yuan)

工业增加值 Value-added of Industry	资产合计 Total Assets	流动资产合计 Total Working Capitals	固定资产原价 Original Value of Fixed Assets	流动负债合计 Total Working Liabilities	长期负债合计 Total Long-term Liabilities
4645517	**27218619**	**8590887**	**15178785**	**9473684**	**7014459**
552217	**3464261**	**1151534**	**2362602**	**1754946**	**509317**
501147	3189801	1460612	1457401	1468583	531539
4144370	24028818	7130275	13721385	8005101	6482920
2758965	13306023	3711081	7704379	4733651	3844246
1886552	13912596	4879807	7474406	4740033	3170214
4420857	25194930	8033444	14237784	9092072	6941982
738324	3480482	723479	3578371	1273847	1066230
688072	3162743	632269	3470555	1187097	950788
50253	317739	91210	107815	86751	115442
13597	44453	22783	23840	13441	3000
2239714	13235950	3512173	6842656	3953900	4639718
1416735	6961836	1405464	3073498	1884743	2626566
792634	4201826	1900560	2330255	1835884	664974
636588	4232219	1874449	1462664	2014999	568061
60614	1324685	227804	554375	110894	7
164046	699005	329640	386626	270718	72471

12-8 续表 1

单位:个、万元

(2010)

指　　标	Item	所有者权益 Owners′ Equities	实收资本 Paid-up Capital
总　　计	**Total**	**9473001**	**4941350**
在总计中:亏损企业	**Loss-suffering Enterprises**	**1073059**	**849087**
按轻重工业分	**Grouped by Light & Heavy Industries**		
轻工业	Light Industry	1134128	554439
重工业	Heavy Industry	8338873	4386911
按企业规模分	**Grouped by Size of Enterprises**		
大型企业	Large Enterprises	4645930	2181837
中型企业	Medium-sized Enterprises	4827071	2759513
按登记注册类型分组	**Grouped by Status of Registration**		
内资企业	Domestic Funded	8743686	4388238
国有企业	State-owned Enterprises	1118312	501562
中央企业	Central	1024859	425414
地方企业	Local	93453	76148
集体企业	Collective-owned Enterprises		
股份合作企业	Cooperative Enterprises	28012	12345
联营企业	Joint Ownership Enterprises		
国有联营企业	State Joint Ownership Enterprises		
集体联营企业	Collective Joint Ownership Enterprises		
国有与集体联营企业	Joint State-collective Enterprises		
其他联营企业	Other Joint Ownership Enterprises		
有限责任公司	Limited Liability Corporations	4405278	2459558
国有独资公司	State Sole Funded Corporations	2441666	1112047
股份有限公司	Share-holding Corporations Limited	1584038	622548
私营企业	Private Enterprises	1608047	792226
其他企业	Other Enterprises		
港、澳、台商投资企业	Enterprises with Funds from Hong Kong,Macao and Taiwan	400472	334711
外商投资企业	Foreign Funded Enterprises	328843	218401

continued

(unit,10 000 yuan)

产品销售收入 Sales Revenue	产品销售成本 Cost of Sales	产品销售税金及附加 Taxes and Other Charges on Sales	利润总额 Total Profits	本年应交增值税 Value-added Tax Payable
14229435	**11892567**	**325328**	**1158348**	**608685**
2411219	**2103489**	**225447**	**-122455**	**67392**
1609779	1254880	29050	143764	41104
12619656	10637687	296278	1014584	567581
7578292	6167377	242746	734897	381264
6651143	5725190	82582	423451	227421
13505993	11272781	318362	1093697	578982
2559334	2293384	29844	111796	98437
2477682	2246161	29115	92266	94500
81652	47222	728	19529	3937
55288	48016	347	4714	2374
5277928	4230259	67859	666000	290996
2130697	1490937	51470	510221	199697
3110917	2556274	180571	168708	120526
2502526	2144848	39741	142480	66648
153962	149731	1104	29317	8993
569480	470055	5863	35334	20711

12-9 大中型工业企业分行业主要经济指标

单位：个、万元 （2010）

指标	Item	企业单位数 Number of Enterprises
总　计	**Total**	**153**
采矿业	**Mining**	**6**
煤炭开采和洗选业	Mining and Washing of Coal	6
制造业	**Manufacturing**	**131**
农副食品加工业	Processing of Food from Agricultural Products	3
食品制造业	Manufacture of Foods	4
饮料制造业	Manufacture of Beverages	3
烟草制品业	Processing of Tobacco	1
纺织业	Manufacture of Textile	7
纺织服装、鞋、帽制造业	Manufacture of Textile Wearing Apparel,Footware and Caps	1
造纸及纸制品业	Manufacture of Paper and Paper Products	8
印刷业和记录媒介的复制	Printing,Reproduction of Recording Media	
石油加工、炼焦及核燃料加工业	Processing of Petroleum,Coking,Processing of Nuclear Fuel	10
化学原料及化学制品制造业	Manufacture of Raw Chemical Materials and Chemical Products	22
医药制造业	Manufacture of Medicines	4
橡胶制品业	Manufacture of Rubber	2
塑料制品业	Manufacture of Plastics	1
非金属矿物制品业	Manufacture of Non-metallic Mineral Products	14
黑色金属冶炼及压延加工业	Smelting and Pressing of Ferrous Metals	18
有色金属冶炼及压延加工业	Smelting and Pressing of Non-ferrous Metals	11
金属制品业	Manufacture of Metal Products	2
通用设备制造业	Manufacture of General Purpose Machinery	9
专用设备制造业	Manufacture of Special Purpose Machinery	2
电气机械及器材制造业	Manufacture of Electrical Machinery and Equipment	6
通信设备、计算机及其他电子设备	Manufacture of Communication Equipment,Computers and Other Electronic Equipment	
仪器仪表及文化、办公用机械制造	Manufacture of Measuring Instruments and Machinery for Cultural Activity and Office Work	2
电力、燃气及水的生产和供应业	**Production and Supply of Electric Power,Gas and Water**	**16**
电力、热力的生产和供应业	Production and Supply of Electric Power,Steam and Hot Water	13
水的生产和供应业	Production and Supply of Water	1

Main Economic Indicators of Large & Medium–Sized Industrial Enterprises by City and Country

(unit,10 000 yuan)

工业总产值 Gross Industrial Output Value	工业增加值 Value–added of Industry	资产合计 Total Assets	流动资产合计 Total Working Capitals
14474153	**4645517**	**27218619**	**8590887**
2247517	**1390379**	**6750734**	**1411539**
9225119	**2317780**	**27218619**	**8590887**
77012	6431	118118	24393
300288	62061	371620	140758
101198	43247	127783	86374
44528	27122	46599	13017
502941	115713	868306	625200
10113	3701	10499	5942
428127	103157	1118567	414870
2005605	552678	2745119	886109
1200642	271808	1420952	565972
247439	122048	389645	83040
244711	42115	175516	76220
9463	1068	12048	10609
389781	155568	987832	374749
602688	104828	696050	362177
2094652	441337	3538530	1528417
121869	15610	167479	90331
303825	103963	507280	297685
241820	63927	262783	207836
208007	56344	252145	178181
82409	23382	126288	63069
3001518	**937358**	**6516836**	**1141119**
2917662	887252	349183	185249
12076	7856	43592	7909

12-9 续表1

单位:个、万元 (2010)

指　　标	Item	固定资产原价 Original Value of Fixed Assets
总　　计	**Total**	**15178785**
采矿业	**Mining**	**2606711**
煤炭开采和洗选业	Mining and Washing of Coal	2606711
制造业	**Manufacturing**	**7089039**
农副食品加工业	Processing of Food from Agricultural Products	40415
食品制造业	Manufacture of Foods	178795
饮料制造业	Manufacture of Beverages	33343
烟草制品业	Processing of Tobacco	40277
纺织业	Manufacture of Textile	142187
纺织服装、鞋、帽制造业	Manufacture of Textile Wearing Apparel,Footware and Caps	3863
造纸及纸制品业	Manufacture of Paper and Paper Products	639715
印刷业和记录媒介的复制	Printing, Reproduction of Recording Media	
石油加工、炼焦及核燃料加工业	Processing of Petroleum,Coking,Processing of Nuclear Fuel	1394284
化学原料及化学制品制造业	Manufacture of Raw Chemical Materials and Chemical Products	1079473
医药制造业	Manufacture of Medicines	306007
橡胶制品业	Manufacture of Rubber	145191
塑料制品业	Manufacture of Plastics	1946
非金属矿物制品业	Manufacture of Non-metallic Mineral Products	514932
黑色金属冶炼及压延加工业	Smelting and Pressing of Ferrous Metals	341246
有色金属冶炼及压延加工业	Smelting and Pressing of Non-ferrous Metals	1746120
金属制品业	Manufacture of Metal Products	75172
通用设备制造业	Manufacture of General Purpose Machinery	252271
专用设备制造业	Manufacture of Special Purpose Machinery	53645
电气机械及器材制造业	Manufacture of Electrical Machinery and Equipment	60125
通信设备、计算机及其他电子设备制造业	Manufacture of Communication Equipment,Computers and Other Electronic Equipment	
仪器仪表及文化、办公用机械制造业	Manufacture of Measuring Instruments and Machinery for Cultural Activity and Office Work	36929
电力、燃气及水的生产和供应业	**Production and Supply of Electric Power,Gas and Water**	**5483035**
电力、热力的生产和供应业	Production and Supply of Electric Power,Steam and Hot Water	5282174
水的生产和供应业	Production and Supply of Water	38981

continued

(unit,10 000 yuan)

流动负债合计 Total Working Liabilities	长期负债合计 Total Long-term Liabilities	所有者权益 Owners´ Equities	实收资本 Paid-up Capital
9473684	**7014459**	**9473001**	**4941350**
1902751	**2412794**	**2409546**	**1064243**
1902751	2412794	2409546	1064243
6133585	**2328364**	**5079998**	**2788923**
36177	7912	44026	38367
173171	58515	139933	64427
50629	7916	69238	22451
51156		-4557	
454099	80239	331514	89434
5575	1773	3150	1000
514972	269705	332891	237135
1188193	423804	1127588	649256
603006	70456	466809	140722
122130	91418	176096	64983
68279	38500	68737	59300
10963		1085	1080
297989	120722	565279	121351
537553	4967	153530	157530
1350247	1102276	1046821	831046
95806	7195	52120	20970
228472	19915	253840	155575
157584	1182	104017	28346
104530	17221	103301	65638
79157	4647	40586	39303
1437348	**2273301**	**1983457**	**1088184**
1347098	2029409	1924824	1055243
12566	12611	18415	18776

12-9 续表 2

单位:个、万元 (2010)

指　　标	Item	产品销售收入 Sales Revenue
总　　计	**Total**	**14229435**
采矿业	**Mining**	**2106269**
煤炭开采和洗选业	Mining and Washing of Coal	2106269
制造业	**Manufacturing**	**9127230**
农副食品加工业	Processing of Food from Agricultural Products	58493
食品制造业	Manufacture of Foods	290384
饮料制造业	Manufacture of Beverages	67427
烟草制品业	Processing of Tobacco	44718
纺织业	Manufacture of Textile	476191
纺织服装、鞋、帽制造业	Manufacture of Textile Wearing Apparel,Footware and Caps	9600
造纸及纸制品业	Manufacture of Paper and Paper Products	395909
印刷业和记录媒介的复制	Printing, Reproduction of Recording Media	
石油加工、炼焦及核燃料加工业	Processing of Petroleum,Coking,Processing of Nuclear Fuel	1975356
化学原料及化学制品制造业	Manufacture of Raw Chemical Materials and Chemical Products	1094511
医药制造业	Manufacture of Medicines	204977
橡胶制品业	Manufacture of Rubber	250135
塑料制品业	Manufacture of Plastics	9465
非金属矿物制品业	Manufacture of Non-metallic Mineral Products	389653
黑色金属冶炼及压延加工业	Smelting and Pressing of Ferrous Metals	654749
有色金属冶炼及压延加工业	Smelting and Pressing of Non-ferrous Metals	2225174
金属制品业	Manufacture of Metal Products	122306
通用设备制造业	Manufacture of General Purpose Machinery	308792
专用设备制造业	Manufacture of Special Purpose Machinery	257899
电气机械及器材制造业	Manufacture of Electrical Machinery and Equipment	202738
通信设备、计算机及其他电子设备	Manufacture of Communication Equipment,Computers and Other Electronic Equipment	
仪器仪表及文化、办公用机械制造	Manufacture of Measuring Instruments and Machinery for Cultural Activity and Office Work	80958
电力、燃气及水的生产和供应业	**Production and Supply of Electric Power,Gas and Water**	**2995936**
电力、热力的生产和供应业	Production and Supply of Electric Power,Steam and Hot Water	2904053
水的生产和供应业	Production and Supply of Water	11861

continued

(unit,10 000 yuan)

产品销售成本 Cost of Sales	产品销售税金及附加 Taxes and Other Charges on Sales	利润总额 Total Profits	本年应交增值税 Value-added Tax Payable
11892567	**325328**	**1158348**	**608685**
1432198	**51145**	**531336**	**196033**
1432198	51145	531336	196033
7708814	**260165**	**412802**	**286723**
56335	92	-2067	1333
231554	603	28291	5517
34356	5623	14894	5715
24132	19892	-4557	3280
389076	682	60689	4234
6714		530	595
331540	989	-1623	12808
1593771	208037	42900	60744
986625	4519	33472	39970
130645	1051	46507	6545
227193	736	6868	9483
8876	6	-267	148
266253	2471	86116	25782
612199	3426	-12416	20092
2013218	8535	48572	54071
114424	371	-3950	2687
243687	788	12346	10575
204305	1521	25719	14918
162049	551	19088	5449
65467	245	11487	2585
2751555	**14018**	**214210**	**125928**
2681066	13606	208886	123783
6969	71	6	712

12-10 各市县规模以上工业企业单位数

Number of Industrial Enterprises above Designated Size by City and County

单位:个 (unit)

地 区	Region	2009 合计 Total	2009 轻工业 Light Industry	2009 重工业 Heavy Industry	2010 合计 Total	2010 轻工业 Light Industry	2010 重工业 Heavy Industry
全区总计	**Total**	**970**	**283**	**687**	**975**	**285**	**690**
银 川 市	**Yinchuan**	**370**	**138**	**232**	**355**	**133**	**222**
银 川 市	District	162	47	115	159	43	116
永 宁 县	Yongning	44	18	26	40	15	25
贺 兰 县	Helan	108	36	72	105	39	66
灵 武 市	Lingwu	56	37	19	51	36	15
石嘴山市	**Shizuishan**	**301**	**16**	**285**	**301**	**15**	**286**
石嘴山市	District	190	9	181	171	7	164
平 罗 县	Pingluo	111	7	104	130	8	122
吴 忠 市	**Wuzhong**	**178**	**83**	**95**	**195**	**89**	**106**
利 通 区	Litong	72	33	39	75	32	43
红寺堡区	Hongsipu	2	1	1	3	2	1
盐 池 县	Yanchi	16	7	9	22	12	10
同 心 县	Tongxin	15	15		17	17	
青铜峡市	Qingtongxia	73	27	46	78	26	52
固 原 市	**Guyuan**	**29**	**18**	**11**	**29**	**20**	**9**
原 州 区	Yuanzhou	15	8	7	12	7	5
西 吉 县	Xiji	2	2		3	3	
隆 德 县	Longde	3	2	1	4	2	2
泾 源 县	Jingyuan	3	1	2	3	2	1
彭 阳 县	Pengyang	6	5	1	7	6	1
中 卫 市	**Zhongwei**	**91**	**28**	**63**	**94**	**28**	**66**
沙坡头区	Shapotou	56	15	41	55	12	43
中 宁 县	Zhongning	31	11	20	35	14	21
海 原 县	Haiyuan	4	2	2	4	2	2

12-11 各市县规模以上工业总产值

Output of Major Industrial Products by City and County

单位:万元 (10 000 yuan)

地　区	Region	2009 合计 Total	2009 轻工业 Light Industry	2009 重工业 Heavy Industry	2010 合计 Total	2010 轻工业 Light Industry	2010 重工业 Heavy Industry
全区总计	**Total**	**14644914**	**2692423**	**11952491**	**19243865**	**3153090**	**16090775**
银 川 市	**Yinchuan**	**6097369**	**1571223**	**4526147**	**8175024**	**1867855**	**6307168**
银 川 市	District	3598719	292725	3305995	4848426	335568	4512858
永 宁 县	Yongning	605906	455685	150221	762787	536888	225899
贺 兰 县	Helan	531029	242223	288806	650715	287736	362979
灵 武 市	Lingwu	1361716	580590	781126	1913097	707664	1205432
石嘴山市	**Shizuishan**	**3227799**	**76101**	**3151698**	**4237882**	**93778**	**4144104**
石嘴山市	District	2347804	48018	2299786	2922432	57134	2865299
平 罗 县	Pingluo	879995	28082	851912	1315450	36644	1278806
吴 忠 市	**Wuzhong**	**2433477**	**611576**	**1821901**	**3015798**	**681351**	**2334447**
利 通 区	Litong	680883	295848	385035	830874	313217	517657
红寺堡区	Hongsipu	6017	4502	1515	4215	1965	2250
盐 池 县	Yanchi	128820	11654	117166	216883	24044	192839
同 心 县	Tongxin	141477	141477		187689	187689	
青铜峡市	Qingtongxia	1476280	158095	1318184	1776138	154436	1621702
固 原 市	**Guyuan**	**114176**	**45381**	**68795**	**154899**	**70043**	**84856**
原 州 区	Yuanzhou	31947	15151	16796	45557	22248	23310
西 吉 县	Xiji	17414	17414		25438	25438	
隆 德 县	Longde	3603	2476	1127	4575	2639	1937
泾 源 县	Jingyuan	20469	3447	17022	24959	9158	15800
彭 阳 县	Pengyang	40744	6894	33850	54370	10561	43809
中 卫 市	**Zhongwei**	**1247740**	**388143**	**859597**	**1587136**	**440063**	**1147073**
沙坡头区	Shapotou	632798	324018	308780	784802	341678	443124
中 宁 县	Zhongning	609086	62492	546594	783945	83766	700179
海 原 县	Haiyuan	5855	1632	4223	18390	14619	3770
其　他	**Others**	**1524353**		**1524353**	**2073126**		**2073126**

12-12 各市县规模以上工业企业主要财务指标

Main Financial Indicators on Industrial Enterprises above Designated Size by City and Country

单位:个、万元　　　　(2010)　　　　(unit,10 000 yuan)

地 区	Region	企业单位数 Number of Enterprises	亏损企业 Loss-suffering Enterprises	资产总计 Total Assets	流动资产合计 Working Capitals	固定资产 Fixed Assets	固定资产原值 Original Value of Fixed Assets
全区总计	**Total**	**975**	**232**	**32931575**	**11555976**	**14241097**	**17715343**
银川市	**Yinchuan**	**355**	**63**	**12665345**	**4190991**	**6400658**	**7163585**
银川市	District	159	37	7403912	2594201	3426141	4816535
永宁县	Yongning	40	3	911320	300302	458990	548224
贺兰县	Helan	105	16	496702	264222	201211	214557
灵武市	Lingwu	51	7	3853412	1032266	2314316	1584269
石嘴山市	**Shizuishan**	**301**	**91**	**5514091**	**2553180**	**2558343**	**3271764**
石嘴山市	District	171	58	4052690	1686692	2036900	2691633
平罗县	Pingluo	130	33	1461401	866488	521443	580130
吴忠市	**Wuzhong**	**195**	**49**	**4663633**	**1988290**	**2120918**	**2980730**
利通区	Litong	75	32	1350881	577119	500453	580493
红寺堡区	Hongsipu	3		26992	10045	14213	15582
盐池县	Yanchi	22	4	187875	116476	65183	77853
同心县	Tongxin	17		211422	184519	23641	27287
青铜峡市	Qingtongxia	78	13	2886464	1100131	1517429	2279516
固原市	**Guyuan**	**29**	**4**	**336102**	**98875**	**92783**	**115812**
原州区	Yuanzhou	12	1	55549	27097	26669	30768
西吉县	Xiji	3	1	21711	9764	5910	6545
隆德县	Longde	4	2	12211	4818	3610	4875
泾源县	Jingyuan	3		33927	12460	19865	26827
彭阳县	Pengyang	7		212704	44736	36730	46797
中卫市	**Zhongwei**	**94**	**25**	**3381643**	**1472370**	**1493581**	**1647868**
沙坡头区	Shapotou	55	14	1695213	676028	754559	906483
中宁县	Zhongning	35	10	1678283	791722	735651	737579
海原县	Haiyuan	4	1	8147	4620	3371	3805
其 他	**others**	**1**		**6370761**	**1252271**	**1574813**	**2535585**

12-12 续表 1 continued

单位:万元 (2010) (10 000 yuan)

地区	Region	累计折旧 Accumulated Depreciation	流动负债 Working Liabilities	长期负债 Long-term Liabilities	所有者权益 Owners' Equities	主营业务收入 Revenue from Principal Business	主营业务成本 Cost of Principal Business	主营业务税金及附加 Taxes and Other Charges on Principal Business
全区总计	**Total**	**5408626**	**12334881**	**7766316**	**11532863**	**18799890**	**15909481**	**343445**
银川市	**Yinchuan**	**2138463**	**4332835**	**2593793**	**4842086**	**7999677**	**6844579**	**229380**
银川市	District	1759891	2455117	1128596	2941711	4863464	4215908	188881
永宁县	Yongning	133240	361789	172784	375996	713061	555378	2626
贺兰县	Helan	55363	227347	40980	223085	538150	458638	6338
灵武市	Lingwu	189969	1288582	1251433	1301293	1885003	1614655	31535
石嘴山市	**Shizuishan**	**942738**	**2632338**	**831391**	**1734733**	**4097879**	**3596533**	**22654**
石嘴山市	District	831148	1904904	760555	1255225	2755708	2382630	18921
平罗县	Pingluo	111590	727434	70836	479508	1342172	1213902	3734
吴忠市	**Wuzhong**	**959454**	**2098185**	**1133025**	**1399316**	**3141002**	**2795501**	**32638**
利通区	Litong	119079	772907	111263	440909	714965	636246	21084
红寺堡区	Hongsipu	1486	9104	3000	14888	8519	5932	56
盐池县	Yanchi	15759	89086	10966	87599	190483	159637	4872
同心县	Tongxin	3953	107833	641	101285	185504	159364	396
青铜峡市	Qingtongxia	819176	1119255	1007156	754635	2041531	1834321	6230
固原市	**Guyuan**	**24451**	**85385**	**114371**	**133266**	**138818**	**96049**	**1123**
原州区	Yuanzhou	5330	20790	10212	24547	43984	35709	176
西吉县	Xiji	635	11555		7126	16113	14750	44
隆德县	Longde	1265	7155		5031	4484	4002	19
泾源县	Jingyuan	6962	4424	1000	28481	20629	16344	133
彭阳县	Pengyang	10259	41462	103160	68082	53609	25243	752
中卫市	**Zhongwei**	**382749**	**1412820**	**795168**	**1124588**	**1513545**	**1294442**	**7849**
沙坡头区	Shapotou	192295	799699	333808	551969	758172	633378	4191
中宁县	Zhongning	190010	611765	461357	565831	738517	644623	3571
海原县	Haiyuan	444	1357	2	6788	16857	16442	88
其他	**other**	**960772**	**1773318**	**2298568**	**2298875**	**1908969**	**1282377**	**49800**

12-12 续表 2 continued

单位:万元 (10 000 yuan)

地 区	Region	管理费用 Overhead Charges	利税总额 Total Profits and Texes	实收资本 Total Capital Hold	国家资本 National	本年应交增值税 Value-added Taxes Payable	利息支出 Interest Expenses	利润总额 Total Profits
全区总计	**Total**	**819542**	**2434617**	**6187311**	**1645047**	**711208**	**485428**	**1379964**
银 川 市	**Yinchuan**	**307609**	**930524**	**2602174**	**816304**	**202478**	**206366**	**498665**
银 川 市	District	194405	581275	1499504	641028	156099	113725	236294
永 宁 县	Yongning	42068	111449	151368	758	17360	16077	91463
贺 兰 县	Helan	28525	46693	127015	6486	11182	8356	29173
灵 武 市	Lingwu	42611	191107	824287	168032	17836	68208	141736
石嘴山市	**Shizuishan**	**163402**	**296770**	**1010482**	**37565**	**138827**	**96298**	**135289**
石嘴山市	District	128786	222698	808481	34745	103093	70843	100684
平 罗 县	Pingluo	34616	74072	202001	2820	35734	25456	34605
吴 忠 市	**Wuzhong**	**83975**	**283854**	**695517**	**60189**	**117167**	**86401**	**134049**
利 通 区	Litong	35780	48731	255080	44454	14494	13310	13153
红寺堡区	Hongsipu	537	3161	2270	270	325	41	2780
盐 池 县	Yanchi	4301	23538	45106	3377	7399	1219	11267
同 心 县	Tongxin	1651	29068	31609		4113	4931	24559
青铜峡市	Qingtongxia	41706	179356	361452	12088	90835	66900	82291
固 原 市	**Guyuan**	**8485**	**34522**	**86404**	**5226**	**5175**	**4125**	**28223**
原 州 区	Yuanzhou	1867	5938	12157	5029	678	2193	5085
西 吉 县	Xiji	742	199	2430		18	281	136
隆 德 县	Longde	400	–48	2703		63	21	–129
泾 源 县	Jingyuan	929	4169	19826		1121	–7	2916
彭 阳 县	Pengyang	4547	24263	49288	197	3296	1636	20215
中 卫 市	**Zhongwei**	**40307**	**147871**	**789688**	**234270**	**60885**	**64783**	**79136**
沙坡头区	Shapotou	24584	67429	348381	196151	40169	44944	23069
中 宁 县	Zhongning	15439	76714	436090	38119	20542	19823	52602
海 原 县	Haiyuan	284	3727	5217		175	15	3465
其 他	**other**	**215764**	**741078**	**1003047**	**491493**	**186676**	**27456**	**504602**

12-12 续表 3 continued

单位:万元 (10 000 yuan)

地 区	Region	亏损企业亏损总额 Losses Value of Loss-suffering Enterprises	应交所得税 Income Taxes Payable	本年应付工资 Wages Payable This Year	本年应付福利费 Welfare Payable This Year	全部职工年平均人数(人) Annual Average Employed Persons (person)
全区总计	**Total**	**164824**	**150175**	**1242776**	**49068**	**29041**
银川市	**Yinchuan**	**70725**	**62322**	**347723**	**16056**	**9339**
银川市	District	43130	38022	216128	10415	5229
永宁县	Yongning	163	11843	42527	1738	1166
贺兰县	Helan	3587	2451	28207	1570	1035
灵武市	Lingwu	23846	10005	60861	2332	1910
石嘴山市	**Shizuishan**	**49919**	**23336**	**283804**	**10343**	**6874**
石嘴山市	District	45148	20453	223368	7550	5087
平罗县	Pingluo	4772	2883	60435	2793	1787
吴忠市	**Wuzhong**	**20855**	**12956**	**162102**	**4743**	**4251**
利通区	Litong	13957	591	37676	1947	1558
红寺堡区	Hongsipu		34	986	15	30
盐池县	Yanchi	802	1287	5298	117	248
同心县	Tongxin		26	1965	47	139
青铜峡市	Qingtongxia	6097	11018	116177	2618	2277
固原市	**Guyuan**	**504**	**5664**	**10212**	**1239**	**461**
原州区	Yuanzhou	36	135	1736	208	96
西吉县	Xiji	271		433	14	51
隆德县	Longde	197		356	8	26
泾源县	Jingyuan		460	715	47	38
彭阳县	Pengyang		5069	6973	963	250
中卫市	**Zhongwei**	**22821**	**7063**	**84125**	**2585**	**2846**
沙坡头区	Shapotou	14951	2222	56227	1836	1663
中宁县	Zhongning	7857	4762	27132	720	1149
海原县	Haiyuan	12	79	765	28	34
其 他	**other**		**38835**	**354811**	**14103**	**5271**

12-13 各市县规模以上国有及国有控股与集体企业工业总产值

Gross Industrial Output Value of state-owned and state holding industrial enterprises, Collective-owned Enterprises by City and County

单位:个、万元　　　　(2010)　　　　(unit,10 000yuan)

地　区	Region	国有及国有控股企业 State-owned and State-holding Enterprises			集体企业 Collective-owned Enterprises		
		企业单位数 Number of Enterprises	亏损企业 Number of Loss-suffering Enterprises	总产值 Gross Output Value	企业单位数 Number of Enterprises	亏损企业 Number of Loss-suffering Enterprises	总产值 Gross Output Value
全区总计	**Total**	**117**	**29**	**9622326**	**3**		**5093**
银 川 市	**Yinchuan**	**42**	**7**	**4126799**			
银 川 市	District	32	5	3578935			
永 宁 县	Yongning	1		2721			
贺 兰 县	Helan	2		2151			
灵 武 市	Lingwu	7	2	542992			
石嘴山市	**Shizuishan**	**31**	**9**	**1513877**	**2**		**2089**
石嘴山市	District	26	7	1476514	2		2089
平 罗 县	Pingluo	5	2	37363			
吴 忠 市	**Wuzhong**	**29**	**8**	**1434268**	**1**		**3004**
利 通 区	Litong	9	4	171910			
红寺堡区	Hongsipu	1		2250			
盐 池 县	Yanchi	1	1	2495			
同 心 县	Tongxin						
青铜峡市	Qingtongxia	18	3	1257613	1		3004
固 原 市	**Guyuan**	**3**	**1**	**47319**			
原 州 区	Yuanzhou	1	1	1310			
西 吉 县	Xiji						
隆 德 县	Longde						
泾 源 县	Jingyuan						
彭 阳 县	Pengyang	2		46009			
中 卫 市	**Zhongwei**	**11**	**4**	**426937**			
沙坡头区	Shapotou	7	2	293792			
中 宁 县	Zhongning	4	2	133145			
海 原 县	Haiyuan						
其　他	**other**	**1**		**2073126**			

12-14 各市县规模以上国有及国有控股工业企业主要财务指标

Main Financial Indicators on state-owned and state holding industrial enterprises above Designated Size by City and County

单位:万元　　(2010)　　(10 000yuan)

地　区	Region	流动资产 Working Capitals	固定资产 Fixed Assets	固定资产原值 Original Value of Fixed Assets	资产总计 Total Assets	流动负债 Working Liabilities
全区总计	**Total**	**4846234**	**9407844**	**12558097**	**19734971**	**6095851**
银 川 市	**Yinchuan**	**1301611**	**4148554**	**4857835**	**6553770**	**1736920**
银 川 市	District	1135564	2725386	3963080	4866690	1389919
永 宁 县	Yongning	12025	5065	5130	17090	15469
贺 兰 县	Helan	1069	4197	5519	5400	1593
灵 武 市	Lingwu	152954	1413905	884106	1664591	329939
石嘴山市	**Shizuishan**	**958582**	**1488989**	**2024759**	**2692057**	**1020360**
石嘴山市	District	950889	1482869	2015899	2677843	1015564
平 罗 县	Pingluo	7693	6120	8859	14214	4796
吴 忠 市	**Wuzhong**	**880259**	**1452229**	**2166113**	**2586028**	**1047077**
利 通 区	Litong	127660	132574	164146	321494	177680
红寺堡区	Hongsipu	1677	3071	3893	5471	1504
盐 池 县	Yanchi	1410	5698	4957	7108	2137
同 心 县	Tongxin					
青铜峡市	Qingtongxia	749512	1310887	1993117	2251955	865757
固 原 市	**Guyuan**	**43510**	**40749**	**53652**	**215168**	**39515**
原 州 区	Yuanzhou	1496	7569	10441	9065	972
西 吉 县	Xiji					
隆 德 县	Longde					
泾 源 县	Jingyuan					
彭 阳 县	Pengyang	42014	33180	43211	206103	38543
中 卫 市	**Zhongwei**	**410002**	**702509**	**920153**	**1317187**	**478661**
沙坡头区	Shapotou	361210	514338	629936	1078948	437543
中 宁 县	Zhongning	48793	188172	290217	238240	41118
海 原 县	Haiyuan					
其　他	**other**	**1252271**	**1574813**	**2535585**	**6370761**	**1773318**

12-14 续表 1 continued

单位:万元 (10 000yuan)

地 区	Region	长期负债 Long-term Liabilities	所有者权益 Owners´ Equities	实收资本 Total Capital Hold	国家 National	主营业务收入 Revenue from Principal Business	主营业务成本 Cost of Principal Business
全区总计	**Total**	**6263051**	**6407918**	**3614018**	**1608094**	**9606169**	**7946859**
银 川 市	**Yinchuan**	**1751261**	**2225650**	**1354827**	**782727**	**4090277**	**3596309**
银 川 市	District	836549	1807638	970723	613689	3554563	3107084
永 宁 县	Yongning	188	1433	351	351	2046	1111
贺 兰 县	Helan	524	3283	655	655	2162	1578
灵 武 市	Lingwu	914001	413296	383097	168032	531507	486535
石嘴山市	**Shizuishan**	**670151**	**898602**	**530020**	**36805**	**1480060**	**1244472**
石嘴山市	District	668928	890407	523052	34705	1440546	1211018
平 罗 县	Pingluo	1223	8195	6968	2100	39514	33454
吴 忠 市	**Wuzhong**	**1000861**	**512823**	**387259**	**59894**	**1655951**	**1458398**
利 通 区	Litong	26690	93133	100418	44454	154961	121833
红寺堡区	Hongsipu		3968	270	270	2335	1748
盐 池 县	Yanchi	4034	937	3082	3082	2176	2376
同 心 县	Tongxin						
青铜峡市	Qingtongxia	970137	414785	283490	12088	1496479	1332441
固 原 市	**Guyuan**	**105370**	**70283**	**51941**	**5226**	**47362**	**20476**
原 州 区	Yuanzhou	2464	5629	5029	5029	1310	1304
西 吉 县	Xiji						
隆 德 县	Longde						
泾 源 县	Jingyuan						
彭 阳 县	Pengyang	102905	64654	46912	197	46052	19172
中 卫 市	**Zhongwei**	**436841**	**401685**	**286924**	**231949**	**423551**	**344828**
沙坡头区	Shapotou	310725	330680	228230	193831	284592	225117
中 宁 县	Zhongning	126116	71006	58694	38119	138959	119711
海 原 县	Haiyuan						
其 他	**other**	**2298568**	**2298875**	**1003047**	**491493**	**1908969**	**1282377**

12-14 续表 2 continued

单位:万元 (10 000yuan)

地 区	Region	主营业务税金及附加 Taxes and Other Charges on Principal Business	管理费用 Overhead Charges	利税总额 Total Profits and Texes	利润总额 Total Profits	应交所得税 Income Tax Payable	本年应付工资 Wages Payable This Year
全区总计	**Total**	**272420**	**474568**	**1606467**	**852741**	**91549**	**774458**
银 川 市	**Yinchuan**	**185297**	**123567**	**493020**	**183017**	**25331**	**152612**
银 川 市	District	183712	115688	452069	146553	23208	138112
永 宁 县	Yongning	139	284	433	212	33	181
贺 兰 县	Helan	13	339	254	165	19	151
灵 武 市	Lingwu	1433	7255	40265	36087	2072	14169
石嘴山市	**Shizuishan**	**10057**	**77639**	**164302**	**85780**	**14530**	**131303**
石嘴山市	District	9973	76113	162911	85714	14421	128872
平 罗 县	Pingluo	84	1527	1392	66	108	2431
吴 忠 市	**Wuzhong**	**25154**	**43512**	**154618**	**51473**	**6016**	**97947**
利 通 区	Litong	20246	15004	30004	4712	182	13540
红寺堡区	Hongsipu	47	409	382	10		822
盐 池 县	Yanchi	4	237	-584	-587		224
同 心 县	Tongxin						
青铜峡市	Qingtongxia	4858	27861	124815	47339	5834	83360
固 原 市	**Guyuan**	**669**	**4456**	**23505**	**19491**	**5055**	**6537**
原 州 区	Yuanzhou	10	265	73	-36		419
西 吉 县	Xiji						
隆 德 县	Longde						
泾 源 县	Jingyuan						
彭 阳 县	Pengyang	659	4191	23433	19528	5055	6119
中 卫 市	**Zhongwei**	**1443**	**9630**	**29944**	**8378**	**1784**	**31247**
沙坡头区	Shapotou	849	6952	12164	326	-166	24702
中 宁 县	Zhongning	594	2678	17780	8052	1949	6546
海 原 县	Haiyuan						
其 他	**other**	**49800**	**215764**	**741078**	**504602**	**38835**	**354811**

12-15 各市县规模以上集体工业企业主要财务指标

Main Financial Indicators on Collective-owned Enterprises above Designated Size by City and Country

单位:万元　　　　(2010)　　　　(10 000yuan)

地区	Region	流动资产 Working Capitals	固定资产 Fixed Assets	固定资产原值 Original Value of Fixed Assets	资产总计 Total Assets	流动负债 Working Liabilities	所有者权益 Owners' Equities	实收资本 Total Capital Hold
全区总计	**Total**	**3428**	**1422**	**2018**	**4850**	**1565**	**3285**	**1160**
银川市	**Yinchuan**							
银川市	District							
永宁县	Yongning							
贺兰县	Helan							
灵武市	Lingwu							
石嘴山市	**Shizuishan**	**2222**	**1147**	**1506**	**3369**	**857**	**2512**	**1100**
石嘴山市	District	2222	1147	1506	3369	857	2512	1100
平罗县	Pingluo							
吴忠市	**Wuzhong**	**1206**	**275**	**512**	**1481**	**708**	**773**	**60**
利通区	Litong							
红寺堡区	Hongsipu							
盐池县	Yanchi							
同心县	Tongxin							
青铜峡市	Qingtongxia	1206	275	512	1481	708	773	60
固原市	**Guyuan**							
原州区	Yuanzhou							
西吉县	Xiji							
隆德县	Longde							
泾源县	Jingyuan							
彭阳县	Pengyang							
中卫市	**Zhongwei**							
沙坡头区	Shapotou							
中宁县	Zhongning							
海原县	Haiyuan							
其他	**other**							

12-15 续表 continued

单位:万元 (2010) (10 000yuan)

地　区	Region	主营业务收入 Revenue from Principal Business	主营业务成本 Cost of Principal Business	主营业务税金及附加 Taxes and Other Charges on Principal Business	管理费用 Overhead Charges	利税总额 Total Profits and Taxes	利润总额 Total Profits	应交所得税 Income Tax Payable
全区总计	**Total**	**8035**	**6670**	**32**	**357**	**982**	**527**	**108**
银川市	**Yinchuan**							
银川市	District							
永宁县	Yongning							
贺兰县	Helan							
灵武市	Lingwu							
石嘴山市	**Shizuishan**	**5116**	**3789**	**28**	**240**	**734**	**429**	**108**
石嘴山市	District	5116	3789	28	240	734	429	108
平罗县	Pingluo							
吴忠市	**Wuzhong**	**2919**	**2882**	**5**	**117**	**247**	**97**	
利通区	Litong							
红寺堡区	Hongsipu							
盐池县	Yanchi							
同心县	Tongxin							
青铜峡市	Qingtongxia	2919	2882	5	117	247	97	
固原市	**Guyuan**							
原州区	Yuanzhou							
西吉县	Xiji							
隆德县	Longde							
泾源县	Jingyuan							
彭阳县	Pengyang							
中卫市	**Zhongwei**							
沙坡头区	Shapotou							
中宁县	Zhongning							
海原县	Haiyuan							
其　他	**other**							

12-16 各市县规模以下工业总产值

Gross Industrial Output Value of Industrial Enterprises Below Designed Size

单位:万元　　　　(2010)　　　　(10 000 yuan)

地　区	Region	企业个数(户) Number of Enterprises (household)	工业总产值 Gross Industrial Output Value	企　业 Enterprises	个　体 Individuals
全区总计	**Total**	**2893**	**1209199**	**881864**	**327335**
银 川 市	**Yinchuan**	**942**	**403520**	**263033**	**140487**
兴 庆 区	Xingqing	146	38751	22837	15914
西 夏 区	Xixia	150	36663	27881	8782
金 凤 区	Jinfeng	165	30994	26599	4395
永 宁 县	Yongning	149	117994	54072	63922
贺 兰 县	Helan	243	143360	118252	25108
灵 武 市	Lingwu	89	35758	13392	22366
石嘴山市	**Shizuishan**	**425**	**243385**	**201466**	**41919**
大武口区	Dawukou	130	40291	34389	5902
惠 农 区	Huinong	92	41070	30315	10755
平 罗 县	Pingluo	203	162024	136762	25262
吴 忠 市	**Wuzhong**	**465**	**236457**	**118278**	**118179**
利 通 区	Litong	198	62332	47906	14426
红寺堡区	Hongsipu	44	38675	33841	4834
盐 池 县	Yanchi	124	79887	8994	70893
同 心 县	Tongxin	31	33162	16363	16799
青铜峡市	Qingtongxia	68	22401	11174	11227
固 原 市	**Guyuan**	**491**	**217032**	**143952**	**73080**
原 州 区	Yuanzhou	119	68788	57236	11552
西 吉 县	Xiji	164	66951	42002	24949
隆 德 县	Longde	75	31953	20654	11299
泾 源 县	Jingyuan	26	13050	4772	8278
彭 阳 县	Pengyang	107	36290	19289	17001
中 卫 市	**Zhongwei**	**455**	**152546**	**106918**	**45628**
中卫城区	District	238	72583	41332	31251
中 宁 县	Zhongning	109	45035	40091	4944
海 原 县	Haiyuan	108	34928	25495	9433

注:总计是以全区为总体推算数,各市、县(区)合计数不等于全区总计。

a)Estimated on the basis of All Gross Industrial Output Value,the total of all cities and counties is not equal to the Total Number.

主要统计指标解释

[工业总产值] 工业总产值是以货币形式表现的,工业企业在一定时期内生产的工业最终产品或提供工业性劳务活动的总价值量。它包括本期生产成品价值、加工费收入,在制品半成品期末期初差额价值三部分。计算工业总产值应遵循三条基本准则:(1)工业生产的原则:即凡是企业在报告期生产的经检验合格的产品,不管是否在报告期销售,均应包括在内。反之亦然,凡不是本企业生产的产品,均不计入本企业的工业总产值中。(2)最终产品的原则:即凡是计入工业总产值的产品必须是本企业生产的经检验合格,不需再进行任何加工的最终产品。如果企业有中间产品(半成品)对外销售,那么对外销售的中间产品有应视为企业的最终产品。(3)工厂法原则:即工业总产值是以工业企业作为基本计算(核算)单位,即按企业的最终产品计算工业总产值。按这种方法计算的工业总产值不允许同一产品价值在企业内部重复计算,但允许企业间的重复计算。

[工业增加值] 指工业企业在报告期内以货币形式表现的工业生产活动的最终成果,是企业全部生产活动的总成果扣除了在生产过程中消耗或转移的物质产品和劳务价值后的余额,是企业生产过程中新增加的价值。计算工业增加值通常采用三中方法。一是“生产法”,即从工业生产过程中产品和劳务价值形成的角度入手,提出生产环节中间投入的价值,从而得到新增价值的方法。其计算公式为:工业增加值 = 工业总产值 - 工业中间投入 + 本期应交增值税。二是“收入法”,即从工业生产过程中创造的原始收入初次分配的角度,对工业生产活动最终成果进行核算的一种方法。其计算公式为:工业增加值 = 固定资产折旧 + 劳动者报酬 + 生产税净额+营业盈余

目前工业统计主要采用“生产法”计算工业增加值。

[产品销售收入] 产品销售收入是指企业销售产品和提供劳务等经营业务取得的收入总额。

[产品销售成本] 产品销售成本是指企业在销售产品和提供劳务等主要经营业务过程中的实际成本。

[产品销售费用] 产品销售费用是指企业在销售产品和提供劳务等过程中,发生的各项费用。包括包装费、运输费、保险费、展览费、广告费以及销售人员的工资、福利费、差旅费、办公费、折旧费等其他经费。

[产品销售税金及附加] 产品销售税金是指企业销售产品、提供劳务等主要经营业务应负担的产品税、营业税、增值税、城市维护建设税、消费税、资源税和教育附加。

[管理费用] 管理费用是指企业行政管理部门为组织和管理生产经营活动而发生的各种费用。包括公司经费、工会经费、职工教育经费、劳动保险费、待业保险费、董事会费、咨询费、审计费、诉讼费、排污费、税金、土地使用费、土地损失费、技术开发费、无形资产、咨询费、开办推销费、业务招待费、坏帐损失、存货盘亏等。

[财务费用] 财务费用是指企业筹集生产经营过程中所需资金而发生的费用。包括利息支出(减去利息收入后的支出)、汇兑损失(减去汇兑收益后的损失)、金融机构手续费以及筹集生产经营资金发生的其他费用等。

[利润总额] 利润总额是指企业在一定时期的最终经营成果,是企业的收入减去有关的成本与费用后的差额,收入大于相关的成本费用,企业就盈利,反之则亏损。

其计算公式为:利润总额 = 营业利润 + 投资净收益 + 补贴收入+营业外收支净额 + 以前年度损益调整

【第十三篇】Chapter 13

建筑业

Construction

责任编辑：崔　琳

资料整理：崔　琳　方建晓　黄　剑　刘晓龙　杨瑞博

Coordinator：Cui Lin

Data Compilation：Cui Lin　Fang Jianxiao　Huang Jian　Liu Xiaolong　Yang Ruibo

13-1 全区建筑施工企业个数和职工人数

Number of Construction Enterprises and Employed Persons in Construction Enterprises

指 标	Item	1980	1985	1990	1995	2000	2005	2009	2010
企业个数(个)	**Number of Enterprises(unit)**	**48**	**82**	**142**	**278**	**529**	**521**	**520**	**527**
国有企业	State-owned	21	54	67	111	162	72	51	50
集体企业	Collective-owned	27	28	75	156	142	33	18	14
私营企业	Private Enterprises					116	283	334	341
其他经济类型	Other Type of Economics				11	109	133	117	122
年末从业人数(人)	**Number of Persons Employed at Year End(person)**	**37246**	**53422**	**54367**	**58863**	**83980**	**76049**	**70127**	**98258**
国有企业	State-owned	28769	45033	38947	36670	38258	22816	16478	20743
集体企业	Collective-owned	8477	8389	15420	19831	16350	3710	1419	1557
私营企业	Private Enterprises					8353	19678	32351	49686
其他经济类型	Other Type of Economics				2362	21019	29845	19879	26272

13-2 国有及国有控股建筑施工企业情况

Statistics on State-owned and State-holding Industrial Construction Enterprises

年份 Year	施工企业个数(个) Number of Construction Enterprises(unit)	年末从业人数(人) Number of Persons Employed at Year End(person)	建筑业总产值(万元)Gross Output Value (10 000 yuan)
1978	17	24750	10695
1980	23	28702	13477
1985	54	45033	34012
1990	67	38947	53326
1995	111	36670	150806
2000	179	41543	316320
2005	115	29386	475276
2009	83	24000	1006598
2010	79	28341	1290840

注:2000 年起为国有及国有控股建筑施工企业。

a)Since 2000,the figures of state-owned and collective-owned construction enterprises.

13-3 建筑企业生产情况
（总承包和专业承包建筑业企业）

（2010）

指　标	Item	企业数（个）Number of Enterprises（unit）
总 计	**Total**	**503**
国有及国有控股企业	State-owned and State-Holding Enterprises	79
按登记注册类型分组	**By Status of Registration**	
内资企业	Domestic Funded	499
国有企业	State-owned Enterprises	50
集体企业	Collective-owned Enterprises	13
股份合作企业	Cooperative Enterprises	
有限责任公司	Limited Liabilities Corporations	108
国有独资公司	State Sole Funded Corporations	14
其他有限责任公司	Other Limited Liabilities Corporations	94
股份有限公司	Share-holding Corporations Limited	7
私营企业	Private Enterprises	321
私营独资企业	Private-funded Enterprises	5
私营有限责任公司	Private Limited Liabilities Corporations	302
私营股份有限公司	Private Share-holding Corporations Ltd.	13
港、澳、台商投资企业	Enterprises with Funds from Hong Kong,Macao and Taiwan	1
港、澳、台商独资经营企业	Enterprises with Sole Investment	1
合资经营企业(港或澳、台资)	Joint-ventures Enterprises	
按建筑业行业分组	**Grouped by Branch**	
房屋和土木工程建筑业	Building and Civil Engineering	371
房屋工程建筑	Building	219
土木工程建筑	Civil Engineering	152
建筑安装业	Construction Installation	57
建筑装饰业	Construction Decoration	59
其他建筑业	Other Construction	16
按企业资质等级分组	**Grouped by Qualification Criteria**	
施工总承包	General Contractors	312
一 级	First Grade	14
二 级	Second Grade	89
三级及以下	Third Grade	209
专业承包	Professional Contractors	191
一 级	First Grade	7
二 级	Second Grade	67
三级及以下	Third Grade	117

Production Situation on Construction Enterprises
(General Construction contractors and Professional contractors)

建筑业总产值(千元) Total Output Value of Construction(1000yuan)				竣工产值(千元) Output Value of Construction Completed (1000 yuan)
合计 Total	建筑工程 Construction	安装工程 Installation	其他产值 Others	
34269431	**31601744**	**2138611**	**529076**	**25002985**
12908401	11570885	1162408	175108	8691391
34113749	31446134	2138539	529076	24797876
10111858	8979032	957718	175108	6957979
595818	526356	51678	17784	307732
7280331	6409894	771562	98875	5157504
1033444	905584	127860		394919
6246887	5504310	643702	98875	4762585
2188551	2178911	9640		1133043
13937191	13351941	347941	237309	11241618
165420	165420			64960
13272999	12768158	294247	210594	10698853
478939	398530	53694	26715	475793
72		72		72
72		72		72
33200006	30782401	1898769	518836	24213306
21529638	20944883	280756	303999	15854707
11670368	9837518	1618013	214837	8358599
462681	216498	236681	9502	314394
457130	453867	3087	176	340571
149614	148978	74	562	134714
30979169	28824281	1689210	465678	22277958
12306731	11194335	984817	127579	8011799
10054166	9592229	365273	96664	7504041
8618272	8037717	339120	241435	6762118
3290262	2777463	449401	63398	2725027
988468	988468			906192
1352133	1016830	281645	53658	1032173
949661	772165	167756	9740	786662

13-3 续表 1

(2010)

指　标	Item	房屋建筑施工面积（平方米） Floor Space of Buildings under Construction (sq.m)
总 计	**Total**	**25969304**
国有及国有控股企业	State-owned and State-holding Enterprises	7409178
按登记注册类型分组	**By Status of Registration**	
内资企业	Domestic Funded	25969304
国有企业	State-owned Enterprises	6167829
集体企业	Collective-owned Enterprises	982054
股份合作企业	Cooperative Enterprises	
有限责任公司	Limited Liabilities Corporations	5013969
国有独资公司	State Sole Funded Corporations	434051
其他有限责任公司	Other Limited Liabilities Corporations	4579918
股份有限公司	Share-holding Corporations Limited	379670
私营企业	Private Enterprises	13425782
私营独资企业	Private-funded Enterprises	187638
私营有限责任公司	Private Limited Liabilities Corporations	13035685
私营股份有限公司	Private Share-holding Corporations Ltd.	152207
港、澳、台商投资企业	Enterprises with Funds from Hong Kong,Macao and Taiwan	
港、澳、台商独资经营企业	Enterprises with Sole Investment	
合资经营企业(港或澳、台资)	Joint-ventures Enterprises	
按建筑业行业分组	**Grouped by Branch**	
房屋和土木工程建筑业	Building and Civil Engineering	25885913
房屋工程建筑	Building	25341950
土木工程建筑	Civil Engineering	543963
建筑安装业	Construction Installation	83391
建筑装饰业	Construction Decoration	
其他建筑业	Other Construction	
按企业资质等级分组	**Grouped by Qualification Criteria**	
施工总承包	General Contractors	25706439
一 级	First Grade	7078290
二 级	Second Grade	10370918
三级及以下	Third Grade	8257231
专业承包	Professional Contractors	262865
一 级	First Grade	
二 级	Second Grade	93155
三级及以下	Third Grade	169710

continued

房屋建筑竣工面积（平方米）Floor Space of Buildings Completed (sq.m)	住宅 Residence	竣工房屋价值（千元）Value of Buildings Completed (1000 yuan)	住宅 Residence
10764058	**6654107**	**11563899**	**6581049**
2602694	1163929	3360780	1231432
10764058	6654107	11563899	6581049
2242659	1083245	2902204	1149190
235847	170474	261644	195611
1854094	1037181	2035635	1022686
88814	44537	88753	37597
1765280	992644	1946882	985089
181698	114238	169781	103087
6249760	4248969	6194635	4110475
59917	25224	45360	16580
6123412	4212745	6096954	4082515
64033	11000	50309	11380
10700110	6609570	11511782	6543452
10318497	6557964	10963122	6497395
381613	51606	548660	46057
63948	44537	52117	37597
10527861	6570163	11392984	6507949
2421573	1092389	3203740	1129599
4589248	2885361	4792313	2865622
3517040	2592413	3396931	2512728
236197	83944	170915	73100
93155		68048	
143042	83944	102867	73100

13-3 续表 2

(2010)

指标名称	Item	自有机械设备年末总台数(台) Number of Machinery and Equipment Owned (set)
总 计	**Total**	**33698**
国有及国有控股企业	State-owned and State-holding Enterprises	7729
按登记注册类型分组	**By Status of Registration**	
内资企业	Domestic Funded	33690
国有企业	State-owned Enterprises	5904
集体企业	Collective-owned Enterprises	1235
股份合作企业	Cooperative Enterprises	
有限责任公司	Limited Liabilities Corporations	8300
国有独资公司	State Sole Funded Corporations	486
其他有限责任公司	Other Limited Liabilities Corporations	7814
股份有限公司	Share-holding Corporations Limited	1392
私营企业	Private Enterprises	16859
私营独资企业	Private-funded Enterprises	342
私营有限责任公司	Private Limited Liabilities Corporations	15961
私营股份有限公司	Private Share-holding Corporations Ltd.	556
港、澳、台商投资企业	Enterprises with Funds from Hong Kong,Macao and Taiwan	
港、澳、台商独资经营企业	Enterprises with Sole Investment	
合资经营企业(港或澳、台资)	Joint-ventures Enterprises	
按建筑业行业分组	**Grouped by Branch**	
房屋和土木工程建筑业	Building and Civil Engineering	31167
房屋工程建筑	Building	22864
土木工程建筑	Civil Engineering	8303
建筑安装业	Construction Installation	637
建筑装饰业	Construction Decoration	1624
其他建筑业	Other Construction	270
按企业资质等级分组	**Grouped by Qualification Criteria**	
施工总承包	General Contractors	29376
一 级	First Grade	5653
二 级	Second Grade	10778
三级及以下	Third Grade	12945
专业承包	Professional Contractors	4322
一 级	First Grade	605
二 级	Second Grade	2342
三级及以下	Third Grade	1375

continued

自有施工机械设备年末净值（千元）Net Value of Machinery and Equipment Owned (1000 yuan)	自有施工机械设备年末总功率（千瓦）Total Power of Machinery and Equipment Owned (kw)	计算劳动生产率的平均人数（人）Average Staff to Calculate Labor Productivity (person)	年末从业人员（人）Number of Employed Persons at Year End (person)
1537410	**809132**	**231180**	**97504**
456265	205653	102315	28341
1496864	808412	230472	96759
379722	154081	72969	20743
25646	25173	3451	1520
354814	190338	55077	21294
17375	18634	10364	3085
337439	171704	44713	18209
87825	78288	8752	4163
648857	360532	90223	49039
15490	5507	914	976
600751	336017	85017	45821
32616	19008	3998	2228
		3	3
		3	3
1435320	773465	222515	90811
618988	415011	170530	58614
816332	358454	51985	32197
20571	6953	3582	3379
13406	7012	4219	2577
68113	21702	864	737
1232300	682571	211469	82550
240039	162644	91867	19424
562966	248574	61393	32695
429295	271353	58209	30431
305110	126561	19711	14954
74923	26433	5528	3044
133079	47675	7893	6451
97108	52453	6290	5459

13-4 建筑企业财务状况（总承包和专业承包建筑业企业）

单位：千元　　　　（2010）

指　标	Item	流动资产合计 Total Circulating Funds	存货 Stock
总 计	**Total**	**23565942**	**4674131**
国有及国有控股企业	State-owned and State-holding Enterprises	6812833	919501
按登记注册类型分组	**By Status of Registration**		
内资企业	Domestic Funded	23295679	4670972
国有企业	State-owned Enterprises	5176630	699337
集体企业	Collective-owned Enterprises	236871	22313
股份合作企业	Cooperative Enterprises		
有限责任公司	Limited Liabilities Corporations	5921187	1557823
国有独资公司	State Sole Funded Corporations	530351	109882
其他有限责任公司	Other Limited Liabilities Corporations	5390836	1447941
股份有限公司	Share-holding Corporations Limited	1607032	358578
私营企业	Private Enterprises	10353959	2032921
私营独资企业	Private-funded Enterprises	36857	7826
私营有限责任公司	Private Limited Liabilities Corporations	9892855	1911187
私营股份有限公司	Private Share-holding Corporations Ltd.	414446	106921
港、澳、台商投资企业	Enterprises with Funds from Hong Kong,Macao and Taiwan	5405	2715
港、澳、台商独资经营企业	Enterprises with Sole Investment	5405	2715
合资经营企业(港或澳、台资)	Joint-ventures Enterprises		
按建筑业行业分组	**Grouped by Branch**		
房屋和土木工程建筑业	Building and Civil Engineering	22278283	4399221
房屋工程建筑	Building	14092496	2754383
土木工程建筑	Civil Engineering	8185787	1644838
建筑安装业	Construction Installation	686873	168857
建筑装饰业	Construction Decoration	455990	91676
其他建筑业	Other Construction	144796	14377
按企业资质等级分组	**Grouped by Qualification Criteria**		
施工总承包	General Contractors	20266134	4018527
一 级	First Grade	6589901	940244
二 级	Second Grade	7581256	1804290
三级及以下	Third Grade	6094977	1273993
专业承包	Professional Contractors	3299808	655604
一 级	First Grade	560785	60170
二 级	Second Grade	1563591	341393
三级及以下	Third Grade	1175432	254041

Financial Indicators on Construction Enterprises (General Construction Contractors and Professional Contractors)

(1000 yuan)

长期投资 Long-term Investment	固定资产合计 Total Investment Assets	固定资产原价 Original Value of Fixed Assets	累计折旧 Accumulated Depreciation	本年折旧 Depreciation This Year	在建工程 Construction in Process
1583824	**4379219**	**6369724**	**2312308**	**434884**	**177952**
703209	1254140	1898580	741587	167259	55961
1583824	4216559	6190816	2296000	434883	177898
104026	917351	1428600	560143	137283	17944
39193	110084	139951	37316	3434	616
751690	947251	1366586	505211	77481	70218
510035	94599	112756	55436	9985	32821
241655	852652	1253830	449775	67496	37397
82087	169292	352414	192239	20568	8897
606828	2072581	2903265	1001091	196117	80223
25451	40666	49905	15121	988	5882
537493	1934460	2707554	936614	182893	73986
43884	94582	141616	48039	11837	355
	150	459	309		
	150	459	309		
1375714	4016202	5883597	2142539	402933	154958
900940	2173474	2841891	850968	141807	76533
474774	1842728	3041706	1291571	261126	78425
93525	178678	248302	93871	17623	2617
47208	90457	99341	29186	6218	18268
67377	93882	138484	46712	8110	2109
1270870	3500683	5076456	1813847	349812	117149
664043	1090460	1705492	674133	96163	25737
349570	1245451	1794470	637743	159059	26295
257257	1164772	1576494	501971	94590	65117
312954	878536	1293268	498461	85072	60803
15991	106988	199731	104989	10755	125
179524	397546	601564	216932	39316	6856
117439	374002	491973	176540	35001	53822

13-4 续表 1

单位：千元　　（2010）

指　标	Item	无形资产及递延资产 Intangible and Deferred Assets	无形资产 Intangible Assets
总 计	**Total**	**458215**	**404207**
国有及国有控股企业	State-owned and State-holding Enterprises	229482	199040
按登记注册类型分组	**By Status of Registration**		
内资企业	Domestic Funded	458050	404059
国有企业	State-owned Enterprises	131922	101881
集体企业	Collective-owned Enterprises	12555	9304
股份合作企业	Cooperative Enterprises		
有限责任公司	Limited Liabilities Corporations	138886	130136
国有独资公司	State Sole Funded Corporations	89217	88897
其他有限责任公司	Other Limited Liabilities Corporations	49669	41239
股份有限公司	Share-holding Corporations Limited	22952	21885
私营企业	Private Enterprises	151735	140853
私营独资企业	Private-funded Enterprises	4500	4500
私营有限责任公司	Private Limited Liabilities Corporations	142822	131940
私营股份有限公司	Private Share-holding Corporations Ltd.	4413	4413
港、澳、台商投资企业	Enterprises with Funds from Hong Kong,Macao and Taiwan		
港、澳、台商独资经营企业	Enterprises with Sole Investment		
合资经营企业(港或澳、台资）	Joint-ventures Enterprises		
按建筑业行业分组	**Grouped by Branch**		
房屋和土木工程建筑业	Building and Civil Engineering	445698	394087
房屋工程建筑	Building	312471	290314
土木工程建筑	Civil Engineering	133227	103773
建筑安装业	Construction Installation	1538	1494
建筑装饰业	Construction Decoration	10977	8624
其他建筑业	Other Construction	2	2
按企业资质等级分组	**Grouped by Qualification Criteria**		
施工总承包	General Contractors	407690	371459
一 级	First Grade	252467	229207
二 级	Second Grade	77255	72951
三级及以下	Third Grade	77968	69301
专业承包	Professional Contractors	50525	32748
一 级	First Grade	823	111
二 级	Second Grade	22522	12420
三级及以下	Third Grade	27180	20217

continued

(1000 yuan)

资产总计 Total Assets	负债合计 Total Liabilities	流动负债合计 Total Liquid Liabilities	长期负债合计 Long-term Liabilities	所有者权益合计 Owners′ Equity	实收资本 Paid-in Capitals
30059764	**19975015**	**18736582**	**1238433**	**10084749**	**7298674**
9024803	6540057	6448514	91543	2484746	1643517
29626676	19714999	18590105	1124894	9911677	7123320
6337243	4961894	4927862	34032	1375349	995531
403153	196874	191366	5508	206279	181092
7797981	5186305	4963324	222981	2611676	1787556
1236636	632168	591354	40814	604468	432810
6561345	4554137	4371970	182167	2007208	1354746
1881381	1586625	1572349	14276	294756	251438
13206918	7783301	6935204	848097	5423617	3907703
107474	19072	15072	4000	88402	70312
12527915	7412184	6568347	843837	5115731	3675336
558839	346108	345848	260	212731	155302
5555	6381	6381		-826	600
5555	6381	6381		-826	600
28184817	19190861	17981708	1209153	8993956	6504429
17492879	12078272	11208597	869675	5414607	3843319
10691938	7112589	6773111	339478	3579349	2661110
962612	392081	371558	20523	570531	305978
604633	283860	277974	5886	320773	289980
307702	108213	105342	2871	199489	198287
25496542	17642542	16561952	1080590	7854000	5719970
8607583	6772730	6519760	252970	1834853	1129731
9263217	6032727	5400249	632478	3230490	2337273
7625742	4837085	4641943	195142	2788657	2252966
4563222	2332473	2174630	157843	2230749	1578704
691497	475107	408049	67058	216390	205342
2168721	989520	973027	16493	1179201	599885
1703004	867846	793554	74292	835158	773477

13-4 续表 2

单位:千元 (2010)

指 标	Item	工程结算收入 Revenue of Project Settlement Accounts	工程结算成本 Cost of Project Settlement Accounts
总 计	**Total**	**36334241**	**33227304**
国有及国有控股企业	State-owned and State-holding Enterprises	12977197	12105017
按登记注册类型分组	**By Status of Registration**		
内资企业	Domestic Funded	36148815	33071638
国有企业	State-owned Enterprises	10306752	9610148
集体企业	Collective-owned Enterprises	760607	699894
股份合作企业	Cooperative Enterprises		
有限责任公司	Limited Liabilities Corporations	7422759	6809752
国有独资公司	State Sole Funded Corporations	829996	771476
其他有限责任公司	Other Limited Liabilities Corporations	6592763	6038276
股份有限公司	Share-holding Corporations Limited	2520006	2342935
私营企业	Private Enterprises	15138691	13608909
私营独资企业	Private-funded Enterprises	152798	136354
私营有限责任公司	Private Limited Liabilities Corporations	14485414	13014398
私营股份有限公司	Private Share-holding Corporations Ltd.	479963	438853
港、澳、台商投资企业	Enterprises with Funds from Hong Kong,Macao and Taiwan	72	13
港、澳、台商独资经营企业	Enterprises with Sole Investment	72	13
合资经营企业(港或澳、台资)	Joint-ventures Enterprises		
按建筑业行业分组	**Grouped by Branch**		
房屋和土木工程建筑业	Building and Civil Engineering	35187172	32285295
房屋工程建筑	Building	22766337	21057274
土木工程建筑	Civil Engineering	12420835	11228021
建筑安装业	Construction Installation	533873	435713
建筑装饰业	Construction Decoration	466546	386816
其他建筑业	Other Construction	146650	119480
按企业资质等级分组	**Grouped by Qualification Criteria**		
施工总承包	General Contractors	32976958	30379371
一 级	First Grade	12552503	11775417
二 级	Second Grade	11232238	10259145
三级及以下	Third Grade	9192217	8344809
专业承包	Professional Contractors	3357283	2847933
一 级	First Grade	1035349	934407
二 级	Second Grade	1358480	1060629
三级及以下	Third Grade	963454	852897

continued

(1000 yuan)

工程结算税金及附加 Taxes and Extra Charges on Project Settlement Accounts	工程结算利润 Profits of Project Settlement Accounts	其他业务收入 Revenue from Other Businesses	管理费用 Management Expenses	税金 Taxes	营业利润 Business Profits
1173740	**1846409**	**490274**	**1034305**	**41942**	**848916**
414754	445453	204333	337992	11752	191013
1168154	1822456	477361	1026305	41668	835996
328726	356543	179577	268088	8920	153509
27818	31476	25	15860	609	13564
233617	375319	132866	284742	8436	112174
26671	31275	2081	26944	776	21457
206946	344044	130785	257798	7660	90717
84717	90250	4165	57953	1537	31820
493276	968868	160728	399662	22166	524929
4870	9887	563	2560	219	3572
471922	934805	120761	386402	20822	511268
15784	23665	39404	10229	1117	10050
2	37		136	1	–99
2	37		136	1	–99
1138650	1693414	411174	930617	34945	786690
742855	915285	127788	474904	20731	431683
395795	778129	283386	455713	14214	355007
16647	68817	61659	55208	3997	27599
14632	61933	16851	32806	2662	30364
3811	22245	590	15674	338	4263
1070004	1464556	245240	790515	31326	653649
405341	347285	91964	265447	8469	121213
355915	607139	109557	235388	10014	329254
308748	510132	43719	289680	12843	203182
103736	381853	245034	243790	10616	195267
32986	60970	1320	23314	792	35206
41738	246143	191946	144514	5322	137474
29012	74740	51768	75962	4502	22587

13-4 续表 3

单位:千元 (2010)

指　　标	Item	利润总额 Total Profits	劳动、失业保险费 Labour and Unemployment Insurance Expenses
总 计	**Total**	**880853**	**88583**
国有及国有控股企业	State-owned and State-holding Enterprises	231274	43441
按登记注册类型分组	**By Status of Registration**		
内资企业	Domestic Funded	867170	88253
国有企业	State-owned Enterprises	186963	31005
集体企业	Collective-owned Enterprises	13162	1205
股份合作企业	Cooperative Enterprises		
有限责任公司	Limited Liabilities Corporations	125856	28581
国有独资公司	State Sole Funded Corporations	25593	6306
其他有限责任公司	Other Limited Liabilities Corporations	100263	22275
股份有限公司	Share-holding Corporations Limited	34708	7731
私营企业	Private Enterprises	506481	19731
私营独资企业	Private-funded Enterprises	3737	66
私营有限责任公司	Private Limited Liabilities Corporations	484993	19339
私营股份有限公司	Private Share-holding Corporations Ltd.	17724	324
港、澳、台商投资企业	Enterprises with Funds from Hong Kong,Macao and Taiwan	-99	
港、澳、台商独资经营企业	Enterprises with Sole Investment	-99	
合资经营企业(港或澳、台资)	Joint-ventures Enterprises		
按建筑业行业分组	**Grouped by Branch**		
房屋和土木工程建筑业	Building and Civil Engineering	819438	82178
房屋工程建筑	Building	449407	46596
土木工程建筑	Civil Engineering	370031	35582
建筑安装业	Construction Installation	25778	4409
建筑装饰业	Construction Decoration	29900	1168
其他建筑业	Other Construction	5737	828
按企业资质等级分组	**Grouped by Qualification Criteria**		
施工总承包	General Contractors	677363	72339
一 级	First Grade	152478	33525
二 级	Second Grade	329366	28398
三级及以下	Third Grade	195519	10416
专业承包	Professional Contractors	203490	16244
一 级	First Grade	36210	2049
二 级	Second Grade	138615	11918
三级及以下	Third Grade	28665	2277

continued

(1000 yuan)

应付工资总额 Total Wages Payable	应付福利费总额 Total Welfare Payable	应收工程款 Projects Receivable	竣工工程 Projects Completed	从业人员平均人数(人) Average Number of Employed Persons (person)
4492344	**135405**	**8973442**	**5784575**	**237472**
1974254	37433	3875234	2313001	102487
4468999	134361	8972991	5784407	236764
1423830	31487	3086359	1887124	73069
73486	3860	177144	147386	3462
1054060	22113	2083649	1294964	56147
178386	1490	213044	150113	10388
875674	20623	1870605	1144851	45759
134590	8959	461368	204693	8847
1783033	67942	3164471	2250240	95239
15874	411	14383	13051	930
1708065	63293	3086224	2207303	89726
53776	4238	63864	29886	4289
72	4	168	168	3
72	4	168	168	3
4304712	125896	8617972	5499381	227875
3325943	76443	4861300	2924093	174876
978769	49453	3756672	2575288	52999
84784	6622	177034	137253	4359
85173	1715	132672	102891	4269
17675	1172	45764	45050	969
4084754	115846	7923885	4864108	216543
1735491	29290	2881389	1757803	92021
1329334	48981	3134537	1857877	65218
1019929	37575	1907959	1248428	59304
407590	19559	1049557	920467	20929
95275	2667	227464	182882	5528
190770	9672	582297	532044	8194
121545	7220	239796	205541	7207

13-5 劳务分包建筑业企业主要经济指标

（2010）

指 标	Item	企业数（个）Number of Enterprises (unit)	建筑业总产值（千元）Total Output Value of Construction (1000 yuan)	年末从业人员（人）Employed Persons at Year End (person)
总 计	**Total**	**24**	**67436**	**754**
国有及国有控股企业	State-owned and State-holding Enterprises			
按登记注册类型分组	**By Status of Registration**			
内资企业	Domestic Funded	24	67436	754
国有企业	State-owned Enterprises			
集体企业	Collective-owned Enterprises	1	2115	37
有限责任公司	Limited Liabilities Corporations	3	1639	70
国有独资公司	State Sole Funded Corporations	2	1039	66
其他有限责任公司	Other Limited Liabilities Corporations	1	600	4
私营企业	Private Enterprises	20	63682	647
私营合伙企业	Private Partnership Enterprises			
私营有限责任公司	Private Limited Liabilities Corporations	20	63682	647
按建筑业行业中类分组	**Grouped by Branch**			
房屋和土木工程建筑业	Building and Civil Engineering	19	59209	629
房屋工程建筑	Building	18	57473	578
土木工程建筑	Civil Engineering	1	1736	51
建筑安装业	Construction Installation	5	8227	125
按企业资质等级分组	**Grouped by Qualification Criteria**			
劳务分包	Labor Service	24	67436	754
一级	First Grade	14	8400	234
二级	Second Grade	2	1736	52
三级及以下	Third Grade	8	57300	468

Main Indicators of Lab our Subcontractors in Construction Industry

从业人员劳动报酬 (千元) Earnings of Employed Persons (1000 yuan)	从业人员年平均人数 (人) Annual Average Number of Employed Persons(person)	利润总额 (千元) Total Profits (1000 yuan)	固定资产原价 (千元) Original Value of Fixed Assets (1000 yuan)	本年折旧 (千元) Depreciation this Year (1000 yuan)	资产总计 (千元) Total Capital (1000 yuan)
25393	**1266**	**-14**	**4436**	**454**	**38745**
25393	1266	-14	4436	454	38745
421	37	-64	1050	42	10002
1798	104	93	626	13	4483
1238	70	144	626	13	3483
560	34	-51	0	0	1000
23174	1125	-43	2760	399	24260
23174	1125	-43	2760	399	24260
23271	1134	-24	3147	400	22690
21750	1094	80	2993	390	19509
1521	40	-104	154	10	3181
2122	132	10	1289	54	16055
25393	1266	-14	4436	454	38745
5578	327	201	2643	390	12139
1527	42	-104	504	10	3482
18288	897	-111	1289	54	23124

13-5 续表 1

单位:千元 (2010)

指　　标	Item	负债合计 （千元） Total Liabilities (1000 yuan)	实收资本 （千元） Paid-in Capitals (1000 yuan)
总　计	**Total**	**26716**	**18310**
国有及国有控股企业	State-owned and State-holding Enterprises		
按登记注册类型分组	**By Status of Registration**		
内资企业	Domestic Funded	26716	18310
国有企业	State-owned Enterprises		
集体企业	Collective-owned Enterprises	8764	1237
有限责任公司	Limited Liabilities Corporations	9019	2613
国有独资公司	State Sole Funded Corporations	8973	1666
其他有限责任公司	Other Limited Liabilities Corporations	46	947
私营企业	Private Enterprises	8933	14460
私营合伙企业	Private Partnership Enterprises		
私营有限责任公司	Private Limited Liabilities Corporations	8933	14460
按建筑业行业中类分组	**Grouped by Branch**		
房屋和土木工程建筑业	Building and Civil Engineering	16392	14073
房屋工程建筑	Building	14977	13073
土木工程建筑	Civil Engineering	1415	1000
建筑安装业	Construction Installation	10324	4237
按企业资质等级分组	**Grouped by Qualification Criteria**		
劳务分包	Labor Service	26716	18310
一级	First Grade	10152	9473
二级	Second Grade	1415	1300
三级及以下	Third Grade	15149	7537

continued

(1000 yuan)

营业收入合计(千元) Business Revenue (1000 yuan)	主营业务收入 Revenue from Principal Business	主营业务成本(千元) Cost of Principal Business (1000 yuan)	主营业务税金及附加(千元) Taxes and Other Charges on Principal Business (1000 yuan)	费用合计(千元) Total Expenditure (1000 yuan)	营业利润(千元) Business Profits (1000 yuan)
68434	**66407**	**63214**	**956**	**2962**	**221**
68434	66407	63214	956	2962	221
2115	2115	1826	352	1	-64
3666	1639	1272	127	1037	102
3066	1039	688	108	989	153
600	600	584	19	48	-51
62653	62653	60116	477	1924	183
62653	62653	60116	477	1924	183
58160	58160	55704	369	1946	188
55927	55927	53531	293	1858	292
2233	2233	2173	76	88	-104
10274	8247	7510	587	1016	33
68434	66407	63214	956	2962	221
9093	7066	5122	316	2115	428
2233	2233	2173	76	94	-110
57108	57108	55919	564	753	-97

13-6 建筑业企业概况
Main Indicators on Construction Enterprises

年份 Year	总计 Total	国有及国有控股 State-owned and State-holding Enterprises	集体经济 Collective-owned Enterprises
单位数(个) Number of Enterprises(unit)			
1990	142	67	75
1995	278	111	156
2000	529	179	142
2005	521	115	33
2006	519	112	32
2007	514	108	26
2008	530	86	21
2009	520	83	18
2010	527	79	14
从业人员(人) Number of Persons Employed (person)			
1990	54064	38644	15420
1995	93422	64116	29306
2000	83980	41543	16350
2005	76049	29386	3710
2006	76731	33900	2613
2007	68119	26719	2672
2008	66784	23234	2051
2009	70127	24000	1419
2010	98258	28341	1557
总产值(万元) Gross Output Value(10 000 yuan)			
1990	71583	52612	18971
1995	211506	150806	56325
2000	562352	316320	76941
2005	1131704	475276	38599
2006	1310086	598657	32506
2007	1551804	716282	41920
2008	1918994	814358	41328
2009	2597056	1006598	43643
2010	3433687	1290840	59793

13-7 建筑业企业主要经济指标

Main Economic Indicators on Construction Enterprises

指 标	Item	单位	unit	1995	2000	2005	2009	2010
建筑业企业个数	Number of Enterprises	个	unit	278	529	521	520	527
期末从业人员	Number of Employed Persons	人	person	99732	83980	76049	70127	98258
自有施工机械设备台数	Number of Machinery and Equipment Owned	台	set	19523	38383	39677	38601	33698
自有施工机械设备净价	Net Value of Machinery and Equipment Owned	万元	10 000 yuan	36034	92108	143251	178916	153741
自有施工机械设备总功率	Total Power of Machinery and Equipment Owned	千瓦	kw	340200	668310	821548	875142	809132
建筑业总产值	Gross Output Value of Construction	万元	10 000 yuan	211506	562352	1131704	2597056	3433687
建筑工程	Construction	万元	10 000 yuan	168027	482922	980741	2389826	3166918
安装工程	Installation	万元	10 000 yuan	40036	71276	135591	172567	213861
其他产值	Other Output Value	万元	10 000 yuan	3443	8154	15372	34663	52908
竣工产值	Output Value of Construction Completed	万元	10 000 yuan	138743	427058	1006905	2006282	2500299
施工面积	Floor Space of Buildings under Construction	万平方米	10 000 sq.m	302.9	563.2	1056.6	2113.5	2596.9
竣工面积	Floor Space of Buildings Completed	万平方米	10 000 sq.m	171.8	340.7	564.0	948.0	1076.4
利润总额	Total Profits	万元	10 000 yuan	358	13524	20802	62681	88085
劳动生产率	Overall Labor Productivity							
按总产值计算	In Terms of Gross Output Value	元/人	yuan/person	22048	44864	74198	126827	148529
技术装备率	Value of Machines per Laborer	元/人	yuan/person	3756	10968	18921	25513	15647
动力装备率	Power of Machines per Laborer	千瓦/人	kw/person	3.55	7.96	10.85	12.48	8.23
房屋建筑面积竣工率	Rate of Floor Space of Buildings Completed	%	%	56.7	60.5	53.4	44.9	41.4
产值利润率	Ratio of Profit to Gross Output Value	%	%	0.2	2.4	1.8	2.4	2.6

注:2004 年以前为自有机械设备台数、净价和总功率。

a)Since 2004,statistics on machinery and equipment owned refer to construction machinery and equipment owned.

13-8 各市县建筑企业生产情况(总承包和专业承包建筑业企业)

Production Situation on Construction Enterprises by City and County (General Construction Contractors and Professional Contractors)

(2010)

地区	Region	企业数(个) Number of Enterprises	建筑业总产值(千元) Gross Output Value of Construction(1000yuan)				竣工产值(千元) Output Value of Construction Completed (1000 yuan)
			合计 Total	建筑工程 Construction	安装工程 Installation	其他产值 Others	
全区总计	**Total**	**503**	**34269431**	**31601744**	**2138611**	**529076**	**25002985**
银川市	**Yinchuan**	**301**	**22585120**	**20964555**	**1471737**	**148828**	**16153222**
银川市	District	264	20155640	18641509	1421283	92848	14282378
永宁县	Yongning	3	171449	171449			214421
贺兰县	Helan	14	664862	558428	50454	55980	592711
灵武市	Lingwu	20	1593169	1593169			1063712
石嘴山市	**Shizuishan**	**45**	**3687102**	**3390641**	**103887**	**192574**	**2648616**
石嘴山市	District	39	3278686	2982747	103887	192052	2219258
平罗县	Pingluo	6	408416	407894		522	429358
吴忠市	**Wuzhong**	**72**	**4161035**	**3729452**	**368718**	**62865**	**3262364**
利通区	Litong	34	2393590	2282987	107359	3244	1906744
红寺堡区	Hongsipu	2	27085	27085			16948
盐池县	Yanchi	8	821113	638182	162800	20131	654637
同心县	Tongxin	9	305209	280331		24878	131913
青铜峡市	Qingtongxia	19	614038	500867	98559	14612	552122
固原市	**Guyuan**	**43**	**1636476**	**1505100**	**73202**	**58174**	**1166091**
原州区	Yuanzhou	25	1059530	974271	38419	46840	825363
西吉县	Xiji	5	195137	149020	34783	11334	54530
隆德县	Longde	5	153377	153377			130179
泾源县	Jingyuan	4	116051	116051			85927
彭阳县	Pengyang	4	112381	112381			70092
中卫市	**Zhongwei**	**42**	**2199698**	**2011996**	**121067**	**66635**	**1772692**
沙坡头区	Shapotou	24	1052278	987519	55445	9314	947872
中宁县	Zhongning	14	1024657	910556	56780	57321	702057
海原县	Haiyuan	4	122763	113921	8842		122763

13-8 续表 1

(2010)

地区	Region	房屋建筑施工面积（平方米）Floor Space of Buildings under Construction(sq.m)	房屋建筑竣工面积（平方米）Floor Space of Buildings Completed (sq.m)	住宅 Residence	竣工房屋价值（千元）Value of Buildings Completed (1000 yuan)	住宅 Residence
全区总计	**Total**	**25969304**	**10764058**	**6654107**	**11563899**	**6581049**
银川市	**Yinchuan**	**16422109**	**6495959**	**4004738**	**7233780**	**4068248**
银川市	District	14179595	5386538	3122574	6133769	3194262
永宁县	Yongning	489257	95688	81594	129104	106109
贺兰县	Helan	503707	334406	234623	337567	223918
灵武市	Lingwu	1249550	679327	565947	633340	543959
石嘴山市	**Shizuishan**	**3244541**	**1117862**	**656877**	**1187877**	**566537**
石嘴山市	District	2676355	837672	401729	903456	306189
平罗县	Pingluo	568186	280190	255148	284421	260348
吴忠市	**Wuzhong**	**3619682**	**1797206**	**1186628**	**1854304**	**1208119**
利通区	Litong	2547928	1413290	976398	1468973	1023618
红寺堡区	Hongsipu	8765	8765		10700	
盐池县	Yanchi	247054	181510	91749	163690	76599
同心县	Tongxin	355076	40260	19300	48196	15894
青铜峡市	Qingtongxia	460859	153381	99181	162745	92008
固原市	**Guyuan**	**857156**	**356670**	**139139**	**392016**	**135934**
原州区	Yuanzhou	425600	182343	78115	182433	73360
西吉县	Xiji	188683	33519	6153	37707	9230
隆德县	Longde	67562	35793		47982	
泾源县	Jingyuan	98180	76388	43340	85927	43568
彭阳县	Pengyang	77131	28627	11531	37967	9776
中卫市	**Zhongwei**	**1825816**	**996361**	**666725**	**895922**	**602211**
沙坡头区	Shapotou	908712	516451	385365	457676	331454
中宁县	Zhongning	757567	336727	276514	369886	265215
海原县	Haiyuan	159537	143183	4846	68360	5542

13-8 续表 2

(2010)

地 区	Region	自有机械设备年末总台数(台) Number of Machinery and Equipment Owned (set)	自有施工机械设备年末净值(千元) Net Value of Machinery and Equipment Owned (1000 yuan)	自有施工机械设备年末总功率(千瓦) Total Power of Machinery and Equipment Owned (kw)	计算劳动生产率的平均人数(人) Average Staff to Calculate Labor Productivity (person)	年末从业人员(人) Number of Employed Persons at Year End(person)
全区总计	**Total**	**33698**	**1537410**	**809132**	**231180**	**97504**
银 川 市	**Yinchuan**	**17626**	**824262**	**431496**	**159513**	**57663**
银 川 市	District	14856	609199	343811	145989	49991
永 宁 县	Yongning	249	4676	4722	1153	662
贺 兰 县	Helan	948	46164	45874	4204	3645
灵 武 市	Lingwu	1573	164223	37089	8167	3365
石嘴山市	**Shizuishan**	**2298**	**108203**	**57367**	**21955**	**7556**
石嘴山市	District	1931	88302	50534	18702	6799
平 罗 县	Pingluo	367	19901	6833	3253	757
吴 忠 市	**Wuzhong**	**4421**	**252800**	**128111**	**24050**	**15674**
利 通 区	Litong	1951	75567	29120	13438	6918
红寺堡区	Hongsipu	105	203	1633	240	162
盐 池 县	Yanchi	389	48144	17983	5097	5429
同 心 县	Tongxin	769	40367	36071	2047	909
青铜峡市	Qingtongxia	1207	88519	43304	3228	2256
固 原 市	**Guyuan**	**4558**	**187047**	**105148**	**12680**	**7233**
原 州 区	Yuanzhou	1660	121987	68717	8120	4989
西 吉 县	Xiji	536	11943	5705	1657	820
隆 德 县	Longde	1501	34538	19354	922	257
泾 源 县	Jingyuan	322	14603	5366	856	236
彭 阳 县	Pengyang	539	3976	6006	1125	931
中 卫 市	**Zhongwei**	**4795**	**165098**	**87010**	**12982**	**9378**
沙坡头区	Shapotou	3072	100236	39126	6474	4463
中 宁 县	Zhongning	1701	64416	46624	6015	4610
海 原 县	Haiyuan	22	446	1260	493	305

13-9 各市县建筑企业财务状况(总承包和专业承包建筑业企业)

Financial Indicators on Construction Enterprises by City and Country (General Construction Contractors and Professional Contractors)

单位:千元　　(2010)　　(1000 yuan)

地　区	Region	流动资产合计 Total Circulating Funds	存货 Stock	长期投资 Long-term Investment	固定资产合计 Total Fixed Assets	固定资产原价 Original Value of Fixed Assets
全区总计	**Total**	**23565942**	**4674131**	**1583824**	**4379219**	**6369724**
银川市	**Yinchuan**	**14669816**	**2592091**	**1198627**	**2368304**	**3563617**
银川市	District	13464522	2378375	1101152	2012880	3079436
永宁县	Yongning	42847	14004	200	34197	28944
贺兰县	Helan	268247	36980	4190	100377	118844
灵武市	Lingwu	894200	162732	93085	220850	336393
石嘴山市	**Shizuishan**	**2976558**	**938065**	**145396**	**346674**	**506569**
石嘴山市	District	2677869	725148	117683	307657	450046
平罗县	Pingluo	298689	212917	27713	39017	56523
吴忠市	**Wuzhong**	**2670989**	**546806**	**88144**	**570723**	**787286**
利通区	Litong	1709851	368639	9028	237172	294792
红寺堡区	Hongsipu	16549	1348		18121	17522
盐池县	Yanchi	475780	140170		113041	207221
同心县	Tongxin	93389	5234	7889	85237	101731
青铜峡市	Qingtongxia	375420	31415	71227	117152	166020
固原市	**Guyuan**	**984916**	**116656**	**24003**	**415177**	**632188**
原州区	Yuanzhou	749190	85433	19331	273386	432401
西吉县	Xiji	46999	5033		43345	51217
隆德县	Longde	110334	4368		42372	59275
泾源县	Jingyuan	38249	5803	4672	34919	51690
彭阳县	Pengyang	40144	16019		21155	37605
中卫市	**Zhongwei**	**2263663**	**480513**	**127654**	**678341**	**880064**
沙坡头区	Shapotou	1235298	316309	47058	171275	214966
中宁县	Zhongning	979316	145544	80596	487494	641289
海原县	Haiyuan	49049	18660		19572	23809

13-9 续表 1

单位：千元　　（2010）　　(1000 yuan)

地　区	Region	累计折旧 Accumulated Depreciation	本年折旧 Depreciation this Year	在建工程 Construction in Process	无形资产及递延资产 Intangible and Deferred Assets	无形资产 Intangible Assets
全区总计	**Total**	**2312308**	**434884**	**177952**	**458215**	**404207**
银 川 市	**Yinchuan**	**1379980**	**286091**	**102842**	**286152**	**251818**
银 川 市	District	1221652	202362	91970	279875	249310
永 宁 县	Yongning	6908	592		115	105
贺 兰 县	Helan	27810	9767	2806	2373	1865
灵 武 市	Lingwu	123610	73370	8066	3789	538
石嘴山市	**Shizuishan**	**187310**	**34129**	**19976**	**44201**	**35437**
石嘴山市	District	169593	32177	19976	39642	34891
平 罗 县	Pingluo	17717	1952		4559	546
吴 忠 市	**Wuzhong**	**270840**	**39014**	**24359**	**12927**	**10380**
利 通 区	Litong	92085	16887	9980	6008	3481
红寺堡区	Hongsipu	9488	1389	10087		
盐 池 县	Yanchi	94271	6554	91	68	68
同 心 县	Tongxin	24205	2622	3063	1119	1119
青铜峡市	Qingtongxia	50791	11562	1138	5732	5712
固 原 市	**Guyuan**	**225441**	**32796**	**3976**	**20907**	**20887**
原 州 区	Yuanzhou	166370	21639	3285	17808	17788
西 吉 县	Xiji	8093	962		307	307
隆 德 县	Longde	16955	3476			
泾 源 县	Jingyuan	17126	3356	355	2180	2180
彭 阳 县	Pengyang	16897	3363	336	612	612
中 卫 市	**Zhongwei**	**248737**	**42854**	**26799**	**94028**	**85685**
沙坡头区	Shapotou	68838	9870	7782	11840	10796
中 宁 县	Zhongning	172812	32023	19017	81170	73871
海 原 县	Haiyuan	7087	961		1018	1018

13-9 续表 2

单位:千元　　　　(2010)　　　　(1000 yuan)

地　区	Region	资产总计 Total Assets	负债合计 Total Liabilities	流动负债合　计 Total Liquid Liabilities	长期负债合　计 Long-term Liabilities	所有者权益合　计 Owners´ Equity	实收资本 Paid-in Capitals
全区总计	**Total**	**30059764**	**19975015**	**18736582**	**1238433**	**10084749**	**7298674**
银 川 市	**Yinchuan**	**18554028**	**12512919**	**11739836**	**773083**	**6041109**	**4560429**
银 川 市	District	16889477	11714077	10978351	735726	5175400	3967897
永 宁 县	Yongning	77359	25024	25024		52335	45111
贺 兰 县	Helan	375187	179792	159946	19846	195395	139766
灵 武 市	Lingwu	1212005	594026	576515	17511	617979	407655
石嘴山市	**Shizuishan**	**3535499**	**2836816**	**2764026**	**72790**	**698683**	**542556**
石嘴山市	District	3165521	2539740	2469679	70061	625781	481737
平 罗 县	Pingluo	369978	297076	294347	2729	72902	60819
吴 忠 市	**Wuzhong**	**3350984**	**2000617**	**1960820**	**39797**	**1350367**	**1001821**
利 通 区	Litong	1962059	1354464	1329588	24876	607595	421925
红寺堡区	Hongsipu	34670	22262	22262		12408	12053
盐 池 县	Yanchi	591304	317454	317454		273850	220543
同 心 县	Tongxin	187634	60786	59018	1768	126848	112757
青铜峡市	Qingtongxia	575317	245651	232498	13153	329666	234543
固 原 市	**Guyuan**	**1450496**	**714521**	**648208**	**66313**	**735975**	**666428**
原 州 区	Yuanzhou	1065208	544862	478549	66313	520346	477002
西 吉 县	Xiji	90651	29332	29332		61319	61296
隆 德 县	Longde	152706	75937	75937		76769	55198
泾 源 县	Jingyuan	80020	38639	38639		41381	37774
彭 阳 县	Pengyang	61911	25751	25751		36160	35158
中 卫 市	**Zhongwei**	**3168757**	**1910142**	**1623692**	**286450**	**1258615**	**527440**
沙坡头区	Shapotou	1466859	1030380	929830	100550	436479	265587
中 宁 县	Zhongning	1632259	858081	672181	185900	774178	218040
海 原 县	Haiyuan	69639	21681	21681		47958	43813

13-9 续表 3

单位:千元　　　　　　　　　　　　(2010)　　　　　　　　　　　　(1000 yuan)

地 区	Region	工程结算收入 Revenue of Project Settlement Accounts	工程结算成本 Cost of Project Settlement Accounts	工程结算税金及附加 Taxes and Extra Charges on Project Settlement Accounts	工程结算利润 Profits of Project Settlement Accounts	其他业务收入 Revenue from Other Businesses
全区总计	**Total**	**36334241**	**33227304**	**1173740**	**1846409**	**490274**
银 川 市	**Yinchuan**	**23473348**	**21579257**	**755822**	**1111514**	**384499**
银 川 市	District	20417064	18826581	657449	906319	380600
永 宁 县	Yongning	169780	156826	7479	5475	
贺 兰 县	Helan	874757	808101	29276	37369	1181
灵 武 市	Lingwu	2011747	1787749	61618	162351	2718
石嘴山市	**Shizuishan**	**3793931**	**3562665**	**126881**	**100346**	**54833**
石嘴山市	District	3463865	3261389	116080	84983	54130
平 罗 县	Pingluo	330066	301276	10801	15363	703
吴 忠 市	**Wuzhong**	**5049772**	**4570508**	**163543**	**300195**	**24964**
利 通 区	Litong	2827302	2554302	99676	165196	18061
红寺堡区	Hongsipu	27085	22759	885	2183	
盐 池 县	Yanchi	936873	863292	25394	47502	6600
同 心 县	Tongxin	349418	317856	12563	15012	1
青铜峡市	Qingtongxia	909094	812299	25025	70302	302
固 原 市	**Guyuan**	**1674687**	**1545947**	**56467**	**66930**	**3571**
原 州 区	Yuanzhou	1082854	989512	37903	53374	3393
西 吉 县	Xiji	195368	184652	6437	4094	25
隆 德 县	Longde	167809	159286	4568	3520	
泾 源 县	Jingyuan	109412	100810	3632	4533	
彭 阳 县	Pengyang	119244	111687	3927	1409	153
中 卫 市	**Zhongwei**	**2342503**	**1968927**	**71027**	**267424**	**22407**
沙坡头区	Shapotou	1053715	927902	27646	97806	9675
中 宁 县	Zhongning	1166025	944252	38414	160469	12732
海 原 县	Haiyuan	122763	96773	4967	9149	

13-9 续表 4

单位:千元 (2010) (1000 yuan)

地 区	Region	管理费用 Management Expenses	税 金 Taxes	营业利润 Business Profits	利润总额 Total Profits	劳动、失业保险费 Labour and Unemployment Insurance Expenses
全区总计	**Total**	**1034305**	**41942**	**848916**	**880853**	**88583**
银 川 市	**Yinchuan**	**606073**	**27518**	**546871**	**542678**	**59372**
银 川 市	District	545996	23860	410694	409447	48759
永 宁 县	Yongning	2524	88	2674	2630	122
贺 兰 县	Helan	11054	1277	25222	25173	185
灵 武 市	Lingwu	46499	2293	108281	105428	10306
石嘴山市	**Shizuishan**	**124234**	**4772**	**-2521**	**28552**	**12495**
石嘴山市	District	112876	4238	-6524	24955	11339
平 罗 县	Pingluo	11358	534	4003	3597	1156
吴 忠 市	**Wuzhong**	**129823**	**4314**	**177000**	**177929**	**9897**
利 通 区	Litong	44878	3179	133682	132164	6078
红寺堡区	Hongsipu	1649	15	43	124	13
盐 池 县	Yanchi	32863	395	16008	19095	2517
同 心 县	Tongxin	6497	76	7920	7979	8
青铜峡市	Qingtongxia	43936	649	19347	18567	1281
固 原 市	**Guyuan**	**51301**	**1572**	**14632**	**16583**	**3076**
原 州 区	Yuanzhou	40891	1162	12529	14587	1745
西 吉 县	Xiji	3939	182	88	101	1012
隆 德 县	Longde	2678	32	742	721	305
泾 源 县	Jingyuan	3145	129	483	451	11
彭 阳 县	Pengyang	648	67	790	723	3
中 卫 市	**Zhongwei**	**122874**	**3766**	**112934**	**115111**	**3743**
沙坡头区	Shapotou	49681	1169	35839	37861	2981
中 宁 县	Zhongning	66530	2224	74735	75448	750
海 原 县	Haiyuan	6663	373	2360	1802	12

13-9 续表 5

单位:千元　　　　(2010)　　　　(1000 yuan)

地　区	Region	应付工资总额 Total Wages Payable	应付福利费总额 Total Welfare Payable	应收工程款 Projects Receivable	竣工工程 Projects Completed	从业人员平均人数 Average Number of Employed Persons (person)
全区总计	**Total**	**4492344**	**135405**	**8973442**	**5784575**	**237472**
银川市	**Yinchuan**	**3306768**	**98095**	**5887577**	**3675960**	**160762**
银川市	District	3007984	82925	4762190	3255834	147238
永宁县	Yongning	26111	3589	11257	7250	1153
贺兰县	Helan	73376	3502	109965	46981	4204
灵武市	Lingwu	199297	8079	1004165	365895	8167
石嘴山市	**Shizuishan**	**300474**	**14555**	**1029471**	**677300**	**22764**
石嘴山市	District	250836	11376	1012688	661002	19511
平罗县	Pingluo	49638	3179	16783	16298	3253
吴忠市	**Wuzhong**	**467126**	**8000**	**720999**	**507856**	**27491**
利通区	Litong	284534	2861	376144	235865	13785
红寺堡区	Hongsipu	3495	195	2708		240
盐池县	Yanchi	80872	2005	172022	149975	8174
同心县	Tongxin	35500	730	85236	73376	2047
青铜峡市	Qingtongxia	62725	2209	84889	48640	3245
固原市	**Guyuan**	**173256**	**3830**	**306342**	**165206**	**12693**
原州区	Yuanzhou	106586	3111	269848	144204	8133
西吉县	Xiji	16518	20	7421	2337	1657
隆德县	Longde	10809	194			922
泾源县	Jingyuan	21558	467	19245	15655	856
彭阳县	Pengyang	17785	38	9828	3010	1125
中卫市	**Zhongwei**	**244720**	**10925**	**1029053**	**758253**	**13762**
沙坡头区	Shapotou	106875	3876	695434	499573	6835
中宁县	Zhongning	130885	6118	331564	256625	6434
海原县	Haiyuan	6960	931	2055	2055	493

主要统计指标解释

价值量指标

[建筑业总产值] 它是以货币表现的建筑业企业在一定时间内生产的建筑业产品和服务的总和。建筑业总产值包括三部分内容: ①建筑工程产值;②设备安装工程产值;③其它产值。

它计算的价格原则上按施工单位和建设单位结算价格计算。

[建筑业增加值] 是指建筑企业在报告期内以货币表现的建筑业生产经营活动的最终成果。有两种计算方法:一是生产法、二是分配法 (收入法)

①生产法计算公式:建筑业增加值=建筑业总产出-建筑业中间投入

②分配法 (收人法)计算公式:建筑业增加值=固定资产折旧+劳动者报酬+生产税净额+营业盈余。

[竣工产值] 一般是以单位工程为对象,当该工程按照设计所规定的工程内容全部完成,达到了设计规定的交工条件,经有关部门检查验收鉴定合格的单位工程价值,即为竣工产值。

实物量指标

[房屋建筑面积] 是指房屋全部平面面积的总和。它一般通过房屋施工和竣工面积来具休体现。

[房屋施工面积] 是指报告期内施过工的全部房屋建筑面积,它包括本期新开工的面积、上期跨人本期继续施工的房屋面积、上期停缓建在本期恢复施工的房屋面积、本期竣工的房屋面积以及本期施工后又停续建的房屋面积。

[房屋新开工面积] 是指在报告期内新开工的各个房屋的建筑面积之和。

[房屋竣工面积] 是指在报告期内房屋建筑按照设计要求已全部完工,达到了使用条件经检查验收鉴定合格的房屋建筑面积。

财务指标

[实收资本] 是指企业在工商行政管理部门注册登记,并实际收到投资人投入的资本。企业筹集的资本金投其投资主体一般分为国家资本、集体资本、法人资本、个人资本、港澳台资本和外商资本六种。

[资产] 是企业拥有或控制的能以货币计量的经济资源,包括各种财产、债权和其他权利。

[负债] 是企业所承担的能以货币计量、将以资产或劳务偿付的债务。负债一般按其偿还期长短分为流动负债和长期负债。

[所有者权益] 是企业投资人对企业净资产的所有权,企业净资产等于企业全部资产减去全部负债后的余额。其中包括实收资本、资本公积、盈余公积和未分配利润四部分。

[工程结算收入(主营业务收入)] 指本企业承包工程实现的工程价款结算收入以及向发包单位收取的除工程价款以外按规定列作营业收入的各种款项,如:临时设施费、劳动保险费、施工机构调迁费等以及向发包单位收取的各种索赔款。

[工程结算成本(主营业务成本)] 指在报告期内与发包单位办理工程价款结算的已完工程实际成本。

【第十四篇】Chapter 14

运输邮电

Transport, Postal and Telecommunication Services

责任编辑:吴　苏

资料整理:吴　苏　吕　莹　卜宁飞　周　涛　刘聚才　张晶晶　季　翔

Coordinator: Wu Su

Data Compilation: Wu Su　Lv Ying　Pu NingFei　Zhou Tao　Liu Jucai　Zhang Jingjing　Ji Xiang

14-1 主要年份交通运输工具和线路里程

Major Transport Conveyance and Line Mileage

年份 Year	载货汽车（辆） Truck (unit)	载客汽车（辆） Passenger Vehicles (unit)	铁路 Railways 机车(台) Locomotive (unit)	铁路 Railways 客车(辆) Passenger Coaches (coach)	铁路通车里程（公里） Rail Mileage Open to Traffic (km)	公路通车里程（公里） Highway Mileage Open to Traffic(km)	民航通航里程（公里） Length of Civil Aviation Routes(km)
1957	268	21				2241	
1958	978	29	24		361	2686	1300
1965	1368	85	73		409	3201	1300
1970	2731	506	99	9	409	3591	1300
1975	5296	1224	90	11	421	3916	1300
1978	7991	1920	100	8	421	5227	1300
1980	8867	2345	104	11	421	6848	1300
1985	12754	5149	92	41	421	7016	1300
1990	20471	8744	128	131	421	8200	1400
1995	30788	16419	203	171	769	8554	8683
2000	43496	37629	208	315	780	10171	16823
2001	45227	41079	208	307	780	10899	21242
2002	43051	48874	195	343	780	11245	27336
2003	59710	59590	209	345	780	11916	30101
2004	57831	60386	204	341	780	12456	28627
2005	68956	80384	196	328	786	13078	21248
2006	66276	95063	193	328	783	19903	21219
2007	71466	118249	196	287	783	20562	36253
2008	81072	148103	158	283	783	21008	44197
2009	107536	201143	222	402	783	21805	50602
2010	135235	272342	265	482	1032	22518	54221

注：1.1965 年前载客汽车未包括小客车；

2.2006 年起公路通车里程包含村道。

a)Before 1965,Passenger Vehicles do not include minibus.

b)Since 2006,Length of highways include the village road.

14-2 主要年份运输线路长度
Length of Transportation Routes

单位:公里 (km)

年份 Year	铁路营业里程 Length of Railways in Operation	电气化里程 Electrified Railways	公路 Length of Highways	等级路 Standard Highways	等外路 Substandard Highways	民航 Civil Aviation
1978	437.7		5227			1300
1979	437.7		6848	5503	1345	1300
1980	437.7		6848	5503	1345	1300
1985	426.9		7016	5642	1374	1300
1990	427.0		8200	7400	800	1400
1995	792.6	437.1	8554	7922	632	8683
2000	790.2	716.9	10171	9649	522	16823
2001	790.2	716.9	10899	10723	176	21242
2002	790.2	716.9	11245	11081	164	27336
2003	790.2	716.9	11916	11770	146	30101
2004	790.2	716.9	12456	12325	131	28627
2005	708.3	669.0	13078	13001	77	21248
2006	705.9	667.5	19903	18102	1801	21219
2007	705.8	667.5	20562	18934	1627	36253
2008	705.8	667.5	21008	19403	1605	44197
2009	705.8	705.8	21805	20297	1509	50602
2010	1032.0	1032.0	22518	21198	1320	54221

注：1.2004 年以前铁路营业里程为银川铁路分局管辖长度。
2.2005 年起铁路数据由兰州铁路局重新核定划分。
3.2010 年起铁路营业里程包括合资铁路、地方铁路因不通客车没有统计在内。

a) Before 2004,Length of railways in operation refer to jurisdiction of yinchuan railroad bureau.
b) From 2005,data of railway were re-approved by Lanzhou Railway Bureau.
c) Road length include the village roads since 2006.

14-3 主要年份客货运输量

Passenger and Freight Traffic

年份 Year	客运量 (万人) Passenger Traffic (10 000 persons)	铁路 Railways	公路 Highways	航空 Aviation	货运量 (万吨) Freight Traffic (10 000 tons)	铁路 Railways	公路 Highways	航空 Aviation
1952	4.6		4.3		19.8		12.2	
1957	39.1		39.1		96.3		88.0	
1958	52.4		52.4		201.8		191.8	
1965	142.8	74.8	68.0		640.0	376.6	257.1	
1970	226.6	103.5	123.1		878.9	499.0	374.4	
1975	364.5	128.0	236.3	0.2	1439.3	958.5	476.7	
1978	466.1	144.4	321.4	0.3	2175.0	1298.0	847.0	
1980	645.9	176.0	469.6	0.3	2302.0	1374.0	719.0	
1985	1349.0	217.0	1131.6	0.4	3610.0	1478.0	1912.0	
1990	2838.0	181.0	2655.0	2.0	3851.0	1512.0	2178.0	
1995	4565.0	195.0	4357.0	13.0	5220.0	1605.0	3519.0	0.04
2000	5537.0	271.0	5252.0	14.4	6880.0	2105.3	4531.0	0.06
2001	5823.0	282.0	5525.0	15.8	7287.0	2300.0	4694.0	0.06
2002	6125.4	278.0	5832.0	15.4	7544.9	2367.2	4894.0	0.12
2003	5904.2	277.0	5605.0	22.2	7878.5	2528.5	5048.0	0.17
2004	6722.9	329.0	6359.0	34.9	8724.9	2768.4	5326.0	0.26
2005	7107.0	309.0	6757.0	41.4	9340.0	2881.0	5648.0	0.58
2006	7600.0	357.0	7191.0	51.9	10239.0	3329.0	6029.0	0.45
2007	8208.0	382.0	7752.0	73.6	11445.0	3957.0	6583.0	0.46
2008	11899.0	457.0	11363.0	78.5	26162.0	4400.0	21762.0	0.44
2009	12657.9	513.0	12034.0	110.9	30323.0	5978.0	23263.0	0.54
2010	13599.2	539.0	12919.0	141.2	33597.9	6879.0	25453.0	1.42

注：1.1998 年后公路数据为抽样调查数。

2.2009 年后公路数据为新调查口径数据，货运量包括管道运输量。

a)Data of highways refer to sampling survey data since 1998.

b)From 2008,data of highways refer to highway and waterway transportation industry-wide statistical survey data of Department of Transportation .

14-4 主要年份客货周转量
Passenger and Freight Turnover Volume

年份 Year	旅客周转量（万人公里）Passenger-kilometers (10 000 person-km)	铁路 Railways	公路 Highways	航空 Aviation	货物周转量（万吨公里）Freight Ton-kilometers (10 000 ton-km)	铁路 Railways	公路 Highways
1952	1482		1402		3806		888
1957	6774		6774		6052		3694
1958	5991		5991		7827		6756
1965	17820	13100	4720		326605	318579	7894
1970	25051	17800	7251		413251	402684	10441
1975	35621	20140	15481		427026	409170	17787
1978	44223	23208	21015		562221	534901	27302
1980	61200	27737	33463		458925	430286	20693
1985	121000	45392	75608		619679	519235	79644
1990	192033	46810	145223		747893	598005	125898
1995	279190	55559	215721	7910	1150029	938271	201549
2000	575597	244662	313768	17167	2218627	1594496	568601
2001	551500	202100	333700	15600	2442700	1789300	584900
2002	568049	196539	355306	16204	2623417	1932317	614562
2003	551788	195534	335109	21145	2663245	1968396	630923
2004	651117	231455	381550	38112	2632894	1863592	645950
2005	669549	219490	402650	47409	2679933	1844278	677650
2006	730946	240847	431600	58499	2931456	2031313	721440
2007	804629	259878	465000	79751	3026090	2106674	781800
2008	959073	287354	575282	96437	7008728	2229354	4778724
2009	1048505	303971	610222	134312	7644774	2497308	4969734
2010	1163818	330502	653115	180201	8458987	2766437	5382659

14-5 主要年份邮电业务总量

Business Volume of Post and Telecommunication Services

年份 Year	邮电业务总量 (万元) Business Volume of Postal and Telecommunication (10 000 yuan)	函　件 (万件) Number of Letters (10 000 pcs)	报刊期发数 (万份) Issue of Newspapers and Magazines (10 000 copies)	电话用户总数 (万户) Number of Telephone Subscribers (10 000 subscriber)	移动电话用户 (万户) Number of Mobile Telephone Subscribers (10 000subscriber)	国际互联网络用户 (万户) Number of Internet Users (10000 subscriber)	长途电话 (万次) Long-distance Calls (10 000 times)
1952	75.3	104.1		0.02			6.5
1957	197.4	324.2		0.15			11.9
1958	287.8	380.9	14.5	0.23			18.6
1965	586.2	639.1	19.2	0.70			41.5
1970	690.9	863.7	9.8	0.76			37.6
1975	979.0	990.7	33.5	1.05			68.0
1978	1165.0	1168.7	45.0	1.30			77.0
1980	1279.4	1474.5	68.4	1.60			88.1
1985	1908.2	1792.0	125.1	2.80			150.8
1990	4357.7	2054.3	85.4	5.11			353.5
1995	22859.6	2270.9	70.3	21.64	0.69		2708.3
2000	143401.0	2021.0	61.7	70.01	20.44	3.44	8772.0
2001	163400.0	2631.0	48.5	113.07	41.73	8.53	8123.0
2002	218810.4	3052.0	45.0	158.14	73.68	17.45	5052.4
2003	288775.8	2642.0	42.8	223.87	123.54	22.23	11620.3
2004	392397.0	2093.7	43.3	278.16	158.60	32.08	9104.9
2005	485984.0	3018.4	61.4	319.97	181.08	59.10	10709.6
2006	615246.3	3304.8	41.8	362.42	218.56	29.12	11209.5
2007	800382.2	2049.5	44.1	408.31	268.13	32.39	48413.0
2008	961661.0	3091.6	48.2	444.81	323.30	36.98	51216.8
2009	1200030.0	2395.0	50.9	504.90	390.40	41.82	50453.0
2010	1561769.9	2087.6	54.9	562.70	450.80	48.80	

注：1.邮电业务总量2000年以前为1990年不变价计算，2010年邮电业务总量按2010年不变价计算。

2.2001年起电话机总数中包括移动电话用户。

a) The business volume of postal and telecomunication services before 2000 was calculated at 1990 constant prices and that in 2010 was calculated at 2010 constant prices.

b) Number of Telephone Subscribers included mobile phone users since 2001.

主要统计指标解释

[货运量] 指一定时期(年、季、月)内,以重量单位 (吨)计算的由各种运输工具实际完成运钧过程的货物数量。货运量包括:铁路货运量、公路货运量、水运货运量、民航货运量和管道运输量。

[货物周转量] 指一定时期(年、季、月)内,由各种运输工具实际完成运送过程的,以综合运量和运距的复合单位(吨公里)计算的货物总运输量。它是反映货物运输量的另一个指标。货物周转量中包括铁路、公路、水运、航空、管道等各种运输工具完成的货物周转量。

[客运量] 指分别按各类运输方式计算的实际运送的旅客人数。包括:铁路客运量、公路客运量、水运客运量、空运客运量。

[旅客周转量] 指由各种运输方式在一定时期(年、季、月)内实际运送的每位旅客乘车 (船、民用飞机)里程的综合数,计算单位是“人公里”。

[民用汽车] 由公安交通监理部门所掌管的领有本地区民用车辆牌照的普通载货汽车、专用载货汽车、载客汽车、其他专用汽车、特种汽车等。不包括拖拉机、摩托车、其他机动车等。

[载客汽车] 指用于运送旅客的汽车。可分为大型及小型两种,凡车长 6 米及以上或乘座人数(驾驶员除外)为 20 人及以上者为大型载客汽车。

[营运汽车] 指领有公安交通监理部门核发的车辆牌照、并经当地工商行政管理机关核准,领取营业执照,参加营业性运输的载客和载货汽车,包括使用权属于公路运输企业的租入、借入、代管的营运汽车。计算单位为“辆”。

[邮电业务总量] 即邮电专业产品量。邮电业务量按专业分类包括函件、机要文件、包件、汇票、报刊发行、邮政快件、特快专递、邮政储蓄、集邮、公众电报、用户电报、传真、长途电话、出租电路、市话无线寻呼、移动电话、分组交换数据通信、出租代维等。

[市话交换机总容量] 指市内电话交换机设备的全部容量,包括现用、备用、未使用、损坏停用四部分设备的容量。市内电话局内的查询台、查号台、障碍台、报时台、火警台等特种业务容量均不包括在内。

[移动电话用户] 指在邮电部门登记、通过移动电话交换机进入移动电话网、占有移动电话号码的电话用户,按实际办理登记手续进入邮电部门移动电话网的户数进行统计,一部(台)移动电话统计为一户。

[计算机互联网(INTERNET)用户] 计算机互联网是一个连接计算机网的网络,范围遍及全世界,包括局域网、城域网和广域网,旨在实现计算机资源共享。它分为两大类,一类是学术范围的非盈利性的网络,另一类是商业性或非学术性的网络。接入这个网络的用户,称为 INTERNET 用户。

【第十五篇】Chapter 15

批发零售和住宿餐饮业

Wholesale, Retail, Housing and Catering

责任编辑：何胜兰

资料整理：何胜兰　岳洪涛　温　静　周　莹　郝　静　勉　伟

Coordinator：He Shenglan

Data Compilation：He Shenglan　Yue Hongtao　Wen Jing　Zhou Ying　Hao Jing　Mian Wei

15-1 限额以上批发业法人、活动单位、个体户数、从业人员总数

Number of Corporation Enterprises, Establishments,Self-employed and Engaged Persons above Designated Size of Wholesale

(2010)

指　标	Item	法人单位数（个）Number of Corporate Unit (unit)	活动单位数（个）Number of Establishments (unit)	个体户数（个）Branches (unit)	从业人员总数（人）Engaged Persons (person)
批发业合计	**Wholesale Trade**	**185**	**3**	**1**	**12480**
国有及国有控股	State-owned and State-holding Enterprises	28	1		3998
按登记注册类型分组	**Grouped by Registration Status**				
内资企业	Domestic Funded Enterprises	183	3		12045
国有企业	State-owned Enterprises	22	1		2084
集体企业	Collective-owned Enterprises	1			2162
股份合作	Cooperative Enterprises				
有限责任公司	Limited Liability Corporations	33	2		1795
国有独资企业	State Sole Funded Corporations				
其他有限责任公司	Other Limited Liability Corporations	33	1		1795
股份有限公司	Share-holding Corporations Ltd.	8			3258
私营企业	Private Enterprises	119			2746
外商投资企业	Foreign Funded Enterprises	2			435
按国民经济行业分组	**Grouped by Sector**				
农畜产品批发业	Wholesale of Farm Produce and Livestock Products	8			290
食品、饮料及烟草制品批发业	Wholesale of Food,Beverages and Tobaccos	20			2167
米、面制品及食用油批发业	Wholesale of Rice,Flour and Edible Oil	3			195
烟草制品批发业	Wholesale of Tobaccos	5			1230
纺织、服装及日用品批发业	Wholesale of Textiles,Garments and Daily Consumer Articles	3		1	83
服装批发业	Wholesale of Garments	2			56
文化、体育用品及器材批发业	Wholesale of Culture,Sports Appliances and Equipments	5			198
医药及医疗器材批发业	Wholesale of Medicines and Medical Appliances	9			451
矿产品、建材及化工产品批发业	Wholesale of Mineral Products,Building Materials and Chemical Products	94	1		7728
机械设备、五金交电及电子产品批发业	Wholesale of Machinery,Hardware and Electronic Equipment	38	1		1433
其他批发业	Other Wholesale not Classified Elsewhere	8	1		171

15-2 限额以上零售业法人、活动单位、个体户数、从业人员总数

Number of Corporation Enterprises, Establishments, Self-employed and Engaged Persons above Designated Size of Retail Trades

（2010）

指　标	Item	法人单位数（个）Number of Corporate Unit (unit)	活动单位数（个）Engaged Persons (unit)	个体户数（个）Branches (unit)	从业人员总数（人）Engaged Persons (person)
零售业合计	**Total**	**207**	**12**	**9**	**17581**
国有及国有控股	State-owned and State-holding Enterprises	22	11		1486
按登记注册类型分组	**Grouped by Registration Status**				
内资企业	Domestic Funded Enterprises	206	12		17487
国有企业	State-owned Enterprises	23	11		1671
集体企业	Collective-owned Enterprises	1			16
股份合作企业	Cooperative Enterprises	1			210
联营企业	Joint-venture Enterprises				
有限责任公司	Limited Liability Corporations	59			6024
国有独资企业	State Sole Funded Corporations				
其他有限责任公司	Other Limited Liability Corporations	59			6024
股份有限公司	Share-holding Corporations Ltd.	3			1834
私营企业	Private Enterprises	119	1		7732
外商投资企业	Fareigh Funds Enterprises	1			94
按国民经济行业分组	**Grouped by Sector**				
综合零售业	Integrated Retail	29		6	6726
百货零售业	Retail of General Merchandise	27		4	4878
超级市场零售业	Retail of Supermarkets	2		2	1848
食品、饮料、烟草制品专门零售业	Retail of Food,Beverages and Tobaccos	5	11	1	706
纺织、服装及日用品专门零售业	Special Retail of Textiles,Garments and Daily Consumer Articles	8		1	1073
服装零售业	Retail of Garments	4		1	909
文化、体育用品及器材专门零售业	Retail of Culture,Sports Appliances and Equipments	23			683
图书零售业	Retail of Books	15			473
医药及医疗器材专门零售业	Retail of Medicines and Medical Appliances	19			1903
汽车、摩托车、燃料及零配件专门零售业	Retail of Motor Vehicles,Motorcycles,Fuel and Parts	81	1		4540
汽车零售业	Retail of Motor Vehicles	57	1		3888
机动车燃料零售业	Retail of Fuel of Motor Vehicles	15			539
家用电器及电子产品专门零售业	Special Retail of Household Electric Appliances and Electronic Products	33			1974
家用电器零售业	Retail of Household Electric Appliances	11			1088
计算机、软件及辅助设备零售业	Retail of Computer,Software and Assistant Appliances	17			578
通讯设备零售业	Retail of Communication Equipments	4			304
五金、家具及室内装修材料专门零售业	Special Retail of Hardware,Furniture and Decoration Materials	4		1	161
无店铺及其他零售业	Non-shop and Other Retails	5			397

15-3 限额以上批发业法人企业商品销售总额

Commodity Sales of Wholesale and Retail Trades above Designated Size

单位:万元 （2010） (10 000 yuan)

指　标	Item	销售总额 Total Sales Value	批发额 Wholesale Value	零售额 Retail Value
批发业合计	**Wholesale Trade**	**4622549**	**4249114**	**373436**
国有及国有控股	State-owned and State-holding Enterprises	2219424	2007803	211621
按登记注册类型分组	**Grouped by Registration Status**			
内资企业	Domestic Funded Enterprises	4584433	4211632	372801
国有企业	State-owned Enterprises	446476	444515	1962
集体企业	Collective-owned Enterprises	22771	22771	
股份合作企业	Cooperative Enterprises			
有限责任公司	Limited Liability Corporations	902844	867471	35373
国有独资企业	State Sole Funded Corporations			
其他有限责任公司	Other Limited Liability Corporations	902844	867471	35373
股份有限公司	Share-holding Corporations Ltd.	2167276	1843577	323699
私营企业	Private Enterprises	1045065	1033297	11768
外商投资企业	Foreign Funds Enterprises	38116	37482	635
按国民经济行业分组	**Grouped by Sector**			
农畜产品批发业	Wholesale of Farm Produce and Livestock Product	16224	13973	2251
食品、饮料及烟草制品批发业	Wholesale of Food,Beverages and Tobaccos	447228	446548	680
米、面制品及食用油批发业	Wholesale of Rice,Flour and Edible Oil	19601	19601	
烟草制品批发业	Wholesale of Tobaccos	361913	361913	
纺织、服装及日用品批发业	Wholesale of Textiles,Garments and Daily Consumer Articles	57207	57207	
服装批发业	Wholesale of Garments	44480	44480	
文化、体育用品及器材批发业	Wholesale of Culture,Sports Appliances and Equipments	24851	24678	173
医药及医疗器材批发业	Wholesale of Medicines and Medical Appliances	47747	43482	4266
矿产品、建材及化工产品批发	Wholesale of Mineral Products,Building Materials and Chemical Products	3585904	3228059	357845
机械设备、五金交电及电子产品批发业	Wholesale of Machinery,Hardware and Electronic Equipment	372511	367421	5090
其他批发业	Other Wholesale not Classified Elsewhere	70877	67746	3132

15-4 限额以上零售业法人企业商品销售总额

Commodity Sales of Wholesale and Retail Trades above Designated Size

单位:万元　　　　（2010）　　　　(10 000 yuan)

指　标	Item	销售总额 Total Sales Value	批发额 Wholesale Value	零售额 Retail Value
零售业合计	**Retail Trade**	**1901358**	**220082**	**1681276**
国有及国有控股	State-owned and State-Holding Enterprises	110754	26390	84363
按登记注册类型分组	**Grouped by Registration Status**			
内资企业	Domestic Funded Enterprises	1897435	218759	1678676
国有企业	State-owned Enterprises	119612	26390	93222
集体企业	Collective-owned Enterprises	2997		2997
股份合作企业	Cooperative Enterprises	691		691
有限责任公司	Limited Liability Corporations	669112	30326	638786
国有独资企业	State Sole Funded Corporations			
其他有限责任公司	Other Limited Liability Corporations	669112	30326	638786
股份有限公司	Share-holding Corporations Ltd.	373819	17594	356225
私营企业	Private Enterprises	731204	144449	586755
外商投资企业	Foreign Funds Enterprises	3923	1323	2600
按零售行业小类分组	**Grouped by Retail Industry Sub-categories**			
综合零售	Integrated Retail	496396	6346	490051
百货零售	Retail of General Merchandise	376619	2063	374556
超级市场零售	Retail of Supermarkets	119777	4282	115495
食品、饮料及烟草制品专门零售	Retail of Food,Beverages and Tobaccos	14783	6409	8374
纺织、服装及日用品专门零售	Special Retail of Textiles,Garments and Daily Consumer Articles	30933	835	30097
服装零售业	Retail of Garments	25078	768	24310
文化、体育用品及器材专门零售业	Retail of Culture,Sports Appliances and Equipments	31261	5295	25966
体育用品零售业	Retail of Sports Appliances			
图书零售业	Retail of Books	20969	3111	17858
医药及医疗器材专门零售业	Retail of Medicines and Medical Appliances	188313	63335	124977
药品零售业	Retail of Medicines	188313	63335	124977
汽车、摩托车、燃料及零配件专门零售业	Retail of Motor Vehicles,Motorcycles,Fuel and Parts	853635	97520	756116
汽车零售业	Retail of Motor Vehicles	773578	76858	696720
机动车燃料零售业	Retail of Fuel of Motor Vehicles	62940	11171	51769
家用电器及电子产品专门零售业	Special Retail of Household Electric Appliances and Electronic Products	259632	38913	220719
家用电器零售业	Retail of Household Electric Appliances	188398	18582	169816
计算机、软件及辅助 设备零售业	Retail of Computer,Software and Peripherals	58253	17521	40733
通信设备零售业	Retail of Communication Equipment	12639	2811	9828
五金、家具及室内装修材料专门零售业	Special Retail of Hardware,Furniture and Decoration Materials	6271	3	6268
无店铺及其他零售业	Non-shop and Other Retails	20134	1426	18708

15-5 限额以上住宿业法人、活动单位、个体户数、从业人员总数

Number of Corporation Enterprises, Establishments, Branches and Engaged Persons of Star-rated Hotels

(2010)

指　标	Item	法人单位数（个）Number of Corporate Unit (unit)	活动单位数（个）Number of Establish-ments(unit)	个体户数（个）Branches (unit)	从业人员总数（人）Engaged Persons (person)
总　计	**Total**	**52**	**5**	**5**	**6351**
国有及国有控股	State-owned and State-holding Enterprises	12	4		1932
按登记注册类型分组	**Grouped by Registration Status**				
内资企业	Demestic Enterprises	51	5		6126
国有企业	State-owned Enterprises	7	4		1019
集体企业	Collective-owned Enterprises				
联营企业	Joint-venture Enterprises				
有限责任公司	Limited Liabilities Corporations	13			1751
其他有限责任公司	Other Limited Liabilities Corporations	12			1601
股份有限公司	Share-holding Corporations Ltd.				
私营企业	Private Enterprises	31			3356
外商投资企业	Foreign Funds Enterprises	1			225
按住宿行业小类分组	**Grouped by Sector**				
旅游饭店	Tourist Hotel	44	5	1	5572
一般旅馆	General Hotels	8		4	779

15-6 限额以上餐饮业法人、活动单位、个体户数、从业人员总数

Number of Corporation Enterprises, Establishments, Branches and Engaged Persons above Designated Size of Catering Services

(2010)

指　标	Item	法人单位数（个）Number of Corporate Unit (unit)	活动单位数（个）Number of Establish-ments (unit)	个体户数（个）Branches (unit)	从业人员总数（人）Engaged Persons (person)
总　计	**Total**	**88**	**2**	**53**	**10319**
国有及国有控股	State-owned and State-holding Enterprises	3	2		549
按登记注册类型分组	**Grouped by Registration Status**				
内资企业	Demestic Enterprises	87	2		10049
国有企业	State-owned Enterprises	1	2		257
集体企业	Collective-owned Enterprises	1			28
股份合作企业	Cooperative Enterprises	1			82
有限责任公司	Limited Liabilities Corporations	14			1650
国有独资企业	State Sole Funded Corporations				
其他有限责任公司	Other Limited Liabilities Corporations	14			1650
私营企业	Private Enterprises	70			8032
私营独资企业	Private-funded Enterprises	15			1483
私营合伙企业	Private Partnership Enterprises	3			323
私营有限责任公司	Private Limited Liability Corporations	52			6226
外商投资企业	Foreign Funded Enterprises	1			270
按餐饮行业小类分组	**Grouped by Sector**				
正 餐	Restaurant	86	2	52	10149
快 餐	Fast Food	2		1	170

15-7 限额以上住宿业法人企业经营情况

Bussiness of Enterprises above Designated Size of Hotels

单位:万元 （2010） (10 000 yuan)

指　标	Item	营业额 Business Revenue	客房收入 From Hotel Rooms	餐费收入 From Meals	商品销售收入 From Commodities	其他收入 Other Income
总　计	**Total**	**56525**	**26657**	**23336**	**3061**	**3471**
国有及国有控股	State-owned and State-holding Enterprises	22773	10864	9221	691	1998
按登记注册类型分组	**Grouped by Registration Status**					
内资企业	Demestic Enterprises	54154	25978	21644	3061	3471
国有企业	State-owned Enterprises	14788	6816	6207	177	1590
集体企业	Collective-owned Enterprises					
联营企业	Joint-venture Enterprises					
有限责任公司	Limited Liabilities Corporations	15095	6954	6013	1322	806
其他有限责任公司	Other Limited Liabilities Corporations	13761	5983	5654	1317	806
股份有限公司	Share-holding Corporations Ltd.					
私营企业	Private Enterprises	24271	12209	9424	1563	1075
港、澳、台商投资企业	Enterprises with Funds from Hong Kong, Macao and Taiwan					
外商投资企业	Fareign Funds Enterprises	2371	679	1692		
按餐饮行业小类分组	**Grouped by Sector**					
旅游饭店	Tourist Hotel	50838	24876	19909	2669	3384
一般旅馆	General Hotels	5687	1781	3427	392	87
按星级分组	**Grouped by Star**					
五星	Five star	7681	4264	2293	9	1115
四星	Four star	11741	5287	4437	1432	584
三星	Stree star	28816	11569	14320	1484	1444
二星	Tow star	2570	1722	830	4	14
一星	One star					
其他	Other	5717	3815	1456	132	314

15-8 限额以上餐饮业法人企业经营情况

Bussiness of Enterprises above Designated Size of Catering Servies

单位:万元　　（2010）　　(10 000 yuan)

指　标	Item	营业额 Business Revenue	客房收入 From Hotel Rooms	餐费收入 From Meals	商品销售收入 From Commodities	其他收入 Other Income
总　计	**Total**	**102568**	**15605**	**77062**	**6457**	**3444**
国有及国有控股	State-owned and State-holding Enterprises	4880	1675	3106	16	83
按登记注册类型分组	**Grouped by Registration Status**					
内资企业	Demestic Enterprises	97588	15605	72082	6457	3444
国有企业	State-owned Enterprises	1346	168	1165		13
集体企业	Collective-owned Enterprises	324	95	200	29	
有限责任公司	Limited Liabilities Corporations	13810	3060	8884	1087	778
股份合作企业	Cooperative Enterprises	468		408	59	
国有独资企业	State Sole Funded Corporations					
其他有限责任公司	Other Limited Liabilities Corporations	13810	3060	8884	1087	778
私营企业	Private Enterprises	81640	12282	61425	5282	2652
私营独资企业	Private-funded Enterprises	11749	2062	8726	828	132
私营合伙企业	Private Partnership Enterprises	3073	82	2581	214	197
私营有限责任公司	Private Limited Liability Corporations	66818	10138	50118	4239	2323
外商投资企业	Foreign Funded Enterprises	4980		4980		
按住宿行业小类分组	**Grouped by Sector**					
正 餐	Restaurant	101566	15605	76061	6457	3444
快 餐	Fast Food	1002		1002		
按经营形式分组	**Grouped by Business Form**					
独立门店	Independent Sore	98371	15465	73017	6457	3432
连锁总店	Distributor Chain	737		737		
连锁门店	Distributor Chain	392	140	240		12
其他	Other	3068		3068		

15-9 限额以上批发和零售业法人企业财务状况
Financial Indicators of Wholesale and Retail Enterprises above Designated Size

单位:万元 (2010)

指　标	Item	资产总计 Total Assets	固定资产 Fixed Assets	流动资产 Working Capitals	负债合计 Total Liabilities
总　计	**Total**	**2502254**	**317689**	**1869945**	**1759044**
批发业	**Wholesale Trade**	**1509368**	**149380**	**1178615**	**1041830**
国有及国有控股	State-owned and State-holding Enterprises	291011	55982	220904	127273
按登记注册类型分组	**Grouped by Registration Status**				
内资企业	Domestic Funded Enterprises	1451651	143247	1127715	1020008
国有企业	State-owned Enterprises	232309	30557	184205	74409
集体企业	Collective-owned Enterprises	39032	1541	35394	35396
股份合作企业	Cooperative Enterprises				
有限责任公司	Limited Liability Corporations	369898	15618	323014	315408
国有独资公司	State Sole Funded Corporations				
其他有限责任公司	Other Limited Liability Corporations	369898	15618	323014	315408
股份有限公司	Share-holding Corporations Ltd.	171801	67354	60744	118498
私营企业	Private Enterprises	638611	28177	524359	476296
外商投资企业	Foreign Funded Enterprises	57717	6133	50900	21822
按批发行业小类分组	**Grouped by Sector**				
农畜产品批发	Wholesale of Farm Produce and Livestock Products	30659	7494	21940	27229
食品、饮料及烟草制品批发	Wholesale of Food,Beverages and Tobaccos	255385	33559	206854	69637
纺织、服装及日用品批发	Wholesale of Textiles,Garments and Daily Consumer Articles	101847	1968	76395	69224
文化、体育用品及器材批发	Wholesale of Culture,Sports Appliances and Equipments	12467	2433	8827	7216
医药及医疗器材批发	Wholesale of Medicines and Medical Appliances	31328	1425	16330	16358
矿产品、建材及化工产品批发	Wholesale of Mineral Products,Building Materials and Chemical Products	861436	93229	667796	681078
机械设备、五金交电及电子产品批发	Wholesale of Machinery,Hardware and Electronic Equipment	161628	8119	144022	136513
其他批发	Other Wholesale not Classified Elsewhere	54618	1153	36451	34575

15-9 续表 1 continued

单位：万元 （10 000 yuan）

指　标	Item	所有者权益 Total Owners' Equities	主营业务收入 Revenue from Principal Business	利润总额 Total Profits
总　计	**Total**	**743210**	**5313785**	**149359**
批发业	**Wholesale Trade**	**467538**	**3699246**	**89979**
国有及国有控股	State-owned and State-holding Enterprises	163738	1629903	72481
按登记注册类型分组	**Grouped by Registration Status**			
内资企业	Domestic Funded Enterprises	431643	3666668	82880
国有企业	State-owned Enterprises	157900	396639	45923
集体企业	Collective-owned Enterprises	3636	22108	-933
股份合作企业	Cooperative Enterprises			
有限责任公司	Limited Liability Corporations	54490	790823	-1479
国有独资公司	State Sole Funded Corporations			
其他有限责任公司	Other Limited Liability Corporations	54490	790823	-1479
股份有限公司	Share-holding Corporations Ltd.	53303	1538922	38859
私营企业	Private Enterprises	162314	918177	511
外商投资企业	Foreign Funded Enterprises	35895	32578	7099
按批发行业小类分组	**Grouped by Sector**			
农畜产品批发	Wholesale of Farm Produce and Livestock Products	3430	16101	356
食品、饮料及烟草制品批发	Wholesale of Food,Beverages and Tobaccos	185748	386110	51648
纺织、服装及日用品批发	Wholesale of Textiles,Garments and Daily Consumer Articles	32623	54798	1620
文化、体育用品及器材批发	Wholesale of Culture,Sports Appliances and Equipments	5251	21469	627
医药及医疗器材批发	Wholesale of Medicines and Medical Appliances	14971	43699	346
矿产品、建材及化工产品批发	Wholesale of Mineral Products,Building Materials and Chemical Products	180358	2788959	33701
机械设备、五金交电及电子产品批发	Wholesale of Machinery,Hardware and Electronic Equipment	25115	323937	818
其他批发	Other Wholesale not Classified Elsewhere	20042	64173	863

15-9 续表2 continued

(2010)

指 标	Item	资产总计 Total Assets	固定资产 Fixed Assets	流动资产 Working Capitals	负债合计 Total Liabilities
零售业	**Retail Trade**	**992886**	**168309**	**691330**	**717214**
国有及国有控股	State-owned and State-holding Enterprises	57159	15054	40032	35003
按登记注册类型分组	**Grouped by Registration Status**				
内资企业	Domestic Funded Enterprises	988483	166294	689222	716335
国有企业	State-owned Enterprises	66904	20772	43631	39717
集体企业	Collective-owned Enterprises	162	12	150	198
股份合作企业	Cooperative Enterprises	331			
联营企业	Joint Ownership Enterprises		76	244	254
有限责任公司	Limited Liability Corporations	365652	73664	260350	295666
国有独资公司	State Sole Funded Corporations				
其他有限责任公司	Other Limited Liability Corporations	365652	73664	260350	295666
股份有限公司	Share-holding Corporations Ltd.	190295	16914	117544	87225
私营企业	Private Enterprises	365139	54857	267304	293276
外商投资企业	Foreign Funds Enterprises	4403	2015	2408	878
按零售行业小类分组	**Grouped by Sector**				
综合零售	Integrated Retail	310541	84970	158821	178838
百货零售	Retail of General Merchandise	253422	75938	114174	145865
超级市场零售	Retail of Supermarkets	57119	9032	44647	32973
食品、饮料及烟草制品专门零售	Retail of Food,Beverages and Tobaccos	16609	5365	10524	10728
纺织、服装及日用品专门零售	Special Retail of Textiles,Garments and Daily Consumer Articles	21487	7833	12272	13411
文化、体育用品及器材专门零售	Retail of Culture,Sports Appliances and Equipments	30388	10231	19302	20173
医药及医疗器材专门零售	Retail of Medicines and Medical Appliances	93939	11794	73224	71905
药品零售	Retail of Medicines	93939	11794	73224	71905
汽车、摩托车、燃料及零配件专门零售	Retail of Motor Vehicles, Motorcycles, Fuel and Parts	369635	38366	284942	300035
汽车零售	Retail of Motor Vehicles	311095	30016	241774	251854
家用电器及电子产品专门零售	Special Retail of Household Electric Appliances and Electronic Products	128442	4551	119724	105001
家用电器零售	Retail of Household Electric Appliances	99271	1877	96270	85139
计算机、软件及辅助设备零售业	Retail of Computer,Software and Peripherals	25377	2472	20618	17881
通讯设备零售业	Retail of Communication Equipment	3614	189	2720	1869
其他电子产品零售业	Retail of Other Electric Prodacts	180	14	117	112
五金、家具及室内装修材料专门零售	Special Retail of Hardware,Furniture and Decoration Materials	6475	1519	4033	5802
无店铺及其他零售	Non-shop and Other Retails	15370	3681	8488	11321

15-9 续表 3 continued

指　标	Item	所有者权益 Total Owners' Equities	主营业务收入 Revenue from Principal Business	利润总额 Total Profits
零售业	**Retail Trade**	**275672**	**1614538**	**59380**
国有及国有控股	State-owned and State-holding Enterprises	22156	96286	371
按登记注册类型分组	**Grouped by Registration Status**			
内资企业	Domestic Funded Enterprises	272148	1610969	59424
国有企业	State-owned Enterprises	27188	102373	697
集体企业	Collective-owned Enterprises	-36	2562	-4
股份合作企业	Cooperative Enterprises			
联营企业	Joint Ownership Enterprises	77	608	32
有限责任公司	Limited Liability Corporations	69987	594661	11024
国有独资公司	State Sole Funded Corporations			
其他有限责任公司	Other Limited Liability Corporations	69987	594661	11024
股份有限公司	Share-holding Corporations Ltd.	103070	283872	38110
私营企业	Private Enterprises	71863	626894	9565
外商投资企业	Foreign Funds Enterprises	3524	3569	-45
按零售行业小类分组	**Grouped by Sector**			
综合零售	Integrated Retail	131703	400337	41771
百货零售	Retail of General Merchandise	107557	287121	33331
超级市场零售	Retail of Supermarkets	24146	113216	8439
食品、饮料及烟草制品专门零售	Retail of Food,Beverages and Tobaccos	5880	12815	320
纺织、服装及日用品专门零售	Special Retail of Textiles,Garments and Daily Consumer Articles	8076	26608	538
文化、体育用品及器材专门零售	Retail of Culture,Sports Appliances and Equipments	10216	26574	575
医药及医疗器材专门零售	Retail of Medicines and Medical Appliances	22034	162097	2196
药品零售	Retail of Medicines	22034	162097	2196
汽车、摩托车、燃料及零配件专门零售	Retail of Motor Vehicles, Motorcycles, Fuel and Parts	69600	747241	9161
汽车零售	Retail of Motor Vehicles	59241	680503	7972
家用电器及电子产品专门零售	Special Retail of Household Electric Appliances and Electronic Products	23441	214361	5101
家用电器零售	Retail of Household Electric Appliances	14132	152513	5152
计算机、软件及辅助设备零售业	Retail of Computer,Software and Peripherals	7496	50775	-84
通讯设备零售业	Retail of Communication Equipment	1745	10802	37
其他电子产品零售业	Retail of Other Electric Prodacts	68	271	-4
五金、家具及室内装修材料专门零售	Special Retail of Hardware,Furniture and Decoration Materials	673	5329	482
无店铺及其他零售	Non-shop and Other Retails	4049	19176	-764

15-10 限额以上住宿和餐饮法人企业财务状况
Financial Status of Accommodation and Catering Enterprises above Designated Size

单位:万元　　(2010)　　(10 000 yuan)

指　标	Item	资产总计 Total Assets	固定资产 Fixed Assets	流动资产 Working Capitals	负债合计 Total Liabilities
总　计	**Total**	**407593**	**270930**	**149478**	**288425**
住宿业	**Hotels**	**148572**	**145009**	**44439**	**103483**
国有及国有控股	State-owned and State-holding Enterprises	45801	92373	14847	27984
按登记注册类型分组	**Grouped by Registration Status**				
内资企业	Demestic Enterprises	138533	142399	37009	99555
国有企业	State-owned Enterprises	22593	73710	12283	17385
集体企业	Collective-owned Enterprises				
联营企业	Joint-venture Enterprises				
有限责任公司	Limited Liabilities Corporations	48620	32070	7735	27139
股份有限公司	Share-holding Corporations Ltd.				
私营企业	Private Enterprises	67320	36619	16991	55031
外商投资企业	Foreign Funds Enterprises	10040	2610	7430	3929
按住宿行业中类分组	**Grouped by Sector**				
旅游饭店	Tourist Hotel	134790	136993	40479	96390
一般旅馆	Other Hotels	13782	8016	3960	7093
餐饮业	**Catering Services**	**259021**	**125921**	**105039**	**184941**
国有及国有控股	State-owned and State-holding Enterprises	14316	12553	1760	16871
按登记注册类型分组	**Grouped by Registration Status**				
内资企业	Demestic Enterprises	247894	120575	99257	174946
国有企业	State-owned Enterprises	3199	2582	613	3199
集体企业	Collective-owned Enterprises	67	2	64	74
股份合作企业	Cooperative Enterprises	520	41	158	283
有限责任公司	Limited Liabilities Corporations	87264	51323	31257	67592
私营企业	Private Enterprises	156844	66627	67165	103798
外商投资企业	Foreign Funded Enterprises	11128	5346	5782	9995
按餐饮行业中类分组	**Grouped by Sector**				
正餐服务	Restaurant	258177	125601	104684	184485
快餐服务	Fast Food	844	320	355	456

15-10 续表 continued

单位:万元　　(2010)　　(10 000 yuan)

指　标	Item	所有者权益 Total Owners' Equities	主营业务收入 Revenue from Principal Business	利润总额 Total Profits
总　计	**Total**	**119168**	**158275**	**-8248**
住宿业	**Hotels**	**45089**	**55791**	**-3788**
国有及国有控股	State-owned and State-holding Enterprises	17817	22780	-1340
按登记注册类型分组	**Grouped by Registration Status**			
内资企业	Demestic Enterprises	38978	53420	-3590
国有企业	State-owned Enterprises	5208	14822	-51
集体企业	Collective-owned Enterprises			
联营企业	Joint-venture Enterprises			
有限责任公司	Limited Liabilities Corporations	21481	15051	-1425
股份有限公司	Share-holding Corporations Ltd.			
私营企业	Private Enterprises	12289	23547	-2114
外商投资企业	Foreign Funds Enterprises	6111	2370	-198
按住宿行业中类分组	**Grouped by Sector**			
旅游饭店	Tourist Hotel	38400	50286	-3134
一般旅馆	Other Hotels	6689	5504	-654
餐饮业	**Catering Services**	74079	102484	-4460
国有及国有控股	State-owned and State-holding Enterprises	-2555	4880	-1886
按登记注册类型分组	**Grouped by Registration Status**			
内资企业	Demestic Enterprises	72947	97504	-4519
国有企业	State-owned Enterprises		1321	-574
集体企业	Collective-owned Enterprises	-8	324	2
股份合作企业	Cooperative Enterprises	237	469	-77
有限责任公司	Limited Liabilities Corporations	19672	13784	-2886
私营企业	Private Enterprises	53045	81607	-984
外商投资企业	Foreign Funded Enterprises	1132	4980	60
按餐饮行业中类分组	**Grouped by Sector**			
正餐服务	Restaurant	73692	101483	-4510
快餐服务	Fast Food	387	1002	50

15-11 主要年份社会消费品零售总额
Total Retail Sales of Consumer Goods

单位:万元　　(10 000 yuan)

指　标	Item	1978	1980	1990	2000	2005	2008
社会消费品零售总额	**Total Retail Sales of Consumer Goods**	**50421**	**67442**	**253039**	**1005417**	**1743393**	**2851516**
按销售地区分	**By Location**						
市的零售额	City	27515	35073	151760	656215	1312342	2127112
县的零售额	Country	11219	13418	67380	185644	195627	414502
县以下的零售额	Under Country Level	11687	18951	33899	163558	235424	309902
按经济类型分	**By Economic Type**						
国有经济	State-owned	31216	44186	119322	258629	193375	206893
集体经济	Collective-owned	18584	21346	59073	64701	29903	45189
私营经济	Private				77412	390753	903955
个体经济	Individual	621	1910	74644	537296	779210	1209694
股份制经济	Share-holding				60737	328591	470890
国有绝对控股	Absolute State-holding				45939	74390	
国有相对控股	Relative State-holding				14677	164717	
其他各种经济	Others				6642	21561	14895
按行业分	**By Sector**						
批发业和零售业	Wholesale and Retail Trade	45177	61181	233490	863756	1412247	2340097
限额以上	Above Designated Size				232724	530617	1063536
限额以下	Under Designated Size				631032	881630	1276561
住宿业和餐饮业	Hotels and Catering Services	1521	2131	12136	121546	300223	483938
其　他	Others	3723	4130	7413	20115	30923	27481

15-11 续表 continued

指　标	Item	2009	2010
社会消费品零售总额	**Total Retail Sales of Consumer Goods**	**3392995**	**4035917**
按经营地分	**By Location**		
城镇	Urban	3061125	3663035
城区	City	2286104	2666659
乡村	Rural	331870	372882
按经济类型分	**By Economic Type**		
国有经济	State-owned	198740	268477
集体经济	Collective-owned	42878	48375
私营经济	Private	858922	1048849
个体经济	Individual	1378017	1498627
股份制经济	Share-holding	896067	1151547
国有控股	Absolute State-holding	206229	274683
其他各种经济	Others	18371	20042
按行业分	**By Sector**		
批发业和零售业	Wholesale and Retail Trade	2812734	3375671
限额以上	Above Designated Size	1487517	1962978
限额以下	Under Designated Size	1325217	1412693
住宿业和餐饮业	Hotels and Catering Services	580261	660246

注：从2010年起，社会消费品零售总额统计采用新的分组，即按经营单位所在地分组由“市、县、县以下”改为“城镇、乡村”，2009年数据为2010年按新标准调查数。

15-12 主要年份社会消费品零售总额构成
Composition of Total Retail Sales of Consumer Goods

年份 Year	社会消费品零售总额(万元) Total Retail Sales of Consumer Goods (10 000 yuan)				构成(%)总额=100 Composition(%) Total=100		
		市 City	县 Country	县以下 Under Country Level	市 City	县 Country	县以下 Under Country Level
1978	50421	27515	11219	11687	54.57	22.25	23.18
1979	57433	30554	11946	14933	53.20	20.80	26.00
1980	67442	35073	13418	18951	52.00	19.90	28.10
1985	131489	73374	33582	24533	55.80	25.54	18.66
1990	253039	151760	67380	33899	59.97	26.63	13.40
1995	626362	439318	104839	82205	70.14	16.74	13.12
1996	731591	512359	106800	112432	70.03	14.60	15.37
1997	792313	564177	107879	120257	71.21	13.62	15.18
1998	859660	613338	110360	135962	71.35	12.84	15.82
1999	921555	661113	117655	142787	71.74	12.77	15.49
2000	1005417	725167	128268	151982	72.13	12.76	15.12
2001	1101937	797154	139427	165356	72.34	12.65	15.01
2002	1212131	885559	150302	176270	73.06	12.40	14.54
2003	1345465	908498	231236	205731	67.52	17.19	15.29
2004	1535176	1149426	177620	208130	74.87	11.57	13.56
2005	1743393	1312342	195627	235424	75.28	11.22	13.50
2006	1989647	1484290	254595	250762	74.60	12.79	12.61
2007	2333234	1749533	304180	279521	74.98	13.04	11.98
2008	2851516	2127112	414502	309902	74.59	14.54	10.87

注:1993-2005 年按经济普查口径进行调整。

a)From 1993 to 2005,data in this table were adjusted according to the National Economic Census.

15-12 续表 1 continued

年份 Year	社会消费品零售总额(万元) Total Retail Sales of Consumer Goods (10 000 yuan)				构成(%)总额=100 Composition(%) Total=100		
		城镇 Urban	城区 City	乡村 Rural	城镇 Urban	城区 City	乡村 Rural
2009	3392995	3061125	2286104	331870	90.22	67.38	9.78
2010	4035917	3663035	2666659	372882	90.76	66.07	9.24

15-12 续表 2 continued

年份 Year	分行业社会消费品零售总额(万元) Total Retail Sales of Consumer Goods by Sector(10 000 yuan)			构成(%)总额=100 Composition(%) Total=100		
	批发零售业 Wholesale Trade	住宿餐饮业 Hotels and Catering Services	其他行业 Others	批发零售业 Wholesale Trade	住宿餐饮业 Hotels and Catering Services	其他行业 Others
1978	42826	1521	6074	84.93	3.02	12.05
1979	47975	1743	7715	83.53	3.04	13.43
1980	55358	2131	9953	82.08	3.16	14.76
1985	104624	4763	22102	79.57	3.62	16.81
1990	186189	12136	54714	73.58	4.80	21.62
1995	564011	40925	21426	90.04	6.53	3.43
1996	641738	49507	40346	87.72	6.77	5.51
1997	726512	56181	9620	91.69	7.09	1.22
1998	774691	72024	12945	90.11	8.38	1.51
1999	804759	96814	19982	87.33	10.50	2.17
2000	866068	112459	26890	86.14	11.18	2.68
2001	932642	142485	26810	84.64	12.93	2.43
2002	1008468	176397	27266	83.20	14.55	2.25
2003	1100584	218901	25980	81.80	16.27	1.93
2004	1245331	259813	30032	81.12	16.92	1.96
2005	1412247	300223	30923	81.00	17.20	1.80
2006	1629337	327636	32674	81.89	16.47	1.64
2007	1909093	396156	27985	81.82	16.98	1.20
2008	2340097	483938	27481	82.07	16.97	0.96

15-12 续表 3 continued

年份 Year	分行业社会消费品零售总额(万元) Total Retail Sales of Consumer Goods by Sector(10 000 yuan)		构成(%)总额=100 Composition(%) Total=100	
	批发零售业 Wholesale Trade	住宿餐饮业 Hotels and Catering Services	批发零售业 Wholesale Trade	住宿餐饮业 Hotels and Catering Services
2009	2812734	580261	82.90	17.10
2010	3375671	660246	83.64	16.36

15-13 各市县社会消费品零售总额

Total Retail Sales of Consumer Goods by City and Country

单位:万元　　(2010)　　(10 000 yuan)

地 区	Region	社会消费品零售总额 Total Retail Sales of Consumer Goods	批发零售业 Wholesale and Retail Trades	限额以上 Above Designated Size	限额以下 Under Designated Size	住宿餐饮业 Hotels and Catering Services
银川市	**Yinchuan**	**2249954.0**	**1959786.6**	**1489566.9**	**470219.7**	**290167.4**
银川市	District	1660388	1401005	1030319	370686	259383
永宁县	Yongning	96430.8	82715.2	48070.2	34645.0	13715.6
贺兰县	Helan	419047.9	414896.9	389189.2	25707.7	4151.0
灵武市	Lingwu	74087.3	61169.4	21988.5	39180.9	12917.9
石嘴山市	**Shizuishan**	**614776.4**	**480938.2**	**175580.4**	**305357.8**	**133838.2**
石嘴山市	District	474186	371065	155975	215090	103121
平罗县	Pingluo	140590.6	109872.9	19605.2	90267.7	30717.7
吴忠市	**Wuzhong**	**519246.8**	**406804.6**	**156348.1**	**250456.5**	**112442.2**
利通区	Litong	269028.2	200880.9	95967.9	104913.0	68147.3
红寺堡区	Hongsipu	23487.9	20911.1	7354.1	13557.0	2576.8
盐池县	Yanchi	61426.2	48076.1	16203.0	31873.1	13350.1
同心县	Tongxin	60431.7	56588.7	11886.7	44702.0	3843.0
青铜峡市	Qingtongxia	104872.8	80347.8	24936.4	55411.4	24525.0
固原市	**Guyuan**	**324462.8**	**261382.0**	**53139.0**	**208243.0**	**63080.8**
原州区	Yuanzhou	156661.6	125098.9	30266.6	94832.3	31562.7
西吉县	Xiji	77664.3	59790.3	7947.4	51842.9	17874.0
隆德县	Longde	29914.7	27100.6	2636.6	24464.0	2814.1
泾源县	Jingyuan	20981.1	15737.5	3503.2	12234.3	5243.6
彭阳县	Pengyang	39241.1	33654.7	8785.2	24869.5	5586.4
中卫市	**Zhongwei**	**327477.6**	**266760.1**	**88343.2**	**178416.9**	**60717.5**
沙坡头区	Shapotou	178511.1	143280.1	54533.3	88746.8	35231.0
中宁县	Zhongning	101844.5	82136.5	14421.7	67714.8	19708.0
海原县	Haiyuan	47122.0	41343.5	19388.2	21955.3	5778.5

15-14 各市县主要年份社会消费品零售总额

Total Retail Sales of Consumer Goods by City and Country in Main Years

单位:万元 (10 000 yuan)

地　区	Region	1978	1980	1990	2000	2005	2009	2010
全区总计	**Total**	**50421**	**67442**	**253039**	**1005417**	**1743393**	**3392995**	**4035918**
银川市	**Yinchuan**	**18314**	**24996**	**113096**	**529391**	**945245**	**1879425**	**2249954**
银川市	District	13357	17621	87846	462150	841703	1465401	1660388
永宁县	Yongning	1381	1771	6525	18493	32001	75326	96431
贺兰县	Helan	1348	1893	7081	17388	31128	278539	419048
灵武市	Lingwu	2228	3711	11644	31360	40413	60159	74087
石嘴山市	**Shizuishan**	**10764**	**13673**	**47302**	**161071**	**271481**	**516626**	**614776**
石嘴山市	District	7686	9600	33193	118176	203813	398489	474185
平罗县	Pingluo	2873	3800	13062	39939	67668	118137	140591
陶乐县	Taole	205	273	1047	2956			
吴忠市	**Wuzhong**	**9045**	**11367**	**44316**	**154227**	**242017**	**444360**	**519247**
利通区	Litong	3548	4331	21124	73592	124470	232567	269028
红寺堡区	Hongsipu				4633	8340	19143	23488
盐池县	Yanchi	1224	1617		18365	26282	52041	61426
同心县	Tongxin	1349	1898	5914	21066	30707	51213	60432
青铜峡市	Qingtongxia	2924	3521	12291	36571	52218	89396	104873
固原市	**Guyuan**	**6175**	**9036**	**22967**	**75621**	**146561**	**275715**	**324463**
原州区	Yuanzhou	3419	5350	10480	39658	68565	132984	156662
西吉县	Xiji	1384	2031	5092	13613	35056	66104	77664
隆德县	Longde	979	1129	3055	9518	13995	25455	29915
泾源县	Jingyuan	393	526	1695	4694	12672	17855	20981
彭阳县	Pengyang			2645	8138	16273	33317	39241
中卫市	**Zhongwei**	**6123**	**8370**	**25358**	**85107**	**138089**	**276869**	**327478**
沙坡头区	Shapotou	2908	3823	13450	46540	78993	151067	178511
中宁县	Zhongning	2186	2614	8721	27930	42026	86581	101845
海原县	Haiyuan	1029	1933	3187	10637	17070	39221	47122

15-15 各市县限额以上住宿业和餐饮业经营情况

Business of Hotels and Accommodation above Designated Size by City and Country

单位:万元　　　　（2010）　　　　(10 000 yuan)

地　区	Region	法人企业（个）Number of Corporation Enterprises (unit)	从业人数（人）Engaged Persons (person)	营业额 Business Revenue	客房收入 From Hotel Rooms	餐费收入 From Meals	商品销售收入 From Commodities	其他收入 Other Revenue
全区总计	**Total**	**140**	**16670**	**159092**	**42262**	**100398**	**9518**	**6914**
银川市	**Yinchuan**	**84**	**10573**	**112976**	**31953**	**70190**	**5117**	**5715**
银川市	District	80	9999	109646	31325	68199	5098	5025
永宁县	Yongning	2	375	1711	210	838	20	643
贺兰县	Helan							
灵武市	Lingwu	2	199	1619	419	1152		47
石嘴山市	**Shizuishan**	**16**	**1458**	**10451**	**1404**	**8144**	**564**	**339**
石嘴山市	District	14	1347	9909	1212	7800	559	339
平罗县	Pingluo	2	111	542	192	345	6	
吴忠市	**Wuzhong**	**15**	**1531**	**13820**	**3380**	**8671**	**1284**	**485**
利通区	Litong	9	955	7792	1951	4735	913	193
红寺堡区	Hongsipu	1	82	344	143	175	26	
盐池县	Yanchi	2	216	2537	660	1875		2
同心县	Tongxin							
青铜峡市	Qingtongxia	3	278	3147	627	1886	345	290
固原市	**Guyuan**	**7**	**1165**	**9601**	**1874**	**7068**	**611**	**48**
原州区	Yuanzhou	4	757	7540	1506	5610	379	46
西吉县	Xiji							
隆德县	Longde	1	75	512	156	356		
泾源县	Jingyuan							
彭阳县	Pengyang	2	333	1549	213	1103	233	1
中卫市	**Zhongwei**	**18**	**1943**	**12245**	**3651**	**6325**	**1941**	**327**
沙坡头区	Shapotou	11	1142	7479	2450	3525	1266	239
中宁县	Zhongning	5	545	3361	820	1844	612	85
海原县	Haiyuan	2	256	1405	382	957	64	3

主要统计指标解释

［社会消费品零售总额］ 指国民经济各行业直接售给城乡居民和社会集团的消费品总额。它是反映各行业通过多种商品流通渠道向居民和社会集团供应的生活消费品总量，是研究国内零售市场变化情况、反映经济景气程度的重要指标。

社会消费品零售总额包括：

1.售给城乡居民作为生活用的商品和修建房屋用的建筑材料；

2.售给社会集团的各种办公用品和公用消费品；

3.售给机关、团体、学校、部队、企业、事业单位的职工食堂和旅店（招待所）附设专门供本店旅客食用，不对外营业的食堂的各种食品、燃料；企业、单位和国营农场直接售给本单位职工和职工食堂的自己生产的产品；

4.售给部队干部、战士生活用的粮食、副食品、衣着品、日用品、燃料；

5.售给来华的外国人、华侨、港澳台同胞的消费品；

6.居民自费购买的中西药品、中药材及医疗用品；

7.报社、出版社直接售给居民和社会集团的报纸、图书、杂志，集邮公司出售的新、旧纪念邮票、特种邮票、首日封、集邮册、集邮工具等；

8.旧货寄售商店自购、自销部分的商品；

9.煤气公司、液化石油气站售给居民和社会集团的煤气灶具和罐装液化石油气；

10.农民售给非农业居民和社会集团的商品。

社会消费品零售总额不包括售给国民经济各部门企业、事业单位（包括国有经济的农场）生产经营用的各种原材料、燃料、设备、工具等，售给批发零售贸易业、餐饮业作为转卖用的商品，旧货寄售商店受托寄售卖出的商品，服务业的营业收入，邮局出售邮票的收入，自来水、电力、煤气生产（供应）单位的产品供应收入，也不包括农民之间的商品销售。

［商品销售额］ 指对本单位以外的单位和个人出售的商品金额（包括售给本单位消费用的商品，含增值税），本指标反映批发和零售业在国内市场上销售商品以及出口商品的总量。

商品销售包括：(1) 售给城乡居民和社会集团消费用的商品；(2)售给农业、工业、建筑业、运输邮电业、服务业、公用事业等国民经济各行业用于生产、经营用的商品，包括售予批发和零售业作为转卖或加工后转卖的商品；(3)对国（境）外直接出口的商品。

商品销售不包括：(1) 未通过买卖行为付出的商品，如随机构变动移交给其他企业单位的商品、借出的商品、归还受其他单位委托代保管的商品、付出的加工原料和赠送给其他单位的样品等；(2)经本单位介绍，由买卖双方直接结算，本单位只收取手续费的业务；(3)购货退回的商品；(4)商品损耗和损失；(5)出售本单位自用的废旧物资。

商品销售是指商品已经售出、商品所有权已经转移给买方后，以收到货款或取得收取货款的证据时作为商品销售。(1)采取直接收款方式的，在实际收到货款或取得收款的凭证时作为商品销售；采取托收承付和委托银行收款结算方式的，在发出商品并办妥托收手续时作为商品销售；采用分期收款方式的，按合同约定的收款日期作为商品销售；采用预收货款方式的，在商品发出时作为商品销售；(2)委托其他单位代销商品，以收到代销单位的销售清单时作为商品销售。在交款提货的情况下，如货款已经收到，只要账单和提货单已经交给买方，不论商品是否发出，都应作为商品销售；(3)出口商品销售，陆路以取得承运货物收据或铁路联运运单、海运以取得出口装船提单、空运以取得运单并在银行办理了交单作业作为商品销售。预收货款不通过银行交单的，取得以上提单、运单后作为商品销售。出口商品一律以离岸价（FOB）计算商品销售，如按到岸价（CIF）对外成交的，应扣除商品离境后发生的由我方负担的国外运费、保险费、佣金（不包括不易按商品认定的累计佣金）、银行财务费和对外理赔款等作为商品销售;(4)自营进口商品销售,企业与境内用户签订合同实行货到结算的,在商品到达我国境内港口取得船舶到港通知,企业向订货单位开出结算凭证时作为商品销售;合同规定对境内实行单向结算的,企业凭境外账单向订货单位开出结算凭证时作为商品销售;已先期到达并存放在相应的仓储企业单位库存的进口商品,企业凭出库单向用户开出结算凭证后作为商品销售。

[批发额] 指售给国民经济各行业用于生产、经营用的商品金额。

商品批发包括:(1)售给农业、工业、建筑业等行业用于生产的各种机器设备、工具、原料、材料、燃料、建筑材料,售给农民的农业生产资料,售给交通运输、仓储和邮政业用于业务活动的设备、车辆和燃料等;(2)售给计算机服务和软件业、科研和地质勘查业、水利环境和公共设施管理业等行业用于生产经营、勘察设计、科研试验等业务经营使用的商品,售给批发和零售业、住宿和餐饮业使用的各种设备、工具、原材料、燃料、仓储运输用的商品;(3)售给居民服务业和其他服务业各种营业用品,如售给理发业的理发工具、毛巾等,日用品修理业的设备、工具、材料、零配件等,售给民政部门救灾用的商品等;(4)售给批发和零售业作为转卖用的商品;售给餐饮业用于烹饪、调制加工后出售的商品和转卖的商品;售给服务业转卖的商品;(5)出口的商品。

——出口 指直接向国(境)外出口商品和委托外贸企业代理出口的商品金额,商品出口不包括售给外贸企业出口或加工后出口的商品,以及在国内市场以外币销售的商品。外贸企业只统计自主经营出口的商品,不包括受托代理出口的商品。

[零售额] 指售给城乡居民用于生活消费和社会集团用于公共消费的商品金额。

商品零售包括:(1)售给城乡居民的各种生活消费品,售给入境旅游的外国人、华侨、港澳台同胞的各类商品;(2)售给行政事业单位、社会团体、军队和武警等机构的商品,以及以零售方式售给各类企业的商品。具体包括:用于非生产和社会交往的办公用品,如通讯设备、计算器具和设备、电讯网络设备、文印设备、音像视听器材和设备、纸张、本册、文具及装订文印材料、家具、日用电器、针纺织品、清洁卫生用品、文体用品、奖品、纪念品、礼品等;供内部人员乘坐的交通工具和燃料;用于办公设施修缮的各类配件、材料、工具等;用于取暖和防暑降温的设备、燃料、材料及食品等;专用于教学的用品和设备;非营利医疗机构的中、西药品、中药材和医疗设备器材;非专用的劳动保护用品;不对外营业的内部食堂用的餐具、炊具、设备、清洁卫生工具和食品、燃料等;军队、武警用于其人员生活的衣着品和个人用品;其他各类非生产性设备和用品。

商品零售不包括:(1)售给城乡居民已确知是用于生产、经营的商品;(2)售给各类农业生产者的生产资料类商品,如农机、农药化肥、农膜、种子饲料等商品;(3)售给企业单位生产用具及生产上专用的劳动保护用品。

[期末商品库存额] 对于批发和零售业法人企业和个体经营户,是指取得所有权的全部商品金额(含增值税);对于批发和零售业产业活动单位,是指期末实际在库且归属法人具有所有权的全部商品金额(含增值税)。这个指标反映批发和零售业的商品库存情况,以及对市场商品供应的保证程度。

库存商品包括:(1)存放在本单位(如门市部、批发站、采购站、经营处)的仓库、货场、货柜和货架中的商品;(2)挑选、整理、包装中的商品;(3)已记入购进而尚未运到本单位的商品,即发货单或银行承兑凭证已到而货未到的商品;(4)寄放他处的商品,如因购货方拒绝付款而暂时存在购货方的商品;(5)委托其他单位代销(未作销售或调出)尚未售出的商品;(6)代其他单位购进尚未交付的商品。

库存商品不包括:(1)所有权不属于本单位的商品,如商品已作销售但买方尚未取走的商品,代替他人保管、运输、加工的商品,代其他单位销售(未做购进或调入)而未售出的商品;(2)委托外单位加工的商品(包括本单位所属加工厂和其他生产单位加工生产尚未收回成品的商品);(3)外贸企业代理其他单位从国外进口,尚未付给订货单位的商品;(4)代国家储备部门保管的商品。

库存商品金额可以采用进价或售价进行核算。采用进价核算的商品,应按商品进货原则(或实际采购成本)计算期末库存;采用售价核算的商品,应按商品的售价计算期末库存。购入的商品,在商品到达验收入库后计算期末库存(对已记入购进尚未运到的商品,也可计算期末库存);对于月终尚未开出承兑商业汇票的入库商品,按应付给供货单位的价款暂估计算期末库存;年度终了,凡已转入库存和已作销售的进口商品,属于国外以离岸价格成交、有应付未付国外运保费的,应先估计期末库存,委托其他单位代销的商品包括在期末库存中;委托外单位加工的商品,在发出商品时作减少期末库存,当加工商品收回时增加期末库存(包括商品进货原价、加工费用、加工税金等)。

[营业额] 指住宿和餐饮业单位在经营活动中因提供服务或销售商品等取得的全部收入,包括:客房收入、餐费收入、商品销售额(含增值税)和其他收入。不包括法人企业附营的其他行业产业活动单位的餐费收入、商品销售收入等各项收入。

[客房收入] 指住宿和餐饮业单位在经营活动中因提供住宿服务取得的收入。不包括法人企业附营的其他行业产业活动单位的客房收入。

[餐费收入] 指住宿和餐饮业单位因为顾客提供就餐服务取得的收入。包括:经烹饪、调制加工后出售的各种食品,如主食、炒菜、凉拌菜等的收入。不包括法人企业附营的其他行业产业活动单位的餐费收入。

[商品销售额] 指住宿和餐饮业单位出售商品的销售总额(含增值税)。不包括法人企业附营的其他行业产业活动单位的商品销售额。

[其他收入] 指营业额中除客房收入、餐费收入、商品销售额(含增值税)以外的其他收入。

【第十六篇】Chapter 16

对外经济贸易和旅游业

Foreign Trade and Economic Cooperation and Tourism

责任编辑:何胜兰

资料整理:何胜兰 岳洪涛 温 静 周 莹 郝 静 勉 伟

Coordinator:He Shenglan

Data Compilation: He Shenglan Yue Hongtao Wen Jing Zhou Ying Hao Jing Mian Wei

16-1 主要年份进出口贸易总额

The Value of Imports and Exports

年份 Year	按人民币计算(万元) 10 000 yuan			按美元计算(万美元) USD 10 000		
	进出口总额 Toal Imports & Exports	出口总额 Toal Exports	进口总额 Toal Imports	进出口总额 Toal Imports & Exports	出口总额 Toal Exports	进口总额 Toal Imports
1958	1055	670	385	704	447	257
1965	1777	1556	221	1184	1037	147
1970	1551	1304	247	1034	869	165
1975	4048	3136	912	2699	2091	608
1978	4587	3406	1181	2962	2271	691
1980	7041	6523	518	4674	4352	322
1985	17362	10930	6432	5426	3416	2010
1990	40547	36652	3895	8491	7679	812
1995	231651	200015	31636	27810	24012	3798
1996	194345	167753	26592	23438	20231	3207
1997	251269	208980	42289	30303	25203	5100
1998	259826	234282	25544	31309	28231	3078
1999	263236	205008	58228	31799	24765	7034
2000	366656	270998	95658	44292	32736	11556
2001	441035	291259	149776	53277	35184	18093
2002	366538	271545	94993	44285	32808	11477
2003	540676	423742	116934	65323	51195	14128
2004	751829	535026	216803	90839	64644	26195
2005	792936	563343	229593	96672	68711	27961
2006	1149400	753664	395736	143746	94300	49446
2007	1211271	832030	379241	158430	108850	49580
2008	1317616	881241	436375	188195	125868	62327
2009	820953	507607	313346	120156	74294	45862
2010	1330934	794462	536472	196049	117026	79023

注:1999 年起进出口数据为海关口径。

a)Data of exports and imports since 1999 are from Customs statistics.

16-2 按贸易方式和企业性质划分的进出口商品总额

Total Imports and Exports by Trade Pattern

单位:万美元　　（2010）　　(USD 10 000)

指　标	Item	进出口 Imports and Exports	出口 Exports	进口 Imports
总　额	**Total**	**196049**	**117026**	**79023**
按贸易方式分	**Grouped by Trade Pattern**			
一般贸易	General Trade	194303	115982	78321
来料加工装配贸易	Processing and Assembly With Imported Material	694	650	44
进料加工贸易	Processing Trade With Imported Material	620	389	231
外资企业投资进口货物	Foreign Investment in Imports of Goods	40		40
其他	Others	389	5	384
按企业性质分	**Grouped by Economic Type of Enterprises**			
国有企业	State-owned Enterprises	105352	53871	51481
外商投资企业	Enterprises With Sole Fund	32142	14921	17221
集体、私营及其他	Collective,Private Enterprises and Others	58555	48234	10321

16-3 主要出口商品数量
Main Exported Commodities in Volume

（2010）

指　标	Item	单位 Unit	数量 Quantity	指　标	Item	单位 Unit	数量 Quantity
铁合金	Iron Alloy	吨 Ton	105410	泰乐菌素	Tylosin	吨 Ton	986
钽铌铍及制品	Tantalum and Products	吨 Ton	350	石墨制品	Graphite Products	吨 Ton	43094
金属镁	Magnesium	吨 Ton	30343	增炭剂	Recarburizer	吨 Ton	101000
碳化硅	Silicon Carbide	吨 Ton	44764	四环素及盐	Tetracycline and Salt	吨 Ton	956
无毛绒	No Plush	吨 Ton	743	除草杀虫剂	Agrochemical	吨 Ton	3938
红霉素	Erythrocin	吨 Ton	984	羊绒纱线	Cashmere Yarn	吨 Ton	86
双氰胺	Dicyandiamide	吨 Ton	30918	轮　胎	Tires	万条 10 000 Units	123
羊绒衫	Cashmere Sweater	百件 100 Units	16560	银及制品	Silver and Products	吨 Ton	2

16-4 进出口商品分国别(地区)总额
Value of Imports Exports By County (Region) of Origin

单位:万美元 (USD 10 000)

国家(地区) Country(Region)	2009 进出口 Imports and Exports	2009 出口 Exports	2009 进口 Imports	2010 进出口 Imports and Exports	2010 出口 Exports	2010 进口 Imports
总 额	**120156**	**74294**	**45862**	**196049**	**117026**	**79023**
亚 洲 Asia	**49425**	**36987**	**12438**	**81814**	**56023**	**25791**
日 本 Japan	13268	9590	3678	32030	19455	12575
印 度 India	8355	8146	209	10067	9973	94
韩 国 Korea	6170	4753	1417	7215	5490	1725
马来西亚 Malaysia	2511	814	1697	5467	1118	4349
中国台湾 Taiwan,China	2146	2130	15	4830	4746	84
泰 国 Thailand	3502	2029	1473	4652	3124	1528
非 洲 Africa	**2541**	**798**	**1743**	**4484**	**1150**	**3334**
莫桑比克 Mozambique	418		418	1205		1205
欧 洲 Europe	**29944**	**19861**	**10083**	**52044**	**32511**	**19533**
德 国 Germany	8346	3218	5128	19763	4427	15336
意大利 Italy	5771	4363	1408	7930	6968	962
荷 兰 Netherlands	3066	3010	56	4964	4911	53
英 国 United Kingdom	3087	1905	1182	3274	2928	346
奥地利 Austria	799	711	88	2980	2279	701
法 国 French	1821	871	950	2965	2576	390
拉丁美洲 Latin America	**5083**	**2913**	**2170**	**5714**	**4253**	**1461**
北美洲 North America	**16658**	**12861**	**3797**	**28402**	**21557**	**6845**
加拿大 Canada	1685	1356	329	3214	2804	410
美 国 United States	14973	11505	3468	25188	18752	6436
大洋洲 Oceanic	**16505**	**874**	**15631**	**23591**	**1532**	**22059**
澳大利亚 Australia	16302	671	15631	23172	1113	22059

16-5 外商投资企业协议投资额

Foreign Investment Agreements

单位:个、万美元 (unit,USD 10 000)

指 标	Item	2009		2010	
		合同个数 Number of Contracts	客方协议投资额 Total Amount of Agreements and Contracts	合同个数 Number of Contracts	客方协议投资额 Total Amount of Agreements and Contracts
总 计	**Total**	**14**	**10483**	**25**	**28405**
按投资方式分	**By Investment Mode**				
独资经营	Foreign Enterprises	6	3339	10	6119
合资经营	Joint Venture	6	6754	14	20222
合作经营	Cooperative Operation	2	390	1	2064
股份制经营	Share-holding				
按国民经济部门分	**By department**				
农、林、牧、渔业	Agriculture,Forestry,Animal Husbandry and Fishery	2	3613	7	1305
工业	Industrial	8	4137	15	23646
建筑业	Construction				
房地产公用服务业	Real Estate			1	2064
交通运输、邮电业	Transport and Post	1	2246		
其他行业	Others	3	487	2	1390

注:客方协议投资额指标负数时为企业减资。

a) A Negative balance of total amount of agreements and contracts indicates enterprise capital reduction.

16-6 分国别(地区)外商投资企业投资额
Investment of Foreign Capital by Country and Region

单位:个、万美元　　（2010）　　(unit,USD 10 000)

国家(地区)	Country (Region)	合同个数 Number of Contracts	客方协议投资额 Total Amount of Agreements and Contracts	实际投资额 Total Amount of Foregin Capital Actually Utilized
总计	**Total**	**25**	**28405**	**8090**
亚洲	**Asia**	**21**	**27160**	**6775**
香港	Hong Kong	17	25653	6293
马来西亚	Malaysia			3
新加坡	Singapore	2	1299	420
日本	Japan	1	187	
中国台湾	Taiwan, China	1	37	59
韩国	Korea		-16	
非洲	**Africa**		**897**	
利比亚	Libya		897	
欧洲	**Europe**	**3**	**43**	**44**
比利时	Belgium			44
奥地利	Austria	1	7	
斯洛文尼亚共和国	Slovenia	2	36	
拉美洲	**Latin America**	**1**	**525**	**1271**
开曼群岛	Cayman Islands		-222	
英属维尔京群岛	British Virgin Islands	1	747	1271
北美洲	**North America**	**1**	**-371**	
加拿大	Canada			
美国	United States	1	-371	

注:客方协议投资额指标负数时为企业减资。

a)A negative balance of total amount of agreements and contracts indicates enterprise capital reduction.

16-7 利用外资情况

Basic statistics on Utilization of Foreign Capital

指　　标	Item	1985	1995	2000	2005	2009	2010
签订利用外资协议项目(个)	**New Signed Agreements on Foreign Capital to be Utilized (unit)**	**3**	**53**	**42**	**41**	**34**	**37**
对外借款	Foregin Loans		11	4	4	3	1
外商直接投资	Foregin Direct investment	1	42	32	32	14	25
外商其他投资	Other Foregin investment	2		6	5	17	11
签订利用外资协议额(万美元)	**Total Amount of Agreements and Contracts (USD 10 000)**	**344**	**5202**	**11067**	**20182**	**22952**	**55210**
对外借款	Foreign Loans		2324	815	1030	10321	25000
外商直接投资	Foregin Direct investment	150	2878	9927	19053	10483	28405
外商其他投资	Other Foregin investment	194		325	99	2148	1805
实际利用外资额(万美元)	**Total Amount of Foregin Capital Actually Utilized (USD 10 000)**	**99**	**6715**	**9091**	**14107**	**14208**	**23175**
对外借款	Foreign Loans	74	3510	7497	7296	6738	14819
外商直接投资	Foregin Direct investment	25	3205	1283	6712	6987	8090
外商其他投资	Other Foregin investment			311	99	483	266

16-8 借用国外资金情况

Basic Statistics on Utilization of Foreign Capital

单位:万美元　　　　(2010)　　　　(USD10 000)

指　　标	Item	上年末结转余额 Balance Brought Forward of Previous Year	新增借款本金 Newly Principal Loans	偿还本金 Repayment of Principal	本期末借款余额 Balance of Loans Current Period	偿付利息 Repayment of Interest
合　计	**Total**	**61473**	**14819**	**2542**	**74836**	**796**
外国政府贷款	Foreign Loans	36308	7265	1625	42968	584
国际金融组织贷款	International Financial Organizations Loans	6233	4878	503	10609	28
外国银行商业贷款	Commercial Loans of Foreign Banks	18228	2087	414	19966	182
买方信贷	Buyer's Credit	542			531	
对外发行债券	External Debt	162	589		762	2

注：本表数据为区外汇管理局外债监测数。

a) Data in this table are from foreign debts monitoring of Administration of Foreign Exchange in Ningxia.

16-9 外贸商品出口额

Total Exports by Trade Pattern

单位:万元 (10 000 yuan)

指标	Item	1980	1990	2000	2005	2009	2010
出口总额	**Total Exports Value**	**6528**	**36652**	**270998**	**563343**	**507607**	**794462**
按商品类别分	**By Commodity Category**						
农副产品	Agriculturals	2914	8102	9674	14159	23820	45296
轻纺产品	Textiles	1508	6985	47864	101705	76789	106483
工矿产品	Minerals	2106	21565	213460	447479	406998	642683

16-10 接待海外旅游者人数

Number of Tourists Overseas

单位:人次 (person-time)

指标	Item	1990	1995	2000	2005	2009	2010
海外旅游人数总计	**Total**	**1950**	**3655**	**7807**	**8162**	**14523**	**17990**
外国人	**Foreigners**	**1348**	**2881**	**5792**	**6641**	**11631**	**12861**
日本	Japan	801	1379	1896	2106	2682	2459
美国	United States	82	187	392	600	1452	1679
加拿大	Canada	10	50	151	295	369	450
英国	United Kingdom	38	84	353	374	524	408
法国	France	18	80	180	528	603	514
德国	Germany	87	126	298	229	1037	1311
意大利	Italy	24	82	59	131	285	276
独联体	Cis	8	6	104	41	51	125
澳大利亚	Australia	30	46	115	131	253	444
新西兰	New Zealand	2	28	10	37	50	84
港澳和台湾同胞	**Compatriots From HongKong, Macao and Taiwan**	**602**	**774**	**2015**	**1521**	**2892**	**5129**

16-11 旅游外汇收入情况

Basic Statistics on Foreign Exchange

单位:万元 (10 000 yuan)

指标	Item	1990	1995	2000	2005	2009	2010
合　计	**Total**	**175**	**938**	**2252**	**1890**	**3023**	**4067**
商品性外汇收入	**Commodity Exchange Income**	**43**	**323**	**341**	**303**	**507**	**846**
商品销售收入	Commodity SaLes Revenue	31	135	144	203	305	545
饮食销售收入	Food Sales	12	188	197	100	202	301
劳务性外汇收入	**Services of Foreign Exchange Earning**	**132**	**615**	**1911**	**1587**	**2516**	3221
长途交通费	Long Distance Transportation	54	143	1009	811	1172	1440
宿费	Accommodation	21	276	410	297	447	638
其他	Others	57	196	492	479	897	1143

16-12 各市县进出口贸易额

Tatal Value of Imports and Exports By City and County

单位：万美元 (USD 10 000)

地 区	Region	2009 进出口 Imports and Exports	2009 进口 Imports	2009 出口 Exports	2010 进出口 Imports and Exports	2010 进口 Imports	2010 出口 Exports
全区总计	**Total**	**120156**	**45862**	**74294**	**196049**	**79023**	**117026**
银 川 市	**Yinchuan**	**66445**	**19488**	**46957**	**106154**	**36262**	**69892**
兴 庆 区	Xingqing	20451	3171	17280	26866	3635	23231
西 夏 区	Xixia	9601	5285	4316	10625	5214	5411
金 凤 区	Jinfeng	27458	10098	17360	51453	26625	24828
永 宁 县	Yongning	5717	859	4858	10980	659	10321
贺 兰 县	Helan	220	12	208	141	7	134
灵 武 市	Lingwu	2998	63	2935	6089	122	5967
石嘴山市	**Shizuishan**	**34856**	**10350**	**24506**	**60068**	**19343**	**40725**
大武口区	Dawukou	21958	9199	12759	30027	7694	22333
惠 农 区	Huinong	7244	947	6297	21166	10058	11108
平 罗 县	Pingluo	5654	204	5450	8875	1591	7284
吴 忠 市	**Wuzhong**	**14884**	**14160**	**724**	**24237**	**22190**	**2047**
利 通 区	Litong	331	1	330	765	34	731
红寺堡区	Hongsipu						
盐 池 县	Yanchi				1		1
同 心 县	Tongxin	189		189	397		397
青铜峡市	Qingtongxia	14364	14159	205	23074	22156	918
固 原 市	**Guyuan**	**23**	**3**	**20**	**6**	**5**	**1**
原 州 区	Yuanzhou	2		2			
西 吉 县	Xiji	8	3	5	5	5	
隆 德 县	Longdei						
泾 源 县	Jingyuan						
彭 阳 县	Pengyang	13		13	1		1
中 卫 市	**Zhongwei**	**3948**	**1861**	**2087**	**5584**	**1223**	**4361**
沙坡头区	Shapotou	2722	1694	1028	3353	947	2406
中 宁 县	Zhongning	1226	167	1059	2231	276	1955
海 原 县	Haiyuan						

主要统计指标解释

［进出口总额］ 指实际进出我国国境的货物总金额。包括来料加工装配进出口货物，补偿贸易进出口、代售国外商品的进口，在国外寄售商品和样品、展览品、转口的进出口商品。进口订货统计、进口交货统计，我国规定出口货物按离岸价格统计，进口货物按到岸价格统计。

［出口］ 海关按经营单位统计的本地区出口总值，扣除来料加工装配贸易，境外驻本地区外交机构的出口总值、本地区出口商品退货总值和本地区代理外地区出口、加上外地区代理本地区出口后的总额。

［进口］ 海关按经营单位统计的本地区进口总值，扣除来料加工装配贸易、境外驻本地区外交机构的进口总值、本地区进口商品退货总值和本地区代理外地区进口卜加上外地区代理本地区进口后的总值。

［利用外资］ 指我国各级政府、部门、企业和其他经济组织通过对外借款、吸收外商直接投资及用其他方式筹措的境外现汇、设备、技术等。

［对外借款］ 是我国利用外资的主要部分。包括我国通过外国政府贷款，国际金融组织贷款，外国银行商业贷款，出口信贷以及对外发行债券，股票等方式，从境外筹措的资金。

［外商直接投资］ 指外国企业和经济组织或个人，按我国有关政策、法规，用现汇、实物、技术等在我国境内开办外商独资企业，与我国境内的企业或经济组织共同举办中外合资经营企业、合作经营企业或合作开发资源的投资以及政府有关部门批准的项目投资总额内，企业从境外借人的资金。

［外商其他投资］ 指除对外借款和外商直接投资以外的，用其他方式吸收的投资，包括:补偿贸易、加工装配、国际租赁业务。

［旅游人数］ 指来我区参观、访问、旅行、探亲、访友、休养、考察、参加会议和从事经济、科技、文化、教育、体育、宗教等活动的外国人、华侨、港澳和台湾同胞的人数。

［旅游外汇收入］ 指为来我国旅游的外国人、华侨、港澳和台湾同胞提供商品和劳务而获得的外汇收入。包括供应商品、饮食和提供住宿、交通、邮电、文化娱乐、导游等各项服务所得到的全部外汇收入。

【第十七篇】Chapter 17

教育科技文化

Education, Science and Technology and Culture

责任编辑：安蕊莉

资料整理：安蕊莉　袁　红　康　磊　殷荣玉

Coordinator：An Ruili

Data Compilation：An Ruili　Yuan Hong　Kang Lei　Yin Rongyu

17-1 主要年份各类学校基本情况

Basic Statistics for Schools in Main Years

指标	Item	单位	uint	1978	1980	1990
普通高等教育	**Higher Education**					
普通高等学校	Regular Institutions of Higher Education	所	uint	5	4	7
地方	Local	所	uint	5	4	6
教职工数	Teachers and Staff	人	person	1523	1896	3579
专任教师	Full-time Teachers	人	person	652	787	1609
毕业生数	Graduates	人	person	623	356	2213
招生数	New Enrollment	人	person	1234	1277	2324
在校学生数	Total Enrollment	人	person	2890	4156	7992
中等职业技术教育	**Vocational Secondary Education**					
中等专业学校	Specialized Secondary Education Schools	所	uint	14	20	26
技工学校	Technical Schools	所	uint			33
职业学校	Vocational Schools	所	uint			32
教职工数	Teachers and Staff	人	person	923	1744	5173
专任教师数	Full-time Teachers	人	person	446	801	2420
毕业生数	Graduates	人	person	1863	2571	10328
招生数	New Enrollment	人	person	2780	3450	12278
在校学生数	Total Enrollment	人	person	5198	8420	33021
普通中学教育	**Regular Secondary Education**					
普通中学	Regular Secondary Education Schools	所	uint	667	508	450
教职工数	Teachers and Staff	人	person	11856	14101	20635
专任教师数	Full-time Teachers	人	person	8759	10437	16182
毕业生数	Graduates	人	person	75977	63800	85054
招生数	New Enrollment	人	person	103214	79100	93667
在校学生数	Total Enrollment	人	person	232929	223747	284440
小学教育	**Primary Education**					
小学	Primary Schools	所	uint	5318	5107	4242
教职工数	Teachers and Staff	人	person	23429	25532	29685
专任教师数	Full-time Teachers	人	person	21559	22657	27165
毕业生数	Graduates	人	person	82305	75000	87189
招生数	New Enrollment	人	person	128425	123100	99938
在校学生数	Total Enrollment	人	person	612983	583687	667296
特殊教育	**Special Education**					
特殊教育学校	Special Education Schools	所	uint			1
在校学生数	Total Enrollment	人	person			202

17-1 续表 continued

指标	Item	单位	uint	2000	2005	2009	2010
普通高等教育	**Higher Education**						
普通高等学校	Regular Institutions of Higher Education	所	uint	5	13	15	15
地方	Local	所	uint	4	12	14	14
教职工数	Teachers and Staff	人	person	3996	7177	8599	9174
专任教师	Full-time Teachers	人	person	1894	4059	5136	5931
毕业生数	Graduates	人	person	3054	8817	17075	21011
招生数	New Enrollment	人	person	7107	14775	23816	26394
在校学生数	Total Enrollment	人	person	17163	48650	78400	83415
中等职业技术教育	**Vocational Secondary Education**						
中等专业学校	Specialized Secondary Education Schools	所	uint	25	11	16	23
技工学校	Technical Schools	所	uint	20	15	20	
职业学校	Vocational Schools	所	uint	29	18	19	13
教职工数	Teachers and Staff	人	person	6150	3719	3326	3388
专任教师数	Full-time Teachers	人	person	3532	2416	2348	2444
毕业生数	Graduates	人	person	11867	14312	20547	28493
招生数	New Enrollment	人	person	15731	29033	45839	42521
在校学生数	Total Enrollment	人	person	41719	63261	96448	101878
普通中学教育	**Regular Secondary Education**						
普通中学	Regular Secondary Education Schools	所	uint	433	418	355	337
教职工数	Teachers and Staff	人	person	23782	25828	29920	30496
专任教师数	Full-time Teachers	人	person	20145	22316	26811	27484
毕业生数	Graduates	人	person	89091	123974	137241	129659
招生数	New Enrollment	人	person	119559	146888	156519	151166
在校学生数	Total Enrollment	人	person	318263	406422	439575	449147
小学教育	**Primary Education**						
小学	Primary Schools	所	uint	3267	2527	2131	2027
教职工数	Teachers and Staff	人	person	36586	34663	33979	33849
专任教师数	Full-time Teachers	人	person	34694	33760	33406	33212
毕业生数	Graduates	人	person	104758	104704	111121	109658
招生数	New Enrollment	人	person	119419	130365	104390	101270
在校学生数	Total Enrollment	人	person	657352	693207	670621	653669
特殊教育	**Special Education**						
特殊教育学校	Special Education Schools	所	uint	3	6	6	7
在校学生数	Total Enrollment	人	person	414	1455	1476	1516

17-2 主要年份各级各类学校数

Number of Various Schools in Main Years

单位:所 (unit)

年份 Year	普通高等学校 Regular Institutions of Higher Education	中等学校 Secondary Education Schools	中等专业学校 Specialized Secondary Schools	普通中学 Regular Secondary Education Schools	职业中学 Vocational Secondary Education Schools	小学 Primary Schools	幼儿园 kindergarten	特殊教育 Special Education
1950		16	7	9		695		
1955		18	5	13		843	5	
1958	3	125	11	58	56	2968	28	
1965	1	166	4	56	106	7501	30	
1970	1	323	4	319		3380		
1975	3	414	8	406		6394	81	
1978	5	681	14	667		5318	92	
1980	4	528	20	508		5107	134	
1985	7	487	22	436	29	4359	157	1
1990	7	508	26	450	32	4242	213	1
1995	7	498	26	436	36	3843	337	5
1996	7	495	25	438	32	3852	232	6
1997	5	504	25	442	37	3838	165	5
1998	5	483	25	430	28	3580	275	6
1999	5	492	25	432	35	3460	261	5
2000	5	487	25	433	29	3267	340	3
2001	8	501	25	448	28	3011	124	6
2002	12	488	13	449	26	2912	139	6
2003	12	479	11	446	22	2816	167	6
2004	13	454	12	425	17	2630	212	6
2005	13	447	11	418	18	2527	208	6
2006	13	433	12	403	18	2373	219	6
2007	13	422	12	391	19	2276	228	6
2008	13	412	15	377	20	2202	286	6
2009	15	394	20	355	19	2131	334	6
2010	15	373	23	337	13	2027	373	7

17-3 主要年份各级各类学校教职工数

Number of Teachers and Staff in Various Schools in Main Years

单位:人 (person)

年份 Year	普通高等学校 Regular Institutions of Higher Education	中等专业学校 Specialized Secondary Schools	普通中学 Regular Secondary Education Schools	小学 Primary Schools	幼儿园 kindergarten	特殊教育 Special Education
1950		125	143	1804		
1955		197	328	2455	28	
1958	129	523	894	6089	159	
1960	485	1507	1276	8193	330	
1965	597	251	1693	13733	308	
1970	719	240	3124	12901		
1975	1266	609	7002	22191	746	
1978	1523	923	11856	23429	650	
1980	1896	1744	14101	25532	836	
1985	3068	2227	16359	25407	2016	25
1990	3579	3023	20635	29685	2839	64
1995	3434	3075	22431	33305	3849	265
1996	3926	3014	22710	33848	3766	654
1997	3929	3066	22899	34649	4168	122
1998	3864	3017	23142	35039	3572	121
1999	3962	3043	23510	36018	3550	115
2000	3996	3000	23782	36586	3820	120
2001	4437	3030	24072	36143	3282	148
2002	4623	2849	24486	35634	3464	149
2003	5866	1579	25549	35833	3784	149
2004	6684	1436	25627	35076	4397	147
2005	7177	1225	25828	34663	4236	167
2006	7695	1533	26852	33981	4647	176
2007	7865	1297	27308	33763	4744	172
2008	8474	1483	27895	33457	5375	181
2009	8599	1757	29920	33979	6191	186
2010	9174	2161	30496	33849	7029	190

17-4 主要年份各级各类学校在校学生数

Number of Student Enrollment in Various Schools in Main Years

单位：人 (person)

年份 Year	普通高等学校 Regular Institutions of Higher Education	中等学校 Secondary Education Schools	中等专业学校 Specialized Secondary Schools	普通中学 Regular Secondary Education Schools	职业中学 Vocational Secondary Education Schools	小学 Primary Schools	幼儿园 kindergarten	特殊教育 Special Education
1950		2227	1027	1200		45058		
1955		5842	1524	4318		76219	225	
1958	329	22438	4069	15414	2955	250333	1624	
1960	1259	31388	9909	19792	1687	284970	2906	
1965	982	26680	1107	20047	5526	347246	2523	
1970		45919		45919		300589		
1975	1759	126495	4212	122283		596170	6360	
1978	2890	238127	5198	232929		612983	6224	
1980	4156	232120	8174	223747	246	583687	11046	
1985	6425	257762	8947	237917	10898	654208	32191	56
1990	7992	307697	11634	284440	11623	667296	45115	202
1995	10686	294356	12463	272305	9588	617547	83444	595
1996	10484	299877	12758	278158	8961	627920	78662	654
1997	11058	310187	13698	283458	13031	645823	74399	822
1998	11312	316137	14812	286489	14836	652552	84434	471
1999	13121	327356	16370	294520	16466	658157	83374	416
2000	17163	351170	19880	318263	12982	657352	93117	414
2001	23154	369090	22913	334786	11391	651082	86788	1397
2002	29301	396611	25721	358477	12413	663542	104000	1458
2003	35134	418595	27346	376437	14822	669503	102217	1420
2004	41448	432802	28182	387286	17331	677738	108625	1560
2005	48650	461048	34163	406422	20463	693207	102042	1455
2006	55931	480148	34752	421790	23606	696760	102552	1332
2007	62411	484479	36030	419074	29375	700737	106034	1370
2008	70454	506280	38536	429178	38566	688697	113279	1420
2009	78400	530301	51119	439575	39607	670621	124903	1476
2010	83415	551025	71838	449147	30821	653669	137856	1516

17-5 主要年份各级各类学校招生数
Number of New Students Enrollment in Various Schools in Main Years

单位:人 (person)

年份 Year	普通高等学校 Regular Institutions of Higher Education	中等学校 Secondary Education Schools	中等专业学校 Specialized Secondary Schools	普通中学 Regular Secondary Education Schools	职业中学 Vocational Secondary Education Schools	小学 Primary Schools	特殊教育 Special Education
1950		1054	624	430		8561	
1955		2766	709	2057		15905	
1958	329	13828	2349	8606	2873	127048	
1960	501	15412	5977	8565	870	85668	
1965	310	11566	611	7577	3928	96252	
1970		26384		26384		98614	
1975	661	73761	2340	71421		131820	
1978	1234	105994	2780	103214		128425	
1980	1277	82550	3450	79100		123100	
1985	2371	88568	3854	79046	5668	117855	56
1990	2324	101878	3891	93667	4320	99938	
1995	2910	106184	4512	96885	4787	114619	34
1996	3090	105774	4600	97064	4110	116516	45
1997	3344	110883	4854	99794	6235	120627	217
1998	3547	115016	5135	102830	7051	118279	104
1999	4487	118837	6003	106005	6829	116583	74
2000	7107	133307	7973	119559	5775	119419	101
2001	8891	133260	6549	122578	4133	121790	288
2002	9434	140353	7583	127254	5516	130005	229
2003	11237	144301	9036	128757	6508	128779	126
2004	13701	152702	11688	134186	6828	123379	150
2005	14775	171608	15430	146888	9290	130365	159
2006	17389	170215	12518	147045	10652	120073	171
2007	21668	168454	15054	138536	14864	107474	160
2008	21746	195699	17423	156538	21738	110155	181
2009	23816	198300	23468	156519	18313	104390	187
2010	26394	193687	29232	151166	13404	101270	242

17-6 主要年份各级各类学校毕业生数
Number of Graduates in Various School in Main Years

单位:人 (person)

年份 Year	普通高等学校 Regular Institutions of Higher Education	中等学校 Secondary Education Schools	中等专业学校 Specialized Secondary Schools	普通中学 Regular Secondary Education Schools	职业中学 Vocational Secondary Education Schools	小 学 Primary Schools
1950		263	124	139		1532
1955		1514	683	831		2897
1958		2641	946	1550	145	8622
1960		4554	1337	2930	287	11576
1965	371	4045	245	3785	15	12806
1970		13305		13305		33783
1975	513	38520	1506	37014		59457
1978	623	77840	1863	75977		82305
1980	356	66371	2571	63800		75000
1985	1530	70349	2802	66425	1122	68214
1990	2213	92727	3696	85054	3977	87189
1995	2717	87579	4177	79245	4157	89490
1996	3277	88425	4432	81353	2640	87470
1997	2721	91860	4013	85323	2524	91895
1998	3052	93886	4006	87030	2850	94010
1999	2680	95408	4459	86927	4022	99380
2000	3054	96876	4390	89091	3395	104758
2001	3177	99897	4627	91789	3481	104222
2002	3379	103818	4741	95612	3465	101970
2003	5461	121757	9907	108351	3499	96835
2004	7505	130481	8569	118589	3323	94419
2005	8817	136639	7878	123974	4787	104704
2006	11008	140799	8413	126878	5508	104005
2007	14076	150492	9909	134571	6012	96452
2008	15238	155036	11333	136116	7587	113757
2009	17075	155488	11349	137421	6718	111121
2010	21011	158189	18392	129695	10496	109658

17-7 高等学校基本情况

Basic Statistics on Higher Schools

单位:所、人 （2010） (unit,person)

项目	Item	学校数 Number of Schools	毕业生数 Graduates	招生数 New Enrollment	在校学生数 Total Enrollment	教职员工数 Teachers and Staff	专任教师 Full-time Teachers
总 计	**Total**	**16**	**25935**	**38031**	**113548**	**8309**	**5235**
综合大学	Comprehensive Universities	3	6763	7052	25605	3577	2119
理工院校	Science and Engineering	5	3694	7188	19125	1695	1122
医药院校	Medicine	1	1253	1538	5411	1158	656
师范院校	Teacher Training	1	1698	1570	5860	553	429
民族院校	Minorities Colleges	2	3037	4752	15903	239	159
财经院校	Finance and Economics	2	2196	2506	6442	748	511
政法院校	Politics and Law	1	577	610	1860	230	174
成人高校	Institutions of Adult Higher Education	1	6717	12815	33342	109	65

注:高等学校中不含部委院校。

a)Number of new students enrollment not include change over to 1953 students by the five-year higher vocational.

17-8 普通高等学校分科学生数

Student Enrollment in Regular Institutions of Higher Education by Filed of Study

单位:人 （2010） (person)

学 科	Subject	毕业生数 Graduates	招生数 New Enrollment	在校学生数 Total Enrollment
总 计	**Total**	**19218**	**25216**	**80206**
经济学	Economics	501	586	1991
法 学	Law	1134	1175	3902
教育学	Education	1435	1054	3981
文 学	Literature	2327	2899	10634
历史学	History	61	116	514
理 学	Science	1264	1414	5689
工 学	Engineering	6765	9756	29197
农 学	Agiculture	371	445	1458
医 学	Medicine	1554	1761	5699
管理学	Management	3806	6010	17141

17-9 普通中等专业学校学生分科类情况
Statistics on Specialized Secondary School Students by Subject

单位:人　　　　(2010)　　　　(person)

指　标	Item	毕业生数 Graduates	招生数 New Enrollment	在校学生数 Total Enrollment
总　计	**Total**	**25040**	**38784**	**91015**
农林类	Agriculture and Forestry	1956	13214	23769
资源与环境类	Resources and Environment	729	342	1239
能源类	Energy	53	191	426
土木水利工程类	Civil and Hydraulic Engineering	2269	2263	5449
加工制造类	Manufacturing	5969	5453	18279
交通运输类	Communication & Transportation	1588	2129	5140
信息技术类	Information Technologies	3650	2440	7354
医药卫生类	Medicine and Health	1111	1438	4616
商贸与旅游类	Trade and Tourism	906	1875	4831
财经类	Finance and Economics	2078	3443	6299
文化艺术与体育类	Culture,Arts and Physical Education	2056	3668	6915
社会公共事业类	Public Affairs	181	62	173
师范类	Teacher Training	1041	1323	3485
其他	Other	1453	943	3040

17-10 成人教育基本情况
Basic Statistics on Adult Educations

单位:人　　　　(2010)　　　　(person)

指　标	Item	毕业生数 Graduates	招生数 New Enrollment	在校学生数 Total Enrollment
总　计	**Total**	**15957**	**19401**	**47454**
成人高等教育	Institutions of Higher Education for Adult	6717	12815	33342
广播电视大学	Radio and Television University	1496	1388	3514
成人中等教育	Secondary Education for Adult	3872	2599	5299
中等专业学校	Specialized Secondary Schools	3872	2599	5299

17-11 主要年份学龄儿童入学率

Percentage of School-age Children Enrolled in Main Years

年份 Year	学龄儿童(万人) Number of Children at School-age (10 000 persons)	在校学龄儿童(万人) Total Enrollment (10 000 persons)	入学率(%) Enrollment Ratio (%)
1978	50.61	46.15	91.19
1980	51.96	44.79	86.20
1985	52.62	48.13	91.48
1990	52.82	49.60	93.92
1995	52.44	50.45	96.21
2000	59.76	58.12	97.26
2001	59.27	57.40	96.84
2002	60.27	58.67	97.35
2003	60.43	58.89	97.45
2004	60.97	60.05	98.50
2005	62.49	61.00	99.04
2006	63.46	63.00	99.27
2007	62.97	62.74	99.63
2008	61.60	61.38	99.65
2009	59.79	59.58	99.65
2010	58.50	58.42	99.86

17-12 主要年份平均每万人口在校学生数

Number of Enrolled Students Per 10000 Population in Main Years

单位:人 (person)

指标	Item	1978	1980	1990	2000	2005	2009	2010
大学生	University Students	8	11	17	31	82	126	133
中等职业教育	Secondary Vacational School Students	15	23	50	36	92	156	162
普通中学	Regular Secondary School Students	678	529	611	574	682	711	714
小学	Primary Students	1746	1582	1433	1186	1163	1085	1039

17-13 主要年份平均每一专任教师负担学生数

Average Number of Students Instructed by a Full-time Teacher

单位:人 (person)

指　标	Item	1978	1980	1990	2000	2005	2009	2010
大学生	University Students	4	5	5	9	12	18	18
中等职业教育	Secondary Vacational School Students	12	10	8	13	33	41	42
普通中学	Regular Secondary School Students	27	21	18	16	18	16	16
小学	Primary Students	28	26	25	19	21	20	20

17-14 主要年份地方国有企、事业单位各类专业技术人员

Number of Scientific and Technical Personnel in Local State-owned Enterprise and Institutions

单位:人 (person)

指　标	Item	1985	1990	1995	2000	2005	2009	2010
总　计	**Total**	**68787**	**117317**	**126679**	**140063**	**144401**	**128388**	**124093**
工程技术人员	Engineering	11470	19524	20291	22283	21316	15550	14273
农业技术人员	Agriculture	3673	6174	6173	7067	9583	9132	9155
科学研究人员	Scientific Research	1091	991	830	722	716	773	667
卫生技术人员	Health Care	11168	14758	16645	19830	20859	18316	18895
教学人员	Teaching	30477	46138	54176	63216	68777	67560	65386
会计人员	Accounting	5999	9323	7074	7768	6411	4601	4269
统计人员	Statistics	1662	2508	1574	1286	711	412	300
经济人员	Economic	1442	13078	10053	8827	5843	4734	5003
新闻、出版人员	Press and Publications	583	1061	1082	791	1361	1206	1262
播音人员	Broadcast		58	64	114	134	117	162
翻译人员	Translate	55	96	67	64	29	22	22
体育人员	Sport	159	294	154	178	206	484	208
工艺美术人员	Arts and Crafts	14	111	85	188	75	41	39
律师、公证人员	Lawyer and Notary		247	171	182	117	78	71
图书、档案资料人员	Books and Archives	127	2103	1853	1605	1879	1789	1662
艺术人员	Arts	867	853	794	1053	1340	1220	1230
政工人员	Political and Ideological			5593	4889	5044	2353	1489

17-15 地方国有企、事业单位各类专业技术人员构成

Composition of Scientific and Technical Personnel in Local State-owned Enterprises and Institutions

单位：人 (person)

指　标	Item	2009			2010		
		专业技术人员比重（%）Percentage (%)	每万人口中专业技术人员 Number of Scientific and Technical Personnel per 10 000 Population	每万职工中专业技术人员 Number of Scientific and Technical Personnel per 10 000 Staff	专业技术人员比重（%）Percentage (%)	每万人口中专业技术人员 Number of Scientific and Technical Personnel per 10 000 Population	每万职工中专业技术人员 Number of Scientific and Technical Personnel per 10 000 Staff
总　计	**Total**	**100.0**	**205**	**2352**	**100.0**	**197**	**227**
工程技术人员	Engineering	12.1	25	286	11.5	23	26
农业技术人员	Agriculture	7.1	15	167	7.4	15	17
科学研究人员	Scientific Research	0.6		13	0.5	1	1
卫生技术人员	Health Care	14.3	29	335	15.2	30	35
教学人员	Teaching	52.6	108	1238	52.7	104	120
会计人员	Accounting	3.6	7	84	3.4	7	8
统计人员	Statistics	0.3		8	0.2	1	1
经济人员	Economic	3.7	8	86	4.0	8	9
新闻、出版人员	Press and Publications	0.9	2	22	1.0	2	2
播音人员	Broadcast			2			
翻译人员	Translate						
体育人员	Sport	0.4		9			
工艺美术人员	Arts and Crafts						
律师、公证人员	Lawyer and Notary			1			
图书、档案资料人员	Books and Archives	1.4	3	33	1.3	3	3
艺术人员	Arts	1.0	2	22	1.0	2	2
政工人员	Political and Ideological	1.8	4	44	1.2	2	3

17-16 文化产业机构和人员数

Cultural Institutions and Personnel

(2010)

指　标	Item	机构数(个) Number of Institutions(unit)	文化部门 Culture Departments	人员数(人) Number of Persons Engaged (person)	文化部门 Culture Departments
艺术产业	**Arts**	**59**	**17**	**2000**	**1121**
艺术表演团体	Art Performance Troupes	44	12	1742	1041
戏曲、曲艺团体	Opera and Recitation and Ballad Troupes				
艺术表演场所	Art Centers	15	5	258	80
文物产业	**Cultural Relics**	**31**	**31**	**569**	**569**
博物馆	Museums	6	6	212	212
文物商店	Cultural Relics Store				
图书馆产业	**Libraries**	**20**	**20**	**543**	**543**
群众文化产业	**Mass Culture**	**250**	**250**	**1012**	**1012**
文化馆	Cultural Centers	26	26	508	508
文化站	Cultural Stations	224	224	504	504
教育产业	**Education**	**1**	**1**	**104**	**104**
文化市场经营单位	**Entertainment Operators**	**1950**		**10643**	
娱乐业	Entertainment	907		5554	

17-17 图书、杂志、报纸出版情况

Publication of Books, Magazines and Newspapers

指　标	Item	单位	Unit	1978	1980	1990	1995	2000	2005	2009	2010
图 书	**Books**										
图书种类	Number of Publications	种	kind	184	193	449	623	649	660	940	1100
图书印数	Printed Copies	万册	10 000 copies	1136	1433	1890	2310	1649	1520	1815	2123
杂 志	**Magazines**										
杂志种类	Number of Publications	种	kind		6	15	27	29	35	36	36
杂志印数	Printed Copies	万册	10 000 copies		51	71	97	169	318	720	1332
报 纸	**Newspapers**										
报纸种类	Number of Publications	种	kind		1	9	14	19	19	20	15
报纸总印数	Printed Copies	万份	10 000 copies		2279	4561	4699	6136	9782	10203	9400

17-18 各类科技机构概况

（2010）

指　标	Item	单位	Uint	县以上部门属研究与开发机构合计 State-owned Research and Development Institutions Above Country level
机构数	Number of Institutions	个	unit	22
职工总数	Number of Staffs	人	person	840
从事科技活动人员	Personnel Engaged in S&T Activities	人	person	753
大学本科以上学历	Bzchelor′s degree and above	人	person	574
R&D 人员折合全时当量	R&D Personnel	人年	man-year	364
科技经费筹集额	Funding for S&T Activities	千元	1000 yuan	132867
政府拨款	Government Funds	千元	1000 yuan	129774
科技经费内部支出总额	Total Expenditures on S&T Activities	千元	1000 yuan	109804
资产购建支出	Purchase or Consturction of Fixed Assets	千元	1000 yuan	11201
R&D 经费内部支出	Internal Expenditure on R&D	千元	1000 yuan	55978
固定资产	Total Capital	千元	1000 yuan	75112
课题数	Number of Projects	个	unit	207
课题经费支出	Expenditures on Projects	千元	1000 yuan	37882
R&D 课题经费支出	Expenditures on R&D Projects	千元	1000 yuan	29110
课题投入人员	Personnel Put into Projects	人年	man-year	362
R&D 课题投入人员	Scientists and Engineers Put into R&D Projects	人年	man-year	268
专利申请受理	Number of Patents Application Acceptance	项	item	44
专利授权	Number of Patents Application Granted	项	item	23
科技论文	Scientific Papers	篇	pieces	337
科技专著	Scientific Monograph	种	kind	3

Basic Statistics on Scientific Research

自然科学和技术领域 Field of Natural Sciences and Technology	社会与人文科学领域 Field of Social Sciences and Humanities	科技信息和文献机构 Scientific-technical Information and Document Institutions	转制机构 Transformation Institutions
12	6	4	24
478	260	102	3323
441	221	91	1404
333	161	80	695
253	104	7	390
87630	35632	9605	117065
85352	35632	8790	80591
66068	31220	12516	154129
10631	58	512	36695
38815	16253	910	63082
53165	20108	1839	451637
172	23	12	81
31271	4867	1744	42540
23856	4644	610	35865
284	62	16	392
207	54	7	323
44			9
23			6
310	9	18	135
1	2		17

17-19 全区科技活动基本情况
Basic Statistics on Scientific and Technological Activities

指　标	Item	2008	2009	2010
研究与试验发展(R&D)投入情况	**Statistics on R&D Input**			
R&D 人员全时当量(人年)	**Full-time Equivalent of R&D Personnel (man- year)**	**5253**	**6920**	**6378**
基础研究	Basic Research	574	992	1076
应用研究	Applied Research	927	1320	1128
试验发展	Experimental Development	3752	4608	4175
R&D 经费内部支出(万元)	**Intramural Expenditure on R&D (10000 yuan)**	**76859**	**104422**	**115101**
基础研究	Basic Research	2570	9639	9861
应用研究	Applied Research	5235	11411	10336
试验发展	Experimental Development	69054	83372	94904
政府资金	Government Funds	14317	24379	26678
企业资金	Self-raised Funds by Enterprises	56338	78447	86519
R&D 经费内部支出相当于国内生产总值比例(%)	Proportion of Intramural Expenditure on R&D to GDP(%)	0.64	0.77	0.68
科技产出及成果情况	**Statistics on S&T Outputs and Results**			
发表科技论文(篇)	Scientific Papers Issued (pieces)	4463	6211	7292
出版科技著作(种)	Publication on Science and Technology(kind)	129	120	113
专利申请受理数(件)	Number of Patents Application Accepted(piece)	333	423	682
发明专利	Inventions	97	157	252
专利申请授权数(件)	Number of Patents Application Granted(piece)		32	44
发明专利	Inventions		17	19

17-20 主要年份广播电视事业发展情况

Statistics on Broadcasting and TV Stations

指标	Item	单位	Unit	2000	2005	2009	2010
广播	**Broadcast**						
广播电台	Number of Broadcasting Stations	座	unit	11	2	5	5
广播发射台和转播台	Number of Transmission and Relaying Stations	座	unit	8	13	12	12
广播人口覆盖率	Listener Rate	%	%	85.20	91.42	92.92	92.92
节目套数	Program	套	unit	14	25	24	24
平均每日播音时间	Average Broadcast Time per Day	时:分	hour:minute	120:03	254:34	278:54	279:00
广播节目制作	Production of Broadcasting	小时	hour	20337	60056	38397	41011
新 闻	News	小时	hour	3180	10198	8471	8424
专 题	Featured	小时	hour	4206	13529	10327	7771
教 育	Education	小时	hour	62			
文 艺	Arts and Crafts	小时	hour	9490	20851	11454	12470
服务性	Services	小时	hour	3439	15478	5390	3479
电视	**TV**						
电视台	Number of Television Stations	座	unit	7	3	4	4
电视发射台和转播台	TV Transmission and Relaying Stations	座	unit	43	16	27	26
电视人口覆盖率	Viewer Rate	%	%	86.00	92.82	97.28	95.95
节目套数	Program	套	unit	8	31	28	28
平均每周播出时间	Program Hours Per Week	时:分	hour:minute	483:21	2138:09	2855:04	2931:21
电视节目制作	Production of TV Programs	小时	hour	6365	40736	27457	28361
新 闻	News	小时	hour	1184	9802	6029	6299
专 题	Featured	小时	hour	770	8104	7501	7690
教 育	Education	小时	hour	42			
文 艺	Arts and Crafts	小时	hour	903	4927	4327	4658
服务性	Services	小时	hour	3466	17903	5444	5658

17-21 各市县各级各类学校数

Number of Various Schools by City and Country

单位:所 （2010） (unit)

地 区	Region	普通高等学校 Regular Institutions of Higher Education	中等专业学校 Specialized Secondary Schools	职业中学 Vocational Secondary Education Schools	普通中学 Regular Secondary Education Schools	高级中学 Senior High School	小 学 Primary Schools	幼儿园 kindergarten
全区总计	**Total**	**15**	**23**	**13**	**337**	**70**	**2027**	**373**
银川市	**Yinchuan**	**12**	**19**	**4**	**69**	**23**	**215**	**151**
银川市	District	11	16	1	42	16	106	89
永宁县	Yongning	1	1	1	10	3	40	16
贺兰县	Helan		2	1	7	2	42	12
灵武市	Lingwu			1	10	2	27	34
石嘴山市	**Shizuishan**	**1**	**2**	**2**	**48**	**13**	**89**	**61**
石嘴山市	District	1	2	1	30	11	42	51
平罗县	Pingluo			1	18	2	47	10
吴忠市	**Wuzhong**	**1**	**1**	**2**	**67**	**11**	**368**	**61**
利通区	Litong	1			20	3	63	24
红寺堡区	Hongsipu				4	1	68	5
盐池县	Yanchi			1	15	2	67	20
同心县	Tongxin			1	9	2	31	10
青铜峡市	Qingtongxia		1		19	3	139	2
固原市	**Guyuan**	**1**	**1**	**4**	**85**	**14**	**939**	**63**
原州区	Yuanzhou	1	1		18	4	181	35
西吉县	Xiji			1	28	3	382	1
隆德县	Longde			1	18	4	129	7
泾源县	Jingyuan			1	7	1	81	5
彭阳县	Pengyang			1	14	2	166	15
中卫市	**Zhongwei**			**1**	**68**	**9**	**416**	**37**
沙坡头区	Shapotou			1	25	4	79	19
中宁县	Zhongning				18	2	103	16
海原县	Haiyuan				25	3	234	2

17-22 各市县各级各类学校在校学生数

Number of Enrolled Students in Various Schools by City and Country

单位：人　　　　（2010）　　　　(unit)

地　区	Region	普通高等学校 Regular Institutions of Higher Education	中等专业学校 Specialized Secondary Schools	职业中学 Vocational Secondary Education Schools	普通中学 Regular Secondary Education Schools	高中 Senior High School	小学 Primary Schools	幼儿园 kindergarten
全区总计	**Total**	**83415**	**71838**	**30821**	**449147**	**142392**	**653669**	**137856**
银川市	**Yinchuan**	**69931**	**44671**	**9404**	**123435**	**47416**	**147483**	**39499**
银川市	District	65819	39010	4609	82895	36044	87761	21374
永宁县	Yongning	4112	2229	836	13881	3942	19942	5315
贺兰县	Helan		3432	861	12168	3917	17409	5399
灵武市	Lingwu			3098	14491	3513	22371	7411
石嘴山市	**Shizuishan**	**5791**	**6795**	**3377**	**47799**	**17095**	**56770**	**16868**
石嘴山市	District	5791	6795	1062	32450	12326	35418	11670
平罗县	Pingluo			2315	15349	4769	21352	5198
吴忠市	**Wuzhong**	**1833**	**2327**	**5343**	**91189**	**26487**	**142968**	**33795**
利通区	Litong	1833	1732		25891	8853	36899	12970
红寺堡区	Hongsipu				11032	1835	25653	3085
盐池县	Yanchi		245	2937	16061	4858	22411	7882
同心县	Tongxin			656	11061	3177	13854	2737
青铜峡市	Qingtongxia		350	1750	27144	7764	44151	7121
固原市	**Guyuan**	**5860**	**6363**	**11666**	**108877**	**30270**	**175931**	**21175**
原州区	Yuanzhou	5860	6363	2291	35617	10887	51916	10461
西吉县	Xiji			2651	31617	6742	65872	373
隆德县	Longde			3266	16351	5609	19424	2910
泾源县	Jingyuan			943	6328	728	12989	2082
彭阳县	Pengyang			2515	18963	6304	25730	5349
中卫市	**Zhongwei**		**11682**	**1031**	**77847**	**21124**	**130517**	**26519**
沙坡头区	Shapotou		4224	1031	28548	8665	32073	11429
中宁县	Zhongning		2300		24152	7027	37780	8030
海原县	Haiyuan		5158		25147	5432	60664	7060

17-23 主要年份各市县普通中学在校学生数

Number of Student in Regular Secondary Schools by City and Country

单位:人 (person)

地　区	Region	1980	1990	2000	2005	2009	2010
全区总计	**Total**	**223747**	**284440**	**318263**	**406422**	**439575**	**449147**
银川市	**Yinchuan**	**59887**	**66154**	**76968**	**108253**	**120550**	**123435**
银川市	District	31848	28302	39826	82093	81562	82895
永宁县	Yongning	7759	11402	10784	14297	13355	13881
贺兰县	Helan	11342	11068	10720	12650	12573	12168
灵武市	Lingwu	8938	15382	15638	16013	13690	14491
石嘴山市	**Shizuishan**	**44804**	**51411**	**45207**	**51853**	**48617**	**47799**
石嘴山市	District	29852	30520	26226	32263	32676	32450
平罗县	Pingluo	13602	19064	17236	19590	15941	15349
陶乐县	Taole	1350	1827	1745			
吴忠市	**Wuzhong**	**32521**	**54272**	**59546**	**75239**	**87929**	**91189**
利通区	Litong	10347	17042	18083	22123	25792	25891
红寺堡区	Hongsipu				5714	9563	11032
盐池县	Yanchi	5195	11672	10783	13983	11101	16061
同心县	Tongxin	5114	9468	13979	17277	25404	11061
青铜峡市	Qingtongxia	11865	16090	16701	16142	16069	27144
固原市	**Guyuan**	**45869**	**62480**	**76903**	**104741**	**104969**	**108877**
原州区	Yuanzhou	23547	21971	26681	34967	34754	35617
西吉县	Xiji	10110	14848	19818	30238	28578	31617
隆德县	Longde	10066	10998	13671	16485	17360	16352
泾源县	Jingyuan	2146	2282	1889	6283	6344	6328
彭阳县	Pengyang		12381	14844	16768	17933	18963
中卫市	**Zhongwei**	**40666**	**50123**	**59639**	**67336**	**77510**	**77847**
沙坡头区	Shapotou	18306	21939	24694	21693	28205	28548
中宁县	Zhongning	14737	16840	20991	25547	24292	24152
海原县	Haiyuan	7623	11344	13954	20096	25013	25147

17-24 主要年份各市县小学在校学生数

Number of Enrolled Students in Primary Schools by City and Country

单位:人 (person)

地区	Region	1980	1990	2000	2005	2009	2010
全区总计	**Total**	**583687**	**667296**	**657352**	**693207**	**670621**	**653669**
银川市	**Yinchuan**	**123974**	**121948**	**136022**	**142453**	**147663**	**147438**
银川市	District	48231	46707	68750	82801	87541	87761
永宁县	Yongning	25597	23939	22018	21367	19663	19942
贺兰县	Helan	26400	20365	19321	16769	17334	17409
灵武市	Lingwu	23746	30937	25933	21516	23125	22371
石嘴山市	**Shizuishan**	**87064**	**79244**	**64363**	**64162**	**28682**	**56770**
石嘴山市	District	48964	42581	36168	39639	22130	35418
平罗县	Pingluo	34690	33159	24204	24523	14525	21352
陶乐县	Taole	3410	3504	3991		22027	
吴忠市	**Wuzhong**	**101525**	**137930**	**125251**	**147607**	**142467**	**120557**
利通区	Litong	28267	31194	30527	35169	36673	36899
红寺堡区	Hongsipu				20015	23011	25653
盐池县	Yanchi	19843	23015	17339	15234	14262	22411
同心县	Tongxin	23753	50625	51991	52087	45227	13854
青铜峡市	Qingtongxia	29662	33096	25394	25102	23294	44151
固原市	**Guyuan**	**164001**	**214727**	**210543**	**205908**	**190779**	**175931**
原州区	Yuanzhou	83825	73604	68541	65770	54377	51916
西吉县	Xiji	41681	61231	68486	72380	75624	65872
隆德县	Longde	28278	23940	30013	22609	20924	19424
泾源县	Jingyuan	10217	12820	11187	14977	13108	12989
彭阳县	Pengyang		43132	32316	30172	26746	25730
中卫市	**Zhongwei**	**107123**	**113447**	**121173**	**133077**	**131030**	**130517**
沙坡头区	Shapotou	44314	33918	34932	36946	33761	32073
中宁县	Zhongning	30624	30162	30167	38834	36986	37780
海原县	Haiyuan	32185	49367	56074	57297	60283	60664

17-25 各市县平均每万人口在校学生数

Number of Enrolled students Per 10 000 Population by City and Country

单位：人 (person)

地　区	Region	普通高等学校 Regular Institutions of Higher Education	中等专业学校 Specialized Secondary Schools	职业中学 Vocational Secondary Education Schools	普通中学 Regular Secondary Education Schools	小　学 Primary Schools
全区总计	**Total**	**132**	**114**	**49**	**713**	**1038**
银 川 市	**Yinchuan**	**351**	**224**	**47**	**620**	**741**
银 川 市	District	540	320	38	679	719
永 宁 县	Yongning	187	101	38	631	906
贺 兰 县	Helan		156	39	553	791
灵 武 市	Lingwu			119	557	860
石嘴山市	**Shizuishan**	**79**	**93**	**46**	**655**	**778**
石嘴山市	District	123	145	23	690	754
平 罗 县	Pingluo			93	614	854
吴 忠 市	**Wuzhong**	**14**	**18**	**42**	**718**	**1126**
利 通 区	Litong	48	46		681	971
红寺堡区	Hongsipu				649	1509
盐 池 县	Yanchi		16	196	1071	1494
同 心 县	Tongxin			21	346	433
青铜峡市	Qingtongxia		13	67	1044	1698
固 原 市	**Guyuan**	**48**	**52**	**95**	**885**	**1430**
原 州 区	Yuanzhou	143	155	56	869	1266
西 吉 县	Xiji			76	903	1882
隆 德 县	Longde			204	1022	1214
泾 源 县	Jingyuan			94	633	1299
彭 阳 县	Pengyang			126	948	1287
中 卫 市	**Zhongwei**		**108**	**10**	**721**	**1208**
沙坡头区	Shapotou		111	27	751	844
中 宁 县	Zhongning		74		779	1219
海 原 县	Haiyuan		132		645	1555

17-26 各市县小学毕业人数和毕业率

Number of Graduates and Graduation Rate of Primary School by City and Country

单位:人　　(2010)　　(person)

地　区	Region	应届毕业班学生 This Year's Graduates		
		毕业班学生数 Students in Graduating Class	毕业生数 Graduates	毕业率(%) Graduation Rate(%)
全区总计	**Total**	**109783**	**109658**	**99.89**
银川市	**Yinchuan**	**25584**	**25256**	**98.72**
银川市	District	15132	15089	99.72
永宁县	Yongning	3419	3196	93.48
贺兰县	Helan	3026	3035	100.30
灵武市	Lingwu	4007	3936	98.23
石嘴山市	**Shizuishan**	**10407**	**10227**	**98.27**
石嘴山市	District	6688	6620	98.98
平罗县	Pingluo	3719	3607	96.99
吴忠市	**Wuzhong**	**23442**	**23729**	**101.22**
利通区	Litong	5992	6241	104.16
红寺堡区	Hongsipu	3643	3714	101.95
盐池县	Yanchi	2544	2517	98.94
同心县	Tongxin	7268	7289	100.29
青铜峡市	Qingtongxia	3995	3968	99.32
固原市	**Guyuan**	**28208**	**28379**	**100.61**
原州区	Yuanzhou	8622	8768	101.69
西吉县	Xiji	9641	9641	100.00
隆德县	Longde	3446	3423	99.33
泾源县	Jingyuan	2050	2050	100.00
彭阳县	Pengyang	4449	4497	101.08
中卫市	**Zhongwei**	**22142**	**22067**	**99.66**
沙坡头区	Shapotou	6553	6543	99.85
中宁县	Zhongning	6440	6390	99.22
海原县	Haiyuan	9149	9134	99.84

17-27 各市县文化产业机构数和人数

Number of Cultural Institutions and Personnel by City and Country

(2010)

地区	Region	艺术产业 Arts		图书馆产业 libraries		群众文化产业 Mass Culture	
		机构数（个） Number of Institutions (unit)	人数（人） Number of Persons Engaged (person)	机构数（个） Number of Institutions (unit)	人数（人） Number of Persons Engaged (person)	机构数（个） Number of Institutions (unit)	人数（人） Number of Persons Engaged (person)
全区总计	**Total**	**59**	**2000**	**20**	**543**	**26**	**508**
银川市	**Yinchuan**	**3**	**56**	**5**	**114**	**7**	**89**
银川市	District	1	45	1	65	1	29
永宁县	Yongning			1	13	1	10
贺兰县	Helan			1	15	1	18
灵武市	Lingwu	2	11	1	14	1	18
石嘴山市	**Shizuishan**	**8**	**209**	**15**	**38**	**4**	**74**
石嘴山市	District			1	24	1	17
平罗县	Pingluo					1	18
吴忠市	**Wuzhong**	**8**	**206**	**46**	**117**	**5**	**129**
利通区	Litong	3	35	43	52	2	46
红寺堡区	Hongsipu						
盐池县	Yanchi	1	65	1	27	1	48
同心县	Tongxin	3	64	1	12	1	16
青铜峡市	Qingtongxia			1	26	1	19
固原市	**Guyuan**	**8**	**352**	**5**	**84**	**6**	**114**
原州区	Yuanzhou	1	73			1	10
西吉县	Xiji	1	45	1	18	1	29
隆德县	Longde	4	139	1	10	1	16
泾源县	Jingyuan			1	12	1	26
彭阳县	Pengyang	1	80	1	11	1	9
中卫市	**Zhongwei**	**6**	**158**	**13**	**44**	**3**	**43**
沙坡头区	Shapotou	1	58	1	18	1	17
中宁县	Zhongning	3	66	11	14	1	12
海原县	Haiyuan	2	34	1	12	1	14
区直单位	**Unit of Municipality Directly under the Central Government**	26	1019	1	146	1	59

17-27 续表 continued

(2010)

地区 Region	文物产业 Cultural Relics		文化市场经营单位 Entertainment Operators	
	机构数（个）Number of Institutions (unit)	人数（人）Number of Persons Engaged (person)	机构数（个）Number of Institutions (unit)	人数（人）Number of Persons Engaged (person)
全区总计 Total	**31**	**569**	**1950**	**10643**
银川市 Yinchuan	**7**	**171**	**691**	**4569**
银川市 District	5	156	438	3810
永宁县 Yongning			79	216
贺兰县 Helan	1	1	64	202
灵武市 Lingwu	1	14	110	341
石嘴山市 Shizuishan	**2**	**25**	**251**	**1148**
石嘴山市 District	1	5	11	68
平罗县 Pingluo	1	20	67	391
吴忠市 Wuzhong	**6**	**58**	**412**	**1684**
利通区 Litong	1	14	2195	869
红寺堡区 Hongsipu				
盐池县 Yanchi	2	11	56	158
同心县 Tongxin	2	16	42	169
青铜峡市 Qingtongxia	1	17	101	433
固原市 Guyuan	**7**	**77**	**275**	**933**
原州区 Yuanzhou	2	23	108	395
西吉县 Xiji	2	26	34	54
隆德县 Longde	1	6	58	203
泾源县 Jingyuan	1	4	47	145
彭阳县 Pengyang	1	8	28	136
中卫市 Zhongwei	**3**	**18**	**216**	**700**
沙坡头区 Shapotou	1	8	121	371
中宁县 Zhongning	1	5	75	279
海原县 Haiyuan	1	5	20	50
区直单位 Unit of Municipality Directly under the Central Government	**6**	**220**	**105**	**1609**

主要统计指标解释

［普通高等学校］ 指按国家规定审批程序批准举办，通过全国统一招生考试，招收高级中等学校毕业生或具有同等学历者，实施高等教育，培养高等专门人才的学校。包括大学、专门学院、高等专科学校和短期职业大学。

［成人高等学校］ 指按照国家规定的审批程序批准举办，招收高中毕业或同等学历者，利用多种形式对成人实施高等教育、培养相当普通高等学校专科或本科毕业水平的专门人才的学校。包括广播电视大学、职工高等学校、农民高等学院、干部管理学院、教育学院、独立函授学院以及普通高等学校举办的函授、夜大学等。

［小学学龄儿童入学率］ 指调查范围内已人小学学习的儿童占校内外学龄儿童总数 (包括弱智儿童在内，但不包括盲聋哑儿童)的比重。

［专任教师］ 指主要从事教育工作人员。包括临时(一年以内)调去帮助做其他工作的教学人员。不包括调离教学岗位，担任行政领导工作或其他工作的原教学人员;不包括兼任教师和代课教师。

［独立自然科学研究机构］ 指具备下列三个条件;(1)行政上独立的组织形式;(2)财务上独立核算;(3)有权与其他单位签订合同，从事自然科学技术研究的机构。

［优秀自然科学技术研究成果］ 指自然科学技术研究成果中比较优秀的并经各级政府批准授奖的成果。分为国家级(发明奖、自然科学奖)省级(部级)、地(市)级、县级。如省级是指经省科委审核批准并由省政府授奖的成果，一般设一、二、三、四等奖，每年颁发一次。

［自然科学技术人员］ 指已取得科学技术职称或大学中专的理、工、农、医科系毕业，以及国民经济各部门从工作实践中提拔，从事理工、农、医等自然科学技术的研究、教学、生产(事业)技术方面工作的专业人员和在机关、企业、事业单位中从事科学技术业务管理工作的专业人员。

［高级专业技术人员］ 指专业技术人员中具有高级职称的人员，包括高级工程师、高级农艺师、正、副教授、正、副研究员、正、副主任医师，高级会计师、高级统计师、正、副编审、特、高级记者与播音员、正、副译审、国家级和高级教练员、高级经济师、正、副研究馆员、高级工艺美术师。

［中级专业技术人员］ 指专业技术人员中具有中级职称的人员。包括工程师、农艺师、助理研究员、主治医师、讲师、会计师、统计师、编辑、记者、一级播音员、翻译、一级教练、经济师、馆员、工艺美术师。

［初级专业技术人员］ 指专业技术人员中具有初级职称的人员。包括:助理工程师、助理会计师、助理统计师、助理编辑、助理记者、二级播音员、助理翻译、二级教练员、助理经济师、助理馆员、助理工艺美术师、技术员、医(护)士、会计员、统计员、三级播音员、三级教练员、经济员、管理员、工艺美术员。

［艺术表演团体］ 指话剧、方言话剧、滑稽戏、儿童剧、砍剧、舞剧、乐团、合唱团、文工团、文宣队、乌兰牧骑、戏曲剧团、曲艺团、说唱团、杂技团、马戏团、木偶剧团、皮影团等专业艺术表演团体，不包括半工半艺、半农半艺和业余剧团以及电影制片厂附设的演员剧团。

［杂志、报纸］ 指按规定经领导机关批准、由指定机关发给登记证的杂志和定期出版的报纸。杂志与报纸的划分是:单张、且在八开以上(含八开)者为报纸;装订成册、或虽未装订成册，但为十六开以下(含十六开)者为杂志。

杂志分为综合、哲学、社会科学、自然科学和技术、文化和教育、文学和艺术、少年儿童、画刊共七大类、报纸分为综合报和专业报二大类。

【第十八篇】Chapter 18

体育卫生民政司法

Sports, Public Health, Civil Administration and Judicature

责任编辑:安蕊莉

资料整理:安蕊莉　袁　红　康　磊　殷荣玉

Coordinator: An Ruili

Data Compilation: An Ruili　Yuan Hong　Kang Lei　Yin Rongyu

18-1 体委系统职工人数

Number of Staff and Workers in Sports Commissions

单位：人　　　　（2010）　　　　(person)

人员分类 Category of Personnel	总计 Total	体育运动学校 Physical Education and Sports Schools	优秀运动队 Excellent Sports Teams	业余体校 Spare-time Sports Schools	优秀运动员 Excellen Sporters	训练基地 Training Bases	体育场所 Sports Venues	其他 Other
总　计 Total	**1168**	**84**	**73**	**11**	**379**		**146**	**475**
运动员 Athletes	379				379			
专职教练员 Full-time Coaches	150							150
专职文化教师 Full-time Teachers	43	42	1					
科技人员 Scientific and Technical Personnel	10		1					9
医务人员 Medical Personnel	8	1	6					1
管理人员 Administrative Personnel	129	11	27	11			23	57
其他人员 Other	449	30	38				123	258

18-2 等级运动员和裁判员分项发展人数

Rank Athletes and Referees Share

单位:人 （2010） （person）

运动项目	Item	等级运动员 Number of Athletes	国家级运动健将 Internat-omal Mastr Athletes	一级 First Grade Athletes	二级 Second Grade Athletes	三级 Third Grade Athletes	少年级 Young Athletes	等级裁判员 Grade Referees
总 计	**Total**	**287**		**47**	**240**			**72**
田 径	Athletics	35		1	34			11
游 泳	Swimming	2			2			
举 重	Weightlifting	5		2	3			
射 击	Shooting	4		1	3			
射 箭	Archery	1			1			
自行车	Bicycle							
篮 球	Basketball	73		12	61			6
排 球	Volleyball	51		8	43			5
足 球	Football	38		11	27			1
乒乓球	Table Tennis	27			27			10
羽毛球	Badminton							3
武 术	WuShu	19		12	7			2
网球	Tennis							
健美	Didnt							
中国象棋	Chinese Chess							
门 球	Design Department .There							4
台 球	Billiards							
健美操	Aerobics							15
钓 鱼	Fishing							5
信 鸽	Pigeons							
沙滩排球	Beach Volleyball							7
摔跤	Wrestling	11						
航空模型	Model Airplane							
水球	Water Polo							
拳击	Boxing							
中国式摔交	Chinese wrestling							

18-3 主要年份体育场地数

Number of Sports Venous

单位:个 （2010） (unit)

指 标	Item	1985	1990	1995	2000	2005	2009	2010
体育场	Stadiums	1	1	1	2	5		1
乙 级	B	1	1	1	2	2		
体育馆	Gymnasiums	1	1	1	1	3	1	5
丁 级	D	1	1	1	1	2		
游泳池	Natatoriums	13	17	18	19	20		
市内游泳池	Indoor Swimming Pools		1	2	3	4		
有固定看台灯光球场	Lighting Stadium Grandstand Fixed	16	17	24	24	24		

18-4 主要年份运动员打破纪录情况

Athletes Broke Records

单位:个 （2010） (unit)

年份 Year	打破亚洲纪录 Break Asian Record			打破全国纪录 Break The Record			打破区纪录 Break Zone Records		
	项数(项) Events	人数(人) Persons	人次数(人次) Person-time	项数(项) Events	人数(人) Persons	人次数(人次) Person-time	项数(项) Events	人数(人) Persons	人次数(人次) Person-time
1990				1	1	1	30	47	50
1995				3	1	9	74	104	165
2000							6	6	6
2001				1	1	1	25	20	25
2002							29	58	65
2003							12	30	39
2004							33	29	40
2005							3	15	15
2006							34	33	34
2007							11	7	11
2008							5	5	5
2009							5	11	13
2010							35	54	54

18-5 主要年份卫生机构数

Number of Health Care Institutions

单位:个 (unit)

年份 Year	总计 Total	医院、卫生院 Hospitals and Health Centers		疗养院、所 Sanatoriums	门诊 部、所 Clinics	专科防治所、站 Specialized Prevention & Treatment Centers or Stations	疾病预防控制中心 Center for Disease Control and Prevention	妇幼保健所、站 Women and Children Care Agencies	其他卫生机构 Other Institutions
			医院 Hospital						
1950	156	6			134			2	14
1955	221	21		1	166		1	14	18
1958	314	81	37	1	194		20	17	1
1960	586	37	37	1	501	3	24	17	3
1965	607	124	30	4	429	4	20	22	4
1970	519	334			160	2	21		2
1975	736	282	47		406	1	22	18	7
1978	825	306	61		470	1	22	19	7
1980	916	305	60	1	552	2	23	21	12
1985	1057	303	69	2	685	6	24	21	16
1990	1163	177	82	3	894	8	29	27	25
1995	1026	368	91	2	564	11	31	26	24
2000	1361	380	97	2	887	9	28	25	30
2001	1266	387	106	2	785	9	28	25	30
2002	1393	390	110	2	905	9	27	25	35
2003	1499	401	122	2	930	6	28	25	107
2004	1483	400	132	2	993	4	25	22	37
2005	1463	400	134	1	900	4	25	21	112
2006	1553	369	131	1	1022	3	26	21	111
2007	1530	382	140	1	977	1	26	22	121
2008	1633	389	150	1	1058		25	22	138
2009	1601	394	158	1	1015		24	22	145
2010	1583	390	157	1	1003		25	22	142

18-6 主要年份卫生机构床位数

Number of Beds in Health Care Institutions

单位:张 (bed)

年 份 Year	总 计 Total	医 院 Hospitals	门诊部 Clinics	其他卫生机构 Other Health Care Institutions	每千人口医院床位数 Number of Beds of Hospitals and Health Centers per 1000 Population
1950	40	40			0.03
1955	332	282		50	0.17
1958	1377	1136	160	81	0.61
1960	1531	1421	30	80	0.67
1965	4155	2823	1072	260	1.28
1970	3729	3703	26		1.34
1975	6549	5921	616	12	1.81
1978	7517	6962	542	13	1.96
1980	7866	7184	604	78	1.92
1985	9567	8640	726	201	2.08
1990	10556	10045	226	285	2.16
1995	13099	12144	542	413	2.40
2000	13825	13229	117	479	2.35
2001	14434	12142	127	2165	2.16
2002	14782	13768	48	966	2.09
2003	15728	13143	96	2489	2.27
2004	16870	14087	108	2675	2.40
2005	17802	14780	174	2848	2.48
2006	18307	15729	44	2534	2.61
2007	18927	16488	12	2427	2.70
2008	20967	17721	9	3237	3.39
2009	22142	18791		3351	3.54
2010	23659	20258	9	3392	3.57

18-7 各类医院机构、床位及人员数

Number of Health Care Institutions,Beds and Persons

(2010)

指 标	Item	机构数(个) Health Care Institutions (unit)	床位数(张) Beds (bed)	职工人数(人) Number of Staff	卫生技术人员 Medical Technical Personnel	执业医师、助理执业医师 Licensed and Assistant Doctors
医院总计	**Hospitals**	**157**	**20258**	**24847**	**20479**	**7411**
市	City					
县	County					
综合医院	Ceneral Hospitals	108	16482	20765	17188	6065
中医医院	Hospitals Specialized in Chinese Medicine	18	2285	2609	2193	921
专科医院	Specialized Hospitals	26	1368	1315	967	380
其他医院	Others	5	123	167	131	45

18-8 社会福利类收养性单位基本情况

Basic Statistics on Social Welfare and Salvation Institutions

指 标	Item	2009				2010			
		院数(个) Number of Homes (unit)	工作人员(人) Number of Staff and Workers (person)	床位(张) Number of Beds (bed)	年末收养人数(人) Year-end Persons Adoptd (person)	院数(个) Number of Homes (unit)	工作人员(人) Number of Staff and Workers (person)	床位(张) Number of Beds (bed)	年末收养人数(人) Year-end Persons Adoptd (person)
全区总计	**Total**	**93**	**791**	**6307**	**5556**	**80**	**744**	**6770**	**5275**
光荣院、福利院	Homes for Disabled Veterans	14	352	1678	1403	14	343	1763	1414
其他收养性单位	Others	79	439	4629	4153	66	401	5007	3861

18-9 主要年份社会福利事业、企业单位和工作人员数

Number of Social Welfare Institutions & Enterprises and Personnel Engaged

单位:个、人 (unit,person)

指 标	Item	1990		2000		2005		2010	
		单位 Enter-prises	人数 Staff	单位 Enterpr-ises	人数 Staff	单位 Enterpr-ises	人数 Staff	单位 Enterp-rises	人数 Staff
全区总计	**Total**	**455**	**4343**	**450**	**3522**	**327**	**4153**	**177**	**5826**
社会福利事业单位	Social Welfares Institutions	264	568	197	582	134	588	90	819
民政部门办	By Civil Administration Department	11	170	13	277	16	326	72	437
社会办	By Social Department	253	398	184	305	118	262	6	26
社会福利企业单位	Social Welfares Enterprises	157	3599	211	2693	145	3300	87	5007
烈士纪念建筑物管理单位	Units of Revolutionary Martyr Building Management	6	25	7	31	7	30	1	6
求助管理站	Relef Management Stations	5	81	7	81	11	84	2	10
殡仪服务单位	Funeral and Interment Institutions	23	70	28	135	30	151	3	34

18-10 主要年份享受救济人员情况

Persosns Receiving Subsidies or Relief Funds

单位:人 (person)

指 标	Item	1980	1990	1995	2000	2005	2009	2010
农村困难户得到救济人次数	Number of Persons Receiving pecial Poor Relief in Rural Areas	404856	328483	314575	88484	359346	381772	434784
城镇贫困户得到救济人次数	Number of Persons Receiving pecial Poor relief in Urban Areas	2907	4652	5487	1792410	214359	210051	214174

18-11 主要年份律师、公证、调解工作基本情况

Basic Statistics on Lawyers,Notarization and Mediation

项　目	Item	单位	Unit	1990	1995	2000	2005	2009	2010
律师工作	**Lawyers**								
律师事务所	Number of Law Offices	个	unit	32	52	62	61	70	78
律师	Lawyers	人	person	223	444	722	777	723	993
担任法律顾问的单位	Legal Advisors	处	unit	515	627	767	958	1152	1335
民事代理	Agent of Civil Cases	件	case	2617	2546	5284	6417	12345	12904
刑事辩护	Defender of Criminal Cases	件	case	2050	1732	2368	2504	4401	2949
非诉讼事件	Agent of Non-Litigious Legal Affairs	件	case	270	1792	1489	2301	759	850
涉外法律事务	Legal Affairs	件	case		2		2		2
解答法律询问	Agent of Legal Advisory	件	case	24521	15692	36369	35914	25160	24582
代写法律事务文书	Agent of Legal Documents Written on Behalf of Clients	件	case	6165	7624	10687	10949	8669	8577
公证工作	**Notarization**								
公证处	Number of Notary Offices	个	unit	26	28	30	22	20	21
公证人员	Notaries Personnel	人	person	123	134	200	301	92	97
办理公证文书	Number of Notarized Documents	件	case	11087	21984	66123	51151	61711	64291
人民调解工作	**Number of People's Mediation**								
专职司法助理员	Number of Full-time Judicial Assistants	人	person	347	370	444	482	443	421
人民调解委员会	Number of People´s Mediation Committees	个	unit	3648	3780	3604	3424	3397	3423
调解人员	Number of Mediators	人	person	23477	40402	26493	18745	22445	21892
调解民间纠纷	Number of Cicil Disputes Mediated	件	case	18506	17435	19846	17448	22129	19965

18-12　火灾、交通事故情况

Basic Statistics on Fire and Traffic Accidents

(2010)

指　标	Item	火灾事故 Fire Accident	火灾事故按事故发生程度分 Grouped by Severity of Fire Accident			交通事故 Traffic Accidents
			特大 Extraordinarily Serious	重大 Serious	一般 Ordinary	
发生(起)	Fire Accidents(case)	3447				2050
死亡(人)	Deaths(person)	5				455
受伤(人)	Injuries(person)	1				2571
损失折款(万元)	Losses Converted into Cash(10 000yuan)	138.20				658.70
平均每起损失(元)	Average Loss of Fire(yuan)	3882				3213

18-13 各市县卫生机构数

Number of Institutions by City and Country

单位:个　　　　(2010)　　　　(unit)

地　区	Region	总计 Total	医院 Hospitals	卫生院 Hospitals	疗养院 Sanatorium	门诊部、所 Clinics	专科防治所、站 Specialized Prevention & Treatment Stations
全区总计	**Total**	**1583**	**157**	**233**	**1**	**1003**	
银 川 市	**Yinchuan**	**543**	**61**	**38**	**1**	**361**	
银 川 市	District	385	47	9	1	255	
永 宁 县	Yongning	51	4	10		34	
贺 兰 县	Helan	51	2	6		40	
灵 武 市	Lingwu	56	8	13		32	
石嘴山市	**Shizuishan**	**340**	**33**	**21**		**262**	
石嘴山市	District	251	25	8		202	
平 罗 县	Pingluo	89	8	13		60	
吴 忠 市	**Wuzhong**	**277**	**31**	**53**		**163**	
利 通 区	Litong	122	19	16		73	
红寺堡区	Hongsipu	21	2	3		12	
盐 池 县	Yanchi	47	6	8		28	
同 心 县	Tongxin	49	2	15		28	
青铜峡市	Qingtongxia	38	2	11		22	
固 原 市	**Guyuan**	**260**	**19**	**81**		**127**	
原 州 区	Yuanzhou	106	11	15		65	
西 吉 县	Xiji	63	3	25		30	
隆 德 县	Longdei	35	3	19		8	
泾 源 县	Jingyuan	28	1	7		17	
彭 阳 县	Pengyang	28	1	15		7	
中 卫 市	**Zhongwei**	**163**	**13**	**40**		**90**	
沙坡头区	Shapotou	47	7	10		19	
中 宁 县	Zhongning	89	4	11		69	
海 原 县	Haiyuan	27	2	19		2	

18-13 续表 continued

单位:个 (2010) (unit)

地　区	Region	疾病预防控制中心 Centers for Disease Control and Prevention	妇幼保健所、室 Women and Children Care Agencies	卫生监督所 Health Supervision	采供血机构 Blood	其他卫生机构 Other Health Care Institutions
全区总计	**Total**	**25**	**22**	**25**	**5**	**112**
银 川 市	**Yinchuan**	**8**	**5**	**8**	**1**	**60**
银 川 市	District	5	2	5	1	60
永 宁 县	Yongning	1	1	1		
贺 兰 县	Helan	1	1	1		
灵 武 市	Lingwu	1	1	1		
石嘴山市	**Shizuishan**	**3**	**3**	**3**	**1**	**14**
石嘴山市	District	2	2	2	1	9
平 罗 县	Pingluo	1	1	1		5
吴 忠 市	**Wuzhong**	**5**	**5**	**5**	**1**	**14**
利 通 区	Litong	1	1	1	1	10
红寺堡区	Hongsipu	1	1	1		1
盐 池 县	Yanchi	1	1	1		2
同 心 县	Tongxin	1	1	1		1
青铜峡市	Qingtongxia	1	1	1		
固 原 市	**Guyuan**	**6**	**6**	**6**	**1**	**14**
原 州 区	Yuanzhou	2	2	2	1	8
西 吉 县	Xiji	1	1	1		2
隆 德 县	Longdei	1	1	1		2
泾 源 县	Jingyuan	1	1	1		
彭 阳 县	Pengyang	1	1	1		2
中 卫 市	**Zhongwei**	**3**	**3**	**3**	**1**	**10**
沙坡头区	Shapotou	1	1	1	1	7
中 宁 县	Zhongning	1	1	1		2
海 原 县	Haiyuan	1	1	1		1

18-14 主要年份各市县医院数
Number of Hospitals by City and Country

单位:个 (unit)

地　区	Region	2000	2005	2009	2010
全区总计	**Total**	**97**	**134**	**158**	**157**
银 川 市	**Yinchuan**	**45**	**59**	**61**	**61**
银 川 市	District	28	45	47	7
永 宁 县	Yongning	5	4	4	4
贺 兰 县	Helan	3	2	2	2
灵 武 市	Lingwu	9	8	8	8
石嘴山市	**Shizuishan**	**24**	**27**	**32**	**33**
石嘴山市	District	18	22	24	25
平 罗 县	Pingluo	5	5	8	8
陶 乐 县	Taole	1			
吴 忠 市	**Wuzhong**	**9**	**22**	**33**	**31**
利 通 区	Litong	2	9	21	19
红寺堡区	Hongsipu			2	2
盐 池 县	Yanchi	2	2	2	6
同 心 县	Tongxin	1	2	2	2
青铜峡市	Qingtongxia	4	9	6	2
固 原 市	**Guyuan**	**10**	**14**	**19**	**19**
原 州 区	Yuanzhou	4	8	11	11
西 吉 县	Xiji	2	2	3	3
隆 德 县	Longdei	1	2	3	3
泾 源 县	Jingyuan	1	1	1	1
彭 阳 县	Pengyang	2	1	1	1
中 卫 市	**Zhongwei**	**9**	**12**	**13**	**13**
沙坡头区	Shapotou	4	6	7	7
中 宁 县	Zhongning	4	4	4	4
海 原 县	Haiyuan	1	2	2	2

18-15 各市县卫生机构人员数

Number of Employed Persons in Health Institutions by City and Country

单位:人　　　　(2010)　　　　(person)

地区	Region	总计 Total	卫生技术人员 Medical Technical Personnel	执业(助理)医师 Licensed (Assistant) Personnel	#执业医师 Licensed Doctor	注册护士 Registered Nurse	其他 Others	每千人口执业医师数 Number of Medical Technical Personnel Per 1000 Population
全区总计	**Total**	**35458**	**29744**	**12082**	**10852**	**10308**	**7354**	**1.92**
银川市	**Yinchuan**	**16704**	**13667**	**5301**	**4931**	**5050**	**3316**	**2.66**
银川市	District	14526	11815	4552	4329	4461	2802	3.53
永宁县	Yongning	649	570	201	144	188	181	0.92
贺兰县	Helan	488	425	150	104	126	149	0.67
灵武市	Lingwu	1041	857	398	354	275	184	1.52
石嘴山市	**Shizuishan**	**5548**	**4720**	**1860**	**1690**	**1791**	**1069**	**2.56**
石嘴山市	District	4193	3543	1381	1299	1349	813	2.92
平罗县	Pingluo	1355	1177	479	391	442	256	1.89
吴忠市	**Wuzhong**	**5316**	**4481**	**1726**	**1493**	**1490**	**1265**	**1.36**
利通区	Litong	2516	2108	772	664	733	603	2.03
红寺堡区	Hongsipu	213	195	91	67	45	59	0.55
盐池县	Yanchi	1319	1097	381	335	389	327	1.44
同心县	Tongxin	417	366	208	198	94	64	1.42
青铜峡市	Qingtongxia	851	715	274	229	229	212	0.86
固原市	**Guyuan**	**4369**	**3774**	**1859**	**1565**	**1072**	**807**	**1.51**
原州区	Yuanzhou	2333	1954	835	735	670	449	2.03
西吉县	Xiji	893	781	468	364	134	179	1.32
隆德县	Longdei	487	446	204	187	138	104	1.27
泾源县	Jingyuan	267	238	141	96	45	52	1.40
彭阳县	Pengyang	389	355	211	183	85	59	1.05
中卫市	**Zhongwei**	**3521**	**3102**	**1336**	**1173**	**905**	**771**	**1.24**
沙坡头区	Shapotou	1874	1655	598	530	575	482	1.58
中宁县	Zhongning	1011	885	429	381	223	233	1.37
海原县	Haiyuan	636	562	309	262	107	146	0.79

18-16 主要年份各市县卫生技术人员数

Medical Technical Personnel in Health Care Institutions by City and Country

单位:人 (person)

地区	Region	1985	1990	1995	2000	2005	2009	2010
全区总计	**Total**	**15528**	**19175**	**21223**	**19171**	**22817**	**28284**	**29744**
银川市	**Yinchuan**	**6252**	**7876**	**8893**	**7840**	**9717**	**12599**	**13667**
银川市	District	4693	6061	6942	5961	7845	10755	11815
永宁县	Yongning	406	470	470	542	584	569	570
贺兰县	Helan	456	492	468	405	312	435	425
灵武市	Lingwu	697	853	1013	932	976	840	857
石嘴山市	**Shizuishan**	**3189**	**3748**	**4083**	**3172**	**3845**	**4555**	**4720**
石嘴山市	District	2370	2954	3200	2349	2974	3395	3543
平罗县	Pingluo	742	702	802	717	871	1160	1177
陶乐县	Taole	77	92	81	106			
吴忠市	**Wuzhong**	**2147**	**2606**	**3019**	**3041**	**3648**	**4394**	**4481**
利通区	Litong	846	1000	1169	1151	1598	2085	2108
红寺堡区	Hongsipu					20	194	195
盐池县	Yanchi	688	824	934	983	1216	1152	1097
同心县	Tongxin	328	414	450	441	376	370	366
青铜峡市	Qingtongxia	285	368	466	466	438	593	715
固原市	**Guyuan**	**2318**	**2850**	**3043**	**2915**	**3263**	**3830**	**3774**
原州区	Yuanzhou	1125	1373	1328	1287	1482	1965	1954
西吉县	Xiji	424	540	649	592	678	809	781
隆德县	Longdei	373	465	485	424	426	446	446
泾源县	Jingyuan	181	198	237	207	250	240	238
彭阳县	Pengyang	215	274	344	405	427	370	355
中卫市	**Zhongwei**	**1632**	**2095**	**2185**	**2203**	**2344**	**2906**	**3102**
沙坡头区	Shapotou	714	849	934	981	1092	1608	1655
中宁县	Zhongning	514	759	768	645	715	779	885
海原县	Haiyuan	404	487	483	577	537	519	562

18-17 各市县卫生机构床位数

Number of Beds in Health Care Institution by City and Country

单位:张　　　　(2010)　　　　(bed)

地　区	Region	合计 Total	医院 Hospitals	疗养院 Sanatoriums	卫生院 Health Centers	门诊部 Clinics	妇幼保健院(所、站) Women and Children Care Agencies	其他卫生机构 Other Institutions
全区总计	**Total**	**23659**	**20258**	**100**	**2233**	**9**	**844**	**215**
银川市	**Yinchuan**	**9472**	**8491**	**100**	**316**	**9**	**377**	**179**
银川市	District	8069	7429	100	77	9	275	179
永宁县	Yongning	335	245		70		20	
贺兰县	Helan	383	212		117		54	
灵武市	Lingwu	685	605		52		28	
石嘴山市	**Shizuishan**	**3615**	**3422**		**147**		**46**	
石嘴山市	District	2727	2647		69		11	
平罗县	Pingluo	888	775		78		35	
吴忠市	**Wuzhong**	**4026**	**3337**		**521**		**153**	**15**
利通区	Litong	1844	1671		116		48	9
红寺堡区	Hongsipu	185	130		22		30	3
盐池县	Yanchi	876	728		113		32	3
同心县	Tongxin	535	360		155		20	
青铜峡市	Qingtongxia	586	448		115		23	
固原市	**Guyuan**	**3487**	**2641**		**629**		**198**	**19**
原州区	Yuanzhou	1725	1522		90		100	13
西吉县	Xiji	581	448		113		20	
隆德县	Longdei	369	280		64		25	
泾源县	Jingyuan	248	120		113		15	
彭阳县	Pengyang	564	271		249		38	6
中卫市	**Zhongwei**	**3059**	**2367**		**620**		**70**	**2**
沙坡头区	Shapotou	1477	1280		172		25	
中宁县	Zhongning	807	656		131		20	
海原县	Haiyuan	775	431		317		25	2

主要统计指标解释

[体育场] 指有 400 米跑道 (中心含足球场)。有固定道牙,跑道 6 条以上,并有固定看台的室外田径场地。以看台容纳观众人数分:甲级 25000 人以上,乙级 15000-25000 人,丙级 5000-15000 人,丁级 5000 人以下。

[等级裁判员] 指经考核正式批准授予等级裁判员职称者,分为国际裁判、国家级、一级、二级、三级。

[等级运动员] 指经考核正式批准授予等级运动员称号的运动员,分为国际级 运动健将、运动健将、一级、二级、三级、少年级。

[优秀运动队] 指各省、市、自治区体委、解放军、产业体协、运动技术学院和军事体育学校所居的各类运动队。不包括机关团体、厂矿等企业、事业单位所属的职工运动队。

[卫生机构] 指各个部门(军事部门除外)、各种性质的设有专职卫生技术人员的卫生事业机构。包括医院、疗养院(所)、门诊部(所)、专科防治所(站)、卫生防疫站、妇幼保健所(站)、药品检验所(室)、其他卫生机构、包括急救站、中心血库、输血站、环境卫生监测站、生物制品研究所、精神病收容所、麻风村、卫生千部进修院(校)。

[医院] 指名称为医院、设有固定床位能收容病人住院并能为病人提供医疗、护理服务的医疗机构。包括县及县以上医院、农村乡卫生院、其他医院三部分,按所属性质分为卫生部门、工业及其他部门、集体所有制三类。其中县及县以上医院按业务性质分为综合医院和专科医院。

[卫生技术人员] 指卫生事业机构支付工资的全部固定职工和合同制职工中现任职务为卫生技术工作的人员。包括中医师、西医师、中西医结合高级医师、护师、中药师、西药师、检验师、其他技师、中医士、西医士、护士、助产士、中药剂士、西药剂士、检验士、其他技士、其他中医、护理员、中药剂员、西药剂员、检验员、其他初级卫生技术人员。

[医生] 指经卫生部门审查合格,从事医疗工作的专业人员,分为中医医生和西医医生。包括卫生技术人员中的中医师、西医师、中西医结合高级医师、中医士、西医士和其他中医。

[社会福利企业单位] 指以安置城镇有一定劳动能力的盲、聋、哑积肢体残疾人员就业为目的,享受国家减免税待遇的全民或集体所有制企业。包括民政部门管理和街道举办两类。

[城乡社会救济费] 社会救济是指国家或集体用于生活困难的人员的财物支出。本指标包括城镇社会救济费、乡村社会救济费、精减退职的老职工救济费。

[公证人员] 指在国家公证机关依法办理公证事务的司法人员。包括公证员、助理公证员和在公证处工作的其他人员。

[办理公证文书] 指公证处在一定时期内办理的公证文书件数。公证文书系按司法部规定或批准的格式制作。包括国内公证和涉外公证两部分。其中国内公证分为经济合同公证和民事法律关系公证两大类。

【第十九篇】Chapter 19

环境保护

Environment Protection

责任编辑:安蕊莉

资料整理:安蕊莉　袁　红　康　磊　殷荣玉

Coordinator:An Ruili

Data Compilation: An Ruili　Yuan Hong　Kang Lei　Yin Rongyu

19-1 全区环境保护基本情况

Basic Statistics on Environmental Protection

指　标	Item	2001	2005	2009	2010
环保系统建设情况	**Situation of Environmental Protection Agencies**				
机构总数(个)	Number of Agencies(unit)	43	55	57	62
监测站	Monitoring Station	5	11	13	15
监理所	Supervision Station	5	11	14	17
人员总数(人)	Total Number of Staff and Workers(person)	629	713	827	1008
监测人员	Monitoring Personnel	159	243	262	306
监理人员	Supervision Personnel	61	168	233	277
污染排放与处理情况	**Pollution Discharge and Treatment**				
废水	**Waste Water**				
工业废水排放量(万吨)	Volume of Waste Water Discharge(10 000 tons)	10449.6	21410.7	21542.4	21977.5
城镇生活污水排放量(万吨)	Consumption Waste Water Discharge in Town (10 000 tons)	9274.0	14406.0	19794.1	18676.3
工业废水排放达标量(万吨)	Industrial Waste Water Meeting Discharge Standards(10 000 tons)	4359.5	14508.3	18834.8	17304.0
工业废水排放达标率(%)	Ratio of Industrial Waste Water Meeting Discharge Standards(%)	41.7	67.8	87.4	78.7
废气	**Waste Gas**				
工业废气排放量(亿标立方米)	Volume of Industrial Waste Gas Emission (100 million cu.m)	1311.56	2844.46	4700.61	16324.16
燃料燃烧	from Process of Fuel Burning	841.34	1624.92	2556.46	13490.63
生产工艺	from Process of Production	470.22	1219.53	2144.15	2833.53
二氧化硫排放量(万吨)	Volume of Sulphur Dioxide Emission (10 000 tons)			31	31
工业	Industry	16.9	30.2	27.8	28.0
生活及其他	Consumption and Others	3.2	4.0	3.6	3.0
烟尘排放量(万吨)	Volume of Soot Emission			10	17
工业	Industry	10.8	10.16	7.9	13.6
生活及其他	Consumption and Others	1.7	2.18	1.8	3.6
工业粉尘排放量(万吨)	Volume of Industrial Dust Emission (10 000 tons)	9.7	9.02	3.6	6.1
工业二氧化硫去除量(万吨)	Volume of Industry Sulphur Dioxide Removed (10 000 tons)	2.0	4.60	29.3	53.0
工业烟尘去除量(万吨)	Volume of Industrial Soot Removed (10 000 tons)	162.0	312.3	466.0	2221.5
工业粉尘去除量(万吨)	Volume of Industrial Dust Removed (10 000 tons)	11.6	31.4	45.6	126.3
建成城市烟尘控制区数(个)	Soot Control Areas Finished in Cities(unit)	36.0	16.0		
烟尘控制区面积(平方公里)	Area of Soot Control Areas(sq.m)	124.2	206.5		

19-1 续表

指　　标	Item	2001
固体废物	**Solid Wastes**	
工业固体废物产生量(万吨)	Volume of Industrial Solid Wastes Produced(10 000 tons)	430.70
危险废物	Hazardous Wastes	0.04
工业固体废物综合利用率(%)	Ratio of Industrial Solid Wastes Utilized(%)	38.81
工业固体废物排放量(万吨)	Volume of Industrial Solid Wastes Discharged(10 000 tons)	3.84
"三废"综合利用产品产值(万元)	Output Value of Products Made from Utilization of Waste Gas, Water & Solid Wastes(10 000 yuan)	
噪 声	**Noise**	
建成城市环境 噪声达标区数(个)	Number of Noise Marked Areas(unit)	30
环境 噪声达标区面积(平方公里)	Area of Noise Marked Areas(sq.m)	84.5
工业污染治理项目及投资情况	Investment Completed in the Treatment of Industrial Pollution	
当年施工污染治理项目数(个)	Number of Projects for Pollution Treatment(unit)	86
污染治理项目本年完成投资额(万元)	Investment Completed in the Treatment of Pollution This Year	29121.8
废水治理	Treatment of Waste Water	18412.2
废气治理	Treatment of Waste Gas	9172.8
固体废物治理	Treatment of Solid Waste	1376.8
其他治理	Treatment of Other Pollution	160.0
生态环境保护情况	**Situation of Natural Protection**	
自然保护区(个)	Number of Nature Reserves(unit)	8
国家级	Nation Level	4
自然保护区面积(万公顷)	Area of Nature Reserves(10 000 hectares)	23.0
自然保护区面积占辖区面积比例(%)	Percentage of Nature Reserves in the Region(%)	4.4
生态示范区数(个)	Number of Demonstration Zones of Ecology(unit)	2

continued

2005	2009	2010
718.75	1398.25	2465.46
	0.37	4.06
53.87	70.60	57.49
4.10	3.66	0.92
23498	66672	100750
16		
166.6		
76	93	21
17709.8	43471.8	40896.0
5327.0	12890.5	23478.0
9993.3	30197.8	5618.0
889.5	15.0	
1500.0	368.5	11800.0
13	13	13
5	6	6
54.7	54.8	47.0
8.2	8.2	8.2
2	90	

19-2 工业分行业废水排放及处理情况

(2010)

行 业	Sector	汇总工业企业数(个) Number of Industrial Enterprises (unit)
煤炭开采和洗选业	Mining and Washing of Coal	26
石油和天然气开采业	Extraction of Petroleum and Natural Gas	1
黑色金属矿采选业	Mining and Processing of Ferrous Metal Ores	
有色金属矿采选业	Mining and Processing of Non-ferrous Metal Ores	1
非金属矿采选业	Mining and Processing of Non-metal Ores	4
其他采矿业	Mining of Other Ores	
农副食品加工业	Processing of Food from Agricultural Products	58
食品制造业	Manufacture of Foods	24
饮料制造业	Manufacture of Beverages	18
烟草制品业	Manufacture of Tobacco	1
纺织业	Manufacture of Textile	9
皮革、毛皮、羽毛(绒)及其制品业	Manufacture of Leather,Fur,Feather and Related Products	11
木材加工及木、竹、藤、棕、草制品业	Processing of Timber, Manufacture of Wood, Bamboo, Rattan, Palm and Straw Products	
造纸及纸制品业	Manufacture of Paper and Paper Products	17
印刷业和记录媒介的复制	Printing,Reproduction of Recording Media	1
石油加工、炼焦及核燃料加工业	Processing of Petroleum, Coking, Processing of Nuclear Fuel	29
化学原料及化学制品制造业	Manufacture of Raw Chemical Materials and Chemical Products	95
医药制造业	Manufacture of Medicines	8
橡胶制品业	Manufacture of Rubber	1
非金属矿物制品业	Manufacture of Non-metallic Mineral Products	197
黑色金属冶炼及压延加工业	Smelting and Pressing of Ferrous Metals	75
有色金属冶炼及压延加工业	Smelting and Pressing of Non-ferrous Metals	28
金属制品业	Manufacture of Metal Products	4
通用设备制造业	Manufacture of General Purpose Machinery	8
专用设备制造业	Manufacture of Special Purpose Machinery	3
交通运输设备制造业	Manufacture of Transport Equipment	1
电气机械及器材制造业	Manufacture of Electrical Machinery and Equipment	8
仪器仪表及文化、办公用机械制造业	Manufacture of Measuring Instruments and Machinery for Cultural Activity and Office Work	2
电力、热力的生产和供应业	Production and Supply of Electric power and Heat Power	35

Discharge and Treatment of Waste Water by Sector

工业废水排放量(万吨) Volume of Industrial Waste Water Discharge (10 000 tons)	排入污水处理厂的(吨) Volume of Waste Water Discharged into Sewage Disposal Plants (ton)	工业废水排放达标量(万吨) Industrial Waste Water Meeting Discharge Standards (10 000 tons)	工业废水排放达标率(%) Ratio of Industrial Waste Water Meeting Discharge Standards (%)	废水治理设施数(套) Number of Facilities or Treatment of Waste Water (set)
905.99		50.48	5.57	35
6.00				3
105.08	10.67	18.84	17.93	25
1334.80	18.70	1219.51	91.36	14
524.40	10.00	354.44	67.59	8
1.31		1.31	100.00	
73.53	48.36	59.74	81.24	8
48.60	5.50	14.68	30.20	9
12355.21		10669.40	86.36	25
0.01				
403.89	112.47	339.94	84.17	48
2973.17	1052.23	1888.56	63.52	71
480.86	0.04	480.82	99.99	7
118.30	118.30	118.30	100.00	4
40.71	15.32	38.23	93.89	37
2.66		2.52	94.93	14
828.27	4.20	620.35	74.90	4
77.14		61.66	79.93	2
28.19	27.30	28.19	100.00	3
1.20		0.96	79.99	3
7.50				2
13.52	0.54	11.61	85.88	3
23.74	4.77	4.77	20.07	
174.76	7.54	170.41	97.51	34

19-3 工业分行业废气排放及处理情况

(2010)

行　业	Sector	废气治理设施数(套) Number of Facilities for Treatment of Waste Gas (set)
煤炭开采和洗选业	Mining and Washing of Coal	91
石油和天然气开采业	Extraction of Petroleum and Natural Gas	
黑色金属矿采选业	Mining and Processing of Ferrous Metal Ores	
有色金属矿采选业	Mining and Processing of Non-ferrous Metal Ores	
非金属矿采选业	Mining and Processing of Non-metal Ores	
其他采矿业	Mining of Other Ores	
农副食品加工业	Processing of Food from Agricultural Products	1
食品制造业	Manufacture of Foods	32
饮料制造业	Manufacture of Beverages	17
烟草制品业	Manufacture of Tobacco	2
纺织业	Manufacture of Textile	13
皮革、毛皮、羽毛(绒)及其制品业	Manufacture of Leather, Fur, Feather and Related Products	4
木材加工及木、竹、藤、棕、草制品业	Processing of Timber,Manufacture of Wood,Bamboo,Rattan,Palm and Straw Products	
造纸及纸制品业	Manufacture of Paper and Paper Products	25
印刷业和记录媒介的复制	Printing,Reproduction of Recording Media	
石油加工、炼焦及核燃料加工业	Processing of Petroleum,Coking,Processing of Nuclear Fuel	42
化学原料及化学制品制造业	Manufacture of Raw Chemical Materials and Chemical Products	180
医药制造业	Manufacture of Medicines	21
橡胶制品业	Manufacture of Rubber	6
非金属矿物制品业	Manufacture of Non-metallic Mineral Products	433
黑色金属冶炼及压延加工业	Smelting and Pressing of Ferrous Metals	140
有色金属冶炼及压延加工业	Smelting and Pressing of Non-ferrous Metals	127
金属制品业	Manufacture of Metal Products	5
通用设备制造业	Manufacture of General Purpose Machinery	25
专用设备制造业	Manufacture of Special Purpose Machinery	17
交通运输设备制造业	Manufacture of Transport Equipment	
电气机械及器材制造业	Manufacture of Electrical Machinery and Equipment	45
仪器仪表及文化、办公用机械制造业	Manufacture of Measuring Instruments and Machinery for Cultural Activity and Office Work	11
电力、热力的生产和供应业	Production and Supply of Electric power and Heat Power	133

Emission and Treatment of Waste Gas by Sector

工业废气排放总量 (万标立方米) Total Volume of Industrial Waste Gas Emission (10 000 cu.m)	燃料燃烧过程中废气排放量 from Process of Fuel Burning	生产工艺过程中废气排放量 from Process of Production
188400	160120	28280
2632	2632	
1739	1739	
11745	11745	
607348	607348	
75107	75107	
17376	17376	
8862	8862	
1790	1790	
1078588	1078588	
14	14	
2558629	1295125	1263504
7466601	3699071	3767530
585424	585424	
95612	95612	
9086713	5819777	3266936
6464571	350844	6113727
14835062	1219063	13615999
14017	13856	161
138234	23904	114330
40444	33159	7285
48304		48304
32309	8246	24063
76204	4351	71853
119805896	119792589	13307

19-3 续表

(2010)

行　业	Sector	工业二氧化硫排放量(吨) Volume of Sulphur Dioxide Emission by Industry (ton)
煤炭开采和洗选业	Mining and Washing of Coal	1595.21
石油和天然气开采业	Extraction of Petroleum and Natural Gas	35.60
黑色金属矿采选业	Mining and Processing of Ferrous Metal Ores	
有色金属矿采选业	Mining and Processing of Non-ferrous Metal Ores	1.50
非金属矿采选业	Mining and Processing of Non-metal Ores	23.18
其他采矿业	Mining of Other Ores	
农副食品加工业	Processing of Food from Agricultural Products	116.29
食品制造业	Manufacture of Foods	5785.78
饮料制造业	Manufacture of Beverages	822.93
烟草制品业	Manufacture of Tobacco	138.08
纺织业	Manufacture of Textile	61.88
皮革、毛皮、羽毛(绒)及其制品业	Manufacture of Leather,Fur,Feather and Related Products	20.38
木材加工及木、竹、藤、棕、草制品业	Processing of Timber, Manufacture of Wood, Bamboo, Rattan, Palm and Straw Products	
造纸及纸制品业	Manufacture of Paper and Paper Products	18720.39
印刷业和记录媒介的复制	Printing,Reproduction of Recording Media	0.50
石油加工、炼焦及核燃料加工业	Processing of Petroleum,Coking,Processing of Nuclear Fuel	6780.39
化学原料及化学制品制造业	Manufacture of Raw Chemical Materials and Chemical Products	20288.14
医药制造业	Manufacture of Medicines	4007.51
橡胶制品业	Manufacture of Rubber	780.52
非金属矿物制品业	Manufacture of Non-metallic Mineral Products	21344.38
黑色金属冶炼及压延加工业	Smelting and Pressing of Ferrous Metals	13720.87
有色金属冶炼及压延加工业	Smelting and Pressing of Non-ferrous Metals	38435.97
金属制品业	Manufacture of Metal Products	189.34
通用设备制造业	Manufacture of General Purpose Machinery	14.30
专用设备制造业	Manufacture of Special Purpose Machinery	575.26
交通运输设备制造业	Manufacture of Transport Equipment	
电气机械及器材制造业	Manufacture of Electrical Machinery and Equipment	111.21
仪器仪表及文化、办公用机械制造业	Manufacture of Measuring Instruments and Machinery for Cultural Activity and Office Work	89.57
电力、热力的生产和供应业	Production and Supply of Electric power and Heat Power	129527.77

continued

工业二氧化硫去除量 (吨) Volume of Industry Sulphur Dioxide Removed (ton)	工业烟尘排放量 (吨) Volume of Industrial Soot Emission (ton)	工业烟尘去除量 (吨) Volume of Industrial Soot Removed (ton)	工业粉尘排放量 (吨) Volume of Industrial Dust Emission (ton)	工业粉尘去除量 (吨) Volume of Industrial Dust Removed (ton)
	1487.25	3783.20	143.57	
	29.95			
	37.50			
	41.39			
	96.76	36.80		
1150.84	1318.82	10888.34	1.85	
	374.76	718.03		
	14.40	3.60		
1.44	57.17	227.34		
	26.47	7.40		
18.14	6125.01	219569.89		
	0.60			
535.57	691.59	576.83	1579.66	19907.09
11548.78	27207.55	398955.91	4820.01	35319.40
7979.88	1604.82	38707.44		
376.50	326.66	4003.20		
5414.56	24311.97	1174561.53	9761.37	975070.17
1025.67	13488.81	7293519.50	33675.55	160945.08
52866.90	1949.45	24152.48	7946.42	69485.47
	21.89	143.51		
143.00	196.28	1180.59	121.36	976.74
	370.11	979.14	135.16	
			19.74	
	66.63	261.76	21.10	28.82
	33.23	64.25		
449198.83	50882.74	13042205.86	117.47	781.46

19-4 工业分行业工业固体废物产生及处理利用情况

(2010)

行 业	Sector	工业固体废物产生量(万吨) Volume of Industrial Solid Wastes Produced (10 000 tons)
煤炭开采和洗选业	Mining and Washing of Coal	535.01
石油和天然气开采业	Extraction of Petroleum and Natural Gas	0.08
黑色金属矿采选业	Mining and Processing of Ferrous Metal Ores	
有色金属矿采选业	Mining and Processing of Non-ferrous Metal Ores	0.02
非金属矿采选业	Mining and Processing of Non-metal Ores	1.66
其他采矿业	Mining of Other Ores	
农副食品加工业	Processing of Food from Agricultural Products	1.18
食品制造业	Manufacture of Foods	12.62
饮料制造业	Manufacture of Beverages	2.06
烟草制品业	Manufacture of Tobacco	0.09
纺织业	Manufacture of Textile	0.55
皮革、毛皮、羽毛(绒)及其制品业	Manufacture of Leather,Fur,Feather and Related Products	0.37
木材加工及木、竹、藤、棕、草制品业	Processing of Timber, Manufacture of Wood, Bamboo, Rattan, Palm and Straw Products	
造纸及纸制品业	Manufacture of Paper and Paper Products	42.82
印刷业和记录媒介的复制	Printing,Reproduction of Recording Media	
石油加工、炼焦及核燃料加工业	Processing of Petroleum,Coking,Processing of Nuclear Fuel	10.85
化学原料及化学制品制造业	Manufacture of Raw Chemical Materials and Chemical Products	349.29
医药制造业	Manufacture of Medicines	27.86
橡胶制品业	Manufacture of Rubber	0.68
非金属矿物制品业	Manufacture of Non-metallic Mineral Products	28.57
黑色金属冶炼及压延加工业	Smelting and Pressing of Ferrous Metals	63.17
有色金属冶炼及压延加工业	Smelting and Pressing of Non-ferrous Metals	121.41
金属制品业	Manufacture of Metal Products	0.59
通用设备制造业	Manufacture of General Purpose Machinery	2.13
专用设备制造业	Manufacture of Special Purpose Machinery	0.95
交通运输设备制造业	Manufacture of Transport Equipment	0.53
电气机械及器材制造业	Manufacture of Electrical Machinery and Equipment	0.66
仪器仪表及文化、办公用机械制造业	Manufacture of Measuring Instruments and Machinery for Cultural Activity and Office Work	0.23
电力、热力的生产和供应业	Production and Supply of Electric power and Heat Power	1145.54

Production, Treatment and Utilization of Industrial Solid Wastes by Sector

危险废物产生量 (吨) Hazardous Wastes (ton)	工业固体废物综合利用量 (万吨) Volume of Industrial Solid Wastes Utilized (10 000 tons)	工业固体废物贮存量 (万吨) Volume of Industrial Solid Wastes in Stocks (10 000 tons)
	202.49	79.23
	0.08	
	0.02	
	1.66	
	1.16	
	12.22	0.40
	2.00	
	0.09	
	0.17	
	0.37	
	29.71	
889.00	4.94	
30328.62	270.76	22.29
260.00	26.40	0.60
	0.68	
	27.27	
	53.85	
4067.65	48.81	48.56
4584.14	0.49	
11.44	1.35	
	0.95	
	0.12	
456.81	0.46	
	0.23	
	651.64	402.21

19-5 各市县工业废水排放及处理情况

Discharge and Treatment of Industrial Waste Water by City and Country

(2010)

地区	Region	汇总工业企业数（个）Number of Industrial Enterprises (unit)	工业废水排放总量（万吨）Volume of Industrial Waste Water Discharge (10 000 tons)	排入污水处理厂的（吨）Volume of Waste Water Discharged into Sewage Disposal Plants (ton)	工业废水排放达标量（万吨）Industrial Waste Water Meeting Discharge Standards (10 000 tons)	工业废水排放达标率（%）Ratio of Industrial Waste Water Meeting Discharge Standards (%)	废水治理设施数（套）Number of Facilities for Treatment of Waste Water (set)
全区总计	**Total**	**666**	**21977.46**	**1501.50**	**17303.96**	**78.74**	**359**
银川市	**Yinchuan**	**107**	**5893.70**	**1263.98**	**5864.34**	**99.50**	**82**
银川市	District	40	1628.67	1199.75	1628.67	100.00	47
永宁县	Yongning	24	2756.94		2732.78	99.12	17
贺兰县	Helan	26	1258.71		1258.71	100.00	6
灵武市	Lingwu	17	249.38	64.22	244.18	97.91	12
石嘴山市	**Shizuishan**	**199**	**1864.18**	**218.00**	**938.46**	**50.34**	**154**
石嘴山市	District	123	729.00	218.00	497.77	68.28	83
平罗县	Pingluo	76	1135.18		440.69	38.82	71
吴忠市	**Wuzhong**	**88**	**6943.60**	**4.77**	**5884.09**	**84.74**	**33**
利通区	Litong	35	3359.31	4.77	2718.32	80.92	9
红寺堡区	Hongsipu						
盐池县	Yanchi	2					
同心县	Tongxin	42	3518.66		3141.97	89.29	24
青铜峡市	Qingtongxia	9	65.63		23.81	36.28	
固原市	**Guyuan**	**168**	**142.54**	**14.76**	**0.80**	**0.56**	**34**
原州区	Yuanzhou	35	52.00	14.76			8
西吉县	Xiji	59	50.67				17
隆德县	Longde	30	13.48				7
泾源县	Jingyuan	9	3.73		0.80	21.51	1
彭阳县	Pengyang	35	22.66				1
中卫市	**Zhongwei**	**82**	**5300.14**		**4613.37**	**87.04**	**27**
沙坡头区	Shapotou	39	4679.85		4382.82	93.65	20
中宁县	Zhongning	31	549.87		214.02	38.92	7
海原县	Haiyuan	12	70.42		16.53	23.47	
宁东地区	**Ningdong District**	**22**	**1833.30**		**2.90**	**0.16**	**29**
宁东	Ning dong	22	1833.30		2.90	0.16	29

19-6 各市县工业废气排放及处理情况

Emission and Treatment of Industrial Waste Gas by City and Country

（2010）

地区	Region	废气治理设施数(套) Number of Facilities for Treatment of Waste Gas (set)	工业废气排放总量(万标立方米) Total Volume of Industrial Waste Gas Emission (10 000 cu.m)	燃料燃烧过程中废气排放量 from Process of Fuel Burning	生产工艺过程中废气排放量 from Process of Production
全区总计	**Total**	**1370**	**163241621**	**134906342**	**28335279**
银川市	**Yinchuan**	**253**	**15622403**	**13550854**	**2071549**
银川市	District	138	13286970	11704934	1582036
永宁县	Yongning	73	1688806	1419760	269046
贺兰县	Helan	10	330093	222244	107849
灵武市	Lingwu	32	316534	203916	112618
石嘴山市	**Shizuishan**	**506**	**17115319**	**11952755**	**5162564**
石嘴山市	District	331	15018892	11120376	3898516
平罗县	Pingluo	175	2096427	832379	1264048
吴忠市	**Wuzhong**	**361**	**24840159**	**14099240**	**10740919**
利通区	Litong	81	2260997	1187234	1073763
红寺堡区	Hongsipu				
盐池县	Yanchi		12250	480	11770
同心县	Tongxin	219	20138862	12016805	8122057
青铜峡市	Qingtongxia	61	2428050	894721	1533329
固原市	**Guyuan**	**12**	**328860**	**296040**	**32820**
原州区	Yuanzhou	8	115269	115269	
西吉县	Xiji		64515	64515	
隆德县	Longde	1	49051	42051	7000
泾源县	Jingyuan		78876	53056	25820
彭阳县	Pengyang	3	21149	21149	
中卫市	**Zhongwei**	**174**	**10529204**	**4387512**	**6141692**
沙坡头区	Shapotou	110	4970011	1339250	3630761
中宁县	Zhongning	64	5394726	2910848	2483878
海原县	Haiyuan		164467	137414	27053
宁东地区	**Ningdong District**	**64**	**94805676**	**90619941**	**4185735**
宁东	Ning dong	64	94805676	90619941	4185735

19-6 续表 continued

(2010)

地 区	Region	工业二氧化硫排放量(吨) Volume of Sulphur Dioxide Emission by Industry (ton)	工业二氧化硫去除量(吨) Volume of Industry Sulphur Dioxide Removed (ton)	工业烟尘排放量(吨) Volume of Industrial Soot Emission (ton)	工业烟尘去除量(吨) Volume of Industrial Soot Removed (ton)	工业粉尘排放量(吨) Volume of Industrial Dust Emission (ton)	工业粉尘去除量(吨) Volume of Industrial Dust Removed (ton)
全区总计	**Total**	**280380**	**530260**	**136231**	**22214547**	**60851**	**1262514**
银川市	**Yinchuan**	**24150**	**35800**	**8329**	**534338**	**2133**	**173717**
银川市	District	13449	26494	3329	384630	1157	60235
永宁县	Yongning	8852	9267	3287	148141	257	40978
贺兰县	Helan	1457	38	990	287	398	34166
灵武市	Lingwu	392	1	724	1281	322	38338
石嘴山市	**Shizuishan**	**112839**	**177479**	**72071**	**11245517**	**37653**	**178581**
石嘴山市	District	95893	172837	53748	10979997	25007	136116
平罗县	Pingluo	16947	4642	18322	265520	12647	42464
吴忠市	**Wuzhong**	**77043**	**235926**	**14200**	**3376434**	**3148**	**554731**
利通区	Litong	20264	51815	2535	287031	667	88046
红寺堡区	Hongsipu						
盐池县	Yanchi	11		3	10	24	2341
同心县	Tongxin	53806	184111	10991	3020960	2154	90875
青铜峡市	Qingtongxia	2962		672	68433	303	373469
固原市	**Guyuan**	**4155**	**595**	**959**	**6938**	**544**	
原州区	Yuanzhou	1271	595	255	6892	29	
西吉县	Xiji	278		194	5		
隆德县	Longde	281		163	19	15	
泾源县	Jingyuan	2022		83		470	
彭阳县	Pengyang	304		263	23	30	
中卫市	**Zhongwei**	**46214**	**20325**	**27833**	**3723954**	**15599**	**322713**
沙坡头区	Shapotou	27413		23270	424896	10302	105375
中宁县	Zhongning	18299	20325	4098	3299058	4296	217338
海原县	Haiyuan	502		465		1001	
宁东地区	**Ningdong District**	**15978**	**60136**	**12839**	**3327365**	**1774**	**32773**
宁 东	Ning dong	15978	60136	12839	3327365	1774	32773

19-7 各市县工业固体废物产生及处理利用情况
Production, Treatment and Utilization of Industrial Solid Wastes by City and Country

(2010)

地 区	Region	工业固体废物产生量(万吨) Volume of Industrial Solid Wastes Produced (10 000 tons)	危险废物产生量(吨) Hazardous Wastes (ton)	工业固体废物综合利用量(万吨) Volume of Industrial Solid Wastes Utilized (10 000 tons)	工业固体废物贮存量(万吨) Volume of Industrial Solid Wastes in Stocks (10 000 tons)
全区总计	**Total**	**2465.47**	**40597.66**	**1422.35**	**563.54**
银 川 市	**Yinchuan**	**197.74**	**7396.52**	**149.07**	**4.88**
银 川 市	District	129.13	1427.30	83.86	2.98
永 宁 县	Yongning	47.60	286.89	45.04	1.06
贺 兰 县	Helan	12.36	4402.06	12.36	
灵 武 市	Lingwu	8.65	1280.27	7.80	0.84
石嘴山市	**Shizuishan**	**695.01**	**15269.14**	**378.21**	**178.34**
石嘴山市	District	606.92	13975.14	290.77	178.31
平 罗 县	Pingluo	88.09	1294.00	87.44	0.03
吴 忠 市	**Wuzhong**	**388.64**	**17879.00**	**349.82**	**28.20**
利 通 区	Litong	15.54		15.40	
红寺堡区	Hongsipu				
盐 池 县	Yanchi	0.01		0.01	
同 心 县	Tongxin	369.90	17879.00	333.85	28.04
青铜峡市	Qingtongxia	3.18		0.55	0.15
固 原 市	**Guyuan**	**5.25**		**5.22**	
原 州 区	Yuanzhou	2.04		2.04	
西 吉 县	Xiji	0.16		0.16	
隆 德 县	Longde	0.32		0.32	
泾 源 县	Jingyuan	0.44		0.43	
彭 阳 县	Pengyang	2.28		2.27	
中 卫 市	**Zhongwei**	**269.51**		**163.35**	**69.36**
沙坡头区	Shapotou	77.73		62.04	
中 宁 县	Zhongning	190.10		99.76	69.36
海 原 县	Haiyuan	1.68		1.55	
宁东地区	**Ningdong District**	**909.32**	**53.00**	**376.69**	**282.76**
宁 东	Ning dong	909.32	53.00	376.69	282.76

19-7 续表 continued

(2010)

地 区	Region	工业固体废物处置量(万吨) Volume of Industrial Solid Wastes Treated (10 000 tons)	危险废物处置量(吨) Hazardous Wastes (ton)	工业固体废物排放量(万吨) Volume of Industrial Solid Wastes Discharged (10 000 tons)	危险废物排放量(吨) Hazardous Wastes (ton)	"三废"综合利用产品产值(万元) Output Value of Products Made from Utilization of Waste Gas, Water & Solid Wastes (10 000 yuan)
全区总计	**Total**	**489.54**	**14701.92**	**0.92**		**100750.30**
银 川 市	**Yinchuan**	**45.11**	**974.92**	**0.69**		**29766.40**
银 川 市	District	44.29	973.30			7786.90
永 宁 县	Yongning	0.81		0.69		7221.00
贺 兰 县	Helan					7973.30
灵 武 市	Lingwu	0.01	1.62			6785.20
石嘴山市	**Shizuishan**	**147.23**	**13727.00**			**44842.10**
石嘴山市	District	146.61	13727.00			33656.10
平 罗 县	Pingluo	0.62				11186.00
吴 忠 市	**Wuzhong**	**10.53**		**0.14**		**17123.80**
利 通 区	Litong			0.14		2458.00
红寺堡区	Hongsipu					
盐 池 县	Yanchi					980.00
同 心 县	Tongxin	8.01				12793.80
青铜峡市	Qingtongxia	2.52				892.00
固 原 市	**Guyuan**			**0.09**		**7.00**
原 州 区	Yuanzhou					7.00
西 吉 县	Xiji			0.07		
隆 德 县	Longde					
泾 源 县	Jingyuan			0.01		
彭 阳 县	Pengyang			0.01		
中 卫 市	**Zhongwei**	**36.80**				**9011.00**
沙坡头区	Shapotou	15.69				8713.00
中 宁 县	Zhongning	20.98				237.00
海 原 县	Haiyuan	0.13				61.00
宁东地区	**Ningdong District**	**249.88**				
宁 东	Ning dong	249.88				

19-8 各市县生活污染物排放情况

Discharge of Pollutions from Daily Life by City and Country

(2010)

地 区	Region	城镇生活污水排放量(万吨) Consumption Waste Water Discharge in City and Town (10 000 tons)	城镇处理生活污水量(万吨) Consumption Waste Water Treated (10 000 tons)	城镇生活污水处理率(%) Ratio of Consumption Waste Water Treated (%)	城镇生活污水中COD排放量(吨) COD Discharge Volume (ton)	生活二氧化硫排放量(吨) Volume of Sulphur Dioxide Emission by Consumption (ton)	生活烟尘排放量(吨) Volume of Consumption Soot Emission (ton)
全区总计	**Total**	**18676.33**	**13219.50**	**70.78**	**28889**	**30372**	**35712**
银 川 市	**Yinchuan**	**10523.90**	**7948.03**	**75.52**	**9309**	**6794**	**4737**
银 川 市	District	8877.02	7237.25	81.53	5984	3590	3822
永 宁 县	Yongning	475.96	33.00	6.93	788	986	110
贺 兰 县	Helan	575.24	274.00	47.63	1117	2160	675
灵 武 市	Lingwu	595.68	403.78	67.78	1420	58	130
石嘴山市	**Shizuishan**	**3356.10**	**2443.00**	**72.79**	**4703**	**3393**	**5492**
石嘴山市	District	2912.26	1992.00	68.40	4121	2187	3305
平 罗 县	Pingluo	443.84	451.00	101.61	581	1206	2187
吴 忠 市	**Wuzhong**	**2522.26**	**1540.23**	**61.07**	**5481**	**12252**	**7329**
利 通 区	Litong	1547.56	1008.23	65.15	1611	5376	2478
红寺堡区	Hongsipu						
盐 池 县	Yanchi	283.82			2282	1989	1658
同 心 县	Tongxin	571.59	532.00	93.07	449	3342	2850
青铜峡市	Qingtongxia	119.28			1139	1545	343
固 原 市	**Guyuan**	**715.62**	**345.24**	**48.24**	**5100**	**4300**	**3763**
原 州 区	Yuanzhou	389.82	345.24	88.56	1950	1694	750
西 吉 县	Xiji	161.33			1489	727	918
隆 德 县	Longde	71.18			701	740	439
泾 源 县	Jingyuan	27.59			248	221	108
彭 阳 县	Pengyang	65.70			712	918	1548
中 卫 市	**Zhongwei**	**1558.45**	**943.00**	**60.51**	**4296**	**3633**	**14391**
沙坡头区	Shapotou	741.00	615.00	83.00	1498	1666	6597
中 宁 县	Zhongning	464.75	328.00	70.57	1228	1229	4869
海 原 县	Haiyuan	352.69			1571	738	2925

19-9 各市县工业污染治理项目及投资情况

Investment in Anti-industrial Pollution Projects

(2010)

地区	Region	汇总工业企业数(个) Number of Industrial Enterprises (unit)	本年施工项目数(个) Projects Under Construction (unit)	废水治理项目 Treatment of Waste Water	废气治理项目 Treatment of Waste Gas	固体废物治理项目 Treatment of Solid Waste	其他治理项目 Other Treatment Projects
全区总计	**Total**	**16**	**21**	**7**	**11**		**3**
银川市	**Yinchuan**	**14**	**19**	**6**	**10**		**3**
银川市	District	7	7	2	5		
永宁县	Yongning	5	10	4	3		3
贺兰县	Helan	2	2		2		
灵武市	Lingwu						
石嘴山市	**Shizuishan**	**1**					
石嘴山市	District						
平罗县	Pingluo	1					
吴忠市	**Wuzhong**						
利通区	Litong						
红寺堡区	Hongsipu						
盐池县	Yanchi						
同心县	Tongxin						
青铜峡市	Qingtongxia						
固原市	**Guyuan**						
原州区	Yuanzhou						
西吉县	Xiji						
隆德县	Longde						
泾源县	Jingyuan						
彭阳县	Pengyang						
中卫市	**Zhongwei**	**1**	**2**	**1**	**1**		
沙坡头区	Shapotou						
中宁县	Zhongning	1	2	1	1		
海原县	Haiyuan						
宁东地区	**Ningdong District**						
宁东	Ning dong						

19-9 **续表** continued

(2010)

地区	Region	施工项目本年完成投资额(万元) Investment Completed in Pollution Treatment Projects this Year (10 000 yuan)	废水治理项目 Treatment of Waste Water	废气治理项目 Treatment of Waste Gas	固体废物治理项目 Treatment of Solid Waste	其他治理项目 Other Treatment Projects	本年竣工项目数(个) Projects Completed (unit)
全区总计	**Total**	**40896**	**23478**	**5618**		**11800**	**14**
银川市	**Yinchuan**	**28508**	**13200**	**3508**		**11800**	**13**
银川市	District	3980	2400	1580			7
永宁县	Yongning	24050	10800	1450		11800	5
贺兰县	Helan	478		478			1
灵武市	Lingwu						
石嘴山市	**Shizuishan**	**130**		**130**			
石嘴山市	District						
平罗县	Pingluo	130		130			
吴忠市	**Wuzhong**						
利通区	Litong						
红寺堡区	Hongsipu						
盐池县	Yanchi						
同心县	Tongxin						
青铜峡市	Qingtongxia						
固原市	**Guyuan**						
原州区	Yuanzhou						
西吉县	Xiji						
隆德县	Longde						
泾源县	Jingyuan						
彭阳县	Pengyang						
中卫市	**Zhongwei**	**12258**	**10278**	**1980**			**1**
沙坡头区	Shapotou						
中宁县	Zhongning	12258	10278	1980			1
海原县	Haiyuan						
宁东地区	**Ningdong District**						
宁东	Ning dong						

主要统计指标解释

[自然保护区] 指对有代表性的自然生态系统、珍稀濒危野生动植物物种的天然分布区、水源涵养区、有特殊意义的自然历史遗迹等保护对象所在的陆地、陆地水体或海域，依法划出一定面积进行特殊保护和管理的区域。以县及县以上各级人民政府正式批准建立的自然保护区为准(包括“六五”以前由部门或“革委会”批准且现仍存在的自然保护区)。风景名胜区、文物保护区不计在内。

[工业废水排放量] 指经过企业厂区所有排放口排到企业外部的工业废水量。包括生产废水、外排的直接冷却水、超标排放的矿井地下水和与工业废水混排的厂区生活污水，不包括外排的间接冷却水(清污不分流的间接冷却水应计算在内)。

[工业废水排放达标量] 指报告期内废水中各项污染物指标都达到国家或地方排放标准的外排工业废水量，包括未经处理外排达标的，经废水处理设施处理后达标排放的，以及经污水处理厂处理后达标排放的。

[工业废水排放达标率] 指工业废水排放达标量占工业废水排放量的百分率。

[城镇生活污水排放量] 指城镇居民每年排放的生活污水。

[工业废气排放量] 指报告期内企业厂区内燃料燃烧和生产工艺过程中产生的各种排人大气的含有污染物的气体的总量。

[工业烟尘排放量] 指企业厂区内燃料燃烧过程中产生的烟气中夹带的颗粒物排放量。

[工业粉尘排放量] 指企业在生产工艺过程中排放的能在空气中悬浮一定时间的固体颗粒物排放量。

[工业固体废物产生量] 指报告期内企业在生产过程中产生的固体状、半固体状和高浓度液体状废弃物的总量，包括危险废物、冶炼废渣、粉煤灰、炉渣、煤肝石、尾矿、放射性废物和其他废物等。

[工业固体废物综合利用量] 指报告期内企业通过回收、加工、循环、交换等方式，从固体废物中提取或者使其转化为可以利用的资源、能源和其他原材料的固体废物量 (包括当年利用往年的工业固体废物贮存量)。

[工业固体废物综合利用率] 指工业固体废物综合利用量占工业固体废物产生量 (包括综合利用往年贮存量)的百分率。

[工业固体废物排放量] 指报告期内企业将所产生的固体废物排到固体废物污染防治设施、场所以外的数量。

[三废综合利用产品产值] 指报告期内利用“三废”作为主要原料生产的产品价值(现行价)；已经销售或准备销售的应计算产品价值，留作生产自用的不应计算产品价值。

[环境污染与破坏事故] 指由于违反环境保护法规的经济社会活动与行为，以及意外因素的影响或不可抗拒的自然灾害等原因，致使环境受到污染，国家重点保护的野生动植物、自然保护区受到破坏，人体健康受到危害，社会经济和人民财产受到损失，造成不良社会影响的突发性事件。

【第二十篇】Chapter 20

企业调查基本情况

Enterprise Survey Information

责任编辑:陈业军

资料整理:陈亚军　韩惠萍　杨传忠　焦会琴

Coordinator: Chen Yajun

Data Compilation: Chen Yajun　Han Huiping　Yang Chuanzhong　Jiao Huiqin

20-1 全区企业家信心指数

Index of Confidence on Macro Economy by Enterprisers

(2010)

指 标	Item	一季度 First Quarter	二季度 Second Quarter	三季度 Third Quarter	四季度 Fourth Quarter
全　　区	**Total**	**132.92**	**132.08**	**133.36**	**136.29**
按行业门类分	**Grouped by Sector**				
工　业	Industry	133.02	125.33	128.35	134.89
建筑业	Construction	132.14	146.43	132.14	132.14
交通运输、仓储和邮政业	Transport,Storage and Post	160.00	160.00	160.00	153.33
批发和零售业	Wholesale and Retail Trades	112.76	116.10	116.10	144.30
房地产业	Real Estate	128.57	121.43	142.86	128.57
社会服务业	Social Services	123.08	161.54	153.85	130.77
信息传输、计算机服务和软件业	Information Transmission,Computer Services and Software	136.36	131.79	136.05	136.05
住宿和餐饮业	Hotels and Catering Services	110.00	120.00	150.00	120.00
按企业登记注册类型分	**Grouped by Registration Status**				
国有企业	State-owned Enterprises	150.43	150.43	153.32	147.66
股份合作企业	Cooperative Enterprise	100.00	100.00	100.00	100.00
有限责任公司	Limited Liability Corporations	122.74	123.20	122.79	124.56
股份有限公司	Share-holding Corporations Ltd.	129.71	122.92	137.65	138.64
私营企业	Private Enterprses	133.33	116.67	120.83	147.62
外商及港、澳、台投资企业	Enterprises with Funds from Foreign, Hongkong,Macao and Taiwan	100.00	200.00	200.00	200.00
按企业规模分	**Grouped By Size of Enterprise**				
大　型	Large	160.51	137.49	141.68	147.66
中　型	Medium	130.28	133.03	138.89	139.42
小　型	Small	124.79	125.86	123.93	127.38
特殊分组	**Special Group**				
上市公司	Listed Companies	139.03	140.05	149.14	149.14
国有控股企业	State-holding Enterprises	144.13	144.54	145.03	143.39

20-2 全区企业景气指数
Prosperity Index on Enterprises

(2010)

指 标	Item	一季度 First Quarter	二季度 Second Quarter	三季度 Third Quarter	四季度 Fourth Quarter
全 区	**Total**	**125.01**	**131.53**	**132.75**	**131.25**
按行业门类分	**Grouped by Sector**				
工 业	Industry	121.93	121.89	125.84	122.86
建筑业	Construction	96.43	139.29	135.71	128.57
交通运输、仓储和邮政业	Transport,Storage and Post	153.33	160.00	140.00	153.33
批发和零售业	Wholesale and Retail Trades	134.30	136.32	126.32	150.96
房地产业	Real Estate	164.29	164.29	164.29	157.14
社会服务业	Social Services	138.46	130.77	146.15	123.08
信息传输、计算机服务和软件业	Information Transmission,Computer Services and Software	127.27	145.76	168.46	145.76
住宿和餐饮业	Hotels and Catering Services	120.00	90.00	130.00	200.00
按企业登记注册类型分	**Grouped by Registration Status**				
国有企业	State-owned Enterprises	140.63	149.32	142.80	141.15
股份合作企业	Cooperative Enterprise	100.00	100.00	100.00	100.00
有限责任公司	Limited Liability Corporations	122.97	122.52	127.45	123.58
股份有限公司	Share-holding Corporations Ltd.	117.33	133.82	133.14	100.00
私营企业	Private Enterprses	116.67	100.00	104.17	123.81
外商及港、澳、台投资企业	Enterprises with Funds from Foreign, Hongkong,Macao and Taiwan	100.00	200.00	200.00	100.00
按企业规模分	**Grouped By Size of Enterprise**				
大 型	Large	147.03	156.21	141.29	134.72
中 型	Medium	126.61	135.78	142.59	143.27
小 型	Small	118.80	117.24	119.66	117.39
特殊分组	**Special Group**				
上市公司	Listed companies	121.56	122.89	130.65	131.67
国有控股企业	State-Holding Enterprises	133.98	144.71	140.41	138.62

20-3 工业企业景气指数

Prosperity Index on Industry Enterprises

(2010)

指 标	Item	一季度 First Quarter	二季度 Second Quarter	三季度 Third Quarter	四季度 Fourth Quarter
综合生产经营状况	**Operating Status**	**121.9**	**121.9**	**125.8**	**122.9**
生产成本	Cost of Production	59.1	63.7	66.8	49.3
生产总量	Production	106.0	123.3	121.3	110.0
产品订货	Product Orders	110.2	122.5	110.8	115.3
产品销售量	Sales Volum of Product	107.8	131.4	112.9	111.9
产品销售价格	Commodity Sale Price	118.8	111.5	113.3	127.6
产成品库存	Stock	114.4	125.8	115.8	124.4
盈利(亏损)变化	Profit(Loss)	102.6	117.2	113.3	118.7
流动资金	Current Liabilities	70.8	76.6	81.5	75.0
企业融资	Corporate Finance	75.2	72.8	79.6	80.0
货款拖欠	Mortgage Defaults	116.2	103.2	110.5	104.7
劳动力需求	Labor Demand	121.2	127.5	123.7	115.8
固定资产投资	Investment in Fixed Assets	104.7	131.5	122.7	123.9
科技创新	Technical Innovation	111.0	126.5	122.7	119.2
主要原材料及能源供应	Main Raw Material and Energy Supply	105.5	118.7	118.6	97.9

20-4 建筑业企业景气指数

Prosperity Index on Construction Enterprises

(2010)

指 标	Item	一季度 First Quarter	二季度 Second Quarter	三季度 Third Quarter	四季度 Fourth Quarter
综合生产经营状况	**Operating Status**	**96.4**	**139.3**	**135.7**	**128.6**
工程合同数	Number of Engineering Contract	75.0	146.4	121.4	67.9
建筑工程量	Construction Projects	71.4	175.0	142.9	75.0
新开工工程量	New Start Projects	81.5	170.4	125.9	57.1
技术设备能力	Technical Plant Capacity	157.1	142.9	135.7	153.6
工程进度	Project Scheduler	82.1	153.6	146.4	92.9
工程结算收入	Project Balance	46.4	146.4	128.6	135.7
建筑材料购进价格	Purchasing Price Indices for Building Materials	39.3	67.9	60.7	78.6
工程结算成本	Cost of Project Balance	82.1	75.0	50.0	25.0
盈利(亏损)变化	Profit(loss)	71.4	139.3	121.4	110.7
流动资金	Current Liabilities	42.9	53.6	50.0	42.9
企业融资	Corporate Finance	68.0	42.3	50.0	50.0
货款拖欠	Mortgage Defaults	100.0	50.0	53.6	67.9
劳动力需求	Labor Demand	78.6	171.4	135.7	50.0
固定资产投资	Investment in Fixed Assets	78.6	121.4	96.4	64.3

20-5 交通运输、仓储和邮政业企业景气指数
Prosperity Index on Transport, Storage and Post Enterprises

(2010)

指 标	Item	一季度 First Quarter	二季度 Second Quarter	三季度 Third Quarter	四季度 Fourth Quarter
综合生产经营状况	**Operating Status**	**153.3**	**160.0**	**140.0**	**153.3**
业务预订	Business Pre-ordering	160.0	120.0	146.7	166.7
业务需求量	Business Demand	146.7	133.3	146.7	153.3
业务收费价格	Business Paying Price	113.3	100.0	100.0	100.0
营业成本	Cost of Business	66.7	86.7	73.3	46.7
盈利(亏损)变化	Profit(loss)	106.7	106.7	100.0	106.7
流动资金	Current Liabilities	100.0	86.7	86.7	93.3
企业融资	Corporate Finance	107.1	108.3	115.4	84.6
货款拖欠	Overdue Obligation to Suppliers	92.9	78.6	100.0	106.7
劳动力需求	Labor Demand	126.7	120.0	120.0	113.3
固定资产投资	Investment in Fixed Assets	126.7	133.3	126.7	120.0

20-6 批发和零售业企业景气指数
Prosperity Index on Wholesale and Retail Trade Enterprises

(2010)

指 标	Item	一季度 First Quarter	二季度 Second Quarter	三季度 Third Quarter	四季度 Fourth Quarter
综合生产经营状况	**Operating Status**	**134.3**	**136.3**	**126.3**	**151.0**
购货合同	Purchase Contract	97.0	108.1	106.6	128.6
商品购进价格	Purchase Prices	81.3	76.5	66.5	51.4
商品销售	Commodity Sale	98.3	130.7	144.1	133.0
商品销售价格	Commodity Sale Price	102.6	117.5	137.7	141.9
商品库存	Stock	127.5	120.2	125.7	124.6
经营费用	Operating Expenses	88.9	89.2	67.6	49.9
竞争能力	Competition Ability	139.4	147.9	140.5	144.2
盈利(亏损)变化	Profit(loss)	114.4	121.1	127.0	134.2
流动资金	Current Liabilities	105.7	107.7	104.4	122.7
企业融资	Corporate Finance	102.4	98.0	91.4	85.2
货款拖欠	Overdue Obligation to Suppliers	111.2	101.3	92.9	114.3
劳动力需求	Labor Demand	134.5	121.8	123.7	107.0
固定资产投资	Investment in Fixed Assets	114.5	113.4	121.7	125.8

20-7 房地产业企业景气指数

Prosperity Index on Real Estate Enterprises

(2010)

指 标	Item	一季度 First Quarter	二季度 Second Quarter	三季度 Third Quarter	四季度 Fourth Quarter
综合生产经营状况	**Operating Status**	**164.3**	**164.3**	**164.3**	**157.1**
土地开发面积	Development Area	100.0	114.3	100.0	85.7
完成投资	Investment Completed	100.0	164.3	142.9	92.9
新开工面积	Newly Started Floor Space of Buildings	114.3	121.4	128.6	92.9
房屋竣工面积	Floor Space of Buildings Completed	107.1	107.1	114.3	128.6
商品房预售面积	Floor Space of Commercial Residential Buildings Preselled	85.7	100.0	114.3	100.0
商品房销售面积	Floor Space of Commercial Residential Buildings Saled	78.6	100.0	114.3	85.7
商品房销售价格	Selling Price of Commercial Residential Buildings	128.6	114.3	107.1	100.0
空置商品房面积	Floor Space Untapped of Commercialized Buildings	150.0	142.9	164.3	135.7
盈利(亏损)变化	Profit(loss)	135.7	121.4	114.3	128.6
流动资金	Current Liabilities	121.4	114.3	128.6	114.3
企业融资	Corporate Finance	92.9	85.7	92.9	78.6
货款拖欠	Overdue Obligation to Suppliers	128.6	128.6	128.6	107.1
劳动力需求	Labor Demand	100.0	142.9	114.3	92.9
固定资产投资	Investment in Fixed Assets	100.0	164.3	128.6	121.4

20-8 社会服务业企业景气指数

Prosperity Index on Social Service Enterprises

(2010)

指 标	Item	一季度 First Quarter	二季度 Second Quarter	三季度 Third Quarter	四季度 Fourth Quarter
综合生产经营状况	**Operating Status**	**138.5**	**130.8**	**146.2**	**123.1**
服务预订	Service Pre-ordering	84.6	130.8	161.5	53.9
竞争能力	Competition ability	138.5	138.5	169.2	169.2
旅游客源	Tourists Source	100.0	185.7	177.8	71.4
业务收费价格	Business Paying Price	91.7	107.7	92.3	100.0
业务量	Portfolio	92.3	130.8	161.5	69.2
营业成本	Cost of Business	84.6	30.8	61.5	76.9
盈利(亏损)变化	Profit(loss)	92.3	107.7	153.9	92.3
流动资金	Current Liabilities	92.3	115.4	107.7	69.2
企业融资	Corporate Finance	83.3	72.7	66.7	54.6
货款拖欠	Overdue Obligation to Suppliers	123.1	83.3	76.9	125.0
劳动力需求	Labor Demand	107.7	146.2	138.5	69.2
固定资产投资	Investment in Fixed Assets	138.5	115.4	146.2	84.6

20-9 信息传输、计算机服务和软件业企业景气指数
Prosperity Index on Information Transmission, Computer Service and Software Enterprises

(2010)

指 标	Item	一季度 First Quarter	二季度 Second Quarter	三季度 Third Quarter	四季度 Fourth Quarter
综合生产经营状况	**Operating Status**	**127.3**	**145.8**	**168.5**	**145.8**
产品销售	Product Sales	113.1	127.3	145.5	145.2
产品订货	Product Orders	109.1	99.8	122.5	122.7
竞争能力	Competition Ability	131.8	136.7	159.1	140.6
销售价格	Sales Price	90.9	68.5	81.8	72.7
营业收入	Business Income	99.4	163.6	163.6	149.7
营业成本	Business Costs	73.0	63.6	72.7	68.5
盈利(亏损)变化	Profit(loss)	95.7	117.9	127.5	141.5
流动资金	Current Liabilities	95.5	99.8	108.8	99.8
企业融资	Corporate Finance	90.9	90.6	81.6	90.7
货款拖欠	Overdue Obligation to Suppliers	59.1	72.5	86.4	91.2
劳动力需求	Labor Demand	136.4	136.4	136.4	150.0
固定资产投资	Investment in Fixed Assets	141.2	163.3	145.2	149.7

20-10 住宿和餐饮业企业景气指数
Prosperity Index on Hotels and Restaurants

(2010)

指 标	Item	一季度 First Quarter	二季度 Second Quarter	三季度 Third Quarter	四季度 Fourth Quarter
综合生产经营状况	**Operating Status**	**120.0**	**90.0**	**130.0**	**120.0**
业务预订	Business Pre-ordering	80.0	90.0	110.0	80.0
业务量	Portfolio	70.0	90.0	90.0	70.0
竞争能力	Competition Ability	100.0	100.0	140.0	120.0
客房出租	Rooms Renting	66.7	100.0	128.6	100.0
业务收费价格	Business Paying Price	80.0	55.6	111.1	110.0
营业收入	Business Income	70.0	90.0	100.0	70.0
营业成本	Business Costs	50.0	60.0	60.0	80.0
盈利(亏损)变化	Profit(loss)	70.0	80.0	110.0	70.0
流动资金	Current Liabilities	90.0	80.0	100.0	90.0
企业融资	Corporate Finance	100.0	77.8	100.0	90.0
货款拖欠	Overdue Obligation to Suppliers	120.0	70.0	70.0	70.0
劳动力需求	Labor Demand	100.0	80.0	140.0	100.0
固定资产投资	Investment in Fixed Assets	70.0	90.0	100.0	110.0

主要统计指标解释

［企业景气调查］ 是适应社会主义市场经济发展的需要，借鉴西方国家的经验而建立的、进行事前统计的一项统计调查制度。企业景气调查方法是对经济发展的周期波动进行监测和预测的一个重要的统计调查方法，它通过对部分企业家定期进行问卷调查并根据企业家对企业经营状况及宏观经济形势的判断来编制景气指数，从而准确、及时地反映宏观经济运行和企业经营状况，预测经济发展趋势。

［企业景气调查范围］ 1.工业(包括采矿业，制造业，电力、燃气及水的生产和供应业)；2.建筑业；3.交通运输、仓储和邮政业；4.批发和零售业；5.房地产业；6.社会服务业(包括租赁和商务服务业、环境和公共设施管理业、居民服务业和其他服务业)；7.信息传输、计算机服务和软件业；8.住宿和餐饮业。

［企业景气调查内容］ 1.企业基本情况：包括法人单位名称、法人单位代码、法定代表人、联系电话、详细地址、企业规模、行业代码、上年主营业务收入等；2.企业家对本行业景气状况的判断：包括企业家对当前本行业总体运行状况的判断、对下期本行业总体运行状况的预计；3. 企业家对企业生产经营状况的判断：包括企业家对企业综合生产经营状况、流动资金、固定资产投资、劳动力需求等方面本期景气状况的判断和下期景气状况的预计；4. 企业家对企业生产经营问题的判断与建议。

［企业家信心指数］ 是根据企业决策者对企业外部市场经济环境与宏观政策的认识、看法和对本行业发展状况的判断及其未来走势而编制的指数。

［企业景气指数］ 是根据企业决策者对本企业当前生产经营情况的判断及对未来企业生产经营状况趋势而编制的指数。企业景气指数介于0到200之间，100为景气指数的临界值；景气指数大于100时，表明经济状况趋于上升或改善，处于景气状态；景气指数小于100时，表明经济状况趋于下降或恶化，处于不景气状态。

［盈利(亏损)变化］ 指企业盈利(亏损)的变化情况。盈利企业填写企业利润总额的变化情况 (增加、不变或减少)，亏损企业则填写亏损额的变化情况(减少、不变或增加)。

［流动资金］ 指企业流动资金的满足程度 (充足、一般或紧张)。流动资金是指企业可以在一年内或者超过一年的一个生产周期内变现或者耗用的资产合计。

［企业融资］ 指企业从外部获取资金(包括贷款、债券、权益性投资、融资租赁等)的难易程度。

［货款拖欠］ 指企业应收未收到的到期货款的增减变化情况。

［劳动力需求］ 指企业对劳动力需求的增减变化情况。

［固定资产投资］ 指企业固定资产投资的增减变化情况。固定资产投资是指企业建造、购置安装、改建、扩建、技术改造时所支出的全部货币总额。

［生产成本］ 指工业企业在进行生产活动时所发生的成本支出。

［生产总量］ 指工业企业生产的、并符合产品质量要求的产品数量。

［产品订货］ 指工业企业来自客户的产品订购数量，没有产品订货的企业估计产品需求情况。产品订货的判断是与企业在正常情况(或一般情况)下得到的产品订货数量相比较的结果。

［国外订货］ 指工业企业取得的用于出口国(境)外的产品订货数量。

［产品销售］ 指工业企业实际销售的、由本企业生产的工业产品数量。

［产品销售价格］ 指工业企业主要产品在销售中实际发生的价格的平均数。

［产成品库存］ 指工业企业生产的并经质量检验合格的、已办理入库手续但尚未销售出去的本期末实际产成品库存量。

［设备能力利用］ 指工业企业的设备能力利

用率，即工业企业对各种生产设备或生产能力的综合利用程度。

[科技创新] 指工业企业用于科技开发和技术创新方面的支出。

[主要原材料及能源购进价格] 指工业企业所购进的主要原材料及能源的综合价格水平。

[主要原材料及能源供应] 指工业企业所使用的主要原材料及能源的供应状况。

[工程合同] 指建筑业企业新签订的建筑工程合同数量。

[国(境)外工程合同] 指建筑业企业与其他企业（单位）签订的在国（境）外施工的建筑工程合同数量。

[建筑工程量] 指建筑业企业完成的、以物理或自然计量单位表示的各种工程数量。

[新开工工程量] 指建筑业企业新开工的、以物理或自然单位计量的各种工程数量。

[技术设备能力] 指建筑业企业的技术力量、设备数量和质量相对于正在施工的各项工程而言，其满足程度是充分、一般还是不足。

[工程进度] 指建筑业企业正在施工的工程进展情况。

[工程结算收入] 指建筑业企业承包工程实现的工程价款结算收入。

[建筑材料购进价格] 指建筑业企业购买建筑材料时建筑材料实际价格的综合平均水平。

[工程结算成本] 指建筑业企业已办理工程价款结算的已完工程的实际成本。

[业务预订] 指交通运输、仓储和邮政业企业从企业外部取得的交通运输、仓储或邮政业务的预订数量。

[业务量] 指交通运输、仓储和邮政业企业从事客货运输、仓储或邮政活动的业务总量。业务收费价格指交通运输、仓储和邮政业企业从事交通运输、仓储或邮政业务时收取费用的价格，如客运的票价、货运的运价、邮政的邮资等。

[业务成本] 指交通运输、仓储和邮政业企业在进行经营活动中所支出的各种成本费用之和，包括消耗的燃料、支付的修理费及支付给职工的工资等。

[购货合同] 指批发和零售业企业与供货商签定的商品购买合同的数量。

[商品购进价格] 指批发和零售业企业从其他企业(单位)和个人购进的商品价格的综合平均水平。

[商品销售] 指批发和零售业企业对本企业以外的企业（单位）和个人出售（含出口）的商品数量。

[出口] 指批发和零售业企业出口商品的数量。

[商品销售价格] 指批发和零售业企业销售商品时实际成交的商品价格的综合平均水平。

[商品库存] 指批发和零售业企业已取得所有权的全部商品，包括存放在仓库、门市部和寄存在外库的商品，委托其他单位代管、代销的商品，陈列展览的商品等。

[经营费用] 指批发和零售业企业在商品购进、销售、库存过程中发生的各种经营费用，如运输费、保险费、商品损耗等。

[竞争能力] 指批发和零售业企业与同行业中的其他企业在市场竞争过程中所表现出来的竞争力的强弱及其变化情况。

[土地开发] 指房地产业企业对土地进行开发并已完成七通一平等前期开发工程，具备进行房屋建筑物施工或出让条件的土地面积。

[完成投资] 指房地产业企业完成的用于房屋建设工程和土地开发工程的投资量。

[新开工情况] 指房地产业企业新开工的房屋面积。

[房屋竣工] 指房地产业企业完成的按照设计要求已全部完工、达到入住和使用条件、经验收鉴定合格、可正式移交使用的各栋房屋建筑面积的总和。

[商品房预售] 指房地产业企业尚未竣工交付使用，但已签订预售合同的正在建设的商品房屋面积。

[商品房销售] 指房地产业企业实际售出的商品房建筑面积。

[商品房销售价格] 指房地产业企业销售商品房的实际价格水平。

[空置商品房] 指房地产业企业已竣工的商品房屋建筑面积中，尚未销售或出租的部分。

[服务预订] 指社会服务业企业从企业外部取得的各种服务(如租赁、商务服务、居民服务等)的预订数量。

[旅游客源] 指旅行社接待的游客人数。

[收费(服务)价格] 指社会服务业企业提供服务,即从事业务活动时所收取的服务费用的价格。

业务量指社会服务业企业提供服务,即从事业务活动的数量。

[营业成本] 指社会服务业企业在提供服务,即从事业务活动时所发生的各项营业费用和支出之和。

[产品销售(提供服务)] 指信息传输、计算机服务和软件业企业销售产品、技术或提供服务的数量。

[产品订货] 指信息传输、计算机服务和软件业企业来自客户的产品订购数量,没有产品订货的企业估计本企业产品需求情况。产品订货的判断是与企业在正常情况(一般情况)下的服务预订情况相比较的结果。

[销售(收费)价格] 指信息传输、计算机服务和软件业企业在销售产品或从事业务活动时所收取的服务费用的价格。

[营业收入] 指信息传输、计算机服务和软件业企业在销售产品或从事业务活动时所获得的收入总额。

[营业成本] 指信息传输、计算机服务和软件业企业在销售产品或从事业务活动时所发生的各项营业费用和支出之和。

[业务预订] 指住宿和餐饮业企业从企业外部取得的客房预订、就餐预订的数量。

[业务量] 指来本企业投宿或就餐人数的增减变化情况。

[客房出租] 指住宿业企业出租的客房占其全部客房的平均比例。仅要求住宿业企业填报。

[收费(服务)价格] 指住宿和餐饮业企业在从事住宿或餐饮活动时所收取的服务费用的价格。

[营业收入] 指住宿和餐饮业企业在从事住宿或餐饮活动时所获得的收入总额。

[营业成本] 指住宿和餐饮业企业在从事住宿或餐饮活动时所发生的各项营业费用和支出之和。

【第二十一篇】Chapter 21

宁夏农垦经济社会发展主要指标

Economic and social development of Agricultural Cultivation in Ningxia

责任编辑：丁秀梅

资料整理：丁秀梅 孙立平 杨 楠 何露蓬

Coordinator: Ding Xiumei

Data Compilation: Ding Xiumei Sun Liping Yang Nan He Lupeng

【第十二章】

21-1 宁夏农垦经济社会发展主要指标

Economic and social development of Agricultural Cultivation in Ningxia

单位:万公顷　　(2010)　　(10 000 hectares)

指标	Item	单位	unit	2010	增减(-)%
人口与就业	**Population and Employment**				
年末总户数	Number of Households at Year-end	户	household	39640	4.9
年末总人口	Population at Year-end	人	person	125509	7.6
回族人口	Hui	人	person	24194	
人口自然增长率	Natural Growth Rate	‰	‰	2.45	
单位年末从业人数	Employment at Year-end	人	person	18890	-3.1
单位年末从业人员工资总额	Total Wages Bill of Staff and Workers	万元	10 000 yuan	34631.80	7.3
职工人均工资	Average Wage of Staff and Workers	元	yuan	18861	12.8
经济总量	**Economics**				
农垦生产总值(现价)	Gross Domestic Product(current price)	亿元	100 million yuan	13.92	18.6
第一产业	Primary Industry	亿元	100 million yuan	7.80	26.9
第二产业	Secondary Industry	亿元	100 million yuan	3.76	6.5
工业	Industry	亿元	100 million yuan	2.68	-0.7
建筑业	Construction	亿元	100 million yuan	1.08	29.6
第三产业	Tertiary Industry	亿元	100 million yuan	2.36	14.6
农业	**Agriculture**				
农林牧渔业总产值(现价)	Gross Output Value of Agriculture,Forestry, Animal Husbandry and Fishery(current price)	亿元	100 million yuan	18.35	29.8
农业	Farming	亿元	100 million yuan	11.77	28.7
林业	Forestry	亿元	100 million yuan	0.36	84.2
畜牧业	Animal Husbandry	亿元	100 million yuan	4.83	27.6
渔业	Fishery	亿元	100 million yuan	0.79	61.3
为其服务业	Output Value of Services for Agriculture, Forestry,Animal Husbandry and Fishery	亿元	100 million yuan	0.60	14.9
农垦耕地面积	Cultivated Area	万亩	10 000 mu	59.60	0.3

21-1 续表 1 continued

指 标	Item	单 位	unit	2010	增减 (-)%
粮食总产量	Output of Grain	万吨	10 000 tons	30.84	-2.7
小麦总产量	Wheat	万吨	10 000 tons	3.78	-31.6
水稻总产量	Rice	万吨	10 000 tons	8.53	0.3
玉米总产量	Corn	万吨	10 000 tons	18.51	7.9
全年蔬菜产量	Output of Vegetable	万吨	10 000 tons	7.51	-4.5
设施蔬菜产量	Facilities Vegetable	万吨	10 000 tons	2.76	22.9
设施农业建设面积	Facilities in Agriculture Area	万亩	10 000 mu	1.02	64.5
水果总产量	Output of Fruit	万吨	10 000 tons	4.39	8.9
牛存栏	Number of Cattle and Buffaloes on Hand	万头	10 000 heads	3.19	5.2
良种及改良乳牛	Breeding and Improved Breed Dairy Cows	万头	10 000 heads	2.67	1.5
生猪存栏	Number of Hogs on Hand	万头	10 000 heads	3.38	-12.3
羊只存栏	Number of Sheep on Hand	万只	10 000 heads	7.37	6.9
山羊	Goat	万只	10 000 heads	2.19	10.5
绵羊	Sheep	万只	10 000 heads	5.18	5.5
牛出栏	Cattle and Buffaloes Slaughtered	万头	10 000 heads	0.97	32.9
生猪出栏	Hogs Slaughtered	万头	10 000 heads	5.19	-0.5
羊只出栏	Sheep Slaughtered	万只	10 000 heads	4.15	-20.2
肉类总产量	Output of Meat	万吨	10 000 tons	0.61	6.5
猪肉	Pork	万吨	10 000 tons	0.34	4.5
羊肉	Mutton	万吨	10 000 tons	0.06	-27.4
牛肉	Beef	万吨	10 000 tons	0.14	30.9
牛奶产量	Output of Milk	万吨	10 000 tons	9.95	14.3
禽蛋产量	Output of Poultry Eggs	万吨	10 000 tons	0.11	-5.8
渔业养殖面积	Area for Breeding Aquatics	万亩	10 000 mu	9.9	6.5
水产品产量	Output of Aquatic Products	万吨	10 000 tons	0.86	28.7
农业机械总动力	Total Agricultural Machinery Power	万千瓦	10 000 kwh	22.27	8.7
柴油发动机动力	Diesel Engine Power	万千瓦	10 000 kwh	18.4	10.2
电动机动力	Motor Power	万千瓦	10 000 kwh	3.68	2.8

21-1 续表 2 continued

指 标	Item	单 位	unit	2010	增减(-)%
工业	**Industry**				
工业总产值(现价)	Gross Industrial Output Value (current prices)	亿元	100million yuan	8.59	13.9
工业销售产值(现价)	Industrial Sales Output Value (current prices)	亿元	100million yuan	8.21	12.9
主要工业产品产量	Output of Major Industrial Products				
食油	Edible Oil	吨	ton	12	-78.9
大米	Rice	吨	ton	6,321	-33.6
液态杀菌奶		吨	ton	18,816	0.6
酸奶	Yoghourt	吨	ton	686	-20.4
饮料酒	Alcoholic Drink	千升	kiloliter	145,376	16.3
白酒	Spirit	千升	kiloliter	1,299	36.0
啤酒	Beer	千升	kiloliter	140,967	17.5
葡萄酒	Wine	千升	kiloliter	3,110	-23.8
西夏王	Xixia King			1,310	67.1
混配合饲料	Compound Feed	吨	ton	24,913	4.3
原煤	Raw Coal	吨	ton	28,610	-67.9
机砖	Brick	万块	10000 pieces	27,608	44.8
麦芽	Malt	吨	ton	3,230	-2.4
煅煤	Calcined Coal	吨	ton	25,310	329.7
精洗煤	Fine Washing Coal	吨	ton	78,100	12.9
碳化硅原料	Silicon Carbide Raw Materials	吨	ton	36,340	27.5
泡沫箱	Foam Box	套	unit	786,728	
建筑业	**Construction**				
年末单位个数	Number of Units at Year End	个	unit	24	
国有	State-owned Unit			3	
年末从业人员	Number of Persons Employed at Year End	人	person	2403	8.4
全年房屋建筑施工面积	Floor Space of Buildings under Construction	万平方米	10000 sq.m	21.85	-18.5
全年房屋建筑竣工面积	Floor Space of Buildings Completed	万平方米	10000 sq.m	9.43	-64.4
固定资产投资完成额	Investment in Fixed Assets	亿元	100million yuan	6.94	64.2
基本建设	Infrastructure			6.36	56.8
更新改造	Renovation and Reformation Investment			0.58	237.0
交通运输业	**Transportation**				
年末拥有主要运输工具数量	Number of Major Transport Conveyance at Year End	辆	coach	802	7.7
年末从业人员	Number of Persons Employed at Year End	人	person	1154	9.7
全年货运量	Freight Traffic	万吨	10000 tons	152	39.4
全年客运量	Passenger Traffic	万人	10000 persons	307	-11

21-1 续表 3 continued

指　标	Item	2010	增减(-)%
商业	**Trade**		
营业网点个数(个)	Number of Business Branches(unit)	1030	-13.1
国有	State-owned Units	52	
年末从业人员(人)	Number of Persons Employed at Year End(person)	1974	-0.3
消费品零售总额(亿元)	Total Retail Sales of Consumer Goods(100 million yuan)	2.61	17.6
住宿和餐饮业	**Hotels and Catering Services**		
营业网点个数(个)	Number of Business Branches(unit)	358	
国有	State-owned Units	7	
年末从业人员(人)	Number of Persons Employed at Year End(person)	1646	3.3
营业收入总额(亿元)	Total Business Revenue(100 million yuan)	0.96	9.0
旅游业	**Tourism**		
接待游客人数(万人次)	Number of Tourists(10 000 person-time)	84.37	5.5
旅游收入(亿元)	Tourism Income(100 million yuan)	1.21	27.4
对外贸易	**Foreign Trade**		
出口商品总金额(万元)	Total Export Commodities in Value(10 000 yuan)	7,998.1	133.6
出口商品总产量(吨)	Total Export Commodities in Volume(ton)	16,168	41.6
蔬菜	Vegetable	16,168	41.6
教育	**Education**		
中等专业学校个数(个)	Number of Specialized Secondary Schools(unit)	1	
农垦教职工人数(人)	Teachers and Staff(person)	48	-5.9
教师	Teachers	29	3.6
成人高等教学学生人数(人)	Number of Students in Adult Institutions of Higher Education(person)	342	
卫生	**Public Health**		
医疗卫生机构数(个)	Number of Medical Care Facilities(unit)	17	
医院病床数(张)	Number of Beds(bed)	372	-3.9
卫生技术职工(人)	Number of Medical Technical Personnel(person)	273	20.8
医生	Doctors	127	28.3

【第二十二篇】Chapter 22

各省市区主要经济指标

Main Economic Indicators by Region

责任编辑：梁建民

资料整理：梁建民　杨如文　马　潇　陈　婷　焦　霙

Coordinator：Liang Jianmin

Data Compilation：Liang Jianmin　Yang Ruwen　Ma Xiao　Chen Ting　Jiao Ying

22-1 各省市区地区生产总值及增长速度
Gross Domestic Product and Its Growth Rate by Region

单位:%　　　　(2010)　　　　(%)

地区	Region	地区生产总值(亿元) GDP (100 million)	第一产业 Primary Industry	第二产业 Secondary Industry	第三产业 Tertiary Industry	地区生产总值比上年增长(%) GDP Growth Rate (%)	人均地区生产总值(元) Per Capita GDP (yuan)
全国	**National**	**401202.0**	**40534.0**	**187581.0**	**173087.0**	**10.4**	**29762**
北京	Beijing	14113.6	124.4	3388.4	10600.8	10.3	75943
天津	Tianjin	9224.5	145.6	4840.2	4238.7	17.4	72994
河北	Hebei	20394.3	2562.8	10707.7	7123.8	12.2	28668
山西	Shanxi	9200.9	554.5	5234.0	3412.4	13.9	26283
内蒙古	Inner Mongolia	11672.0	1095.3	6367.7	4209.0	15.0	47347
辽宁	Liaoning	18457.3	1631.1	9976.8	6849.4	14.2	42355
吉林	Jilin	8667.6	1050.2	4506.3	3111.1	13.8	31599
黑龙江	Heilongjiang	10368.6	1302.9	5204.1	3861.6	12.7	27076
上海	Shanghai	17166.0	114.2	7218.3	9833.5	10.3	76074
江苏	Jiangsu	41425.5	2540.1	21753.9	17131.5	12.7	52840
浙江	Zhejiang	27722.3	1360.6	14297.9	12063.8	11.9	51711
安徽	Anhui	12359.3	1729.0	6436.6	4193.7	14.6	20888
福建	Fujian	14737.1	1363.7	7522.8	5850.6	13.9	40025
江西	Jiangxi	9451.3	1207.0	5122.9	3121.4	14.0	21253
山东	Shandong	39169.9	3588.3	21238.5	14343.1	12.3	41106
河南	Henan	23092.4	3258.1	13226.4	6607.9	12.5	24446
湖北	Hubei	15967.6	2147.0	7767.2	6053.4	14.8	27906
湖南	Hunan	16038.0	2325.5	7343.2	6369.3	14.6	24719
广东	Guangdong	46013.1	2287.0	23014.5	20711.6	12.4	44736
广西	Guangxi	9569.9	1675.1	4511.7	3383.1	14.2	20219
海南	Hainan	2064.5	539.8	571.0	953.7	16.0	23831
重庆	Chongqing	7925.6	685.4	4359.1	2881.1	17.1	27596
四川	Sichuan	17185.5	2482.9	8672.2	6030.4	15.1	21182
贵州	Guizhou	4602.2	625.0	1800.1	2177.1	12.8	13119
云南	Yunnan	7224.2	1108.4	3223.5	2892.3	12.3	15752
西藏	Tibet	507.5	68.7	163.9	274.8	12.3	17319
陕西	Shaanxi	10123.5	988.5	5446.1	3688.9	14.6	27133
甘肃	Gansu	4120.8	599.3	1985.0	1536.5	11.8	16113
青海	Qinghai	1350.4	134.9	744.6	470.9	15.3	24115
宁夏	Ningxia	1689.7	159.3	827.9	702.5	13.5	26860
新疆	Xinjiang	5437.5	1078.6	2592.2	1766.7	10.6	25034

22-2 各省市区地区生产总值构成

Composition of Gross Domestic Product by Region

单位:% （2010） (%)

地 区	Region	地区生产总值 Gross Domestic Products	第一产业 Primary Industry	第二产业 Secondary Industry	第三产业 Tertiary Industry
全 国	**National**	**100.0**	**10.1**	**46.8**	**43.1**
北 京	Beijing	100.0	0.9	24.0	75.1
天 津	Tianjin	100.0	1.6	52.5	46.0
河 北	Hebei	100.0	12.6	52.5	34.9
山 西	Shanxi	100.0	6.0	56.9	37.1
内蒙古	Inner Mongolia	100.0	9.4	54.6	36.1
辽 宁	Liaoning	100.0	8.8	54.1	37.1
吉 林	Jilin	100.0	12.1	52.0	35.9
黑龙江	Heilongjiang	100.0	12.6	50.2	37.2
上 海	Shanghai	100.0	0.7	42.1	57.3
江 苏	Jiangsu	100.0	6.1	52.5	41.4
浙 江	Zhejiang	100.0	4.9	51.6	43.5
安 徽	Anhui	100.0	14.0	52.1	33.9
福 建	Fujian	100.0	9.3	51.0	39.7
江 西	Jiangxi	100.0	12.8	54.2	33.0
山 东	Shandong	100.0	9.2	54.2	36.6
河 南	Henan	100.0	14.1	57.3	28.6
湖 北	Hubei	100.0	13.4	48.6	37.9
湖 南	Hunan	100.0	14.5	45.8	39.7
广 东	Guangdong	100.0	5.0	50.0	45.0
广 西	Guangxi	100.0	17.5	47.1	35.4
海 南	Hainan	100.0	26.1	27.7	46.2
重 庆	Chongqing	100.0	8.6	55.0	36.4
四 川	Sichuan	100.0	14.4	50.5	35.1
贵 州	Guizhou	100.0	13.6	39.1	47.3
云 南	Yunnan	100.0	15.3	44.6	40.0
西 藏	Tibet	100.0	13.5	32.3	54.2
陕 西	Shaanxi	100.0	9.8	53.8	36.4
甘 肃	Gansu	100.0	14.5	48.2	37.3
青 海	Qinghai	100.0	10.0	55.1	34.9
宁 夏	Ningxia	100.0	9.4	49.0	41.6
新 疆	Xinjiang	100.0	19.8	47.7	32.5

22-3 各省市区年末总人口

Population by Region at the Year End

单位:万人 (10 000 persons)

地 区	Region	2004	2005	2006	2007	2008	2009	2010
全 国	**National**	**129988**	**130756**	**131448**	**132129**	**132802**	**133474**	**134091**
北 京	Beijing	1493	1538	1581	1633	1695	1755	1962
天 津	Tianjin	1024	1043	1075	1115	1176	1228	1299
河 北	Hebei	6809	6851	6898	6943	6989	7034	7194
山 西	Shanxi	3335	3355	3375	3393	3411	3427	3574
内蒙古	Inner	2384	2386	2397	2405	2414	2422	2472
辽 宁	Liaoning	4217	4221	4271	4298	4315	4319	4375
吉 林	Jilin	2709	2716	2723	2730	2734	2740	2747
黑龙江	Heilongjiang	3817	3820	3823	3824	3825	3826	3833
上 海	Shanghai	1742	1778	1815	1858	1888	1921	2303
江 苏	Jiangsu	7433	7475	7550	7625	7677	7725	7869
浙 江	Zhejiang	4720	4898	4980	5060	5120	5180	5447
安 徽	Anhui	6461	6120	6110	6118	6135	6131	5957
福 建	Fujian	3511	3535	3558	3581	3604	3627	3693
江 西	Jiangxi	4284	4311	4339	4368	4400	4432	4462
山 东	Shandong	9180	9248	9309	9367	9417	9470	9588
河 南	Henan	9717	9380	9392	9360	9429	9487	9405
湖 北	Hubei	6016	5710	5693	5699	5711	5720	5728
湖 南	Hunan	6698	6326	6342	6355	6380	6406	6570
广 东	Guangdong	8304	9194	9304	9449	9544	9638	10441
广 西	Guangxi	4889	4660	4719	4768	4816	4856	4610
海 南	Hainan	818	828	836	845	854	864	869
重 庆	Chongqing	3122	2798	2808	2816	2839	2859	2885
四 川	Sichuan	8725	8212	8169	8127	8138	8185	8045
贵 州	Guizhou	3904	3730	3757	3762	3793	3798	3479
云 南	Yunnan	4415	4450	4483	4514	4543	4571	4602
西 藏	Tibet	274	277	281	284	287	290	301
陕 西	Shaanxi	3705	3720	3735	3748	3762	3772	3735
甘 肃	Gansu	2619	2594	2606	2617	2628	2635	2560
青 海	Qinghai	539	543	548	552	554	557	563
宁 夏	Ningxia	588	596	604	610	618	625	633
新 疆	Xinjiang	1963	2010	2050	2095	2131	2159	2185

注:1.全国数据包括中国人民解放军现役军人数,但不包括香港、澳门特别行政区和台湾地区数据;分省数据中未包括中国人民解放军现役军人数。

2.除 2004 年部分地区数据外,分地区数据均为常住人口。

3.2010 年数据为第六次全国人口普查初步汇总数。

a)Data in this table do not include the populatiion of Hong Kong SAR, Macao SAR and Taiwan Province.

b)Date in this table refers to resident population except 2004.

c)Date of 2010 were preliminary summary,due to the 6th Natinal Population Census.

22-4 各地区在岗职工人数及平均工资
Number of Staff and Workers and Average Wages by Region

(2010)

地 区	Region	在岗职工(人) Staff and Workers(person)	在岗职工平均工资(元) Average Wages(yuan)
全国总计	**National**	**122506439**	**37147**
北 京	Beijing	5876526	65683
天 津	Tianjin	1850020	52963
河 北	Hebei	4802264	32306
山 西	Shanxi	2844789	33544
内蒙古	Inner Mongolia	2448797	35507
辽 宁	Liaoning	4934115	35057
吉 林	Jilin	2595066	29399
黑龙江	Heilongjiang	4074662	29603
上 海	Shanghai	3177863	71874
江 苏	Jiangsu	7105818	40505
浙 江	Zhejiang	8121410	41505
安 徽	Anhui	3440629	34341
福 建	Fujian	4859413	32647
江 西	Jiangxi	2796206	29092
山 东	Shandong	9199028	33729
河 南	Henan	7232890	30303
湖 北	Hubei	4767087	32588
湖 南	Hunan	4700983	30483
广 东	Guangdong	10903779	40358
广 西	Guangxi	2919792	31842
海 南	Hainan	792121	31025
重 庆	Chongqing	2502226	35326
四 川	Sichuan	5408523	33112
贵 州	Guizhou	2106750	31458
云 南	Yunnan	3036763	30177
西 藏	Tibet	197762	54397
陕 西	Shaanxi	3427709	34299
甘 肃	Gansu	1879553	29588
青 海	Qinghai	502601	37182
宁 夏	Ningxia	546532	39144
新 疆	Xinjiang	2454762	32361

22-5 各省市区固定资产投资

Total Investment in Fixed Asstes in the Whole Country by Region

(2010)

地 区	Region	固定资产投资 (亿元) Total Inrestment in Fixed Assets (100 million)	城 镇 Urban Area	农 村 Rural Area	固定资产投资比上年增长 (%) GDP Growth Rate (%)	城 镇 Urban Area	农 村 Rural Area
全国总计	**National**	**278121.9**	**241430.9**	**36691.0**	**23.8**	**24.5**	**19.7**
北 京	Beijing	5403.0	4916.5	486.4	17.0	18.5	4.1
天 津	Tianjin	6278.1	5896.5	381.6	32.5	32.6	31.0
河 北	Hebei	15083.4	12922.7	2160.7	22.9	23.3	20.5
山 西	Shanxi	6063.2	5526.6	536.6	22.7	22.6	23.7
内蒙古	Inner Mongolia	8926.5	8688.0	238.5	21.7	21.8	19.6
辽 宁	Liaoning	16043.0	15106.3	936.7	30.5	30.2	36.3
吉 林	Jilin	7870.4	7395.2	475.2	22.8	24.1	5.0
黑龙江	Heilongjiang	6812.6	6292.7	519.9	35.5	34.0	56.1
上 海	Shanghai	5108.9	4630.5	478.4	1.3	0.3	12.6
江 苏	Jiangsu	23184.3	17416.5	5767.8	22.4	22.1	23.2
浙 江	Zhejiang	12376.0	8438.1	3938.0	16.3	14.4	20.5
安 徽	Anhui	11542.9	10281.3	1261.7	28.4	29.4	20.7
福 建	Fujian	8199.1	7385.8	813.3	31.6	33.1	19.2
江 西	Jiangxi	8772.3	7856.9	915.3	32.1	30.8	44.7
山 东	Shandong	23280.5	18844.4	4436.1	22.3	22.1	23.4
河 南	Henan	16585.9	13934.8	2651.0	21.0	21.6	17.8
湖 北	Hubei	10262.7	9405.6	857.1	30.5	30.9	25.4
湖 南	Hunan	9663.6	8618.0	1045.6	25.4	25.3	27.0
广 东	Guangdong	15623.7	12599.3	3024.4	20.8	23.2	11.9
广 西	Guangxi	7057.6	6383.3	674.3	34.8	36.1	23.2
海 南	Hainan	1317.0	1257.5	59.5	33.3	33.4	30.5
重 庆	Chongqing	6688.9	6170.6	518.3	28.3	27.1	45.3
四 川	Sichuan	13116.7	11061.4	2055.3	15.4	21.7	-9.8
贵 州	Guizhou	3104.9	2609.4	495.6	28.7	27.3	36.8
云 南	Yunnan	5528.7	5052.6	476.1	22.1	22.7	16.4
西 藏	Tibet	462.7	405.0	57.7	22.5	23.7	14.2
陕 西	Shaanxi	7963.7	7569.9	393.8	27.5	28.6	9.8
甘 肃	Gansu	3158.3	2808.6	349.8	33.7	35.3	22.0
青 海	Qinghai	1016.9	840.0	176.9	27.6	21.9	63.7
宁 夏	Ningxia	1444.2	1292.8	151.4	34.2	34.1	35.4
新 疆	Xinjiang	3423.2	3065.1	358.1	24.5	24.4	24.9
不分地区	Not Classified By Region	6759.1	6759.1		15.5	15.5	

22-6 各省市区房地产开发企业(单位)投资和商品房销售额

Investment Actually Completed by Enterprises for Real Estate Development and Sale of Commercialized Buildings by Region

(2010)

地 区	Region	房地产开发投资额 (亿元) Investment in Real Estate Development (100 million yuan)	房屋施工面积 (万平方米) Floor Space of Buildings under Construction (10000 sq.m)	房屋竣工面积 (万平方米) Floor Space of Buildings Completed (10000 sq.m)
全国总计	**National**	**48259.4**	**405356.4**	**78743.9**
北 京	Beijing	2901.1	10300.9	2386.7
天 津	Tianjin	866.6	7160.8	2098.5
河 北	Hebei	2264.9	20700.0	3614.7
山 西	Shanxi	592.2	7599.8	1203.7
内蒙古	Inner Mongolia	1120.0	11535.3	2297.7
辽 宁	Liaoning	3465.8	26831.1	4497.4
吉 林	Jilin	921.0	7069.5	2030.5
黑龙江	Heilongjiang	843.1	7532.9	2645.8
上 海	Shanghai	1980.7	11295.0	1941.2
江 苏	Jiangsu	4299.4	35106.9	8696.3
浙 江	Zhejiang	3025.4	23781.9	4115.8
安 徽	Anhui	2251.8	17620.0	3026.7
福 建	Fujian	1818.9	14189.7	2242.5
江 西	Jiangxi	706.8	7229.9	1817.7
山 东	Shandong	3249.4	28081.2	5074.3
河 南	Henan	2114.1	20394.0	4426.9
湖 北	Hubei	1618.2	11589.4	2541.2
湖 南	Hunan	1469.1	16801.9	3347.9
广 东	Guangdong	3659.7	29301.4	5659.1
广 西	Guangxi	1206.2	12048.7	1564.3
海 南	Hainan	467.9	2699.5	609.1
重 庆	Chongqing	1620.3	17138.5	2626.6
四 川	Sichuan	2194.6	21158.5	3966.8
贵 州	Guizhou	556.7	7905.5	1048.0
云 南	Yunnan	900.4	8785.0	1536.0
西 藏	Tibet	9.0	75.3	12.2
陕 西	Shaanxi	1159.5	9947.9	900.1
甘 肃	Gansu	266.4	3130.4	598.7
青 海	Qinghai	108.2	1424.2	267.7
宁 夏	Ningxia	254.4	2940.5	936.9
新 疆	Xinjiang	347.7	3980.8	1012.9

22-6 续表 continued

地 区	Region	商品房销售面积（万平方米）Floor Space of Commercialized Buildings Sold (10000 sq.m)	商品房销售额（亿元）Toal Sale of Commercialized Buildings (100 million yuan)	住 宅 Residentital Buildings
全国总计	**National**	**104764.7**	**52721.2**	**44120.7**
北 京	Beijing	1639.5	2915.4	2060.5
天 津	Tianjin	1514.5	1246.5	1034.3
河 北	Hebei	4662.1	1650.0	1488.8
山 西	Shanxi	1180.6	411.7	357.4
内蒙古	Inner Mongolia	3057.4	1076.6	766.5
辽 宁	Liaoning	6800.5	3063.3	2587.7
吉 林	Jilin	2382.1	868.8	735.9
黑龙江	Heilongjiang	2721.0	1011.9	833.0
上 海	Shanghai	2061.0	2981.0	2416.2
江 苏	Jiangsu	9485.5	5540.3	4536.6
浙 江	Zhejiang	4816.5	4459.0	3577.5
安 徽	Anhui	4154.3	1746.9	1420.1
福 建	Fujian	2575.6	1611.3	1300.1
江 西	Jiangxi	2469.7	776.4	670.3
山 东	Shandong	9293.9	3665.1	3218.0
河 南	Henan	5452.2	1658.8	1454.6
湖 北	Hubei	3508.6	1313.2	1134.9
湖 南	Hunan	4470.0	1406.4	1247.6
广 东	Guangdong	7321.8	5480.8	4589.8
广 西	Guangxi	2793.9	995.2	881.7
海 南	Hainan	854.7	746.6	734.1
重 庆	Chongqing	4314.4	1846.9	1610.6
四 川	Sichuan	6396.9	2647.3	2330.8
贵 州	Guizhou	1730.7	581.0	501.6
云 南	Yunnan	2959.4	934.6	769.3
西 藏	Tibet	19.3	5.6	5.2
陕 西	Shaanxi	2590.2	973.7	906.7
甘 肃	Gansu	756.5	230.1	203.3
青 海	Qinghai	281.0	84.4	77.1
宁 夏	Ningxia	936.0	309.2	253.8
新 疆	Xinjiang	1564.9	483.0	416.4

22-7 各省市区房地产开发企业(单位)土地购置及开发情况

Land Development and Purchase of Enterprises for Real Estste Development by Region

(2010)

地 区	Region	土地购置面积(万平方米) Land Space Purchased (10000 sq.m)	比上年增长(%) Growth Rate (%)	土地开发面积(万平方米) Land Space Developed (10000sq.m)	比上年增长(%) Growth Rate (%)
全国总计	**National**	**40969.5**	**28.4**	**21253.7**	**-7.7**
北 京	Beijing	858.7	37.4	48.4	-86.7
天 津	Tianjin	652.5	46.7	352.9	-4.6
河 北	Hebei	2844.3	40.6	1317.4	17.8
山 西	Shanxi	838.6	36.4	998.6	15.4
内蒙古	Inner Mongolia	2006.1	80.8	1013.9	66.8
辽 宁	Liaoning	3652.0	75.0	1918.5	13.4
吉 林	Jilin	935.9	29.3	297.4	39.7
黑龙江	Heilongjiang	1137.8	36.5	588.6	24.9
上 海	Shanghai	432.4	133.9	237.8	170.7
江 苏	Jiangsu	2224.2	19.7	1450.6	-11.9
浙 江	Zhejiang	1833.7	40.2	1295.0	21.9
安 徽	Anhui	2611.1	36.1	813.1	-5.1
福 建	Fujian	1532.5	36.8	203.8	-56.2
江 西	Jiangxi	777.2	11.9	544.4	-16.2
山 东	Shandong	3290.5	51.0	1456.0	-20.3
河 南	Henan	2864.3	6.0	1184.2	-12.4
湖 北	Hubei	1529.7	53.0	1365.0	0.2
湖 南	Hunan	1096.1	9.4	451.1	-59.7
广 东	Guangdong	1755.6	-22.3	1867.6	24.7
广 西	Guangxi	1183.9	-8.0	363.4	-5.2
海 南	Hainan	520.2	81.4	353.2	15.4
重 庆	Chongqing	1369.2	11.5	649.1	-38.2
四 川	Sichuan	963.3	-8.0	546.4	-44.7
贵 州	Guizhou	980.1	162.6	356.6	120.9
云 南	Yunnan	1031.4	-18.8	391.8	-52.6
西 藏	Tibet	4.5	-13.1	20.4	20.3
陕 西	Shaanxi	579.5	42.0	308.9	-39.2
甘 肃	Gansu	279.5	-16.7	119.5	-29.8
青 海	Qinghai	112.4	-36.9	9.4	-93.4
宁 夏	Ningxia	548.8	46.6	231.1	28.3
新 疆	Xinjiang	523.5	21.9	499.7	-26.0

22-8 各省市区地方财政收入与支出

Local Financial Revenue and Expenditure by Region

(2010)

地 区	Region	财政收入(亿元) National Government Revenue (100 million yuan)	财政收入 比上年增长(%) Growth Rate (%)	财政支出 (亿元) National Government Expenditure (100 million yuan)	财政支出 比上年增长(%) Growth Rate (%)
地方合计	**Total**	**40613.04**		**73884.43**	
北 京	Beijing	2353.93	16.1	2717.32	17.1
天 津	Tianjin	1068.81	30.0	1376.84	23.0
河 北	Hebei	1331.85	24.7	2820.24	18.4
山 西	Shanxi	969.67	20.3	1931.36	23.7
内蒙古	Inner Mongolia	1069.98	25.8	2273.50	18.4
辽 宁	Liaoning	2004.84	26.0	3195.82	19.1
吉 林	Jilin	602.41	23.7	1787.25	20.8
黑龙江	Heilongjiang	755.58	17.8	2253.27	20.0
上 海	Shanghai	2873.58	13.1	3302.89	10.5
江 苏	Jiangsu	4079.86	26.4	4914.06	18.6
浙 江	Zhejiang	2608.47	21.8	3207.88	20.9
安 徽	Anhui	1149.40	33.0	2587.61	20.6
福 建	Fujian	1151.49	23.5	1695.09	18.9
江 西	Jiangxi	778.09	33.8	1923.26	22.3
山 东	Shandong	2749.38	25.1	4145.03	26.8
河 南	Henan	1381.32	22.6	3416.14	17.5
湖 北	Hubei	1011.23	24.1	2501.40	17.0
湖 南	Hunan	1081.69	27.6	2702.48	22.3
广 东	Guangdong	4517.04	23.7	5421.54	24.9
广 西	Guangxi	771.99	24.4	2007.59	
海 南	Hainan	270.99	52.1	581.34	
重 庆	Chongqing	952.07	45.3	1709.04	
四 川	Sichuan	1561.67	32.9	4257.98	18.2
贵 州	Guizhou	533.73	28.2	1631.48	19.5
云 南	Yunnan	871.19	24.8	2285.72	
西 藏	Tibet	36.65	21.8	551.04	
陕 西	Shaanxi	958.21	30.3	2218.83	20.4
甘 肃	Gansu	353.58	23.4	1468.58	17.7
青 海	Qinghai	110.22	25.6	743.40	52.7
宁 夏	Ningxia	153.55	37.7	557.53	28.6
新 疆	Xinjiang	500.58	28.9	1698.91	

22-9 各省市区居民消费价格指数

(上年=100)

(2010)

地区	Region	居民消费价格总指数 Consumer Price Index	食品 Food	烟酒及用品 Tobacco, Liquor, Articles	衣着 Clothing
全国	**National**	**103.3**	**107.2**	**101.6**	**99.0**
北京	Beijing	102.4	105.5	101.1	98.4
天津	Tianjin	103.5	108.0	104.3	102.8
河北	Hebei	103.1	107.8	101.5	97.5
山西	Shanxi	103.0	108.5	102.8	96.8
内蒙古	Inner Mongolia	103.2	109.5	101.9	99.4
辽宁	Liaoning	103.0	107.9	100.7	96.2
吉林	Jilin	103.7	109.2	100.7	100.7
黑龙江	Heilongjiang	103.9	108.1	101.2	98.0
上海	Shanghai	103.1	107.7	101.1	98.6
江苏	Jiangsu	103.8	107.4	102.4	100.7
浙江	Zhejiang	103.8	107.3	100.7	99.3
安徽	Anhui	103.1	106.6	102.0	98.1
福建	Fujian	103.2	107.8	101.4	95.7
江西	Jiangxi	103.0	105.6	100.3	98.8
山东	Shandong	102.9	108.3	102.5	97.6
河南	Henan	103.5	107.9	101.2	101.1
湖北	Hubei	102.9	105.8	101.5	100.9
湖南	Hunan	103.1	105.4	100.7	100.7
广东	Guangdong	103.1	105.9	102.3	99.6
广西	Guangxi	103.0	107.1	101.6	99.8
海南	Hainan	104.8	107.6	100.6	101.2
重庆	Chongqing	103.2	106.5	104.3	98.4
四川	Sichuan	103.2	106.1	101.8	99.1
贵州	Guizhou	102.9	107.7	102.0	97.4
云南	Yunnan	103.7	108.4	101.0	96.8
西藏	Tibet	102.2	104.5	101.1	102.1
陕西	Shaanxi	104.0	108.5	101.0	99.1
甘肃	Gansu	104.1	109.4	102.8	100.0
青海	Qinghai	105.4	108.3	101.1	106.7
宁夏	Ningxia	104.1	108.3	101.4	101.3
新疆	Xinjiang	104.3	110.7	102.0	99.2

Consumer Price Indices by Region

(preceding year=100)

家庭设备用品及服务 Household Facilities, Articlesnd Services	医疗保健和个人用品 Health Care and Personal Articles	交通和通信 Transportation and Communication	娱乐教育文化 Recreation, Education and Culture	居住 Residence
100.0	**103.2**	**99.6**	**100.6**	**104.5**
99.4	101.5	100.8	99.4	105.0
99.5	103.7	98.1	98.8	102.3
99.8	102.5	99.1	100.1	104.1
98.5	102.3	98.5	100.5	103.8
98.8	101.8	99.7	99.6	102.2
99.8	102.4	99.9	99.9	103.4
99.6	101.8	99.1	100.5	102.4
100.0	106.5	99.8	98.8	105.6
101.1	103.7	97.4	100.9	103.5
100.1	102.9	99.8	101.6	105.0
100.4	105.4	100.3	101.6	106.0
98.9	103.3	99.6	100.5	105.5
99.2	103.1	99.5	100.2	105.4
99.3	102.7	99.0	100.4	106.9
99.6	101.9	99.3	99.7	103.6
99.6	103.2	99.4	100.6	104.3
101.4	103.2	100.2	100.2	103.4
100.5	101.8	100.5	101.7	105.1
100.0	103.8	99.6	100.4	104.8
98.8	101.5	100.4	98.4	105.7
104.6	102.0	100.6	99.4	109.7
100.2	102.5	99.5	102.7	105.4
100.8	104.3	100.7	100.6	103.1
99.3	101.3	100.8	100.4	102.4
99.6	104.0	100.0	101.0	104.6
100.6	101.2	99.8	99.7	102.8
100.0	105.8	99.8	101.0	104.0
100.6	103.5	99.3	100.4	104.1
101.5	104.9	103.0	104.7	102.8
100.9	101.8	100.1	103.9	103.4
101.2	102.0	100.0	101.2	102.7

22-10 各省市区农业生产资料价格指数

(上年=100)　　　　(2010)

地 区	Region	农业生产资料价格指数 Indices of Producers′ Price for Farm Products	农用手工工具 Farm hand Tools	饲料 Forage	产品畜 Production Livestock
全 国	**National**	**102.9**	**102.5**	**108.3**	**100.8**
北 京	Beijing				
天 津	Tianjin				
河 北	Hebei	104.4	105.0	108.2	105.0
山 西	Shanxi	102.0	103.3	109.7	96.1
内蒙古	Inner Mongolia	102.0	100.2	106.2	101.7
辽 宁	Liaoning	103.7	104.9	112.8	99.6
吉 林	Jilin	99.1	100.9	103.9	97.9
黑龙江	Heilongjiang	105.6	100.9	107.0	101.9
上 海	Shanghai				
江 苏	Jiangsu	104.2	102.1	110.4	99.4
浙 江	Zhejiang	102.9	101.9	108.7	93.0
安 徽	Anhui	102.0	99.4	104.5	106.1
福 建	Fujian	102.4	101.5	105.5	107.8
江 西	Jiangxi	101.9	103.4	103.7	99.2
山 东	Shandong	103.0	103.2	106.1	113.4
河 南	Henan	103.1	101.1	109.1	101.8
湖 北	Hubei	101.9	103.6	104.3	97.5
湖 南	Hunan	101.4	104.9	108.4	100.0
广 东	Guangdong	101.7	101.7	102.1	95.9
广 西	Guangxi	101.9	103.1	106.2	101.4
海 南	Hainan	107.3	104.1	107.9	103.4
重 庆	Chongqing				
四 川	Sichuan	103.6	100.9	108.3	98.7
贵 州	Guizhou	101.1	107.5	109.4	97.1
云 南	Yunnan	101.4	100.5	108.7	92.7
西 藏	Tibet	100.6	99.9	100.0	101.2
陕 西	Shaanxi	105.3	103.1	108.9	100.4
甘 肃	Gansu	101.7	104.4	126.3	82.6
青 海	Qinghai	103.5	99.9	115.6	104.1
宁 夏	Ningxia	104.4	101.7	115.9	106.2
新 疆	Xinjiang	103.1	101.0	114.0	127.1

Indices of Producers' Price for Farm Productes by Region

(preceding year = 100)

半机械化农具 Semi-mechanized Farm Tools	机械化农具 Mechanized Tools	化学肥料 Chemical Fertilizer	农药及农药械 Pesticide and Its Appliances	农用机油 Oil for Farm Machinery	其他农业生产资料 Other Means of Agricultural Production	农业生产服务 Service for Agricultural Production
100.7	**101.4**	**98.6**	**100.4**	**110.3**	**107.2**	**104.3**
99.9	101.8	100.2	97.6	115.2	108.0	103.1
100.0	99.6	94.7	101.3	109.8	105.7	107.2
99.9	101.5	97.4	104.5	111.2	103.3	101.5
102.9	103.4	95.3	99.0	112.5	103.6	108.4
99.8	99.8	92.8	98.4	110.4	101.8	112.8
101.0	100.8	97.7	98.5	110.2	126.0	117.4
100.2	102.3	99.4	100.2	113.0	104.4	103.4
101.5	100.9	101.3	98.9	108.1	103.5	101.0
99.0	96.9	99.6	99.0	111.4	104.4	104.0
101.0	101.5	97.4	100.3	109.3	106.2	105.0
106.2	103.2	96.4	100.7	108.7	111.1	102.9
101.0	101.8	99.0	101.4	110.7	103.7	105.0
100.9	100.1	98.5	100.6	113.1	109.5	102.3
101.0	101.8	97.8	101.1	107.4	111.1	104.3
102.2	109.6	96.5	102.3	110.1	113.6	102.8
100.9	100.6	101.7	100.0	108.4	104.0	103.2
101.0	101.9	97.1	100.8	113.9	104.9	100.5
105.6	106.5	109.3	100.3	114.8	114.6	103.4
99.8	100.1	101.0	101.0	107.0	108.0	109.9
99.3	98.9	92.7	99.1	107.5	99.9	102.9
100.7	102.1	98.2	100.7	107.4	106.0	106.5
99.8	99.9	100.7	100.1	101.0	100.7	100.2
98.9	100.0	108.2	100.7	107.8	105.8	104.6
98.6	101.8	97.8	102.1	108.1	103.8	101.8
96.7	95.5	102.6	101.8	108.0	105.6	116.3
97.8	101.2	97.1	100.9	109.1	104.9	105.9
101.7	100.1	95.3	101.7	110.1	100.7	102.0

22-11 各省市区城镇居民家庭人均收支情况

Per Capita Annual Income and Expenditures of Urban Households by Region

(2010)

地区	Region	总收入（元）Total Income (yuan)	可支配收入 Disposable Income	总支出（元）Total Expenditures (yuan)	消费性支出 Expenditures for Consumption	非消费性支出 Non Expenditures for Consumption	恩格尔系数(%) Engle Coefficient (%)
全国总计	**National**	**21033.4**	**19109.4**	**18258.4**	**13471.5**	**4786.9**	**35.7**
北京	Beijing	33360.4	29072.9	26921.0	19934.5	6986.5	32.1
天津	Tianjin	26942.0	24292.6	24345.2	16561.8	7783.4	35.9
河北	Hebei	17334.4	16263.4	13332.2	10318.3	3013.9	32.3
山西	Shanxi	16893.0	15647.7	13417.2	9792.7	3624.5	31.2
内蒙古	Inner Mongolia	19014.2	17698.2	18074.2	13994.6	4079.6	30.1
辽宁	Liaoning	20014.6	17712.6	18397.5	13280.0	5117.4	35.1
吉林	Jilin	16794.5	15411.5	15834.1	11679.0	4155.1	32.3
黑龙江	Heilongjiang	15095.6	13856.5	14172.8	10683.9	3488.9	35.4
上海	Shanghai	35738.5	31838.1	32575.1	23200.4	9374.7	33.5
江苏	Jiangsu	25115.4	22944.3	20139.3	14357.5	5781.8	36.5
浙江	Zhejiang	30134.8	27359.0	25852.7	17858.2	7994.5	34.3
安徽	Anhui	17626.7	15788.2	16144.5	11512.6	4632.0	38.0
福建	Fujian	24149.6	21781.3	20189.5	14750.0	5439.5	39.3
江西	Jiangxi	16558.0	15481.1	13922.7	10618.7	3304.0	39.5
山东	Shandong	21736.9	19945.8	17416.0	13118.2	4297.7	32.1
河南	Henan	17141.8	15930.3	13802.5	10838.5	2964.0	33.0
湖北	Hubei	17572.8	16058.4	15612.3	11451.0	4161.3	38.7
湖南	Hunan	17657.1	16565.7	16179.4	11825.3	4354.1	36.5
广东	Guangdong	26896.9	23897.8	24531.0	18489.5	6041.5	36.5
广西	Guangxi	18742.2	17063.9	16155.2	11490.1	4665.1	38.1
海南	Hainan	16929.6	15581.1	14361.8	10926.7	3435.1	44.8
重庆	Chongqing	18990.5	17532.4	16964.9	13335.0	3629.9	37.6
四川	Sichuan	17128.9	15461.2	16181.9	12105.1	4076.8	39.5
贵州	Guizhou	15138.8	14142.7	13479.4	10058.3	3421.1	39.9
云南	Yunnan	17478.9	16064.5	14693.5	11074.1	3619.4	41.5
西藏	Tibet	16539.0	14980.5	12054.3	9685.5	2368.7	50.0
陕西	Shaanxi	17064.7	15695.2	15559.6	11821.9	3737.7	37.1
甘肃	Gansu	14307.3	13188.6	12552.0	9895.4	2656.6	37.4
青海	Qinghai	15480.8	13855.0	13604.4	9613.8	3990.6	39.4
宁夏	Ningxia	17536.8	15344.5	16742.5	11334.4	5408.0	33.2
新疆	Xinjiang	15421.6	13643.8	13980.3	10197.1	3783.2	36.2

22-12 各省市区农村居民家庭人均收支情况

Per Capita Annual Income and Expenditures of Rural Households by Region

(2010)

地区	Region	总收入（元）Total Income (yuan)	纯收入 Net Income	现金收入 Cash Income	总支出(元) Total Expenditure (yuan)	生活消费 Living Consumption	现金支出 Cash Expenditure	恩格尔系数 (%) Engle Cofficient(%)
全国总计	**National**	**8119.5**	**5919.0**	**7088.8**	**6991.8**	**4381.8**	**6307.4**	**41.1**
北 京	Beijing	15119.6	13262.3	14793.8	11864.1	9254.8	11753.2	32.4
天 津	Tianjin	13258.4	10074.9	12509.0	8329.1	4936.7	8211.2	41.7
河 北	Hebei	8293.9	5958.0	7248.6	6402.9	3844.9	6011.1	35.1
山 西	Shanxi	6393.6	4736.3	5667.4	5566.8	3663.9	5170.0	37.5
内蒙古	Inner	9358.0	5529.6	7718.2	9114.1	4460.8	8093.0	37.5
辽 宁	Liaoning	10902.5	6907.9	9907.7	9604.7	4489.5	8937.5	38.2
吉 林	Jilin	10085.5	6237.4	8386.0	9182.4	4147.4	8646.2	36.7
黑龙江	Heilongjiang	11526.8	6210.7	10431.0	10982.0	4391.2	10535.6	33.8
上 海	Shanghai	14777.6	13978.0	14603.8	11973.9	10210.5	11799.1	37.3
江 苏	Jiangsu	11138.5	9118.2	10230.8	9163.6	6542.9	8587.3	38.1
浙 江	Zhejiang	15366.5	11302.6	15042.9	13646.6	8928.9	13374.7	34.2
安 徽	Anhui	6895.6	5285.2	5959.8	5909.6	4013.3	5377.4	40.7
福 建	Fujian	8993.1	7426.9	8270.2	7414.4	5498.3	6868.0	46.1
江 西	Jiangxi	7468.5	5788.6	6462.1	5904.3	3911.6	5219.1	46.3
山 东	Shandong	9877.3	6990.3	9093.7	7981.0	4807.2	7589.5	37.5
河 南	Henan	7293.4	5523.7	5900.0	5767.4	3682.2	5326.9	37.2
湖 北	Hubei	7699.3	5832.3	6664.4	6131.2	4090.8	5294.4	43.1
湖 南	Hunan	7480.4	5622.0	6433.0	6507.9	4310.4	5567.8	48.4
广 东	Guangdong	9386.8	7890.3	8638.6	7199.1	5515.6	6530.9	47.7
广 西	Guangxi	6181.5	4543.4	5151.6	5270.8	3455.3	4475.6	48.5
海 南	Hainan	6904.9	5275.4	6118.3	5067.5	3446.2	4369.0	50.0
重 庆	Chongqing	6726.7	5276.7	5312.9	5495.6	3624.6	4313.9	48.3
四 川	Sichuan	6982.8	5086.9	5626.2	6166.4	3897.5	5003.4	48.3
贵 州	Guizhou	4560.5	3471.9	3448.3	4350.3	2852.5	3339.5	46.3
云 南	Yunnan	5837.6	3952.0	4565.2	5522.9	3398.3	4293.2	47.2
西 藏	Tibet	5084.1	4138.7	3652.4	3474.9	2666.9	2622.4	49.7
陕 西	Shaanxi	5793.6	4105.0	5032.7	5998.2	3793.8	5562.3	34.2
甘 肃	Gansu	4771.9	3424.7	3856.0	4528.5	2942.0	3734.5	44.7
青 海	Qinghai	5042.2	3862.7	4096.3	5186.8	3774.5	4333.1	38.2
宁 夏	Ningxia	7330.8	4674.9	5879.2	7191.6	4013.2	6129.5	38.4
新 疆	Xinjiang	8806.9	4642.7	7517.3	8241.0	3457.9	7464.2	40.3

22-13 各省市区农林牧渔业总产值及增长速度

Gross Output Value of Farming,Forestry,Animal Husbandry and Fishery and Growth by Region

(2010)

地 区	Region	农林牧渔业总产值(亿元) Gross Output Value (100 million)	农 业 Agriculture	林 业 Forestry	牧 业 Animal Husbandry	渔 业 Fishery	农林牧渔业总产值比上年增长(%) Growth (%)
全国总计	**National**	**69319.8**	**36941.1**	**2595.5**	**20825.7**	**6422.4**	**4.4**
北 京	Beijing	328.0	154.2	16.8	139.6	11.5	-1.7
天 津	Tianjin	317.3	168.3	2.4	87.5	50.3	3.5
河 北	Hebei	4309.4	2470.1	51.3	1443.8	142.5	3.5
山 西	Shanxi	1047.8	669.0	65.0	250.8	6.1	6.2
内蒙古	Inner Mongolia	1843.6	900.4	76.6	822.4	15.9	6.2
							0.0
辽 宁	Liaoning	3106.5	1140.3	82.5	1270.6	491.0	5.8
吉 林	Jilin	1850.3	866.9	68.3	831.5	25.3	3.6
黑龙江	Heilongjiang	2536.3	1369.2	95.5	965.8	53.7	5.8
上 海	Shanghai	287.0	155.3	7.5	62.9	52.6	-5.1
江 苏	Jiangsu	4297.1	2269.6	78.1	923.3	805.2	4.4
浙 江	Zhejiang	2172.9	1041.3	119.4	448.4	522.2	2.9
安 徽	Anhui	2955.4	1544.4	135.3	865.0	294.8	4.5
福 建	Fujian	2307.1	976.6	189.4	380.3	674.2	3.5
江 西	Jiangxi	1900.6	801.4	186.8	584.1	255.6	4.0
山 东	Shandong	6650.9	3670.1	86.5	1774.5	847.4	3.6
河 南	Henan	5734.2	3540.8	115.3	1805.9	71.2	4.6
湖 北	Hubei	3502.0	1921.7	65.4	925.0	458.6	4.5
湖 南	Hunan	3787.5	2059.6	207.4	1118.2	232.7	4.3
广 东	Guangdong	3754.9	1760.2	176.3	947.2	741.4	4.3
广 西	Guangxi	2721.0	1339.6	173.5	870.7	247.2	4.7
海 南	Hainan	821.3	341.7	123.8	158.6	173.5	6.1
重 庆	Chongqing	1021.1	623.3	30.4	326.6	27.2	5.9
四 川	Sichuan	4081.8	2069.3	112.9	1705.2	129.8	4.5
贵 州	Guizhou	997.8	587.3	41.0	304.2	13.8	5.2
云 南	Yunnan	1810.5	925.6	184.2	588.8	48.1	4.7
西 藏	Tibet	100.8	46.1	2.5	48.9	0.2	3.5
陕 西	Shaanxi	1666.1	1107.2	35.2	435.0	8.3	5.8
甘 肃	Gansu	1057.0	757.6	18.5	181.8	1.2	5.7
青 海	Qinghai	201.3	92.1	3.8	101.5	0.1	6.7
宁 夏	Ningxia	305.9	195.1	8.7	82.1	8.0	7.8
新 疆	Xinjiang	1846.2	1376.9	35.3	375.8	12.7	4.9

注：本表绝对数按当年价格计算，增长速度按可比价格计算。

a)Level data in this table are calculated at current prices ,Growth rate of GDP is calculated at constant prices.

22-14 各省市区主要农产品产量

Major Product Output of Farming by Region

单位:万吨　　　　(2010)　　　　(10 000 tons)

地 区	Region	粮 食 Grain	油 料 Oil-bearing Crops	棉 花 Cotton	糖 料 Suger Crops	蔬 菜 Vegetables	水 果 Melons
全国总计	**National**	**54647.7**	**3230.1**	**596.1**	**12008.5**	**65099.4**	**21401.4**
北 京	Beijing	115.7	1.6	0.05		303.0	115.2
天 津	Tianjin	159.7	0.6	6.3		419.3	60.0
河 北	Hebei	2975.9	140.3	57.0	49.0	7073.6	1612.4
山 西	Shanxi	1085.1	17.6	6.9	22.6	909.1	474.9
内蒙古	Inner Mongolia	2158.2	128.1	0.1	161.0	1350.9	278.2
辽 宁	Liaoning	1765.4	99.6	0.1	4.9	2668.2	733.1
吉 林	Jilin	2842.5	70.4	0.5	7.7	1078.7	218.0
黑龙江	Heilongjiang	5012.8	27.5		175.0	723.8	279.6
上 海	Shanghai	118.4	2.3	0.4	2.7	398.1	101.9
江 苏	Jiangsu	3235.1	152.0	26.1	10.3	4234.0	738.6
浙 江	Zhejiang	770.7	39.5	2.9	74.3	1788.8	701.3
安 徽	Anhui	3080.5	227.6	31.6	22.4	2137.4	805.3
福 建	Fujian	661.9	26.6	0.01	61.6	1563.3	642.8
江 西	Jiangxi	1954.7	107.6	13.1	59.1	1115.3	468.4
山 东	Shandong	4335.7	342.2	72.4		9030.7	2793.8
河 南	Henan	5437.1	540.7	44.7	26.1	6624.3	2394.0
湖 北	Hubei	2315.8	311.8	47.2	32.4	3131.5	778.5
湖 南	Hunan	2847.5	195.3	22.7	76.6	3122.9	788.4
广 东	Guangdong	1316.5	88.2		1300.1	2718.6	1235.9
广 西	Guangxi	1412.3	45.8	0.2	7119.6	2129.4	1094.4
海 南	Hainan	180.4	9.5		385.4	442.4	375.1
重 庆	Chongqing	1156.1	44.4	0.01	11.7	1309.5	238.5
四 川	Sichuan	3222.9	268.5	1.4	93.6	3408.3	722.9
贵 州	Guizhou	1112.3	60.3	0.1	52.3	1202.0	123.5
云 南	Yunnan	1531.0	34.2	0.04	1751.0	1255.0	397.9
西 藏	Tibet	91.2	5.9			58.1	2.2
陕 西	Shaanxi	1164.9	56.1	6.9	0.2	1384.0	1476.5
甘 肃	Gansu	958.3	64.1	7.6	22.0	1235.5	488.5
青 海	Qinghai	102.0	34.4		0.04	141.6	3.8
宁 夏	Ningxia	356.5	20.8		0.04	407.4	228.9
新 疆	Xinjiang	1170.7	66.6	247.9	487.0	1734.4	1028.8

22-14 续表 continued

单位:万吨 （2010） (10 000 tons)

地 区	Region	肉 类 Meat	猪 肉 Prok	牛 肉 Beef	羊 肉 Mutton	奶 类 Milk
全国总计	**National**	**7925.8**	**5071.2**	**653.1**	**398.9**	**3748.0**
北 京	Beijing	46.3	24.1	2.0	1.4	64.1
天 津	Tianjin	42.6	28.0	3.1	1.5	69.3
河 北	Hebei	416.7	245.2	58.1	29.3	449.1
山 西	Shanxi	72.4	53.1	4.9	5.6	74.9
内蒙古	Inner Mongolia	238.7	71.9	49.7	89.2	945.7
辽 宁	Liaoning	406.7	228.4	41.6	7.9	126.7
吉 林	Jilin	238.9	119.8	43.2	3.8	44.6
黑龙江	Heilongjiang	197.9	114.5	39.0	12.1	558.8
上 海	Shanghai	26.2	17.9	0.01	0.5	24.7
江 苏	Jiangsu	365.8	213.1	3.5	7.4	57.3
浙 江	Zhejiang	175.1	131.9	1.1	1.9	20.3
安 徽	Anhui	376.9	238.8	18.3	14.2	20.5
福 建	Fujian	180.2	146.6	2.3	1.8	15.7
江 西	Jiangxi	289.9	221.1	11.2	1.1	11.9
山 东	Shandong	704.4	353.2	68.7	32.7	271.6
河 南	Henan	638.4	408.3	83.0	25.2	307.9
湖 北	Hubei	379.3	287.0	17.7	8.1	30.4
湖 南	Hunan	494.8	412.4	16.3	10.6	7.8
广 东	Guangdong	441.1	275.5	6.3	0.9	14.5
广 西	Guangxi	387.8	241.5	13.7	3.3	8.2
海 南	Hainan	68.5	41.2	2.2	1.1	0.2
重 庆	Chongqing	192.5	147.6	6.3	2.4	8.0
四 川	Sichuan	656.6	492.2	29.4	24.8	70.3
贵 州	Guizhou	179.1	148.1	12.0	3.4	4.6
云 南	Yunnan	321.4	242.5	29.9	12.9	54.1
西 藏	Tibet	25.0	1.3	14.8	8.7	29.4
陕 西	Shaanxi	102.6	79.1	7.3	7.3	177.6
甘 肃	Gansu	84.4	46.3	16.1	15.6	36.3
青 海	Qinghai	28.3	9.2	8.5	9.8	26.3
宁 夏	Ningxia	25.7	8.5	7.5	7.3	84.5
新 疆	Xinjiang	121.7	23.0	35.5	47.0	132.8

22-15 各省市区规模以上工业企业主要经济指标

Main Economic Indicators of Industrial Enterprises above Designated Size by Region

单位：个、亿元 （2010） (unit,100 million yuan)

地　区	Region	主营业务收入 Revenue from Principal Business	主营业务成本 Cost of Principal Business	主营业务税金及附加 Taxes and Other Charges on Principal Business	利润总额 Total Profits	资产总计 Total Assets
全国总计	**National**	**697744.0**	**585256.8**	**11183.1**	**53049.7**	**592881.9**
北　京	Beijing	14807.1	12611.2	193.1	1028.3	22750.6
天　津	Tianjin	17319.6	14774.7	212.4	1552.1	14584.3
河　北	Hebei	31628.9	27049.8	360.1	2141.5	24943.8
山　西	Shanxi	12712.5	10235.8	145.3	958.3	18505.9
内蒙古	Inner Mongolia	13387.8	10247.7	210.5	1688.4	14691.4
辽　宁	Liaoning	36049.6	30578.9	702.1	2371.4	29076.8
吉　林	Jilin	12647.3	10447.6	367.4	843.2	10196.2
黑龙江	Heilongjiang	9899.1	7412.2	478.7	1248.8	10471.2
上　海	Shanghai	32084.1	26937.7	578.0	2299.7	27555.9
江　苏	Jiangsu	91077.4	78460.6	652.8	5970.6	66134.1
浙　江	Zhejiang	50536.3	43300.7	512.5	3174.8	47282.8
安　徽	Anhui	18164.6	15208.7	283.2	1445.6	15930.3
福　建	Fujian	21479.4	18223.3	268.4	1754.2	16058.7
江　西	Jiangxi	14250.5	12145.8	172.6	909.8	8637.5
山　东	Shandong	83663.0	71239.3	1083.7	6108.0	53761.3
河　南	Henan	36163.1	30316.7	478.6	3302.2	23467.4
湖　北	Hubei	21151.6	17730.3	612.5	1668.6	20894.3
湖　南	Hunan	18669.8	14925.9	553.4	1451.5	13039.0
广　东	Guangdong	84114.9	71251.4	898.2	6239.6	62626.9
广　西	Guangxi	9235.9	7707.4	232.2	771.6	8667.5
海　南	Hainan	1322.8	1008.1	78.6	140.0	1621.4
重　庆	Chongqing	9039.0	7593.5	151.5	518.6	8099.0
四　川	Sichuan	23062.8	19004.0	385.7	1661.9	22564.8
贵　州	Guizhou	3926.0	3042.8	158.1	317.6	5960.1
云　南	Yunnan	6356.2	4853.2	507.4	599.3	9611.1
西　藏	Tibet	59.7	48.3	0.8	10.8	315.2
陕　西	Shaanxi	10888.8	7982.2	348.2	1469.6	14688.7
甘　肃	Gansu	5148.4	4196.7	195.9	231.5	6487.4
青　海	Qinghai	1525.1	1182.3	40.1	182.0	3053.6
宁　夏	Ningxia	1880.0	1591.0	34.3	138.0	3293.2
新　疆	Xinjiang	5492.6	3949.0	256.9	852.4	7912.0

22-16 各省市区规模以上工业企业主要经济效益指标
Main Economic Indicators of Industrial Enterprises above Designated Size by Region

(2010)

地　区	Region	总资产贡献率(%) Ratio of Value Assets to Gross Industrial Output Value (%)	资产负债率(%) Assets-Liability Ratio (%)	流动资产周转次数(次/年) Number of Times of Annual of Turnover Working Caoitals (times/year)	工业成本费用利润率(%) Ratio of Profits to Industrial Cost (%)	产品销售率(%) Proportion of Products Sold (%)
全国总计	**National**	**15.7**	**57.4**	**2.5**	**8.3**	**98.0**
北　京	Beijing	7.6	50.8	1.6	7.4	98.7
天　津	Tianjin	17.3	60.5	2.3	9.8	98.9
河　北	Hebei	14.8	60.7	3.0	7.4	97.7
山　西	Shanxi	11.2	65.6	1.6	8.2	96.3
内蒙古	Inner Mongolia	18.2	58.8	2.6	15.0	97.7
辽　宁	Liaoning	14.8	58.1	2.7	7.2	97.9
吉　林	Jilin	16.3	53.7	3.0	7.3	98.6
黑龙江	Heilongjiang	22.1	55.2	2.2	15.2	97.2
上　海	Shanghai	13.9	52.6	2.0	7.8	99.1
江　苏	Jiangsu	15.1	57.3	2.5	7.1	98.6
浙　江	Zhejiang	12.2	60.7	1.9	6.7	97.7
安　徽	Anhui	16.2	60.1	2.6	8.6	97.6
福　建	Fujian	17.2	52.7	2.6	8.8	97.8
江　西	Jiangxi	18.7	56.0	3.9	7.1	99.0
山　东	Shandong	19.5	53.9	3.5	7.9	98.6
河　南	Henan	22.4	55.2	3.7	10.2	98.7
湖　北	Hubei	15.4	58.7	2.4	8.4	97.7
湖　南	Hunan	23.2	57.6	3.6	8.7	98.5
广　东	Guangdong	15.6	56.0	2.5	8.1	97.5
广　西	Guangxi	16.8	62.5	2.5	8.8	94.9
海　南	Hainan	18.3	53.2	2.1	12.6	98.0
重　庆	Chongqing	13.6	60.3	2.5	6.1	98.1
四　川	Sichuan	14.4	61.6	2.5	7.8	97.8
贵　州	Guizhou	12.8	64.9	1.8	9.0	95.4
云　南	Yunnan	16.3	59.7	1.7	10.8	96.7
西　藏	Tibet	5.4	29.2	0.7	18.5	96.5
陕　西	Shaanxi	17.1	56.8	1.7	16.1	96.9
甘　肃	Gansu	10.2	62.6	2.1	5.0	96.1
青　海	Qinghai	11.6	63.7	1.6	13.3	98.2
宁　夏	Ningxia	8.9	65.0	1.6	7.8	97.0
新　疆	Xinjiang	18.2	50.8	2.2	19.3	97.8

22-17 各省市区规模以上工业企业主要工业产品产量

Output of Major Products of Industrial Enterprises above Designated Size by Region

(2010)

地 区	Region	原 油 (万吨) Crude Oil (10000tons)	天然气 (亿立方米) Natural Gas (100 million cu.m)	发电量 (亿千瓦小时) Electricity (100 million kwh)	生 铁 (万吨) Pig Iron (10000tons)	粗 钢 (万吨) Crude Steel (10000tons)
全国总计	**National**	**20301.4**	**948.5**	**42071.6**	**59733.3**	**63723.0**
北 京	Beijing			269.0	411.9	427.5
天 津	Tianjin	3332.7	17.2	589.1	1926.4	2162.1
河 北	Hebei	599.0	12.7	1993.1	13710.1	14458.8
山 西	Shanxi			2151.0	3402.4	3048.8
内蒙古	Inner Mongolia			2489.3	1359.0	1232.8
辽 宁	Liaoning	950.0	8.0	1295.1	5508.1	5389.8
吉 林	Jilin	702.3	13.7	604.6	813.2	990.4
黑龙江	Heilongjiang	4004.9	30.0	777.4	555.7	652.7
上 海	Shanghai	8.3	3.3	876.2	1901.4	2214.3
江 苏	Jiangsu	186.0	0.6	3359.2	5214.6	6243.4
浙 江	Zhejiang			2568.4	915.6	1228.5
安 徽	Anhui			1443.9	1845.1	1855.6
福 建	Fujian			1356.3	558.8	1086.9
江 西	Jiangxi			664.5	1745.4	1911.4
山 东	Shandong	2786.0	5.3	3042.7	5832.4	5570.8
河 南	Henan	497.9	6.7	2191.8	2090.2	2327.4
湖 北	Hubei	86.5	2.0	2043.0	2311.9	2788.5
湖 南	Hunan			1226.3	1744.0	1767.1
广 东	Guangdong	1287.1	78.4	3236.9	807.4	1239.5
广 西	Guangxi	2.7		1032.2	1113.5	1204.6
海 南	Hainan	20.0	1.8	152.7		
重 庆	Chongqing		1.2	504.3	426.6	456.6
四 川	Sichuan	15.1	237.7	1794.6	1594.1	1581.2
贵 州	Guizhou		0.1	1385.6	376.9	360.5
云 南	Yunnan		0.1	1365.0	1337.3	1293.8
西 藏	Tibet			21.0		
陕 西	Shaanxi	3017.3	223.5	1112.3	513.9	604.8
甘 肃	Gansu	58.2	0.2	791.5	625.5	662.3
青 海	Qinghai	186.1	56.1	468.3	111.7	137.3
宁 夏	Ningxia	3.1		587.2	39.1	
新 疆	Xinjiang	2558.2	249.9	679.3	941.1	825.5

22-17 续表 1 continued

（2010）

地 区	Region	钢 材 (万吨) Rolled steel (10000tons)	水 泥 (万吨) Cement (10000tons)	布 (亿米) Cloth (100million m)	家用电冰箱 (万台) Household Refrigerators (10000units)
全国总计	**National**	**80276.6**	**188191.2**	**800.0**	**7295.7**
北 京	Beijing	794.2	1049.0		
天 津	Tianjin	4494.2	831.6	2.6	62.8
河 北	Hebei	16782.9	12790.2	61.7	
山 西	Shanxi	2866.4	3668.3	0.7	
内蒙古	Inner Mongolia	1341.4	5435.5	1.0	
辽 宁	Liaoning	5669.4	4785.8	7.1	87.8
吉 林	Jilin	1063.6	3080.0	0.4	
黑龙江	Heilongjiang	567.1	3592.3	0.3	
上 海	Shanghai	2475.9	670.8	1.8	218.6
江 苏	Jiangsu	9136.0	15829.7	124.1	782.8
浙 江	Zhejiang	2839.8	11317.2	208.0	779.7
安 徽	Anhui	2454.8	8068.9	11.4	2078.9
福 建	Fujian	1340.6	5921.2	31.2	
江 西	Jiangxi	1984.4	6262.7	8.3	114.2
山 东	Shandong	6784.6	14742.6	162.1	795.3
河 南	Henan	3273.7	11564.5	43.9	366.5
湖 北	Hubei	3026.6	9001.0	49.1	134.3
湖 南	Hunan	1816.1	8748.9	5.0	31.3
广 东	Guangdong	2932.8	11610.9	35.5	1457.8
广 西	Guangxi	1560.4	7516.5	2.6	
海 南	Hainan	14.5	1264.1		
重 庆	Chongqing	720.9	4621.1	17.4	72.6
四 川	Sichuan	1980.4	13377.5	15.4	81.2
贵 州	Guizhou	391.6	3809.6	0.1	196.4
云 南	Yunnan	1205.3	5786.2	0.0	
西 藏	Tibet		219.1		
陕 西	Shaanxi	997.3	5496.6	8.7	35.7
甘 肃	Gansu	699.2	2425.3	0.1	
青 海	Qinghai	138.0	811.1		
宁 夏	Ningxia	33.0	1422.3		
新 疆	Xinjiang	891.7	2470.9	1.6	

22-17 续表 2　continued

（2010）

地 区	Region	农用化肥(万吨) Chemical Fertilizer (10000tons)	汽 车(万辆) Motor Vehicles (10000units)	程控交换机(万线) Program-controlled Switchboards (10000 lines)	移动电话机(万部) Mobile Telephones (10000units)	微型电子计算机(万台) Micro-Computers (10000 sets)
全国总计	**National**	**6337.9**	**1826.5**	**3133.3**	**99827.4**	**24584.5**
北 京	Beijing	0.2	150.3	890.0	27388.0	938.6
天 津	Tianjin	1.5	73.8	5.2	9107.9	1.0
河 北	Hebei	173.4	71.0	12.5		
山 西	Shanxi	331.4	0.3			
内蒙古	Inner Mongolia	123.5	5.2		10.3	
辽 宁	Liaoning	67.7	70.8	63.8	56.4	0.3
吉 林	Jilin	24.7	164.2		126.1	
黑龙江	Heilongjiang	64.9	24.8			3.0
上 海	Shanghai	2.5	169.9	247.0	129.4	9388.4
江 苏	Jiangsu	260.0	74.4	5.0	1949.5	9364.6
浙 江	Zhejiang	34.5	31.9	116.9	2406.1	157.3
安 徽	Anhui	254.5	118.9			1.8
福 建	Fujian	57.5	19.5	0.2	1064.3	738.3
江 西	Jiangxi	114.6	37.3	1.3	1536.5	9.1
山 东	Shandong	845.7	81.5	187.9	5374.6	21.4
河 南	Henan	399.9	23.5		2.2	
湖 北	Hubei	863.9	157.8	0.1	454.2	189.3
湖 南	Hunan	332.6	16.6			
广 东	Guangdong	54.6	134.8	1602.6	48626.6	3581.1
广 西	Guangxi	86.9	136.6			0.9
海 南	Hainan	66.6	13.6			
重 庆	Chongqing	175.4	161.4		650.3	189.2
四 川	Sichuan	510.1	10.2		816.5	0.2
贵 州	Guizhou	384.3	0.8		118.5	
云 南	Yunnan	364.0	10.2	0.8		
西 藏	Tibet					
陕 西	Shaanxi	95.9	65.2		10.1	
甘 肃	Gansu	89.3	2.1			
青 海	Qinghai	304.1				
宁 夏	Ningxia	95.2				
新 疆	Xinjiang	158.6	0.2			

22-18 各省市区能源消耗指标

Indicators of Energy Consumption by Region

(2010)

地 区	Region	单位地区生产总值能耗(等价值)(吨标准煤/万元) Energy Consumption per Unit of GRP (equivalent value) (ton of SCE/10000yuan)	单位地区生产总值电耗(等价值)(千瓦小时/万元) Energy Consumption per Unit of GDP (equivalent value) (kw.h/10000yuan)	单位工业增加值能耗(规模以上,当量值)(吨标准煤/万元) Energy Consumption per Unit of Industrial Value-added (above Designated Suze, equivalent weight) (ton of SCE/10000yuan)
北 京	Beijing	0.582	681.9	0.91
天 津	Tianjin	0.826	782.9	0.91
河 北	Hebei	1.583	1449.9	3.00
山 西	Shanxi	2.235	1921.9	4.55
内蒙古	Inner Mongolia	1.915	1686.7	3.56
辽 宁	Liaoning	1.380	1120.0	2.26
吉 林	Jilin	1.145	809.1	1.62
黑龙江	Heilongjiang	1.156	798.7	1.38
上 海	Shanghai	0.712	808.5	0.96
江 苏	Jiangsu	0.734	1064.3	1.11
浙 江	Zhejiang	0.717	1176.5	1.12
安 徽	Anhui	0.969	1088.8	2.10
福 建	Fujian	0.783	1032.1	1.15
江 西	Jiangxi	0.845	922.5	1.67
山 东	Shandong	1.025	972.5	1.54
河 南	Henan	1.115	1218.4	2.71
湖 北	Hubei	1.183	1018.5	2.35
湖 南	Hunan	1.170	911.0	1.57
广 东	Guangdong	0.664	1002.1	0.81
广 西	Guangxi	1.036	1279.9	2.24
海 南	Hainan	0.808	922.9	2.61
重 庆	Chongqing	1.127	894.3	1.85
四 川	Sichuan	1.275	1085.9	2.25
贵 州	Guizhou	2.248	2328.0	4.32
云 南	Yunnan	1.438	1591.1	2.74
西 藏	Tibet	1.276		
陕 西	Shaanxi	1.129	1078.5	1.37
甘 肃	Gansu	1.801	2398.8	3.53
青 海	Qinghai	2.550	3862.1	2.94
宁 夏	Ningxia	3.308	4720.7	6.51
新 疆	Xinjiang		1408.2	3.10

22-19 各省市区建筑业主要经济指标

Main Economic Indicators on Construction Enterprises by Region

（2010）

地 区	Region	企业个数（个）Number of Enterprises (unit)	总产值（亿元）Gross Output Value (100million)	施工面积（万平方米）Floor Space of Buildings under Construction (10000sq.m)	竣工面积（万平方米）Floor Space of Buildings Construction (10000sq.m)
全国总计	**National**	**71863**	**96031.1**	**708023.5**	**277450.2**
北 京	Beijing	3262	5196.0	29440.4	5933.2
天 津	Tianjin	1438	2424.5	7564.3	2419.2
河 北	Hebei	2132	3231.5	23471.5	9100.9
山 西	Shanxi	1727	2143.5	7289.5	2585.4
内蒙古	Inner Mongolia	787	1125.6	7577.9	3805.2
辽 宁	Liaoning	4612	4690.3	26807.0	13003.3
吉 林	Jilin	932	1348.8	5900.7	4272.9
黑龙江	Heilongjiang	1945	1769.7	7170.7	3619.9
上 海	Shanghai	2983	4300.2	22996.8	6217.1
江 苏	Jiangsu	8893	12405.9	119035.5	48560.1
浙 江	Zhejiang	5052	12007.9	123587.0	45099.2
安 徽	Anhui	2432	2865.0	23295.7	10512.4
福 建	Fujian	2180	2935.9	28406.9	9095.8
江 西	Jiangxi	1276	1690.0	13669.7	6488.1
山 东	Shandong	6135	5496.6	44828.8	19179.7
河 南	Henan	4294	4400.6	28677.1	13156.0
湖 北	Hubei	2846	4345.2	25046.7	12813.4
湖 南	Hunan	1822	3161.7	27680.3	10536.6
广 东	Guangdong	4249	4715.5	33140.4	10163.6
广 西	Guangxi	977	1222.3	10742.3	4093.8
海 南	Hainan	104	199.5	1429.7	508.7
重 庆	Chongqing	2326	2534.4	19489.4	8292.0
四 川	Sichuan	3414	4163.1	29440.8	12086.3
贵 州	Guizhou	550	623.0	5756.4	1349.7
云 南	Yunnan	1932	1511.0	8872.3	4393.4
西 藏	Tibet	175	122.1	272.4	128.3
陕 西	Shaanxi	982	3063.6	11490.7	3781.3
甘 肃	Gansu	757	752.0	5032.6	2013.9
青 海	Qinghai	369	279.6	693.1	273.2
宁 夏	Ningxia	474	342.7	2596.9	1076.4
新 疆	Xinjiang	806	963.7	6620.1	2891.4

22-20 各省市区客运量和旅客周转量

Total Passenger Traffic and Passenger-Kilometers by Region

(2010)

地 区	Region	客运量(万人) Passenger Traffic (10000persons)	铁路 Railways	公路 Highways	水运 Waterways	旅客周转量(亿人公里) Total Passenger-Kilometers (100million psssenger-km)	铁路 Railways	公路 Highways	水运 Waterways
全国总计	**National**	**3269508**	**167609**	**3052738**	**22392**	**27894**	**8762**	**15021**	**72**
北 京	Beijing	135045	8915	126130		391	100	291	
天 津	Tianjin	24525	2594	21883	48	269	137	132	
河 北	Hebei	90847	7558	83289		1173	731	442	
山 西	Shanxi	38424	5754	32606	64	372	156	216	
内蒙古	Inner Mongolia	24043	4213	19830		389	171	218	
辽 宁	Liaoning	101525	13336	87699	490	905	510	389	6
吉 林	Jilin	64486	5770	58577	139	477	206	270	
黑龙江	Heilongjiang	46895	10602	36001	292	503	260	243	
上 海	Shanghai	10233	6095	3634	504	180	60	115	5
江 苏	Jiangsu	226073	9711	215850	512	1550	352	1197	1
浙 江	Zhejiang	226946	8083	215708	3155	1251	363	882	6
安 徽	Anhui	159388	5552	153697	139	1478	468	1010	
福 建	Fujian	75798	3640	70714	1444	487	138	347	2
江 西	Jiangxi	76447	5588	70628	231	896	565	331	
山 东	Shandong	249358	6679	240044	2635	1658	435	1212	12
河 南	Henan	167223	8338	158630	255	1798	766	1031	1
湖 北	Hubei	103268	6013	96873	382	1065	431	631	3
湖 南	Hunan	156404	7250	148235	919	1403	717	684	2
广 东	Guangdong	456139	11674	442224	2241	2203	459	1736	8
广 西	Guangxi	75751	3148	72208	395	879	182	695	2
海 南	Hainan	44209	84	42785	1340	155	2	150	3
重 庆	Chongqing	126066	2664	122125	1277	461	100	351	10
四 川	Sichuan	241868	8148	230988	2732	1066	262	802	2
贵 州	Guizhou	70819	3437	65452	1930	475	189	281	5
云 南	Yunnan	39407	2446	36230	731	440	86	352	2
西 藏	Tibet	8165	99	8066		33	9	23	
陕 西	Shaanxi	93171	5411	87457	303	747	363	384	
甘 肃	Gansu	53771	2273	51404	94	539	319	220	
青 海	Qinghai	10951	474	10439	38	95	45	50	
宁 夏	Ningxia	13560	539	12919	102	99	33	65	
新 疆	Xinjiang	31937	1524	30413		421	150	271	
不分地区	Not Classified by Region	26769				4039			

注：不分地区为民航完成数。

a)The total passenger traffic not classified by region refers to that completed by civil aviation.

22-21 各省市区货运量和货物周转量

Total Freight Traffic and Freight Ton-kilometers by Region

(2010)

地区	Region	货运量(万吨) Freight Traffic (10000 tons)				货运周转量(亿吨公里) Freight Ton-kilometers (100million ton-kms)			
			铁路 Railways	公路 Highways	水运 Waterways		铁路 Railways	公路 Highways	水运 Waterways
全国总计	**National**	**3241807**	**364271**	**2448052**	**378949**	**141838**	**27644**	**43390**	**68428**
北京	Beijing	21762	1578	20184		877	775	102	
天津	Tianjin	40014	7243	20855	11916	10065	510	231	9324
河北	Hebei	156596	18508	135938	2150	8071	3618	4011	441
山西	Shanxi	124367	63530	60819	18	2840	1870	970	
内蒙古	Inner Mongolia	137231	52069	85162		4713	2452	2261	
辽宁	Liaoning	158485	20690	127361	10434	9029	1403	1930	5696
吉林	Jilin	40728	7489	33013	226	1282	598	683	1
黑龙江	Heilongjiang	59314	17717	40582	1015	1826	1057	762	7
上海	Shanghai	87256	959	40890	45407	18918	26	266	18626
江苏	Jiangsu	179013	6811	123500	48702	5589	345	1149	4096
浙江	Zhejiang	171037	4385	103394	63258	7117	342	1299	5476
安徽	Anhui	228104	12091	183658	32355	7153	1017	5005	1132
福建	Fujian	66083	3705	45575	16803	2977	179	578	2219
江西	Jiangxi	100635	5677	88445	6513	2720	687	1850	182
山东	Shandong	301313	21314	264366	15633	11833	1533	6217	4083
河南	Henan	202962	14721	183291	4950	7202	2042	4861	300
湖北	Hubei	93422	6249	71020	16153	3097	873	1079	1146
湖南	Hunan	149540	6094	127635	15811	2927	1045	1539	342
广东	Guangdong	192344	8563	140689	43092	5711	334	1735	3642
广西	Guangxi	115475	9091	93552	12832	2927	891	1173	862
海南	Hainan	22455	542	13947	7966	995	7	91	898
重庆	Chongqing	81377	2279	69438	9660	2016	186	610	1219
四川	Sichuan	134306	8052	121017	5237	1808	748	985	75
贵州	Guizhou	39735	7991	30834	910	1006	706	287	13
云南	Yunnan	51564	5497	45665	402	947	392	549	7
西藏	Tibet	982	30	952		39	12	27	
陕西	Shaanxi	104414	27121	77123	170	2465	1268	1196	1
甘肃	Gansu	30270	6188	24050	32	1764	1240	524	
青海	Qinghai	11057	3095	7962		420	192	227	
宁夏	Ningxia	32325	6872	25453		819	280	538	
新疆	Xinjiang	48459	6777	41682		1359	706	653	
不分地区	Not Classified by Region	59181	1342		7304	11327	311		8639

注:不分地区合计中包括铁路行包运输、管道运输企业、民航运输企业及中远集团海外公司完成数。

a)The freight ton-kilometers not classified by region refers to railway baggage freight,civil aviation,pipelines and that completed by companies abroad under the China Ocean Shipping (Group) Company.

22-22 各省市区社会消费品零售总额

Total Retail Sales of Consumer Goods by Region

(2010)

地 区	Region	社会消费品零售总额（亿元） Total Retail Sales of Consumer Goods (100million yuan)	社会消费品零售总额比上年增长(%) Total Retail Sales of Consumer Goods Growth Rate (%)
全国总计	**National**	**156998.4**	**18.3**
北 京	Beijing	6229.3	17.3
天 津	Tianjin	2902.6	19.4
河 北	Hebei	6821.8	18.3
山 西	Shanxi	3318.2	18.1
内蒙古	Inner Mongolia	3384.0	18.5
辽 宁	Liaoning	6887.6	18.5
吉 林	Jilin	3504.9	18.5
黑龙江	Heilongjiang	4039.2	18.7
上 海	Shanghai	6070.5	17.3
江 苏	Jiangsu	13606.8	18.5
浙 江	Zhejiang	10245.4	18.8
安 徽	Anhui	4197.7	19.0
福 建	Fujian	5310.0	18.5
江 西	Jiangxi	2956.2	19.0
山 东	Shandong	14620.3	18.3
河 南	Henan	8004.2	18.6
湖 北	Hubei	7013.9	18.3
湖 南	Hunan	5839.5	18.8
广 东	Guangdong	17458.4	17.2
广 西	Guangxi	3312.0	18.7
海 南	Hainan	639.3	18.9
重 庆	Chongqing	2938.6	18.5
四 川	Sichuan	6810.1	18.3
贵 州	Guizhou	1482.7	18.9
云 南	Yunnan	2500.1	21.9
西 藏	Tibet	185.3	18.3
陕 西	Shaanxi	3195.7	18.4
甘 肃	Gansu	1394.5	17.9
青 海	Qinghai	350.8	16.8
宁 夏	Ningxia	403.6	19.0
新 疆	Xinjiang	1375.1	16.8

22-23 各省市区货物进出口总额
Total Imports and Exports by Region

单位:亿美元　　　　（2010）　　　　(USD　100 million)

地 区	Region	进出口总额 Total Imports and Exports	按经营单位所在地分 By Location		按境内目的地、货源地分 By Destination and Stationery	
			出口额 Exports	进口额 Imports	出口额 Exports	进口额 Imports
全国总计	**National**	**29740.0**	**15777.5**	**13962.4**	**15777.5**	**13962.4**
北 京	Beijing	3017.2	554.4	2462.9	307.2	799.8
天 津	Tianjin	821.0	374.8	446.2	377.7	538.4
河 北	Hebei	420.6	225.6	195.0	279.7	340.8
山 西	Shanxi	125.8	47.0	78.7	67.4	71.2
内蒙古	Inner Mongolia	87.3	33.3	54.0	43.6	73.3
辽 宁	Liaoning	807.1	431.0	376.1	429.4	523.5
吉 林	Jilin	168.5	44.8	123.7	45.1	125.2
黑龙江	Heilongjiang	255.2	162.8	92.3	85.1	98.3
上 海	Shanghai	3689.5	1807.1	1882.4	1732.5	1921.9
江 苏	Jiangsu	4658.0	2705.4	1952.6	2814.5	2173.3
浙 江	Zhejiang	2535.3	1804.6	730.7	2009.4	863.1
安 徽	Anhui	242.7	124.1	118.6	109.3	124.5
福 建	Fujian	1087.8	714.9	372.9	666.2	439.3
江 西	Jiangxi	216.2	134.2	82.0	118.1	91.5
山 东	Shandong	1891.6	1042.3	849.3	1103.0	1148.6
河 南	Henan	178.3	105.3	73.0	121.9	78.2
湖 北	Hubei	259.3	144.4	114.9	139.1	121.2
湖 南	Hunan	146.6	79.6	67.0	85.8	70.3
广 东	Guangdong	7849.0	4531.9	3317.0	4671.8	3668.3
广 西	Guangxi	177.4	96.0	81.4	65.2	130.2
海 南	Hainan	86.5	23.2	63.3	21.6	82.1
重 庆	Chongqing	124.3	74.9	49.4	69.9	48.3
四 川	Sichuan	326.9	188.4	138.5	124.0	138.9
贵 州	Guizhou	31.5	19.2	12.3	20.2	14.4
云 南	Yunnan	134.3	76.1	58.2	51.1	52.2
西 藏	Tibet	8.4	7.7	0.7	5.4	0.5
陕 西	Shaanxi	121.0	62.1	58.9	56.3	60.7
甘 肃	Gansu	74.0	16.4	57.7	12.7	61.1
青 海	Qinghai	7.9	4.7	3.2	3.2	5.0
宁 夏	Ningxia	19.6	11.7	7.9	15.5	10.2
新 疆	Xinjiang	171.3	129.7	41.6	125.5	88.1

22-24 各省市区国际旅游接待情况
International Tourism by Region

(2010)

地 区	Region	旅游人数 (万人次) Domestic Tourists 10 000 person-times)	外国人 Foreigners	旅游外汇收入 (亿美元) Foreign Exchange Earningfrom International Tourism(100 million USD)
北 京	Beijing	490.1	421.6	50.45
天 津	Tianjin	166.1	153.0	14.20
河 北	Hebei	97.7	85.3	3.51
山 西	Shanxi	130.3	82.1	4.65
内蒙古	Inner Mongolia	142.8	140.0	6.02
辽 宁	Liaoning	361.8	307.0	22.59
吉 林	Jilin	82.0	72.2	3.05
黑龙江	Heilongjiang	172.4	164.8	7.63
上 海	Shanghai	733.7	593.1	63.41
江 苏	Jiangsu	653.5	473.5	47.83
浙 江	Zhejiang	684.7	447.4	39.30
安 徽	Anhui	198.4	117.4	7.09
福 建	Fujian	368.1	115.3	29.78
江 西	Jiangxi	114.0	39.9	3.46
山 东	Shandong	366.8	277.9	21.55
河 南	Henan	146.8	96.1	4.99
湖 北	Hubei	181.7	138.5	7.51
湖 南	Hunan	189.9	103.3	9.06
广 东	Guangdong	3140.9	733.3	123.83
广 西	Guangxi	250.2	141.4	8.06
海 南	Hainan	66.3	47.4	3.22
重 庆	Chongqing	137.0	104.0	7.03
四 川	Sichuan	104.9	75.0	3.54
贵 州	Guizhou	50.0	18.6	1.30
云 南	Yunnan	329.2	231.2	13.24
西 藏	Tibet	22.8	21.4	1.04
陕 西	Shaanxi	212.2	155.2	10.16
甘 肃	Gansu	7.0	5.0	0.15
青 海	Qinghai	4.7	3.4	0.20
宁 夏	Ningxia	1.8	1.3	0.06
新 疆	Xinjiang	50.9	45.4	1.85

中国统计出版社最新图书简目

（仅供参考,以最后出书为准）

统计资料

中国统计年鉴-2011
中国统计摘要-2011
国际统计年鉴-2011
2011 中国发展报告
中国第三产业统计年鉴-2011
中国区域经济统计年鉴-2011
中国劳动统计年鉴-2011
中国社会统计年鉴-2011
中国城市统计年鉴-2009
中国建筑业统计年鉴-2011
中国人口和就业统计年鉴-2011
中国工业经济统计年鉴-2011
中国商品交易市场统计年鉴-2011
中国房地产统计年鉴-2011
中国能源统计年鉴-2011
中国民政统计年鉴-2011
中国贸易外经统计年鉴-2011
2011 中国地区经济监测报告
中国科技统计年鉴-2011
中国农村统计年鉴-2011
中国农产品价格调查年鉴-2011
中国高技术产业统计年鉴-2011
中国教育经费统计年鉴-2010
中国农村贫困监测报告-2011
全国农产品成本收益资料汇编-2011
中国科学技术协会统计年鉴-2011
工业企业科技活动资料-2011
大中型批发零售和住宿餐饮企业统计年鉴-2011
中国城市(镇)生活与价格年鉴-2011
中国县(市)社会经济统计年鉴-2011
中国农村住户调查年鉴-2011(中、英文)
中国农村全面建设小康监测报告-2011
第二次全国 R&D 资源清查资料汇编-综合卷
第二次全国 R&D 资源清查资料汇编-工业企业卷
中国零售和餐饮连锁企业统计年鉴-2011
2010 年中国第六次人口普查公报

2011 年省级综合统计年鉴系列

北京 天津 河北 山西 内蒙古
辽宁 吉林 黑龙江 上海 江苏
浙江 安徽 福建 江西 山东
河南 湖北 湖南 广东 广西
海南 重庆 四川 贵州 云南
西藏 陕西 甘肃 青海 宁夏
新疆 新疆生产建设兵团

2011 年市(县)级综合统计年鉴系列

天津滨海新区
石家庄 唐山 邯郸 太原 大同
长治 阳泉 晋城 朔州 晋中
运城 忻州 临汾 呼和浩特
包头 沈阳 大连 长春 吉林市
四平 哈尔滨 黑龙江垦区
上海浦东新区
苏州 无锡 常州 徐州 南通
盐城 镇江 江阴 丹阳
杭州 宁波 绍兴 台州 温州
金华 嘉兴 衢州
福州 福州经济技术开发区
厦门经济特区 南昌 上饶
济南 青岛 潍坊 郑州
洛阳 三门峡 南阳 武汉 宜昌
十堰 荆州 咸宁 长沙 广州
东莞 惠州 深圳 桂林 南宁
柳州 来宾 河池 海口 成都 绵阳
贵阳 昆明 庆阳 西安
兰州 银川 乌鲁木齐

"十一五"规划教材

非参数统计　医学统计学
概率论与数理统计　统计学
现代金融投资统计分析
多元统计分析　经济计量学教程
应用时间序列分析
统计指数理论及应用
统计数据处理概论
质量管理统计方法　社会统计学
多元统计分析实验
企业经营管理统计
市场调查与预测
统计学原理(非统计专业使用)
统计学:从数据到结论
国民经济核算教程(国民经济统计学)
概率论与数理统计(经济、管理类专业使用)

重点图书

挑大学选专业 2011—高考志愿填报指南　挑大学选专业 2011—考研择校指南

欲购以上图书请与中国统计出版社发行部联系
电话:(010)63376907,63376908　同榀行书店电话:68783171,68783172
通讯地址:北京市西城区三里河月坛南街 57 号　邮政编码:100826